Direito Médico e da Saúde

Direito Médico e da Saúde

2024

Coordenadoras

Hildeliza Boechat Cabral

Alinne Arquette

Raquel Veggi Moreira

ALMEDINA

DIREITO MÉDICO E DA SAÚDE

Coordenadoras: Hildeliza Boechat Cabral, Alinne Arquette e Raquel Veggi Moreira

Diretor Almedina Brasil: Rodrigo Mentz
Editora-Chefe: Manuella Santos de Castro
Editor Pleno: Aurélio Cesar Nogueira
Produtora Editorial: Erika Alonso
Assistentes Editoriais: Laura roberti, Tacila da Silva Souza e Patícia Romero

Diagramação: Almedina
Design de Capa: FBA

ISBN: 9788584937011
Abril, 2024

Dados Internacionais de Catalogação na Publicação (CIP)
(Câmara Brasileira do Livro, SP, Brasil)

Direito médico e da saúde / coordenação Hildeliza Boechat Cabral,
Alinne Arquette, Raquel Veggi Moreira.
São Paulo : Almedina, 2024.

ISBN 978-85-8493-701-1

1. Direito médico 2. Proteção de dados – Leis e legislação
3. Reprodução humana assistida – Leis e legislação
4. Responsabilidade civil 5. Saúde – Aspectos éticos e morais
I. Cabral, Hildeliza Boechat. II. Arquette, Alinne.
III. Moreira, Raquel Veggi.

24-196716 CDU-34:351.77(81)

Índices para catálogo sistemático:

1. Brasil : Saúde : Direito 34:351.77(81)

Eliane de Freitas Leite – Bibliotecária – CRB 8/8415

Este livro segue as regras do novo Acordo Ortográfico da Língua Portuguesa (1990).

Editora: Almedina Brasil
Rua José Maria Lisboa, 860, Conj. 131 e 132, Jardim Paulista | 01423-001 São Paulo | Brasil
www.almedina.com.br

SOBRE AS COORDENADORAS

Hildeliza Lacerda Tinoco Boechat Cabral

Doutora em Cognição e Linguagem pela UENF. Mestra em Cognição e Linguagem pela UENF. Estágio Pós-doutoral em Direito Civil e Processual Civil pela UFES. Pós-graduação em Direito Privado pela UGF, em Direito Público pela UNIG e em Educação pela Fafita. Possui obras autorais publicadas, dentre as quais se destacam sobre Mistanásia (2023) e Consentimento informado no exercício da medicina (2018). Docente dos cursos de Direito e de Medicina, UNIG (Itaperuna). Pesquisadora. Extensionista. Orientadora de Projetos de Iniciação Científica. Advogada.

Alinne Arquette Leite Novais

Doutoranda em Cognição e Linguagem na Universidade Estadual do Norte Fluminense Darcy Ribeiro (UENF), com doutorado sanduíche na Faculdade de Direito da Universidade de Lisboa. Mestra em Direito Civil pela Universidade do Estado do Rio de Janeiro (UERJ). Especialista em Gestão Judiciária pela Universidade de Brasília (UnB). Graduada em Direito pela Universidade Federal de Viçosa (UFV). Juíza de Direito Titular da 4ª Vara Cível da Comarca de Muriaé – MG (TJMG) – Juíza Coordenadora do Núcleo Regional da Escola Judicial Desembargador Edésio Fernandes em Muriaé (EJEF-TJMG). Membro do Brasilcon, IBERC e Gpbidh.

Raquel Veggi Moreira

Doutora em Cognição e Linguagem pela UENF. Mestra em Cognição e Linguagem pela UENF. Estágio Pós-doutoral em Direito Civil e Processual Civil pela UFES. Estágio Pós-doutoral em andamento em Cognição e Linguagem pela UENF. Especialista em Direito Civil, e em Planejamento, Implementação e Gestão de EaD pela UFF. Advogada.

SOBRE OS AUTORES

Adriana Ruffa
Maestranda en Bioética en FLACSO. Docente IUHIBA. Abogada.

Aline Lima de Azevedo
Mestre em Saúde Pública pela Fundação Oswaldo Cruz (Fiocruz). Consultora Organização Panamericana de Saúde (OPAS) no Ministério da Saúde (MS).

Alinne Arquette Leite Novais
Doutoranda em Cognição e Linguagem na Universidade Estadual do Norte Fluminense Darcy Ribeiro (UENF), com doutorado sanduíche na Faculdade de Direito da Universidade de Lisboa. Mestra em Direito Civil pela Universidade do Estado do Rio de Janeiro (UERJ). Especialista em Gestão Judiciária pela Universidade de Brasília (UnB). Graduada em Direito pela Universidade Federal de Viçosa (UFV). Juíza de Direito Titular da 4ª Vara Cível da Comarca de Muriaé – MG (TJMG) – Juíza Coordenadora do Núcleo Regional da Escola Judicial Desembargador Edésio Fernandes em Muriaé (EJEF-TJMG). Membro do Brasilcon, IBERC e Gpbidh.

Álvaro Henrique Teixeira de Almeida
Juiz de Direito. Mestre em Ciências Jurídicas pela Universidade de Lisboa. Professor da Emerj.

Amanda Souza Barbosa

Professora Adjunta de Direito Civil da Universidade Federal da Bahia. Mestre em Direito pela Unisinos. Doutora em Direito pela Universidade Federal da Bahia. Pesquisadora nos grupos Vida (PPG-UFBa) e Clínica de Direitos Humanos (UFPR). Advogada especialista em Direito Médico pela Universidade Católica do Salvador.

Camila Rosa da Mata

Mestre em Direito pela Universidade Federal do Rio Grande do Sul. Graduada em Ciências Jurídicas e Sociais pela Universidade Federal do Rio Grande do Sul. Advogada.

Carlos José de Castro Costa

Doutorando em Cognição e Linguagem (UENF). Doutorando em Ciências Jurídicas, Direito Público pela Universidade Nacional de La Plata – Nação Argentina. Mestre em Direito pela Faculdade de Direito de Campos – Relações Privadas e Constituição. Pós Graduado em Direito Civil e Processual Civil pela Faculdade de Direito de Campos. Coordenador do PROCON/Itaperuna. Coordenador do Núcleo de Prática Jurídica do Curso de Direito da Universidade Iguaçu. Professor do Curso de Pós Graduação da Fundação São José. Professor do Curso de Pós Graduação da Faculdade Redentor. Professor do Curso de Direito da UNIG/Itaperuna. Professor do Curso de Administração da UNIG/Itaperuna. Advogado.

Carlos Henrique Medeiros de Souza

Pós-doutor em Sociologia Política – PPSP/UENF, Doutor em Comunicação e Cultura (UFRJ), Mestre em Educação, pós-graduação em gerência de informática e pós-graduação em produção de software (UFJF), Bacharel em Direito pela Universidade Salgado de Oliveira, Licenciado em Pedagogia (UNISA) e Bacharel em Informática (CES/JF). Professor Associado da Universidade Estadual do Norte Fluminense (UENF). Coordenador da Pós-Graduação (Mestrado e Doutorado) Interdisciplinar em Cognição e Linguagem (PGCL/UENF).

Carolina Valdebenito

Antropóloga Universidad de Chile, Magister Salud Pública Universidad de Chile Especialización bioética, Universidad de Toronto Dr en Antropología médica, mención en estudios de discapacidad, Universiteit Katholieke Leuven, Bélgica. Docente investigador Facultad de Medicina y Ciencias de la Salud, Universidad Central de Chile.

Claudia Lima Marques

Doutora em Direito pela Universidade de Heidelberg. Mestre em Direito pela Universidade de Tübingen. Professora Titular e Diretora da Faculdade de Direito da Universidade Federal do Rio Grande do Sul e Professora Permanente do PPGD da mesma instituição. Relatora-geral da Comissão de Juristas do Senado Federal para a atualização do Código de Defesa do Consumidor. Presidente do Comitê de Proteção Internacional do Consumidor da International Law Association.

Débora Gozzo

Pós-doutora pelo Max-Planck-Institut für ausländisches und internationales Privatrecht, Hamburgo/Alemanha. Doutora en Direito pela Universidade de Bremen/Alemanha. Mestre em Direito pela Universidade de Münster/Alemanha e pela Universidade de São Paulo. Ex-bolsista da Alexander von Humboldt- Stiftung. Professora Titular de Direito Civil da Universidade São Judas Tadeu. Ex-Professora Titular do Mestrado em Direito da UNIFIEO. Professora do Mestrado em Ciências do Envelhecimento da USJT, coordenadora do Núcleo de Biodireito e Bioética da ESA-OAB/SP. Visiting Professor do Institut für Deutsches, Europäisches und internationales Medizinrecht, Gesundheitsrecht und Bioethik der Universitäten Heidelberg und Mannheim, Mannheim/Alemanha. Fellow do Käte-Hamburger-Kolleg (Center for Advanced Studies in the Humanities) da Universidad de Bonn/Alemanha. Visiting professor do Referenzzentrum für Bioethik in den Biowissenschaften, da Universidad de Bonn/Alemanha. Visiting professor da Bucerius Law School/Alemanha.

Eduardo Dantas

Advogado, inscrito nas Ordens do Brasil e de Portugal. Sócio titular do Escritório Eduardo Dantas Advocacia & Consultoria (PE). Bacharel em Direito pela Universidade Federal de Pernambuco (1995); Especialista em Direito de Consumo pela *Universidad de Castilla-La Mancha* (2001). Mestre em Direito Médico pela *University of Glasgow* (2007); Doutorando em Direito Civil pela Universidade de Coimbra.

Felipe Sardenberg Guimarães Trés Henriques

Mestrando em Direito pela Universidade Federal do Espírito Santo (UFES). Bacharel em Direito pela Universidade Federal do Espírito Santo (UFES). Professor voluntário (Lei nº. 9.608/1998) do Departamento de Direito da Universidade Federal do Espírito Santo (UFES). Advogado.

Fernanda Schaefer

Pós-Doutora no Programa de Pós-Graduação Stricto Sensu em Bioética da PUC-PR, bolsista Capes. Doutor em Direito das Relações Sociais na Universidade Federal do Paraná, curso em que realizou Doutorado Sanduíche nas Universidades do País Basco e Universidade de Deusto (Espanha) como bolsista Capes. Professora do UniCuritiba. Coordenadora do Curso de Pós-Graduação em Direito Médico e da Saúde da PUC-PR. Assessora Jurídica CAOP Saúde MPPR.

Flaviana Rampazzo Soares

Mestre e Doutora em Direito pela PUC-RS. Especialista em Direito Processual Civil. Advogada e Professora.

Francisco Léon

Doctor en Filosofía y Letras (Valladolid, España, 1985) Magíster en Bioética (Santiago de Compostela, 1997). Desde 1989 se ha dedicado a la docencia e investigación en Bioética, desde 2002 en Chile. Profesor Titular y Director del Centro de Bioética de la Facultad de Ciencias de la Salud de la Universidad Central de Chile. Dirige el Magíster en Bioética social y salud pública. Presidente de la Federación Latinoamericana de Instituciones de Bioética desde 2010 hasta el 2019. Ha publicado 6 libros, coordinado 17, y publicado 66 artículos en revistas especializadas de Bioética.

Frederico E. Z. Glitz

Pós-doutor em Direito e novas tecnologias (Reggio Calabria). Doutor em Direito das Relações Sociais pela Universidade Federal do Paraná. Foi Visiting Researcher no International Institute for the Unification of Private Law (UNIDROIT). Especialista em Direito dos Negócios Internacionais pela Universidade Federal de Santa Catarina e em Direito Empresarial pelo Instituto de Ciências Sociais do Paraná. Professor de Direito Civil da Universidade Federal do Paraná (UFPR). Advogado atuante nas áreas de Direito contratual, societário, Civil e Internacional Privado.

Gilberto Fachetti Silvestre

Doutor em Direito Civil pela Pontifícia Universidade Católica de São Paulo (PUC-SP). Pós-Doutorado em Direito pela Faculdade Nacional de Direito da Universidade Federal do Rio de Janeiro (UFRJ). Mestre em Direito Processual Civil pela Universidade Federal do Espírito Santo (UFES). Professor do Departamento de Direito e do Programa de Pós-Graduação em Direito da Universidade Federal do Espírito Santo (UFES). Bolsista Pesquisador Capixaba da Fundação de Amparo à Pesquisa e Inovação do Espírito Santo (FAPES). Advogado.

Graciela Soifer

Medica especialista en nutrición. Docente en la Facultad de Medicina UBA.

Gricelda Moreira

Magíster en Bioética en FLACSO, Lic. en Psicología UBA. Psicoanalista.

Heloisa Helena Barboza

Professora Titular de Direito Civil da Faculdade de Direito da Universidade do Estado do Rio de Janeiro (UERJ). Doutora em Direito pela UERJ e em Ciências pela ENSP/FIOCRUZ. Procuradora de Justiça do Estado do Rio de Janeiro (aposentada). Advogada.

Hildeliza Lacerda Tinoco Boechat Cabral

Doutora em Cognição e Linguagem pela UENF. Mestra em Cognição e Linguagem pela UENF. Estágio Pós-doutoral em Direito Civil e Processual Civil pela UFES. Docente dos cursos de Direito e de Medicina, UNIG Itaperuna. Pesquisadora. Extensionista. Orientadora de Projetos de Iniciação Científica. Advogada.

João Alexandre Silva Alves Guimarães

Doutorando em Direito pela Universidade de Coimbra. Mestre em Direito da União Europeia pela Universidade do Minho. Professor de Graduação e Pós-graduação.

João Carlos de Aquino Almeida
Pós doutorando em Bioética pela PUC-PR. Mestre e Doutor em Ciências Biológicas (Biofísica) pela UFRJ, com estágio (Doutorado) na University of Illinois at Urbana-Champaign (UIUC). Licenciado em Ciências Biológicas pela UFRJ, Bacharel em Filosofia pela UNISUL. Professor da Universidade Estadual do Norte Fluminense Darcy Ribeiro (UENF).

José Luiz de Moura Faleiros Júnior
Doutor em Direito Civil pela USP. Doutorando em Direito, Tecnologia e Inovação pela UFMG. Mestre em Direito pela UFU. Professor da Faculdade de Direito Milton Campos (Belo Horizonte, Brasil). Advogado.

Karla de Mello Silva
Mestranda em Cognição e Linguagem (Uenf). Bacharel em Direito. Membro do Grupo de Estudos e Pesquisa em Bioética e Dignidade Humana.

Maria Carolina Nomura-Santiago
Mestre em Direito Civil Comparado pela Pontifícia Universidade Católica de São Paulo, mestre em Direito Internacional pela Fundación Ortega y Gasset y Marañon, Madri/Espanha. Especialista em Direito de Família e das Sucessões pelas Escola Paulista de Direito. Bacharel em Direito pela PUC-SP, graduanda em Psicologia pela Faculdades Metropolitanas Unidas. Advogada e professora.

Moyana Mariano Robles-Lessa
Doutoranda em Cognição e Linguagem (UENF). Mestre em Cognição e Linguagem (UENF). Especialista em Direito Tributário com capacitação para o Ensino Magistério Superior. Licenciada em Letras – português/ /literatura (UNIFSJ). Professora e Advogada.

Nilo Lima de Azevedo
Doutor em Sociologia Política pela Universidade Estadual do Norte Fluminense Darcy Ribeiro (UENF). Professor Associado UENF, Laboratório de Gestão e Políticas Públicas (LGPP).

Patricia Rizzo Tomé

Pós-Doutora em Direito pela Università Mediterranea di Reggio Calabria – Itália. Doutora em Direito pela PUC-SP. Mestre em Direito Civil pela PUC-SP. Especialista em Direito Processual Civil pela PUC-SP. Especialista em Direito da Medicina pela Universidade de Coimbra – Portugal. Especialista em Direito da Farmácia pela Universidade de Coimbra – Portugal. Professora de Direito na Graduação e Pós-Graduação em vários cursos. Advogada.

Raquel Veggi Moreira

Doutora em Cognição e Linguagem pela UENF. Mestra em Cognição e Linguagem pela UENF. Estágio Pós-doutoral em Direito Civil e Processual Civil pela UFES. Estágio Pós-doutoral em andamento em Cognição e Linguagem pela UENF. Especialista em Direito Civil, e em Planejamento, Implementação e Gestão de EaD pela UFF. Advogada.

Vitor Almeida

Doutor e Mestre em Direito Civil pela Universidade do Estado do Rio de Janeiro (UERJ). Professor Adjunto do Departamento de Direito Civil da UERJ. Professor do Departamento de Direito da PUC-Rio. Coordenador adjunto do Instituto de Direito da PUC-Rio. Estágio pós-doutoral na Universidade do Estado do Rio de Janeiro. Associado do Instituto Brasileiro de Direito Civil e do Instituto Brasileiro de Estudos em Responsabilidade Civil. Advogado.

NOTA DAS COORDENADORAS

> "Enfim, o futuro da vida é uma esperança concreta quando precaução, cuidado e responsabilidade andarem juntos com a ousadia científica"
>
> (Pessini, 2017, p. 84).

Com a intenção de tratar de temas e dilemas contemporâneos relacionados ao direito e à saúde, a presente obra foi pensada e planejada com muito cuidado, revelando a mesma dedicação que cada uma das questões nela tratadas exige na abordagem profissional. Estudiosos atuantes na área do direito à saúde foram convidados para integrarem o livro e, para grande felicidade das organizadoras, muitos aceitaram e elaboraram textos de qualidade ímpar, permitindo a apresentação de uma obra coesa, profunda, atual e dinâmica, que descortinará, para os operadores do direito, várias nuances do viés jurídico da saúde, pela perspectiva de defesa do profissional sanitário e do paciente.

DIREITO MÉDICO E DA SAÚDE é, portanto, reflexo das mais atuais inquietações e discussões que têm permeado o direito da saúde no campo doutrinário e jurisprudencial, a partir da evolução da ciência médica e da bioética, que deixaram para trás a equivocada interpretação do princípio da beneficência, com a erosão do paternalismo do profissional da saúde sobre o paciente, que atribuía a este o *status* de pessoa "sem vontade própria", passando pela releitura do sistema jurídico à luz da principiologia constitucional e o consequente movimento de humanização, entendido agora pelo viés constitucionalizado, seguindo a valorização dos direitos existenciais e suas manifestações que obrigam ao respeito à pessoa.

Chegou-se a um momento em que o paciente, pessoa humana e, portanto, dotada de personalidade e capacidade jurídica, precisa ter a sua dignidade respeitada, com a promoção de sua liberdade, para que possa ser o detentor da decisão sobre sua saúde, construída a partir das informações adequadamente recebidas e do diálogo com o profissional. Escolhas de vida precisam ser permitidas ao titular do direito, revelando-se a autonomia existencial como campo para concreção da dignidade da pessoa humana, em que os direitos fundamentais não são hierarquizados e em que a vida não é um dever, senão um direito.

Nessa relação entre o profissional da saúde e o paciente, agora horizontalizada, evidenciam-se dilemas que perpassam todos os momentos, podendo dar origem a diversas espécies de demandas, inclusive judiciais. Assim, buscando analisar algumas dessas possibilidades, os temas tratados na obra tentam abarcar vários desses momentos relacionais, iniciando-se com o dever de informar e o correlato direito à informação, pressuposto para o exercício da autonomia existencial pelo paciente, a partir do qual ele poderá optar entre consentir ou recusar o tratamento proposto, ressaltando a importância da discussão sobre os vieses do consentimento informado e da recusa terapêutica. Ressalta nessa discussão o texto de Hildeliza Lacerda Tinoco Boechat Cabral, que inaugura a obra, tratando da possibilidade de caracterização da violação do dever de informar pelo profissional como dano autônomo. Claudia Lima Marques e Camila Rosa da Mata, vislumbrando o impacto dos novos direitos relativos aos dados pessoais, abordam no seu capítulo o dever de informação, analisando-o sob a perspectiva da proteção desses direitos. Aliás, o termo de consentimento livre e esclarecido também é objeto do capítulo de Amanda Souza Barbosa, que discute os riscos da padronização dos documentos médicos, revelando a importância da verdadeira informação e de sua instrumentalização para proteção dos envolvidos. As maneiras de obtenção desse consentimento, na era digital, ganham enorme relevância, de modo que a essa temática se dedica Flaviana Rampazzo Gomes, buscando, no seu capítulo, analisar o uso das tecnologias para a obtenção da concordância do paciente e para sua assinatura.

No exercício da autonomia existencial, surgem possibilidades de escolher entre consentir e recusar, e essas opções ganham maior destaque quanto maior as peculiaridades da situação. Nessa esteira, Alinne Arquette e Carlos Henrique Medeiros de Souza discorrem sobre as decisões sobre saúde da pessoa com deficiência mental ou intelectual, analisando os limites e possibilidade de exercício de sua liberdade quanto aos direitos existenciais. Também sobre a escolha, Raquel Veggi Moreira e João Carlos de Aquino Almeida enfocam a recusa terapêutica de pacientes em fase terminal de Covid-19 e o atendimento à dignidade humana.

Para além de analisar as escolhas quanto ao curso do tratamento e ao fim da vida, conforme abordado, a obra também se preocupa com a responsabilidade quanto ao início da vida. Trazendo notas sobre a reprodução humana assistida, Fernanda Schaefer e Frederico Glitz examinam os limites da liberalidade do doador de material genético e suas repercussões no campo da responsabilidade civil. Ao lado disso, Helena Barboza e Vítor Almeida, em seu capítulo, tratam da importância, tanto ética quanto jurídica, da destinação do embrião humano, reforçando a necessidade de sua proteção.

Na era da informação e vigendo no Brasil, recentemente, a Lei Geral de Proteção de Dados, a questão relativa à privacidade, ao sigilo e à proteção das informações prestadas pelo paciente ou dele obtidas por meio de procedimentos de saúde merecem destaque especial. A essa temática dedicam-se vários capítulos. Sobre o sigilo e a privacidade, revelando os deveres contratuais do profissional e as possibilidades de afastamento do segredo, Álvaro Henrique Teixeira de Almeida dedica seu capítulo, perpassando sobre temas correlatos, como consentimento, privacidade, autonomia, dignidade e responsabilidade civil. José de Moura Faleiros Júnior revela as nuances da proteção de dados pessoais sensíveis referentes à saúde, abordando seus fundamentos legais e a possibilidade de responsabilização em caso de incidentes de insegurança, trazendo as normativas mais atualizadas sobre a questão e sua correta interpretação. Ainda sobre a questão dos dados pessoais, João Alexandre Silva Alves Guimarães pergunta se há um direito à eliminação de dados de saúde, questão extremamente instigante em momento pós-pandêmico, em que o autor faz um importante paralelo entre o regramento europeu e o direito brasileiro, trazendo sua conclusão sobre o tema. Sobre o tratamento, pelo direito argentino, da responsabilidade médica na nova era da informação, escrevem Gricelda Moreira, Adriana Ruffa e Graciela Soifer, preocupando--se com a relação entre os profissionais da saúde em seu paciente a partir da aplicação das tecnologias emergentes e trazendo a perspectiva daquele sistema jurídico. Outro ordenamento contemplado no texto é o do Chile, sendo que os autores Francisco León e Carolina Valdebenito avaliam a confidencialidade dos dados sensíveis no período pós-pandemia naquele país.

Tratamentos inovadores também são fundamentos de muitas discussões no âmbito do direito e da saúde, o que revela a importância de abordagem da matéria em uma obra sobre direito médico. Assim, Eduardo Dantas analisa, em seu texto, os novos desafios da responsabilidade civil em casos de medicina regenerativa, células-tronco e terapia celular, revelando que, ao lado da inovação e da esperança de tratamento e cura, podem surgir velhos problemas relacionados aos danos causados e à responsabilização. Nessa mesma perspectiva de busca por soluções para as doenças, velhos tratamentos aplicados a novos casos dão origem à discussão sobre a possibilidade de prescrição de medicamento *off label*, tema ao qual se dedicou Patrícia Rizzo Tomé, abordando a necessidade de uso racional dos medicamentos e os limites da atuação médica na sua prescrição para tratamento de doenças diversas daquelas para os quais foi desenvolvido e aprovado.

Diante de todas as possibilidades de responsabilização civil dos profissionais de saúde, a obra não poderia deixar de contar com contribuições sobre as possibilidades de defesa desses profissionais, que também têm direitos assegurados na legislação. Com esse mister, Gilberto Fachetti Silvestre ampara, em seu capítulo, a medicina defensiva e, em outro capítulo, escrito em parceria com Felipe Sardenberg Guimarães Trés Henriques, aborda as excludentes da responsabilidade civil por erro médico.

Como as relações entre médicos e outros profissionais sanitários e os enfermos são caracterizadas, muitas vezes pela necessidade de dar preferência a algumas categorias de pacientes, Débora Gozzo e Maria Carolina Nomura-Santiago enfocam o atendimento prioritário das pessoas idosas. Além da questão etária, outra categoria que mereceu destaque no livro foi a dos trabalhadores, tendo Aline Lima de Azevedo e Nilo Lima de Azevedo elaborado um texto atual sobre a situação da saúde laboral e sua abordagem no direito do trabalho, um dos âmbitos em que saúde e doença encontram amplas repercussões e precisam ser objeto de abordagem preventiva e reparatória.

Assim, nasce uma obra coletiva, que ganha existência no imaginário de pessoas idealistas que se dedicam a estudar os avanços e retrocessos de determinada temática, o "Direito Médico e da Saúde", em determinado tempo, não mais em determinado lugar, pois a desterritorialização é uma realidade pela qual reunimos pensares de pessoas de outros estados da federação e até de outros países. Por isso, organizar uma obra é tarefa prazerosa, e o é de forma especial quando compilamos contribuições deste quilate, com elevado padrão de qualidade de renomados autores, conhecedores da matéria.

A partir dessa obra, visões inovadoras sobre a interpretação do direito médico, no campo constitucional, cível, consumerista, tecnológico, trabalhista, são compartilhadas com o público, que poderá observar a mencionada evolução da matéria e perceber como esse campo tem sido influenciado pelas tecnologias de diagnóstico, tratamento e, notadamente, da informação, privilegiando a preservação da privacidade e da intimidade do paciente, em respeito à sua autonomia existencial, derivada do direito fundamental à liberdade, observado a partir do viés da dignidade da pessoa humana.

Registramos, por necessário, a recente deliberação do Conselho Nacional de Justiça, no Pedido de Providências nº 0004278-68.2023.2.00.0000, que excluiu o termo "erro médico" das Tabelas Processuais Unificadas, para serem os processos indexados com a expressão danos materiais ou morais decorrentes da prestação de "serviços de saúde". Essa importante e justa decisão decorreu do fato de que, no cadastramento de processos dessa natureza como processos de "erro médico", havia um pré-julgamento em relação a esse profissional da saúde, que nem sempre havia errado ou era o autor do erro, na medida em que se usava indistintamente o termo para "erros" de qualquer profissional da área da saúde. Contudo, a mudança determinada não altera as questões analisadas nessa obra quando trata do erro médico do ponto de vista material e não processual. Ademais, um dos capítulos, intitulado "Excludentes da responsabilidade civil por erro do médico", se coaduna mesmo com a decisão do CNJ, ao tratar da importância de diferenciar o erro médico do erro do médico.

Feitas essas considerações e sem seguir a ordem da disposição dos capítulos na obra, essas palavras prévias são de agradecimento aos autores e aos leitores, com quem esperamos contribuir, despertando questionamentos, dúvidas e debates sobre uma área tão ampla, tão relevante e desafiadora. Também sem pretensão de esgotar o tema, estamos cientes de que, para além dos grandes nomes que contribuíram para o livro, há outros, tão importantes quanto, que não puderam estar presentes, mas que, certamente, assim esperamos, poderão contribuir em outras obras para o enriquecimento da pesquisa proposta.

HILDELIZA BOECHAT CABRAL
ALINNE ARQUETTE
RAQUEL VEGGI MOREIRA

APRESENTAÇÃO

A partir do movimento de humanização das ciências, a Medicina tem experimentado significativas transformações no sentido de melhor se amoldar às expectativas em relação ao cumprimento dos direitos fundamentais do paciente enquanto sujeito de direitos, sem jamais perder de vista a vulnerabilidade que lhe é inerente, quando se encontrar em tratamento de saúde. Além desse fato, não é possível negar a relevância própria dos direitos existenciais, relevância esta capaz de encaminhar o olhar e a atenção de todas as ciências, bem como das condutas no âmbito do Estado Democrático de Direito para essa realidade retratada por um paciente, agora agente cônscio de seus direitos, que se faz respeitar em sua autonomia e demais manifestações da dignidade da pessoa humana.

No trilhar desse caminho de evolução, o Direito Médico se mostra como uma importante vereda relacionada às questões discutidas nos Tribunais, pois não somente os danos ou prejuízos decorrentes da culpa em si exigem a correspondente reparação, mas por certo apresentam-se igualmente situações outras capazes de exigir comportamentos condignos com a ética, a boa-fé objetiva e os contornos ditados por uma evolução da ciência cada vez mais veloz e dinâmica. A rapidez com que ocorrem as transformações da vida e dos homens – e, por isso, das ciências –, impõe constante atualização do profissional da medicina, antes conhecido pelo exercício de uma atividade milenar que não se distanciava dos padrões de uma espécie de sacerdócio que, além de dominar a quase totalidade das técnicas de um tempo de parcas tecnologias, sabia – ou devia saber – o que de fato era melhor para o seu paciente. E até mesmo escolhia, por ele, o procedimento, sem que esse fato representasse afronta aos princípios de uma medicina fundada na deificação de seus agentes, que mais que profissionais, eram uma espécie de seres superiores.

Transformam-se os médicos, antes concebidos como sacerdotes, em profissionais cada vez mais imbuídos de seus deveres e conscientes de seu compromisso com o exercício ético da profissão, atentos à humanização, ao cumprimento do dever de informar, ao dever de obter o consentimento, ao dever de explicar e de verificar se o paciente bem compreendeu, para permitir que ele, no exercício de sua autonomia, escolha o procedimento que lhe pareça mais conveniente – sempre dentro da conveniência e oportunidade médico-científica, por certo – para a intervenção a ser realizada em sua própria esfera psicofísica.

Acontece que essa postura, em franca harmonia com a tutela da dignidade, vem reclamar, também do paciente, lisura e boa-fé, que nasce da relação entre ele e o médico, neste momento histórico da Medicina do século XXI. Isso porque as informações que o paciente oferece ao médico, por meio da interação e da anamnese, se tornam relevantes para o fechamento do diagnóstico, do consequente prognóstico e do aconselhamento acerca das medidas a serem por ele, paciente, adotadas. Emerge daí a corresponsabilidade do paciente, dando conta de que as novas nuances do Direito Médico exigem de todos os segmentos e agentes da relação médico-paciente uma atuação ética, pautada na veracidade, na inteireza e na suficiência das informações por parte do paciente.

Todas essas importantes questões da esfera do médico, do paciente e, ainda, várias condutas praticadas pelos hospitais poderão acarretar reflexos na responsabilidade civil, levando a possível reparação de um dano, todas as vezes que constatada violação de direito decorrente dessas práticas. Exatamente nessa esfera se encontra o elevado número de relações judicializadas que culminam com a necessidade de estudarmos o Direito Médico em uma obra específica, que possa ser capaz de encaminhar os estudos e as reflexões acerca da devida importância neste estágio evolutivo da responsabilização civil, notadamente em relação aos direitos existenciais.

Os contornos da relação médico-paciente estão cada vez mais sensíveis aos reclamos de uma sociedade voltada para a urgência, para a velocidade da prestação de serviços, além dos padrões de beleza e perfeição peculiares a este momento, especialmente quando o tema se volta par o cerne da medicina estética, relacionada à harmonia e à perfeição. É exatamente nesse contexto que as cirurgias estéticas ganham uma importância multidimensional e a responsabilidade civil avança para um tempo no qual a tutela se encontra cada vez mais exigente à face de especificidades de cada caso, em razão das múltiplas especialidades e subespecialidades, do requinte dos novos procedimentos, mas também ao que se refere às sempre avançadas técnicas de reprodução humana medicamente assistidas.

Tendo em vista essas considerações, sinto-me honrada pelo convite das professoras Hildeliza Boechat, Alinne Arquette e Raquel Veggi para prefaciar *Direito Médico e da Saúde*, pela Editora Almedina, de necessária leitura na atual perspectiva do tema. São textos de renomados doutrinadores nacionais, outros internacionais, e ainda de certos estudiosos desta seara em suas variadas interfaces, todos que nos brindam com reflexões absolutamente necessárias e oportunas, em um movimento preparatório para um novo tempo que é chegado, de um direito amplo, com muitas possibilidades de cura, mas também de embelezamento e de aperfeiçoamento da expectativa do paciente rumo ao cumprimento de sua autodeterminação: Violação da informação como dano autônomo; Pessoa com deficiência mental e intelectual e decisões sobre saúde; Recusa terapêutica na Covid; Medicina regenerativa, células-tronco e terapia celular: novos desafios da responsabilidade civil; O dever de informar médico; Sigilo e privacidade na relação médico-paciente; Medicina defensiva; Proteção de dados pessoais sensíveis referentes à saúde; Relação médico-paciente e direitos do paciente na legislação argentina; Eliminação nos dados de saúde; Padronização de documentos médicos na judicialização da medicina; Conformação da saúde do trabalhador no Sistema Único de Saúde; Atendimento médico prioritário às pessoas idosas; Excludentes da responsabilidade civil por erro do médico; Reprodução humana assistida e a excessiva 'liberalidade' do doador de material genético; Confidencialidade de dados sensíveis: reflexão sobre o novo papel da realidade pós-pandêmica no Chile.

Por fim, sempre é bom mais uma vez registrar que o dinamismo das relações jurídicas requer, dos advogados, dos estudiosos do direito, dos juízes e dos Tribunais, continuada atualização de conhecimentos e clara percepção da atual conjuntura de uma medicina avançada, tecnologizada, bem como de novas perspectivas em francas transformações, o que torna, especialmente o julgador, um verdadeiro balizador de condutas e – não menos importante – um conciliador, capaz de buscar sempre o melhor interesse do bom direito, do ético e do justo, ante a turbulência de múltiplas demandas que vão desde as que pleiteiam uma justa reparação e obrigação de fazer, até aquelas que nos parecem não merecer tutela à face de sua desarrazoada causa de pedir e de seu pedido desprovido de fundamento.

No atual cenário de direitos relativos e de insegurança jurídica, a grande relevância da presente obra é exatamente buscar demonstrar a predominância dos posicionamentos perante as situações mais comuns, mas também aquelas mais inusitadas que constituem, neste momento, os objetos de preocupação da medicina e dos direitos existenciais, revelando que no cerne de toda a proteção jurídica deve estar a pessoa humana, cuja dignidade deve ser perene e integralmente preservada.

Desejo a cada uma das pessoas uma profícua leitura!

São Paulo, 1º dia de janeiro de 2024.

GISELDA MARIA FERNANDES NOVAES HIRONAKA
Professora Titular de Direito Civil da Faculdade de Direito da USP

SUMÁRIO

1. CONSENTIMENTO LIVRE E ESCLARECIDO NA RELAÇÃO MÉDICO-PACIENTE E A VIOLAÇÃO DO DEVER DE INFORMAR COMO DANO AUTÔNOMO

HILDELIZA LACERDA TINOCO BOECHAT CABRAL

Introdução

A inclusão do princípio da dignidade da pessoa humana na Declaração Universal dos Direitos Humanos[1], de 1948, levou os Estados democráticos a adotarem-no na maioria das constituições na era pós-moderna. A consequente evolução e a crescente valorização da dignidade elevaram-na ao *status* de valor máximo do ordenamento jurídico, axioma de todo o tecido normativo e viés condutor das relações no âmbito desses Estados democráticos de direito. Então, a dignidade e suas diversas manifestações passam a gozar de primazia, compondo a especial categoria de direitos ou interesses existenciais. Em paralelo, o declínio do paradigma do médico como um ser superior faz romper com o paternalismo que lhe era atribuído e abrem-se as fronteiras para a medicina voltada para a pessoa do enfermo e não mais centrada na doença e na ânsia de curar.

Nesse contexto, a compreensão da autonomia da pessoa para decidir livremente a respeito de quaisquer escolhas para si mesma ou para sua saúde torna-se importante no que respeita à relação médico-paciente. Outro fato de extrema importância no contexto do respeito ao paciente foi o reconhecimento da vulnerabilidade no art. 8º da Declaração Universal

[1] DECLARAÇÃO UNIVERSAL DOS DIREITOS HUMANOS. Disponível em: https://www.oas.org/dil/port/1948%20Declara%C3%A7%C3%A3o%20Universal%20dos%20Direitos%20Humanos.pdf Acesso em: 31 abr. 2023.

sobre Bioética e Direitos Humanos[2], que inspirou e tornou imperiosa a humanização do atendimento médico.

Então, a dignidade da pessoa humana, de forma expressa na DUDH, a consagração da vulnerabilidade da pessoa em atendimento de saúde pela DUBDH e o reconhecimento dos interesses existenciais como uma classe nobre de direitos inerentes à dignidade da pessoa humana levam à consequência da constitucionalização das relações privadas. Por sua vez, essa releitura das relações, passa a exigir uma interpretação pelo viés da humanização das ciências. Inspirada nesse ideal, a humanização da Medicina, que passa a influenciar a postura no âmbito das relações interpessoais, principalmente aquelas em que há flagrante vulnerabilidade de uma das partes, como a que de um lado, existe um profissional médico e de outro, uma pessoa vulnerável.

A relevância do consentimento livre esclarecido se tornou evidente, em face da crescente tutela dos direitos existenciais e a exigência de efetividade da tutela da pessoa e sua dignidade. Por esse motivo, o médico só pode atuar na esfera psicofísica do paciente mediante explicações claras a respeito do procedimento a ser realizado, se após esses esclarecimentos o paciente demonstrar que lhe foram compreensíveis e autorizar essa intervenção.

Segundo a atual configuração da relação médico-paciente, se por um lado, o paciente transpôs a linha do marco ditado pela vontade do médico, alcançando o *status* de sujeito de suas decisões, no exercício de sua autonomia, por outro lado, o médico é compelido a abandonar os moldes paternalistas próprio de semideus (como era considerado), que sabia o que era melhor e mais indicado ao paciente, assumindo um papel circunscrito a novos parâmetros, de contornos menos impositivo e mais compartilhado, passando a exercer menor controle sobre as decisões.

Nessa perspectiva, em especial na sociedade contemporânea, o consentimento se torna elemento fundamental da atuação médica. Nesse passo, as situações fundadas na violação do consentimento livre e esclarecido, seja quanto ao dever de informar, seja no que diz respeito ao consentimento para atuar na esfera pessoal do paciente, ensejam responsabilidade civil de forma severa, pois configuram violação, desrespeito aos direitos

[2] UNESCO. Declaração Universal sobre Bioética e Direitos Humanos. 2005. Disponível em: https://bvsms.saude.gov.br/bvs/publicacoes/declaracao_univ_bioetica_dir_hum.pdf. Acesso em: 30 abr. 2023.

existenciais, que formam o núcleo da dignidade da pessoa humana. Impende salientar que o paciente terá direito à reparação quando o médico houver tão somente se furtado ao cumprimento do dever de informar sendo, nesse caso, o denominado dano autônomo por descumprimento do dever de informação.

1. Consentimento livre e esclarecido: contextualização, conceito e conteúdo

Nesta primeira parte vamos contextualizar o fenômeno do consentimento livre e esclarecido (1.1) e no segundo, conceito e conteúdo (1.2).

1.1. Contextualização

Antes de adentrarmos às questões atinentes ao conceito, é preciso situar o consentimento livre e esclarecido como um tema interdisciplinar de especial interesse da Bioética, da Medicina e do Direito, por apresentar interfaces em várias aspecto do âmbito de estudo dessas ciências. Pois bem, nesse sentido, que relação existe entre o consentimento livre e esclarecido e a Bioética?

> A Bioética deste novo milênio, atenta ao crescente processo de humanização das ciências, que visa dispensar à pessoa especial atenção e respeito, prestigiando a autonomia e a livre manifestação de sua vontade, e ainda considerando a vulnerabilidade do paciente que se submeterá ao procedimento ou tratamento, exige uma postura de elevada proteção à pessoa e à sua dignidade uma vez compreendida como valor máximo do estado democrático de direito[3].

Nessa linha de intelecção, a Declaração Universal sobre Bioética e Direitos Humanos (2005) merece ênfase por haver consagrado no seu art. 8º o reconhecimento da vulnerabilidade do paciente em tratamento médico:

> Na aplicação e no avanço dos conhecimentos científicos, da prática médica e das tecnologias que lhes estão associadas, deve ser tomada em consideração

[3] CABRAL, Hildeliza Lacerda Tinoco Boechat. **Consentimento informado no exercício da medicina e tutela dos direitos existenciais**: uma visão interdisciplinar – Direito e Medicina. 2. ed. Curitiba: Appris, 2018, p. 27.

a vulnerabilidade humana. Os indivíduos e grupos particularmente vulneráveis devem ser protegidos, e deve ser respeitada a integridade pessoal dos indivíduos em causa[4].

Então, a partir da noção de que a pessoa em tratamento médico se encontra em estado de vulnerabilidade, passa a necessitar de especial tutela a fim de ter respeitados seus direitos e garantias, sendo este o principal aspecto jurídico da relação em evidente desigualdade em que há uma parte vulnerabilizada em cuidados de saúde. A este ponto, o médico precisa empreender máximo esforço para efetivar os direitos existenciais do paciente, o que inclui a adoção de postura humanizada. De que forma? No trato com empatia, no cuidado holístico e na oferta das melhores condições de atendimento, a fim de proporcionar bem-estar e segurança ao paciente no ato do atendimento.

São esses os principais aspectos do consentimento livre e esclarecido, sempre presentes em relação dialógica entre os saberes de bioética-medicina-direito, além da responsabilidade civil, que obrigará o agente à reparação do dano causado ao paciente em razão do descumprimento do dever de obter o consentimento ainda que não tenha atuado com culpa ou dolo durante o procedimento.

1.2. Conceito e conteúdo

Amatriain[5] explica a vulnerabilidade a partir da expressão latina *vulnerabilis* significando "ferido ou lesionado, física ou moralmente, evidencia uma debilidade ou fragilidade especial", podendo resultar de condições sociais, econômicas e políticas, para além da possibilidade de controle pelas pessoas no âmbito da conformação da sociedade na era globalizada.

Na Medicina, o consentimento livre e esclarecido é o ato pelo qual uma pessoa (paciente) recebe do profissional (médico) as informações sobre determinada intervenção a ser realizada em sua própria esfera psicofísica, visando então obter o seu consentimento para a atuação. Soares[6] explica

[4] UNESCO. *Op. Cit.*

[5] AMATRIAIN, Roberto Cataldi. **Introducción a la bioética del siglo XXI**. Buenos Aires: Hygea, 2017, p. 103.

[6] SOARES, Flaviana Rampazzo. **Consentimento do paciente no direito médico**: validade, interpretação e responsabilidade. Indaiatuba/SP: Foco, 2021, p. 20.

que o consentimento comporta o assentimento e a escolha esclarecida: o simples, cujos riscos são baixos, sem complexo processo decisório; o complexo, com riscos médios ou altos, que demanda um processo informativo-decisório de maior extensão e profundidade conforme as circunstâncias, mas salienta que "o processo informativo-decisório contempla as informações e os esclarecimentos necessários para o paciente decidir"[7].

Podemos dizer ainda que o consentimento livre e esclarecido é um fenômeno que se processa em três fases, a saber: informações, *feedback* e consentimento. Na fase das informações, o médico irá explicar ao paciente qual o seu diagnóstico, prognóstico e que intervenções ele precisará fazer a fim de tratar a enfermidade que o acomete. Em seguida, tem lugar o feedback que assegurará ao médico o nível de compreensão alcançado pelo paciente em relação aos procedimentos para ver se é necessário explicar novamente; sendo boa a intelecção, poderá avançar para a fase subsequente para obter o consentimento para a atuação. Cavalieri Filho[8] argumenta que paralelo ao dever de informar corresponde ainda o dever de aconselhar acerca da melhor opção a ser adotada, pois além de ele ser o detentor do conhecimento científico, o médico tem experiência e visão ampliada da situação, fatos que tornam sua opinião e conselho importantes para deixar o paciente seguro de que está realizando a melhor escolha. No mesmo sentido, Kfouri Neto[9] explica a necessidade de, além de informar o paciente sobre diagnóstico, prognóstico, riscos e objetivos do tratamento, o médico deve "aconselhá-lo, prescrevendo cuidados que o enfermo deverá adotar". Salienta o autor que descumprir o aconselhamento pode acarretar a obrigação de reparar o dano.

Todos esses aspectos visam resguardar a dignidade do paciente, enfatizando o respeito à sua autonomia, um prestígio que tem fundamento na efetivação da dignidade humana, pois a autodeterminação confere à pessoa o direito à liberdade para autogovernar-se, escolher para si mesma a opção mais adequada à sua vida e saúde, representando "a afirmação moral

[7] SOARES. *Op. Cit.*, p. 20.

[8] CAVALIERI FILHO, Sérgio. Programa de Responsabilidade Civil. 15. ed., São Paulo: Atlas, 2021.

[9] KFOURI NETO, Miguel. **Responsabilidade civil do médico.** 11. ed., São Paulo: Thomsom Reuters, 2021, p. 43.

de que a liberdade de cada ser humano deve ser resguardada".[10] Seguindo esta linha de ideias,

> O Consentimento Informado, então, reveste-se de capital importância já que se torna o canal por meio do qual se estabelece um diálogo, em que o médico cientifica a pessoa acerca dos detalhes do tratamento a ser realizado, vantagens, possíveis desvantagens, eventuais consequências e, principalmente, os riscos aos quais irá se submeter. E, após verificar se houve compreensão satisfatória do que lhe foi explicado, busca obter a anuência para, então, proceder à intervenção em sua esfera psicofísica[11].

É importante destacar que cada doutrinador pode adotar uma forma própria de se referir a esse fenômeno ao qual denominamos, neste artigo, consentimento livre e esclarecido. Assim, existem diferentes expressões que designam o consentimento prévio para a prática de ato especializado no âmbito da saúde de determinada pessoa: "consentimento esclarecido", "consentimento consciente", consentimento pós-informação", "consentimento para o ato médico", "vontade qualificada do paciente" e a mais comum delas, que é "consentimento informado", sendo que "todos os termos mencionados designam um mesmo fenômeno"[12].

Retomando a conceituação, Soares apresenta a seguinte:

> No âmbito do direito médico, o consentimento é a permissão emitida por um paciente a um médico, de modo expresso ou tácito, escrito ou verbal, destinada à prática de determinado ato profissional, que atinja a própria esfera física ou psíquica do sujeito que o emite (o consentinte). Trata-se de ato do paciente exercido em face de sua autodeterminação, resultante da análise própria de conveniência e oportunidade[13].

Observemos alguns aspectos conceituais indispensáveis destacados pela autora: a noção de permissão (anuência); a forma de manifestação (expressa ou tácita; escrita ou verbal); menção à atuação profissional do

[10] NAMBA, Edison Tetsuzo. **Manual de bioética e biodireito**. São Paulo: Atlas, 2009, p. 11.

[11] CABRAL. *Op. Cit.*, 2018, p. 29.

[12] SOARES. *Op. Cit.*, p. 19.

[13] *Ibidem*, p. 19.

médico na esfera psicofísica do paciente; exercício da autodeterminação do paciente. De fato, tais elementos são essenciais para que o consentimento seja manifestado de forma válida.

Dos escassos estudos doutrinários e da inexistência de lei disciplinadora do consentimento livre e esclarecido, existe a a necessidade de um conteúdo básico necessário à compreensão pelo paciente e indispensável à decisão que ele irá tomar acerca do procedimento. Assim, o Termo de Consentimento Livre e Esclarecido (TCLE), que é o documento que exterioriza o fenômeno do consentimento livre e esclarecido, não segue um rígido padrão, devendo constar um conteúdo mínimo, apenas os principais itens próprios da especialidade a que se refere o procedimento a ser executado, suficiente para a atuação naquele caso concreto, sem informar detalhes que exorbitem a normalidade do procedimento. Tudo isso a fim de não causar danos desnecessários ao estado psicológico do paciente e evitar o engessamento da atividade médica, segundo o princípio da razoabilidade e da proporcionalidade.

Lorenzetti[14] explica que um possível excesso de exigência do consentimento informado nos Estados Unidos pode causar danos em certos casos conforme a gravidade da doença. Por esse motivo, as informações devem ser suficientes à tomada de decisão consciente pela pessoa em questão, mas sem fragilizá-la desnecessariamente. Por exemplo, quando o risco for irrisório ou de improvável ocorrência (com índices da ordem de um para mil casos), não deve ser informado a fim de não ultrapassar os limites do bom senso.

2. Quanto ao destinatário e à forma

O destinatário das informações será a pessoa que se submeterá ao tratamento médico terapêutico ou cirúrgico e que depende de ser informada de modo adequado e suficiente, pois as informações irão dotá-la de discernimento quanto ao quadro clínico, diagnóstico e prognóstico, a fim de que ela possa exercer autonomia balizada e consciente. Será sempre a própria pessoa a destinatária desses esclarecimentos? E se o destinatário for incapaz? Qual é a forma adequada para a prática do ato de esclarecer? Essas questões permeiam as análises que realizaremos a seguir.

[14] LORENZETTI *apud* FABIAN. *Op. Cit.*, p. 138.

2.1. Destinatário

As informações e explicações devem ser dirigidas diretamente ao paciente, ou seja, à pessoa que deverá receber as informações e compreendê-las, afinal é ela quem será submetida ao procedimento ou tratamento, para então decidir se concorda, uma vez que ela é a pessoa legitimada para, no exercício de sua autodeterminação, tomar a decisão que julgar melhor, no caso concreto. Em apresentando condições de manifestar-se, somente o paciente deve exteriorizar a sua vontade, fruto de convicção pessoal, salientando o direito à privacidade do paciente, em relação a qualquer pessoa: "Portanto nenhum tratamento, intervenção cirúrgica ou experiência pode ser imposta sem o expresso e informado consentimento de uma pessoa doente. Seu interesse prevalece e suas escolhas devem ser respeitadas"[15].

Soares[16] explica a hipótese em que o paciente pode assinar adesão a uma proposta diagnóstica ou terapêutica estruturada e escolhida pelo médico, caso em que haverá "assentimento", do latim *assentire*, que significa "aprovar". Nesse caso, o paciente analisa a proposta do tratamento previamente estruturado pelo médico e por ele proposto e apõe sua assinatura a fim assentir, aprovar, deixando clara a sua concordância com os termos que lhe foram apresentados.

E quando o destinatário for incapaz, explica Nunes[17], sua tutela não se restringe às questões patrimoniais, pois sua proteção há de ser integral, promovendo bem-estar e desenvolvimento, devendo sua vontade ser atendida. Então, "o incapaz, assim considerado legalmente e declarado judicialmente, deverá ser ouvido e atendido quando sua manifestação de vontade não se referir a questões patrimoniais"[18]. Aliás, mesmo as pessoas que não gozam de capacidade jurídica, como crianças e adolescentes, mas que têm maturidade para compreenderem as informações e o tratamento, poderão se expressar. Nesse sentido, as crianças e adolescentes incapazes, regulamentadas pelo Estatuto da Criança e do Adolescente, "devem ser ouvidos, conforme estipula o artigo 28, parágrafo 1º"[19], conforme explica Nunes.

[15] NUNES, Lydia Neves Bastos Telles. O incapaz e o consentimento informado. **Revista Sequência**, n, 55, p. 287-302, dez. 2007, p. 289.

[16] SOARES. *Op. Cit.*, p. 21.

[17] NUNES. *Op. Cit.*, p. 295.

[18] *Ibidem*, p. 295.

[19] *Ibidem*.

Quanto aos demais incapazes, sempre que possível todos devem se manifestar. É preciso valorizar o ser humano e admitir as escolhas que ao incapaz é admitido exprimir concretamente. Quando suas manifestações volitivas forem no sentido de contribuir para o seu desenvolvimento e bem-estar, devem ser ponderadas e acatadas[20]

Existe uma prática segundo a qual, por qualquer motivo, os médicos se dirigem às pessoas da família que acompanham o doente. Em se tratando de pessoa capaz, o médico somente se dirigirá à família, quando estiver autorizado pelo paciente. Trata-se de uma conduta equivocada a referência à família como se fosse titular do direito à informação. Somente em casos especiais, quando estamos perante menores ou eventualmente incapazes adultos sem condições de se expressarem, poderão certos membros da família serem titulares de um verdadeiro direito à informação. Nesse caso, a expressão técnica para designar essa situação é "autorização", conforme explica Soares[21], trata-se da permissão emitida por terceiro: "por se tratar de ato pessoal, não há consentimento na autorização dada por familiares ou representantes legais ou convencionais do paciente".

Vale lembrar que o paciente tem ainda direito à recusa, sendo-lhe lícito recusar-se ao tratamento, mas para isso, ele precisa ter sido informado a respeito dos riscos aos quais estará se submetendo. É importante que o médico respeite a autonomia do paciente, mesmo quando essa decisão expuser a vida a risco, se ao tempo da decisão ele era capaz[22]. Então, é certo que o destinatário das informações, aquele que irá decidir sobre a conveniência de um tratamento ou procedimento, é o próprio paciente. Ele é a pessoa legitimada a tomar decisões a respeito de sua vida e de sua saúde. E, como sujeito de direitos, deliberar, no exercício de sua autodeterminação, escolhendo o que julgar melhor para si.

2.2. Forma

O consentimento livre e esclarecido é sempre realizado por meio de conversa dialogada, portanto a oralidade é imprescindível para a aproximação entre as partes. O diálogo é o momento no qual se estabelece e se

[20] *Ibidem.*

[21] SOARES. *Op. Cit.*, p. 21.

[22] *Ibidem.*

sedimenta a confiança indispensável para que o paciente se sinta seguro em relação ao médico e ao procedimento. Durante essa conversa, além de sanar dúvidas, é a oportunidade propícia ao contato pessoal tão importante na perspectiva da humanização da medicina. Entretanto, três são as formas admitidas na doutrina: oral, escrita ou presumida.

A forma escrita se torna recomendável em termos legais, pois o TCLE apresenta um formato externo expresso e pormenorizado, que permite ser examinado por outras pessoas; deve ser datado e assinado por ambas as partes[23]: médico e paciente. Conforme já mencionado, é necessária a conjugação com a oralidade: explicar sobre a perspectiva de sucesso, eventuais consequências, riscos, efeitos colaterais, advertências acerca dos cuidados a serem adotados durante o tratamento, indicar período de repouso, data de retorno, pois essas considerações são importantes para a compreensão por parte do paciente, facilitando o feedback, quando o médico irá checar se as informações lhe foram claras e suficientes.

A forma verbal, utilizada de modo autônomo, é usual, porém não oferece segurança ao médico, pois sem documento que comprove as informações e o consentimento fica difícil demonstrar que houve esclarecimento e provar que prestou as informações, exatamente por não haver nenhum documento capaz de comprovar que houve informações e a consequente permissão para a intervenção. Por esse motivo, Kfouri Neto[24] adverte que, adotada essa modalidade, é recomendável que o ato seja testemunhado. Quanto a essa eventual testemunha, existe uma fragilidade de ordem prática, pois a questão é que, em geral, estão presentes ao ato, por um lado, parentes do paciente e por outro, pessoas que têm vínculo empregatício com o médico, daí a dificuldade de haver testemunha imparcial.

O consentimento presumido precisa ser óbvio, fácil de constatar que, se consultado, o paciente concordaria com a prática do ato, seja por comodidade, seja pela utilização mais frequente, seja pela eficiência e economicidade, seja por se mostrar o de resultado mais eficaz. Trata-se de uma situação fática, da qual o médico possa inferir que, ante às opções de escolha, o paciente elegeria exatamente aquela forma de intervenção. Não é recomendável, já que não oportuniza a manifestação

[23] SOUZA, Neri Tadeu Camara. **Responsabilidade civil e penal do médico**. Campinas: Servanda, 2008.

[24] KFOURI NETO. *Op. Cit.*

de vontade do paciente, fato que afronta o exercício de sua autonomia existencial.

Em obra especifica[25], expliquei que a melhor das formas é a escrita, pois é indubitável a segurança e eficácia das informações materializadas por meio documental, por conter detalhes da informação dirigida ao paciente e a manifestação de sua autonomia traduzida na vontade de permitir a intervenção, tornando inequívocos o cumprimento do dever de informação e o consentimento do paciente. Além disso, o médico tem a vantagem de dispor de um excelente instrumento probatório, com as formalidades indispensáveis à hipótese de, mais tarde, necessitar produzir prova em juízo. Nesse caso, o TCLE, que materializa o consentimento, torna-se uma poderosa prova pré-constituída, isto é, uma prova elaborada em momento anterior e sob a mera possibilidade de sobrevir um processo judicial. Trata-se de importante documento que terá o papel de resguardar o médico em futura demanda, pois o termo poderá demonstrar que as informações foram devidamente explicadas e de forma clara.

> É importante lembrar que em qualquer das formas de consentimento informado (oral, escrita ou tácita), a linguagem utilizada para as informações deve ser menos técnica possível, compatível com o grau de instrução do destinatário (o paciente), devendo ser clara e objetiva, o que exige uma adequação ao vocabulário que ele seja capaz de compreender[26].

Ainda neste contexto, a clareza e a adequação da linguagem são aspectos muito importantes. É preciso cautela em relação ao vocabulário utilizado no diálogo e no TCLE, pois a comunicação deve ser fluida e para isso a linguagem deve ser adequada ao grau de instrução do paciente e compatível com sua intelecção para não ocorrer que ele se sinta constrangido em perguntar e venha a assinar o documento sem compreender de forma clara as informações.

3. Violação do dever de informar

Violar significa descumprir, desrespeitar, praticar ato contrário ao determinado por lei para a garantia de direitos de outrem. No caso do TCLE,

[25] CABRAL. *Op. Cit.*.

[26] *Ibidem*, p. 55.

todas as vezes que o médico não cumprir o dever de informar e de obter o consentimento para atuar na esfera psicofísica do paciente configurará violação do dever de informar, pois ele tem o direito de ser informado e decidir se submeter (ou não) ao referido tratamento. Pois bem, dessa violação, emerge para o médico a obrigação de reparar o dano, pois ninguém poderá ser obrigado a se submeter a condutas sem se manifestar no sentido de consenti-la. Nesse sentido, justifiquei na obra sobre consentimento informado[27]. A consequência do descumprimento do dever de informar, qual seja, a lesão ao paciente: trata-se de prejuízo à sua dignidade, princípio fundamental da CF, pois os direitos inerentes à dignidade da pessoa humana integram uma categoria denominada direitos existenciais, para além dos princípios, mas como um axioma, o valor máximo do ordenamento jurídico, conforme leciona Perlingieri[28].

Nesta mesma linha de ideias, conforme lição de Rosenvald[29], a vigente CF atribuiu à dignidade da pessoa humana a qualidade de fundamento deste Estado Democrático, alocando-a logo no art. 1º, inciso III, conferindo-lhe precedência topográfica e interpretativa, por esse motivo, deve ser analisada com prioridade sobre os demais princípios. Acompanha este supraprincípio, o princípio da autodeterminação, intimamente ligado à liberdade, que situa a vontade da pessoa enferma no centro deste debate, em respeito à dignidade da pessoa humana, valor maior, consoante Borges[30]. Então, temos a construção do caminho da responsabilidade civil rumo à reparação do dano decorrente do descumprimento do dever de informar, em razão do axioma dignidade da pessoa humana, que permite o exercício da autonomia por parte do paciente, para escolher a melhor decisão acerca da intervenção a ser operada em sua esfera pessoal.

3.1. A violação do dever de informar e a responsabilidade civil

Fabian[31] situa a atividade médica na seara contratual: "os deveres do médico são deveres contratuais", por isso é aplicável a normativa do Código

[27] CABRAL, 2018.

[28] PERLINGIERI, Pietro. **Perfis do direito civil** – introdução ao direito civil constitucional. 3. ed. São Paulo: Renovar, 2007. p. 155.

[29] ROSENVALD, Nelson. **Dignidade humana e boa-fé no código civil**. 1. ed. São Paulo: Saraiva, 2007. p. 35.

[30] BORGES, Roxana Cardoso Brasileiro. **Direitos de personalidade e autonomia privada**. São Paulo: Saraiva, 2. ed. 2007.

[31] FABIAN. *Op. Cit.*, p. 134.

de Defesa do Consumidor. O descumprimento do dever de informar constitui violação ao art. 6º, III do CDC[32], a doutrina nacional e a jurisprudência categorizam como responsabilidade civil subjetiva, fundada na culpa (art. 14, § 4º do CDC). O autor adverte que, nos últimos anos, as ações judiciais não só de responsabilidade civil médica, mas também criminais, aumentaram de forma significativa. Almeida[33] corrobora essa afirmativa, expressando-se da seguinte forma:

> Tais ações, que antes eram raras em nossa justiça, estão se tornando cada vez mais frequentes, havendo mesmo, no mundo ocidental, uma tendência para o crescimento desta litigiosidade que, no dizer de JOSÉ CONDE, se apresenta como verdadeiro fenômeno social. Muitas são as causas de tal fenômeno.

Há, atualmente, uma enorme tendência à judicialização das relações jurídicas não só na seara médica, mas de todas as naturezas. Trata-se de um fato incontestável no Judiciário brasileiro, antevisto por Stefano Rodotà, citado por Schreiber[34]: "O temor é que a multiplicação de novas figuras de dano venha a ter como únicos limites a fantasia do intérprete e a flexibilidade da jurisprudência". Segundo o Ministro Barroso, do STF, "Judicialização significa que questões relevantes do ponto de vista político, social ou moral estão sendo decididas, em caráter final, pelo Poder Judiciário"[35].

Salienta Barroso que, no Brasil, os juízes e tribunais não têm a alternativa de não se pronunciarem quando provocados pela via processual adequada[36], ou seja, devem exercer a *jurisdicere*. Parece-nos que o direito

[32] BRASIL. **Lei 8.078**, de 11 de setembro de 1990. de 1990. Dispõe sobre a proteção do consumidor e dá outras providências. Código de Defesa Disponível em: https://www.planalto.gov.br/ccivil_03/leis/l8078compilado.htm. Acesso em: 10 abr. 2023.

[33] ALMEIDA, Álvaro Henrique Teixeira de. Responsabilidade civil dos hospitais e clínicas (p. 219 a 239). In: NIGRE, André; ALMEIDA, Álvaro Henrique Teixeira de (Orgs.). **Direito e Medicina**: um estudo interdisciplinar. Rio de Janeiro: Lumen Juris, 2007, p. 120.

[34] SCHREIBER, Anderson. **Novos paradigmas da responsabilidade civil**. São Paulo: Atlas, 2013.

[35] BARROSO, Luís Roberto. **A judicialização da vida e o papel do Supremo Tribunal Federal**. Belo Horizonte: Fórum, 2018, p. 44.

[36] *Ibidem.*

abstrato de ação nunca foi tão prestigiado, pois não raro são ajuizadas demandas que movimentam toda a máquina estatal por uma causa que sequer busca um direito legítimo. Entretanto, muitas situações constituem de fato violação ao dever de informar e ao de extrair consentimento do paciente. Atualmente, essas ações "têm assumido grande importância no contexto da responsabilidade civil do médico"[37] e, segundo Kfouri Neto[38], desde a quinta edição de seu livro, hoje na 11ª, objetiva aguçar a reflexão dos estudiosos.

As questões levadas a juízo surgem a partir da especial tutela dos direitos existenciais, tendo em vista todas as manifestações dos princípios da dignidade da pessoa humana, da solidariedade e da boa-fé objetiva, por força das quais o médico passa a cumprir o dever de informar. Consoante lição de Cavalieri Filho[39], esse dever precisa preencher três requisitos: adequação, que estabelece meios de informação compatíveis com os riscos; suficiência, que requer informação completa e integral; e veracidade, que impõe informação completa e real. Explica o autor que a decisão consciente será manifestada com base na qualidade da informação, pois só a informação adequada, suficiente e verdadeira, irá permitir o consentimento livre e esclarecido, que se torna pedra angular da responsabilidade do fornecedor de serviços, conforme o Código de Defesa do Consumidor. A informação visa dotar o paciente de elementos objetivos de realidade, que lhe permitam conhecer detalhes do procedimento e exercer escolhas livres e conscientes[40].

O relacionamento médico-paciente deve ser construído sobre a confiança e a segurança, tendo o segundo a certeza de que o primeiro está primando por honestidade e lisura em seu agir. Não se tem dúvidas acerca do fato de que o dever de informação deve ser cumprido pelo médico e que ele deve observar a boa qualidade das informações. No entanto, o compromisso com a boa-fé e a lisura quanto às informações, deve ser observado por ambas as partes, em corresponsabilidade[41], que exige de ambos, médico e paciente, zelo pela clareza e veracidade das informações

[37] KFOURI NETO. *Op. Cit.*, p. 37.

[38] *Ibidem.*

[39] CAVALIERI FILHO, Sérgio. **Programa de Direito do Consumidor**. 6. ed., São Paulo: Atlas, 2022.

[40] *Ibidem.*

[41] CABRAL. *Op. Cit.*

que um oferece ao outro. Impende observar que se o paciente der informações distorcidas, incorretas ou omissas, poderá induzir o médico a erro de diagnóstico, pois as informações que irão nortear a atuação médica, devem ser precisas (até porque ficarão transcritas de forma pormenorizada no prontuário).

O art. 15 do CC determina que nenhuma pessoa será obrigada a se submeter com risco de vida a tratamento ou cirurgia. Esta disciplina jurídica nos leva à compreensão de que somente a própria pessoa pode decidir sobre as intervenções a serem realizadas em sua esfera pessoal, não cabendo a mais ninguém deliberar nesse sentido, pois o respeito à sua autonomia e à sua dignidade conduz ao raciocínio de que somente a própria pessoa é legitimada para decidir sobre qualquer intervenção em seu corpo. Essa decisão ocorrerá após as informações do médico, explicações e o *feedback* para, no próximo passo, então, serem esses diálogos reduzidos a termo, lançados no TCLE, datado e assinado por ambas as partes. No caso de paciente desconhecido pelo médico, é recomendável o reconhecimento de firma. Nesse documento, o paciente declara ter sido devidamente informado e haver prestado consentimento para a prática da conduta terapêutica ou cirúrgica em sua esfera pessoal.

O TCLE se reveste de grande importância na atual perspectiva da jurisprudência nacional, por isso não pode ser genérico[42], devendo ser pormenorizado, constando todas as informações necessárias, pois o efetivo cumprimento do dever de informar deve esclarecer os principais aspectos do tratamento.

> RECURSO ESPECIAL. VIOLAÇÃO AO ART. 535 DO CPC/1973. NÃO OCORRÊNCIA. RESPONSABILIDADE CIVIL DO MÉDICO POR INADIMPLEMENTO DO DEVER DE INFORMAÇÃO. NECESSIDADE DE ESPECIALIZAÇÃO DA INFORMAÇÃO E DE CONSENTIMENTO ESPECÍFICO. OFENSA AO DIREITO À AUTODETERMINAÇÃO. VALORIZAÇÃO DO SUJEITO DE DIREITO. DANO EXTRAPATRIMONIAL CONFIGURADO. INADIMPLEMENTO CONTRATUAL. BOA-FÉ OBJETIVA. ÔNUS DA PROVA DO MÉDICO."
>
> [...]
>
> 3. O dever de informação é a obrigação que possui o médico de esclarecer o paciente sobre os riscos do tratamento, suas vantagens e desvantagens, as

[42] KFOURI NETO. *Op. Cit.*, p. 289.

> possíveis técnicas a serem empregadas, bem como a revelação quanto aos prognósticos e aos quadros clínico e cirúrgico, salvo quando tal informação possa afetá-lo psicologicamente, ocasião em que a comunicação será feita a seu represe/ntante legal.[43]

O TCLE deve conter[44]: riscos, vantagens, desvantagens, técnicas empregadas, prognóstico, quadro clínico e cirúrgico, especificidades do procedimento a ser implementado, data das informações, dia e hora marcados para a intervenção terapêutica ou cirúrgica, a necessidade de assistente conforme a complexidade do caso, data prevista para retorno e procedimentos a serem adotados. Alguns se apresentam de forma mais simples, outros mais complexos, com maiores detalhes, conforme o caso específico e o grau de complexidade da intervenção como, por exemplo, no caso das cirurgias estéticas, o termo deve ter conteúdo amplo e pormenorizado. O TCLE objetiva demonstrar que houve esclarecimento e posterior anuência do paciente para o procedimento. Por isso, devemos destacar a importância do TCLE como prova pré-constituída, em caso de futura demanda, quando o médico procedeu de forma correta e realizou as anotações devidamente. Entretanto, o TCLE poderá surtir efeito contrário aos interesses do médico, tornando-se prova desfavorável, quando, mediante análise do teor do documento, sejam identificados erro quanto ao procedimento ou falhas nas informações nele contidas. Assim, o TCLE se reveste de grande importância na relação médico-paciente, pois é o documento que materializa a anuência do paciente, em sua forma escrita e concreta do assentimento do paciente para prática da conduta.

3.2. A violação do dever de informar como lesão autônoma

É importante assentar desde logo que, em regra, a responsabilidade civil médica decorre de um atuar incorreto, caracterizado como ato ilícito que, por inteligência do art. 186 do Código Civil, viola direito, causa

[43] BRASIL. STJ – Resp: 1540580/DF, Relator: Ministro LÁZARO GUIMARÃES (Desembargador convocado do TRF 5ª Região), Data de Julgamento: 02/08/2018, T4 – Quarta turma, Data de Publicação: DJe 04/09/2018TRF 5ª Região. Disponível em: https://www.jusbrasil.com.br/jurisprudencia/stj/621592003/inteiro-teor- 621592011 Acesso em: 10 mar. 2023.

[44] CABRAL. *Op. Cit.*.

dano ao paciente. "Art. 186. Aquele que, por ação ou omissão voluntária, negligência ou imprudência, violar direito e causar dano a outrem, ainda que exclusivamente moral, comete ato ilícito"[45]. Mais adiante, o art. 927 do Código Civil preceitua: "Art. 927. Aquele que, por ato ilícito, causar dano a outrem, fica obrigado a repará-lo". Aplicando-se os dispositivos à atuação médica, temos o seguinte: o médico que comete a ilicitude deve reparar o dano decorrente, que causou lesão ao paciente. O ilícito, assim considerado como oriundo de erro e culpa por isso nasce para o médico a obrigação de reparar o dano por ele cometido.

Acontece, porém, em algumas situações o seguinte: que mesmo não havendo atuação que mereça censura ou ato reprovável do ponto de vista técnico e o procedimento tenha sido correto, ainda assim haverá reparação se houver dano proveniente do descumprimento do dever de informar (ausência, defeito ou falha da informação), pois o prejuízo ao paciente acarretará a consequente obrigação de reparar o dano por ele experimentado. Então, a contextualização e os contornos do dano por lesão autônoma decorrente do descumprimento do dever de informar se deve, tão somente, à inexistência ou à falha em relação às informações, sendo o ilícito, nesse caso, a própria omissão ou lacuna quanto ao cumprimento do dever de informar.

Kfouri Neto, citando Lorenzetti, afirma que "a ausência do consentimento pode constituir lesão autônoma, por si só danosa e passível de indenização"[46], sendo precisamente este o ponto relevante da presente abordagem. Kfouri Neto, ainda citando Lorenzetti, explica:

> [...] a culpa surge pela falta de informação, ou pela informação incorreta. Não é necessário negligência no tratamento. Quanto ao nexo causal, a vítima deve demonstrar que o dano provém de um risco acerca do qual deveria ter sido avisada, a fim de deliberar sobre a aceitação ou não do tratamento[47].

Nesse caso, segundo Kfouri Neto, "Para que se caracterize a responsabilidade civil do médico pela não obtenção do consentimento informado,

[45] BRASIL. **Lei nº 10.406,** de 10 de janeiro de 2002. Institui o Código Civil. Disponível em: https://www.planalto.gov.br/ccivil_03/leis/2002/l10406compilada.htm. Acesso em: 14 abr. 2023.

[46] LORENZETTI, Ricardo Luis (1997) *apud* KFOURI NETO. *Op. Cit.*, p. 41.

[47] LORENZETTI, Ricardo Luis (1997) *apud* KFOURI NETO. *Op. Cit.*, p. 41.

deve-se estabelecer relação clara entre a falta de informação e o prejuízo final[48]". Nessa situação, o dano deve decorrer da inexistência ou da falha de informação, que é o nexo de causalidade apto a desencadear o dano. Kfouri[49] exemplifica da seguinte forma: em uma cirurgia de hérnia inguinal, na qual existe o risco (não informado ao paciente) de necrose do testículo, não houve falha técnica, entretanto ocorreu a necrose e a consequente mutilação. O dano moral se verificou em decorrência da não advertência quanto a essa possibilidade. Outra hipótese de dano autônomo: em cirurgia eletiva (que o paciente poderia ter se submetido em outra época), o médico deixou de informar o período necessário à convalescença. Foi imputada ao médico a obrigação de reparar o dano devido aos prejuízos que o paciente sofreu por não ter podido retornar logo ao trabalho. Mesma situação ocorreu no julgado em que não restou demonstrado o cumprimento do dever de informação pelo médico que, ao realizar a laqueadura tubária bilateral, deveria ter esclarecido sobre a mínima falibilidade, pois a apelante poderia ter adotado outras cautelas para evitar a gravidez indesejada[50]. Pontuou o Relator: "O dever de informação é consectário lógico da boa-fé objetiva, e seu descumprimento, por si só, configura negligência, apta a gerar a obrigação de indenizar do médico, com base no art. 14, §4º do Código de Defesa do Consumido"[51]. O relator reconheceu o dano experimentado pela autora em decorrência das dores em razão da gravidez ectópica (fora do lugar) e seu marido, pela perda do filho. É a ementa do referido julgado:

> RESPONSABILIDADE CIVIL. MÉDICO E HOSPITAL. SOLIDARIEDADE. LAQUEADURA TUBÁRIA. FALTA DE ESCLARECIMENTOS SOBRE A FALIBILIDADE DO MÉTODO CONTRACEPTIVO. VIOLAÇÃO AO DEVER DE INFORMAÇÃO. GRAVIDEZ ECTÓPICA DE RISCO. RETIRADA DA TROMPA E DO FETO. OBRIGAÇÃO DE INDENIZAR. DANOS MORAIS[52].

[48] KFOURI NETO. *Op. Cit.*, p. 40.

[49] *Ibidem.*

[50] BRASIL. **TJRS**. Ap. 70073113078. Rel. Des. Paulo Roberto Lessa Franz, j. 27.04.2017. Disponível em: https://www.jusbrasil.com.br/artigos/descumprimento-do-dever-informacional-do-medico-gera-o-dever-de-indenizar/943555475. Acesso em: 30 maio 2023.

[51] *Ibidem.*

[52] *Ibidem.*

Se por um lado há o dano autônomo pelo descumprimento do dever de informar, por outro lado, nem todas as hipóteses de cumprimento do dever de informar descaracteriza a responsabilidade civil, assim como a constatação de excludente de ilicitude na conduta médica. Significa dizer que somente o consentimento livre e esclarecido não descaracteriza a responsabilidade profissional, nem mesmo uma causa excludente de ilicitude libera o médico do cumprimento do dever de informação, conforme lição de Kfouri Neto[53]. Não havendo erro médico ou ainda restando configurada uma causa excludente de ilicitude, se o médico descumprir o dever de informação, responderá civilmente pelo fato; a violação ao dever de informar constitui lesão autônoma aos direitos da personalidade, conforme se verá adiante. Por esse motivo, deve haver máxima clareza e segurança quanto ao conteúdo e a veracidade das informações registradas quando de seu preenchimento.

Observamos, na realidade atual, diversos julgados fundados na discussão acerca da inexistência ou incompletude no dever de informação em procedimentos estéticos como, por exemplo, a "Bioplastia", que é uma cirurgia de alta tecnologia, sem cortes, à base de injeções de PMMA (polimetilmetacrilato) muito procurada pelas mulheres. Segundo Kfouri Neto, "Contudo, há expressivos riscos na utilização desse produto, que é derivado do acrílico, pois não existe tratamento para eventuais complicações nem possibilidade de ser retirado o produto do organismo"[54]. Kfouri Neto adverte a respeito do Parecer CFM 5/13 sobre riscos da substância, que recomenda cuidados quanto à utilização.

Em outro caso concreto, o descumprimento do dever de informar, na ementa do julgado abaixo, conclui pela não informação à paciente acerca dos efeitos colaterais das substâncias; por esse motivo, reconhece a responsabilidade civil decorrente da ausência de informação e reafirma a inexistência de erro e a consequente obrigação de pagar pelo procedimento, mantendo a verba honorária.

> APELAÇÕES CÍVEIS. DIREITO PRIVADO NÃO ESPECIFICADO. AÇÃO DE COBRANÇA. CONTRATO DE PRESTAÇÃO DE SERVIÇOS MÉDICOS. USO DE POLIMETILMETACRILATO NA REGIÃO

[53] KFOURI NETO. *Op. Cit.*

[54] *Ibidem.*

> DO GLÚTEO. CIRURGIA ESTÉTICA. COBRANÇA DE VALORES INADIMPLIDOS. EXISTÊNCIA DA DÍVIDA. RECONVENÇÃO. DESINFORMAÇÃO DA PACIENTE ACERCA DOS PROVÁVEIS EFEITOS COLATERAIS. CULPA CONFIGURADA. DANO MORAL. NEXO CAUSAL. DEVER DE INDENIZAR. QUANTUM MANTIDO. TERMO INICIAL DOS JUROS DE MORA. CITAÇÃO. VERBA HONORÁRIA MANTIDA.
>
> [...]
>
> 3. A falta de informação relevante pode levar o profissional da saúde a ter que responder pelo risco inerente, não por ter havido defeito do serviço, mas pela ausência de informação devida ao paciente, antes e durante o tratamento ministrado. Justamente porque a resposta ao tratamento difere entre um paciente e outro há necessidade do profissional alertar sobre os possíveis efeitos colaterais da medicação.[55]

Corroborando a noção já mencionada e de grande importância, o julgado reafirma que "A falta de informação relevante pode levar o profissional da saúde a ter que responder pelo risco inerente, não por ter havido defeito do serviço"[56]. Nesse caso, resta comprovada a tese do descumprimento do dever de informação como dano autônomo, capaz de, por si só, ensejar direito à reparação civil. São esses, portanto, os apontamentos acerca do dano autônomo relativo ao descumprimento do dever de informar.

Conclusões

A valorização dos direitos existenciais, a evolução da sociedade cada vez mais tecnológica com recursos inimagináveis, a crescente judicialização das relações e o dinamismo da jurisprudência no sentido de responder aos anseios do efetivo exercício da cidadania tornam a responsabilidade civil uma realidade quase usual nos tribunais brasileiros, deflagrando novas formas de vivenciar e de exigir um direito em franca transformação.

Em linhas conclusivas, então, convém salientar a importância do reconhecimento do dano autônomo no contexto do consentimento livre e esclarecido, objeto deste breve estudo, como um prejuízo por si só

[55] BRASIL. TJRS, 2015.

[56] *Ibidem.*

suficiente a gerar a obrigação de repará-lo. Nessa linha de intelecção, o descumprimento do dever de informar decorre da ausência ou falha da informação ao paciente acerca do procedimento. Não se trata da hipótese em que uma sentença de mérito reconhece o ilícito praticado pelo médico (erro de procedimento ou má execução do serviço) e a consequente obrigação de reparar o dano suportado pelo paciente, que corresponde à clássica noção de responsabilidade civil, obrigando o agente a reparar o dano decorrente de ato ilícito por ele praticado.

Enfatiza-se, portanto, que violar o dever de informar tem sido reconhecido como dano autônomo: ante a inexistência ou deficiência do cumprimento do dever de informar e de extrair o consentimento, responderá o médico por essa omissão, de forma autônoma, ou seja, independentemente de haver cometido outro ilícito mediante negligência, imprudência ou imperícia, que são os elementos da culpa. Nesse caso, o ilícito a ensejar a responsabilização civil é a própria conduta de descumprir o dever de informar, seja na inexistência, seja na falha, seja no defeito da informação, que deve ser completa, clara e objetiva.

Outro importante aspecto do dano autônomo: a inexistência ou falha do dever de informar, precisa obrigatoriamente, causar um dano. O dano deve decorrer de forma comprovada e direta do descumprimento do dever de informar e dele depender, tornando clara a existência do nexo de causalidade. Nesse sentido, a vítima deverá demonstrar que o prejuízo por ela experimentado se deveu ao risco a respeito do qual ela não tenha sido avisada ou advertida. Mas não pode ser risco banal, deve ser um risco ante o qual ela pensaria melhor antes de se decidir pela intervenção.

Esses são os relevantes aspectos discutidos nesta oportunidade, mas sabemos que a evolução do direito é um fato em face do qual o dinamismo das decisões oriundas dos tribunais se torna um imperativo, por isso a cada dia, poderão emergir novas hipóteses de responsabilidade civil, que passam a operam transformações, por vezes radicais, no entendimento da doutrina e da jurisprudência.

Referências

ALMEIDA, Álvaro Henrique Teixeira de. Responsabilidade civil dos hospitais e clínicas (p. 219 a 239). In: NIGRE, André; ALMEIDA, Álvaro Henrique Teixeira de (Orgs.). **Direito e Medicina**: um estudo interdisciplinar. Rio de Janeiro: Lumen Juris, 2007.

AMATRIAIN, Roberto Cataldi. **Introducción a la bioética del siglo XXI**. Buenos Aires: Hygea, 2017.

BARROSO, Luís Roberto. **A judicialização da vida e o papel do Supremo Tribunal Federal**. Belo Horizonte: Fórum, 2018.

BORGES, Roxana Cardoso Brasileiro. **Direitos de personalidade e autonomia privada**. São Paulo: Saraiva, 2. ed. 2007.

BRASIL. **Lei 8.078**, de 11 de setembro de 1990. de 1990. Dispõe sobre a proteção do consumidor e dá outras providências. Código de Defesa Disponível em: https://www.planalto.gov.br/ccivil_03/leis/l8078compilado.htm. Acesso em: 10 abr. 2023.

BRASIL. **Lei nº 10.406,** de 10 de janeiro de 2002. Institui o Código Civil. Disponível em: https://www.planalto.gov.br/ccivil_03/leis/2002/l10406compilada.htm. Acesso em: 14 abr. 2023.

BRASIL. **STJ** – Resp: 1540580/DF, Relator: Ministro LÁZARO GUIMARÃES (Desembargador convocado do TRF 5ª Região), Data de Julgamento: 02/08/2018, T4 – Quarta turma, Data de Publicação: DJe 04/09/2018TRF 5ª Região. Disponível em: https://www.jusbrasil.com.br/jurisprudencia/stj/621592003/inteiro-teor-621592011 Acesso em: 10 mar. 2023.

BRASIL. **TJRS**. Ap. 70073113078. Rel. Des. Paulo Roberto Lessa Franz, j. 27.04.2017. Disponível em: https://www.jusbrasil.com.br/artigos/descumprimento-do-dever-informacional-do-medico-gera-o-dever-de-indenizar/943555475. Acesso em: 30 maio 2023.

CAVALIERI FILHO, Sérgio. **Programa de Direito do Consumidor**. 6. ed., São Paulo: Atlas, 2022.

CAVALIERI FILHO, Sérgio. **Programa de Responsabilidade Civil**. 15. ed., São Paulo: Atlas, 2021.

CABRAL, Hildeliza Lacerda Tinoco Boechat. **Consentimento informado no exercício da medicina e tutela dos direitos existenciais**: uma visão interdisciplinar – Direito e Medicina. 2. ed. Curitiba: Appris, 2018.

FABIAN, Christoph. **O dever de informar no direito civil**. São Paulo: Revista dos Tribunais, 2002.

DECLARAÇÃO UNIVERSAL DOS DIREITOS HUMANOS. Disponível em: https://www.oas.org/dil/port/1948%20Declara%C3%A7%C3%A3o%20Universal%20dos%20Direitos%20Humanos.pdf Acesso em: 31 abr. 2023.

KFOURI NETO, Miguel. **Responsabilidade civil do médico**. 11. ed., São Paulo: Thomsom Reuters, 2021.

NAMBA, Edison Tetsuzo. **Manual de bioética e biodireito**. São Paulo: Atlas, 2009.

NUNES, Lydia Neves Bastos Telles. O incapaz e o consentimento informado. **Revista Sequência**, n, 55, p. 287-302, dez. 2007.

PERLINGIERI, Pietro. **Perfis do direito civil** – introdução ao direito civil constitucional. 3. ed. São Paulo: Renovar, 2007.

SCHREIBER, Anderson. **Novos paradigmas da responsabilidade civil**. São Paulo: Atlas, 2013.

SOARES, Flaviana Rampazzo. **Consentimento do paciente no direito médico**: validade, interpretação e responsabilidade. Indaiatuba/SP: Foco, 2021.

SOUZA, Neri Tadeu Camara. **Responsabilidade civil e penal do médico**. Campinas: Servanda, 2008.

UNESCO. Declaração Universal sobre Bioética e Direitos Humanos. 2005. Disponível em: https://bvsms.saude.gov.br/bvs/publicacoes/declaracao_univ_bioetica_dir_hum.pdf. Acesso em: 30 abr. 2023.

2. DECISÕES DA PESSOA COM DEFICIÊNCIA MENTAL OU INTELECTUAL SOBRE SEU TRATAMENTO MÉDICO: AUTODETERMINAÇÃO, DISCERNIMENTO E SOLUÇÃO DE CONFLITOS

Alinne Arquette
Carlos Henrique Medeiros de Souza

Tomando para si a tarefa de se representar como segmento,
foram construindo seu espaço na sociedade,
conquistando e lutando pela manutenção de seus direitos.

Emílio Figueira (2021)

Considerações iniciais

Concebendo o direito à liberdade como meio de realização da dignidade da pessoa humana, a Convenção Internacional sobre os Direitos da Pessoa com Deficiência, desenvolvida a partir de amplas discussões na ONU, estabeleceu de forma clara que todas as pessoas com deficiência, de qualquer tipo, são titulares de todos os direitos humanos e liberdades fundamentais. Conquanto seu ingresso no ordenamento jurídico brasileiro tenha se dado nos moldes do art. 5º, § 3º, da Constituição da República e, portanto, com força constitucional e aplicabilidade imediata, houve necessidade de adequação da legislação infraconstitucional ao novo modelo de tratamento da deficiência, agora não mais considerado como um problema da pessoa que a tem, mas como um impedimento físico, mental, intelectual ou sensorial, de longo prazo que, em interação com uma ou mais barreiras, pode obstruir a participação plena e efetiva da pessoa na sociedade em igualdade de condições com as demais pessoas.

Foi, a partir daí, elaborado o Estatuto da Pessoa com Deficiência, legislação brasileira que transformou toda a teoria das incapacidades, substituindo o modelo médico da deficiência pelo modelo social, ou biopsicossocial, uma concepção ainda mais abrangente e inclusiva, dissociando claramente capacidade jurídica e deficiência, e prevendo, expressamente, a permanência da autonomia existencial para todas as pessoas, ainda que com deficiência mental ou intelectual e submetidas à curatela. Assim, os atos relacionados ao exercício da autonomia existencial passaram a ser validamente realizados pelas pessoas curateladas, sem possibilidade de transferir ao curador poderes a eles relacionados, exceto em casos muito específicos e devidamente fundamentados, em que o titular esteja absolutamente impossibilitado de manifestar sua vontade, por ser ou estar temporariamente desprovido de qualquer nível de discernimento.

Surgiu, então, a necessidade de reler a capacidade jurídica para os atos existenciais, deixando de ser fundada na ideia de autodeterminação, para se realizar através do aproveitamento de qualquer grau de discernimento da pessoa com deficiência mental ou intelectual, evidenciando-se a diferença entre autonomia e autodeterminação. Nessa esteira, o conceito de autonomia existencial passou a ser fundado no discernimento, em sentido diverso da autodeterminação outrora exigida, ordenando o sistema jurídico brasileiro a consideração das vontades, da história de vida, das crenças e das tendências da pessoa curatelada nas questões referentes ao exercício de seus direitos humanos e fundamentais relacionados à sua personalidade.

Dentre os direitos existenciais preservados em favor da pessoa curatelada, destacam-se, neste estudo, as escolhas relacionadas aos seus tratamentos de saúde, que se revelam instrumentos de materialização da autonomia, da liberdade e da dignidade da pessoa humana. Ocorre que, por vezes, o exercício dessas escolhas pode criar situações de conflitos entre direitos fundamentais, na forma de concorrência de direitos, quando o confronto se dá entre direitos do mesmo titular, ou na forma de colisão, quando direitos de uma pessoa colidem com direitos de terceiros, e estes choques precisam ser solucionados no caso concreto, por meio de técnicas de hermenêutica constitucional, dada a natureza dos bens jurídicos em questão.

Partindo-se da necessidade de respeitar as escolhas existenciais da pessoa com deficiência mental ou intelectual, foi desenvolvido este capítulo por meio de uma ampla pesquisa bibliográfica e com a utilização de uma metodologia qualitativa, buscando entender a autonomia existencial e seu exercício pelas pessoas curateladas no atual desenho legislativo brasileiro, permitindo a diferenciação entre autonomia e autodeterminação, para considerar qualquer grau de discernimento da pessoa com deficiência em decisões sobre sua saúde e, ao final, estabelecendo parâmetros para solução de eventuais conflitos entre direitos fundamentais, por concorrência ou colisão.

1. Autonomia existencial da pessoa com deficiência: redimensionando a curatela

A autonomia privada pode ser entendida como o poder de autorregulamentação de interesses privados, de modo que, por meio dela, são criadas relações jurídicas para a satisfação de inúmeros interesses das mais variadas ordens, de natureza patrimonial ou existencial. Pietro Perlingieri, advertindo sobre a imprecisão do conceito apresentado, define inicialmente a autonomia privada como "o poder, reconhecido ou concedido pelo ordenamento estatal a um indivíduo ou a um grupo, de determinar vicissitudes jurídicas como consequência de comportamentos – em qualquer medida – livremente assumidos."[1]

No mesmo sentido, Judith Martins-Costa salienta o caráter polissêmico da expressão autonomia privada, afirmando que ela "(i) constitui o fundamento da ação jurídico privada e (ii) traduz uma fonte de poder normativo, pelo qual se formam e são criados negócios jurídicos, atos pelos quais os particulares exercitam sua liberdade de decisão e escolha na regulação dos próprios interesses."[2]

Diversa da autonomia da vontade, essa ligada ao voluntarismo oitocentista[3] e à teoria contratual clássica, da qual decorrem a liberdade

[1] PERLINGIERI, Pietro. **Perfis do direito civil**. Trad. Maria Cristina de Cicco. Rio de Janeiro: Renovar, 2007.

[2] MARTINS-COSTA, Judith. **A boa-fé no direito privado**. 2. ed. São Paulo: Saraiva Educação, 2018. p. 248-249.

[3] FARIAS, Cristiano Chaves de; ROSENVALD, Nelson. **Curso de direito civil**: contratos. 4. ed. Salvador: JusPodivm, 2016a. p. 151.

contratual, a força obrigatória do contrato e o seu efeito relativo, além do consensualismo[4], a autonomia privada abrange não apenas a estrutura da relação jurídica, mas também sua função, pois, embora a vontade seja seu suporte fático, a ela é acrescentada a regulamentação legal, para a realização de interesses dignos de tutela[5]. Nesse sentido, é possível afirmar que a autonomia privada vai muito além dos negócios jurídicos patrimoniais, envolvendo também os negócios jurídicos existenciais, na medida em que ela significa, conforme adverte Luís Roberto Barroso, autogoverno do indivíduo[6], sendo um conceito-chave por trás das liberdades individuais[7].

Nessa perspectiva, abordando a autonomia no âmbito do contrato, Enzo Roppo vislumbrou diferenças entre as expressões autonomia da vontade e autonomia privada, afirmando que a autonomia privada é forma jurídica e legitimação da atividade econômica e a autonomia da vontade é apenas um aspecto da primeira[8]. Ana Prata, denominando a autonomia da vontade como liberdade negocial[9], afirma que a autonomia privada se desdobra em dois mecanismos jurídicos de expressão da liberdade dos sujeitos privados para tutelar seus interesses, sendo eles o direito subjetivo, que tem como paradigma a propriedade, e a liberdade negocial[10]. Essa abordagem da autora portuguesa, como resta clara, está voltada também para o campo do direito dos contratos, mas a jurista deixa consignado que há um recorte do conceito de autonomia privada e uma opção conceitual restrita para a sua obra[11]. Paulo Luiz Neto Lôbo, ainda abordando a autonomia no campo contratual, noticia a divergência doutrinária a

[4] Para mais detalhes sobre o dogma da autonomia da vontade no direito contratual e seus reflexos, ver ARQUETTE L. N., Alinne. **A teoria contratual de o Código de Defesa do Consumidor**. São Paulo: Revista dos Tribunais, 2001. p. 40-63.

[5] FARIAS; ROSENVALD, ob. cit., 2016a p. 152.

[6] BARROSO, Luís Roberto. **A dignidade da pessoa humana no direito constitucional contemporâneo**: a construção de um conceito jurídico à luz da jurisprudência mundial. Belo Horizonte: Fórum, 2020. p. 83.

[7] *Ibidem*, p. 82.

[8] ROPPO, Enzo. **O contrato**. Trad. Ana Coimbra e M. Januário C. Gomes. Coimbra: Almedina, 1988. p. 310-311.

[9] PRATA, Ana. **A tutela constitucional da autonomia privada**. Coimbra: Almedina, 1986. p. 17. Ver nota 17, em que a autora cita vários doutrinadores e evidencia seu entendimento de que a autonomia da vontade se identifica com a liberdade contratual.

[10] *Ibidem*, p. 16-17.

[11] *Ibidem*, p. 14-19.

respeito da nomenclatura mais apropriada para o princípio, afirmando que "muitos condenam a referência à *vontade*: ao invés de *autonomia da vontade*, melhor seria *autonomia privada*. Refletem, de certa maneira, a opção que fazem à *teoria da declaração* preferentemente à *teoria da vontade* (primazia da vontade ou primazia da declaração)"[12]. Segundo Enzo Roppo, a passagem da teoria da vontade para a teoria da declaração expressou "uma tendência para a progressiva redução do papel e da importância da vontade"[13], revelando a necessidade de tutelar a confiança, de modo que outras teorias as seguiram, como a teoria normativista de Luigi Ferri[14], a teoria preceptiva de Emílio Betti[15] e, fundamentalmente, a teoria da confiança, em que valores como a equidade e a boa-fé impregnam o sentido da autonomia, admitindo-se a responsabilidade de quem, por seu comportamento na sociedade, fez nascer no outro a justificada expectativa no cumprimento de determinadas obrigações, conforme ensina Claudia Lima Marques[16].

De fato, há tempos a doutrina tem apontado diferenças entre autonomia privada e autonomia da vontade, conceitos inicialmente usados no direito contratual, revelando a importância do individualismo e do patrimonialismo próprios da época em que a liberdade passou a ser considerada um princípio basilar do direito privado – o liberalismo[17], mas que foram revelando sua aplicação, talvez mais importante ainda, no campo extrapatrimonial, na medida em que essa concepção limitada da autonomia foi, conforme aponta Pietro Perlingieri, "radicalmente alterada pela hierarquia constitucional dos valores, onde a liberdade não se identifica

[12] LÔBO, Paulo Luiz Neto. **O contrato**: exigências e concepções atuais. São Paulo: Saraiva, 1986. p. 29.

[13] ROPPO, ob. cit., p. 297.

[14] FERRI, Luigi. **La autonomia privada**. Trad. Luis Sancho Mendizábal. Granada: Editorial Comares, S.L., 2001. p. 71-72.

[15] BETTI, Emílio. **Teoria geral do negócio jurídico**. Trad. Ricardo Rodrigues Gama. Campinas: LZN, 2003. p. 171-172.

[16] MARQUES, Claudia Lima. **Contratos no Código de Defesa do Consumidor**: o novo regime das relações contratuais. 5. ed. São Paulo: Revista dos Tribunais, 2005. p. 212.

[17] Para mais detalhes sobre a evolução do princípio como dogma, desde o direito romano, ver PERLINGIERI, Pietro. O direito civil na legalidade constitucional. trad. Maria Cristina De Cicco, Rio de Janeiro: Renovar, 2008, p. 339-343; e ARQUETTE L. N., Alinne, ob cit., 2001, p. 40-62.

com a iniciativa econômica: a liberdade da pessoa, e a responsabilidade conseguinte, ultrapassa e subordina a iniciativa econômica a si própria."[18]

A mudança paradigmática do sistema jurídico, em que a unidade passou a ser conferida pela Constituição, que assumiu o papel de centralidade e supremacia[19], perdendo o Código Civil a posição de centro gravitacional, tornou a pessoa humana como seu valor principal, em substituição ao patrimônio[20]. Com isso, a transição do individualismo e do patrimonialismo para o personalismo[21] importou na chamada repersonalização do direito civil[22] e permitiu uma tutela qualitativamente diversa daquela de outrora. Assim, a tutela da pessoa humana significou a proteção da pessoa concreta e não do indivíduo abstrato, de modo que todas as pessoas, quaisquer que sejam seus projetos de vida, têm importância e valor[23]. Nesse sentido é que, a partir desse movimento, a própria norma constitucional passou a impor a observância, pelo legislador infraconstitucional e, ainda, pelos aplicadores do direito, da chamada cláusula geral de tutela da pessoa humana[24], cuja dignidade deve ser preservada em todos os âmbitos.

Evidencia-se, no vértice do sistema jurídico, portanto, o princípio da dignidade da pessoa humana que, agora, deve estar no cerne da autonomia

[18] PERLINGIERI, Pietro. **O direito civil na legalidade constitucional**. Trad. Maria Cristina De Cicco, Rio de Janeiro, Renovar, 2008. p. 335-336.

[19] Para um estudo aprofundado da constitucionalização do direito civil, recomenda-se a leitura de PERLINGIERI, Pietro, ob. cit., 2007; bem como PERLINGIERI, Pietro, ob. cit., 2008; MORAES, Maria Celina Bodin de. **Na medida da pessoa humana**: estudos de direito civil-constitucional. Rio de Janeiro: Renovar, 2010; TEPEDINO, Gustavo; SANTOS, Débora Pinto Monteiro dos; PEREIRA, Paula Moura Francesconi de Lemos (Coord.). **Direito civil--constitucional**: a construção da legalidade constitucional nas relações privadas. Idaiatuba: Foco, 2022.

[20] ARQUETTE L. N., Alinne, ROBLES-LESSA, Moyana Mariano; CABRAL, Hildeliza Boechat. Autonomia existencial da pessoa com deficiência: uma análise necessária sobre seus contornos e limites. In: ARQUETTE L. N., Alinne; CABRAL, Hildeliza Boechat; MOREIRA, Raquel Veggi (Org.). **Tratado de bioética jurídica**. São Paulo: Almedina, 2022. p. 393.

[21] PERLINGIERI, ob. cit., 2007, p. 33.

[22] MEIRELES, Rose Melo Vencelau. Pressupostos para o exercício da autonomia existencial. In: TEIXEIRA, Ana Carolina Brochado; MENEZES, Joyceane Bezerra de (Coord.). **Gênero, vulnerabilidade e autonomia**: repercussões jurídicas. 2. ed. Indaiatuba: Foco, 2021. p. 65.

[23] TEIXEIRA, Ana Carolina Brochado. Autonomia Existencial. In: **Revista Brasileira de Direito Civil** – RBDCivil. Belo Horizonte, v. 16, p. 75-104, abr./jun. 2018. p. 77.

[24] MORAES, ob. cit., p. 15.

privada e de qualquer outro direito fundamental, sendo "possível endossar a existência de uma relação forte (maior ou menor) entre os direitos e garantias fundamentais e a dignidade da pessoa humana"[25], na lição de Ingo Wolfgang Sarlet.

A autonomia privada, por óbvio, está fundada no direito fundamental à liberdade, sendo seu instrumento de realização[26], e deve, assim, ser também forma de concreção do primado da dignidade da pessoa humana, como seu elemento ético[27]. Portanto, a liberdade e a autonomia, na concepção que condiz com a primazia da ordem constitucional, devem ser meios de tutelar a pessoa, notadamente no seu viés existencial. Para Luís Roberto Barroso, "a autonomia é parte da liberdade que não pode ser suprimida por interferências sociais ou estatais por abranger as decisões pessoais básicas, como as escolhas relacionadas com religião, relacionamentos pessoais, profissão e concepções políticas, entre outras."[28]

O princípio a liberdade, portanto, embasa a autonomia privada, tendo na realização da dignidade da pessoa humana seu papel fundamental, tanto que, para Amartya Sen, a liberdade é valiosa por, pelo menos, duas razões: a primeira porque ela confere mais oportunidade de buscar os próprios objetivos, considerando o que a pessoa valoriza, revelando o "aspecto de oportunidade"; a segunda porque o próprio processo de escolha se torna importante, trazendo o "aspecto de processo" da liberdade[29]. Então, atualmente, o princípio da liberdade individual consubstancia-se "numa perspectiva de privacidade, intimidade e livre exercício da vida privada", em que a pessoa pode "realizar, sem interferências de qualquer gênero, as próprias escolhas individuais – mais: o próprio projeto de vida, exercendo--o como melhor convier."[30]

Para além da proteção à dignidade da pessoa humana, há necessidade de sua promoção, que se faz por meio do reconhecimento da juridicidade das suas escolhas no campo existencial, através do exercício de sua autonomia

[25] SARLET. Ingo Wolfgang. **Dignidade da pessoa humana e direitos fundamentais na Constituição Federal de 1988.** 10. ed. Livraria do Advogado: Porto Alegre, 2019. p. 97.

[26] MEIRELES, ob. cit., p. 48.

[27] BARROSO, ob. cit., p. 81.

[28] *Ibidem*, p. 82.

[29] SEN, Amartya. **A ideia de justiça**. Trad. Denise Bottman e Ricardo Dominelli Mendes. São Paulo: Companhia das Letras. 2011. p. 262-263.

[30] MORAES, ob. cit., p. 108.

privada[31]. Ganha relevância, então, o conceito de autonomia existencial, cuja base está no direito fundamental à liberdade, previsto no art. 5º, *caput*, da Constituição da República, a ser realizado, necessariamente, como forma de proteção e promoção da dignidade da pessoa humana, nos termos do art. 1º, III, também da norma constitucional. No viés existencial, a liberdade e a autonomia permitem que a pessoa faça "escolhas quanto à sua vida, em todos os seus aspectos físicos e psicológicos" e tenha "a proteção estatal para, através de tais escolhas, ver-se realizada enquanto pessoa humana dotada de dignidade."[32]

A partir do reconhecimento de que a dignidade da pessoa humana e, como seus instrumentos de realização, a liberdade e a autonomia existencial são garantidas a todas as pessoas, surge uma questão fundamental: a autonomia decorre da autodeterminação do sujeito?

Essa questão é relevantíssima e não pode ser relegada a segundo plano, muito menos ignorada, principalmente considerando que às pessoas com deficiência mental e intelectual foi preservada a plena autonomia para os atos de natureza existencial, ainda que submetidas ao regime de curatela, conforme o art. 85 do Estatuto da Pessoa com Deficiência. Chegar à resposta é um trabalho complexo e que tem levado filósofos e juristas a reflexões profundas, que não cabem na estreiteza desse estudo, mas que não podem ser simplesmente esquecidas.

Para Kant, "a vontade é uma espécie de causalidade dos seres vivos, enquanto racionais, e liberdade seria a propriedade desta causalidade, pela qual ela pode ser eficiente, independentemente de causas estranhas que a determinem"[33]. Assim, após desenvolver seus conceitos de imperativo hipotético e imperativo categórico, baseados na ideia de dever e de vontade[34], Kant desenvolve as ideias de autonomia e liberdade, sempre

[31] MEIRELES, ob. cit., p. 70.

[32] ARQUETTE L. N., Alinne, LEITE, Maria Eduarda Pereira Arquette; SOUZA, Carlos Henrique Medeiros de. Recusa terapêutica e objeção de consciência: limites e possibilidades segundo a ordem constitucional. In: ARQUETTE L. N., Alinne; CABRAL, Hildeliza Boechat; MOREIRA, Raquel Veggi (Org.). Tratado de bioética jurídica. São Paulo: Almedina, 2022. p. 309.

[33] KANT, Immanuel. **Fundamentação da Metafísica dos Costumes**. Trad. Paulo Quintela. Lisboa: Edições 70, 1995. p. 93.

[34] Para Kant (ob. cit., p. 48), "a representação de um princípio objetivo, enquanto obrigante para uma vontade, chama-se um mandamento (da razão), e a fórmula do mandamento

associadas à razão, relacionando o imperativo categórico à moralidade, que entende ser a única condição capaz de fazer um ser racional um fim em si mesmo e não um meio e, portanto, um ser dotado de dignidade[35].

Logo, na visão kantiana, a dignidade está ligada à ideia de autonomia, mas num viés sinônimo à autodeterminação, pois valoriza a vontade e a coloca no papel de legisladora universal[36]. Luís Roberto Barroso afirma que os conceitos de autonomia e dignidade estão no cerne do pensamento de Kant, sendo autonomia a "qualidade de uma vontade que é livre", identificando "a capacidade do indivíduo de se autodeterminar em conformidade com a representação de certas leis", sendo o indivíduo governado pela razão[37]. Nesse sentido, Ingo Wolfgang Sarlet questiona até que ponto essa concepção kantiana da dignidade da pessoa humana poderá ser, efetivamente, adotada sem reservas ou ajustes no atual momento da evolução social, econômica e jurídica[38].

Com efeito, conquanto não se possa afastar a enorme importância da construção kantiana da dignidade da pessoa humana fundada na autonomia como autodeterminação, é fato que na sociedade pós-moderna sua fórmula se mostra insuficiente, tanto que Daniel Sarmento adverte que "afirmar a centralidade da autonomia para a dignidade humana não implica negar a dignidade dos seres humanos que não sejam capazes de exercitá-la, como as crianças e as pessoas com deficiências mentais", pois "mesmo em relação a esses indivíduos vulneráveis, o princípio da autonomia não deixa de incidir", se revelando no respeito e consideração das vontades deles na medida do possível e também na exigência de medidas políticas de promoção de sua autonomia[39].

Nesse ponto, se pode entender a importância da diferenciação entre autonomia e autodeterminação, mantendo-se a autonomia e a liberdade

chama-se Imperativo", e esse imperativo será hipotético se a ação for boa apenas para qualquer outra coisa, enquanto se a ação for representada como boa em si, o imperativo será categórico (*Ibidem*, p. 50) e este é "Age apenas segundo uma máxima tal que possas ao mesmo tempo querer que ela se torne lei universal." (*Ibidem*, p. 59).

35 *Ibidem*, p. 76-78.

36 *Ibidem*, p. 75.

37 BARROSO, ob. cit., p. 71.

38 SARLET, ob. cit., p. 41-42.

39 SARMENTO, Daniel. **Dignidade da pessoa humana**: conteúdo, trajetórias e metodologia. 2. ed. Belo Horizonte: Fórum, 2019. p. 138-139.

associadas ao conceito de dignidade, mas não a capacidade de se autodeterminar, pois essa se trata de um conceito concreto e não potencial e que, então, nem todas as pessoas têm. Assim, a autonomia não decorre da autodeterminação, sendo um conceito mais amplo que ela, de modo que autonomia consiste em uma capacidade potencial e, portanto, abstrata, de determinar-se segundo a sua vontade, enquanto a autodeterminação, por si só, deve ser entendida como uma capacidade concreta de agir conforme sua vontade. Ingo Wolfgang Sarlet também traz essa reflexão, afirmando que, por tal entendimento, se conclui que a pessoa com deficiência mental grave possui a mesma dignidade de qualquer outro ser humano[40].

Ana Paula Barbosa-Fohrmann e Luana Adriano Araújo, a partir da construção da primeira autora, propõem a interpretação da autonomia como fundamento da dignidade em dois níveis, buscando extrapolar a concepção kantiana[41], justamente porque, a par de sua importância, ela não consegue atender à complexidade da pessoa humana, parecendo, inclusive, excluir essa característica de pessoa de alguns seres humanos, se não dotados de razão. Para as autoras, no primeiro nível, estão a autonomia existente, que é inerente a todo ser humano, bem como a latência e a potencialidade próprias do ser humano, sendo que a sua aliança torna o ser humano uma pessoa, pois "atribui a todo ser humano uma autonomia existente, bem como, de forma latente e potente, provê todas as pessoas com autonomia latente e potencial".[42] No segundo nível, surgem as autonomias interna e externa, a partir da autonomia existente e da latência e potencialidade, respectivamente, de modo que a autonomia interna está ligada à identidade humana como única e a autonomia externa é a ação humana[43]. Nesse sentido, concluem que, "partindo do princípio de que todo ser humano sem exceção tem autonomia interna, todos têm, seguindo essa lógica, dignidade humana", mas essa dignidade só "ganha concreção no campo da autonomia latente e potencial, e a autonomia externa, quando cada ser humano recebe o status específico de pessoa", sendo

[40] SARLET, ob. cit., p. 54-55.

[41] BARBOSA-FOHRMANN; Ana Paula; ARAÚJO, Luana Adriano. As autonomias das pessoas com deficiências intelectuais e cognitivas graves. In: TEIXEIRA, Ana Carolina Brochado; MENEZES, Joyceane Bezerra de (Coord). **Gênero, vulnerabilidade e autonomia**: repercussões jurídicas. 2. ed. Indaiatuba: Foco, 2021. p. 96.

[42] *Ibidem*, p. 97.

[43] *Ibidem*, p. 97.

então chamada de dignidade da pessoa humana[44]. A análise da construção revela que, então, para as autoras, há dignidade humana e dignidade da pessoa humana, somente existindo pessoa se houver autonomia externa latente e potencial[45], mas essa latência e potência podem ser escritas por um terceiro observador, a partir do "conjunto de manifestações somáticas que constitui no mundo da vida o sujeito com deficiências intelectuais e cognitivas como pessoa a partir do próprio corpo"[46].

O *status* de pessoa, com efeito, é garantido legalmente, pelo Código Civil, a todo ser humano que nasce com vida, na medida em que seu art. 2º estabelece que "a personalidade civil da pessoa começa do nascimento com vida; mas a lei põe a salvo, desde a concepção, os direitos do nascituro".[47] Isso demonstra a pertinência da distinção entre autonomia e autodeterminação.

Apresenta-se a diferenciação proposta entre autonomia e autodeterminação, essa entendida como parte da primeira e como não essencial para a existência da pessoa e garantia de sua dignidade. Efetivamente, essa distinção é cada vez mais necessária, na medida em que o Direito não é uma área do saber estanque, precisando receber e aceitar a influência de outras ciências, para se adequar no tempo e no espaço. De fato, na bioética, a autonomia e a autodeterminação já se mostram como conceitos diversos, conforme acentua Guy Durand, para quem "respeitar a autonomia de outrem não é apenas recorrer à sua autodeterminação, mas ajudar essa pessoa a ir ao limite da mesma, ajudá-la a descobrir e a escolher o que está de acordo com o sentido do respeito à dignidade humana."[48]

A partir dessa concepção, é possível conceber liberdade e autonomia para pessoas sem autodeterminação, que permanecem dignas enquanto pessoas humanas, ainda que submetidas a curatela, pois esta figura não pode ser mais entendida como forma de supressão da autonomia, notadamente no campo existencial, em que ela permanece intacta e

[44] *Ibidem*, p. 97.

[45] *Ibidem*, p. 98.

[46] *Ibidem*, p. 98.

[47] BRASIL. Lei nº 10.406, de 10 de janeiro de 2002. **Institui o Código Civil**. Brasília, DF: Diário Oficial da União, 11.1.2002. Disponível em: http://www.planalto.gov.br/ccivil_03/leis/2002/l10406compilada.htm. Acesso em: 30 jul. 2023.

[48] DURAND, Guy. **Introdução geral à bioética**: história, conceitos e instrumentos. 5. ed. São Paulo: Loyola, 2014. p. 177-178.

integral. A curatela, medida que outrora significou a morte civil e estava associada à interdição da pessoa, atualmente apenas pode atender ao primado constitucional da dignidade da pessoa humana se for lida como uma medida de apoio para promoção da pessoa que não possa expressar sua vontade com autodeterminação.

Se, integrando o conteúdo da dignidade, estão a liberdade e a autonomia, além de outros importantes direitos fundamentais[49], mas não necessariamente a autodeterminação, o respeito a essa dignidade pressupõe que toda pessoa humana é dotada de capacidade de direito, embora possa lhe faltar capacidade de fato. Aliás, a "autonomia existencial, significando liberdade para realização da pessoa humana em suas questões não patrimoniais, independe de capacidade de fato, sendo garantida a todos, mesmo aos incapazes relativamente a certos atos ou à maneira de os exercer."[50]

Nesse sentido, a capacidade de direito, inerente a todo ser humano, não está obrigatoriamente associada à capacidade de fato, e esse reconhecimento fez surgir a necessidade de criar meios para o exercício dos direitos pelas pessoas desprovidas de condições fáticas de exercê-los pessoalmente, justificando a formulação da teoria das incapacidades que, então, foi reformulada para superar os modelos excludentes ou paternalistas, em que a vontade do curatelado era substituída pela vontade do curador[51], e adotar modelos mais condizentes com a proteção e a promoção da sua dignidade[52].

[49] ARQUETTE; ROBLES-LESSA; CABRAL, ob. cit., p. 393-400. No texto, as autoras abordam a vinculação entre a dignidade da pessoa humana e os direitos fundamentais, notadamente a vida, a igualdade, a liberdade e a solidariedade.

[50] *Ibidem*, p. 392.

[51] Ao discorrerem sobre a curatela nos tempos do Código Civil de 1996, Carlos Silveira Noronha e Charlene Côrtes Santos afirmam que "o curador, nesse cenário, considerava a sua própria vontade na condução das relações jurídicas patrimoniais e existenciais do curatelado, nem sempre levando em consideração os interesses fundamentais deste." NORONHA, Carlos Silveira; SANTOS, Charlene Côrtes. Reflexões sobre a conformação do instituto da curatela frente ao novo Código de Processo Civil e ao Estatuto da Pessoa com Deficiência. **Revista da Faculdade de Direito da UFRGS**, Porto Alegre, n. 38, p. 35-61, ago. 2018. p. 40.

[52] Para mais aprofundamento na reformulação da teoria das incapacidades, ver ARQUETTE, Alinne, ROBLES-LESSA, Moyana BOECHAT; Hildeliza, Da autodeterminação ao discernimento: autonomia existencial da pessoa curatelada e evolução da manifestação de vontade no direito civil brasileiro. In: SANTIAGO, Maria Cristina; MENEZES, Joyceane Bezerra de;

Com essa nova fórmula da teoria das incapacidades e com a adoção do modelo social[53], ou do modelo biopsicossocial[54], acompanhando os ideais estabelecidos na Convenção Internacional sobre os Direitos da Pessoa com Deficiência, por meio do Estatuto da Pessoa com Deficiência, capacidade e deficiência foram definitivamente desassociadas na legislação brasileira e as pessoas com deficiência passaram a ser dotadas de plena capacidade civil, somente podendo ser reconhecida a sua incapacidade relativa para os atos patrimoniais e negociais se, por causa transitória ou permanente, não puderem exprimir sua vontade, conforme atual redação do art. 4º do Código Civil. Assim, o modelo abstrato e generalizante da incapacidade deu lugar a um modelo concreto, personalizante e inclusivo, permitindo a modulação dos efeitos quanto à intensidade e à amplitude das medidas restritivas à plena capacidade, buscando o respeito à dignidade da pessoa humana[55]. Gustavo Tepedino e Milena Donato Oliva afirmam, com propriedade, que "os efeitos da incapacidade devem ser proporcionais à exata medida da ausência de discernimento, para que

MOUTINHO, Maria Carla (Org.). **20 anos do Código Civil brasileiro**: uma (re)leitura dos institutos do direito civil sob as perspectivas de gênero e vulnerabilidade. Rio de Janeiro: Processo, 2023. p. 357-382.

53 Para um estudo mais aprofundado do modelo social, ver BARBOSA-FOHRMANN, Ana Paula; KIEFER, Sandra Filomena Wagner. Modelo social de abordagem dos direitos humanos das pessoas com deficiência. In: MENEZES, Joyceane Bezerra de (Org.). **Direito das pessoas com deficiência psíquica e intelectual nas relações privadas**. 2. ed. Rio de Janeiro: Processo, 2020. p.133-156; e, ainda, ROSENVALD, Nelson. O modelo social de direitos humanos e a Convenção sobre os direitos da Pessoa com Deficiência – o fundamento primordial da Lei nº 13.146/2015. In: MENEZES, Joyceane Bezerra de (Org.). **Direito das pessoas com deficiência psíquica e intelectual nas relações privadas**. 2. ed. Rio de Janeiro: Processo, 2020. p. 157-176.

54 Há quem entenda que esse modelo seja uma evolução do modelo social, como ALMEIDA, José Luiz Gavião de; SILVA, Marcelo Rodrigues da; OLIVEIRA FILHO, Roberto Alves de. Estatuto da Pessoa com Deficiência e a nova teoria das incapacidades: operabilidade em risco. In: FIUZA, César (Org.) SILVA, Marcelo Rodrigues da; OLIVEIRA FILHO, Roberto Alves de (Coord.). **Temas relevantes sobre o Estatuto da Pessoa com Deficiência**: reflexos no ordenamento jurídico brasileiro. Salvador: JusPodivm, 2018. p. 33-82.

55 NEVARES, Ana Luiza Maia; SCHEREIBER, Anderson. Do sujeito à pessoa: uma análise da incapacidade civil. In: TEPEDINO, Gustavo; TEIXEIRA, Ana Carolina Brochado; ALMEIDA, Vítor (Coord.). **O direito civil entre o sujeito e a pessoa**: estudos em homenagem ao Professor Stefano Rodotà. Belo Horizonte: Fórum, 2016. p. 41-43.

o intuito protetivo não se reverta em indevida supressão da autonomia do sujeito."[56]

Não mais cabe, então, se falar em interdição de uma pessoa que tenha deficiência mental ou intelectual, pois não mais se pode proibi-la da prática de atos existenciais. Assim, a curatela deixa de ser uma medida de substituição da vontade do curatelado pela vontade do curador, não estando mais associada à interdição, para ser uma medida de apoio no exercício de direitos do curatelado, que é pessoa relativamente incapaz[57]. Nesse sentido, Ana Beatriz Lima Pimentel Lopes e Vanessa Correia Mendes afirmam que "a curatela deve estar amoldada à necessidade estampada a partir do conhecimento sobre a pessoa e suas circunstâncias e não o contrário."[58]

A interdição, embora ainda presente nos textos do Código Civil e do Código de Processo Civil, já não pode ser uma medida admissível no direito pátrio, na medida em que ela contraria a normativa constitucional de proteção e promoção da dignidade da pessoa humana, ressignificada com a assinatura, pelo Estado brasileiro, da Convenção Internacional sobre os Direitos da Pessoa com Deficiência e seu Protocolo Facultativo, disciplinando a questão internacionalmente, com força vinculante e com *status* de emenda constitucional, considerando o disposto no art. 5º, § 3º, da Constituição da República. Com base nessa Convenção, conforme já relatado, foi elaborada e promulgada a Lei nº 13.146/2015, que instituiu o Estatuto da Pessoa com Deficiência ou Lei Brasileira de Inclusão.

[56] TEPEDINO, Gustavo; OLIVA, Milena Donato. Personalidade e capacidade na legalidade constitucional. In: MENEZES, Joyceane Bezerra de (Org.). **Direito das pessoas com deficiência psíquica e intelectual nas relações privadas**. 2. ed. Rio de Janeiro: Processo, 2020. p. 301-302.

[57] Interessante questão refere-se à natureza jurídica da sentença na ação de estabelecimento de curatela, se declaratória, constitutiva ou mista, envolvendo as duas naturezas. Para maior aprofundamento no assunto, indica-se HIBNER, Davi Amaral; SILVESTRE, Gilberto Fachetti; SILVA, Yan Codan Fontoura e. A possibilidade de eficácia ex tunc da sentença de interdição no Brasil. **Revista Jurídica Luso-brasileira**. v. 4, n. 2. 2018. p. 883-908.

[58] LOPES, Ana Beatriz Lima Pimentel; MENDES, Vanessa Correia. A plena capacidade civil da pessoa maior com deficiência intelectual ou psíquica e a funcionalização do sistema de apoio por meio da curatela. In: TEIXEIRA, Ana Carolina Brochado; MENEZES, Joyceane Bezerra de. **Gênero, vulnerabilidade e autonomia**: repercussões jurídicas. 2. ed. Indaiatuba: Foco, 2021. p. 58.

A Lei nº 13.146, de 2015, garante às pessoas com deficiência, ainda que declaradas relativamente incapazes e submetidas ao regime de curatela, a plena autonomia para os atos existenciais, ao afirmar, em seu art. 85, § 1º, que "a definição da curatela não alcança o direito ao próprio corpo, à sexualidade, ao matrimônio, à privacidade, à educação, à saúde, ao trabalho e ao voto."[59] E essa autonomia existencial realiza-se a partir do direito fundamental à liberdade que, associado ao direito fundamental à igualdade, integra o conteúdo da dignidade da pessoa humana, permitindo às pessoas a realização de seus projetos existenciais, sem sofrer discriminações em razão de sua identidade e de suas escolhas[60], impondo ao Estado a "implantação de uma série de medidas para atendimento desse primado e sua realização concreta."[61]

2. Escolha livre e esclarecida: analisando autodeterminação e discernimento

O direito humano e fundamental à vida vai além do direito à sobrevivência e precisa, para sua concreção, estar adjetivado pela dignidade que, não obstante independa de positivação, foi estabelecido como fundamento da República Federativa do Brasil, nos termos do art. 1º, III, da Constituição da República. Assim, o paradigma fundamental do direito brasileiro é o princípio da dignidade da pessoa humana, que deve nortear todo o ordenamento jurídico. Por isso, pode-se afirmar que "a dignidade da pessoa humana, como valor e qualidade do ser humano, deve garantir o direito à vida necessariamente associado aos demais direitos fundamentais, sem os quais a dignidade se perde, voltando a vida a ser sinônimo raso de sobrevivência."[62]

Dentre os direitos fundamentais que devem estar associados ao direito à vida, para garantir que essa seja digna, destaca-se o direito à liberdade, do qual, como visto, decorre a autonomia privada do indivíduo.

[59] BRASIL. Lei nº 13.146, de 6 de julho de 2015. **Institui a Lei Brasileira de Inclusão da Pessoa com Deficiência (Estatuto da Pessoa com Deficiência)**. Brasília, DF: Diário Oficial da União, 7.7.2015. Disponível em: https://www.planalto.gov.br/ccivil_03/_ato2015-2018/2015/lei/l13146.htm. Acesso em: 30 jul. 2023.

[60] BARROSO, Luís Roberto; MARTEL, Letícia de Campos Velho. A morte como ela é: dignidade e autonomia individual no final da vida. **Revista da EMERJ**, v. 13, n. 50, 2010. p. 37.

[61] ARQUETTE; ROBLES-LESSA; BOECHAT, ob. cit., 2023, p. 367.

[62] ARQUETTE; LEITE; SOUZA, ob. cit., p. 279.

No âmbito das relações entre médicos e pacientes, essa autonomia é exercida a partir do direito à informação, garantido no art. 5º, XIV, da Constituição da República e, ainda, no art. 6º, III, Código de Defesa do Consumidor, estando presente também em resoluções do Conselho Federal de Medicina, especialmente a Resolução CFM nº 2.217, de 27 de setembro de 2018, modificada pelas Resoluções CFM nº 2.222/2018 e 2.226/2019, que estabelece o Código de Ética Médica.

Com a informação clara e detalhada sobre sua condição de saúde, o paciente tem condições de exercer sua autonomia no aspecto mais importante e profundo, pois relacionada às suas escolhas existenciais, podendo, então, consentir ou recusar qualquer intervenção médica, sendo o consentimento informado ou a recusa terapêutica, também devidamente informada, um resultado do processo de informação prévia e posterior decisão[63]. Assim, tanto a recusa terapêutica, significando a escolha do paciente de não se submeter a determinado tratamento ou intervenção médica, quanto o consentimento informado, no sentido inverso, de autorização para o tratamento ou intervenção médica, são instrumentos da autonomia existencial, uma das dimensões do direito fundamental à liberdade.

De fato, essa escolha entre recusar e consentir advém de um processo de decisão do paciente, a partir das informações que ele recebeu sobre o seu quadro de saúde, as opções terapêuticas, diagnóstico e prognósticos, de modo que ele opta entre emitir o consentimento informado ou a recusa terapêutica, ou parcialmente um e outro[64]. Ocorre que esse direito de deliberação sempre foi concebido para aquelas pessoas dotadas de plena capacidade jurídica e de poder de autodeterminação, tanto que Maria de Fátima Freire de Sá e Bruno Torquato de Oliveira Naves afirmam que "no campo biológico, o poder de autodeterminação do paciente pode ser sintetizado na expressão 'consentimento informado'."[65].

[63] Para um estudo mais aprofundado sobre a recusa terapêutica e assuntos afetos, como eutanásia, suicídio assistido e outros, recomenda-se a leitura de SÁ, Maria de Fátima Freire de; MOUREIRA, Diogo Luna. **Autonomia para morrer**. 2. ed. Belo Horizonte: Del Rey, 2015; e ainda ARQUETTE; LEITE; SOUZA, p. 275-314.

[64] ARQUETTE; LEITE; SOUZA, ob. cit., p. 280.

[65] SÁ, Maria de Fátima Freire de; NAVES, Bruno Torquato de Oliveira. **Bioética e biodireito**. 4. ed. Belo Horizonte: Del Rey, 2018. p. 105.

Ocorre que, com a preservação integral da autonomia existencial para as pessoas submetidas ao regime de curatela, que são declaradas e/ou constituídas[66] relativamente incapazes, é necessário entender que, para realizar a escolha entre o consentimento informado ou a recusa terapêutica, não se pode exigir a plena autodeterminação do sujeito, na medida em que pessoas com deficiência mental ou intelectual podem estar nessa condição, bastando a presença da autonomia, nos moldes abordados no item anterior, respeitando qualquer parcela de discernimento que ela tenha. Ora, "esse respeito ao mínimo discernimento é a única resposta que condiz com o novo regime das incapacidades estabelecido no direito civil brasileiro, que superou o modelo abstrato para implementar um modelo concreto"[67], de modo que o discernimento do sujeito deve ser analisado no caso concreto, devendo ser sempre considerado para caracterizar a incapacidade[68] e para fixar os limites da curatela.

Pode-se, então, se referir à capacidade para consentir (ou recusar), "em detrimento da clássica teoria da capacidade de fato"[69], na medida em que, para o exercício dos atos existenciais, conforme assevera Erika Mayumi Silva, "a vontade é formada por motivos que vão além da lógica e do conhecimento técnico", envolvendo "sentimentos, emoções, intuições que compõem as características íntimas e, portanto, singulares de cada ser humano", "em que não há noção do certo e do errado, mas do que é adequado ao sentimento de cada um."[70]. Nesse mesmo sentido, Gustavo Ribeiro diferencia a capacidade para consentir da capacidade civil, afirmando que a primeira possui caráter instrumental e tem como finalidade

[66] Sobre a discussão acerca da natureza jurídica da sentença na ação de instituição da curatela, já houve referência na nota 56 deste texto, à qual se remete e se soma o entendimento do STJ, no sentido de que tal sentença tem natureza constitutiva, conforme decisões proferidas pela 3ª e 4ª Turmas nos REsp 1943699 / SP, AgInt nos EDcl no REsp 1834877 / SP, REsp 1645612 / SP, REsp 1251728 / PE.

[67] ARQUETTE; ROBLES-LESSA; BOECHAT, ob. cit., p. 375.

[68] MEIRELLES, Jussara Maria Leal de. Diretivas antecipadas de vontade por pessoa com deficiência. In: MENEZES, Joyceane Bezerra de (Org.). **Direito das pessoas com deficiência psíquica e intelectual nas relações privadas.** 2. ed. Rio de Janeiro: Processo, 2020. p. 820-821.

[69] SILVA, Erika Mayumi Moreira da. **Capacidade civil da pessoa com deficiência intelectual e mental**: entre a autonomia e a desproteção jurídica. São Paulo: Thomson Reuters Brasil, 2021. p. 180.

[70] *Ibidem*, p. 180.

distinguir as pessoas que têm condições de dar decisões autênticas sobre cuidados de saúde daquelas que não têm e que, por essa razão, suas decisões precisam de supervisão ou suprimento[71].

Para Cristiano Chaves de Farias e Nelson Rosenvald, ainda que se trate de uma patologia grave, é primordial a preservação das faculdades residuais da pessoa com deficiência, especialmente no que diz respeito "às suas crenças, preferências, vontades, valores e afetos, em um âmbito condizente com seu real e concreto quadro psicofísico"[72].

Então, ao lado da capacidade jurídica, foi desenvolvida uma nova espécie de capacidade, a capacidade para consentir, e ela independe das regras tradicionais sobre incapacidade absoluta ou relativa. Para Viviane Cristina de Souza Limongi, a capacidade para consentir, "fundada exclusivamente no consentimento do indivíduo – seja ele legalmente capaz ou não – serve de parâmetro para aferição dos diversos níveis de incapacidade legal em pessoas com algum tipo de *deficit* mental no tocante a atos existenciais."[73]

Decorrente da capacidade para consentir, essa escolha entre o consentimento esclarecido e a recusa terapêutica tem, para alguns, natureza jurídica de contrato e, para outros, de negócio jurídico unilateral, conforme noticia Paula Moura Lemos Francesconi Pereira, para quem a segunda opção é a que corresponde ao correto tratamento da matéria, por coadunar melhor ao interesse protegido, de natureza existencial[74]. Outro não é o entendimento do Conselho Federal de Medicina que, na Recomendação CFM nº 1/2016 consignou, de forma louvável, que, do ponto de vista ético, para a garantia da validade moral do consentimento dado para qualquer intervenção médica, sempre deverá ser considerada a opinião do paciente,

[71] RIBEIRO, Gustavo Pereira Leite. As pessoas com deficiência mental e o consentimento informado nas intervenções médicas. In: MENEZES, Joyceane Bezerra de (Org.). **Direito das pessoas com deficiência psíquica e intelectual nas relações privadas**. 2. ed. Rio de Janeiro: Processo, 2020. p. 845.

[72] FARIAS, Cristiano Chaves de; ROSENVALD, Nelson. Curso de direito civil: Famílias. v. 6. 8. ed. rev. e atual. Salvador: JusPodivm, 2016b, p. 910.

[73] LIMONGI, Viviane Cristina de Souza. **A capacidade civil e o Estatuto da Pessoa com Deficiência**. Rio de Janeiro: Lumen Juris, 2018. p. 52.

[74] PEREIRA, Paula Moura Lemos Francesconi. In: BARBOZA, Heloísa Helena; ALMEIDA, Vítor (Coord.). **Comentários ao Estatuto da Pessoa com Deficiência à luz da Constituição da República**. 2. ed. Belo Horizonte: Fórum, 2021. p. 95.

examinada a escolha na medida de sua capacidade de decisão individual, a partir do domínio de diversas habilidades, entre as quais o envolvimento com o assunto, a compreensão das alternativas e a possibilidade de comunicação de uma preferência[75].

De acordo com o art. 15 do Código Civil, "ninguém pode ser constrangido a submeter-se, com risco de vida, a tratamento médico ou a intervenção cirúrgica." Com esse dispositivo, inserido entre os direitos da personalidade, foi estabelecida a regra do respeito à autonomia de qualquer paciente e, embora pareça, de sua literalidade, que somente poderia haver a recursa em casos em que o procedimento gere risco à vida do paciente, é fato que este pode recusar também o procedimento que não gere risco de vida, sendo esta a interpretação que se coaduna com os princípios constitucionais[76].

Especializando a previsão do Código Civil e considerando o contexto em que deficiência diverge de incapacidade, sendo que, mesmo havendo incapacidade relativa, a autonomia existencial permanece intacta, o próprio Estatuto da Pessoa com Deficiência estabeleceu a necessidade de obter o consentimento informado do paciente com deficiência, ainda que submetido à curatela, para submetê-lo a intervenção médica.

No art. 11, *caput*, o Estatuto estabelece que "a pessoa com deficiência não poderá ser obrigada a se submeter a intervenção clínica ou cirúrgica, a tratamento ou a institucionalização forçada" e, quanto à pessoa submetida à curatela, o parágrafo único do dispositivo estabelece a possibilidade do suprimento do seu consentimento. Essa norma é de fundamental importância, pois, ao contrário do que parece, ela não infirma a autonomia existencial da pessoa submetida à curatela, mas apenas reconhece que, mesmo tendo citada autonomia, pode ser que, na prática, a pessoa com deficiência não possa se manifestar de forma alguma, de modo que não prever a possibilidade de suprimento é que, ao fim, ensejaria a violação à sua dignidade humana, em razão da total desproteção.

[75] BRASIL. **Conselho Federal de Medicina.** Recomendação CFM nº 1/2016 – Dispõe sobre o processo de obtenção do consentimento livre e esclarecido na assistência médica. Brasília, 21 jan. 2016.

[76] TEPEDINO, Gustavo; BARBOZA, Heloísa Helena; MORAES, Maria Celina Bodin. **Código Civil interpretado conforme a Constituição da República.** v. 1. 2. ed. Rio de Janeiro: Renovar, 2007. p. 42-43.

Ainda no Estatuto, o art. 12, em seu *caput*, estabelece que "o consentimento prévio, livre e esclarecido da pessoa com deficiência é indispensável para a realização de tratamento, procedimento, hospitalização e pesquisa científica", assim como ocorre para todas as pessoas capazes, pois, conforme já afirmado, deficiência não se confunde com incapacidade jurídica, nos termos do art. 6º do próprio Estatuto. Contudo, a legislação vai além, estabelecendo, no seu art. 12, § 1º, que, "em caso de pessoa com deficiência em situação de curatela, deve ser assegurada sua participação, no maior grau possível, para a obtenção de consentimento"[77]. Nesse sentido, é possível afirmar que, ainda que seja mínimo o discernimento da pessoa submetida à curatela, sua participação deve ser garantida e suas vontades devem seu consideradas para a tomada de decisão. No caso de pesquisas e ensaios clínicos, o § 2º do art. 12 estabelece que a participação da pessoa em situação de curatela somente pode ser admitida em caráter excepcional, havendo indícios de benefício direto para sua saúde ou para a saúde de outras pessoas com deficiência e, ainda assim, se não houver outra opção de pesquisa de eficácia comparável com participantes não curatelados, o que revela a preocupação com a preservação da dignidade do paciente com deficiência.

Por sua vez, o art. 13 do Estatuto da Pessoa com Deficiência prevê que somente haverá atendimento sem consentimento prévio, livre e esclarecido, em casos de risco de morte e de emergência em saúde, devendo ser resguardado seu superior interesse e adotadas as salvaguardas legais cabíveis. Note-se que o dispositivo não faz qualquer ressalva quanto à sua aplicação apenas à pessoa com deficiência plenamente capaz, de modo que a pessoa submetida ao regime de curatela também tem o mesmo direito. Entender o que é o superior interesse do curatelado impõe questionar, conforme fazem Aline de Miranda Valverde Terra e Ana Carolina Brochado Teixeira, se esse interesse deve ser aquele considerado como mais adequado pelo curador ou o que corresponda à história de vida do curatelado, sendo mais adequado, em respeito à preservação da dignidade da pessoa com deficiência, a solução que se coaduna com a sua biografia[78].

[77] Brasil. Lei nº 13.146, de 2015.

[78] TERRA, Aline de Miranda Valverde; TEIXEIRA, Ana Carolina Brochado. É possível mitigar a autonomia da pessoa com deficiência para a prática de atos patrimoniais e existenciais? In: TEIXEIRA, Ana Carolina Brochado; MENEZES, Joyceane Bezerra de (Coord.). **Gênero, vulnerabilidade e autonomia**: repercussões jurídicas. 2. ed. Indaiatuba: Foco, 2021. p. 40.

Diante dessas normas, é possível questionar a compatibilidade entre os citados dispositivos legais e a Lei nº 10.216, de 2001, que dispõe sobre a proteção e os direitos das pessoas portadoras de transtornos mentais e redireciona o modelo assistencial em saúde mental. É que essa última lei estabelece a possibilidade de internação de pessoas com deficiência mental, estabelecendo, em seu art. 6º, parágrafo único, três modalidades: a internação voluntária, definida como a que ocorre com o consentimento do usuário, a internação involuntária, que se dá sem o consentimento do usuário e a pedido de terceiro, e a internação compulsória, determinada pela Justiça. Assim, há previsão legal, no Brasil, de internação de pessoas com deficiência mental sem seu consentimento. Contudo, não há qualquer desequilíbrio ou desencontro entre as citadas leis, na medida em que o próprio Estatuto da Pessoa com Deficiência prevê o suprimento do consentimento da pessoa com deficiência mental quanto ela não puder emiti-lo, cabendo ao seu assistente o consentimento, em caso de internação involuntária ou ao Poder Judiciário a determinação para a internação compulsória.

Enfim, nos termos da legislação brasileira e de forma consentânea com o primado da dignidade da pessoa humana, ainda que a pessoa com deficiência mental ou intelectual esteja sob regime de curatela, revelando uma menor possibilidade de autodeterminação, sua capacidade para consentir quanto aos direitos existenciais deve ser observada, respeitando-se qualquer parcela de discernimento que possa ter, de forma a garantir a sua maior participação possível nas decisões referentes aos seus tratamentos de saúde.

3. Razoabilidade e proporcionalidade: ponderando interesses em conflito

Aproveitar o mínimo discernimento e garantir a maior participação possível da pessoa com deficiência mental e intelectual nas decisões referentes aos seus tratamentos de saúde não significa deixá-la desprotegida quando não puder decidir, mas permitir que suas mais íntimas vontades e crenças não sejam simplesmente ignoradas. Assim, nessa análise, surgem três questões muito relevantes: a primeira sobre a necessidade de ponderação entre os direitos fundamentais da própria pessoa com deficiência; a segunda sobre eventual divergência entre o entendimento do curador e a vontade da pessoa submetida à curatela; e a terceira sobre possível colisão entre os direitos fundamentais da pessoa com deficiência e direitos fundamentais de terceiros.

A partir do entendimento de que não há direitos absolutos, nem mesmo os direitos fundamentais o são, há situações em que esses direitos conflitam entre si e, em casos de escolhas de tratamento médico, por meio do consentimento informado e da recusa terapêutica, notadamente das pessoas com deficiência mental submetidas ao regime de curatela, esse conflito se mostra evidente, pois as vontades do paciente, por ele expressas, ou informadas por seu curador, podem colidir com o direito à vida, à saúde e à segurança dele próprio ou de terceiros. Portanto, o conflito entre os direitos fundamentais pode envolver direitos do mesmo titular, que se denomina concorrência de direitos, ou pode envolver direitos de titulares diferentes, a colisão propriamente dita[79].

A ponderação entre os interesses em conflito, seja no caso de concorrência, seja em situação de colisão entre direitos fundamentais, não ocorre "com a exclusão de um direito em função do outro ou por meio de uma cláusula de exceção, mas através da técnica em que, no caso concreto, um princípio cede ao outro, mas não é declarado inválido."[80] Com efeito, conforme construção de Ronald Dworkin, aperfeiçoada por Robert Alexy, as técnicas para resolução dos conflitos entre regras não são as mesmas para a solução de colisão entre princípios e, conquanto nem todos os direitos fundamentais estejam estabelecidos através de princípios e nem todos os princípios tragam direitos fundamentais[81], não há dúvida de que, na maioria dos casos, os direitos fundamentais têm natureza principiológica[82]. Ademais, considerando que os direitos fundamentais estão previstos em normas constitucionais, seus conflitos não podem ser solucionados pela aplicação dos critérios hierárquico, cronológico e da especialidade, sendo

[79] RAMOS, André de Carvalho. **Curso de direitos humanos**. 5. ed. São Paulo: Saraiva, 2018. p. 116.

[80] ARQUETTE; LEITE; SOUZA, ob. cit., p. 284.

[81] Para aprofundamento, recomenda-se BARROSO, L. R. Neoconstitucionalismo e constitucionalização do Direito (O triunfo tardio do direito constitucional no Brasil). **Revista de Direito Administrativo**, Rio de Janeiro, v. 240, p. 1-42, 2005. DOI: 10.12660/rda.v240.2005.43618. Disponível em: https://bibliotecadigital.fgv.br/ojs/index.php/rda/article/view/43618. Acesso em: 05 maio 2023.

[82] ALEXY, Robert. **Teoria dos direitos fundamentais**. Trad. de Virgílio Afonso da Silva. São Paulo: Malheiros, 2006. p. 86-120.

também insuficiente para resolver a questão a fórmula da subsunção, critérios possivelmente aplicáveis à solução de conflitos entre regras[83], se bem que atualmente a hermenêutica jurídica exige mais o diálogo das fontes, em que as normas jurídicas, sejam de direitos humanos, de direitos fundamentais e constitucionais, previstas em tratados, em leis e em códigos, não se excluem ou se revogam mutuamente, mas conversam entre si, devendo ser aplicadas de forma coordenada, conforme ensina Claudia Lima Marques, a partir da construção de Erik Jayme[84].

Não havendo direitos fundamentais absolutos, para Robert Alexy e seus adeptos, há que ser realizada a ponderação sempre que houver conflitos entre eles, buscando a concretização do preceito constitucional[85] e, para tanto, faz-se uso dos princípios instrumentais da proporcionalidade e da razoabilidade, considerando a necessidade, por ele apontada, de sopesar os interesses conflitantes e definir, no caso concreto, qual deles, abstratamente no mesmo nível, tem maior peso[86]. Portanto, o método de interpretação constitucional e, assim, de solução para eventuais conflitos entre princípios constitucionais, consiste, segundo Pietro Perlingieri, em reconhecer que a Constituição é um ato normativo que contém disposições preceptivas, que vinculam a atividade hermenêutica; em argumentar sobre normas-princípios, não aplicáveis pelo método da subsunção, mas da otimização ao realizar o preceito, observando-se a sua hierarquia e também a sua razoável ponderação em relação ao caso concreto; e, finalmente, em saber que a ideia de sociedade e ética prevista na Constituição tem relevância, penetrando no ordenamento positivo[87].

[83] ARQUETTE; LEITE; SOUZA, ob. cit., p. 284.

[84] MARQUES, Claudia Lima. O diálogo das fontes como método da nova teoria geral do direito: um tributo a Erik Jayme. In: MARQUES, Claudia Lima (Coord.). **Diálogo das fontes: do conflito à coordenação de normas do direito brasileiro**. São Paulo: Revista dos Tribunais, 2012. p. 18-19.

[85] GUERRA, Sidney. **Curso de direitos humanos**. 6. ed. São Paulo: Saraiva Educação, 2020. p. 298-304. O autor faz uma importante reflexão sobre a hermenêutica constitucional, propondo o método concretizante e afirmando, na página 303, que "a concretização e seus correspondentes momentos demonstram a importância do método concretizante para a configuração de uma nova hermenêutica, projetada para melhor responder às demandas de uma sociedade plural e complexa, pois não perde de vista a realidade onde se insere".

[86] ALEXY, ob. cit., p. 95.

[87] PERLINGIERI, ob. cit., 2008, p. 595-596.

Através do princípio da proporcionalidade, afere-se a idoneidade, a necessidade e o equilíbrio da intervenção estatal em determinado direito fundamental, enquanto no princípio da proporcionalidade, avalia-se a legitimidade das finalidades objetivadas por um ato normativo que regulamente ou restrinja esse direito, bem como a compatibilidade entre o meio empregado pela norma e as finalidades pretendidas[88]. Assim, por meio da ponderação, hierarquiza-se no caso concreto direitos que, abstratamente, estão no mesmo patamar[89]e essa hierarquização corresponderá, necessariamente, à solução em que o princípio da dignidade humana encontrar maior realização, pois tendo sido ela estabelecida como fundamento da República, foi erigida a axioma fundamental que norteia a interpretação constitucional, inclusive em casos de colisão entre os direitos fundamentais[90].

A técnica da ponderação de Robert Alexy não é imune a críticas, havendo quem a considere inadequada, por gerar insegurança jurídica[91], preferindo a técnica da concordância prática, desenvolvida a partir do pensamento de Konrad Hesse, descrita como uma fórmula em que a colisão entre direitos fundamentais e liberdades fundamentais, ou outros bens jurídicos, deve ser resolvida na realidade, por meio da disposição proporcional dos direitos fundamentais e dos bens jurídicos com eles colidentes, sem privar inteiramente, ou mais do que o necessário, a eficácia de uma garantia fundamental[92]. Para Daniel Gaio, o método da ponderação, pautado pela lógica do tudo ou nada, somente deve ser aplicado se, "diante das circunstâncias da situação, os valores constitucionais não puderem

[88] RAMOS, ob. cit., p. 136. O autor afirma que, enquanto há quem defenda a equivalência entre os conceitos de proporcionalidade e razoabilidade, há quem identifique a razoabilidade como um dos elementos do critério da proporcionalidade.

[89] MORAES, ob. cit., p. 188.

[90] ARQUETTE; LEITE; SOUZA, ob. cit., p. 285-286.

[91] DEOCLECIANO, P. R. M.; LOBO, J. C. M.; VIANA, J. L. Uma análise crítica da atual posição do Supremo Tribunal Federal sobre o direito ao esquecimento. Revista Brasileira de Direito Civil, [S. l.], v. 31, n. 02, p. 203, 2022. p. 207. Disponível em: https://rbdcivil.ibdcivil.org.br/rbdc/article/view/810. Acesso em: 26 jun. 2023.

[92] HOFFMANN-RIEM, Wolfgang. Concordância Prática no Pensamento Jurídico-Constitucional de Konrad Hesse. **Direito Público**, [S. l.], v. 18, n. 98, 2021. DOI: 10.11117/rdp.v18i98.5854. p. 454. Disponível em: https://www.portaldeperiodicos.idp.edu.br/direitopublico/article/view/5854. Acesso em: 26 jun. 2023.

ser otimizados em todas as suas potencialidades", de modo que ele "deve ser precedido por uma tentativa de harmonização entre os valores constitucionais – denominada 'busca pela concordância prática' –, evitando-se a anulação integral da efetividade do direito fundamental."[93]Contudo, tanto a ponderação quanto a concordância prática se relacionam com o princípio da proporcionalidade e, como bem assevera Néviton Guedes, não há oposição ou contradição entre citadas técnicas hermenêuticas, na medida em que Konrad Hesse afirmou não ser adequada a ponderação precipitada ou abstrata, mas não afastou a adequação da ponderação, a ser realizada no caso concreto, do que não discordou Robert Alexy[94], sendo essa também a posição de Ingo Wolfgang Sarlet[95].

Com a admissão da preponderância do princípio da dignidade da pessoa humana no ordenamento jurídico, o limite para a realização da ponderação concreta entre direitos fundamentais em conflito deve ser dado por ela, revelando-se a função instrumental integradora e hermenêutica do citado princípio, que "serve de parâmetro de aplicação, interpretação e integração não apenas dos direitos fundamentais e das demais normas constitucionais, mas de todo o ordenamento jurídico."[96] Nesse sentido, Ingo Wolfgang Sarlet afirma que, tendo a dignidade da pessoa humana como limite, a ponderação e hierarquização de valores, relacionado à tarefa de estabelecer a concordância prática denominada por Konrad Hesse, será realizada a partir dela, justificando e até exigindo "a imposição de restrições a outros bens constitucionalmente protegidos, ainda que se cuide de normas de cunho jusfundamental"[97]. Com efeito, "o valor da dignidade humana impõe-se como núcleo básico e informador

[93] GAIO, D. A busca pela concordância prática e os limites ao "método da ponderação de bens constitucionais". **Revista Brasileira de Direitos Fundamentais & Justiça**, [S. l.], v. 6, n. 18, p. 120–128, 2012. Disponível em: https://dfj.emnuvens.com.br/dfj/article/view/336. Acesso em: 26 jun. 2023.

[94] GUEDES, Néviton. Princípio da concordância não contraria ponderação de bens. Consultor Jurídico. 14 de abril de 2014. s/p. Disponível em: https://www.conjur.com.br/2014-abr-14/constituicao-poder-principio-concordancia-nao-contraria-ponderacao-bens. Acesso em: 26 jun. 2023.

[95] SARLET, ob. cit., p. 159.

[96] *Ibidem*, p. 103.

[97] *Ibidem*, p. 149.

de todo o ordenamento jurídico, como critério e parâmetro de valoração a orientar a interpretação e compreensão do sistema constitucional."[98]

Portanto, em casos de conflitos entre princípios que estabelecem direitos fundamentais, a ponderação deve ser feita concretamente, tendo como parâmetro a dignidade da pessoa humana, considerando que esta é, na verdade, o fundamento dos próprios direitos em conflito. Assim, como os direitos fundamentais não são absolutos, "a medida da preponderância de um em detrimento de outro é dada pela dignidade da pessoa humana"[99], que, embora também não seja absoluta, parece correto afirmar que somente pode ceder em conflito com ela mesma. Nesse sentido, a relativização do primado da dignidade parece ter espaço somente em caso de conflitos entre direitos em que a própria dignidade está no seu núcleo essencial, de modo que, em caso de concorrência entre direitos fundamentais do mesmo titular, deve-se proteger aquele que tem mais conteúdo concreto de dignidade e, sendo a colisão entre direitos de titulares diferentes, somente quando houver necessidade de proteção da dignidade de outrem, prevalecendo o direito com maior substância em dignidade. Não se trata, no entanto, de prevalência de um direito fundamental sobre o outro com base em um critério quantitativo da dignidade, mas qualitativo ou valorativo, conforme observa Rose Melo Vencelau Meireles[100].

Visto isso, necessária é a análise das possíveis soluções dos conflitos entre direitos fundamentais da pessoa curatelada no exercício de sua autonomia existencial em questões de saúde.

O Código de Ética Médica estabelece, no Capítulo I, entre os princípios fundamentais, no item VI, que "o médico guardará absoluto respeito pelo ser humano e atuará sempre em seu benefício, mesmo depois da morte"[101] e, no seu item XXI, prevê a necessidade de o médico aceitar as escolhas de seus pacientes relativas aos procedimentos diagnósticos e terapêuticos, desde que adequadas ao caso e cientificamente reconhecidas[102]. Também,

[98] PIOVESAN, Flávia. **Direitos humanos e o direito constitucional internacional**. 19. ed. São Paulo: Saraiva Educação, 2021. p. 109.

[99] ARQUETTE; LEITE; SOUZA, ob. cit., p. 286.

[100] MEIRELES, ob. cit., p. 77.

[101] BRASIL, CFM, 2018, p 15.

[102] *Ibidem*, p. 17.

em seu art. 24, veda ao médico "deixar de garantir ao paciente o exercício do direito de decidir livremente sobre sua pessoa ou seu bem-estar, bem como exercer sua autoridade para limitá-lo"[103] e, em seu art. 31, veda ao médico, entre outros atos, "desrespeitar o direito do paciente ou de seu representante legal de decidir livremente sobre a execução de práticas diagnósticas ou terapêuticas, salvo em caso de iminente risco de morte."[104] Nesse quadro, é possível verificar que, para além dos princípios e regras estabelecidos na Constituição da República e na legislação infraconstitucional, o direito de escolha do paciente encontra-se garantido em normas éticas que vinculam a atividade médica.

A Resolução CFM nº 2.232/2019, que estabelece normas éticas para a recusa terapêutica por pacientes e para a objeção de consciência por médicos, prevê, em seu art. 1º, que "a recusa terapêutica é, nos termos da legislação vigente e na forma da Resolução, um direito do paciente a ser respeitado pelo médico, desde que esse o informe dos riscos e das consequências previsíveis de sua decisão."[105] Essa normativa está sob questionamento no Supremo Tribunal Federal, conforme ADPF nº 642, proposta em 19/12/2019, pelo PSOL e, segundo informativo do citado tribunal, a ação questiona a Resolução ao argumento de que, "da forma como redigida, a norma permite a imposição de tratamento forçado aos pacientes, com especial impacto sobre grupos populacionais vulneráveis, como crianças, adolescentes, pessoas com deficiência e em sofrimento mental e idosos"[106]. No citado processo não há decisão alguma sobre suspensão da Resolução, tendo havido noutro processo suspensão de alguns dispositivos em relação a pacientes gestantes, por decisão de antecipação parcial de tutela proferida pela Justiça Federal em

[103] *Ibidem*, p. 25.

[104] *Ibidem*, p. 27.

[105] BRASIL. **Conselho Federal de Medicina**. Resolução CFM nº 2.232, de 17 de julho de 2019. Estabelece normas éticas para a recusa terapêutica por pacientes e objeção de consciência na relação médico-paciente. s/p. Disponível em: https://sistemas.cfm.org.br/normas/visualizar/resolucoes/BR/2019/2232. Acesso em: 01 jul. 2020.

[106] BRASIL. **Supremo Tribunal Federal**. PSOL questiona resolução sobre recusa de pacientes a tratamentos e intervenções. Brasília, 07 jan. 2020. Disponível em: Supremo Tribunal Federal (stf.jus.br). Acesso em: 30 jul. 2023.

São Paulo[107] que, no entanto, foi revogada ante o julgamento de improcedência do pedido[108].

O art. 2º da Resolução CFM nº 2.232/2019 assegura "ao paciente maior de idade, capaz, lúcido, orientado e consciente, no momento da decisão, o direito de recusa à terapêutica proposta em tratamento eletivo, de acordo com a legislação vigente."[109] Mais adiante, a mesma Resolução dispõe sobre a recusa terapêutica dos incapazes, prevendo em seu art. 3º que "em situações de risco relevante à saúde, o médico não deve aceitar a recusa terapêutica de paciente menor de idade ou de adulto que não esteja no pleno uso de suas faculdades mentais, independentemente de estarem representados ou assistidos por terceiros."[110] Essa norma é complementada pelo art. 4º da Resolução, que estabelece que, havendo discordância que não possa ser superada entre as escolhas do médico e do representante legal, assistente legal ou familiares do paciente menor ou incapaz, em relação à terapia proposta, "o médico deve comunicar o fato às autoridades competentes (Ministério Público, Polícia, Conselho Tutelar etc.), visando o melhor interesse do paciente."[111] Essas regras disciplinares estabelecidas pelo Conselho Federal de Medicina quanto à recusa terapêutica também se adequam ao consentimento informado e demonstram a grande dificuldade em respeitar a autonomia existencial da pessoa submetida à curatela e, também, dos menores de idade, sendo, na verdade, contrárias ao que dispõe, no caso da pessoa com deficiência, o Estatuto protetivo estabelecido pela Lei nº 13.146/2015.

Então, voltando aos questionamentos do início do item, a primeira situação que merece análise é a de concorrência de direitos, quando há necessidade de priorizar entre direitos fundamentais titularizados pelo próprio curatelado. A regra, a teor das normas já analisadas, notadamente

[107] BRASIL. **Conselho Federal de Medicina**, Juiz determina suspensão de artigos da Resolução CFM nº 2232/2019. Brasília, 21/08/2020. Disponível em: https://bitlybr.com/vJpNr. Acesso em: 30 jul. 2023.

[108] BRASIL. **Conselho Federal de Medicina**. Justiça restabelece norma CFM que respeita decisão do médico em partos de urgência. Brasília, 01/04/2021. Disponível em: Justiça restabelece norma CFM que respeita decisão do médico em partos de urgência. Acesso em: 30 jul. 2023.

[109] BRASIL. Resolução CFM nº 2.232/2019, ob. cit.

[110] *Ibidem*.

[111] *Ibidem*.

em respeito aos direitos fundamentais estabelecidos na Constituição da República, que são formas de concreção da dignidade da pessoa humana, é a consideração da autonomia do curatelado em questões existenciais, de modo a respeitar seu mínimo discernimento. Portanto, havendo concorrência entre o direito à saúde, ou à vida, e o direito à liberdade, tendo o curatelado condições de decidir, em tese sua decisão deverá ser respeitada, ainda que se sobreponha ao seu direito à vida, que não é um dever. Nesses casos, pode ocorrer de o curador concordar com o curatelado, respeitando sua escolha, mas o médico discordar. Ocorre que a discordância do médico, em regra, não é legítima, mas, conforme visto, o Código de Ética médica não tem essa mesma consideração, estabelecendo que o médico deve submeter o paciente ao tratamento que entenda devido em caso de situação de risco relevante à saúde, devendo recorrer às autoridades constituídas caso o curador se oponha ao tratamento.

Nesse ponto uma reflexão é necessária. A já mencionada Resolução CFM nº 2.232/2019, em seu art. 11, estabelece que "em situações de urgência e emergência que caracterizarem iminente perigo de morte, o médico deve adotar todas as medidas necessárias e reconhecidas para preservar a vida do paciente, independentemente da recusa terapêutica"[112], e essa regra parece violar o direito de escolha do paciente, capaz ou relativamente capaz, não fazendo distinção. Contudo, se não há tempo hábil sequer para prestar as informações ao paciente, em razão da urgência ou emergência, não é possível que ele escolha de forma livre e esclarecida, pois essa escolha somente será um exercício da autonomia existencial se for

> [...] precedida da informação clara, completa e precisa sobre o quadro de saúde, as condutas e o prognóstico, o que não ocorre, por total impossibilidade fática, em casos tais, em que o mínimo tempo transcorrido pode importar em completa perda da necessidade de intervenção, pela ocorrência de um dano maior e irreversível[113].

A segunda situação ocorre quando, discordando da escolha do paciente, seu curador tem outro entendimento acerca do tratamento proposto pelo

[112] *Ibidem.*

[113] ARQUETTE; LEITE; SOUZA, ob. cit., p. 300.

profissional de saúde. Considerando que, em se tratando de situação envolvendo pessoas com deficiência sob regime de curatela, as escolhas feitas pelos curadores não se referem aos próprios direitos, mas aos direitos dos curatelados, é fato que a hipótese continua sendo de concorrência de direitos fundamentais, eis que do mesmo titular. Nesse caso, sendo intransponível a divergência, deve o curador requerer que o Poder Judiciário se pronuncie, decidindo o direito que deve prevalecer no caso concreto, com maior conteúdo em dignidade. Aliás, ao curatelado também é possível buscar solução para esses conflitos junto ao Poder Judiciário, não precisando aguardar que o curador o faça. Contudo, regularmente se espera essa atitude do curador, na medida em que, se ele não recorrer à solução judicial, deverá respeitar a vontade do curatelado, cuja autonomia existencial é legal e integralmente protegida.

Por óbvio, não sendo possível ao curatelado manifestar, ainda que minimamente, sua escolha em relação aos tratamentos de saúde, o curador deve expressar a decisão, mas sempre ciente de que o direito é do seu assistido, de modo que essa escolha deve levar em consideração a história de vida, as crenças, os interesses, eventualmente já manifestados pela pessoa com deficiência. Isso ocorre não apenas em casos de deficiência adquirida, em que a pessoa já teve discernimento em algum momento, mas também, ainda que se trate de deficiência inata, se a pessoa tiver demonstrado discernimento em qualquer grau anteriormente, mas na atual situação não tem mais condições de fazê-lo, por evolução da doença ou por outra situação que a impeça de se manifestar. Se a pessoa jamais teve qualquer grau de discernimento, deve o curador levar em consideração a necessidade e a utilidade do tratamento para prestar o consentimento em lugar do curatelado, somente autorizando a submissão da pessoa com deficiência a tratamento sanitário que não viole a sua dignidade e, não sabendo qual a melhor opção, deve submeter a questão ao Poder Judiciário.

Para todas as situações em que couber ao Poder Judiciário decidir eventuais conflitos entre direitos fundamentais da pessoa submetida ao regime de curatela, o Juiz deve se socorrer de uma equipe multiprofissional e interdisciplinar para análise do caso, pois os pareceres dessa equipe, na avaliação da situação concreta, indicarão o direito fundamental em que a dignidade da pessoa curatelada estará mais preservada e que, portanto, deve prevalecer, em termos qualitativos. Por óbvio, a decisão será do Juiz, mas subsidiada pelos conhecimentos técnicos dos outros profissionais da equipe, em cujo relatório haverá informações suficientes para que ele possa decidir[114]. Aliás, o Estatuto da Pessoa com Deficiência estabelece o direito de acompanhamento por equipe multidisciplinar em vários dispositivos, inclusive nos procedimentos de tomada de decisão apoiada e curatela, revelando a importância do procedimento para além do viés jurídico.

Por fim, a terceira questão posta, referente à colisão entre direitos fundamentais da pessoa com deficiência e de terceiros, em caso de tratamento de saúde, precisa ser respondida. A solução para tal questão encontra respaldo na possibilidade de restrição dos direitos humanos e, consequentemente, dos direitos fundamentais, "realizada por meio de lei ou por interpretação judicial que decide o conflito entre direitos em colisão"[115]. As restrições, também chamadas de reservas legais, consistem na restrição de um direito fundamental, autorizada pela Constituição da República, a ser feita pela legislação infraconstitucional, ou mesmo em decorrência de um juízo de ponderação com outros valores constitucionalmente previstos, ensinando André de Carvalho Ramos que há a reserva legal simples, a reserva legal qualificada, a reserva legal subsidiária e a reserva geral de ponderação[116].

Portanto, as limitações aos direitos fundamentais da pessoa humana, considerando sua dignidade inerente, somente podem ocorrer quando autorizadas pela Constituição da República, seja de forma expressa, como nos casos de reserva legal simples, em que a Constituição permite a limitação com edição de lei posterior, e da reserva legal qualificada, em que Constituição vai além, não apenas estabelecendo a reserva de lei, mas determinando requisitos e condições a serem nela observadas, ou de forma implícita, por meio da reserva legal subsidiária, em que o legislador infraconstitucional pode regular o direito fundamental em questão, considerando os demais valores constitucionais e, por fim, a reserva geral de ponderação, em que o intérprete, e não mais o legislador, pode restringir direito fundamental no caso concreto, desde que, ponderado com outro

[114] SILVA, ob. cit., p. 191.

[115] RAMOS, ob., cit., p. 144.

[116] *Ibidem*, p. 144-146.

direito fundamental com o qual está em colisão[117], supere ele em conteúdo de dignidade, qualitativamente considerada.

Surge, então, como forma de restrição de direitos fundamentais, a construção do exercício abusivo do direito, vedado legalmente. De fato, a proibição ao abuso do direito, porque considerado ato ilícito, nos termos do art. 187 do Código Civil, alcança também os direitos fundamentais, e pode ser objeto de qualquer dos tipos de reserva acima mencionadas, não cabendo, na estreiteza deste estudo, analisar cada uma das situações, senão mencioná-las superficialmente. Entretanto, mais especificamente na reserva geral de ponderação a teoria do abuso do direito encontra grande acolhida. Segundo Pietro Perlingieri, "tem-se abuso toda vez que um comportamento, ainda que coincidindo com o conteúdo do direito considerado de um ponto de vista formal, substancialmente constitui um seu desvio."[118] Então, na ponderação de conflitos intersubjetivos entre direitos fundamentais, é fato que se observará, além do direito conflitante que tenha mais qualidade em dignidade, aquele cujo exercício seja substancialmente correspondente ao seu conteúdo e à sua finalidade.

Nesse sentido é que o art. 5º da Resolução CFM nº 2.232/2019 estabelece a impossibilidade de aceitação da recusa terapêutica quando ela consistir em abuso de direito, assim considerado quando ela colocar em risco a saúde de terceiros e quando ela se tratar de oposição ao tratamento de doenças transmissíveis ou que, de alguma forma, coloque a população em risco de contaminação.

Poe sua vez, também a escolha ou exigência por algum tipo de tratamento pode configurar abuso de direito, como ocorre em casos de o paciente ou seu curador pretender obrigar o médico a ministrar medicamentos experimentais, opondo-se ao que o profissional da saúde considera legítimo. Assim, embora em casos excepcionais o Estatuto da Pessoa com Deficiência possibilite a participação do curatelado em pesquisa científica, nos termos do art. 12, § 2º, a submissão a tratamentos experimentais fora do âmbito controlado das pesquisas pode ser efetivamente abusiva. Também abusivas podem se mostrar as técnicas e terapias fúteis, que promovem a distanásia da pessoa com deficiência, situação a ser analisada no caso concreto, pois exigir que o médico prolongue artificialmente a

[117] *Ibidem*, p. 144-145.

[118] PERLINGIERI, ob. cit., 2008, p. 684.

vida do paciente, por não aceitar a sua morte, claramente pode resultar em violação à sua dignidade[119].

Enfim, buscar a preservação da autonomia existencial das pessoas submetidas à curatela em tratamentos de saúde exige que a mudança de postura perante a deficiência mental e intelectual, estabelecida a partir da Convenção sobre os Direitos da Pessoa com Deficiência, seja materialmente realizada por elas mesmas, por seus curadores e pelos operadores do Direito, num processo de evolução constante, em que a consideração pela pessoa humana seja colocada em primazia.

Conclusões

A nova capacidade jurídica existencial garantida a todas as pessoas, sem exceção, importou em assegurar a realização do primado da dignidade da pessoa humana também a todas as pessoas, sem distinção. O direito fundamental à liberdade mostra-se como um dos principais meios de realização da dignidade, de modo que garanti-lo sem limitações, exceto as fundadas na ordem jurídica, é pressuposto para a consolidação do Estado de bem-estar social, inclusivo, sem preconceitos e distinções entre pessoas humanas.

O Estatuto da Pessoa com Deficiência tem se mostrado, embora não imune a críticas, uma legislação fundamental para o desenvolvimento de uma sociedade mais livre, justa e solidária, atendendo ao disposto na Constituição da República, na medida em que promoveu uma verdadeira reformulação da teoria das incapacidades e garantiu a todas as pessoas com deficiência a plena autonomia existencial.

Nas escolhas pessoais referentes ao direito à vida e à saúde, a garantia da liberdade se mostra reveladora de um novo parâmetro para a autonomia, migrada da exigência de completa autodeterminação para o aproveitamento de qualquer grau de discernimento, contemporâneo à decisão ou

[119] Sobre o direito à morte digna, ver ARQUETTE L. N., Alinne. Cuidados paliativos e direito à morte digna: a caminho da autonomia existencial. In: ARQUETTE L. N., Alinne; CABRAL, Hildeliza Lacerda Tinoco Boechat; MOREIRA, Raquel Veggi (Org.). **Tratado de bioética jurídica**. São Paulo: Almedina, 2022. p. 115-129. SÁ, Maria de Fátima Freire de; MOREIRA, Diogo Luna. **Autonomia para morrer**: eutanásia, suicídio assistido, diretivas antecipadas de vontade e cuidados paliativos. 2. ed. Belo Horizonte: Del Rey, 2015. GODINHO, Adriano Marteleto; LEITE, George Salomão; DADALTO, Luciana (Coord.). **Tratado brasileiro sobre o direito fundamental à morte digna**. São Paulo: Almedina, 2017.

até anterior a ela, expressado de formas variadas, inclusive pelas crenças e pela biografia do indivíduo, de modo que, mesmo a pessoa com deficiência mental ou intelectual terá suas vontades consideradas.

Havendo colisão entre direitos fundamentais do mesmo titular e sendo esse uma pessoa submetida ao regime de curatela, seu mínimo discernimento deve ser considerado para a ponderação, pois somente assim se garantirá sua liberdade, permitindo a realização de sua dignidade, de modo que ao curador cabe respeitar as escolhas do curatelado. Em caso de dúvidas sobre o discernimento ou discordando da decisão do curatelado, deverá o curador submeter a situação à apreciação judicial, cuja decisão será tomada com base na dignidade, a partir de uma avaliação multiprofissional e interdisciplinar. Não havendo grau algum de discernimento, a decisão deve levar em conta a história de vida da pessoa em regime de curatela e, jamais tendo conseguido se expressar, caberá ao curador a escolha, não havendo que se deixar desprotegida a pessoa com deficiência. Contudo, nessa escolha, o curador deverá cuidar para não submeter a pessoa com deficiência a tratamentos fúteis, que violem sua dignidade.

Ocorrendo colisão entre os direitos da pessoa curatelada e direitos de terceiros, deverá também ser analisada a questão das reservas legais, inclusive da reserva geral de ponderação, não permitindo que se sobressaia qualquer exercício abusivo de direito em questões de tratamento sanitário, cabendo ao Poder Judiciário a solução, caso não possa ser alcançada de outra forma.

Não obstante possa a questão ser levada ao Poder Judiciário, é fato que a evolução para o atual modelo biopsicossocial de deficiência resultou em reconhecer, em favor da pessoa submetida ao regime de curatela, a autonomia existencial e a liberdade em igualdade de condições com as demais pessoas, realizando, ainda, a solidariedade social, sem categorias de pessoas abstratamente excluídas e marginalizadas e removendo os obstáculos à exclusão concreta.

Referências

ALEXY, Robert. **Teoria dos direitos fundamentais**. Trad. de Virgílio Afonso da Silva. São Paulo: Malheiros, 2006.

ALMEIDA, José Luiz Gavião de; SILVA, Marcelo Rodrigues da; OLIVEIRA FILHO, Roberto Alves de. Estatuto da Pessoa com Deficiência e a nova teoria das incapacidades: operabilidade em risco. In: FIUZA, César (Org.) SILVA, Marcelo

Rodrigues da; OLIVEIRA FILHO, Roberto Alves de (Coord.). **Temas relevantes sobre o Estatuto da Pessoa com Deficiência**: reflexos no ordenamento jurídico brasileiro. Salvador: JusPodivm, 2018. p. 33-82.

ARQUETTE L. N. Alinne. **A teoria contratual e o Código de Defesa do Consumidor.** São Paulo: Revista dos Tribunais, 2001.

ARQUETTE L. N., Alinne. Cuidados paliativos e direito à morte digna: a caminho da autonomia existencial. In: ARQUETTE L. N., Alinne; CABRAL, Hildeliza Lacerda Tinoco Boechat; MOREIRA, Raquel Veggi (Org.). **Tratado de bioética jurídica**. São Paulo: Almedina, 2022. p. 115-129.

ARQUETTE L. N., Alinne; LEITE, Maria Eduarda Pereira Arquette; SOUZA, Carlos Henrique Medeiros de. Recusa terapêutica e objeção de consciência: limites e possibilidades segundo a ordem constitucional. In: ARQUETTE L. N., Alinne; CABRAL, Hildeliza Lacerda Tinoco Boechat; MOREIRA, Raquel Veggi (Org.). **Tratado de bioética jurídica**. São Paulo: Almedina, 2022. p. 275-314.

ARQUETTE L. N., Alinne, ROBLES-LESSA, Moyana Mariano; CABRAL, Hildeliza Boechat. Autonomia existencial da pessoa com deficiência: uma análise necessária sobre seus contornos e limites. In: ARQUETTE L. N., Alinne; CABRAL, Hildeliza Boechat; MOREIRA, Raquel Veggi (Org.). **Tratado de bioética jurídica**. São Paulo: Almedina, 2022. p. 391-416.

ARQUETTE, Alinne, ROBLES-LESSA, Moyana; BOECHAT, Hildeliza, Da autodeterminação ao discernimento: autonomia existencial da pessoa curatelada e evolução da manifestação de vontade no direito civil brasileiro. In: SANTIAGO, Maria Cristina; MENEZES, Joyceane Bezerra de; MOUTINHO, Maria Carla (Org.). **20 anos do Código Civil brasileiro**: uma (re)leitura dos institutos do direito civil sob as perspectivas de gênero e vulnerabilidade. Rio de Janeiro: Processo, 2023.

BARBOSA-FOHRMANN, Ana Paula; KIEFER, Sandra Filomena Wagner. Modelo social de abordagem dos direitos humanos das pessoas com deficiência. In: MENEZES, Joyceane Bezerra de (Org.). **Direito das pessoas com deficiência psíquica e intelectual nas relações privadas**. 2. ed. Rio de Janeiro: Processo, 2020. p. 133-156.

BARBOSA-FOHRMANN; Ana Paula; ARAÚJO, Luana Adriano. As autonomias das pessoas com deficiências intelectuais e cognitivas graves. In: TEIXEIRA, Ana Carolina Brochado; MENEZES, Joyceane Bezerra de (Coord). **Gênero, vulnerabilidade e autonomia**: repercussões jurídicas. 2. ed. Indaiatuba: Foco, 2021. p. 79-104.

BARROSO, L. R. Neoconstitucionalismo e constitucionalização do Direito (O triunfo tardio do direito constitucional no Brasil). **Revista de Direito Administrativo**, Rio de Janeiro, v. 240, p. 1-42, 2005. DOI: 10.12660/rda.v240.2005.43618. Disponível em: https://bibliotecadigital.fgv.br/ojs/index.php/rda/article/view/43618. Acesso em: 05 maio 2023.

BARROSO, Luís Roberto; MARTEL, Letícia de Campos Velho. A morte como ela é: dignidade e autonomia individual no final da vida. **Revista da EMERJ**, v. 13, n. 50, 2010. p. 19-63. Disponível em: https://www.emerj.tjrj.jus.br/revistaemerj_online/edicoes/revista50/Revista50_19.pdf. Acesso em: 03 maio 2022.

BARROSO, Luís Roberto. **A dignidade da pessoa humana no direito constitucional contemporâneo**: a construção de um conceito jurídico à luz da jurisprudência mundial. Belo Horizonte: Fórum, 2020.

BETTI, Emílio. **Teoria geral do negócio jurídico.** Trad. Ricardo Rodrigues Gama. Campinas: LZN, 2003.

BRASIL. **Conselho Federal de Medicina**. Recomendação CFM nº 1/2016 – Dispõe sobre o processo de obtenção do consentimento livre e esclarecido na assistência médica. Brasília, 21 jan. 2016. Disponível em: https://portal.cfm.org.br/images/Recomendacoes/1_2016.pdf. Acesso em: 30 jul. 2023.

BRASIL. **Resolução CFM nº 2.217, de 27 de setembro de 2018.** Código de Ética Médica. Conselho Federal de Medicina – Brasília: Conselho Federal de Medicina, 2018. 108 p. Disponível em: https://portal.cfm.org.br/images/PDF/cem2019.pdf. Acesso em: 01 jul. 2023.

BRASIL. **Resolução CFM Nº 2.232, de 17 de julho de 2019**. Conselho Federal de Medicina, Brasília. Disponível em: https://sistemas.cfm.org.br/normas/visualizar/resolucoes/BR/2019/2232. Acesso em: 01 jul. 2020.

BRASIL, **Conselho Federal de Medicina**. Juiz determina suspensão de artigos da Resolução CFM nº 2232/2019. Brasília, 21 ago. 2020. Disponível em: https://bitlybr.com/vJpNr. Acesso em: 30 jul. 2023.

BRASIL. **Conselho Federal de Medicina**. Justiça restabelece norma CFM que respeita decisão do médico em partos de urgência. Brasília, 01 abr. 2021. Disponível em: Justiça restabelece norma CFM que respeita decisão do médico em partos de urgência. Acesso em: 30 jul. 2023.

BRASIL. **Constituição da República Federativa do Brasil de 1988**. Brasília, DF: Diário Oficial da União, 5.10.1988. Disponível em: http://www.planalto.gov.br/ccivil_03/constituicao/constituicao.htm. Acesso em: 30 jul. 2023.

BRASIL. Lei nº 10.406, de 10 de janeiro de 2002. **Institui o Código Civil**. Brasília, DF: Diário Oficial da União, 11.1.2002. Disponível em: http://www.planalto.gov.br/ccivil_03/leis/2002/l10406compilada.htm. Acesso em: 30 jul. 2023.

BRASIL. Lei nº 13.146, de 6 de julho de 2015. **Institui a Lei Brasileira de Inclusão da Pessoa com Deficiência (Estatuto da Pessoa com Deficiência)**. Brasília, DF: Diário Oficial da União, 7.7.2015. Disponível em: https://www.planalto.gov.br/ccivil_03/_ato2015-2018/2015/lei/l13146.htm. Acesso em: 30 jul. 2023.

BRASIL, **Supremo Tribunal Federal**. PSOL questiona resolução sobre recusa de pacientes a tratamentos e intervenções. Brasília, 07 jan. 2020. Disponível em: Supremo Tribunal Federal (stf.jus.br). Acesso em: 30 jul. 2023.

DEOCLECIANO, P. R. M.; LOBO, J. C. M.; VIANA, J. L. Uma análise crítica da atual posição do Supremo Tribunal Federal sobre o direito ao esquecimento. **Revista Brasileira de Direito Civil**, [S. l.], v. 31, n. 02, p. 203, 2022. Disponível em: https://rbdcivil.ibdcivil.org.br/rbdc/article/view/810. Acesso em: 26 jun. 2023.

DURAND, Guy. **Introdução geral à bioética**: história, conceitos e instrumentos. 5. ed. São Paulo: Loyola, 2014.

FARIAS, Cristiano Chaves de; ROSENVALD, Nelson. **Curso de direito civil**: contratos. v. 4. 4. ed. Salvador: JusPodivm, 2016a.

FARIAS, Cristiano Chaves de; ROSENVALD, Nelson. **Curso de direito civil**: famílias. v. 6. 8. ed. rev. e atual. Salvador: JusPodivm, 2016b.

FERRI, Luigi. **La autonomia privada**. Trad. Luis Sancho Mendizábal. Granada: Editorial Comares, S.L., 2001.

FIGUEIRA, Emílio. **As pessoas com deficiência na história do Brasil**: uma trajetória de silêncios e gritos. 4. ed. Rio de Janeiro: Wak, 2021.

GAIO, D. A busca pela concordância prática e os limites ao "método da ponderação de bens constitucionais". **Revista Brasileira de Direitos Fundamentais & Justiça**, [S. l.], v. 6, n. 18, p. 120–128, 2012. DOI: 10.30899/dfj.v6i18.336. Disponível em: https://dfj.emnuvens.com.br/dfj/article/view/336. Acesso em: 26 jun. 2023.

GODINHO, Adriano Marteleto; LEITE, George Salomão; DADALTO, Luciana (Coord.). **Tratado brasileiro sobre o direito fundamental à morte digna**. São Paulo: Almedina, 2017.

GUEDES, Néviton. Princípio da concordância não contraria ponderação de bens. **Consultor Jurídico**. 14 de abril de 2014. s/p. Disponível em: https://www.conjur.com.br/2014-abr-14/constituicao-poder-principio-concordancia-nao-contraria-ponderacao-bens. Acesso em: 26 jun. 2023.

GUERRA, Sidney. **Curso de direitos humanos**. 6. ed. São Paulo: Saraiva Educação, 2020.

HIBNER, Davi Amaral; SILVESTRE, Gilberto Fachetti; SILVA, Yan Codan Fontoura e. A possibilidade de eficácia ex tunc da sentença de interdição no Brasil. **Revista Jurídica Luso-brasileira**. v. 4, n. 2, 2018. p. 883-908.

HOFFMANN-RIEM, Wolfgang. Concordância Prática no Pensamento Jurídico-Constitucional de Konrad Hesse. **Direito Público**, [S. l.], v. 18, n. 98, 2021. DOI: 10.11117/rdp.v18i98.5854. Disponível em: https://www.portaldeperiodicos.idp.edu.br/direitopublico/article/view/5854. Acesso em: 26 jun. 2023.

KANT, Immanuel. **Fundamentação da Metafísica dos Costumes.** Trad. Paulo Quintela. Lisboa: Edições 70, 1995.

LIMONGI, Viviane Cristina de Souza. **A capacidade civil e o Estatuto da Pessoa com Deficiência.** Rio de Janeiro: Lumen Juris, 2018.

LÔBO, Paulo Luiz Neto. **O contrato**: exigências e concepções atuais. São Paulo: Saraiva, 1986.

LOPES, Ana Beatriz Lima Pimentel; MENDES, Vanessa Correia. A plena capacidade civil da pessoa maior com deficiência intelectual ou psíquica e a funcionalização do sistema de apoio por meio da curatela. In: TEIXEIRA, Ana Carolina Brochado; MENEZES, Joyceane Bezerra de. **Gênero, vulnerabilidade e autonomia**: repercussões jurídicas. 2. ed. Indaiatuba: Foco, 2021. p. 45-64.

MARQUES, Claudia Lima. **Contratos no Código de Defesa do Consumidor**: o novo regime das relações contratuais. 5. ed. São Paulo: Revista dos Tribunais, 2005.

MARQUES, Claudia Lima, O diálogo das fontes como método da nova teoria geral do direito: um tributo a Erik Jayme. In: MARQUES, Claudia Lima (Coord.). **Diálogo das fontes**: do conflito à coordenação de normas do direito brasileiro. São Paulo: Revista dos Tribunais, 2012. p. 17-66.

MARTINS-COSTA, Judith. **A boa-fé no direito privado**. 2. ed. São Paulo: Saraiva Educação, 2018.

MEIRELES, Rose Melo Vencelau. Pressupostos para o exercício da autonomia existencial. In: TEIXEIRA, Ana Carolina Brochado; MENEZES, Joyceane Bezerra de (Coord.). **Gênero, vulnerabilidade e autonomia**: repercussões jurídicas. 2. ed. Indaiatuba: Foco, 2021. p. 65-78.

MEIRELLES, Jussara Maria Leal de. Diretivas antecipadas de vontade por pessoa com deficiência. In: MENEZES, Joyceane Bezerra de (Org.). **Direito das pessoas com deficiência psíquica e intelectual nas relações privadas.** 2. ed. Rio de Janeiro: Processo, 2020. p. 809-826.

MORAES, Maria Celina Bodin de. **Na medida da pessoa humana**: estudos de direito civil-constitucional. Rio de Janeiro: Renovar, 2010.

NEVARES, Ana Luiza Maia; SCHEREIBER, Anderson. Do sujeito à pessoa: uma análise da incapacidade civil. In: TEPEDINO, Gustavo; TEIXEIRA, Ana Carolina Brochado; ALMEIDA, Vítor (Coord.). **O direito civil entre o sujeito e a pessoa:** estudos em homenagem ao Professor Stefano Rodotà. Belo Horizonte: Fórum, 2016. p. 39-56.

NORONHA, Carlos Silveira; SANTOS, Charlene Côrtes. Reflexões sobre a conformação do instituto da curatela frente ao novo Código de Processo Civil e ao Estatuto da Pessoa com Deficiência. **Revista da Faculdade de Direito da UFRGS**, Porto Alegre, n. 38, p. 35-61, ago. 2018. Disponível em: https://seer.ufrgs.br/index.php/revfacdir/article/view/83692. Acesso em: 30 jun. 2023.

PEREIRA, Paula Moura Lemos Francesconi. In: BARBOZA, Heloísa Helena; ALMEIDA, Vítor (Coord.). **Comentários ao Estatuto da Pessoa com Deficiência à luz da Constituição da República.** 2. ed. Belo Horizonte: Fórum, 2021.

PERLINGIERI, Pietro. **Perfis do direito civil**. Trad. Maria Cristina De Cicco. Rio de Janeiro: Renovar, 2007.

PERLINGIERI, Pietro. **O direito civil na legalidade constitucional**. Trad. de Maria Cristina De Cicco. Rio de Janeiro: Renovar, 2008.

PIOVESAN, Flávia. **Direitos humanos e o direito constitucional internacional.** 19. ed. São Paulo: Saraiva Educação, 2021.

PRATA, Ana. **A tutela constitucional da autonomia privada.** Coimbra: Almedina, 1986.

RAMOS, André de Carvalho. **Curso de direitos humanos.** 5. ed. São Paulo: Saraiva, 2018.

RIBEIRO, Gustavo Pereira Leite. As pessoas com deficiência mental e o consentimento informado nas intervenções médicas. In: MENEZES, Joyceane Bezerra de (Org.). **Direito das pessoas com deficiência psíquica e intelectual nas relações privadas.** 2. ed. Rio de Janeiro: Processo, 2020. p. 827-859.

ROPPO, Enzo. **O contrato.** Trad. Ana Coimbra e M. Januário C. Gomes. Coimbra: Almedina, 1988.

ROSENVALD, Nelson. O modelo social de direitos humanos e a Convenção sobre os direitos da Pessoa com Deficiência – o fundamento primordial da Lei nº 13.146/2015. In: MENEZES, Joyceane Bezerra de (Org.). **Direito das pessoas com deficiência psíquica e intelectual nas relações privadas.** 2. ed. Rio de Janeiro: Processo, 2020. p. 157-176.

SÁ, Maria de Fátima Freire de; MOREIRA, Diogo Luna. **Autonomia para morrer**: eutanásia, suicídio assistido, diretivas antecipadas de vontade e cuidados paliativos. 2. ed. Belo Horizonte: Del Rey, 2015.

SÁ, Maria de Fátima Freire de; NAVES, Bruno Torquato de Oliveira. **Bioética e biodireito.** 4. ed. Belo Horizonte: Del Rey, 2018.

SARLET. Ingo Wolfgang. **Dignidade da pessoa humana e direitos fundamentais na Constituição Federal de 1988.** 10. ed. Livraria do Advogado: Porto Alegre, 2019.

SARMENTO, Daniel. **Dignidade da pessoa humana**: conteúdo, trajetórias e metodologia. 2. ed. Belo Horizonte: Fórum, 2019.

SEN, Amartya. **A ideia de justiça.** Trad. Denise Bottman e Ricardo Dominelli Mendes. São Paulo: Companhia das Letras. 2011.

SILVA, Erika Mayumi Moreira da. **Capacidade civil da pessoa com deficiência intelectual e mental**: entre a autonomia e a desproteção jurídica. São Paulo: Thomson Reuters Brasil, 2021.

TEIXEIRA, Ana Carolina Brochado. Autonomia existencial. **Revista Brasileira de Direito Civil** – RBDCivil [S. l.], v. 16, p. 75-107, 2018. Disponível em: https://rbdcivil.ibdcivil.org.br/rbdc/article/view/232. Acesso em: 26 jun. 2023.

TEPEDINO, Gustavo; BARBOZA, Heloísa Helena; MORAES, Maria Celina Bodin. **Código Civil interpretado conforme a Constituição da República.** v. 1. 2. ed. Rio de Janeiro: Renovar, 2007.

TEPEDINO, Gustavo; OLIVA, Milena Donato. Personalidade e capacidade na legalidade constitucional. In: MENEZES, Joyceane Bezerra de (Org.). **Direito das**

pessoas com deficiência psíquica e intelectual nas relações privadas. 2. ed. Rio de Janeiro: Processo, 2020. p. 291-314.

TEPEDINO, Gustavo; SANTOS, Débora Pinto Monteiro dos; PEREIRA, Paula Moura Francesconi de Lemos (Coord.). **Direito civil-constitucional**: a construção da legalidade constitucional nas relações privadas. Idaiatuba: Foco, 2022.

TERRA, Aline de Miranda Valverde; TEIXEIRA, Ana Carolina Brochado. É possível mitigar a autonomia da pessoa com deficiência para a prática de atos patrimoniais e existenciais? In: TEIXEIRA, Ana Carolina Brochado; MENEZES, Joyceane Bezerra de (Coord.). **Gênero, vulnerabilidade e autonomia**: repercussões jurídicas. 2. ed. Indaiatuba: Foco, 2021. p. 25-44.

3. DIGNIDADE HUMANA E A RECUSA TERAPÊUTICA NO TRATAMENTO DA COVID-19 EM FASE TERMINAL

Raquel Veggi Moreira
João Carlos de Aquino Almeida

Introdução

O Conselho Federal de Medicina (CFM) regulamenta, em sua Resolução nº 2.232[1] de 2019, possibilidades de recusa terapêutica por parte do paciente e objeção de consciência por parte dos médicos. A partir então de situações de recusa terapêutica por parte do paciente acometido por doenças terminais, causadas pela Covid-19, observa-se a prevalência do princípio da dignidade da pessoa humana sobre direitos constitucionais inerentes à personalidade.

Inicialmente, para uma melhor compreensão do tema, analisa-se o princípio da dignidade da pessoa humana, considerando seus elementos – da autonomia, liberdade e responsabilidade individuais –, que possibilitam o exercício de direitos pelos indivíduos sem escusar deles o ônus de suas escolhas. Trata-se de uma análise à luz da dignidade da pessoa humana que orienta todo o ordenamento jurídico, considerando-se que esse valor se tornou premissa basilar do direito de forma geral e não apenas no que se refere aos direitos da personalidade. Assim, a partir de uma visão ampla sobre a dignidade, observa-se sua aplicação do direito fundamental à saúde, cujo paradigma evolui, aplicando um novo conceito do direito

[1] CONSELHO FEDERAL DE MEDICINA (CFM – Brasil). **Resolução nº 2.232/2019**. Brasília. Disponível em: https://www.in.gov.br/en/web/dou/-/resolucao-n-2.232-de-17-de-julho-de-2019-216318370. Acesso em: 6 mar. 2023.

para além da prevenção e erradicação de enfermidades, relacionado ao bem-estar e proteção social. Além disso, afasta-se a ideia do senso comum de um direito à saúde circunscrito exclusivamente ao direito médico, uma vez que envolve questões mais amplas, como políticas públicas, segurança, salubridade, por exemplo.

Partindo-se da saúde e direito à vida ao inevitável fim da existência, por meio de uma reflexão que provoca mudanças na medicina que incidiram no surgimento dos termos da autodeterminação informativa e do consentimento informado, resultantes do período pós-atrocidades decorrentes de experimentos humanos de caráter eugenista, perpetrados pelos nazistas contra minorias étnicas, grupos sociais e políticos e pessoas com deficiência, que deram origem ao Código de Nuremberg, buscando evitá-las em momentos futuros, além do ponto de vista de Dworkin[2] sobre o fim da vida, em casos de eutanásia, que se desenvolveu através da observação de três elementos: autonomia do paciente, interesses fundamentais e sacralidade da vida.

Com mais humanidade considera-se, então, os direitos existenciais e sua relação com a reserva do possível, passando-se a uma análise da disponibilidade de direitos existenciais personalíssimos e do direito à vida e à saúde, ou seja, quando o indivíduo pode dispor de forma parcial e momentânea dos seus direitos personalíssimos. A partir disso, é possível apreender a singularidade da recusa terapêutica e objeção da consciência como instrumentos de exercício da autonomia existencial dos indivíduos, sendo eles médicos ou pacientes, e analisar, em especial, a possibilidade de sua aplicabilidade no contexto da pandemia da Covid-19.

1. A dignidade da pessoa humana como premissa do direito

Inicialmente, entende-se que a visão do homem enquanto pessoa a quem se atribui valor destaca-se com o Cristianismo na filosofia patrística, sendo esse valor acompanhado pelo caráter de subjetividade da pessoa humana que faz jus a direitos e dignidade, ideia essa posteriormente revisitada pelos escolásticos. A partir então dessa imagem do homem digno de direitos e valor, observa-se sua diferenciação em relação à instituição do Estado, devendo também se evidenciar a forma individual e distinta que

[2] DWORKIN, Ronald. **Domínio da vida:** aborto, eutanásia e liberdades individuais. São Paulo: Martins Fontes, 2009.

se desenvolveram as questões do Estado e os direitos do homem enquanto sujeito, predominando a existência do caráter de autoridade para o Estado, enquanto o de liberdade para os indivíduos detentores de direitos e dignidade.

Sendo assim, no atual Estado democrático de direitos, ao ser humano foram atribuídos os benefícios da autonomia acompanhados pela liberdade e, consequentemente, o ônus da responsabilidade. Além disso, todos esses pressupostos de escolhas e livre desenvolvimento guardam relação com o princípio constitucional da dignidade da pessoa humana que, em verdade, é o princípio que direciona toda a aplicação dos demais princípios constitucionais. Nesse sentido, para Furtado[3], a dignidade da pessoa humana não pode ser vista isoladamente como um direito constitucional fundamental, mas sim como uma norma que conduzirá as demais, seja de forma interpretativa, seja em sua aplicação prática. Em outras palavras, o princípio da dignidade da pessoa humana deve ser interpretado como norma basilar geral e, assim, deve ser observado por quem aplica e cria o direito como o principal norte das demais garantias constitucionais.

A dignidade da pessoa, analisada então a partir da visão Kantiana, situa o homem em posição central, de onde emergem as observações[4]. Esse homem, detentor de liberdade e autonomia, limita-se pela responsabilidade que, por sua vez, se submeterá aos valores morais sociais. Sendo assim, suas ações observarão o dever-poder e a lei, como ser racional que é, então, o sujeito digno que se curva às leis que ele próprio criou, enquanto humanidade, configurando a autonomia de suas vontades. Nesse sentido, tem-se que,

> Na visão kantiana, é a condição de legislador universal que nos torna pessoas, eivadas de dignidade, e detentoras de um fim em si mesmas, dando-nos a inserção enquanto membros de um reino de fins, o qual reúne todos os seres dotados de razão, sob o comando de leis comuns.

[3] FURTADO, Emmanoel Teófilo. Direitos humanos e o princípio da dignidade da pessoa humana. **Revista IBDH**, Fortaleza, n. 6, v. 6, p. 103-120, 2005, p. 104. Disponível em: https://revista.ibdh.org.br/index.php/ibdh/issue/view/13. Acesso em: 28 mar. 2023.

[4] KANT, Immanuel. **Fundamentação da Metafísica dos Costumes**. Tradução Paulo Quintela. Lisboa: 70, 2009.

> A título de conclusão, pode-se dizer que, para Kant, o homem, como vimos, é um fim em si mesmo e, por isso, tem valor absoluto, não podendo, de conseguinte, ser usado como instrumento para algo, e, justamente por isso **tem dignidade, é pessoa** (Grifos do autor)[5].

Por fim, no que toca à visão de Kant, a organização social divide-se entre Estado como figura de autoridade que institui a ordem social e jurídica, e o homem em toda sua dignidade, exercendo seus direitos de liberdades de escolha e autonomia da vontade, em observância às leis instituídas enquanto exercício de sua responsabilidade e dos limites sociais do Estado[6].

Partindo agora para uma visão da doutrina moderna sobre a dignidade da pessoa humana, é lançado um olhar sobre a distinção entre indivíduo e pessoa, sendo que o indivíduo seria a pessoa enquanto sociedade e a pessoa o homem em si mesmo, prevalecendo ora interesses coletivos, ora sobressaindo as questões individuais de cada um.

Assim, considerando, então, que o princípio da dignidade da pessoa humana é amparado por direitos humanos, foi constitucionalmente previsto nos mais diversos regimes, sendo que, no Brasil, houve inspiração no direito alemão que o classificou como direito absoluto. Além dessa, outras Constituições trouxeram a dignidade da pessoa humana em seus textos, como a Constituição Hispânica, a Lusitana, a da Colômbia, de Cabo Verde, da Grécia e China. Além disso, as cartas políticas da Venezuela, Peru, Bulgária, Irlanda e Índia também foram documentos oficiais que previram o referido direito[7]. Dessa forma, pelo reconhecimento legal do princípio da dignidade da pessoa humana, como também pelo prisma da inviolabilidade e integridade dos direitos do homem, assim como da sua abrangência a demais princípios como econômicos, sociais e culturais, surgem os direitos humanos.

Já no Brasil, a formação do Estado democrático de direito tem amparo na dignidade da pessoa humana que, por sua vez, está prevista constitucionalmente como fundamento da República no artigo 1º, inciso III, e também de forma expressa nos artigos 170; 226, §3º; 227 e 230 da Carta

[5] FURTADO. *Op. Cit.*, p. 108.

[6] KANT. *Op. Cit.*

[7] FURTADO. *Op. Cit.*

Magna[8]. O sobredito princípio constitucionalmente amparado, além de ser dotado pela autonomia da vontade, da liberdade individual e suas responsabilidades, não se limita aos direitos constitucionais da personalidade, ainda que estes sejam parte essencial da materialização da dignidade humana, que por sua vez é valor inerente ao Estado Democrático de Direito. Então, quanto ao conceito do princípio em tela, conclui-se que não existe valoração que seja superior ao ser humano, e os direitos da coletividade do homem enquanto indivíduo social não devem se contrapor aos direitos da pessoa dotada de particularidades, devendo ter seus limites respeitados, seja pelo Estado, seja por qualquer outra instituição[9].

1.1. Dignidade no direito à saúde

Em 1946, após a fundação da Organização das Nações Unidas (ONU), foi criada a Organização Mundial da Saúde (OMS) que elevava a saúde a um patamar mundial de paz e segurança. Já a Declaração Universal dos Direitos do Homem (DUDH) ia além da premissa de erradicação de enfermidades, mas relacionava saúde aos direitos humanos, pensados como bem-estar e proteção social[10]. A partir de então, outros documentos foram elaborados sobre questões de saúde em patamar de direitos humanos, mas o que importa dizer é que existem determinantes sociais que englobam diversos fatores sociais, econômicos, culturais, dentre outras questões, que podem influenciar na aplicabilidade do direito pleno à saúde. Nesse sentido, entende-se que o direito à saúde é amplo e não pode ter seu conceito confundido com o do direito médico, embora guardem ampla relação. Quando se fala em direito à saúde, a esfera abrangida vai além dos corredores hospitalares, diz-se da saúde pública, de forma a remeter o sentido da temática a questões relacionadas a fatores de risco, violações de direitos que expõem as pessoas à vulnerabilidades, como violência urbana, torturas, questões violentas referentes a gênero, condições insalubres etc.

Dessa forma, no direito brasileiro, a saúde é direito fundamental social, constitucionalmente previsto e expresso no artigo 6º da Constituição

[8] BRASIL. [Constituição (1988)]. **Constituição da República Federativa do Brasil de 1988**. Brasília, DF: Presidência da República, [2016]. Disponível em: https://www.planalto.gov.br/ccivil_03/constituicao/constituicao.htm. Acesso em: 6 mar. 2023.

[9] FURTADO. *Op. Cit.*

[10] ASSEMBLEIA GERAL DA ONU. (1948). "Declaração Universal dos Direitos Humanos" (217 [III] A). Paris.

Federal de 1988, sendo ainda direito de todos e dever do Estado, o que é prestado por meio da assistência de saúde pública do Sistema Único de Saúde (SUS) regulado nos artigos 196 a 200 do mesmo ordenamento jurídico[11]. Sendo assim, o direito à saúde se torna imperativo no ordenamento jurídico constitucional brasileiro, devendo atender e observar o princípio da dignidade humana, uma vez que é condição para alcançá-la, especialmente ao se observar pelo prisma de que a dignidade da pessoa humana se sobrepõe ao direito à vida, portanto, o direito à saúde deve permitir condições que atendam e dignifiquem o homem, permitindo que ele não apenas viva, mas desfrute de uma vida que valha a pena ser vivida.

1.2. Dignidade no fim da vida

O direito à vida também deve observar o princípio da dignidade da pessoa humana, característica que o submete a tal princípio, elevando a importância da dignidade humana a um patamar superior à própria vida. Não basta, por exemplo, ter direito à vida quando estar vivo se torna um fardo a ser sustentado, devendo apresentar circunstâncias de bem-estar e condições humanas. Diferente disso, não há expressão da dignidade. Considera-se, então, cada um dos direitos fundamentais previstos constitucionalmente como meios de se alcançar a dignidade do homem. Nessa perspectiva, o direito à vida não se resume ao direito puro e simples de uma existência respeitosa, mas incorpora outros fatores da sua concepção ao seu fim. Para exercício do direito à vida, o indivíduo gozará de outros direitos a ela inerentes e fundamentais, visto que tais prerrogativas são dotadas de autonomia e liberdade desde o direcionamento da vida em relação a questões religiosas, posicionamentos políticos, educacionais, sociais, sexuais, até escolhas que determinam suas condições de saúde e bem-estar.

Apesar disso, até meados do século XX, com o caráter paternalista da medicina à época e do próprio direito médico amparado pelo princípio da beneficência, os pacientes vivenciaram uma postura médica mais incisiva no que se referia ao seu poder de escolha, minando em certa medida sua autonomia da vontade e liberdades individuais em relação aos tratamentos a serem adotados, não havendo uma discussão entre médico e paciente quanto às melhores ou preferíveis medidas. Já em 1947, com o Código de

[11] BRASIL, 1988.

Nuremberg que regulamentava pesquisas com pacientes, consolidou-se o princípio da autodeterminação da pessoa, sendo o consentimento informado um requisito para condução de experiências médicas de forma ética. Assim, a autonomia do paciente ganha espaço no direito médico e da saúde no que diz respeito ao direito à vida digna do paciente.

Sendo assim, não é bastante a liberdade de deliberar de forma autônoma sobre procedimentos médicos, mas é primordial que existam condições para o exercício dessa autonomia por parte do paciente. Importante é, também, relembrar o dito anteriormente, sobre a autonomia e a liberdade estarem conectadas à responsabilidade, de forma que o paciente também assume riscos inerentes às suas possibilidades de escolha decorrentes da autodeterminação. Contudo, tanto as possibilidades quanto o respeito a cada decisão decorrente das escolhas pessoais de integridade física do paciente configuram observação ao princípio da dignidade da pessoa humana. Para, então, atender amplamente ao tratamento digno, ressalta-se que o paciente não dispõe de conhecimento técnico e ainda aqueles que o possuem também se encontram em situação de vulnerabilidade, motivo pelo qual a autodeterminação encontra-se vinculada ao direito à informação. Assim, só poderá o paciente deliberar sobre suas possibilidades de forma consciente se houver por parte do seu médico informações transparentes e objetivas, sendo que, caso contrário, a autonomia seria mera ilusão condicionada às vontades do próprio médico.

Passando à análise de Dworkin[12] sobre o fim da vida em casos de eutanásia, o filósofo considera três elementos: 1. Autonomia do paciente; 2. Interesses fundamentais, e 3. Sacralidade da vida. No primeiro ponto, a depender do estado de saúde, o paciente não terá autonomia de fato para deliberar sobre determinadas escolhas, caso tenha pela doença alguma afetação cognitiva ou psicológica que interfira de forma permanente ou momentânea em sua consciência, limitando sua autodeterminação. Já no que se refere aos interesses fundamentais, diz-se da subjetividade do que de fato é importante para um paciente. Por fim, o terceiro elemento diz respeito aos valores da vida, o que Dworkin entende ir de encontro à autonomia do paciente, pois busca a preservação da vida, independentemente de sua dignidade/qualidade. Explicando de forma mais clara, quando um

[12] DWORKIN. *Op. Cit.*

indivíduo tem autonomia e meios para dar fim à sua vida não configuraria eutanásia, mas sim suicídio, ainda que a esteja vivendo de forma digna[13].

Apesar disso, Dworkin parece se contrapor, de certa forma, ao conceito puro do terceiro elemento, a partir de seu entendimento de que os pacientes que entendem por dignidade a vida desfrutada de forma natural poderão se amparar do princípio da sacralidade da vida, uma vez que, de acordo com o autor, é possível que se considere indigna uma vida, por exemplo, que necessita de recursos artificiais para sua continuidade e, como exemplo recente dessa observação, temos a utilização dos respiradores mecânicos na pandemia da Covid-19.

O conceito de morte então estudado neste texto se refere, especialmente, aos casos de pacientes de Covid-19 em fase terminal e da dignidade no que diz respeito à deliberação do paciente em relação ao fim da vida por meio de sua autonomia, liberdade e responsabilidade frente à recusa de tratamento médico, além das implicações morais e legais decorrentes da autodeterminação informativa do paciente.

2. Direitos existenciais

Importante destacar que a proteção constitucional da dignidade humana também contempla garantias individuais e coletivas referentes ao mínimo existencial, ou seja, as condições existenciais e vitais mínimas, que buscam garantir um status de dignidade do ser humano, sendo o mínimo para alcançar uma condição de vida honrada e salubre, da qual cada indivíduo deve ter a possibilidade de apreciar de forma plena, sem obstáculos de ordem econômica ou social. Nessa esteira, os direitos existenciais são aqueles que amparam, de forma digna, o mínimo existencial do indivíduo enquanto ser humano. Na Constituição Federal brasileira de 1988, os referidos direitos estão assegurados e classificados como direitos fundamentais uma vez que a garantia da mínima de dignidade humana seria impossível sem a manutenção de tais direitos e suas implicações. Esses direitos fundamentais, por sua vez, podem ser classificados em cinco grupos, sendo eles: direitos individuais; direitos coletivos; direitos

[13] BARBOSA, Evandro; COSTA, Thaís Cristina Alves. A concepção de dignidade humana em Ronald Dworkin: um problema de ética prática. **Revista de Filosofia**, Bahia, v. 13, n. 1, p. 306-316, 2016. Disponível em: https://doi.org/10.31977/grirfi .v13i1.683. Acesso em: 28 mar. 2023.

sociais; direitos à nacionalidade; e direitos políticos. Cada um dos grupos contempla uma gama de direitos fundamentalmente essenciais à existência de uma vida digna[14].

Nesse sentido, o direito constitucional ao mínimo existencial – conjunto de direitos fundamentais – tem caráter programático, ou seja, para que se desenvolva e tenha a possibilidade de aplicação prática, o Estado deve criar programas de desenvolvimento, a curto, médio e longo prazo, nas áreas correlatas para que os indivíduos, por meio de políticas públicas amplas e multidisciplinares, consigam exercer os direitos fundamentais. Considerando, então, ser matéria de ordem pública, o mínimo existencial tem prioridade no direcionamento do orçamento público estatal. Sendo assim, ao se considerar a vinculação das políticas públicas ao exercício fiscal do governo, entende-se que para aplicação do mínimo existencial deve-se observar a reserva do possível, que é uma forma de limitação financeira e orçamentária dos direitos existenciais garantidos pelo Estado, ou seja, o instituto da reserva do possível seria uma alegação por parte do Estado de que não dispõe de recursos financeiros para amparar algumas demandas.

Em atenção a essa possibilidade de tese jurídica, a doutrina divide posicionamentos no que se refere à existência a um direito efetivo ao mínimo existencial, sendo que alguns doutrinadores defendem a ideia de que não seria possível sua aplicação de forma definitiva, enquanto outros, como Sarlet e Figueiredo, sustentam que além de ser possível a aplicação, ela também não poderia ser submetida à reserva do possível, sendo um direito absoluto[15]. Já no Supremo Tribunal Federal (STF), os entendimentos recentes são de que o Poder estatal não pode fundamentar-se na reserva do possível para se abster da prestação básica do mínimo existencial[16].

[14] PINTO, Alexandre Guimarães Gavião. Direitos Fundamentais Legítimas Prerrogativas de Liberdade, Igualdade e Dignidade. **Revista EMERJ**, Rio de Janeiro, v. 12, n. 46, 2009, p. 126 – 140. Disponível em: https://www.emerj.tjrj.jus.br/revistaemerj_online/edicoes/revista46/Revista46_126.pdf. Acesso em: 19 abr. 2023.

[15] SARLETE, Ingo Wolfgang; FIGUEIREDO, Mariana Filchtiner. Reserva do possível, mínimo existencial e direito à saúde: algumas aproximações. **Revista Brasileira De Direitos Fundamentais & Justiça**, v. 1, n. 1, p. 171–213. Disponível em: https://doi.org/10.30899/dfj.v1i1.590. Acesso em: 4 abr. 2023.

[16] CANÁRIO, Pedro. **"Reserva do possível" não permite que Executivo ignore Constituição, julga STF.** Disponível em: https://www.conjur.com.br/2015-ago-13/reserva-possivel-nao-permite-executivo-ignore-constituicao#:~:text=Dignidade%20

Seguindo essa noção, apesar de fundamentais, os direitos existenciais que garantem o mínimo existencial podem ser em alguns momentos relativizados. Entende-se, assim, uns direitos podem, em certo momento, perder seu caráter de supremacia em relação a outros, como, por exemplo, a categoria de direitos individuais personalíssimos.

2.1. Relativa disponibilidade dos direitos personalíssimos

Sob a análise da relativa disponibilidade, pontua-se, inicialmente, que os direitos à personalidade foram positivados no ordenamento jurídico brasileiro a partir da consolidação do próprio princípio da dignidade da pessoa humana, sendo que tal categoria de direitos que, inicialmente, teve um caráter patrimonial e resguardava o indivíduo frente ao Estado, passa por uma releitura a partir de uma perspectiva constitucional na aplicação do direito privado, tutelando questões subjetivas e individuais como a imagem, a honra, a privacidade e, mais recentemente, a proteção de dados pessoais. Nesse sentido, o prisma de princípio norteador atribuído à dignidade da pessoa humana enfraqueceu o caráter do individualismo e patrimonialismo das relações civis. Assim, no âmbito privado, os direitos à personalidade passaram por fenômenos conhecidos por "despatrimonialização" e "repersonalização", visto que tais fenômenos não só reconheceram institutos como o da boa-fé objetiva e do patrimônio mínimo, como também atribuíram um caráter de relativização da individualidade frente ao instituto da dignidade da pessoa humana. Em outras palavras, cabe dizer que o caráter constitucional da dignidade se importava mais com as subjetividades do que com o patrimônio do indivíduo, assim a tutela estatal é dirigida ao ser humano e suas particularidades, e não apenas ao seu patrimônio[17].

A partir do aspecto subjetivo dos direitos de personalidade, passa-se a analisar a possibilidade de cada um dispor dos seus direitos individuais

humana-,%22Reserva%20do%20poss%C3%ADvel%22%20n%C3%A3o%20permite%20-que,Executivo%20ignore%20Constitui%C3%A7%C3%A3o%2C%20julga%20STF&text=O%20princ%C3%ADpio%20da%20reserva%20do,obras%20de%20reforma%20em%20pres%C3%ADdios. Acesso em: 15 abr. 2023.

[17] REIS, Jorge Renato dos; BOLESINA, Iuri. A disponibilidade (no exercício) dos direitos da personalidade como deferência à dignidade humana no direito civil constitucionalizado. **Revista em tempo**, Marília, v. 14, p. 11-30, mar. 2016. Disponível em: https://doi.org/10.26729/et.v14i0.1287. Acesso em: 19 abr. 2023.

e observa-se na prática alguns casos. Como exemplo muito comum tem-se a flexibilização da privacidade e imagem do indivíduo a partir de exposições como no caso de mídias sociais e plataformas digitais. Contudo, é importante lançar o olhar sobre o conflito que pode surgir entre o excesso de liberdade na disponibilidade de alguns direitos e, até mesmo, na possibilidade de atribuir a eles valor patrimonial de forma a torná-los coisas.

A Jornada de Direito Civil de 2012, da Corregedoria Nacional de Justiça (CNJ), dispôs, no seu artigo 11, o seguinte texto: "os direitos da personalidade podem sofrer limitações, ainda que não especificamente previstas em lei, não podendo ser exercidos com abuso de direito de seu titular, contrariamente à boa-fé objetiva e aos bons costumes". Compreende-se, assim, a clara possibilidade de dispor parcialmente dos direitos personalíssimos, de forma transitória, desde que não vá de encontro ao princípio da dignidade da pessoa humana, o que reflete profundamente o caráter de autonomia e liberdade que acompanham o sobredito princípio.

Para Reis e Bolesina[18], existe um excesso de liberdade judiciária nas soluções de conflitos relativos aos direitos da personalidade, em razão de sempre serem solucionados por meio de ponderação, análise de abuso de direito e existência ou não de boa-fé, o que torna a análise vaga. Apesar da opinião dos autores, não se pode ignorar que direitos à personalidade tem caráter subjetivo e o que resta nesses cenários são análises de caso a caso.

2.2. Disponibilidade do direito à vida e à saúde

Passando para uma análise dessa abertura à renúncia parcial de direitos da personalidade na esfera do direito à vida e suas ramificações, busca-se a compreensão acerca da disponibilidade do direito à vida e à saúde. Primeiramente, cabe mencionar que a legislação brasileira não atribui caráter de direitos absolutos ao direito personalíssimo à vida e à saúde. Seguindo o sentido de caráter relativo, existem previsões legais no ordenamento jurídico brasileiro de possibilidades em que o direito à vida permanecerá em segundo plano, como exemplos, 1. Pena de morte em caso de guerra declarada, art. 5º, XLVII, Constituição Federal de 1988[19]; 2. Lei do abate de aeronaves hostis, art. 303, do Código Brasileiro

[18] *Op. Cit.*

[19] BRASIL, 1988.

de Aeronáutica[20]; 3. Aborto legal, sendo suas modalidades, a do aborto necessário e gravidez resultante de estupro, art. 128, Código Penal brasileiro de 1940[21]. Além disso, tem-se também a possibilidade jurídica de interromper a gravidez quando o feto for anencéfalo, sendo que, nesse caso, não se trata de texto de lei, mas precedente autorizado pelo STF, conforme ADPF 54[22].

Partindo dessa perspectiva da renúncia parcial do direito à vida em submissão ao princípio da dignidade da pessoa humana e considerando, ainda, o direito à saúde, tem-se os casos de aborto legal. Assim, para então direcionar relações jurídicas quanto à deliberação sobre matérias em que a dignidade da pessoa humana se sobrepõe aos direitos fundamentais, atribuindo-lhes o caráter de relativização, é aplicado uma análise a partir da ponderação e sopesação dos valores envolvidos, tratando-se de uma análise de casos compostos por subjetivismos e particularidades. Dessa forma, nas possibilidades legais de abortos, materializa-se o princípio da dignidade da pessoa humana como prisma, ponderando entre a dignidade da gestante e o direito à vida do feto, prevalecendo a dignidade. Não é então necessário a judicialização desses casos, considerando o amparo da lei na autorização dos procedimentos e do princípio balizador da preservação da dignidade da mulher. Em casos, por exemplo, de estupro, o STF entende que manter uma gestação indesejada fere a integridade física e psíquica da mulher. Para além disso, existem casos em que deverá haver intervenção jurídica para preservação da vida e saúde e para Sarlete e Figueiredo[23]:

> [...] argumenta-se ainda em favor da existência de um dever da própria pessoa (e de cada pessoa) para com sua própria saúde (vida, integridade física e dignidade pessoal), hábil a justificar, dependendo das circunstâncias

[20] BRASIL. **Lei Nº 7.565, de 19 de dezembro de 1986.** Dispõe sobre o Código Brasileiro de Aeronáutica. Brasília, DF: Presidência da República. Disponível em: https://www.planalto.gov.br/ccivil_03/leis/l7565compilado.htm. Acesso em: 6 mar. 2023.

[21] BRASIL. **Decreto-Lei 2.848**, de 07 de dezembro de 1940. Código Penal. Diário Oficial da União, Rio de Janeiro, Disponível em: http://www.planalto.gov.br/ccivil_03/decreto-lei/Del2848compilado.htm. Acesso em: 28 mar. 2023.

[22] FREITAS, Lúcia Gonçalves. A decisão do STF sobre aborto de fetos anencéfalos: uma análise feminista de discurso. **Alfa: Revista Linguística**, São José do Rio Preto, p. 11-34. Disponível em: https://doi.org/10.1590/1981-5794-1804-1. Acesso em: 20 de abr. 2015.

[23] *Op. Cit.*, p. 197.

do caso concreto, até mesmo a intervenção judicial visando à proteção da pessoa contra si mesma, em homenagem ao caráter (ao menos em parte) irrenunciável da dignidade da pessoa humana e dos direitos fundamentais, como ocorre, por exemplo, nos casos de internação compulsória e de cogente submissão a determinados tratamentos.

Nesse sentido, a atuação estatal interfere nos limites da disponibilidade dos direitos à personalidade, primando pela dignidade da pessoa, seu bem-estar e qualidade de vida, quando ela, por si só, pode de alguma forma estar autodepreciando suas condições dignas de vida e saúde. Assim, a relativização acontece no sentido de afastar momentaneamente a autonomia do indivíduo para deliberar em nome dele acerca de seu bem-estar e dignidade. Apreende-se, então, que a manutenção da saúde enquanto bem tutelado subjetivo (frisa-se que seu caráter transindividual de direito coletivo, não afasta a defesa dele como direito individual de cada pessoa), implica na preservação de outros direitos fundamentais, fato pelo qual o mínimo existencial é uma rede de direitos da personalidade com mesma hierarquia e caráter interdependente. A saúde adequada depende, então, do direito à moradia, à privacidade, condição social adequada, devida salubridade, dentre outros fatores como riscos ocasionados por terceiros ou pelo próprio sujeito de direitos contra si mesmo.

Sendo assim, compreendendo-se a saúde como bem-estar físico, mental e social, não havendo violação à integridade física e dignidade do indivíduo enquanto pessoa, é possível a configuração de uma renúncia parcial por parte do indivíduo ou em nome do indivíduo, no que diz respeito aos seus direitos personalíssimos e no caso de tais direitos colidirem com o princípio da dignidade da pessoa humana, sobressairá a aplicação do princípio.

3. A recusa terapêutica e a autonomia existencial

O Conselho Federal de Medicina (CFM) por meio da Resolução n. 2.232 de 2019[24] autoriza ao próprio paciente deliberar acerca das propostas terapêuticas apresentadas por seu médico. Esse paciente capaz de dispor sobre seu tratamento deve atender a alguns requisitos, como ser maior de idade, estar lúcido, ter recebido devidamente as orientações sobre as possibilidades terapêuticas e seu direito de recusá-las uma vez que

[24] *Op. Cit.*.

é indivíduo plenamente capaz. Nessa perspectiva, é necessário situar o paciente submetido ao tratamento médico em situação de vulnerabilidade, uma vez que apresenta condições que afetam sua saúde física ou, antes disso, seu psicológico. Essa condição de vulnerabilidade, por si só, já impacta na capacidade de decisão do paciente e deliberar sobre seu próprio tratamento, em condições de saúde física e psicológica debilitadas, possivelmente afetará sua capacidade de raciocínio.

A recusa terapêutica a que se refere este estudo é o posicionamento de negativa ao tratamento por parte do paciente e não do médico. Nesse sentido, cabe uma análise da autonomia da vontade em contraposto à dignidade da pessoa humana. Contudo a sobredita resolução prevê situações nas quais o médico pode se sobrepor à manifestação de vontade do paciente em recusar tratamento, como nos casos em que há risco à vida. Ainda assim, o profissional deve dispor da perícia necessária, uma vez que quando por erro médico resta configurado um dano em razão de violação na esfera pessoal e existencial desse indivíduo, atingindo sua dignidade, personalidade, imagem, ou qualquer outro direito imaterial, a reversão pode ser impossível. Nesse momento, a análise do direito sob a perspectiva existencial difere-se da invasão na esfera patrimonial, uma vez que a segunda poderia ser solucionada com a conversão em perdas e danos, mas no caso da autonomia existencial não há precificação material, restando o cabimento do pleito por danos morais.

A partir de uma perspectiva do Direito Privado, analisa-se que direitos existenciais e patrimoniais tutelam bens diversos, sendo que sobre os existenciais recai a dignidade da pessoa humana. Assim, a autonomia da vontade, enquanto desdobramento do direito existencial, tem como fundamento essa dignidade pessoal, sendo correlata à responsabilidade pessoal sobre as próprias decisões. Nesse sentido, além do próprio direito de escolha, também faz referência a autorresponsabilidade do indivíduo, uma vez que além das questões de que podem dispor, também há o ônus a ser sustentado em razão das escolhas existenciais individuais. Para Rodotà[25], "a pessoa torna-se soberana ao decidir sobre a própria saúde, e,

[25] RODOTÀ, Stefano. Autodeterminação e laicidade. **Revista Brasileira de Direito Civil – RBDCivil**, Belo Horizonte, v. 17, p. 139-152, jul./set. 2018, p. 141. Disponível em: http://konder.adv.br/wp-content/uploads/2018/10/Stefano-Rodota-Autodetermina%C3%A7%C3%A3o-e-laicidade.pdf. Acesso em: Acesso em: 6 mar. 2023.

portanto, sobre a própria vida, como afirmam as cada vez mais abrangentes definições de saúde". Em outras palavras, na esfera da dignidade, o ser humano deve se beneficiar da possibilidade de tomar decisões pessoais sobre a própria vida, em uma seara na qual o legislador não interfira. Contudo, ressalta-se que as decisões são acompanhadas por responsabilidades individuais.

Por assim dizer, além da tutela da autorresponsabilidade, outro fator ligado à autonomia da vontade são os princípios que regem o direito existencial como o do consensualismo e da tutela da vontade. Os atos, então, de autonomia existencial podem se configurar como negócios jurídicos, quando se interpreta que o médico faz uma proposta terapêutica e cabe ao paciente aceitá-la ou não. Contudo, o paciente deve tomar conhecimento das possibilidades oferecidas para dispor em livre escolha. Dessa forma, ter conhecimento não se resume a simples informação ou comunicação de algo, devendo haver para com o paciente uma explicação clara e robusta das possibilidades de tratamento, os respectivos benefícios e riscos aos quais estará submetido, e os impactos que as diferentes opções de tratamento podem ter na sua qualidade ou modo de vida futura, considerando que termos extremamente técnicos ou uma linguagem rasa podem interferir na intepretação, ocasionando uma escolha equivocada.

Considerando tais conceitos, reporta-se ao juramento de Hipócrates, que, assim como o Código de Nuremberg, foi criado para coibir situações anteriormente ocorridas de violações, abusos e erros médicos em relação a seus pacientes. No primeiro caso, observa-se o surgimento da autolimitação de condutas médico-paciente por parte dos próprios médicos. No segundo caso, com o Código de Nuremberg foi instituído o termo de consentimento informado que foi de tão grande importância que restou descrito como o surgimento de um novo "sujeito-moral". O consentimento informado é então a base que possibilita a autodeterminação pessoal do paciente[26]. A partir desta noção, entende-se que a formação da autonomia do paciente, que é codependente do princípio da dignidade da pessoa humana, não pode existir se não houver por parte do médico a informação precisa e clara.

[26] RODOTÀ, Stefano. **A vida na sociedade da vigilância**: A privacidade hoje. Rio de Janeiro: Renovar, 2008.

3.1. A recusa terapêutica por pacientes terminais de Covid-19

Observando a dignidade e a autonomia da vontade analisadas no contexto pandêmico, compreende-se que os pacientes da Covid-19, além da situação de vulnerabilidade decorrente da própria condição da doença, também estavam submetidos a eventos externos, no sentido de que a descrença na ciência, seja por desconhecimento, seja por manipulações de informações de cunho ideológico e político, em razão de uma polarização muito expressiva acerca da temática ou até mesmo pelo consumo de *fake news*, que os influenciava na escolha dos melhores tratamentos. Além disso, por se tratar de uma situação de emergência de saúde pública, o paciente, por meio de sua recusa, poderia afetar outros indivíduos, como no caso da não vacinação ou desrespeito às medidas de isolamento social, em que se visualiza um excesso no exercício da autonomia da vontade e disponibilidade sobre o próprio corpo e saúde, já que sua abstenção pode prejudicar de forma imensurável outras pessoas.

A priori, sabe-se que o contexto pandêmico, por si só, não foi um momento digno a ninguém, em meio a perdas de vidas, empregos, influências e interferências econômicas e políticas, e as diversas formas de incertezas, em que pessoas comuns e as da área da saúde precisavam deliberar acerca de tratamentos para uma doença de evolução desconhecida. Nesse momento, alternativas sem comprovação científica surgiam e dividiam opiniões sobre suas metodologias, causando angústia à população mundial e inflamação nas opiniões políticas. Dentre os tratamentos e tentativas de prevenção aplicados, estavam as vacinas de diversos laboratórios; isolamento social; utilização de máscaras; recomendação de medicamentos sem comprovação científica de eficácia – sugeridos em função de adesão a pautas ideológicas de cunho político, em detrimento da informação científica; utilização de respiradores; procedimento de intubação oratraqueal, dentre outros.

Com a possibilidade de regressão rápida do quadro respiratório, os pacientes submetidos à internação já eram submetidos ao termo de consentimento informado sobre as possibilidades de tratamento que se encontravam disponíveis e poderiam ser aplicadas para que consentissem ou não com o desdobramento nas possibilidades de recuperação. Nesse sentido, à luz do exposto, observa-se uma situação mundialmente caótica e de incertezas, marcada por influências políticas e muita desinformação, que trazia opacidade às possibilidades que sustentariam o poder decisório dos indivíduos. Sendo assim, é complexo afirmar que os pacientes da Covid-19 tinham de fato autodeterminação informativa, uma vez que nem mesmos os médicos eram em sua totalidade capazes de afirmar de forma precisa o melhor procedimento a ser tomado.

Talvez o consentimento informado vivenciado na pandemia tenha sido inapropriado, uma vez que os pacientes em situação de Covid-19 não tinham conhecimento da melhor metodologia a ser aplicada e pelo rápido desenvolvimento da doença nas situações mais graves, o aprendizado sobre os tratamentos mais eficazes se deram, por meio da observação do que dava certo ou errado, através da rotina médica e suas observações. Sendo assim, pode-se compreender que os pacientes, em maior parte, eram internados já amedrontados, o que impacta na autonomia da vontade, ora por desacreditarem nos tratamentos por medo ou questões políticas, ora pelo afastamento de entes queridos e situação de vivenciar a vulnerabilidade de forma isolada da família e amigos, mas próxima demais de pessoas que a todo momento perdiam a vida.

Retomando à Resolução n. 2.234 de 2019 do CFM, importa dizer que o formato legal reforça institutos já previstos em outras normas jurídicas, trazendo um texto mais preciso acerca das interpretações. Dentre as ditas normas, tem-se o artigo 15 do Código Civil[27], que dispõe sobre o consentimento do paciente acerca do tratamento proposto da seguinte forma: "ninguém pode ser constrangido a submeter-se, com risco de vida, a tratamento médico ou a intervenção cirúrgica". Além disso, a sobredita Resolução dispõe sobre normas éticas para a recusa terapêutica por parte do paciente e objeção de consciência na relação médico-paciente, tendo-se dois pontos: o primeiro é o direito do paciente à recusa do tratamento médico recomendado e o segundo é a recusa do médico em dar continuidade ao tratamento, uma vez que pode se encontrar em dilemas morais subjetivos, não sendo obrigado a realizar condutas que vão contra seus valores e crenças pessoais. Scherer e Sanches[28] definem a objeção da consciência como

[27] BRASIL. **Lei 10.406 de 10 de janeiro de 2002**. Institui o Código Civil. Brasília, DF: Presidência da República. Disponível em: https://www.planalto.gov.br/ccivil_03/leis/2002/l10406compilada.htm. Acesso em: 23 abr. 2023.

[28] SCHERER, Clara Nasser; SANCHES, Mário Antônio. Caracterização atual da objeção de consciência: proposta crítica e renovada. Revista Bioética, v. 29, n. 4, Brasília, out. / dez. 2021,

> [...] o direito do médico de se recusar a realizar determinado ato médico legal, ato este percebido pelo profissional como danoso ao paciente e intrinsecamente imoral, a partir de uma base de valores fundamentada, razoável e claramente compreendida pelo objetor, devendo tal direito ser afastado em situações de risco iminente de morte, quando o ato for a única forma ética de salvar a vida em risco.

Sendo assim, considera-se como exceção da recusa terapêutica e da objeção da consciência, os casos de atendimentos na urgência e emergência. Nessas situações, tanto o caráter paternalista do médico poderá prevalecer por meio da escolha do melhor tratamento para salvar a vida do paciente, e assim a recusa terapêutica ficaria em segundo plano, como afasta-se a possibilidade de alegação de objeção de consciência por parte do médico, se não houver de imediato, outro profissional que assuma o paciente no caso da existência de dilemas morais por parte daquele que primeiro assumiu o atendimento.

Apesar disso, Scherer e Sanches[29] aduzem que "se o ato proposto é percebido pelo objetor como um mal, ainda que consentido pelo paciente, e mesmo não havendo outro profissional disponível para leva-lo a cabo, toda a argumentação em relação à objeção de consciência permanece válida". Em outras palavras, o médico poderá utilizar-se da objeção da consciência, ainda que não haja outro profissional disponível, nos casos em que entender ser o procedimento escolhido pelo paciente nocivo a ele mesmo. Nesse prisma, analisa-se o contexto pandêmico quando, diante de recursos escassos, é necessário e imputado ao médico escolher a quem deve ser direcionado o recurso, o que pode consequentemente, incidir em quem vive ou morre. Há ainda, casos em que aquele que poderia viver recusa tratamento, por entender ser ofensivo à sua dignidade.

Tais escolhas envolvem muitas subjetividades das partes em relação aos seus valores morais, éticos e até mesmo políticos, uma vez que a política foi um fator muito influente nas questões pandêmicas, especialmente aquelas relativas às escolhas de procedimentos médicos para enfrentamento à Covid-19. Dessa forma, retoma-se o discurso da aplicação do princípio

p. 712. Disponível em: https://revistabioetica.cfm.org.br/index.php/revista_bioetica/article/view/2595. Acesso em: 16 mai. 2023.

[29] *Op. Cit.*

da dignidade da pessoa humana, mas observa-se que nos casos médico-paciente ele poderá ser aplicado em duas vertentes, em favor das duas partes nessa relação, uma vez que nenhum deles deveria ser obrigado a se submeter a situações que ferem de alguma forma sua integridade moral.

Entende-se então, que o paciente em fase terminal, seja em situação de Covid-19 ou decorrente de outras doenças, poderá recusar tratamento, uma vez que o direito à vida não se sobrepõe à sua dignidade quando suas condições atuais não lhe são favoráveis e de algum modo, não lhe agradam, lhe causam desconforto ou constrangimento, devendo haver por parte do médico, após todo o processo de informação acerca dos procedimentos cabíveis e possíveis, a ponderação acerca da aplicação desses tratamentos, quando se configura a recusa terapêutica por meio do instrumento da autodeterminação informativa do paciente.

Ocorre que, nos casos de urgência e emergência, há uma limitação legal da autodeterminação informativa, o que foi mais pontual nos casos da Covid-19, em que os quadros evoluíram rapidamente, no sentido de que a qualidade da saúde e de vida regrediam, e o paciente então que entrasse pela urgência e emergência poderia rapidamente se tornar, ou já ser uma paciente em fase terminal. Nesses casos, o médico, observando o princípio da beneficência, visando o melhor ao quadro do paciente e evitando o risco de morte, poderá deliberar sobre o tratamento adequado e afastar o atendimento à recusa terapêutica que se configure como um abuso de direito e da autonomia do paciente.

Conclusões

Os direitos fundamentais são regidos pelo princípio da dignidade da pessoa humana, que situa o indivíduo em primeiro plano, tornando nenhum direito absoluto, nem mesmo o direito à vida, quando ameaça a dignidade, pois tudo o que forma a personalidade precisa ser dotado de condições mínimas de bem-estar e proteção social. Além disso, os indivíduos dispõem de três elementos efetivadores de sua dignidade, são eles: a autonomia, a liberdade e a responsabilidade. Assim, como todas as ações de exercício de direitos, também serão compostas por esses elementos as deliberações acerca de suas questões médicas, de saúde e da vida.

O direito médico e da saúde passou por processos evolutivos que, em razão de abusos vivenciados no passado, hoje têm os médicos em uma posição menos autoritária e paternalista, tendo o dever constitucional de informação e um patamar de igualdade de direitos com os pacientes. Nesse sentido, há situações nas quais o paciente poderá recusar tratamento e o médico poderá recusar assistência, o que materializa o exercício de autonomia das partes. Apesar disso, tal exercício tem limitações legais, visto que a Resolução n. 2.234 de 2019 do CFM dispõe sobre algumas dessas limitações para as partes sobre um prisma ético.

A sobredita resolução concebe os institutos da recusa terapêutica por parte do paciente e da objeção de consciência por parte do médico, que, uma vez analisados no contexto da pandemia da Covid-19, compreende o conhecimento existente até aquele momento acerca dos tratamentos disponíveis para a nova enfermidade e sua evolução, poderia implicar recusa do paciente ou objeção médica, poderia abranger medidas que não seriam eficazes em todos os casos clínicos. Nesse sentido, deve-se considerar a ciência não como verdade absoluta, e a obrigação do médico de informar o paciente sobre as opções de tratamento disponíveis baseia-se no conhecimento científico disponível à época, o que não deve ser tomado como prejudicial ao consentimento informado.

Se por um lado as questões referentes ao tratamento e à recusa estavam sendo reformulados na medida em que a pandemia avançava, por outro lado, ocorreu a predominância de opiniões políticas sobre os tipos de tratamento, como a resistência às vacinas enquanto meio de mitigação do espalhamento da doença ou extremamente incentivadoras de outros tipos de prevenção que não houvesse comprovação científica fundamentadas em pseudociência. Sendo assim, pacientes e médicos encontraram-se em um cenário de incertezas, quando nem sempre seria possível a recusa de tratamento ou a objeção da consciência, no primeiro caso por se considerar pacientes tratados em urgência e emergência com risco de morte, quando o médico pode deliberar sobre o melhor tratamento, e no segundo caso, pela escassez de recursos materiais e humanos, quando não podendo o médico delegar a outro o atendimento, também não poderia abdicar de suas funções, sendo certo que, diante de uma realidade ainda nova e de futuro desconhecido, é importante se valer do clássico binômio razoabilidade e proporcionalidade a fim de preservar a tutela da dignidade em quaisquer situações.

Referências

ASSEMBLEIA GERAL DA ONU. (1948). "Declaração Universal dos Direitos Humanos" (217 [III] A). Paris.

BARBOSA, Evandro; COSTA, Thaís Cristina Alves. A concepção de dignidade humana em Ronald Dworkin: um problema de ética prática. **Revista de Filosofia**, Bahia, v. 13, n. 1, p. 306-316, 2016. Disponível em: https://doi.org/10.31977/grirfi.v13i1.683. Acesso em: 28 mar. 2023.

BRASIL. [Constituição (1988)]. **Constituição da República Federativa do Brasil de 1988**. Brasília, DF: Presidência da República, [2016]. Disponível em: https://www.planalto.gov.br/ccivil_03/constituicao/constituicao.htm. Acesso em: 6 mar. 2023.

BRASIL. **Decreto-Lei 2.848**, de 07 de dezembro de 1940. Código Penal. Diário Oficial da União, Rio de Janeiro, Disponível em: http://www.planalto.gov.br/ccivil_03/decreto-lei/Del2848compilado.htm. Acesso em: 28 mar. 2023.

BRASIL. **Lei Nº 7.565, de 19 de dezembro de 1986.** Dispõe sobre o Código Brasileiro de Aeronáutica. Brasília, DF: Presidência da República. Disponível em: https://www.planalto.gov.br/ccivil_03/leis/l7565compilado.htm. Acesso em: 6 mar. 2023.

BRASIL. **Lei 10.406 de 10 de janeiro de 2002**. Institui o Código Civil. Brasília, DF: Presidência da República. Disponível em: https://www.planalto.gov.br/ccivil_03/leis/2002/l10406compilada.htm. Acesso em: 23 abr. 2023.

CANÁRIO, Pedro. **"Reserva do possível" não permite que Executivo ignore Constituição, julga STF.** Disponível em: https://www.conjur.com.br/2015-ago-13/reserva-possivel-nao-permite-executivo-ignore-constituicao#:~:text=Dignidade%20humana-,%22Reserva%20do%20poss%C3%ADvel%22%20n%C3%A3o%20permite%20que,Executivo%20ignore%20Constitui%C3%A7%C3%A3o%2C%20julga%20STF&text=O%20princ%C3%ADpio%20da%20reserva%20do,obras%20de%20reforma%20em%20pres%C3%ADdios. Acesso em: 15 abr. 2023.

CONSELHO FEDERAL DE MEDICINA (CFM – Brasil). **Resolução nº 2232/2019**. Brasília. Disponível em: https://www.in.gov.br/en/web/dou/-/resolucao-n-2.232-de-17-de-julho-de-2019-216318370. Acesso em: 6 mar. 2023.

DWORKIN, Ronald. **Domínio da vida:** aborto, eutanásia e liberdades individuais. São Paulo: Martins Fontes, 2009.

FREITAS, Lúcia Gonçalves. A decisão do STF sobre aborto de fetos anencéfalos: uma análise feminista de discurso. **Alfa: Revista Linguística**, São José do Rio Preto, p. 11-34. Disponível em: https://doi.org/10.1590/1981-5794-1804-1. Acesso em: 20 de abr. 2015.

FURTADO, Emmanoel Teófilo. Direitos humanos e o princípio da dignidade da pessoa humana. **Revista IBDH**, Fortaleza, n. 6, v. 6, p. 103-120, 2005. Disponível em: https://revista.ibdh.org.br/index.php/ibdh/issue/view/13. Acesso em: 28 mar. 2023.

KANT, Immanuel. **Fundamentação da Metafísica dos Costumes**. Tradução Paulo Quintela. Lisboa: 70, 2009.

PINTO, Alexandre Guimarães Gavião. Direitos Fundamentais Legítimas Prerrogativas de Liberdade, Igualdade e Dignidade. **Revista EMERJ**, Rio de Janeiro, v. 12, n. 46, 2009, p. 126 – 140. Disponível em: https://www.emerj.tjrj.jus.br/revistaemerj_online/edicoes/revista46/Revista46_126.pdf. Acesso em: 19 abr. 2023.

REIS, Jorge Renato dos; BOLESINA, Iuri. A disponibilidade (no exercício) dos direitos da personalidade como deferência à dignidade humana no direito civil constitucionalizado. **Revista em tempo**, Marília, v. 14, p. 11-30, mar. 2016. Disponível em: https://doi.org/10.26729/et.v14i0.1287. Acesso em: 19 abr. 2023.

RODOTÀ, Stefano. **A vida na sociedade da vigilância**: A privacidade hoje. Rio de Janeiro: Renovar, 2008.

RODOTÀ, Stefano. Autodeterminação e laicidade. **Revista Brasileira de Direito Civil - RBDCivil**, Belo Horizonte, v. 17, p. 139-152, jul./set. 2018. Disponível em: http://konder.adv.br/wp-content/uploads/2018/10/Stefano-Rodota-Autodetermina%C3%A7%C3%A3o-e-laicidade.pdf. Acesso em: Acesso em: 6 mar. 2023.

SARLETE, Ingo Wolfgang; FIGUEIREDO, Mariana Filchtiner. Reserva do possível, mínimo existencial e direito à saúde: algumas aproximações. **Revista Brasileira De Direitos Fundamentais & Justiça**, v. 1, n. 1, p. 171–213. Disponível em: https://doi.org/10.30899/dfj.v1i1.590. Acesso em: 4 abr. 2023.

SCHERER, Clara Nasser; SANCHES, Mário Antônio. Caracterização atual da objeção de consciência: proposta crítica e renovada. Revista Bioética, v. 29, n. 4, Brasília, out. / dez. 2021. Disponível em: https://revistabioetica.cfm.org.br/index.php/revista_bioetica/article/view/2595. Acesso em: 16 mai. 2023.

4. MEDICINA REGENERATIVA (MR), CÉLULAS-TRONCO (CT) E TERAPIA CELULAR (TC): NOVOS DESAFIOS DA RESPONSABILIDADE CIVIL

EDUARDO DANTAS

Introdução

Ao dirigir um veículo em uma autoestrada, em alta velocidade, um motorista não consegue perceber de imediato a velocidade que está a desenvolver se olhar apenas para o caminho à sua frente. O referencial de deslocamento é melhor visto se observada a estrada através das janelas laterais.

O mesmo acontece com a evolução da medicina. Os avanços em algumas áreas têm sido tão rápidos, os saltos tecnológicos tão impressionantes, que sequer acompanhamos o ritmo das mudanças, exatamente por permanecermos perseguindo os avanços, sem atentar para todo o caminho já percorrido. Com a Medicina Regenerativa (MR), não é diferente.

A MR, Células-Tronco (CT) e Terapia Celular (TC) são campos da biotecnologia e da medicina que têm gerado grande interesse na comunidade científica e na sociedade em geral. Esse interesse se deve, em grande parte, ao potencial dessas áreas para tratar doenças e lesões que, até então, não possuem cura ou tratamento efetivo.

A MR consiste em uma abordagem terapêutica que busca restaurar ou substituir tecidos danificados ou disfuncionais por meio do uso de células, tecidos e materiais biológicos. As CT, por sua vez, têm um papel fundamental nessa abordagem, uma vez que possuem a capacidade de se diferenciar em diversos tipos celulares e, portanto, podem ser utilizadas para regenerar tecidos e órgãos específicos. No entanto, apesar dos avanços significativos nessas áreas, ainda há muitos desafios a serem superados, especialmente em relação à responsabilidade civil. A utilização de CT e TC em seres humanos envolve riscos e incertezas, o que torna a questão da responsabilidade civil um tema de extrema relevância.

Nesse sentido, este capítulo tem como objetivo analisar os novos desafios da responsabilidade civil relacionados à medicina regenerativa, CT e TC. Serão discutidos temas como a regulação dessas áreas, o papel das agências reguladoras na supervisão e monitoramento das atividades relacionadas à MR e TC, bem como a responsabilidade civil dos profissionais e instituições envolvidas nessas atividades.

Será também abordado o papel das seguradoras na cobertura dos riscos decorrentes do uso de CT e TC, assim como a necessidade de se estabelecerem mecanismos efetivos de reparação para os danos causados aos pacientes e à sociedade em geral.

Em suma, este capítulo tem como objetivo apresentar uma análise abrangente e crítica sobre os desafios da responsabilidade civil relacionados à medicina regenerativa, CT e TC. A intenção não é, por certo, esgotar quaisquer um destes tópicos, mas sim estabelecer uma breve reflexão a respeito deles, chamando a atenção para as profundas mudanças em andamento, e esperando contribuir para a compreensão dos principais aspectos legais e éticos envolvidos nessas áreas e para o desenvolvimento de estratégias que possam garantir o avanço seguro e responsável da MR e TC.

Ressalte-se ainda a intenção de abordar os tópicos aqui contidos sob a perspectiva de orientar profissionais de saúde, daí a linguagem utilizada ser menos jurídica e mais propositiva.

1. Medicina Regenerativa (MR) e Terapia Celular (TC): uma visão geral dos avanços e da aplicação delas para tratar várias doenças e condições

A MR e a TC são campos emergentes que têm sido objeto de grande interesse nas últimas décadas. A MR é uma abordagem terapêutica que utiliza células, tecidos e outros materiais biológicos para reparar e regenerar tecidos e órgãos danificados. A TC, por sua vez, é um subcampo da MR que envolve o uso de células vivas para tratar doenças e lesões.

Nos últimos anos, houve um avanço significativo no desenvolvimento de TC, com o surgimento de novas tecnologias e descobertas científicas que estão transformando a maneira como tratamos doenças e condições crônicas. A TC já demonstrou resultados promissores em várias áreas, incluindo a regeneração de tecidos ósseos, tratamento de lesões da medula espinhal e TC para pacientes com doenças autoimunes.

Uma das principais vantagens da TC é que ela tem o potencial de curar doenças e lesões que anteriormente eram consideradas incuráveis. Por exemplo, a ela tem sido usada para tratar pacientes com diabetes tipo 1, uma doença crônica que afeta milhões de pessoas em todo o mundo. Também tem sido usada para tratar pacientes com doença de Parkinson, uma doença neurodegenerativa que afeta o sistema nervoso central. No entanto, apesar dos avanços recentes na MR e TC, ainda existem muitos desafios que precisam ser superados para que essas terapias possam ser amplamente utilizadas na prática clínica. Um dos maiores desafios é a segurança das TC, pois, uma vez que envolvem o uso de células vivas, há um risco de infecção, rejeição do corpo ou outras complicações.

Outro desafio é a regulamentação dessas terapias. Devido à natureza complexa e em constante evolução delas, é importante que haja regulamentação adequada para garantir a segurança dos pacientes e a eficácia das terapias. Isso inclui a regulamentação de ensaios clínicos, processos de fabricação e distribuição de TC. Além disso, a MR e a TC são frequentemente vistas como tratamentos caros e exclusivos. Isso pode ser uma barreira para a adoção generalizada dessas terapias, especialmente em países com sistemas de saúde subdesenvolvidos ou limitados.

Embora ainda haja muitos desafios a serem superados, a MR e a TC têm o potencial de revolucionar a forma como tratamos doenças e lesões crônicas. Com o aumento da conscientização e investimento nesses campos, espera-se ver avanços significativos no futuro próximo.

2. Desenvolvimento e regulamentação de Terapias Celulares (TC): um olhar mais atento sobre as questões regulatórias envolvendo a pesquisa e o desenvolvimento delas, incluindo questões éticas e de segurança.

Um dos desafios mais importantes relacionados à responsabilidade civil em MR e TC diz respeito ao fato de que essas terapias são relativamente novas e ainda não foram amplamente testadas em ensaios clínicos de longo prazo. Isso significa que ainda há muitas incertezas sobre a segurança e eficácia dessas terapias, o que pode levar a questões de responsabilidade civil se algo der errado.

Por exemplo, se um paciente sofre uma lesão ou complicação após receber uma TC, pode ser difícil determinar quem é responsável pelo dano. A responsabilidade pode recair sobre o médico ou instituição de saúde que administrou a TC, o fabricante da TC ou até mesmo a equipe de pesquisa que desenvolveu a terapia. Outro desafio relacionado à responsabilidade civil em MR e TC é a complexidade dos processos de fabricação e distribuição dessas terapias. As TC são feitas de células vivas e muitas vezes envolvem processos de fabricação complexos e altamente regulamentados. Isso pode aumentar o risco de erros humanos ou defeitos no processo de fabricação, o que pode levar ao surgimento do dever de indenizar.

Além disso, muitas TC são personalizadas e feitas sob medida para cada paciente, o que pode tornar ainda mais difícil determinar quem é responsável por quaisquer danos ou complicações. Se uma TC personalizada não produzir os resultados desejados ou causar complicações, pode ser difícil responsabilizar qualquer pessoa ou entidade específica pelo dano.

Outro aspecto importante da responsabilidade civil em MR e TC é a necessidade de consentimento informado por parte dos pacientes. Como essas terapias são relativamente novas e ainda não têm um histórico de sucesso comprovado, pode ser difícil para os pacientes entenderem completamente os riscos e benefícios potenciais da TC antes de decidir se submeter a ela. Isso pode levar a questões de responsabilidade civil se o paciente alegar que não foi adequadamente informado sobre os riscos envolvidos.

Além disso, a responsabilidade civil em MR e TC pode ser complicada pelo fato de que muitas dessas terapias são oferecidas em um ambiente de pesquisa clínica. Isso significa que as terapias podem não estar totalmente aprovadas para uso clínico, o que pode tornar mais difícil determinar quem é responsável por quaisquer danos ou complicações que possam surgir. A responsabilidade civil em MR e TC é um tema complexo e multifacetado que envolve uma série de desafios únicos. À medida que essas terapias continuarem a evoluir e se tornarem mais comuns na prática clínica, é importante que haja uma regulamentação adequada e medidas de proteção ao paciente para garantir que qualquer dano ou complicação seja tratado de forma justa e responsável.

Um aspecto importante da regulação em MR e TC é a necessidade de ensaios clínicos rigorosos e bem controlados para avaliar a segurança e a eficácia dessas terapias. No entanto, a condução desses ensaios clínicos pode ser complicada pelo fato de que muitas TC são personalizadas e feitas sob medida para cada paciente, o que pode tornar difícil a realização de ensaios clínicos com amostras significativas de pacientes.

Outro aspecto importante da regulação em MR e TC é a necessidade de garantir a qualidade e segurança dos materiais de origem das células utilizadas nessas terapias. As células usadas são muitas vezes retiradas do próprio paciente ou de um doador, e é importante garantir que elas sejam seguras e livres de contaminação. Além disso, a regulação em MR e TC deve levar em conta as implicações éticas do uso de CT e outras técnicas de regeneração. Algumas TC podem envolver a criação de embriões humanos ou a manipulação genética, o que pode levantar preocupações éticas e legais. É importante que a regulação em torno dessas terapias leve em consideração essas preocupações e trabalhe para garantir que a pesquisa e a prática clínica sejam conduzidas de maneira ética e responsável.

Outro desafio relacionado à regulação em MR e TC é a necessidade de harmonizar as regulamentações em nível global. Como muitas TC são desenvolvidas e comercializadas em diferentes países, pode ser difícil garantir que as terapias sejam regulamentadas de maneira consistente e eficaz em todo o mundo.

Além disso, a regulação em MR e TC deve considerar a natureza em constante evolução dessas terapias. À medida que novas tecnologias e técnicas são desenvolvidas, a regulamentação deve ser atualizada para garantir que continue a proteger a segurança e o bem-estar dos pacientes. A regulação em MR e TC é um dos maiores desafios relacionados à responsabilidade civil nessas áreas. É importante que haja uma regulamentação clara e consistente em vigor para orientar a prática clínica e garantir a segurança do paciente, enquanto se leva em conta as implicações éticas e a evolução constante dessas terapias.

Um dos desafios mais significativos em MR e TC é o custo desses tratamentos. Como essas terapias são relativamente novas e complexas, muitas vezes têm um custo muito alto, o que pode torná-las inacessíveis para muitos pacientes. Uma das razões pelas quais essas terapias são tão caras é que a pesquisa e o desenvolvimento de novas TC podem ser muito dispendiosos. Muitas TC exigem anos de pesquisa e ensaios clínicos antes de chegarem ao mercado, o que pode custar milhões de dólares. Além disso, as TC muitas vezes envolvem o uso de tecnologias avançadas e técnicas de produção personalizadas, o que pode aumentar ainda mais o custo desses tratamentos.

Alguns dos componentes dessas terapias, como as CT, também podem ser caros de produzir ou adquirir. No entanto, o alto custo dessas terapias pode ser um obstáculo significativo para os pacientes que precisam delas. Muitos pacientes que poderiam se beneficiar de TC não podem pagar pelos tratamentos, o que pode ter implicações graves para sua saúde e bem-estar.

Para abordar essas questões, há um crescente interesse em desenvolver modelos de pagamento alternativos para TC, os quais podem incluir financiamento governamental, planos de pagamento baseados em resultados e acordos de compartilhamento de risco entre pacientes, médicos e empresas farmacêuticas. Outra abordagem para reduzir esse custo é investir em tecnologias de produção mais eficientes e escaláveis. À medida que mais TC se tornam disponíveis no mercado, é provável que haja uma pressão crescente para reduzir os custos desses tratamentos para torná-los mais acessíveis aos pacientes. Há um crescente interesse em abordar questões de equidade no acesso às TC, pois é importante garantir que todos os pacientes tenham a oportunidade de receber tratamentos eficazes, independentemente de sua situação financeira.

A equidade no acesso às TC demanda a expansão de a esses tratamentos em todo o mundo. Embora as TC estejam disponíveis em muitos países desenvolvidos, muitos pacientes em países em desenvolvimento não têm acesso a esses tratamentos devido a barreiras financeiras, regulatórias ou infra estruturais. Afinal, a redução do custo das TC pode ter implicações importantes para a responsabilidade civil nessas áreas. Se as TC se tornarem mais acessíveis e amplamente disponíveis, pode ser mais fácil para os pacientes que sofrem danos devido a terapias inadequadas buscarem reparação legal e financeira.

Em resumo, o custo das TC é um desafio significativo em MR e TC. É importante desenvolver modelos de pagamento alternativos, investir em tecnologias de produção mais eficientes e abordar questões de equidade no acesso a esses tratamentos em todo o mundo. Essas abordagens podem ajudar a reduzir o custo das TC e torná-las mais acessíveis a pacientes que mais precisam delas. À medida que esses desafios forem superados, será possível avançar em direção a uma MR mais justa, eficaz e responsável do ponto de vista civil.

3. Benefícios e riscos da Terapia Celular (TC): uma análise dos benefícios potenciais, dos riscos, possíveis efeitos colaterais e complicações

A MR e a TC apresentam grandes desafios éticos e regulatórios que precisam ser abordados para garantir a segurança dos pacientes e a responsabilidade civil dos profissionais de saúde envolvidos nesses tratamentos. Uma das principais preocupações éticas diz respeito ao uso de CT embrionárias, que pode ser visto como controverso devido ao uso de embriões humanos em sua obtenção. Essas preocupações éticas têm levado muitos países a limitar o uso de CT embrionárias em pesquisas e tratamentos.

Outro aspecto importante da regulamentação da MR é a necessidade de monitorar a segurança dos pacientes em ensaios clínicos. A Food and Drug Administration (FDA), nos Estados Unidos, tem um papel fundamental nesse sentido, e tem o poder de aprovar ou não tratamentos celulares e regenerativos para uso clínico. A FDA também pode emitir alertas de segurança ou retirar tratamentos do mercado se houver preocupações com a segurança dos pacientes e a eficácia dos tratamentos.

Além disso, a TC também apresenta riscos de contaminação por agentes infecciosos, o que pode levar a complicações graves. Por isso, há a necessidade de se seguir protocolos rigorosos de esterilização e monitoramento de qualidade dos produtos utilizados nos tratamentos celulares. Também é importante que os pacientes sejam informados sobre os possíveis riscos e benefícios dos tratamentos celulares e regenerativos, para que possam tomar uma decisão informada sobre sua participação em ensaios clínicos ou tratamentos.

Outro aspecto ético importante é a questão do acesso a tratamentos celulares e regenerativos. Os custos desses tratamentos podem ser elevados, o que pode limitar o acesso de pacientes que não possuem recursos financeiros para arcar com esses custos. É importante que sejam desenvolvidas políticas de saúde que garantam o acesso a tratamentos celulares e regenerativos para todos os pacientes que necessitam desses tratamentos.

Para garantir a responsabilidade civil dos profissionais de saúde envolvidos em tratamentos celulares e regenerativos, também é importante que sejam desenvolvidos protocolos e diretrizes claras sobre como esses tratamentos devem ser administrados e monitorados. Isso inclui a necessidade de treinamento adequado dos profissionais de saúde, a documentação adequada de todos os procedimentos envolvidos e o monitoramento rigoroso da segurança e eficácia dos tratamentos. É importante que os profissionais de saúde envolvidos nessas áreas estejam sempre atualizados sobre as últimas descobertas e regulamentações, a fim de garantir a segurança de seus pacientes.

A produção e armazenamento de TC e regenerativas apresentam grandes desafios técnicos e regulatórios. Uma das principais dificuldades na produção de TC é garantir que as células utilizadas sejam mantidas em condições ideais de cultivo para que possam ser eficazes no tratamento. Isso envolve a seleção de células adequadas, o cultivo dessas células em condições específicas e o monitoramento constante da qualidade das células utilizadas.

Outra questão importante relacionada ao desenvolvimento de TC e regenerativas é a necessidade de elaborar protocolos padronizados para cada tipo de terapia. Isso inclui o uso de protocolos específicos para a coleta e processamento das células, a formulação dos produtos e a monitorização do desempenho dos produtos ao longo do tempo.

No que se refere ao armazenamento do material utilizado em TC e regenerativas, um grande desafio é garantir que sejam mantidos adequadamente a fim de manter sua viabilidade e eficácia. São geralmente armazenadas a temperaturas extremamente baixas, o que requer equipamentos especiais e cuidados especiais para evitar danos às células. Além disso, é importante que sejam transportadas de maneira a garantir a sua segurança e eficácia. Isso inclui o uso de embalagens especiais e o monitoramento constante da temperatura durante o transporte.

Da aplicação da TC podem resultar em efeitos colaterais e até mesmo em reações adversas graves, dependendo do tipo de células utilizadas, do método de administração e das condições de saúde do paciente. Por essa razão, as questões relacionadas à responsabilidade civil na TC são muito importantes e devem ser consideradas cuidadosamente. A responsabilidade civil pode ser atribuída a diferentes partes envolvidas na TC, como fabricantes de células, hospitais, médicos e profissionais de saúde. É importante entender que, embora os pacientes possam ter uma grande expectativa em relação aos resultados da TC, isso não significa que os profissionais envolvidos na administração da terapia estejam isentos de responsabilidade caso ocorra um resultado adverso.

Um dos principais desafios na definição da responsabilidade civil na TC é que essa é uma área relativamente nova, com muitas incertezas e pouca jurisprudência. Além disso, a TC é frequentemente usada em casos em que outras formas de tratamento falharam, o que pode tornar ainda mais difícil estabelecer a responsabilidade por possíveis efeitos colaterais.

Para minimizar o risco de litígios decorrentes da TC, é importante que todos os profissionais envolvidos na administração dessas terapias sigam as melhores práticas e as diretrizes estabelecidas. É fundamental que os fabricantes de células forneçam informações claras sobre a segurança e eficácia de suas células, além de garantir que todas as etapas da cadeia de suprimentos sejam realizadas com o máximo de segurança. Outro aspecto importante da responsabilidade civil na TC é a necessidade de consentimento informado adequado dos pacientes. Os pacientes precisam entender completamente os riscos envolvidos na TC e concordar voluntariamente em se submeter a ela. Os profissionais de saúde precisam garantir que o consentimento informado seja obtido de forma adequada, clara e abrangente, a fim de minimizar o risco de litígios futuros.

A falta de regulamentação clara da TC também pode complicar a questão da responsabilidade civil. É importante que haja regulamentações claras e abrangentes que definam claramente as responsabilidades de todas as partes envolvidas na administração da TC, desde os fabricantes até os profissionais de saúde e hospitais. Além disso, é importante que os pacientes tenham acesso a recursos adequados para lidar com possíveis danos decorrentes da TC. Isso pode incluir sistemas de indenização para pacientes que sofreram danos devido à TC, bem como serviços de aconselhamento e suporte para ajudar os pacientes a lidar com os efeitos colaterais da terapia.

Embora muitos desafios legais, éticos e científicos ainda precisem ser superados, a pesquisa e o desenvolvimento de novas TC continuam avançando em todo o mundo, trazendo a esperança de cura e melhoria da qualidade de vida para muitos pacientes. Como profissionais da saúde e pesquisadores, é fundamental que a responsabilidade civil seja levada em consideração em todas as etapas do processo, desde a pesquisa e desenvolvimento até a aplicação clínica. A responsabilidade civil é um assunto fundamental – ainda que tratado de maneira lateral – na área da saúde, especialmente em TC, que envolvem a manipulação e aplicação de células vivas em seres humanos. Os profissionais de saúde envolvidos em TC devem estar cientes de suas responsabilidades e obrigações legais para garantir a segurança e eficácia desses tratamentos.

A relação entre profissionais de saúde e pacientes em TC é complexa, pois envolve questões éticas e legais, bem como a necessidade de um acompanhamento rigoroso durante todo o processo terapêutico. Os pacientes que recebem TC devem estar plenamente informados sobre os riscos e benefícios desses tratamentos e ter a oportunidade de consentir ou recusar o tratamento. No entanto, a responsabilidade não é relacionada aos pacientes, mas principalmente aos profissionais de saúde que conduzem as TC. Eles devem seguir rigorosamente os protocolos de pesquisa e tratamento, manter registros precisos e garantir que todas as informações sejam fornecidas aos pacientes e suas famílias. Eles também devem estar cientes dos possíveis efeitos colaterais e complicações das TC e estar preparados para lidar com quaisquer eventualidades.

Em caso de danos causados durante o processo terapêutico, o profissional de saúde pode ser responsabilizado por negligência, especialmente se tiver violado os protocolos de segurança estabelecidos ou se não tiver fornecido informações adequadas ao paciente. Além disso, é possível que o fabricante de produtos celulares ou outros fornecedores envolvidos no processo terapêutico possam ser responsabilizados, dependendo do caso.

A responsabilidade civil em TC não se limita apenas à relação entre profissionais de saúde e pacientes, mas também envolve questões relacionadas ao ambiente regulatório e ao mercado. Os órgãos reguladores são responsáveis por garantir que as TC sejam desenvolvidas e comercializadas de maneira segura e eficaz, e os fabricantes devem seguir rigorosamente as diretrizes estabelecidas pelas autoridades regulatórias. No entanto, apesar das regulamentações existentes, ainda há desafios e preocupações sobre a segurança e eficácia de algumas TC no mercado. Isso ressalta a importância da responsabilidade civil na relação entre profissionais de saúde e pacientes, bem como a necessidade de uma regulamentação rigorosa e um sistema de monitoramento e fiscalização eficaz.

Além disso, é importante estabelecer mecanismos efetivos de reparação para os pacientes e suas famílias em caso de danos causados por terapias baseadas em CT e TC. Isso pode incluir a criação de fundos de compensação ou a exigência de que as empresas de TC tenham cobertura de seguro adequada para cobrir possíveis custos de responsabilidade civil. Outra questão importante é a transparência e a divulgação de informações sobre os riscos e benefícios associados ao uso de terapias baseadas em CT e TC. Isso pode ajudar os pacientes a tomar decisões informadas sobre seu tratamento, bem como ajudar a prevenir casos de negligência ou má conduta por parte dos fornecedores de TC.

Em última análise, a MR oferece uma série de possibilidades emocionantes para tratar doenças e lesões de maneiras inovadoras. Mas é importante que as empresas que oferecem essas terapias estejam conscientes dos riscos envolvidos e tomem medidas adequadas para garantir a segurança e a eficácia desses tratamentos, bem como estabelecer mecanismos efetivos de reparação para possíveis danos causados.

Conclusões

Em conclusão, a MR e a TC estão trazendo esperança para o tratamento de diversas doenças e condições médicas, e as CT são uma das ferramentas mais promissoras nesse campo. No entanto, a pesquisa ainda está em andamento e é necessário lidar com vários desafios éticos, regulatórios e de responsabilidade civil para que a TC possa ser aplicada com segurança e eficácia.

Os avanços no uso de CT e TC têm sido acompanhados por uma série de questões legais e regulatórias. As empresas que fornecem esses tratamentos devem atender aos padrões regulatórios locais e internacionais e assegurar que seus tratamentos sejam seguros e eficazes para os pacientes. As seguradoras e empresas de responsabilidade civil também têm um papel fundamental a desempenhar na mitigação dos riscos e na cobertura dos danos em caso de problemas com os tratamentos.

Além disso, é importante estabelecer mecanismos efetivos de reparação para os danos causados aos pacientes e à sociedade em geral. O uso de CT e TC tem o potencial de causar danos graves, e os pacientes devem ter a garantia de que serão compensados caso ocorram efeitos colaterais adversos ou complicações de longo prazo. Essa é uma questão complexa que requer uma abordagem multidisciplinar, envolvendo médicos, pesquisadores, reguladores, seguradoras e empresas de responsabilidade civil.

Apesar dos desafios, a TC e o uso de CT continuam a avançar e a oferecer novas esperanças para pacientes que antes não tinham opções de tratamento eficazes. A pesquisa atual inclui o uso de CT em condições médicas como diabetes, doenças cardíacas, lesões na medula espinhal, doenças neurodegenerativas, entre outras. No entanto, a pesquisa deve ser cuidadosa e metódica, e as empresas que oferecem tratamentos devem ser responsáveis e transparentes em relação aos seus produtos e resultados.

Por fim, é importante que a sociedade esteja informada sobre os riscos e benefícios da TC e do uso de CT. Os pacientes devem ser informados sobre os tratamentos disponíveis e suas implicações, e devem ter acesso a informações precisas e atualizadas sobre o progresso da pesquisa e desenvolvimento nessa área. É necessário um diálogo aberto e transparente entre pacientes, médicos, pesquisadores, reguladores, seguradoras e empresas de responsabilidade civil para garantir que a TC possa ser usada de forma segura, eficaz e ética no tratamento de doenças e condições médicas.

Além disso, é fundamental que sejam estabelecidos mecanismos de controle e fiscalização das atividades relacionadas à MR e TC, de forma a garantir a segurança dos pacientes e a prevenção de danos à saúde. A colaboração entre pesquisadores, profissionais da saúde, agências reguladoras e a sociedade em geral é essencial para o desenvolvimento responsável e ético dessas novas tecnologias. A busca pelo equilíbrio entre avanços científicos e responsabilidade civil deve ser contínua, de forma a garantir o bem-estar da população e o progresso da MR e TC.

5. O DEVER DE INFORMAR MÉDICO NA ERA DA PROTEÇÃO DE DADOS PESSOAIS

Claudia Lima Marques
Camila Rosa da Mata

Introdução

Hoje há no art. 5.º da Constituição Federal de 1988, um direito fundamental à "proteção de dados pessoais, inclusive no meio digital" (inciso LXXIX), além dos já tradicionais direitos fundamentais à "intimidade, a vida privada, a honra e a imagem das pessoas, assegurado o direito a indenização pelo dano material ou moral decorrente da violação" (inciso X) e ao "sigilo da correspondência e das comunicações telegráficas, de dados e das comunicações telefônicas" (inciso XII). A Lei Geral de Proteção de Dados Pessoais (LGPD) conceitua dado pessoal sensível, em seu art. 5º, inc. II, como "toda informação que revele dado referente à saúde ou à vida sexual, dado genético ou biométrico" e impõe aos que coletam dados e em especial aos agentes de tratamento um dever de segurança (Art. 46)[1].

Por sua vez, o setor da saúde não é estranho às práticas de coleta, documentação e disseminação de informações pessoais (ou dados pessoais sensíveis) de pacientes. Desde as informações referentes ao estado de saúde – como diagnóstico, resultado de exames clínicos e tratamento

[1] Veja, por todos, FALEIROS JÚNIOR, José Luiz de Moura; NOGAROLI, Rafaella; CAVET, Caroline Amadori. Telemedicina e proteção de dados: reflexões sobre a pandemia da Covid-19 e os impactos jurídicos da tecnologia aplicada à saúde. *Revista dos Tribunais*, São Paulo, v. 1016, jun. 2020, p. 359 e seg.

– Inscritas na história clínica do paciente, aos dados de identificação, como nome completo, cadastro de endereço e plano de saúde que o paciente-contratante seja eventualmente credenciado, as práticas da coleta, armazenamento e, eventualmente, de compartilhamento de dados pessoais fazem parte da prática diuturna dos profissionais e das instituições na prestação dos serviços médicos, ainda mais com a telemedicina[2].

Com a incorporação das tecnologias de informação e comunicação no setor, o tratamento de dados em saúde, historicamente constituído de sistemas de informação de finalidade epidemiológica, demográfica e de produção de serviços[3], ganhou nova envergadura, marcada pelo desenvolvimento de aparatos tecnológicos com alto nível de processamento e estruturação de dados[4]. A tecnologia utilizada no próprio prestar da telemedicina trouxe muitas modificações[5]. A interconexão dos bancos de dados e as ferramentas de inteligência artificial[6] permitem comparar dados de saúde de indivíduos em diferentes localidades e otimizar o processo de revisão do tratamento assistencial proposto. Na literatura médica, essa comunicação ubíqua rompe as "piscinas estagnadas" de dados e anos de pesquisa médica em jornais e livros didáticos, remendando

2 Veja, por todos, KFOURI, Miguel Neto. Responsabilidade civil pelo inadimplemento do dever de informação na cirurgia robótica e telecirurgia: uma abordagem de direito comparado (Estados Unidos, União Europeia e Brasil), *Revista de Direito e Medicina*, v. 5, jan./abr., 2020.

3 ARAGÃO, Suéllyn Mattos de; SCHIOCCHET, Taysa. Lei Geral de Proteção de Dados: desafio do Sistema Único de Saúde. Reciis: *Revista Eletrônica de Comunicação, Informação e Inovação em Saúde*, Rio de Janeiro, v. 14, n. 3, p. 692-708, jul./set. 2020. Disponível em: https://docs.bvsalud.org/biblioref/2020/10/1121860/2012-8932-1-pb.pdf. Acesso em: 22 fev. 2023, p. 698-699.

4 MARQUES, C. L.; MUCELIN, G. Vulnerabilidade na era digital: um estudo sobre os fatores de vulnerabilidade da pessoa natural nas plataformas, a partir da dogmática do Direito do Consumidor. *Civilistica.com*, v. 11, n. 3, p. 1-30, 25 dez. 2022, p. 15.

5 Veja, por todos, MACENA DE LIMA, Taisa Maria; FREIRE DE SÁ, Maria De Fátima; NAVES, Bruno Torquato de Oliveira. As transformações da relação médico-paciente em razão da telemedicina. *Revista dos Tribunais*, v. 1033, p. 197-216, nov. 2021.

6 SARLET, Gabrielle Bezerra Sales; FERNANDES, Márcia Santana; RUARO, Regina Linden. A proteção de dados no setor de saúde em face do sistema normativo brasileiro atual. *In*: MENDES, Laura Schertel Ferreira; DONEDA, Danilo; SARLET, Ingo Wolfgang; RODRIGUES JÚNIOR, Otavio Luiz Rodrigues; BIONI, Bruno Ricardo (coord.). Tratado de proteção de dados pessoais. Rio de Janeiro: Forense, 2021, p. 485-506.

inconsistências e melhorando as abordagens de atendimento, produtividade e bem-estar[7].

A despeito de tantos benefícios trazidos pela inserção das novas tecnologias de informação e comunicação na prestação dos serviços de saúde, o "recém-descoberto valor" dos dados de saúde potencializou sobremodo a sua utilização abusiva ou indevida[8] e o risco de vazamentos dos bancos de dados armazenados[9].

Referidas fragilidades, inerentes ao tratamento de dados, vulnerabilizam significativamente os direitos à privacidade e à intimidade dos pacientes-titulares[10], sobretudo tratando-se de dados pessoais de saúde, que se caracterizam como dados sensíveis, pelo que a sua coleta e tratamento devem operar sob a vigilância de estratégias normativas dotadas de uma proteção especial dos direitos fundamentais do titular, salvaguardando a sua autonomia, a sua dignidade humana[11] e a neutralização do potencial discriminatório que possa ser atribuído ao uso dos seus dados[12]. Também a Lei de Cadastro Positivo (Lei nº 12.414/2011), em seu art. 3º, § 3º, traz importante limite quanto à finalidade dos dados pessoais tratados, proibindo as anotações excessivas e de "*informações sensíveis*, assim consideradas aquelas pertinentes à origem social e étnica, *à saúde, à informação genética, à orientação sexual* e às convicções políticas, religiosas e filosóficas".

Por seu turno, como comentamos, os consumidores-titulares de dados têm novos direitos, como o direito à portabilidade de dados pessoais[13], para poder escolher de forma livre e responsável pelo tratamento, sem ficar "preso" a quem já possui seus exames. Assim, o consumidor que realiza

[7] MATA, Camila Rosa da. Desafios à proteção de dados pessoais no setor da Saúde: enfrentando o risco de vazamentos. *Revista CEJ*, v. 26, n. 83, p. 37-49, jan./jun. 2022, p. 38.

[8] ARAGÃO; SCHIOCCHET. *Op. Cit.*, p. 694-695.

[9] *Ibidem*, p. 698-699.

[10] MATA. *Op. Cit.*, p. 38.

[11] ARAGÃO; SCHIOCCHET. *Op. Cit.*, p. 695.

[12] MATA. *Op. Cit.*, p. 38.

[13] MARQUES, Claudia Lima; MIRAGEM, Bruno. O necessário diálogo entre a LGPD e o Código de Defesa do Consumidor e os novos direitos do consumidor – titular de dados pessoais. *In:* MENDES, Laura Schertel Ferreira; DONEDA, Danilo; SARLET, Ingo Wolfgang; RODRIGUES JR., Otavio Luiz (coords). *Tratado de Proteção de Dados Pessoais*. 2. ed. Rio de Janeiro: Forense, 2021.

exames laboratoriais em uma clínica médica pode pedir que os seus dados pessoais e o tratamento realizado sobre os próprios sejam passados para outra clínica médica.

Perceba-se, portanto, que essas mudanças provocaram alterações significativas e criaram desafios profusos à relação jurídica entre o paciente e as instituições e os profissionais de saúde. O conteúdo da obrigação e responsabilidade do prestador do serviço são reescritos, insertando-se aos seus deveres de informação ao paciente o dever específico de informar quanto ao tratamento e à proteção dos seus dados pessoais de saúde, bem como de alerta, no caso de vazamento que possa resultar em danos ao paciente-titular.

Como ensina Christoph Fabian, há um dever de informar ligado ao consentimento do paciente, daí que a informação deve ser compreensível, mas também um dever de informar ligado ao fato de ser uma relação de consumo[14]. Como destaca a doutrina, há um dever de informação que é instrumento de prevenção de danos, especialmente nas relações entre experts e leigos-consumidores[15].

Diante das premissas expostas, o presente capítulo se dedica ao exame aprofundado do dever de informar médico na era de proteção de dados, perpassando pelas multifacetas que a obrigação informacional apresenta na relação médico-paciente, especialmente de informação e documentação, que, somadas ao emergente arcabouço normativo de proteção dados pessoais no setor da saúde, agregam novo conteúdo ao dever de informar médico.

[14] FABIAN, Christoph. *O dever de informar no direito civil*. São Paulo: RT, 2002, p. 183. O autor afirma: "médico deve esclarecer sobre a forma da intervenção e sobre aqueles riscos da intervenção, que não ficarem completamente fora da probabilidade. Pressuposto para os dois tipos de esclarecimento é a informação sobre a diagnose [...] O médico deve informar sobre os riscos possíveis do tratamento, salvo aqueles que acontecem raramente. Para a probabilidade do risco não importa alguma estatística, é preciso informar sobre a eles riscos raros que podem se realizar especificamente no tratamento. O paciente também deve saber os efeitos colaterais do tratamento. Quando o tratamento pode causar dores fortes, o médico deve informar sobre elas [...]".

[15] BARBOSA, Fernanda Nunes. *Informação*: direito e dever nas relações de consumo. São Paulo: RT, 2008, p. 119 e seg.

1. A relação médico-paciente e os deveres de informação

A jurisprudência do STJ entende que se aplica o Código de Defesa do Consumidor aos serviços médicos, inclusive no que tange ao prazo de prescrição quinquenal previsto no art. 27 do Código de Defesa do Consumidor (RESP. 1.616.060/SC). E como muito bem frisa o STJ, o CDC estatui uma obrigação geral de informação, ensinando:

> O direito à informação, abrigado expressamente pelo art. 5º, XIV, da Constituição Federal, é uma das formas de expressão concreta do Princípio da Transparência, sendo também corolário do Princípio da Boa-fé Objetiva e do Princípio da Confiança, todos abraçados pelo CDC [...]. No âmbito da proteção à vida e saúde do consumidor, o direito à informação é manifestação autônoma da obrigação de segurança. [...] Entre os direitos básicos do consumidor, previstos no CDC, inclui-se exatamente a informação adequada e clara sobre os diferentes ... serviços, ...bem como sobre os riscos que apresentem (art. 6º, III) [...] informação deve ser correta (= verdadeira), clara (= de fácil entendimento), precisa (= não prolixa ou escassa), ostensiva (= de fácil constatação ou percepção) e, por óbvio, em língua portuguesa [...] A obrigação de informação exige comportamento positivo, pois o CDC rejeita tanto a regra do *caveat emptor* como a subinformação, o que transmuda o silêncio total ou parcial do fornecedor em patologia repreensível, relevante apenas em desfavor do profissional...[16].

Na relação médico-paciente, a informação desempenha papel fundamental na definição da posição de poder e de vulnerabilidade entre os sujeitos (médico-expert e paciente-leigo)[17]. Mas se a ausência de informação é um dos fatores de vulnerabilidade e distância, a sua comunicação, ao revés, aproxima os agentes, oportunizando ao médico determinar o quadro clínico e o percurso terapêutico e, ao paciente entender a doença e as opções de tratamento, permitindo a sua tomada de decisão de forma ponderada, que eleja a alternativa que melhor corresponde ao seu projeto de vida.

[16] BRASIL. Superior Tribunal de Justiça. REsp n. 586.316/MG, relator Ministro Herman Benjamin, Segunda Turma, julgado em 17/4/2007, DJe de 19/3/2009.

[17] FABIAN. *Op. Cit.*, p. 183.

Consolidando-se como o elo que alinha a dignidade da pessoa humana com a liberdade, a informação é prerrogativa inafastável à realização da autodeterminação do paciente e o desenvolvimento da sua personalidade[18], pelo que o ordenamento jurídico brasileiro lhe confere o tratamento de direito fundamental (art. 5.º, XIV, CF/88) e projeção de direito básico do consumidor durante todas as fases do contrato de tratamento (art. 6º, III, CDC), extraindo-se o seu fundamento das normas insculpidas no diploma consumerista, das normas do Código de Ética Médica e das regras gerais de boa-fé objetiva do Código Civil[19].

Evidentemente, em uma relação evoluída nos desenvolvimentos do exercício de uma ciência tão complexa como a Medicina, não se pode esperar que a obrigação informacional se satisfaça de forma uníssona. A informação não apenas é instrumental ao agir consciente e deliberado, mas também é fonte de conteúdo e de história. Imperativo, portanto, concebê-la como um fenômeno de múltiplas facetas, cuja satisfação, enquanto prestação obrigacional, demanda uma pluralidade de ações por parte do seu devedor. Neste ponto, Genival Veloso de França propõe quatro espécies de esclarecimentos incondicionais e obrigatórios que integram o dever de informar na relação médico-paciente, quais sejam: as informações ao paciente, nas quais estão inclusas todas as informações necessárias ao consentimento livre e esclarecido válido; as informações sobre as condições precárias de trabalho; as informações registradas no prontuário, decorrentes do dever ético do profissional médico (e da boa-fé) de documentar na ficha clínica todo cuidados médicos prestados; e as informações aos outros profissionais[20], decorrentes da própria complexidade dos serviços médicos, que muitas vezes são conduzidos por mais de um profissional, fazendo imperioso haver documentação zelosa dos atos médicos realizados, a fim de evitar informações erradas ou sonegação de

[18] BERGSTEIN, Gilberto. Os limites do dever de informação na relação médico paciente e sua prova. Tese (Doutorado). Universidade de São Paulo (USP), 2012. Disponível em: http://www.teses.usp.br/teses/disponiveis/2/2131/tde-30042013-144339/pt-br.php. Acesso em: 29 fev. 2023, p. 11.

[19] MARQUES, Claudia Lima. A responsabilidade dos médicos e do hospital por falha no dever de informar ao consumidor. *Revista dos Tribunais*. São Paulo, v. 93, n. 827, p. 11- 48, set. 2004.

[20] FRANÇA, Genival Veloso de. *Direito Médico. Rio de Janeiro*: Grupo GEN, 2020. 9788530992316. E-book. Disponível em: https://app.minhabiblioteca.com.br/#/books/9788530992316/. Acesso em: 22 fev. 2023, [s/.p.].

informações julgadas importantes em determinado quadro clínico e cuja não revelação possa trazer irreparáveis danos ao paciente[21].

Lição semelhante acerca dos diferentes aspectos que integram o dever de informar e de esclarecer na relação médicos-fornecedores e paciente--consumidor encontra-se na doutrina, que identifica a informação médica como um dever de conduta de boa-fé, de agir com cuidado e cooperação com o parceiro contratual. Conforme lecionado,

> Trata-se de um dever de informar clara e suficientemente os leigos--consumidores (*hinreichende Aufklärung*), pessoalmente (*in einem persönlichen Gespräch*) sobre os riscos típicos (*typische Gefahren*) e aspectos principais (*wesentliche Ünstande*) do serviço médico naquele caso específico. Um dever diretamente oriundo das exigências de boa-fé (*Pflicht aus Treu und Glauben*) na conduta do expert em relação ao leigo durante todo o desenvolver da relação jurídica de confiança (*Vertrauensverhältnis*), atingindo, na fase prévia, graus de dever de alerta (*Warnpflicht*) e de aconselhamento/dever de conselho (*Beratungspflicht*) visando alcançar o consentimento informado, válido e eficaz do paciente (*wirksame Einwilligung des Patienten*), geralmente conhecido pela expressão norte-americana *informed consent*[22].

Trata-se, portanto, de uma multiplicidade de deveres informativos, contemplando, em muitos casos, além da mera informação, "deveres de esclarecimento (sobre especificidades que não sejam do conhecimento geral das pessoas), de conselho (sobre as possibilidades e opções disponíveis) e de advertência (quanto aos riscos possíveis)", como observa Fernando Noronha[23].

A essa larga lista também se insere, conforme elucidado, a documentação, pois informar também é dar ao paciente acesso à sua história, permitir que conheça os dados da doença e os caminhos trilhados no seu tratamento[24], atendendo ao seu direito fundamental aos seus dados

[21] *Ibidem.*

[22] MARQUES, 2004, p. 11- 48.

[23] NORONHA, Fernando. Âmbito da responsabilidade civil. *Revista da ESMESC*, v. 13, p. 105-121, 2002.

[24] LENCINA, Feliciana. Historia clínica. In: GHERSI, Carlos Alberto (coord.). *Derecho de los pacientes al servicio de salud*: Contrato y responsabilidad médica. Mendonza: Cuyo, 1998, p. 149.

pessoais. Referidas informações, recorde-se, além de "importantes meios de prova e da boa-fé da conduta dos vários profissionais médicos envolvidos nestes serviços complexos"[25], são essenciais à salvaguarda da terapia[26], possibilitando transmitir informações relevantes para o paciente, seus familiares, outros profissionais e para a administração pública nos casos de riscos para terceiros[27].

Importante, contudo, destacar que – além de melhorar avultosamente os cuidados de saúde prestados ao doente e partilhar informação clínica entre os profissionais de saúde, diminuindo, inclusive, a ocorrência de erros evitáveis no tratamento – a documentação também tem por objetivo garantir a mobilidade e acesso remoto, facilitar o acesso a *standards* terapêuticos e melhorar a forma como a informação é obtida, registada e disponibilizada[28].

O processo clínico, não se pode olvidar, se constitui não apenas do registro da anamnese do paciente, mas de "todo acervo documental padronizado, organizado e conciso, referente ao registro dos cuidados médicos prestados, assim como aos documentos pertinentes a essa assistência"[29]. Trata-se de informações de natureza sensível e sigilosa, cuja coleta, armazenamento e compartilhamento devem observar regras específicas, de conteúdo protetivo e vertente restritiva, voltadas a salvaguardar a integridade dos dados, a privacidade dos titulares e a sua autonomia informativa.

Perceba-se, portanto, nasce da documentação uma série de deveres informativos referentes ao uso e à proteção dos dados pessoais de saúde

[25] MARQUES, Claudia Lima. *Contratos no Código de Defesa do Consumidor*: o novo regime das relações contratuais. 9. ed., rev. e amp. São Paulo: Revista dos Tribunais, 2019, p. 1258-1259.

[26] LAUFS, Adolf; UHLENBRUCK, Wilhelm. *Handbuch des Arztrechts*. 3. ed. München: Beck, 2002, p. 581.

[27] FARELA, Helga Fabíola. O contrato de prestação de serviços médicos (treatment) no anteprojeto de um quadro comum de referência (do direito privado europeu). *Lex Medicinae*: Revista Portuguesa de Direito da Saúde, Ano 13, n. 25-26, 2016, p. 66-67. Disponível em: https://www.ij.fd.uc.pt/publicacoes/lexmedicinae/lexmedicinae_2016.pdf. Acesso em: 11 mar. 2023.

[28] PEREIRA, André Gonçalo Dias. Dever de documentação, acesso ao processo clínico e sua propriedade. Uma perspectiva europeia. *Revista Jurídica da UniFil*, v. 4, n. 4, p. 25-35, out. 2018, p. 26. Disponível em: http://periodicos.unifil.br/index.php/rev-juridica/article/view/586. Acesso em: 10 mar. 2023.

[29] FRANÇA, *Op. cit.*, [s/.p.].

coletados e armazenados no acervo documental que integra a história clínica do paciente. Esses deveres de informar – conquanto de teor distinto daqueles requisitos ao consentimento informado para o ato médico, pois se debruçam sobre os dados dos pacientes, e não sobre a intervenção em si – também integram o conteúdo do dever de informar médico na atual contextura da relação médico-paciente.

Esse alargamento do conteúdo do dever de informar, que lhe confere majestosa envergadura, desprende-se da própria natureza multifacetada da eficácia do direito à informação, que exige construção permanente do seu conteúdo. A delimitação sobre o que o dever de informação deverá versar não advém de fórmula jurídica, sendo a lista trazida pelo inciso III do artigo 6º do CDC[30], assim como o conteúdo delimitado no artigo 34 do Código de Ética Médica brasileiro[31], apenas uma indicação do conteúdo mínimo que deve ser informado ao paciente para que este possa se autodeterminar.

O seu conteúdo, portanto, deve ser revestido por uma estrutura aberta, apta a revisões e acréscimos, que adequem o cumprimento da obrigação aos sobrevindos desafios que nascem com a massificação do fluxo informacional no setor da saúde, os quais são a realidade da prestação do serviço de saúde e põem à prova a autodeterminação do paciente-titular.

Assim, para além da divulgação de informações sobre o diagnóstico, o prognóstico, os meios e os fins do tratamento, assim como sobre os riscos e benefícios ou sobre as eventuais alternativas terapêuticas, também deverá ser informado o destino que será dado e a vigilância empregada à proteção de dados pessoais de saúde coletados.

[30] Determina o artigo 6º, III, do CDC o direito básico do consumidor à obtenção de informação adequada sobre os produtos e serviços, com especificação correta de quantidade, características, composição, qualidade, tributos incidentes e preço, bem como sobre os seus riscos.

[31] Estabelece o CEM: "É vedado ao médico: Art. 34. Deixar de informar ao paciente o diagnóstico, o prognóstico, os riscos e os objetivos do tratamento, salvo quando a comunicação direta possa lhe provocar dano, devendo, nesse caso, fazer a comunicação a seu representante legal.". Cf. CONSELHO FEDERAL DE MEDICINA. *Código de Ética Médica*: Resolução CFM nº 2.217, de 27 de setembro de 2018, modificada pelas Resoluções nº 2.222/2018 e 2.226/2019. Brasília, 2019. Disponível em: https://portal.cfm.org.br/images/PDF/cem2019.pdf. Acesso em: 04 mar. 2023.

2. Dados pessoais de saúde: o regime especial do tratamento de dados pessoais sensíveis

O contemporâneo entrelaçamento do exercício regular da medicina e o uso das tecnologias de informação e comunicação redefiniram drasticamente os limites e alcances da informação no setor da saúde, especialmente depois da democratização da telemedicina durante a pandemia da COVID-19[32]. No Brasil, desde o Cartão Nacional de Saúde do SUS[33], os prontuários eletrônicos, até as práticas de teleconsultorias e telemonitoramento, são multiplos os processos de e-saúde[34] que integram o novo contexto da prestação dos serviços de saúde[35].

Embora essa nova realidade atenda às necessidades de controle social e de intercâmbio das instituições, conferindo-lhes rapidez e escala consultiva sem precendentes, a legitimidade da sua adoção na prestação dos serviços médicos clama pelo olhar atento às práticas de privacidade que

[32] Veja-se SUZIN, Joseli Beatriz; AGUIAR, Daiane Moura de. Dados sensíveis e a telemedicina: aproximações com a Lei Geral de Proteção de Dados. *Revista de Direito e Medicina*, v. 14. São Paulo: RT, jan./jun. 2023. E a Resolução 2228, de 26 de fevereiro de 2019, Conselho Federal de Medicina, que revoga a Resolução CFM nº 2.227, publicada no D.O.U. de 6 de fevereiro de 2019, Seção I, p. 58, a qual define e disciplina a telemedicina como forma de prestação de serviços médicos mediados por tecnologias, e restabelece expressamente a vigência da Resolução CFM nº 1.643/2002, publicada no D.O.U. de 26 de agosto de 2002, Seção I, p. 205.

[33] Art. 255. Esta Seção regulamenta o Sistema Cartão Nacional de Saúde (Sistema Cartão), no âmbito das ações e serviços de saúde no território nacional. Art. 256. O Sistema Cartão é um sistema de informação de base nacional que permite a identificação unívoca dos usuários das ações e serviços de saúde, com atribuição de um número único válido em todo o território nacional. Cf. MINISTÉRIO DA SAÚDE. Portaria de Consolidação nº 1, de 28 de setembro de 2017. Disponível em: bvsms.saude.gov.br/bvs/saudelegis/gm/2017/prc0001_03_10_2017.html. Acesso em: 12 mar. 2023. Veja-se texto específico sobre o tema: SANTOS, Lenir. O cartão nacional de saúde: Cartão SUS e o segredo profissional, sigilo do prontuário e dos dados informatizados. *Revista de Direito do Trabalho*, v. 105, p. 170-213, jan./mar. 2002.

[34] E-Saúde (e-Health) foi a denominação dada pela Organização Mundial da Saúde (OMS) ao uso de tecnologias de informação e comunicação pelo setor de saúde, contemplando toda assistência ao paciente, pesquisa, educação/capacitação da força de trabalho e monitoração e avaliação em saúde (ARAGÃO, Suéllyn Mattos de; SCHIOCCHET, Taysa, *Op. Cit.*, p. 698-699).

[35] MATA. *Op. Cit.*, p. 39.

permeiam os dados de saúde e que inserem o dever de confidencialidade dentre a plêiade de deveres fiduciários que regulam a relação[36].

Os dados de saúde, constituídos não apenas por dados resultantes de diagnóstico médico, mas todos aqueles relacionados ao paciente[37], revelando informações sobre a saúde física e psíquica, no passado, presente ou futuro[38], repousam sob áreas muito pessoais e sensíveis da vida do paciente-titular, tocando aspectos existenciais, diretamente relacionados à sua intimidade. Trata-se de dados pessoais sensíveis[39], cujo conteúdo oferece, explica Bruno Bioni, "uma especial vulnerabilidade, discriminação.[40] Essa vulnerabilidade decorre da natureza intrinsecamente personalíssima dessas informações, que, se "conhecidas e processadas, prestar-se-iam a uma potencial utilização discriminatória ou particularmente lesiva", elucida Danilo Doneda[41]. Esse potencial discriminatório se verifica largamente nos dados de saúde, especialmente no caso de exposição de doenças que ainda são estigmatizadas, como patologias vinculadas à genética humana, doenças mentais e AIDS, por exemplo[42].

Para além do alto potencial discriminatório, outro elemento de risco ligado aos dados sensíveis de saúde encontra-se no papel nuclear que desempenham na composição dos perfis ou das identidades dos seus titulares. Referida qualidade atribui valor político e econômico aos dados,

[36] *Ibidem.*

[37] LIMA, Manuela Ithamar. Do direito à proteção de dados em matéria de saúde na sociedade de informação. *Arquivo Jurídico*, v. 4, n. 1, p. 1-24, jan./jul. de 2017, p. 11.

[38] SARLET; FERNANDES; RUARO. Regina Linden. *Op. Cit.*

[39] A LGPD incluiu os dados de saúde dentre as hipóteses de dados pessoais sensíveis, atribuindo regras mais restritas para o seu tratamento. "Art. 5º Para os fins desta Lei, considera-se: [...] II – dado pessoal sensível: dado pessoal sobre origem racial ou étnica, convicção religiosa, opinião política, filiação a sindicato ou a organização de caráter religioso, filosófico ou político, dado referente à saúde ou à vida sexual, dado genético ou biométrico, quando vinculado a uma pessoa natural;" Cf. BRASIL. *Lei n. 13.709, de 14 de agosto de 2018*. Lei Geral de Proteção de Dados Pessoais (LGPD). Brasília, DF: Presidência da República, [2018]. Disponível em: http://www.planalto.gov.br/ccivil_03/_ato2015-2018/2018/lei/L13709.htm. Acesso em: 20 fev. 2023.

[40] BIONI, Bruno Ricardo. *Proteção de dados pessoais*: a função e os limites do consentimento. Rio de Janeiro: Forense, 2019. *E-book.*

[41] DONEDA, Danilo. *Da privacidade à proteção de dados pessoais.* Rio de Janeiro: Renovar, 2006, p. 160-161.

[42] MATA. *Op. Cit.*, p. 40.

que podem ser utilizados como instrumento de monitoramento e controle social, sobretudo no atual contexto digitalizado, marcado pelo o uso de algoritmos, de inteligência artificial e de *Big Data*[43]. Veja-se, informações sobre o consumo de medicamentos por determinado grupo de pessoas, em determinada área geográfica, por exemplo, pois podem ser de interesse para a respectiva cadeia econômica, como a indústria farmacêutica, drogarias, operadoras de planos de saúde, clínicas e hospitais particulares[44].

Com o reconhecimento do alto valor desses dados, a violação de dados de saúde torna-se mais recorrente, ocupando, hoje, o setor de saúde, a primeira posição na lista dos setores vítima de ataques externos e internos[45]. Referidos incidentes de violação abrangem desde vulnerabilidades do sistema e abusos de privilégios, até incidentes de

[43] RUARO, Regina Linden; SARLET, Gabrielle Bezerra Sales. O direito fundamental à proteção de dados sensíveis no sistema normativo brasileiro: uma análise acerca das hipóteses de tratamento e da obrigatoriedade do consentimento livre, esclarecido e informado sob o enfoque da lei geral de proteção de dados (LGPD) – LEI 13.709/2018. *In*: BIONI, Bruno *et al.* (coords.). *Tratado de Proteção de Dados Pessoais*. Rio de Janeiro: Grupo GEN, 2020. [Livro eletrônico].

[44] OMETTO, Rosália Toledo Veiga. A importância da informação no direito médico e nas ações envolvendo atos médicos. *In:* ALVIM, Arruda; MELLO, Cecilia; RODRIGUES, Daniel Colnago; ALVIM, Thereza (coord.). *Direito Médico*: aspectos materiais, éticos e processuais. São Paulo: Thomson Reuters Brasil, 2021. *E-book*. Disponível em: https://tmsnrt.rs/3p97nXo. Acesso em: 20 fev. 2023.

[45] Entre 2005 e 2019, foram relatados 6.355 incidentes de violação, dentre os quais 3.912 (61,55%) se registraram apenas no setor de saúde. Importante ainda salientar que 40,56% dessas violações se deram entre 2015 e 2019, indicando um rápido aumento no número de violações no setor (SEH, A. H., et al. Healthcare Data Breaches: Insights and Implications. *Healthcare* (Basel, Switzerland), v. 8, n. 2, 133, 2020, p. 4-5. Disponível em: https://doi.org/10.3390/healthcare8020133. Acesso em: 13 fev. 2023.). Em 2020, houve um aumento de 25% nas violações de dados de saúde, sendo mais de 29 milhões os registros de saúde violados apenas nos Estados Unidos, conforme o Departamento de Saúde e Serviços Humanos dos Estados Unidos. (HIPAA Journal. 2020 Healthcare Data Breach Report: 25% Increase in Breaches in 2020. Jan 19, 2021. Disponível em: https://www.hipaajournal.com/2020-healthcare-data-breach-report-us/. Acesso em: 12 fev. 2023). No ano de 2021 os números foram ainda mais alarmantes, com 45 milhões de pessoas afetadas por ataques de segurança aos dados de saúde, 11 milhões a mais do que em 2020. Em 2022, uma média de 1,94 violações de dados de saúde de 500 ou mais registros foram relatadas por cada dia. (HIPAA Journal. 2022 Healthcare Data Breach Report, HIPAA Journal, Jan 24, 2023. Disponível em: https://www.hipaajournal.com/2020-healthcare-data-breach-report-us/. Acesso em: 22 fev. 2023).

hacking/TI[46] por fontes externas[47], sendo as consequências da sua ocorrência alarmantes não apenas para os pacientes afetados, mas também às próprias instituições[48]. Percebe-se, além da ampla variedade de fins fraudulentos, incluindo roubo de identidade, fraude de seguro e receitas falsas[49], dados de saúde violados que perdem a sua integralidade, por exemplo, pois também podem influir no próprio tratamento que, se incorreto, produzirá perdas fatais e irreversíveis para os pacientes[50].

Diante dessa contextura, torna-se necessário o estabelecimento de requisitos específicos para a coleta, armazenamento e compartilhamento desses dados, respeitando os deveres de proteção ao direito à autodeterminação e privacidade dos dados pessoais, as normas de prática profissional, privilégio, autonomia e sigilo[51] que são próprias da deontologia médica.

No ordenamento jurídico pátrio, o arcabouço normativo de proteção de dados pessoais, com atenção especial ao setor da saúde, constitui-se das portarias e resoluções do Ministério da Saúde (MS)[52], da Agência

[46] Em 2018, *hackers* roubaram 1,5 milhão de dados pessoais, incluindo registros médicos de 160.000 pacientes do sistema de saúde online de Singapura, inclusive do primeiro-ministro (BBC. Singapore personal data hack hits 1.5m, health authority says. 20 jul. 2018. Disponível em: https://bbc.in/3kWREbr. Acesso em: 02 mar. 2023). Nos Estados Unidos o número de registros de pacientes roubados do provedor de planos de saúde Anthem Blue Cross foi de 78,8 milhões, um dos maiores vazamentos de danos no setor da saúde (POOL, Javad; AK, Saeed; FATEHI, Farhad. *Causes and Impacts of Personal Health Information (PHI) Breaches*: A Scoping Review and Thematic Analysis Completed Research Paper. Causes and Impacts of Personal Health Information Breaches. Twenty-Third Pacific Asia Conference on Information Systems, 2018.).

[47] SEH, A. H., et al. *Op. cit.*, p. 3-4.

[48] Idem, p. 1.

[49] POOL, Javad; AK, Saeed; FATEHI, Farhad. *Op. cit.*

[50] MATA. *Op. Cit.*, p. 43.

[51] Idem., p. 39.

[52] A Portaria de Consolidação nº 01, de 28 de setembro de 2017 dedica um capítulo específico à regulamentação do uso de padrões, informações em saúde e de interoperabilidade entre os sistemas de informação do SUS, nos níveis municipal, distrital, estadual e federal, abarcando também os sistemas privados e de saúde suplementar (Art. 230), determinando dever de guarda, segurança e confidencialidade dos dados gerados e tratados e determinando a identificação obrigatória do profissional, trabalhador ou agente que acessa os dados dos usuários a fim de garantir a responsabilização por disponibilização incorreta ou possíveis vazamentos de dados: Art. 287. O acesso aos dados individualizados dos usuários do SUS deverá ser controlado mediante o atendimento de todos os seguintes requisitos: I – identificação

Nacional de Saúde Suplementar (ANS)[53] e do Conselho Federal de Medicina (CFM)[54], que instituem critérios técnicos para o tratamento e compartilhamento de dados no Sistema Único de Saúde (SUS) e na Saúde Suplementar[55]. Essas regulamentações somam-se, em diálogo das fontes (Art. 7º do CDC)[56], às normas provenientes da Lei de Acesso à Informação (Lei n 12.527/2011), do Marco Civil da Internet (Lei n. 12.965/2014), do Código de Defesa do Consumidor e da Lei Geral de Proteção de Dados (Lei n. 13.709/2018), instituindo, conjuntamente, o quadro regulatório de proteção de dados pessoais no Brasil.

A LGPD, à semelhança do Regimento Geral de Proteção de Dados (RGPD) europeu, conferiu regime de proteção e tratamento especial aos dados pessoais sensíveis. Atentando-se à natureza desses dados, estabeleceu limites precisos ao seu tratamento, que não pode operar, conforme determina o artigo 11 da LGPD, sem o consentimento livre, informado e com finalidade determinada do titular (art. 5º, XII c/c art. 11, I, LGPD), salvo nas hipóteses exaustivamente previstas no inciso II do art. 11 da Lei[57], tais como para o cumprimento de obrigação legal ou regulatória

obrigatória do profissional, trabalhador ou agente de saúde que o acessar; e II – local, data e horário do acesso realizado, ou de sua tentativa, mesmo que sem sucesso. Cf. MINISTÉRIO DA SAÚDE. *Op. Cit.* Neste ponto, ver: MATA. *Op. Cit.*, p. 40.

[53] A Resolução Normativa nº 305/2012 estabelece parâmetros para a Troca de Informações na Saúde Suplementar. Cf. AGÊNCIA NACIONAL DE SAÚDE SUPLEMENTAR. Resolução Normativa nº 305, de 9 de outubro de 2012. Disponível em: www.ans.gov.br/component/legislacao/?view=legislacao&task=TextoLei&format=raw&id=MjI2OA==. Acesso em: 20 fev. 2023.

[54] A matéria também foi regulada em uma variedade de normas do Conselho Federal de Medicina (CFM) que tratam de questões operacionais, indicando níveis de segurança que devem ser observados para o armazenamento e a transmissão de informações, em especial dos prontuários médicos, de modo a preservar a privacidade do paciente e o sigilo profissional: CONSELHO FEDERAL DE MEDICINA. *Resolução CFM nº 1.821/2007.* Disponível em https://sistemas.cfm.org.br/normas/visualizar/resolucoes/BR/2007/1821. Acesso em: 20 fev. 2023.

[55] MATA. *Op. Cit.*, p. 39-40.

[56] Veja-se, MARQUES; MIRAGEM. *Op. Cit.*

[57] Art. 11. O tratamento de dados pessoais sensíveis somente poderá ocorrer nas seguintes hipóteses: I – quando o titular ou seu responsável legal consentir, de forma específica e destacada, para finalidades específicas; II – sem fornecimento de consentimento do titular, nas hipóteses em que for indispensável para: a) cumprimento de obrigação legal ou regulatória pelo controlador; b) tratamento compartilhado de dados necessários à execução, pela administração pública, de políticas públicas previstas em leis ou regulamentos; c) realização

pelo controlador, como nos casos das notificações compulsórias de evento de saúde à vigilância sanitária para fins de controle epidemiológico[58], ou para o exercício regular de direitos em contrato e em processo judicial, administrativo e arbitral. Nessa última hipótese, insere-se o exemplo de exames em laboratórios de análise clínicas, em que não há a obrigatoriedade de o titular dos dados consentir de forma expressa que seus dados sejam transferidos a uma empresa de transporte terceirizada que realiza o deslocamento do material coletado, sendo essa etapa, ao revés, essencial ao cumprimento da obrigação contratual assumida[59].

Além das restrições impostas ao tratamento, a Lei também estabelece limites ao compartilhamento desses dados, vedando a comunicação ou o uso compartilhado entre controladores de dados pessoais sensíveis referentes à saúde com objetivo de obter vantagem econômica (art. 11, § 4.º, LGPD), exceto quando haja a necessidade de comunicação para a adequada prestação de serviços de saúde, de assistência farmacêutica e de assistência à saúde, desde que observada a vedação do § 5º[60], incluídos os serviços auxiliares de diagnose e terapia, em benefício dos interesses dos titulares de dados.

Esse teor mais restritivo, que orienta o regime especial de proteção dos dados sensíveis em saúde, faz-se primordial diante da natureza e alta carga valorativa desses dados, cujo resguardo impõe deveres específicos de informação, guarda e vigilância aos agentes responsáveis pela sua proteção.

de estudos por órgão de pesquisa, garantida, sempre que possível, a anonimização dos dados pessoais sensíveis; d) exercício regular de direitos, inclusive em contrato e em processo judicial, administrativo e arbitral, este último nos termos da Lei nº 9.307, de 23 de setembro de 1996 (Lei de Arbitragem); e) proteção da vida ou da incolumidade física do titular ou de terceiro; f) tutela da saúde, exclusivamente, em procedimento realizado por profissionais de saúde, serviços de saúde ou autoridade sanitária; ou g) garantia da prevenção à fraude e à segurança do titular, nos processos de identificação e autenticação de cadastro em sistemas eletrônicos, resguardados os direitos mencionados no art. 9º desta Lei e exceto no caso de prevalecerem direitos e liberdades fundamentais do titular que exijam a proteção dos dados pessoais. Cf. BRASIL. Lei n. 13.709, de 14 de agosto de 2018. *Op. Cit.*

[58] MINISTÉRIO DA SAÚDE. *Op. Cit.*

[59] MATA. *Op. Cit.*, p. 41.

[60] A Lei veda às operadoras de planos privados de assistência à saúde o tratamento de dados de saúde para a prática de seleção de riscos na contratação de qualquer modalidade, assim como na contratação e exclusão de beneficiários. Cf. BRASIL. Lei n. 13.709, de 14 de agosto de 2018. *Op. Cit.*.

A segurança da informação, destaque-se, exige a sua confidencialidade, integralidade e disponibilidade[61]. Conforme se discorrerá no próximo tópico, exsurge dos intermeios desse arcabouço regulatório um dever alargado para o prestador do serviço médico de, na hora da coleta, informar o paciente (titular e consumidor) sobre "os caminhos pelos quais seus dados transitam, como são guardados, se estão sendo bem cuidados"[62], facilitando o seu acesso aos seus dados, bem como alertando na presença de indícios de vazamento ou qualquer dano à estrutura de proteção[63].

3. O dever de informar sobre o uso e a proteção de dados pessoais

O novo contexto de fluxo massivo de informações no setor da saúde atribuiu, conforme elucidado, nova envergadura e conteúdo ao dever de informar do prestador de serviços médicos, somando-se à sua corporatura obrigações de informação para o controlador que processa os dados de saúde, as quais devem ser comunicadas aos titulares de forma precisa, inteligível, facilmente acessível e usando uma linguagem clara, visionando maior transparência na relação. Tais previsões derivam da adoção de um conceito mais amplo de autodeterminação nos cuidados de saúde, pelo qual informar ao paciente sobre o destino que será atribuído aos seus dados e cumprir as obrigações ligadas à segurança da informação são essenciais ao resguardo da fidúcia e confidencialidade[64], bem como à concretização da conformação dialógica que deve imperar na relação médico-paciente contemporânea.

O primeiro dever informativo advém da recém-referida restrição imposta pela LGPD ao tratamento dos dados pessoais sensíveis, que, salvo as exceções exaustivamente estabelecidas na Lei, só podem se dar com o consentimento do titular. Esse consentimento é sempre livre e informado, bem como obrigatoriamente vinculado às finalidades atribuídas ao uso

[61] MONTANARO, Domingo. Gestão de Vulnerabilidades. *In*: MALDONADO, Viviane Maldonado (Coord.). *LGPD – Lei Geral de Proteção de Dados*. Manual de Implementação. São Paulo: Thomson Reuters Revista dos Tribunais, 2019, p. 324-325.

[62] OMETTO. *Op. Cit.*

[63] MATA. *Op. Cit.*, p. 42.

[64] KAPLAN, Bonnie. How Should Health Data Be Used? Privacy, Secondary Use, and Big Data Sales. Cambridge Quarterly of Healthcare Ethics, v. 25, n. 2, p. 312-329, abr. 2016, p. 313-315. Disponível em: https://heinonline.org/HOL/P?h=hein.journals/cqhe25&i=333. Acesso em: 28 fev. 2023.

dos dados, que devem ser descritas de forma específica e destacada no momento da coleta (art. 5º, XII c/c art. 11, II, LGPD); havendo alterações à finalidade, exsurgirá a obrigação de obter novo consentimento do titular para o tratamento, nos termos do art. 9.º, § 2.º, da LGPD. A referida estrutura sinaliza claramente o intento do legislador de privilegiar a participação ativa do titular por meio do consentimento[65], sendo o ônus da prova da sua higidez do controlador, a quem cumpre comprovar que o consentimento do titular foi obtido de forma regular, respeitando os preceitos dispostos na Lei[66].

Reconhecendo essa necessidade de informar o destino atribuído aos dados, o RGPD europeu, dando um passo além, elencou no próprio texto normativo as informações que devem ser transmitidas aos titulares. O regulamento distinguiu as hipóteses de coleta direta, em que os dados são coletados diretamente do paciente, para as quais se aplica às exigências do Art. 13 (1) e (2) do RGPD, daquelas hipóteses em que os dados do paciente são coletados de um terceiro, como, por exemplo, de um colega médico, de um membro da família, ou de bancos de dados em hospitais que incluem registros médicos, caso em que se aplicam as exigências do Art. 14 (1) e (2) RGPD[67]. Em ambas as hipóteses, as informações a serem fornecidas contemplam, entre outras, o nome e detalhes de contato do controlador, os objetivos da coleta, a base legal para o processamento dos dados de saúde, bem como o direito de oposição, que deve ser informado de forma explícita, compreensível e separada de outras informações. Nos casos de coleta indireta, contudo, o controlador, além daquelas informações, também deverá fornecer informações adicionais sobre as

[65] MATA. *Op. Cit.*, p. 41.

[66] Determina a redação do Art. 8º da LGPD: "Art. 8º O consentimento previsto no inciso I do art. 7º desta Lei deverá ser fornecido por escrito ou por outro meio que demonstre a manifestação de vontade do titular. § 2º Cabe ao controlador o ônus da prova de que o consentimento foi obtido em conformidade com o disposto nesta Lei.". BRASIL. Lei n. 13.709, de 14 de agosto de 2018. *Op. Cit.*

[67] KVS-MITTEILUNGEN. *Information Ihrer Patienten zum Datenschutz*. n. 10, 2018. Disponível em: https://www.kvs-sachsen.de/fileadmin/data/kvs/img/Mitglieder/KVS-Mitteilungen/2018-10/kvsm2018-10_Datenschutz.pdf. Acesso em: 18 fev. 2023; UNIÃO EUROPEIA. Regulamento Geral sobre a Proteção de Dados (RGPD) (UE) 2016/679. Disponível em: https://eur-lex.europa.eu/legal-content/PT/TXT/HTML/?uri=CELEX:32016R0679. Acesso em: 18 fev. 2023.

categorias de dados processados no âmbito do artigo 14 do RGPD. Haja vista a coleta não se dar na pessoa do titular, há um limite temporal para o fornecimento dessas informações ao paciente, o qual não poderá exceder o tempo razoável de no máximo um mês, passada a obtenção dos dados[68].

Essa nova parcela que se soma à obrigação informativa na prática cotidiana da atividade médica, no entanto, tem apresentado um ponto de discórdia entre pacientes e profissionais. Na Alemanha, as autoridades de proteção de dados recebem um número crescente de reclamações de pacientes de que médicos, na tentativa de cumprir as exigências do regulamento, estariam condicionando a prestação do serviço médico à assinatura dos termos para o tratamento das informações do paciente. Em objeção à prática, as autoridades independentes de supervisão de proteção de dados dos governos federal e estadual alemão, advertiram que os médicos ou outros profissionais da saúde não podem recusar o tratamento se o paciente não assinar a declaração de consentimento com as informações previstas no Art. 13 do RGPD[69]. "A recusa de tratamento não pode ser a consequência da não concordância de um paciente em realizar uma atividade à qual ele não é obrigado sob o RGPD", ponderou a Autoridade de Proteção de Dados da Saxônia, em tradução livre[70]. Referida recusa, ou condicionamento do tratamento ao consentimento ao uso dos dados, constitui exercício inadmissível de influência sobre o paciente e prática incompatível com o regulamento, devendo os consumidores afetados reclamarem à associação médica responsável e informar o responsável pela proteção de dados.

[68] BUNDESÄRZTEKAMMER KASSENÄRZTLICHE BUNDESVEREINIGUNG. Hinweise und Empfehlungen zur ärztlichen Schweigepflicht, Datenschutz und Datenverarbeitung in der Arztpraxis. Deutsches Ärzteblatt, 2018, p. A9. Disponível em: https://www.bundesaerztekammer.de/fileadmin/user_upload/downloads/pdf-Ordner/Recht/Hinweise_und_Empfehlungen_aerztliche_Schweigepflicht_Datenschutz_Datenverarbeitung_09.03.2018_.pdf. Acesso em: 17 fev. 2023.; BUNDESMINISTERIUM FÜR WIRTSCHAFT UND ENERGIE. *Orientierungshilfe zum Gesundheitsdatenschutz*. Frankfurt am Main: Druck- und Verlagshaus Zarbock GmbH & Co. KG, 2018, p. 33.

[69] DEUTSCHLAND. Beschluss der Konferenz der unabhängigen Datenschutzaufsichtsbehörden des Bundes und der Länder – Düsseldorf, 5. September 2018. Disponível em: https://www.datenschutzkonferenz-online.de/media/dskb/20180905_dskb_aerzte.pdf. Acesso em: 17 fev. 2023.

[70] KVS-MITTEILUNGEN. *Op. Cit.*

Esse dever informativo, contudo, não se esgota na coleta. Valorizando a autonomia informativa do titular, o dever de informar do profissional também contempla permitir que o paciente-titular dos dados tenha acesso às suas informações. Trata-se de verdadeiro desdobramento direto do dever de documentação enquanto faceta da eficácia do direito básico do consumidor de ser adequadamente informado e poder examinar, a seu requerimento, os "documentos pertinentes sobre o decurso da doença"[71]. O médico, então, embora seja o autor intelectual do prontuário, sendo o preenchimento e a guarda dessas informações "contratuais"[72] dos médicos e das instituições, o documento pertence ao paciente-consumidor naquilo que lhe é mais essencial, qual seja nas informações que contém[73], sendo de sua propriedade "a disponibilidade permanente das informações que possam ser objeto da sua necessidade de ordem pública ou privada"[74].

O direito do paciente ao registro de sua história clínica recebe salvaguarda robusta no ordenamento jurídico brasileiro. Para além da norma ética da profissão que veda expressamente ao médico "deixar de atestar atos executados no exercício profissional, quando solicitado pelo paciente ou por seu representante legal" (art. 91, CEM), o direito de acesso às informações pessoais de saúde encontra seu maior fundamento na atual compositura normativa constitucional de proteção à pessoa, que promove expressamente o direito de acesso[75], direito de retificação e direito de complementação de suas informações (art. 5.º, XIV e XXXIII, da CF/88 c/c com a lei sobre habeas data, Lei 9.507/1997), a defesa da dignidade da pessoa humana (art. 1.º, III, da CF/88) e a proteção especial do consumidor (art. 5.º, XXXII, da CF/88)[76] e o seu reconhecido direito fundamental

[71] MARQUES, 2019, p. 327-328.

[72] Idem, p. 1258-1259.

[73] Ibidem.

[74] FRANÇA. *Op.cit.*, [s./p.]

[75] LÔBO, Paulo Luiz Netto. A informação como direito fundamental do consumidor. *Revista de Direito do Consumidor*, n. 37, p.59-76, São Paulo: Revista dos Tribunais, jan./mar 2001, p. 61 e ss.

[76] MARQUES, Claudia Lima; BENJAMIN, Antônio Herman V.; MIRAGEM, Bruno. *Comentários ao Código de Defesa do Consumidor*. 4. ed., São Paulo: Thomson Reuters Brasil, 2021. [livro eletrônico].

autônomo à proteção de dados pessoais (ADIn 6393).[77] Ademais, não se pode olvidar, o livre acesso, consubstanciado na "garantia, aos titulares, de consulta facilitada e gratuita sobre a forma e a duração do tratamento, bem como sobre a integralidade de seus dados pessoais", integra o rol de princípios que, junto à boa-fé, devem ser observados para o tratamento, nos termos do art. 6.º, inciso IV, da LGPD.

Inafastável, portanto, o direito do paciente-titular de dispor de seus dados de saúde, devendo ser informado que suas informações existem em algum banco de dados público ou privado, para que possa acessá-los sem impedimentos, isto é, sem a necessidade da lide ou recurso à ação de habeas data, sendo defeso a imposição, por parte do fornecedor, de exigências exorbitantes ou de obstáculos desproporcionais, para que o paciente chegue a seus dados[78]. O acesso às informações de bancos de dados sobre o consumidor constitui dever de lealdade dos fornecedores[79]. Trata-se de direito expresso do consumidor (art. 43, CDC)[80], sendo infração penal (art. 72, CDC)[81] a recusa injustificada em apresentar a documentação via requerimento administrativo, bem como violação do direito à plena informação e acesso à própria documentação médica e

[77] BRASIL. Supremo Tribunal Federal. ADIn 6393 MC-Ref, Relator(a): Rosa Weber, Tribunal Pleno, julgado em 07/05/2020. Disponível em: https://redir.stf.jus.br/paginadorpub/paginador.jsp?docTP=TP&docID=754357629. Acesso em 10 mar. 2023.

[78] MARQUES; BENJAMIN; MIRAGEM. *Op. Cit.*

[79] LISBOA, Roberto Senise. *Contratos difusos e coletivos*: consumidor, meio ambiente, trabalho, agrário, locação, autor. 2. ed. São Paulo: RT, 1997, p. 176.

[80] Art. 43. O consumidor, sem prejuízo do disposto no art. 86, terá acesso às informações existentes em cadastros, fichas, registros e dados pessoais e de consumo arquivados sobre ele, bem como sobre as suas respectivas fontes. § 1º Os cadastros e dados de consumidores devem ser objetivos, claros, verdadeiros e em linguagem de fácil compreensão, não podendo conter informações negativas referentes a período superior a cinco anos. § 2º A abertura de cadastro, ficha, registro e dados pessoais e de consumo deverá ser comunicada por escrito ao consumidor, quando não solicitada por ele. Cf. BRASIL. Lei nº 8.078 de 11 de setembro de 1990. *Planalto*. Disponível em: http://www.planalto.gov.br/ccivil_03/leis/L8078.htm. Acesso em: 18 ago. 2020.

[81] Determina o Art. 72 do CDC: Impedir ou dificultar o acesso do consumidor às informações que sobre ele constem em cadastros, banco de dados, fichas e registros: Pena Detenção de seis meses a um ano ou multa. Cf. BRASIL. Lei nº 8.078 de 11 de setembro de 1990. *Op. Cit.*

hospitalar[82], conforme já postulou a jurisprudência do STJ na sede do REsp 540.048/RS, caso líder na matéria.

Finalmente, além das informações a serem prestadas na coleta dos dados, bem como os deveres informativos referentes ao direito de acesso aos dados armazenados, impende ainda analisar outro dever informativo que emerge como consequência inafastável da intensificação das práticas de coleta, documentação e disseminação de informações no setor da saúde: o dever de notificar sobre a ocorrência de vazamento ou incidente de segurança.

Conforme fora previamente referido, os riscos à segurança dos dados mostram-se cada vez mais prementes no setor da saúde, sendo este alvo frequente de ataques externos e internos. Tratando-se de risco irremovível do tratamento de dados, é dever dos controladores adotar medidas preventivas para evitar incidentes de segurança ou vazamentos. Configurada a sua ocorrência, contudo, o controlador deverá notificar à autoridade nacional e ao titular dos dados da ocorrência de incidente de segurança que possa acarretar risco ou dano relevante aos seus titulares[83], afetando nocivamente os seus direitos. São os casos, por exemplo, de comprometimento da confidencialidade, por meio da divulgação dos dados, ou de prejuízo da integralidade dos dados, mediante a sua alteração. A notificação permite à autoridade tomar as medidas administrativas de controle posterior; ao paciente-titular, por seu turno, possibilita adotar as medidas particulares de proteção[84].

O dever de informar, neste caso, é revestido por um dever de vigilância[85], desenvolvendo-se dos desdobramentos do princípio da boa-fé objetiva, que orienta a relação em todas as suas fases. Impera, destarte, mesmo após

[82] BRASIL. *Superior Tribunal de Justiça*, REsp 540.048/RS, Recorrente: Valda Terezinha Carbone; Recorrido: Hospital de Base do Distrito Federal; Relatora: Min. Fátima Nancy Andrighi, j. 02.12.2003, DJ 12.04.2004. Disponível em: https://scon.stj.jus.br/SCON/GetInteiroTeorDoAcordao?num_registro=200300610386&dt_publicacao=12/04/2004. Acesso em: 10 mar. 2023.

[83] Conforme alude a redação do *caput* art. 48 da LGPD: "Art. 48. O controlador deverá comunicar à autoridade nacional e ao titular a ocorrência de incidente de segurança que possa acarretar risco ou dano relevante aos titulares".

[84] MENKE, Fabiano. GOULART, Guilherme Damásio. Segurança da informação e vazamento de dados *In*: *Tratado de Proteção de Dados*. São Paulo: Forense, v.1, p. 339-360, 2020.

[85] MARQUES, 2019.

extinto o vínculo, subsitindo o dever de notificação sobre o vazamento dos dados do titular que ainda estejam sob a guarda do controlador[86].

Toda essa nova conjuntura de deveres de informar proveniente da proteção de dados pessoais sedimenta os efeitos desse novo contexto sociocultural que vem revolucionando a medicina e toda a prática médica. Essa nova realidade permeia o contrato de prestação de serviços de saúde, exigindo que os conceitos e as propostas tradicionais de defesa do paciente-consumidor sejam elásticos o suficiente para lidar juridicamente com novas situações emergentes que potencialmente lhe causem prejuízo ou aos seus direitos[87], alargando-se, desta sorte, cada vez mais, o feixe de obrigações de teor protetivo, missionadas a salvaguardar a sua privacidade e autonomia, incorporando ao dever de informar médico a autodeterminação informativa sobre seus dados.

Conclusões

Como afirma o e. STJ, o CDC estatui uma obrigação geral de informação que exige comportamento positivo (REsp n. 586.316/MG) e este hoje deve abarcar também a proteção de dados. A informação é a pedra de toque na relação médico-paciente, que não se exaure no seu significado ou na própria atividade de sua transmissão. Constitui, ao revés, um direito básico, um instituto de proteção e realização de direitos do paciente, pressuposto para o seu consentimento livre e esclarecido, pelo qual se materializam os direitos à liberdade e à autodeterminação, subscritos no ideário e principado da dignidade humana que orientam a nova ética médica.

A introdução das tecnologias de informação e comunicação no setor da saúde, oportunizou novas formas de prestação de serviço, marcadas pelo apego aos recursos de comunicação e das técnicas de compartilhamento de dados. Essa nova contextura, contudo, trouxe desafios profusos à manutenção da segurança dessas informações, as quais, dotadas de alto valor político e econômico, são alvo frequente de incidentes e violações.

Esse elemento a mais de risco, mazela indissociável da coleta, armazenamento e compartilhamento de dados no setor, exige que se revisem as antigas práticas, importando novos elementos ao consentimento livre

[86] MENKE, Fabiano; GOULART, Guilherme Damasio. *Op. cit.*

[87] MARQUES; MUCELIN. *Op. cit.*, p. 15.

e esclarecido, percebendo-se o seu conteúdo, não como uma construção conclusa, mas de natureza elástica, correlata à própria dinamicidade da relação médico-paciente, a qual se aprimora com os advindos desenvolvimentos da ciência e tecnologia, demandando que se reavalie reiteradamente os contornos do dever informativo, adequando-o às novas realidades que penetram a relação no seu trato diário, a fim de abarcar novos elementos que afetam o campo de escolha do paciente.

O diálogo entre o CDC, a LGPD e as demais leis de regência podem impor novos e importantes deveres de informação, segurança e cuidado aos médicos. Assim, na era de proteção dos dados pessoais, o dever de informar na relação médico-paciente também contempla a eficácia do direito à autodeterminação informativa do paciente-titular ao longo de todas as fases do tratamento, sendo-lhe devidos esclarecimentos sobre o uso e a vigilância empregada aos seus dados pessoais de saúde que são coletados para prestação do serviço.

Referências

AGÊNCIA NACIONAL DE SAÚDE SUPLEMENTAR. Resolução Normativa nº 305, de 9 de outubro de 2012. Disponível em: www.ans.gov.br/component/legislacao/?view=legislacao&task=TextoLei&format=raw&id=MjI2OA==. Acesso em: 20 fev. 2023.

ARAGÃO, Suéllyn Mattos de; SCHIOCCHET, Taysa. Lei Geral de Proteção de Dados: desafio do Sistema Único de Saúde. Reciis: *Revista Eletrônica de Comunicação, Informação e Inovação em Saúde*, Rio de Janeiro, v. 14, n. 3, p. 692-708, jul./set. 2020. Disponível em: https://docs.bvsalud.org/biblioref/2020/10/1121860/2012-8932-1-pb.pdf. Acesso em: 22 fev. 2023.

BARBOSA, Fernanda Nunes. *Informação*: direito e dever nas relações de consumo. São Paulo: RT, 2008.

BBC. Singapore personal data hack hits 1.5m, health authority says. 20 jul. 2018. Disponível em: https://bbc.in/3kWREbr. Acesso em: 02 mar. 2023.

BERGSTEIN, Gilberto. *Os limites do dever de informação na relação médico paciente e sua prova*. Tese (Doutorado). Universidade de São Paulo (USP), 2012. Disponível em: http://www.teses.usp.br/teses/disponiveis/2/2131/tde-30042013-144339/pt-br.php. Acesso em: 29 fev. 2023.

BIONI, Bruno Ricardo. *Proteção de dados pessoais*: a função e os limites do consentimento. Rio de Janeiro: Forense, 2019. *E-book*.

BRASIL. *Lei n. 13.709, de 14 de agosto de 2018*. Lei Geral de Proteção de Dados Pessoais (LGPD). Brasília, DF: Presidência da República, 2018. Disponível em: http://

www.planalto.gov.br/ccivil_03/_ato2015-2018/2018/lei/L13709.htm. Acesso em: 20 fev. 2023.

BRASIL. Supremo Tribunal Federal. ADIn 6393 MC-Ref, Relator(a): Rosa Weber, Tribunal Pleno, julgado em 07/05/2020. Disponível em: https://redir.stf.jus.br/paginadorpub/paginador.jsp?docTP=TP&docID=754357629. Acesso em: 10 mar. 2023.

BRASIL. Lei nº 8.078 de 11 de setembro de 1990. *Planalto*. Disponível em: http://www.planalto.gov.br/ccivil_03/leis/L8078.htm. Acesso em: 18 ago. 2020.

BRASIL. Superior Tribunal de Justiça, REsp 540.048/RS, Recorrente: Valda Terezinha Carbone; Recorrido: Hospital de Base do Distrito Federal; Relatora: Min. Fátima Nancy Andrighi, j. 02.12.2003, DJ 12.04.2004. Disponível em: https://scon.stj.jus.br/SCON/GetInteiroTeorDoAcordao?num_registro=200300610386&dt_publicacao=12/04/2004. Acesso em: 10 mar. 2023.

BRASIL. *Superior Tribunal de Justiça*. REsp n. 586.316/MG, relator Ministro Herman Benjamin, Segunda Turma, julgado em 17/4/2007, DJe de 19/3/2009.

BUNDESÄRZTEKAMMER KASSENÄRZTLICHE BUNDESVEREINIGUNG. Hinweise und Empfehlungen zur ärztlichen Schweigepflicht, Datenschutz und Datenverarbeitung in der Arztpraxis. Deutsches Ärzteblatt, 2018. Disponível em: https://www.bundesaerztekammer.de/fileadmin/user_upload/downloads/pdf-Ordner/Recht/Hinweise_und_Empfehlungen_aerztliche_Schweigepflicht_Datenschutz_Datenverarbeitung_09.03.2018_.pdf. Acesso em: 17 fev. 2023

BUNDESMINISTERIUM FÜR WIRTSCHAFT UND ENERGIE. *Orientierungshilfe zum Gesundheitsdatenschutz*. Frankfurt am Main: Druck- und Verlagshaus Zarbock GmbH & Co. KG, 2018.

CONSELHO FEDERAL DE MEDICINA. *Código de Ética Médica*: Resolução CFM nº 2.217, de 27 de setembro de 2018, modificada pelas Resoluções nº 2.222/2018 e 2.226/2019. Brasília, 2019. Disponível em: https://portal.cfm.org.br/images/PDF/cem2019.pdf. Acesso em: 04 mar. 2023.

CONSELHO FEDERAL DE MEDICINA. *Resolução CFM nº 1.821/2007*. Disponível em https://sistemas.cfm.org.br/normas/visualizar/resolucoes/BR/2007/1821. Acesso em: 20 fev. 2023.

DEUTSCHLAND. Beschluss der Konferenz der unabhängigen Datenschutzaufsichtsbehörden des Bundes und der Länder – Düsseldorf, 5. September 2018. Disponível em: https://www.datenschutzkonferenz-online.de/media/dskb/20180905_dskb_aerzte.pdf. Acesso em: 17 fev. 2023.

DONEDA, Danilo. *Da privacidade à proteção de dados pessoais*. Rio de Janeiro: Renovar, 2006.

FABIAN, Christoph. *O dever de informar no direito civil*. São Paulo: RT, 2002.

FALEIROS JÚNIOR, José Luiz de Moura; NOGAROLI, Rafaella; CAVET, Caroline Amadori. Telemedicina e proteção de dados: reflexões sobre a pandemia da

Covid-19 e os impactos jurídicos da tecnologia aplicada à saúde. *Revista dos Tribunais*, São Paulo, v. 1016, p. 327-362, jun. 2020.

FARELA, Helga Fabíola. O contrato de prestação de serviços médicos (treatment) no anteprojeto de um quadro comum de referência (do direito privado europeu). *Lex Medicinae*: Revista Portuguesa de Direito da Saúde, Ano 13, n. 25-26, 2016. Disponível em: https://www.ij.fd.uc.pt/publicacoes/lexmedicinae/lexmedicinae_2016.pdf. Acesso em: 11 mar. 2023.

FRANÇA, Genival Veloso de. *Direito Médico*. Rio de Janeiro: Grupo GEN, 2020. 9788530992316. E-book. Disponível em: https://app.minhabiblioteca.com.br/#/books/9788530992316/. Acesso em: 22 fev. 2023.

HIPAA Journal. 2020 Healthcare Data Breach Report: 25% Increase in Breaches in 2020. Jan 19, 2021. Disponível em: https://www.hipaajournal.com/2020-healthcare-data-breach-report-us/. Acesso em: 12 fev. 2023.

HIPAA Journal. 2022 Healthcare Data Breach Report, HIPAA Journal, Jan 24, 2023. Disponível em: https://www.hipaajournal.com/2020-healthcare-data-breach-report-us/. Acesso em: 22 fev. 2023.

KAPLAN, Bonnie. How Should Health Data Be Used? Privacy, Secondary Use, and Big Data Sales. *Cambridge Quarterly of Healthcare Ethics*, v. 25, n. 2, p. 312-329, abr. 2016. Disponível em: https://heinonline.org/HOL/P?h=hein.journals/cqhe25&i=333. Acesso em: 28 fev. 2023.

KFOURI, Miguel Neto. Responsabilidade civil pelo inadimplemento do dever de informação na cirurgia robótica e telecirurgia: uma abordagem de direito comparado (Estados Unidos, União Europeia e Brasil), *Revista de Direito e Medicina*, v. 5, jan./abr., 2020.

KVS-MITTEILUNGEN. *Information Ihrer Patienten zum Datenschutz*. n. 10, 2018. Disponível em: https://www.kvs-sachsen.de/fileadmin/data/kvs/img/Mitglieder/KVS-Mitteilungen/2018-10/kvsm2018-10_Datenschutz.pdf. Acesso em: 18 fev. 2023.

LAUFS, Adolf; UHLENBRUCK, Wilhelm. *Handbuch des Arztrechts*. 3. ed. München: Beck, 2002.

LENCINA, Feliciana. Historia clínica. In: GHERSI, Carlos Alberto (coord.). *Derecho de los pacientes al servicio de salud*: Contrato y responsabilidad médica. Mendonza: Cuyo, 1998.

LIMA, Manuela Ithamar. Do direito à proteção de dados em matéria de saúde na sociedade de informação. *Arquivo Jurídico*, v. 4, n. 1, p. 1-24, jan./jul. de 2017.

LISBOA, Roberto Senise. *Contratos difusos e coletivos*: consumidor, meio ambiente, trabalho, agrário, locação, autor. 2. ed. São Paulo: RT, 1997.

LÔBO, Paulo Luiz Netto. A informação como direito fundamental do consumidor. *Revista de Direito do Consumidor*, n. 37, p.59-76, São Paulo: Revista dos Tribunais, jan./mar 2001.

MACENA DE LIMA, Taisa Maria; FREIRE DE SÁ, Maria De Fátima; NAVES, Bruno Torquato De Oliveira. As transformações da relação médico-paciente em razão da telemedicina. *Revista dos Tribunais*, v. 1033, p. 197-216, nov. 2021.

MARQUES, Claudia Lima. A responsabilidade dos médicos e do hospital por falha no dever de informar ao consumidor. *Revista dos Tribunais*. São Paulo, v. 93, n. 827, p. 11- 48, set. 2004.

MARQUES, Claudia Lima. *Contratos no Código de Defesa do Consumidor*: o novo regime das relações contratuais. 9. ed., rev. e amp. São Paulo: Revista dos Tribunais, 2019.

MARQUES, Claudia Lima; BENJAMIN, Antônio Herman V.; MIRAGEM, Bruno. *Comentários ao Código de Defesa do Consumidor*. 4. ed., São Paulo: Thomson Reuters Brasil, 2021.

MARQUES, Claudia Lima; MIRAGEM, Bruno. O necessário diálogo entre a LGPD e o Código de Defesa do Consumidor e os novos direitos do consumidor – titular de dados pessoais. *In:* MENDES, Laura Schertel Ferreira; DONEDA, Danilo; SARLET, Ingo Wolfgang; RODRIGUES JR., Otavio Luiz (coords). *Tratado de Proteção de Dados Pessoais*. 2. ed. Rio de Janeiro: Forense, 2021.

MARQUES, C. L.; MUCELIN, G. Vulnerabilidade na era digital: um estudo sobre os fatores de vulnerabilidade da pessoa natural nas plataformas, a partir da dogmática do Direito do Consumidor. *Civilistica.com*, v. 11, n. 3, p. 1-30, 25 dez. 2022.

MATA, Camila Rosa da. Desafios à proteção de dados pessoais no setor da Saúde: enfrentando o risco de vazamentos. *Revista CEJ*, v. 26, n. 83, p. 37-49, jan./jun. 2022.

MENKE, Fabiano. GOULART, Guilherme Damásio. Segurança da informação e vazamento de dados In: Tratado de Proteção de Dados. São Paulo: Forense, v.1, p. 339-360, 2020.

MINISTÉRIO DA SAÚDE. Portaria de Consolidação nº 1, de 28 de setembro de 2017. Disponível em: bvsms.saude.gov.br/bvs/saudelegis/gm/2017/prc0001_03_10_2017.html. Acesso em: 12 mar. 2023.

MONTANARO, Domingo. Gestão de Vulnerabilidades. *In*: MALDONADO, Viviane Maldonado (coord.). *LGPD – Lei Geral de Proteção de Dados*. Manual de Implementação. São Paulo: Thomson Reuters Revista dos Tribunais, 2019.

NORONHA, Fernando. Âmbito da responsabilidade civil. *Revista da ESMESC*, v. 13, p. 105-121, 2002.

OMETTO, Rosália Toledo Veiga. A importância da informação no direito médico e nas ações envolvendo atos médicos. *In:* ALVIM, Arruda; MELLO, Cecilia; RODRIGUES, Daniel Colnago; ALVIM, Thereza (coord.). *Direito Médico*: aspectos materiais, éticos e processuais. São Paulo: Thomson Reuters Brasil, 2021. *E-book*. Disponível em: https://tmsnrt.rs/3p97nXo. Acesso em: 20 fev. 2023.

PEREIRA, André Gonçalo Dias. Dever de documentação, acesso ao processo clínico e sua propriedade. Uma perspectiva europeia. *Revista Jurídica da UniFil*, v. 4,

n. 4, p. 25-35, out. 2018. Disponível em: http://periodicos.unifil.br/index.php/rev-juridica/article/view/586. Acesso em: 10 mar. 2023.

POOL, Javad; AK, Saeed; FATEHI, Farhad. *Causes and Impacts of Personal Health Information (PHI) Breaches*: A Scoping Review and Thematic Analysis Completed Research Paper. Causes and Impacts of Personal Health Information Breaches. Twenty-Third Pacific Asia Conference on Information Systems, 2018.

RUARO, Regina Linden; SARLET, Gabrielle Bezerra Sales. O direito fundamental à proteção de dados sensíveis no sistema normativo brasileiro: uma análise acerca das hipóteses de tratamento e da obrigatoriedade do consentimento livre, esclarecido e informado sob o enfoque da lei geral de proteção de dados (LGPD) – LEI 13.709/2018. In: BIONI, Bruno et al (Coords.). *Tratado de Proteção de Dados Pessoais*. Rio de Janeiro: Grupo GEN, 2020. [Livro eletrônico].

SANTOS, Lenir. O cartão nacional de saúde: Cartão SUS e o segredo profissional, sigilo do prontuário e dos dados informatizados. *Revista de Direito do Trabalho*, v. 105, p. 170-213, jan./mar. 2002.

SARLET, Gabrielle Bezerra Sales; FERNANDES, Márcia Santana; RUARO, Regina Linden. A proteção de dados no setor de saúde em face do sistema normativo brasileiro atual. *In*: MENDES, Laura Schertel Ferreira; DONEDA, Danilo; SARLET, Ingo Wolfgang; RODRIGUES JÚNIOR, Otavio Luiz Rodrigues; BIONI, Bruno Ricardo (coord.). *Tratado de proteção de dados pessoais*. Rio de Janeiro: Forense, 2021.

SEH, A. H., et al. Healthcare Data Breaches: Insights and Implications. *Healthcare* (Basel, Switzerland), v. 8, n. 2, 133, 2020. Disponível em: https://doi.org/10.3390/healthcare8020133. Acesso em: 13 fev. 2023.

SUZIN, Joseli Beatriz; AGUIAR, Daiane Moura de. Dados sensíveis e a telemedicina: aproximações com a Lei Geral de Proteção de Dados. *Revista de Direito e Medicina*, v. 14. São Paulo: RT, jan./jun. 2023.

UNIÃO EUROPEIA. Regulamento Geral sobre a Proteção de Dados (RGPD) (UE) 2016/679. Disponível em: https://eur-lex.europa.eu/legal-content/PT/TXT/HTML/?uri=CELEX:32016R0679. Acesso em: 18 fev. 2023.

6. SIGILO E PRIVACIDADE NA RELAÇÃO MÉDICO-PACIENTE

Álvaro Henrique Teixeira de Almeida

Introdução

A humanidade experimentou, no decorrer do último século, uma surpreendente evolução das Ciências Médicas, com avanços tecnológicos outrora inimagináveis, o que afetou diretamente a relação médico-paciente, por tornar "essencialmente tecnológico" o tratamento e, para muitos, essa nova realidade ensejou um distanciamento do médico em relação ao seu paciente e, consequentemente, a inobservância de preceitos morais tradicionais que norteiam o exercício da medicina, dentre eles o dever de sigilo que, de tão vetusto que é, já se encontrava inserido no célebre juramento de Hipócrates[1].

Com efeito, a despeito de se tratar de preceito tão antigo na área de saúde, o dever de sigilo, como nos adverte Maria Elisa Villas-Bôas, "é, ainda hoje, um dos compromissos éticos mais desrespeitados no dia a dia das unidades hospitalares e sanitárias[2]. E justamente por ser comumente

[1] *Aquilo que, no exercício ou fora do exercício da profissão e no convívio da sociedade, eu tiver visto ou ouvido, que não seja preciso divulgar, eu conservarei integralmente secreto* (HIPÓCRATES – 460-351 a.C. *Cremesp*. Disponível em: https://cremesp.org.br/?siteAcao=Historia&esc=3. Acesso em: 11 maio 2023).

[2] *O direito-dever de sigilo na proteção ao paciente*. Exemplificando a cotidiana quebra do sigilo, anota a autora "quão comuns são as conversas de corredores e elevadores sobre as enfermidades dos pacientes atendidos, ou, ainda, a frequência com que se encontram prontuários sobre balcões com nomes e diagnósticos à mostra, ou mesmo à disposição física nas macas e leitos, permitindo exposição desnecessária do paciente. VILLAS-BÔAS, Maria Elisa. *O direito-dever de sigilo na proteção ao paciente*. Disponível em: https://scielo.br/bioet/aKFY5sjrzNCYd3qVcs5BLXDt/?format=pdf&lang=pt. Acesso em: 10 maio 2023.

inobservado que se faz importante relembrar que o sigilo médico, que se consubstancia em um pilar estrutural da relação médico-paciente, envolve a obrigação do profissional de saúde de manter em segredo todas as informações obtidas durante a interação com o paciente. Essa obrigação ética e legal decorre da necessidade de resguardar a intimidade e privacidade do indivíduo, bem como de proteger as informações sensíveis relacionadas às suas condições médicas, histórico de saúde e tratamentos.

Ao assegurar o sigilo, o médico não só proporciona ao paciente um ambiente seguro e confiável para que este possa prestar todas as informações necessárias, fomentando uma relação de confiança e facilitando a tomada de decisões compartilhada, como também confere proteção à privacidade do paciente que, em última análise, é um direito fundamental de cada indivíduo e está umbilicalmente vinculada à confidencialidade, pois esta é conhecida como uma forma de privacidade informacional[3].

Com efeito, a relação médico-paciente é um exemplo claro de relação de confidencialidade. Para que essa manutenção do sigilo seja completa, a privacidade informacional no campo da medicina pressupõe não apenas a confidencialidade na relação interpessoal, mas também se estende ao registro de informações[4]. Vê-se, assim, que a confidencialidade e o respeito à privacidade não só se revelam como preceitos morais tradicionais das profissões de saúde, como também se consubstanciam em mecanismo de proteção à autonomia e dignidade do paciente, não sendo por outro motivo, pois, que a quebra da privacidade pode ter implicações significativas, como o comprometimento da confiança na relação médico paciente, o constrangimento emocional e a discriminação, tudo a revelar violação dos direitos individuais a ensejar a responsabilização dos profissionais de saúde e dos estabelecimentos hospitalares.

[3] Cf. JUNGES, José Roque e outros. Sigilo e privacidade das informações sobre usuário nas equipes de atenção básica à saúde. *Revista Bioética.* Disponível em: https://scielo.br/bioet/aPPXmgX7PYZtfWwYxMV8sSsv/?lang=next&format=html. Acesso em: 10 maio 2023.

[4] Cf. VASCONCÉLOS, Viviane Ferreira de. *Privacidade e Confidencialidade Médica em Redes Sociais: Os limites da publicidade.* Dissertação de Mestrado em Bioética pelo Programa de Pós-Graduação em Bioética Interinstitucional (Minter) da Universidade de Brasília/Universidade Federal de Pernambuco. Brasília/Caruaru, 2022. Disponível em: https://repositorio.unb.br/bitsream/10482/44210/1/2022_VivianeFerreiardeVasconcélos.pdf. Acesso em: 02 maio 2023.

De fato, revelando-se a privacidade como sendo um atributo da dignidade, sua quebra de forma indevida dá azo à configuração do dano moral passível de reparação, justamente por tal quebra se consubstanciar em ato ilícito ofensivo aos direitos de personalidade que são tutelados juridicamente. Tal circunstância ressalta a importância, na seara do Direito Médico, de se relembrar o vetusto dever de sigilo, notadamente porque no contexto da prática médica contemporânea é importante reconhecer que a tecnologia da informação desempenha um papel cada vez mais relevante.

A coleta, o armazenamento e o compartilhamento eletrônico de dados médicos trouxeram benefícios, como a melhoria da qualidade dos cuidados e a facilitação da comunicação entre profissionais de saúde. No entanto, esse avanço tecnológico também apresenta desafios complexos para a preservação do sigilo e da privacidade. A segurança dos sistemas eletrônicos e a proteção dos dados se tornaram aspectos críticos para evitar violações e acessos não autorizados.

Dessa forma, medidas de segurança, políticas institucionais e a adoção de práticas éticas e observância dos comandos legais são necessárias para garantir a confidencialidade das informações médicas. O uso de criptografia, a implementação de sistemas seguros de armazenamento de dados, a obtenção do consentimento informado dos pacientes e a definição de políticas claras de privacidade são exemplos de estratégias que devem ser adotadas para proteger a confidencialidade dos pacientes na era digital.

Tem-se, pois, que ao explorar a importância do sigilo e da privacidade na relação médico-paciente, o presente estudo visa contribuir, ainda que timidamente, com subsídios para a reflexão sobre como garantir a confidencialidade dos pacientes, preservar a integridade da relação médico-paciente e promover uma assistência médica de qualidade, pautada na ética e no respeito aos direitos individuais.

1. Sigilo e privacidade

1.1. Considerações gerais

O sigilo médico, em síntese, refere-se ao dever do profissional de saúde de manter em segredo (não divulgar) todas as informações obtidas durante o atendimento ao paciente, desde seu histórico de saúde até os detalhes mais sensíveis de sua condição clínica. Esse dever de confidencialidade é essencial para proteger a intimidade do paciente e garantir a confiança necessária que norteia a relação médico-paciente[5].

O sigilo médico encontra respaldo em princípios éticos centrais, como a autonomia, a beneficência e a não maleficência. A autonomia do paciente é respeitada ao garantir que suas informações médicas sejam mantidas estritamente confidenciais, permitindo-lhe tomar decisões informadas sobre o tratamento que lhe foi proposto, com ele consentindo. O princípio da beneficência também é observado na medida em que a confidencialidade cria um ambiente seguro no qual o paciente se sinta à vontade para compartilhar suas preocupações e sintomas, facilitando um diagnóstico e tratamento adequados, sendo certo, ainda, que a não maleficência é igualmente respeitada, pois a quebra do sigilo pode resultar em danos emocionais, discriminação ou estigmatização do paciente.

A observância de tais princípios éticos, também acolhidos como princípios informativos do dever legal de sigilo e que buscam proteger a privacidade do paciente, contribui, indubitavelmente, para a construção de uma relação de confiança entre o médico e seu paciente em prol de um tratamento mais eficaz e com maiores probabilidades de resultados satisfatórios, pois, quando o paciente tem a certeza de que suas informações pessoais estão protegidas, ele se sentirá mais inclinado a compartilhar informações importantes, como sintomas, histórico familiar e comportamentos de risco, o que decerto não faria se tais informações não estivessem acobertadas pelo sigilo.

Frente a esse cenário, não há dúvidas, pois, de que a privacidade na relação médico-paciente desempenha um papel crucial na preservação da integridade e da confiança que norteiam tal relação, calcada na fidúcia que oferece proteção ao paciente contra a divulgação não autorizada de suas informações clínicas, garantindo que seus dados pessoais sejam mantidos em sigilo e acessados somente por profissionais de saúde envolvidos diretamente em seu cuidado.

[5] Em que pese a ênfase que se dá à relação médico-paciente, por óbvio que o dever de sigilo também se estende a todos os demais profissionais da área de saúde que, por força do seu mister, tenham acesso às informações dadas pelos pacientes, assim como aos próprios estabelecimentos hospitalares que, como corolário do dever de documentação, se veem obrigados a impor sigilo a toda documentação produzida durante a internação do paciente.

Importante acrescentar que a confidencialidade que norteia a relação médico-paciente encontra-se tanto na relação interpessoal quanto no registro das informações. O envolvimento interpessoal entre médico e paciente vai além da troca de informações. Envolve o contato corporal, a revelação de pensamentos e emoções, a observação do ambiente do paciente e de seus relacionamentos[6]. Por meio dessas interações, o médico adquire conhecimento e impressões sobre o indivíduo que vão além das palavras compartilhadas e devem ser preservados e mantidos em sigilo, independentemente de como foram obtidos[7].

Vê-se, pois, que o respeito à privacidade deve ser uma prioridade em todos os aspectos da prática médica, tanto na interação direta entre o médico e o seu paciente quanto na adoção de medidas de segurança de informação para proteção dos dados médicos do paciente. Isso porque a documentação do atendimento médico-hospitalar decorre de uma obrigação em relação à qual incide outra obrigação inserida no mesmo contexto do atendimento médico, qual seja, a do sigilo, obrigações essas que decorrem não só de um comando ético como também legal. É o que veremos a seguir.

1.2. Perspectivas éticas e jurídicas

Dentre os princípios fundamentais que norteiam a conduta médica e que se encontram expressamente previstos pelo vigente Código de Ética Médica[8], destaca-se, no que se refere ao sigilo, aquele disposto no item XI enunciando que *o médico guardará sigilo a respeito das informações de que detenha conhecimento no desempenho de suas funções, com exceção dos casos previstos em lei.*

Sem muito esforço, depreende-se de supracitado princípio fundamental e de caráter geral que a observância do dever de sigilo é um comando ético que norteia o atuar médico em prol do respeito e da dignidade de seu paciente, mas que não se consubstancia em um direito absoluto do

[6] Cf. ARAÚJO, Nelma Camêlo; MOTA, Francisca Rosaline Leite. Prontuário de Paciente: questões éticas. *Informação em Pauta*, Fortaleza, v. 5, n. esp., p.52-67, mar. 2020. Disponível em: https://doi.org/10.36517/2525-3468.ip.v5especial1.2020.43512.52-67. Acesso em: 04 maio 2023.

[7] Cf. VASCONCÉLOS. *Op. Cit.*

[8] BRASIL. *Conselho Federal de Medicina*. Código de Ética Médica. Resolução CFM nº 2.217 de 27 de setembro de 2019, modificada pelas Resoluções CFM nº 2.222/2018 e 2.226/2019.

paciente, na medida em que, como mais adiante se verá, o sigilo poderá ser quebrado quando a lei assim autorizar, isso porque, como leciona Genival Veloso de França[9], "constitui-se hoje o sigilo médico um instrumento social em favor do bem comum". Com efeito, esse mesmo Código de Ética Médica, ao tratar especificamente do sigilo profissional, em seu Capítulo IX, relativiza o dever de sigilo ao permitir a sua quebra quando houver justo motivo, decorrer de um dever legal ou houver consentimento, por escrito, do paciente[10].

Ainda sob a exclusiva perspectiva ética, permanece a vedação ao médico de divulgação das informações obtidas no contexto da relação médico-paciente, mesmo que o fato seja de conhecimento público ou o paciente tenha falecido, assim como também está impedido de revelar segredo, na investigação de suspeita de crime, que possa expor o paciente a processo penal. Essas proibições, em verdade, decorrem da nova perspectiva que hoje se tem da relação médico-paciente, que privilegia a autonomia da vontade do paciente em prol de sua dignidade, não sendo por outro motivo, pois, que também é vedada, pelo art. 74 do supracitado Código, a divulgação de dados relacionados a crianças ou adolescentes, desde que tenham capacidade de discernimento e que a não revelação não enseje danos ao paciente, uma vez que o que se visa proteger, em última análise, é a própria dignidade dos menores, nas condições especificadas.

E é essa mesma defesa da dignidade do paciente que impede o médico, ainda que autorizado por seu paciente, de fazer referências a casos clínicos identificáveis, exibir pacientes ou imagens que os tornem reconhecíveis

[9] FRANÇA, Genival Veloso de. *Direito Médico.* 13. ed. Rio de Janeiro: Forense, 2016, p.167.

[10] Art.73: Revelar fato de que tenha conhecimento em virtude do exercício de sua profissão, salvo por motivo justo, dever legal ou consentimento, por escrito, do paciente. A respeito da vedação de divulgação imposta aos médicos, em comentários ao correspondente artigo do Código de Ética Médica revogado, esclarece-nos Genival Veloso de França (*Op. Cit.*, p.167) que aludido código afastou-se do *conceito absolutista* – que impõe o sigilo incondicional em qualquer situação, e do *conceito abolicionista* – que desaprova qualquer reserva de confidências, adotando o *conceito relativista* do segredo, quando admite a revelação por "justa causa, dever legal ou por autorização expressa do paciente". E conclui o renomado professor. Fica também muito claro que o sigilo médico nos tempos hodiernos não pode mais se revestir do mesmo caráter de sacralidade e inviolabilidade da confissão. Constitui-se hoje o sigilo médico um instrumento social em favor do bem comum e da ordem pública. Sendo assim, sua revelação, em situações mais que justificadas, não pode configurar-se como infração ética ou legal, principalmente quando se visa a proteger um interesse contrário superior e mais importante.

em anúncios profissionais ou na divulgação de assuntos médicos em meios de comunicação em geral (art. 75), ou mesmo prestar informações a empresas seguradoras sobre as circunstâncias da morte do paciente sob seus cuidados, além das contidas na declaração de óbito, salvo por expresso consentimento de seu representante legal (art. 77). A primazia da dignidade, tutelada pela garantia do segredo, obriga os médicos a orientar seus auxiliares e alunos a respeitarem o sigilo profissional e a zelarem para que seja por eles mantido (art. 78), assim como proíbe a divulgação dos dados clínicos em medidas judiciais ou extrajudiciais que visem a cobrança de honorários (art. 79).

Ainda sob a perspectiva ética, é importante ressaltar que o dever de sigilo se estende, por óbvio, à documentação médica produzida durante o atendimento e/ou internação do paciente, sendo inúmeras as diretrizes traçadas pelo Conselho Federal de Medicina que enfatizam a necessidade de manter a confidencialidade das informações, independentemente do formato em que seja digital. Além disso, estabelecem que apenas os profissionais de saúde autorizados devem ter acesso aos dados dos pacientes, restringindo a divulgação a terceiros não autorizados.

A American Medical Association (AMA), nos Estados Unidos, também promove princípios semelhantes por meio de seu Código de Ética Médica, que destaca a importância de manter a privacidade e o sigilo dos pacientes. Essas diretrizes reforçam a necessidade de obter o consentimento informado dos pacientes para o compartilhamento de informações médicas e ressaltam a responsabilidade dos médicos em proteger a confidencialidade desses dados.

Em suma, as orientações éticas na prática médica contemporânea ressaltam a importância do respeito à autonomia do paciente, da beneficência e da proteção do sigilo e da privacidade. Os médicos devem estar conscientes desses princípios éticos e práticas de adoção de medidas que garantam uma assistência médica ética, responsável e centrada no paciente. A observância dessas diretrizes éticas é fundamental para a qualidade do cuidado prestado, para a preservação da dignidade do paciente e para a confiança da sociedade na profissão médica.

Sob uma ótica exclusivamente jurídica, o sigilo médico também objetiva preservação da dignidade do indivíduo, protegida expressamente em sede constitucional que assevera, por seu art. 5º, X, a inviolabilidade da intimidade e da vida privada. Com efeito, no contexto do ordenamento jurídico pátrio o sigilo médico objetiva a preservação da privacidade que, em verdade e a rigor, se consubstancia em um dos chamados direitos de personalidade que, em síntese apertada, podem ser conceituados como atributos da dignidade, dentre os quais se destacam a própria saúde e a intimidade, que se apresenta inviolável e, portanto, tudo o que se referir a ela, notadamente as informações do estado de saúde também o são, daí o porquê do arcabouço jurídico exigir o sigilo profissional.

A título de exemplo e em sede de Direito Penal, há previsão expressa de tipicidade de conduta que viole o dever de sigilo profissional, dispondo o art.154 do Código Penal constituir crime de violação do segredo profissional revelar, sem justa causa, segredo de que tem ciência em razão de função, ofício ou profissão, e cuja revelação possa produzir dano a outrem. Em sede de Direito Processual Civil há clara disposição de proteção ao sigilo profissional, isentando o médico, por exemplo, de depor a respeito de fatos que, em razão de sua profissão, deva guardar sigilo (art. 448, II).

Não se pode ignorar, em absoluto, a existência de legislação especial que também confere proteção do sigilo e confidencialidade das informações médicas. A Lei Geral de Dados Pessoais (LGPD), por exemplo, estabelece diretrizes para o tratamento de dados pessoais, incluindo informações médicas, consideradas dados sensíveis, notadamente ante os avanços tecnológicos na medicina contemporânea. Com efeito, cada vez mais frequente a utilização de registros eletrônicos de dados sensíveis relativos à saúde do paciente e o compartilhamento dessas informações por meio de sistemas digitais, tudo a exigir, no mesmo passo, medidas eficazes de proteção de tal tráfego de dados, assecuratórias da segurança e confidencialidade dos dados médicos.

Nesse cenário, os médicos devem adotar medidas que assegurem a confidencialidade. E uma dessas medidas é o uso de criptografia, que consiste na codificação das informações médicas, tornando-as ilegíveis para pessoas não autorizadas a acessá-las. Essa técnica de segurança garante que os dados sejam preservados, mesmo em caso de violação ou acesso não autorizado. Além da criptografia, é essencial utilizar sistemas que ofereçam eficaz segurança ao armazenamento de dados, como servidores protegidos e *firewall*, que fornecem níveis adicionais de proteção contra invasões e acessos indesejados. Essas soluções tecnológicas ajudam a proteger a privacidade e garantem a integridade das informações médicas.

E esse dever de proteção, no âmbito da relação médico-paciente, decorre, em verdade e a rigor, da natureza contratual que reveste a aludida relação, configurando a indevida quebra do sigilo em inadimplência contratual a ensejar responsabilização. Assim, sob a ótica jurídica, a relação intersubjetiva entre o médico e seu paciente, no âmbito do Direito Privado, revela-se como sendo uma relação contratual da qual decorrem obrigações para o médico, dentre as quais o dever de documentação e sigilo, cuja inobservância dá azo à sua responsabilização, independentemente da existência do erro médico propriamente dito, daí a importância de breves considerações a respeito do contrato médico, o que se faz a seguir.

2. Contrato médico: documentação e sigilo como obrigações contratuais, éticas e legais

Conforme já explicitado, o sigilo médico se revela como sendo um preceito ético e também um dever legal, circunstância essa, no entanto, que não afasta sua caracterização como uma obrigação contratual contraída pelo médico no âmbito da relação que trava com o seu paciente que, em última análise, revela, à luz do Direito Privado, que cuida de regular as relações intersubjetivas, uma relação de natureza contratual.

Com efeito, a relação jurídica de direito material existente entre o médico e seu paciente é de natureza contratual, pois em verdade revela um contrato de prestação de serviços e, como tal, subordinada aos ditames do Código de Defesa do Consumidor, sendo de importância anotar que, não obstante de natureza consumerista, o aludido contrato não implica, em absoluto, em responsabilidade objetiva do médico, a teor do que dispõe o §4º do art.14 do referido diploma legal, que exige a verificação de culpa para apuração da responsabilidade pessoal dos profissionais liberais[11]. Nesse sentido, sendo de natureza contratual a relação jurídica

[11] Como regra, em sede de relações de consumo, a responsabilidade do fornecedor de serviços é de natureza objetiva, vale dizer, basta a comprovação do defeito do serviço e da relação deste com o dano experimentado pelo consumidor, seja ele de ordem material, seja extrapatrimonial. Tendo em conta as relações jurídicas que se estabelecem com os profissionais liberais, dentre os quais os médicos e outros profissionais da área de saúde, como os cirurgiões dentistas por exemplo, o próprio CDC excepciona essa regra geral, conferindo a essas relações responsabilidade subjetiva, que é aquela que depende além da comprovação do dano e nexo causal com a conduta adotada pelo profissional, que essa se encontre revestida de culpa, ou seja, que tal conduta revele imprudência, negligência ou imperícia.

existente entre o médico e seu paciente, importa, já agora, analisar quais as obrigações decorrentes do contrato médico que o médico se obrigou a observar, pois sua responsabilidade exsurge justamente da inadimplência de uma dessas obrigações.

Doutrinariamente se aponta como obrigações de caráter geral contraídas pelos médicos, a de dar conselhos a seus pacientes e cuidar do enfermo com zelo, diligência, utilizando todos os recursos da medicina, bem como o relativo à abstenção do abuso ou do desvio de poder, isso porque a relação médico-paciente não é igualitária, ante a manifesta vulnerabilidade do paciente, que afora não conhecer a ciência médica, deposita nas mãos do seu médico a liderança dos procedimentos a serem adotados para o alcance do resultado desejado, qual seja, a cura da enfermidade. A par dessas obrigações, existem outras, que lhe são conexas e de caráter mais específico, como o dever de informação, de documentação e de sigilo.

O dever de informação, estranho ao tema do presente estudo, consiste, em síntese, na obrigação do médico de prestar informações claras e adequadas ao seu paciente a respeito do diagnóstico, prognóstico, riscos e objetivos do tratamento, obtendo dele o consentimento para submissão ao tratamento proposto; vale dizer, o consentimento do paciente, em verdade, se revela como condição inafastável para a realização do tratamento por ser a consequência almejada do adimplemento da obrigação de informar.

O dever de documentação, por sua vez, consiste, basicamente, nos registros das informações colhidas e relativas ao paciente e à enfermidade que o acomete, tratamentos, resultados de exames e tudo mais que se mostrar necessário para o acompanhamento do estado de saúde do paciente, ou seja, são informações registradas em documento próprio, de natureza obrigatória, conhecido como prontuário. Esse dever de documentação está umbilicalmente vinculado ao dever de sigilo que, por óbvio, não se restringe às informações prestadas pelo paciente, mas também recai sobre a documentação médica, daí a importância do prontuário que, em síntese, pode ser conceituado como documento de anotação de histórico médico, individual e sigiloso, pertencente ao paciente, mas que fica sob a guarda do médico ou do nosocômio, de feitura obrigatória em qualquer atendimento médico, seja no âmbito do consultório, seja do hospital, cuja ausência, por si só, pode ensejar a responsabilização do médico e/ou da entidade hospitalar.

Com base nessa concepção, pode-se afirmar que os prontuários têm como principal função armazenar as informações relacionadas à saúde de cada pessoa. O acesso a esses dados deve ser restrito aos profissionais de saúde que atendem o paciente, além do próprio que, como visto, é o titular de tal documento e, portanto, a intimidade deve ser valorizada pelo próprio indivíduo que a possui. Somente aquele que detém a titularidade pode decidir sobre abrir mão de sua privacidade e a forma como a sua vida privada será exposta[12], o que autoriza concluir que, mesmo que o prontuário contenha informações vitais para a pesquisa médica, tais dados só podem ser utilizados mediante procedimentos que respeitem o direito à privacidade do paciente.

Acrescenta-se por relevante que o dever de sigilo não termina com a morte do paciente, devendo o respectivo prontuário só ser disponibilizado quando requisitado judicialmente ou solicitado pelo cônjuge/companheiro sobrevivente do paciente morto ou sucessor legítimo do paciente, que comprove documentalmente o vínculo familiar, desde que não haja objeção expressa à divulgação do prontuário levada e efeito pelo próprio paciente[13].

Apontado o dever de documentação e sigilo como obrigações decorrentes do contrato médico (e/ou hospitalar), tem-se que a inadimplência de tais obrigações, vale dizer, a indevida quebra do dever de sigilo, enseja a responsabilização do médico e/ou estabelecimento hospitalar pelos danos experimentados pelo paciente, notadamente aqueles de natureza extrapatrimonial, relacionados à violação aos direitos de personalidade. Reitere-se que o dever de sigilo, não obstante esteja inserido no conceito de obrigação contratual decorrente do contrato médico, também se consubstancia em um preceito ético e dever legal, cuja inobservância, mesmo fora da relação direta entre o médico e/ou nosocômio com o paciente, vale dizer, mesmo fora do âmbito do contrato, enseja responsabilização ante a configuração do dano moral daí decorrente.

Interessante julgado do Tribunal de Justiça de Minas Gerais apreciou hipótese de responsabilização do Município porque a agente comunitária de saúde da municipalidade informou a terceiro sobre o resultado de

[12] Cf. VILLAS-BÔAS. *Op. Cit.*

[13] *Ibidem.*

exame médico do paciente sem a devida autorização deste, registrando o respectivo acórdão que

> [...] surgem os prejuízos extrapatrimoniais, em regra, da violação aos direitos da personalidade, tutelados juridicamente (imagem, nome, honra, integridade física, privacidade e outros), concretizando-se *in re ipsa*. Também se verifica a sua configuração quando a conduta antijurídica, dada a sua dimensão, é capaz de romper a paz, a rotina e a tranquilidade da vítima, expondo-a a intenso sofrimento psíquico e emocional, situação esta que deve ser comprovada – A informação de resultado médico à terceira pessoa, que não o paciente, ofende a regra do sigilo e, por conseguinte, importa em desrespeito aos direitos da personalidade da intimidade e da privacidade [...][14].

Perante o Tribunal de Justiça do Estado do Rio de Janeiro, apreciou a respectiva 11ª Câmara Cível hipótese, que se mostrou incontroversa, da entrega, por parte do médico, de laudo médico sobre o acompanhamento clínico da paciente que assistia ao seu ex-companheiro, sem sua prévia autorização ou requisição judicial, restando expressamente consignado no respectivo acórdão, que

> [...] o profissional médico, por ter acesso à esfera da vida íntima do paciente, que é protegida pelo preceito constitucional insculpido no art.5º, X da Constituição Federal, tem o dever ético e legal de guardar segredo sobre os fatos que tenha conhecimento em razão do exercício da profissão. A violação desse segredo, sendo uma espécie de sigilo profissional, pode ofender o direito à intimidade do paciente, ensejando o dever de compensação por dano extrapatrimonial[15].

No âmbito do Superior Tribunal de Justiça há um antigo julgado, datado do final da década de 90, que resultou na condenação de um hospital por ter entregue à seguradora responsável pelo reembolso das despesas suportadas o prontuário do seu paciente, sem o prévio consentimento do

[14] TJMG. *Ap. Cív. nº 10520130036376001*, rel. Des. Ana Paula Caixeta, 4ª Câm. Cív., j. 13/09/2018.

[15] TJRJ. *Ap. Cív. nº 0001710-39.2017.8.19.0007*, rel. Des. Fernando Cerqueira Chagas, j.04/02/2021.

interessado, derrubando a tese de que havia previsão contatual para tanto no ajuste firmado pelo segurado, assinalando o eminente relator que

> [...] ainda que tal avença existisse no contrato de adesão, seria ela violadora do dever de sigilo, pois permitiria o manuseio e a divulgação de fatos e circunstâncias que são da intimidade do paciente, que chegaram ao conhecimento do hospital pelo exercício de sua atividade profissional e que não poderiam ser repassadas a terceiros sem o consentimento do interessado, não sendo o contrato de adesão o local próprio para essa espécie de estipulação[16].

Dúvidas não restam, pois, que o vetusto dever de sigilo, que tem a finalidade de preservar a privacidade do paciente, não só se revela como um preceito ético, mas também legal, inserido como obrigação contratual contraída pelo médico e também pelos nosocômios, no âmbito da relação que trava com os seus pacientes, cuja quebra injustificada enseja a responsabilização dos mesmos por ofensa a direitos de personalidade a configurar, por conseguinte, dano de natureza imaterial, sendo manifestamente ilícita, portanto, a inobservância da confidencialidade no trato das informações prestadas e/ou registradas.

Importante ressaltar que, conquanto se admita que tal sigilo profissional não seja absoluto, havendo a possibilidade de sua quebra em certas situações excepcionais, há que se atentar que, para isso, deve haver justa causa, dever legal ou consentimento expresso do paciente, hipóteses essas que passamos a apreciar.

3. Hipóteses de admissibilidade da quebra do sigilo

No Estado Democrático de Direito não existem direitos absolutos e, portanto, a observância do sigilo comporta exceções, ante a inarredável necessidade de, em certas situações, se fazer uma ponderação de interesses para equilibrar o direito à privacidade do paciente e outros interesses igualmente fundamentais[17]. Não é por outro motivo, pois, que o Código

[16] STJ. *Resp nº 159527/RJ*, rel. Min. Ruy Rosado Aguiar, j.14/04/1998.

[17] A respeito da flexibilização do sigilo, anota Maria Elisa Villas-Bôas (*Op. Cit.*), que a discussão sobre a sua eventual necessidade ganhou espaço ético-jurídico no evento que ficou conhecido como caso Tarassoff, ocorrido em 1969, nos Estados Unidos. Um estudante universitário matou sua colega, Tatiana Tarasoff, tendo antes relatado sua intenção ao seu

de Ética Médica, por seu art.73, aponta exceções à regra da inviolabilidade do sigilo, indicando possibilidade da respectiva quebra nas hipóteses de motivo justo, dever legal ou consentimento, por escrito, do paciente.

A revelação do segredo médico é tolerada em situações de justo motivo, situações essas que dizem respeito a interesses sociais e morais que justificam a inobservância excepcional do imperativo da confidencialidade, levando em consideração princípios como o da não maleficência, beneficência e prevalência do interesse coletivo sobre o individual[18]. Com efeito, há situações em que a divulgação de informações médicas é necessária para garantir a segurança e bem-estar dos pacientes ou de terceiros.

Exemplificativamente podemos apontar situações reveladas pelo paciente que aludem para risco iminente à vida ou à integridade física do próprio ou de terceiros. Assim, percebendo o médico que o seu paciente apresenta um comportamento suicida ou expressa intenção de se machucar, a divulgação de tal informação aos familiares ou profissionais de saúde pode ser necessária para garantir a segurança e a intervenção adequada. A respeito da justa causa, o Conselho Federal de Medicina, quando da Consulta nº 24.292[19], fez registrar que

> [...] a justa causa abrange toda a situação que possa ser utilizada como justificativa para a prática de um ato excepcional, fundamentado em razões legítimas e de interesse coletivo, ou seja, uma razão superior relevante, ou um estado de necessidade. Como exemplo de justa causa, para a revelação

médico, que o atendera profissionalmente no *campus*, detalhando ao mesmo, inclusive, a ocasião em que levaria o seu intento. O profissional consultou seus superiores se deveria ou não quebrar o sigilo quanto à informação dada pelo seu paciente a fim de alertar a vítima do risco, tendo sido aconselhado, no entanto, a não descuidar da observância do sigilo profissional. O noticiado homicídio foi efetivamente cometido e os pais da vítima, sabedores que o homicida havia antes informado ao seu médico de sua intenção, ingressaram com ação contra a universidade, obtendo ganho de causa.

[18] Cf. SOUZA, Alessandra Varrone de Almeida Prado. *Resumo de Direito Médico*. Leme: JH. Mizuno, 2020.

[19] O parecer de relatoria do Conselheiro Cristião Fernando Rosas teve como objeto questão relativa ao segredo médico diante de uma situação de aborto, tendo sido alcançada a conclusão no sentido de que, diante de um abortamento, seja ele natural, seja provocado, não pode o médico comunicar o fato à autoridade policial ou mesmo judicial, em razão de estar diante de uma situação típica de segredo médico.

do segredo médico, a situação de um paciente portador de uma doença contagiosa incurável de transmissão sexual e que se recusa a informar e proteger seu parceiro sexual do risco de transmissão ou ainda pior, que deliberadamente pratica o sexo de forma a contaminar outras pessoas.

Vê-se, assim, que a justa causa será sempre aquela em que, por uma valoração subjetiva levada a efeito pelo próprio médico, houver risco de dano físico ao paciente ou terceiros ou mesmo quando a revelação, em homenagem ao princípio da beneficência, resultar em um benefício maior para ele[20]. O dever legal, como expresso em supracitada Consulta,

> [...] se configura quando compulsoriamente o segredo médico tem de ser revelado por força de disposição legal expressa que assim determine. Por exemplo: atestado de óbito, notificação compulsória de doenças, etc. Outra situação específica de revelação de segredo médico por dever legal, é a comunicação de crime de ação pública, especialmente os ocasionados por arma de fogo ou branca, e as lesões corporais que apresentam gravidade. Nesse caso, a comunicação deverá ocorrer à autoridade policial ou ao Ministério Público da cidade onde se procedeu o atendimento, observando a preservação do paciente[21].

Assim, não há dúvidas de que a quebra do sigilo pode ser justificada para proteger a vítima, permitindo a intervenção de autoridades competentes e adoção de medidas de proteção, como no caso de violência doméstica ou abuso. Também decorre de uma obrigação legal a quebra do sigilo quando há suspeita ou confirmação de abuso físico, sexual, emocional ou

[20] Cf. SANTOS, Maria de Fátima de Oliveira *et al. Limites do segredo médico*: Uma questão ética. Disponível em: https://revista.facene.com.br/index.php/revistane/article/view/413/301. Acesso em: 04 maio 2023. A respeito tema, os autores fazem uma interessante abordagem à proposta de Beauchamp e Childress (*Principles of Biomedical Ethics*) para fundamentar eticamente a quebra de confidencialidade, concluindo que, a partir da principiologia proposta, o segredo médico deve ser rompido apenas quando houver risco de dano físico ao paciente, quando resultar em um benefício maior para ele, em caso de não haver outra possibilidade que permita o respeito ao princípio da autonomia, e quando o caso sigiloso puder ser generalizado e implicar o benefício de outras pessoas.

[21] BRASIL. *Conselho Federal de Medicina*. Consulta nº 24.292/00. Disponível em: https://sistemas.cfm.org.br/arquivos/pareceres/SP/2000/24292_2000.pdf. Acesso em: 02 maio 2023.

negligência de crianças ou adolescentes, devendo os profissionais de saúde comunicarem essas situações às autoridades competentes.

De igual forma, quando há agressões físicas, em que a vítima chega ao hospital ou clínica com lesões graves, a comunicação às autoridades competentes se faz imperativa, até mesmo para proteger o paciente e auxiliar na investigação do crime, o que também se dá nos casos de violência sexual ou mortes suspeitas que possam configurar homicídio, além daquelas que revelam ameaças à segurança pública, como atos terroristas, envenenamento intencionais ou crimes violentos em larga escala.

A quebra do sigilo nessas situações é fundamental para assegurar a segurança e o bem-estar da sociedade como um todo, interesse coletivo esse que se sobrepõe ao interesse individual do paciente no que se refere à sua privacidade, o que também se verifica na hipótese de notificações compulsórias de certas e determinadas doenças, como tuberculose, HIV e hepatites virais, notificações essas que se fazem às autoridades de saúde para controle e monitoramento das doenças transmissíveis, com o escopo de se proteger a saúde pública e prevenir a disseminação de doenças. Por fim, impõe-se anotar que a quebra do sigilo também pode ser levada a efeito quando houver requisição judicial da documentação médica ou na hipótese de expresso consentimento do paciente, como ocorre, por exemplo, nas autorizações concedidas para divulgação de suas informações médicas para fins de pesquisa científica.

Importante ressaltar, no âmbito do expresso consentimento do paciente, que o segredo médico pertence, em verdade, ao próprio paciente, sendo o médico o seu guardador por força da confidencialidade, reveste-se a relação médico-paciente, de forma que não há que se falar, em absoluto, em quebra de sigilo quando, por exemplo, o próprio paciente, em ação judicial, solicita ao juiz a requisição junto ao hospital e/ou médico de sua documentação, ou mesmo quando arrole o médico como sua testemunha para esclarecimentos sobre o seu estado clínico – hipótese essa que, em verdade e a rigor, afasta o impedimento do médico em depor, uma vez que autorizado pelo seu paciente em quebrar a confidencialidade perante a autoridade judiciária.

Conclusões

A vetusta regra do sigilo médico, afora ser um preceito ético, também se revela como sendo uma (obrigação) legal e até mesmo contratual, e tem por escopo, em última análise, preservar a intimidade do paciente, vale dizer, de assegurar a sua privacidade, que se consubstancia em um direito de personalidade e, portanto, um atributo da dignidade.

A preservação do sigilo também homenageia o princípio da autonomia da vontade do paciente – princípio esse que norteia a relação médico-paciente e que proporciona uma participação ativa do próprio enfermo no processo da cura. Sendo, pois, garantido ao paciente a confidencialidade de suas informações e respectivos registros, sua própria colaboração será mais eficaz a viabilizar um atendimento e tratamento mais adequado e eficaz, afora ser, também, uma garantia para toda a sociedade quanto à credibilidade que se confere aos seus profissionais da área de saúde. A regra do sigilo não se restringe às informações prestadas pelos próprios pacientes, pois alcança também toda a documentação médica decorrente do tratamento ao qual eles são submetidos, notadamente o prontuário, cuja divulgação é vedada por conter dados sensíveis que se referem à intimidade e privacidade do paciente.

No cenário atual, em que a tecnologia desempenha um papel cada vez mais relevante na prática médica, é essencial que sejam adotadas medidas eficazes de proteção à confidencialidade das informações e registros médicos, notadamente quanto ao armazenamento digital de dados, sendo de rigor a observância do cumprimento das leis e regulamentos pertinentes, como as Resoluções do CFM e da Lei Geral de Proteção de Dados (LGPD), sem se descuidar da conscientização dos profissionais de saúde quanto à importância da confidencialidade das informações.

A não observância do dever de sigilo, afora implicações de ordem ética disciplinar, constitui ato ilícito passível de reparação, pois a quebra da confidencialidade ofende aos direitos de personalidade do paciente a ensejar, como regra, indenização a título de dano moral. Em que pese o segredo ser do próprio paciente e se revelar como sendo um direito fundamental, cuja preservação é assegurada em sede constitucional, não se consubstancia o mesmo em um direito absoluto, sendo admissível a sua quebra em situações excepcionais, quando houver justo motivo, dever legal ou consentimento expresso do próprio paciente.

Ao se fortalecer o sigilo médico, fortalece-se, por consequência, a integridade ética da relação médico-paciente a ensejar um cuidado de qualidade com respeito aos direitos e autonomia do paciente, contribuindo para o avanço da pesquisa científica e a melhoria dos sistemas de saúde, público ou privado, por conferir ao paciente segurança para que sua privacidade seja descortinada perante o seu médico, em prol da obtenção da cura da enfermidade que o acomete sem ofensa à sua dignidade.

Referências

ASSOCIAÇÃO MÉDICA AMERICANA (AMA). *Código de Ética Médica*. Disponível em: https://www.ama-assn.org/delivering-care/etics/code-medical-ethics. Acesso em: 11 maio 2023.

ARAÚJO, Nelma Camêlo; MOTA, Francisca Rosaline Leite. Prontuário de Paciente: questões éticas. *Informação em Pauta*, Fortaleza, v. 5, n. esp., p.52-67, mar. 2020. Disponível em: https://doi.org/10.36517/2525-3468.ip.v5especial1.2020.43512.52-67. Acesso em: 04 maio 2023.

BRASIL. *Conselho Federal de Medicina*. Código de Ética Médica. Resolução CFM nº 2.217 de 27 de setembro de 2019, modificada pelas Resoluções CFM nº 2.222/2018 e 2.226/2019.

BRASIL. *Conselho Federal de Medicina*. Consulta nº 24.292/00. Disponível em: https://sistemas.cfm.org.br/arquivos/pareceres/SP/2000/24292_2000.pdf. Acesso em: 02 maio 2023.

BRASIL. *Constituição da República Federativa do Brasil de 1988*. Disponível em http://www.planalto.gov.br/ccivil_03/constituicao/constituicao.htm Acesso em 16abr2023.

BRASIL. *Código Civil*. Lei 10.406 de 10 de janeiro de 2002. Institui o Código Civil. Disponível em http://www.planalto.gov.br/ccivil_03/leis/2002/l10406compilada.htm Acesso em 15abr2023

BRASIL. *Código de Processo Civil*. Lei 13.105 de 16 de março de 2015. Disponível em https://www.planalto.gov.br/ccivil_03/_ato2015-2018/2015/lei/l13105.htm Acesso em 14maio2023.

BRASIL. *Código Penal*. Decreto-Lei nº 2.848 de 07 de setembro de 1940. Disponível em https://www.planalto.gov.br/ccivil_03/decreto-lei/del2848. Acesso em 15maio2023.

BRASIL. *Lei Geral de Proteção de Dados (LGPD)*. Lei 13.709 de 14 de agosto de 2018. Disponível em https://www.planalto.gov.br/ccivil_03/_ato2015-2018/2018/lei/l13709.htm Acesso em 15maio2023.

FRANÇA, Genival Veloso de. *Direito Médico*. 13. ed. Rio de Janeiro: Forense, 2016.

HIPÓCRATES – 460-351 a.C. *Cremesp*. Disponível em: https://cremesp.org.br/?siteAcao=Historia&esc=3. Acesso em: 11 maio 2023.

JUNGES, José Roque e outros. Sigilo e privacidade das informações sobre usuário nas equipes de atenção básica à saúde. *Revista Bioética*. Disponível em: https://scielo.

br/bioet/aPPXmgX7PYZtfWwYxMV8sSsv/?lang=next&format=html. Acesso em: 10 maio 2023.

SANTOS, Maria de Fátima de Oliveira *et al. Limites do segredo médico*: Uma questão ética. Disponível em: https://revista.facene.com.br/index.php/revistane/article/view/413/301. Acesso em: 04 maio 2023.

SOUZA, Alessandra Varrone de Almeida Prado. *Resumo de Direito Médico*. Leme: JH. Mizuno, 2020.

TJMG. *Ap. Cív. nº 10520130036376001*, rel. Des. Ana Paula Caixeta, 4ª Câm. Cív., j. 13/09/2018.

TJRJ. *Ap. Cív. nº 0001710-39.2017.8.19.0007*, rel. Des. Fernando Cerqueira Chagas, j.04/02/2021.

STJ. *Resp nº 159527/RJ*, rel. Min. Ruy Rosado Aguiar, j.14/04/1998.

VASCONCÉLOS, Viviane Ferreira de. *Privacidade e Confidencialidade Médica em Redes Sociais: Os limites da publicidade*. Dissertação de Mestrado em Bioética pelo Programa de Pós-Graduação em Bioética Interinstitucional (Minter) da Universidade de Brasília/Universidade Federal de Pernambuco. Brasília/Caruaru, 2022. Disponível em: https://repositorio.unb.br/bitsream/10482/44210/1/2022_VivianeFerreiardeVasconcélos.pdf. Acesso em: 02 maio 2023.

VILLAS-BÔAS, Maria Elisa. *O direito-dever de sigilo na proteção ao paciente*. Disponível em: https://scielo.br/bioet/aKFY5sjrzNCYd3qVcs5BLXDt/?format=pdf&lang=pt. Acesso em: 15 maio 2023.

7. EM DEFESA DA MEDICINA DEFENSIVA

Gilberto Fachetti Silvestre

Introdução

Este estudo apresenta uma reflexão jurídico-bioética voltada à proteção do médico – enquanto profissional e ser humano que responde a ações de indenização e criminais por causa de erros profissionais – que, às vezes, não obtém sucesso em demonstrar em juízo que o dano ocorrido foge à normalidade do tratamento e dos protocolos seguidos.

Quando se fala em medicina defensiva, questiona-se a quem ela interessa, que benefícios ela traz para o paciente e quais as repercussões patrimoniais para o paciente, para o Sistema Único de Saúde (SUS) e para os planos e seguradoras de saúde. Mas não são percebidos os (legítimos) benefícios que ela traz para os médicos e também para os pacientes. Assim, este trabalho traz um outro olhar, na perspectiva da defesa dos médicos, tentando entender por que razões os médicos estariam certos em ter uma postura defensiva e preventiva.

A medicina defensiva surgiu na década de 1970 nos Estados Unidos da América, quando aumentaram quase 300% o número de ações judiciais por negligência e imprudência em face de médicos e hospitais[1]. Na ocasião, orientava-se os médicos a tomarem medidas no sentido de se blindarem contra as condenações em ações de responsabilidade civil e criminal.

O índice de processos contra médicos nos Estados Unidos é considerado alto, sendo apontado que mais de 50% dos médicos que lá atuam já foram

[1] BERLIN, Leonard. Medical errors, malpractice, and defensive medicine: an ill-fated triad. *Diagnosis*, v. 4, n. 3, p. 133-139, 14 Aug. 2017.

processados[2]. Além disso, as indenizações chegam a milhões de dólares, em razão dos chamados *punitive damages*. No Brasil, pesquisa do Instituto de Ensino e Pesquisa (INSPER) revelou que os processos envolvendo a saúde aumentaram 198% no período de 2009 a 2017. Dentre todos os processos, aproximadamente 3% tinham como objeto o erro médico[3]. Trata-se do fenômeno da judicialização da saúde.

A causa de todo o excesso de medicina defensiva está bem relacionada com a atuação do Judiciário, pelo fato de operadores do Direito não compreenderem as idiossincrasias da profissão médica e ampliarem o significado e alcance de erro médico, além dos *quanta* indenizatórios arbitrados judicialmente.

Nos Estados Unidos, os excessos de ações, de condenações e de *punitive damages* levaram, na década de 1970, a uma crise nacional que obrigou alguns médicos a abandonarem a profissão e forçou algumas seguradoras a sair do mercado e a aumentar os custos médicos. Nesse período, para se ter uma ideia, os prêmios médios pagos a seguradoras de indenização aumentaram 950% para cirurgiões, 541% para médicos de outras especialidades e 263% para hospitais[4].

[2] PACHECO, Fabio. As especialidades médicas mais processadas no Brasil. *Resmedica*. São Paulo, 26 out. 2022.

[3] PACHECO. *Op. Cit.* "Segundo o Conselho Nacional de Justiça, em 2021 os principais assuntos judicializados foram planos de saúde, fornecimento de medicação, tratamento médico-hospitalar e/ou fornecimento de medicamentos, saúde, e unidade de terapia intensiva ou unidade de cuidados intensivos".

[4] BERLIN. *Op. Cit.* Sobre a reação das seguradoras às condenações judiciais e à medicina defensiva, ver: MONTANERA, Daniel. The importance of negative defensive medicine in the effects of malpractice reform. *The European Journal of Health Economics*, v. 17, p. 355-369, 2016. Este artigo apresenta um modelo de comportamento do médico e da seguradora em que pode surgir a prática da medicina defensiva, tanto positiva quanto negativa. Levar em conta a medicina defensiva negativa e a reação das seguradoras a ela leva a diferentes previsões dos efeitos da mudança da pressão por negligência em comparação com modelos anteriores. O aumento da pressão por negligência médica faz com que os gastos e a qualidade dos cuidados com a saúde aumentem até um limite e diminuam a partir de então. Essa não monotonia implica que a reforma da imperícia não é uma "bala de prata" capaz de alcançar reduções de custo e melhorias de qualidade para todos os consumidores. Os resultados podem explicar ainda mais as descobertas inconsistentes na literatura empírica e sugerir especificações alternativas para estimar os efeitos da reforma da imperícia.

Nesse contexto, a medicina defensiva surgiu como uma necessidade, não apenas para proteger o médico, mas também para reduzir a quantidade de erros profissionais praticados. Contudo, verifica-se certa resistência quanto à possibilidade de o médico se municiar contra ações judiciais.

A revisão bibliográfica desta pesquisa revelou que, dentre os documentos analisados, a maioria dos pesquisadores se manifesta contrariamente à prática da medicina defensiva, elencando uma série de pontos negativos. Este estudo, porém, segue a minoria dos pesquisadores que defendem a importância da medicina defensiva para o médico e para o paciente. É que, embora minoria, os argumentos a favor da prática defensiva são mais convincentes e demonstram como pode ser benéfica para o médico e para o paciente, aperfeiçoando o exercício da Medicina.

1. O que é medicina defensiva ou tomada de decisão médica defensiva?

A medicina defensiva (*defensive medicine*) ou tomada de decisão médica defensiva (*defensive medical decision making*) consiste em um conjunto de orientações de práticas médicas e jurídicas no trato do médico para com o paciente. Destina-se a municiar o médico de provas de boa-fé e zelo em sua prestação de serviço para com o paciente. Tais medidas produzem provas, argumentos e fundamentações técnicas para serem utilizados em processos judiciais e administrativos que versem sobre a responsabilidade do profissional por erro cometido[5].

Segundo Leonard Berlin, nos primeiros 180 anos após a fundação dos Estados Unidos, os médicos ocasionalmente foram processados por negligência médica. Alegações de negligência foram erros de comissão, ou seja, quando o médico cometia um erro ao fazer algo (conduta ativa), como ocorria, por exemplo, quando se molestava fratura ou luxação, quando se provocava uma complicação ou morte após um procedimento cirúrgico, quando se prescrevia medicamento equivocado e quando, após a descoberta do raio-X em 1895, eram causadas queimaduras por radiação[6].

[5] VALIÑO, Ana Belén Cruz. *Medicina defensiva*: aproximación conceptual. Granada: Comares, 2021; CASABONA, Carlos María Romeo; PERIN, Andrea. *Derecho y medicina defensiva*: legitimidad y límites de la intervención penal. Granada: Comares, 2020; REUTER, James A. *Defensive medicine and medical malpractice*. Washington D.C.: Congressional Research Service, Library of Congress, 1984.

[6] BERLIN. *Op. Cit.*

Já em meados do século XX, ainda segundo Leonard Berlin, as alegações de negligência médica se transformaram, lentamente, de erros cometidos (conduta comissiva) para erros de omissão (conduta omissiva ou imperícia), isto é, quando o médico falha em realizar um diagnóstico. O número de ações judiciais por imperícia aumentou em uma taxa geométrica a partir da década de 1960. Assim, os médicos começaram a praticar medicina defensiva, o que levou os médicos a solicitarem exames às vezes desnecessários. Nas décadas de 2000 e 2010, o número de processos por imperícia diminuiu, mas a prática da medicina defensiva continua[7]. A prática se estendeu para a Europa[8] e para o Brasil, onde é perpetrada contemporaneamente.

A experiência de ter sido processado por erros no passado e o medo de ser processado no futuro foram a motivação para os médicos passarem a solicitar mais exames. Segundo Leonard Berlin, nos Estados Unidos, os veredictos do júri e os acordos extrajudiciais concedendo milhões de dólares aos queixosos pela negligência dos médicos em não solicitar imagens radiológicas e outros exames começaram a aumentar. Para se ter uma ideia, o número de ações judiciais por negligência médica aumentou 300% entre 1965 e 1970[9].

Segundo Angelo Antoci, Alessandro Fiori Maccioni e Paolo Russu, paciente e médico podem interagir com relações "predador-presa". O paciente litigioso que busca indenização é o "predador" e o médico é a sua "presa". Para eles, o médico pode se adaptar ao risco de ser processado realizando medicina defensiva[10,11]. É ingenuidade negar que esse tipo de relação tem potencial de vir a existir, especialmente quando se tem um Judiciário brasileiro com juízes propensos a promover caridade com o dinheiro dos outros.

[7] *Ibidem.*

[8] GARATTINI, Livio; PADULA, Anna. Defensive medicine in Europe: a 'full circle'? *The European Journal of Health Economics*, v. 21, p. 165-170, 2020.

[9] BERLIN. *Op. Cit.*

[10] ANTOCI, Angelo; MACCIONI, Alessandro Fiori; RUSSU, Paolo. The Ecology of Defensive Medicine and Malpractice Litigation. *Plos One*, v. 11, n. 3, Mar. 2016.

[11] No mesmo sentido: PEREIRA, André Gonçalo Dias. Responsabilidade médica e medicina defensiva. *In*: ASCENSÃO, José de Oliveira (Org.). *Estudos de direito da bioética*. V. I. Lisboa: Almedina, 2005, p. 171-191.

A medicina defensiva foi originalmente motivada pelo receio da classe médica de responder em litígios por negligência, especialmente na Europa, onde a maioria dos países tem um sistema de responsabilidade por imperícia sem culpa, ou seja, um sistema de responsabilidade civil objetiva por erro médico[12]. Por causa desse receio, foi concebido um conjunto de práticas, a serem implementadas pelo médico, que consistem em um desvio das práticas habituais da Medicina, a fim de reduzir ou prevenir críticas e reclamações de pacientes e seus familiares[13]. Mas não só. A medicina defensiva foi ganhando, ao longo do tempo, contornos mais amplos, tanto é assim que a literatura bioética e a jurídica europeias dividem a definição de *defensive medicine* em duas categorias[14]:

- definição restrita: a medicina defensiva é vista somente na perspectiva do receio dos médicos de serem processados, de modo que ela é definida pela sua crítica mais básica, isto é, como um desvio dos profissionais de saúde da boa prática médica, motivado pelo desejo de reduzir a exposição a litígios por erro; e
- definição ampla: a medicina defensiva é vista em uma perspectiva para além do mero receio de ser processado, sendo vista como medidas de autoproteção, tais como: temor da insatisfação do paciente, receio de ignorar um diagnóstico grave, medo de publicidade negativa e temor de perdas reputacionais[15].

É possível afirmar, com base na revisão bibliográfica levantada, que dentre os que patrocinam a medicina defensiva prevalece a definição ampla, pois se entende que dela é possível obter sucessos no tratamento dos pacientes. Seus críticos, por sua vez, tratam de defini-la na perspectiva

[12] BAUNGAARD, N.; SKOVVANG, P. L.; ASSING HVIDT, E.; *et al.* How defensive medicine is defined in European medical literature: a systematic review. *BMJ Open*, v. 12, p. 1-13, Jan. 2022.

[13] ALI, AbdelAziem A.; *et al.* Concept of defensive medicine and litigation among Sudanese doctors working in obstetrics and gynecology. *BMC Medical Ethics*, v. 17, n. 12, p. 1-5, 2016.

[14] BAUNGAARD; SKOVVANG; ASSING HVIDT. *Op. Cit.*

[15] Sobre perdas reputacionais, ver: QUINN, Robert. Medical Malpractice Insurance: The Reputation Effect and Defensive Medicine. *The Journal of Risk and Insurance*, v. 65, n. 3, p. 467-484, Sep. 1998.

restrita, como forma de despontar motivos nada nobres de sua prática[16]. Há quem afirme que é um fenômeno legítimo, enquanto outros o consideram imoral[17].

Este estudo e tese propositiva aqui apresentados rejeitam que o único objetivo da medicina defensiva seja proteger os médicos contra processos judiciais. Como resultado, reformulando sua definição, a medicina defensiva é *principalmente*, mas não necessariamente *apenas*, um instrumento para reduzir a exposição do médico à responsabilidade civil por negligência e, consequentemente, evitar desvios da boa prática da Medicina. Desse modo, é possível construir a medicina defensiva sobre motivos não somente de autoproteção do médico, mas também de proteção do próprio paciente[18]. Um exemplo é o estudo de Angelo Antoci, Alessandro Fiori Maccioni e Paolo Russu, que constatou que as práticas defensivas promoveram melhorias na segurança do paciente, observadas, por exemplo, com anestesiologistas[19]. Logo, a medicina defensiva não precisa ser vista como uma prática que estimula a polarização e o conflito entre médico e paciente, pois ela também oferece benefícios aos que usufruem da prestação de serviço do profissional. Até porque, existe uma área cinzenta entre o tratamento adequado do paciente e o tratamento excessivamente autoprotetivo do médico[20].

Mas é verdade, contudo, que tal prática tem um custo elevado para o paciente e para os planos e seguros de saúde e, por isso, deve ser utilizada de maneira comedida. Este sim é o verdadeiro problema da medicina defensiva e que deve ser analisado e amenizado. A medicina defensiva positiva costuma levar a intervenções diagnósticas e terapêuticas desnecessárias, que podem ser invasivas e dispendiosas[21] e podem expor os pacientes ao risco de lesões por exames e procedimentos[22].

[16] Como, por exemplo: BIROLINI, Dário. Medicina defensiva ou medicina ofensiva? *Revista do Colégio Brasileiro de Cirurgiões*, v. 24, n. 6, p. 3-4, 1997; LOPES NETO, Silvino *et al. Medicina defensiva*: problema ou solução. Porto Alegre: AMRIGS, 1996.

[17] ALI *et al. Op. Cit.*

[18] BAUNGAARD; SKOVVANG; ASSING HVIDT. *Op. Cit.*

[19] *Op. Cit.*

[20] ALI *et al. Op. Cit.*

[21] ANTOCI; MACCIONI; RUSSU. *Op. Cit.*

[22] PANELLA, M. *et. al.* The determinants of defensive medicine in Italian hospitals: The impact of being a second victim. *Revista de Calidad Asistencial*, v. 31, Supplement 2, p. 20-25, July 2016.

Para M. Panela *et al.*, a medicina defensiva parece ter se tornado um fenômeno difuso, atingindo em maior grau todas as áreas diagnóstico--terapêuticas e levando a um grande desperdício de recursos humanos, organizacionais e econômicos[23].

Clenio Jair Schulze fala em "síndrome de Ulisses" ou "cascata diagnóstica", em que se solicita um exame seguido de outro, seguido de mais outros exames[24]. Para David I. Sclar e Michael Gene Housman, no sistema atual de *defensive medicine*, para limitar sua exposição à responsabilidade por negligência, os médicos são incentivados a solicitar mais testes diagnósticos, prescrever medicamentos em excesso, agendar consultas de acompanhamento desnecessárias e prolongar a permanência sob tratamento do paciente. Conforme entendem, isso tem um efeito prejudicial na qualidade dos cuidados de saúde, além de aumentar os custos para o paciente[25]. Segundo Leonard Berlin, exames e testes desnecessários aumentam a probabilidade de superdiagnóstico e supertratamento, o que ele considera um novo tipo de erro médico por comissão[26].

José Guilherme Minossi e Alcino Lazaro da Silva caracterizam a medicina defensiva como: utilização exagerada de exames complementares; uso de procedimentos terapêuticos supostamente mais seguros; encaminhamento frequente de pacientes a outros especialistas; e recusa de atendimento de pacientes graves e com maior potencial de complicações[27].

M. Panela *et al.* apresentam estudo sobre alguns custos em torno da medicina defensiva:

[23] PANELLA, M.; *et. al.* Defensive Medicine: Overview of the literature. *Igiene e Sanita Pubblica*, v. 71, n. 3, p. 335-351, May 2015. Assim, também: SAKS, Michael J.; LANDSMAN, Stephan. The Paradoxes of Defensive Medicine. *Health Matrix*, v. 30, p. 25-45, 2020.

[24] SCHULZE, Clenio Jair. Medicina defensiva em excesso. *Empório do Direito*. São Paulo, 11 nov. 2019.

[25] SCLAR, David I.; HOUSMAN, Michael Gene. Medical Malpractice and Physician Liability: Examining Alternatives in Defensive Medicine. *Harvard Health Policy Review*, v. 4, n. 1, p. 75-84, Spring 2003. No mesmo sentido: ANDERSEN, Merethe K. *et al.* Defensive medicine in Danish general practice. Types of defensive actions and reasons for practicing defensively. *Scandinavian Journal of Primary Health Care*, v. 39, issue 4, p. 413-418, 31 Aug. 2021.

[26] BERLIN. *Op. Cit.*

[27] MINOSSI, José Guilherme; SILVA, Alcino Lazaro da. Medicina defensiva: uma prática necessária?. *Revista do Colégio Brasileiro de Cirurgiões*, v. 40, n. 6, p. 494-501, 2013.

In the United States, 93% of physicians reported practising DM in a hospital, and 78% of hospital doctors in the United Kingdom and 60% in Israel and in Italy practised DM in a hospital. The percentage of doctors practising DM is higher for some specialties, for example, obstetrics and gynaecology (97%), gastroenterology (94–98%), neurosurgery (75–83%), and orthopaedics and traumatology (96%). The practice of DM is a significant financial burden in healthcare systems. In the United States, DM is estimated to cost approximately US $50–100 billion annually. Two national surveys in the United States estimated the costs of DM in the orthopaedic community to range from US $256.3 million to nearly $2 billion annually. In Italy has been recently estimated that DM could absorb 10.71% of the total national health expenditure, with an estimated total cost of about €11.60 billion per year. Another study in Italy estimated the yearly cost of defensive procedures performed by gastroenterologists to be €8637 million in a region with a population of around 10 million inhabitants. At the patient level, the practice of DM was also estimated to cost hospitals US $226, which is the 13% of the mean patient cost (US $1695)[28,29].

[28] PANELLA, M. *et. al.* 2016. Em tradução livre: "Nos Estados Unidos, 93% dos médicos relataram praticar DM em um hospital, e 78% dos médicos hospitalares no Reino Unido e 60% em Israel e na Itália praticaram DM em um hospital. A porcentagem de médicos praticando DM é maior para algumas especialidades, por exemplo, obstetrícia e ginecologia (97%), gastroenterologia (94-98%), neurocirurgia (75-83%) e ortopedia e traumatologia (96%). A prática do DM é um encargo financeiro significativo nos sistemas de saúde. Nos Estados Unidos, estima-se que o DM custe aproximadamente US$ 50 a US$ 100 bilhões anualmente. Duas pesquisas nacionais nos Estados Unidos estimaram que os custos do DM na comunidade ortopédica variam de US$ 256,3 milhões a quase US$ 2 bilhões anualmente. Na Itália, estimou-se recentemente que DM poderia absorver 10,71% da despesa total nacional em saúde, com um custo total estimado em cerca de 11,60 bilhões de euros por ano. Outro estudo na Itália estimou o custo anual de procedimentos defensivos realizados por gastroenterologistas em € 8.637 milhões em uma região com população de cerca de 10 milhões de habitantes. No nível do paciente, a prática do DM também foi estimada em custar aos hospitais US$ 226, que é 13% do custo médio do paciente (US$ 1.695)".

[29] Para outros dados, ver: RESCHOVSKY, James D.; SAIONTZ-MARTINEZ, Cynthia B. Malpractice Claim Fears and the Costs of Treating Medicare Patients: A New Approach to Estimating the Costs of Defensive Medicine. *Health Services Research*, v. 53, issue 3, p. 1498-1516, June 2018.

Por meio da medicina defensiva, os médicos podem desencorajar os pacientes de processar e podem, também, minimizar as chances de serem responsabilizados em ações judiciais. Para tanto, a medicina defensiva pode se realizar por meio de dois tipos de comportamentos[30]:

- comportamento negativo: consiste em evitar responsabilidade através da recusa em promover procedimentos de alto risco, ou seja, o médico simplesmente se recusa a atender a um paciente; e
- comportamento positivo: consiste em uma conduta de segurança que se realiza por meio de testes ou procedimentos extras.

A razão de ser primária da medicina defensiva é de ordem psicológica e não financeira. Os médicos temem ter que suportar um julgamento longo e demorado muito mais do que temem as consequências financeiras do processo judicial, uma vez que o seguro contra erro médico os protege de penalidades monetárias[31]. O maior risco, portanto, é o transtorno de responder a uma ação judicial – além, às vezes, da possibilidade de responsabilidade criminal por lesão corporal – e o receio de perda reputacional.

2. A experiência da Universidade Federal do Espírito Santo (UFES): o grupo de pesquisa "*Medicina Defensiva: interdisciplinaridades com a responsabilidade civil médico-hospitalar e o Direito Processual Civil*"

Segundo Quinto Tozzi, o erro é inerente às atividades humanas, ou seja, errar todos erram. Mas no campo da saúde, o erro assume – principalmente pelas consequências sobre a saúde e pelo alto impacto emocional e ético – um valor ainda mais acentuado e, por vezes, de tal ordem que distorce a compreensão da dinâmica real e de alguns aspectos de seu próprio significado[32]. Assim, o erro, mesmo na área da saúde, é um evento conceitualmente inevitável e impõe, ao menos eticamente, que sempre

[30] ANTOCI; MACCIONI; RUSSU. *Op. Cit.*

[31] SCLAR; HOUSMAN. *Op. Cit.*

[32] TOZZI, Quinto. Il progetto Agenas sulla medicina difensiva. *Pratica Medica & Aspetti Legali*, v. 9, n. 2, p. 27-30, maio 2015.

sejam aplicadas técnicas corretas de avaliação e monitoramento do risco e intervenções metodologicamente corretas para preveni-lo[33].

Homaile Mascarin do Vale e Maria Cristina de Oliveira Santos Miyazaki pesquisaram e obtiveram um número preocupante: até 2019, três novas ações por erro médico são propostas por hora no Brasil[34]. Com o propósito de acompanhar as ações judiciais de indenização por erro médico e de monitorar os riscos da atuação do médico para colaborar com a instrução probatória da ação, em setembro de 2019 foi constituído na Universidade Federal do Espírito Santo o Grupo de Pesquisa "*Medicina Defensiva: interdisciplinaridades com a responsabilidade civil médico-hospitalar e o Direito Processual Civil*", formado a partir de uma parceria entre o Curso de Direito do Centro de Ciências Jurídicas e Econômicas e o Curso de Medicina do Centro de Ciências da Saúde[35].

O grupo congregou docentes e alunos de ambas as áreas do conhecimento para discutir aspectos da responsabilidade civil dos médicos e como tais profissionais podem se precaver de possíveis processos judiciais de caráter reparatório. Para isso, os alunos de Medicina levavam casos problemáticos do dia a dia da profissão médica e dos estabelecimentos hospitalares para serem analisados pelos estudantes de Direito. Já os alunos de Direito estudavam os casos e apresentavam os instrumentos jurídicos que podem respaldar e proteger o médico diante de situações adversas. A partir disso eram desenvolvidas investigações sobre como os instrumentos pré-processuais poderiam colaborar com a redução do erro e a com uma maior blindagem do médico, principalmente frente a demandas oportunistas.

[33] *Ibidem.*

[34] VALE, Homaile Mascarin do; MIYAZAKI, Maria Cristina de Oliveira Santos. Medicina defensiva: uma prática em defesa de quem? *Revista Bioética*, vol. 24, n. 4, out.-dez. 2019.

[35] O Grupo de Pesquisa teve os seguintes integrantes: Coordenadores: Prof. Dr. Gilberto Fachetti Silvestre (Departamento de Direito); Profa. Dra. Ingrid Kandler (Departamento de Pediatria); Pesquisadora de pós-doutorado do PPGDIR/UFES: Profa. Dra. Hildeliza Lacerda Tinoco Boechat Cabral; Alunos de Medicina: Alessandro Demoner Ramos, Amanda da Silva Salomão, Frederico Miranda Aleluia, Heitor Filipe Surlo, Milena Kirmse Comério e Taís Loureiro Zambon; Alunos de Direito: Caio da Silva Ávila, Daniel Zandonade Matta, Felipe Sardenberg Guimarães Trés Henriques, Guilherme Santos Neves Abelha Rodrigues, Igor Gava Calil, João Pedro di Cavalcanti Gaspar de Oliveira, João Vitor dos Santos de Souza e Tiago Loss Ferreira.

A pesquisa priorizou a abordagem de temas de relevância aplicativa no meio profissional médico, tais como: erro médico como ato ilícito; condições adversas do exercício da Medicina; excludentes de ilicitude e responsabilidade; responsabilidade civil objetiva e aquiliana; *probatio diabolica* (*devil's proof*) na instrução probatória em ações judiciais de indenização por alegado erro médico; e provas pré-constituídas como meio de proteção e de defesa em ação judicial.

Metodologicamente, a pesquisa se desenvolveu por meio de estudos teóricos, práticos e empíricos, com divisão de conteúdo os pesquisadores da Medicina e do Direito. Os primeiros traziam para os estudantes de Direito os principais problemas enfrentados no exercício da profissão e na relação médico-paciente que geralmente podem ser objeto de ações judiciais e processos administrativos disciplinares. Os pesquisadores do Direito, por sua vez, tratavam das soluções jurídicas para a proteção dos médicos, tais como, provas que podem ser pré-produzidas, mecanismos de demonstração da boa-fé, matérias de defesa, descaracterização de prejuízo e ilicitude *etc*.

O grupo de pesquisa teve vigência de 36 meses e nesse período foram elaborados materiais para orientação aos médicos e aos operadores do Direito. Também foram realizados eventos locais, nacionais e internacionais, em parceria com pesquisador da Università Degli Studi di Pavia, Itália. Palestras, seminários, mesas redondas e debates sobre temas atuais concernentes ao objeto de pesquisa ampliaram as visões do erro médico e dos problemas enfrentados pelos profissionais, bem como as dificuldades que advogados enfrentam com a instrução probatória. Um resultado obtido foi a aprovação, no Departamento de Direito, da criação de duas disciplinas a serem oferecidas como optativas para o Curso de Medicina, quais sejam:

QUADRO: **Disciplinas aprovadas pelo Departamento de Direito para o Curso de Medicina.**

Disciplina	**Responsabilidade Civil Médico-Hospitalar**	**Medicina Defensiva**
Carga horária	**30h / semestre**	**15h / semestre**
Ementa	Ato ilícito. Atividade de risco. Perdas e danos. Danos morais. Teoria da perda da chance. Responsabilidade civil subjetiva. Responsabilidade civil objetiva. Erro médico. Culpa médica. Culpa contra a legalidade. Responsabilidade civil do médico. Distribuição dinâmica do ônus probatório. Excludentes de responsabilidade civil do médico. Responsabilidade consumerista e estabelecimentos de saúde. Responsabilidade do Estado por ato da rede pública de saúde. Cláusula de não indenizar. Fixação do *quantum* indenizatório. Seguro contra erros médicos.	Profilaxia do ato e profilaxia do processo pelo ato. O médico no banco dos réus. Do erro à culpa na responsabilidade civil do médico. Culpa contra a legalidade. O paradigma jurisprudencial da reparabilidade da vítima. Condições médicas desfavoráveis. *Defensive medicine.* Ações do médico em condições desfavoráveis para se municiar em processos judiciais. Atitudes para se precaver de ações judiciais. Gestão e prevenção de riscos. Inversão do ônus da prova. Distribuição dinâmica do ônus probatório. Excludentes de responsabilidade civil do médico. Termo de consentimento informado válido. Práticas lícitas de defesa para evitar processos judiciais. A Medicina Defensiva como instrumento para evitar má prática médica. Como agir diante de uma acusação.
Objetivos	Oportunizar ao estudante de Medicina conhecer os aspectos da responsabilidade civil quanto à sua natureza e à reparação do dano causado pelo médico ou estabelecimento de saúde (hospitais e clínicas) aos pacientes.	Oportunizar ao estudante conhecer a Medicina Defensiva, termo surgido nos Estados Unidos na década de 1990 e que se refere a um conjunto de práticas de defesa para evitar processos judiciais. Pretende abordar a Medicina Defensiva não como práticas torpes para evitar processos judiciais, mas como atitudes para melhor atender os pacientes sem que se configure ato ilícito e repercussões jurídicas. Pretende-se oferecer informações úteis e práticas para serem seguidas no dia a dia do profissional médico e no seu relacionamento com o paciente, evitando a má prática médica e acusações na imprensa e no Judiciário.

Fonte: o autor.

Ao término da vigência, três resultados esperados foram confirmados. O primeiro deles foi conscientizar o profissional da Medicina dos problemas jurídicos de certas condutas; o segundo foi contribuir com elementos jurídicos para o melhor exercício da profissão médica; e o terceiro foi colaborar, com elementos do dia a dia do profissional médico, para conscientizar os operadores do Direito das dificuldades encontradas pela categoria no enfrentamento dos processos judiciais.

3. A medicina defensiva entre vantagens e desvantagens

Existe uma discussão de caráter ético-moral sobre a medicina defensiva, pois, *prima facie,* ela parece propor que o médico veja no paciente um potencial inimigo que pode processá-lo a qualquer momento. Contudo, os estudos do Grupo de Pesquisa *Medicina Defensiva: interdisciplinaridades com a responsabilidade civil médico-hospitalar e o Direito Processual Civil* afastaram e descaracterizaram essa perspectiva de que o médico agiria como um adversário do paciente e concebeu a prática defensiva como um incentivador para que o médico adote práticas de melhor exercício da profissão e atue com boa-fé, mas sem perder de vista que o profissional precisa se precaver contra os oportunistas (os quais existem).

Quinto Tozzi critica a medicina defensiva, pois, segundo ele, a origem dos comportamentos defensivos está em um equívoco, que é a crença intuitiva – na verdade, uma opinião subjetiva, porque não é apoiada por evidências objetivas reais – de que tais comportamentos aumentam a segurança do médico e reduzem o risco de envolvimento em crimes e processos de indenização[36]. Por isso, entende que a verdadeira prevenção é fazer o paciente se sentir seguro; é a confiança e a segurança do paciente que evitam as ações contra os médicos:

> *In realtà la vera, oggettiva e realistica prevenzione del rischio di commettere errori e di essere denunciati può derivare solo dalla messa in atto di sistematiche appropriate attività di prevenzione degli errori e da una corretta ed esaustiva comunicazione con i pazienti / parenti.*
>
> *In altri termini la sicurezza degli operatori sanitari può (e deve) solo passare dalla sicurezza dei pazienti. Non si può cioè neppure immaginare di essere "al sicuro" senza che realmente lo siano prima i pazienti; in altri termini gli operatori sanitari corrono*

[36] TOZZI. *Op. Cit.*

> *meno rischi solo se i pazienti corrono meno rischi; ogni altro approccio è pura, illogica e pericolosissima illazione emotiva. Concetti basilari ma non sempre conosciuti o veramente recepiti in termini di comportamenti*[37].

Ocorre que os encaminhamentos do médico vistos como "excessivos" – por serem medidas defensivas – provocam a sensação de segurança e confiança do paciente em seu clínico. Parece óbvio que se for dada a opção ao paciente de realizar mais exames para um diagnóstico mais preciso, optará ele, na maioria das vezes, pela realização de tais exames. Assim, não convence a proposta crítica de Tozzi de que, ao invés da medicina defensiva, seja criada, como alternativa, uma relação de segurança e confiança entre médico e paciente. Isso não é suficiente para dar garantias ao médico e lhe transmitir a sensação de segurança no exercício da sua profissão.

Johan Christiaan Bester bem representa aqueles que pugnam pela medicina defensiva como uma má prática da profissão. Para ele, a medicina defensiva tem implicações éticas e profissionais que devem ser consideradas para além de seu papel questionador da necessidade de uma reforma da responsabilidade civil. Logo, a medicina defensiva, vista em perspectiva ética e profissional, mostrar-se-ia profundamente problemática[38].

Aliás, Tara F. Bishop *et al.*, em estudo realizado com uma amostragem de médicos sobre a opinião que eles têm quanto à medicina defensiva, demonstrou que a maioria deles acredita que as preocupações com negligência resultam em testes e procedimentos desnecessários. Aqueles médicos também acreditam que reformas devem ser instituídas para protegê-los da responsabilidade civil. Segundo a pesquisa, esse medo geral pode se originar da difusão dos processos por erro médico nos Estados

[37] TOZZI. *Op. Cit.* Em tradução livre: "Na realidade, a prevenção verdadeira, objetiva e realista do risco de cometer erros e de ser notificado só pode decorrer da implementação de atividades sistemáticas adequadas de prevenção de erros e de uma comunicação correta e exaustiva com os doentes/familiares. Ou seja, a segurança dos profissionais de saúde só pode (e deve) passar pela segurança dos pacientes. Em outras palavras, não se pode sequer imaginar estar 'seguro' sem que os pacientes realmente estejam seguros primeiro; em outras palavras, os profissionais de saúde correm menos riscos apenas se os pacientes correm menos riscos; qualquer outra abordagem é inferência emocional pura, ilógica e muito perigosa".

[38] BESTER, Johan Christiaan. Defensive practice is indefensible: how defensive medicine runs counter to the ethical and professional obligations of clinicians. *Medicine, Health Care and Philosophy*, v. 23, p. 413-420, Apr. 2020.

Unidos. Lá, em média, anualmente, de duas a três condenações a indenizar por erro médico são pagas para cada 100 médicos. Os médicos se sentem vulneráveis por causa de processos judiciais e administrativos em que as alegações de negligência ou imperícia muitas vezes não envolvem erro médico e os profissionais foram processados apesar de praticarem dentro do padrão de atendimento[39].

A definição que Johan Christiaan Bester faz de medicina defensiva se restringe a descrevê-la como ações clínicas com o objetivo de proteger o médico contra litígios ou algum resultado adverso[40]. Além disso, enumera aqueles que seriam os principais problemas éticos da medicina da defensiva, pelos quais classifica a prática defensiva, portanto, como antiética e antiprofissional e deve ser vista como um desafio para a ética e o profissionalismo médicos[41]:

- é enganosa e prejudica a autonomia do paciente;
- subjuga os interesses do paciente aos interesses do médico e viola as relações de confiança e suas obrigações;
- expõe os pacientes a danos sem benefícios;
- põe em dúvida a confiança na profissão; e
- viola os deveres impostos pelo ideal de justiça.

Além desses problemas, Elif Oksan Calikoglu e Aysun Aras indicam outro, qual seja, que a medicina defensiva é constituída de comportamentos que evitam a responsabilidade do médico sem proporcionar maiores benefícios ao paciente[42].

José Guilherme Minossi e Alcino Lazaro da Silva, por sua vez, enumeram as seguintes consequências da prática da medicina defensiva[43]:

- onera excessivamente o paciente;

[39] BISHOP, Tara F.; FEDERMAN, Alex D.; KEYHANI, Salomeh. Physicians Views on Defensive Medicine: A National Survey. *Archive International Medicine,* v. 170, n. 12, p. 1081--1083, Jun. 2010.

[40] BESTER. *Op. Cit.*

[41] *Ibidem.*

[42] CALIKOGLU, Elif Oksan; ARAS, Aysun. Defensive medicine among different surgical disciplines: A descriptive cross-sectional study. *Journal of Forensic and Legal Medicine,* v. 73, July 2020.

[43] MINOSSI; SILVA. *Op. Cit.*

- onera excessivamente os planos de saúde;
- interfere negativamente na relação amistosa que o médico deve ter com seus pacientes e familiares destes;
- recusa no atendimento a pacientes graves, com doenças complexas e com potencial de complicações ou sequelas; e
- maior sofrimento ao paciente.

E concluem Minossi e Silva:

> O maior sofrimento ao paciente não decorre apenas do fato de a medicina tornar-se mais dispendiosa e artificial, mas também da menor resolutividade. Encaminha-se demais, realizam-se exames excessivamente, quando poderia ser dada uma solução de maneira mais simples e efetiva à maioria dos males que aflige a população. A recusa de pacientes graves é outro fator que gera sofrimento, pois a não realização de um tratamento por vezes efetivo deixa o paciente à própria sorte[44].

Não obstante as críticas, verdadeiras e razoáveis, o presente estudo aqui apresentado pretende refutar que essas consequências tornam a prática defensiva, *in totum*, uma atitude antiética, imoral e antiprofissional do médico, tentando revelar pontos positivos que se congregam à medicina defensiva, não obstante seus aspectos negativos e discutíveis. Ou seja, pretende-se lançar outro olhar, propositivo e inspirador, da medicina defensiva. Não se trata de negar que esses problemas possam existir; trata-se de demonstrar que, a despeito da existência dessas características, a medicina defensiva tem seus pontos positivos e, no saldo final, parece ter mais vantagens.

Primeiramente, poucos percebem os benefícios da medicina defensiva para os pacientes. O zelo excessivo torna o diagnóstico mais seguro e preciso. Nesse sentido, David M. Studdert *et al.* questionam: e se, por exemplo, o médico prescreve determinado exame, motivado por um desejo de evitar litígios, ou seja, por motivos "errados" (não clínicos), mas tal exame acaba revelando algo clinicamente significativo, beneficiando o paciente?[45].

[44] MINOSSI; SILVA. *Op. Cit.*

[45] STUDDERT, D. M.; MELLO, M. M.; BRENNAN, T. A. Defensive Medicine and Tort Reform: A Wide View. *Journal of General Internal Medicine*, v. 25, p. 380-381, May 2010.

Preocupa-se tanto em sondar a moralidade das práticas defensivas e com suposições de elevação dos custos com a saúde que se esquece dos benefícios que uma atenção mais que redobrada pode trazer. Essas vantagens da medicina defensiva são ocultadas pelos embaraços que médicos têm de dizer publicamente que praticam a medicina defensiva e expor os benefícios aos pacientes obtidos pela experiência. Nesse sentido, veja a observação de David M. Studdert *et al.* em estudo realizado sobre como os médicos veem a medicina defensiva:

> *Studies of clinical behavior at the system or population level cannot disentangle motivations, and rarely can account for the clinical benefit of "defensive" practices. Survey research can probe personal motivations, but has different limitations. Because many physicians are attuned to defensive medicine as a problem, and their professional organizations agitate prominently against it, self-report data will always be prone to a "socially-desirable response bias". In sum, the conceptual complexity of defensive medicine means that the even the most rigorous health services research will struggle to isolate its role as an independent driver of clinical decision making and its effects on the quantity and quality of services delivered. Consequently, it is difficult to draw strong conclusions about how much savings will result if defensive medical practice is reduced*[46].

Nesse sentido, tais dados revelam que não parece fazer sentido a crítica que Nola M. Ries e Jesse Jansen fazem à medicina defensiva, de que a prática tem pouco valor clínico[47]; ao contrário: graças a ela, é possível analisar mais amplamente e em detalhes a saúde do paciente,

[46] *Ibidem*. Em tradução livre: "Os estudos do comportamento clínico no nível do sistema ou da população não conseguem desembaraçar as motivações e raramente podem explicar o benefício clínico das práticas 'defensivas'. A pesquisa de levantamento pode sondar as motivações pessoais, mas tem limitações diferentes. Como muitos médicos estão sintonizados com a medicina defensiva como um problema, e suas organizações profissionais se manifestam contra ela, os dados de autorrelato sempre estarão sujeitos a um 'viés de resposta socialmente desejável'. Em suma, a complexidade conceitual da medicina defensiva significa que mesmo a mais rigorosa pesquisa em serviços de saúde lutará para isolar seu papel como condutor independente da tomada de decisões clínicas e seus efeitos na quantidade e qualidade dos serviços prestados".

[47] RIES, Nola M.; JANSEN, Jesse. Physicians' views and experiences of defensive medicine: An international review of empirical research. *Health Policy*, v. 125, issue 5, p. 634-642, May 2021.

podendo indicar outros problemas de saúde que precisam ser resolvidos. Corroborando essa impressão, pesquisa realizada por Nicholas Summerton concluiu que a medicina defensiva tem um aspecto negativo e outro positivo. A prática defensiva negativa inclui prescrição de medicamentos desnecessários, aumento da frequência de acompanhamento, aumento de encaminhamentos e testes de diagnóstico, bem como evitar certos tratamentos e remoção de paciente. Porém, junto disso, vêm os pontos positivos identificados pela pesquisa: as práticas médicas defensivas positivas promoveram melhorias de qualidade na prestação do serviço, maior triagem, desenvolvimento de auditoria sobre a satisfação do paciente, explicações mais minudenciadas dadas ao paciente e anotações mais detalhadas no prontuário mais detalhadas[48].

Brian V. Nahed *et al.* realizaram estudo que apontou a necessidade de mudança de percepção do erro médico e, principalmente, da responsabilidade civil. Se não forem controladas as bases da sistemática da responsabilidade civil do médico, há o risco de que as preocupações com a responsabilidade médica aumentem as práticas de medicina defensiva, o que irá limitar, via reflexa, o acesso dos pacientes aos cuidados em razão do alto custo da prestação de cuidados de saúde[49]. Daí que, uma vantagem que pode ser apontada, a partir da ascensão da medicina defensiva, é a reforma da responsabilidade civil do médico e dos hospitais. A complexidade do erro médico e a extensão do dano da vítima, por vezes, criam uma situação de difícil instrução probatória (*probatio diabolica*), em relação à qual o Judiciário nem sempre tem aptidão técnica para lidar manejando a *probatio levior* ou compreendendo amplamente o fenômeno clínico. No sistema vigente de responsabilidade civil do médico, o problema de maior notoriedade é, exatamente, a prova do nexo de causalidade.

Assim, de *lege ferenda*, a prática defensiva na Medicina pode levar a uma reforma da responsabilidade civil, o que é visto como uma medida necessária, mas não suficiente, para diminuir os custos da saúde[50].

[48] SUMMERTON, Nicholas. Positive and negative factors in defensive medicine: a questionnaire study of general practitioners. *BMJ*, v. 27, p. 310-315, Jan. 1995; SUMMERTON, Nicholas. Trends in negative defensive medicine within general practice. *British Journal of General Practice*, v. 50, issue 456, p. 565-566, July 2000.

[49] NAHED, B. V.; BABU, M. A.; SMITH, T. R.; HEARY, R. F. Malpractice Liability and Defensive Medicine: A National Survey of Neurosurgeons. *Plos One*, v. 7, n. 6, Jun. 2012.

[50] STUDDERT; MELLO; BRENNAN. *Op. Cit.*

Veja que interessante – e óbvio, mas, às vezes, o óbvio precisa ser dito –: a mitigação da responsabilidade civil diminui custos com os tratamentos de saúde porque, primeiramente, reduz as preocupações dos médicos em praticar uma rigorosa medicina defensiva e, em segundo lugar, reduz o pagamento de indenizações vultosas e de prêmios assecuratórios, cujos valores altos não serão repassados aos pacientes e planos e seguros de saúde. Nesse sentido, David M. Studdert *et al.* entendem que, embora os custos da medicina defensiva sejam pequenos em proporção aos gastos norte-americanos com saúde agregados, sem reformas para lidar com o receio da responsabilidade – que impulsiona as práticas defensivas –, será difícil fazer com que os médicos prestem serviços com boa relação custo-benefício[51].

Quer dizer, se a medicina defensiva é um vilão dos custos com o sistema de saúde – para pacientes, planos, seguros e sistemas públicos–, precede-lhe, em realidade, um outro vilão: a severa responsabilidade civil por erro médico. Tanto é assim que já na década de 1970, Laurence R. Tancredi e Jeremiah A. Barondess apresentaram estudo que mostrou que ainda mais importante que a questão da medicina defensiva é outro problema mais básico, qual seja, o sistema norte-americano de compensação por lesões médicas[52].

No caso do Brasil, ainda, há uma conveniência legal: o *caput* do art. 944 do Código Civil prescreve que o valor da indenização será fixado de acordo com a extensão do dano. Assim, se o prejuízo da vítima foi "*P*", o juiz fixará uma indenização (dano patrimonial) ou uma compensação (dano moral) no valor de "*P*", acrescido de consectários da mora (juros e correção monetária). O mesmo não ocorre, porém, nos Estados Unidos, onde além da indenização "*P*" o médico é condenado a pagar um *plus*, o *punitive damage*, uma punição monetária por ter infringido um dever de incolumidade no exercício da profissão. Ocorre que o *punitive damage* é concebido para ser severamente arbitrado pelo juiz; logo, a indenização nos Estados Unidos seria "*P*" acrescido, por exemplo, de "*10xP*". Assim, no exemplo, o médico pagaria "*P + 10xP*".

[51] STUDDERT; MELLO; BRENNAN. *Op. Cit.*

[52] TANCREDI, Laurence R.; BARONDESS, Jeremiah A. The Problem of Defensive Medicine. *Science*, v. 200, issue 4344, p. 879-882, 26 May 1978.

Nesse contexto, a medicina defensiva tem um papel revelador: o excesso de dissuasão promovido pela responsabilidade civil do médico, o que significa que os médicos tomam mais precauções do que aquelas socialmente ideais[53]. Tanto é assim que a medicina defensiva é definida por alguns como a prática de solicitar exames médicos, procedimentos ou consultas de valor clínico duvidoso, a fim de proteger o médico prescritor de processos por negligência[54].

Observe que o problema em si não é a medicina defensiva, mas os altos custos da responsabilidade médica. Nesse sentido, para Maurizio Catino, em estudo sobre a medicina defensiva na Itália, a cultura da culpa e o aumento do litígio por erro médico levam a comportamentos defensivos que resultam em efeitos negativos para o paciente, tanto em termos de custos quanto na segurança[55].

Preston L. Williams *et al.* propõem uma forma de alterar a responsabilidade civil do médico para mitigar o receio do profissional e, consequentemente, reduzir a prática rigorosa da medicina defensiva – ao que eles chamam de "neutralizar a medicina defensiva" –, qual seja, a limitação da indenização por prejuízos não econômicos[56]. Adaptando a ideia ao sistema jurídico brasileiro, os autores pugnariam por um tabelamento do valor das compensações por dano moral decorrente de erro médico.

Pesquisa realizada por Andrei Brateanu *et al.* sobre a reforma da responsabilidade civil do médico em estados norte-americanos demonstrou que o verdadeiro custo médico associado à medicina defensiva não era conhecido e era estimado apenas indiretamente: tratava-se, justamente, da responsabilidade civil médica[57]. Por exemplo, quando foram analisados pacientes hospitalizados do Medicare, descobriu-se que, em comparação

[53] STUDDERT; MELLO; BRENNAN. *Op. Cit.*

[54] BRATEANU, Andrei *et al.* Quantifying the defensive medicine contribution to primary care costs. *Journal of Medical Economics*, v. 17, issue 11, p. 810-816, 12 Sep. 2014.

[55] CATINO, Maurizio. Blame culture and defensive medicine. *Cognition, Technology & Work*, v. 11, p. 245-253, July 2009; CATINO, Maurizio; CELOTTI, Simona. The Problem of Defensive Medicine: Two Italian Surveys. In: BEUSCART, Régis; HACKL, Werner; NØHR, Christian (Eds.). *Detection and Prevention of Adverse Drug Events: Information Technologies and Human Factors*. Amsteram: IOS Press BV, 2009, p. 206-221.

[56] WILLIAMS, Preston L.; WILLIAMS, Joanna P.; WILLIAMS, Bryce R. The fine line of defensive medicine. *Journal of Forensic and Legal Medicine*, v. 80, 17 April 2021.

[57] *Op. Cit.*

com os estados sem reforma da responsabilidade civil, aqueles com reforma experimentaram um declínio significativo nos gastos hospitalares para infarto do miocárdio e doença cardíaca isquêmica[58].

No Brasil também se faz necessária uma reforma. A regra fundamental da responsabilidade civil por erro médico está prescrita no Código Civil: "Art. 951. O disposto nos arts. 948, 949 e 950 aplica-se ainda no caso de indenização devida por aquele que, no exercício de atividade profissional, por negligência, imprudência ou imperícia, causar a morte do paciente, agravar-lhe o mal, causar-lhe lesão, ou inabilitá-lo para o trabalho".

Em síntese, os arts. 948, 949 e 950 do Código Civil prescrevem o pagamento das seguintes verbas indenizatórias para os casos de erro médico:

- No caso de morte, o médico deverá pagar as despesas com (art. 948):
  - tratamento da vítima;
  - funeral;
  - luto da família;
  - prestação de alimentos (pensão alimentícia) às pessoas dependentes do morto (levando-se em conta a duração provável da vida da vítima, ou seja, pode ser uma pensão alimentícia a ser paga por toda a vida pelo médico); e
  - além de dano moral pela perda do ente familiar (parágrafo único do art. 12 do Código Civil);

- No caso de lesão ou outra ofensa à saúde, o médico indenizará o ofendido quanto (art. 949):
  - às despesas do tratamento;
  - aos lucros cessantes até ao fim da convalescença (ou seja, aquilo que o paciente deixar de lucrar por estar impossibilitado se deixar de exercer sua atividade remuneratória);
  - a algum outro prejuízo que o ofendido prove haver sofrido, como o dano moral por lesão à incolumidade psicossomática (*caput* do art. 12 do Código Civil) e a chamada perda de uma chance (*theory of liability for loss of a chance*);

[58] *Ibidem.*

- Se da ofensa resultar defeito pelo qual o ofendido não possa exercer o seu ofício ou profissão ou lhe diminua a capacidade de trabalho, a indenização, além das despesas do tratamento e lucros cessantes até o fim da convalescença, incluirá pensão correspondente à importância do trabalho para que se inabilitou ou da depreciação que ele sofreu (art. 950).

Veja que as verbas indenizatórias são amplas e rigorosas e, assim como em outros países, indicam a necessidade de uma reforma da responsabilidade civil do médico fundada no art. 951 do Código Civil. Tamanha extensão danosa, obviamente, leva ao aumento dos prêmios dos seguros de indenização, custos esses que são jogados para o paciente no valor das consultas, dos exames e dos planos de saúde.

No estudo de Brateanu *et al.* é apresentado o entendimento de que a medicina defensiva é um fator significativo que impulsiona o custo geral do sistema de saúde dos Estados Unidos, que era de 15% do valor do produto interno bruto em 2014. Segundo os dados preliminares da pesquisa, até 92% dos médicos norte-americanos praticariam a medicina defensiva e os custos a ela associados poderiam ser entre US$ 650 bilhões e US$ 850 bilhões por ano, correspondendo entre 26% a 34% dos custos anuais de saúde em 2014[59].

Mas, ao final, a pesquisa de Andrei Brateanu *et al.* revelou um interessante dado, que coloca em xeque a crítica de que a medicina defensiva aumenta os custos com a saúde. O estudo concluiu que, especificamente no cenário da atenção primária à saúde, o custo da medicina defensiva encontrado por eles é menor que o relatado em prospectivas e análises econômicas. Concluíram os pesquisadores que os custos da medicina defensiva parecem ter pouco impacto no rápido aumento dos custos de saúde[60].

José Guilherme Minossi e Alcino Lazaro da Silva identificam um dos culpados pelo sentimento de insegurança dos médicos: "A maneira como são conduzidos os processos pelo poder judiciário certamente contribui para a consolidação desta prática insensata. A morosidade da justiça,

[59] BRATEANU *et al. Op. Cit.*
[60] BRATEANU *et al. Op. Cit.*

em nosso meio, associado ao despreparo dos juízes e peritos judiciais na análise dos casos, leva a um desgaste emocional das partes"[61].

Minossi e Silva consideram o Judiciário – e não a legislação – um problema: "A legislação brasileira é bastante justa em seu ordenamento jurídico no que se refere à responsabilidade penal e civil do médico. Da mesma maneira o é o código de Ética Médica, aplicado pelos tribunais de Ética, dos Conselhos Regionais e Federal de Medicina"[62].

Os operadores do Direito que atuam nas ações de indenização por erro médico (juízes, advogados e assistentes do juízo) não são suficientemente conhecedores das razões de ser da profissão médica e dão importância substancial à prova documental. Nesse sentido, Minossi e Silva chamam a atenção para a necessidade de que o juiz conheça as peculiaridades da profissão do médico: "O julgador tem que conhecer a complexidade em que se situa hoje a ciência médica e entender que o médico, basicamente, erra quando não cumpre com seus deveres de conduta. Daí a importância do julgador em participar ativamente do processo e não apenas observar o embate entre as partes"[63]. E concluem:

> Certamente um aspecto que gera tensão e medo no profissional médico é a maneira como são conduzidos os processos na justiça. Além da morosidade da justiça, em nosso meio, que sem dúvida leva a um desgaste emocional às partes envolvidas, temos observado na prática o despreparo dos juízes e também dos peritos judiciais, na análise dos casos, fato que pode com certeza fazer com que a verdadeira justiça não seja feita, prejudicando uma das partes.
>
> No tribunal se tem dado muita importância à farta documentação existente nos autos. Desconsidera-se de um modo geral a prática médica mais simples, baseada na história, observação clínica e larga e sedimentada experiência profissional[64].

Segundo José Guilherme Minossi e Alcino Lazaro da Silva, os deveres de conduta do médico são: informação, atualização, vigilância e abstenção

[61] MINOSSI; SILVA. *Op. Cit.*

[62] *Ibidem.*

[63] *Ibidem.*

[64] *Ibidem.*

de abuso[65]. Cumpridos estes deveres, não faz sentido a condenação do médico.

Também em crítica ao Judiciário, Igor de Lucena Mascarenhas e Saulo José Casali Bahia entendem que é o próprio Judiciário que fomenta a judicialização da Medicina, quando não constrói parâmetros mínimos sobre como realizar o dever de informação. Com isso, o médico precisa constituir uma hiperinformação, a título de medicina defensiva, para se municiar com provas em caso de ação judicial[66].

Entendem Mascarenhas e Bahia que o Judiciário precisa se aperfeiçoar para a circunstância específica do erro médico:

> [...] é primordial que os julgamentos sobre erro médico sejam feitos de forma técnica, seja para penalizar os erros de fato, como também para estabelecer um parâmetro do *quantum* mínimo informacional exigido, sendo este compreendido como chances reais e sérias, de modo que possibilidades diminutas, ainda que possíveis, devem estar compreendidas dentro do atendimento médico, mas sem a necessidade de sua inserção nos Termos de Consentimento[67].

Não se pode subestimar os efeitos negativos de estar no "banco dos réus". O litígio médico representa uma ameaça real para os médicos e pode ser uma causa direta para deixar a profissão[68]. O sentimento dos profissionais é de pavor. Estudo realizado por Tara F. Bishop *et al.* revela que médicos de especialidades de baixo risco, como cuidados primários, expressaram tanta preocupação em serem processados quanto médicos de especialidades cirúrgicas de alto risco[69].

Renato Assis analisa como um processo judicial pode afetar a carreira do médico. Segundo ele, os principais efeitos do processo são: abalo

[65] *Op. Cit.*.

[66] MASCARENHAS, Igor de Lucena; BAHIA, Saulo José Casali. O exercício da medicina defensiva enquanto reação às decisões judiciais: o papel do Judiciário na construção de uma postura ética no exercício médico. *Revista de Direito do Consumidor*, São Paulo, v. 31, n. 141, p. 339-355, maio/jun. 2022, p. 339.

[67] MASCARENHAS; BAHIA. *Op. Cit.*

[68] ALI *et al. Op. Cit.* No mesmo sentido: HERRERO, Mónica Hernández. *Medicina defensiva y judicialización: Radiografía del litigio en la sanidad pública.* Madrid: Dykinson, 2023.

[69] BISHOP; FEDERMAN; KEYHANI. *Op. Cit.*

psicológico, imagem prejudicada, sensacionalismo da imprensa, privação da liberdade, perda do patrimônio e caminho para novos processos e condenações[70]. Desse modo, a medicina defensiva é uma reação (legítima) a algo muito maior. A verdadeira raiz do problema precisa ser conhecida e trabalhada: um Judiciário que não entende as idiossincrasias da profissão médica e do erro médico e arbitramentos indenizatórios de *quanta* excessivos.

Conclusões

Muito se critica a medicina defensiva e pouco valor se dá às suas virtudes. Há, também, pouca preocupação com o médico. Esses profissionais, às vezes, submetem-se a demandas que desconsideram a técnica, a defesas mal elaboradas e a decisões judiciais que preferem o caminho mais fácil da condenação. No caso do Brasil, a preocupação com os custos criados pela medicina defensiva para os pacientes, planos de saúde e sistema público de saúde ofusca uma questão principal e prejudicial de toda a discussão: a atuação do Judiciário.

No caso do erro médico, também se padece da mesma dificuldade vivenciada em outras ações judiciais: a insegurança jurídico-judicial. Nas décadas de 1990, 2000 e 2010, a literatura jurídica brasileira pugnava por um papel mais ativo do juiz. Era o chamado ativismo judicial, que dá amplos poderes ao juiz para a realização do Direito. Ocorre que o ativismo judicial transformou o Judiciário em um Leviatã (sem aspas...), uma vez que os poderes concedidos ao juiz foram tomados de modo absoluto, sendo comum que juízes – inclusive da suprema corte – decidam ao arrepio ou ao contrário do prescrito na lei.

O problema contemporâneo é que o juiz – fala-se com sinédoque – não quer decidir de acordo com a lei, mas sim de acordo com suas inclinações sensíveis, com seu sentimento próprio de justiça e com a tal e malfadada "empatia". Tudo isso cria uma insegurança que não é exclusivamente jurídica, mas também judicial. É nesse contexto que a medicina defensiva se faz necessária e, ainda assim, insuficiente para garantir que o médico não seja processado e condenado. Ela não deixa de ser uma crítica a um Judiciário propenso a promover inseguranças jurídicas e sociais contra os médicos.

[70] ASSIS, Renato. *Manual da medicina defensiva: entenda como o médico deve proceder para não ser processado e condenado.* Belo Horizonte: Assis Videira, 2017, p. 4-5.

Referências

ALI, AbdelAziem A.; *et al.* Concept of defensive medicine and litigation among Sudanese doctors working in obstetrics and gynecology. *BMC Medical Ethics*, v. 17, n. 12, p. 1-5, 2016. Disponível em: <https://link.springer.com/content/pdf/10.1186/s12910-016-0095-3.pdf?pdf=button>. Acesso em: 01 abr. 2023.

ANDERSEN, Merethe K.; *et al.* Defensive medicine in Danish general practice. Types of defensive actions and reasons for practicing defensively. *Scandinavian Journal of Primary Health Care*, v. 39, issue 4, p. 413-418, 31 Aug. 2021. Disponível em: <https://www.tandfonline.com/doi/full/10.1080/02813432.2021.1970945>. Acesso em: 01 abr. 2023.

ANTOCI, Angelo; MACCIONI, Alessandro Fiori; RUSSU, Paolo. The Ecology of Defensive Medicine and Malpractice Litigation. *Plos One*, v. 11, n. 3, March 2016. Disponível em: <https://journals.plos.org/plosone/article?id=10.1371/journal.pone.0150523>. Acesso em: 01 abr. 2023.

ASSIS, Renato. *Manual da medicina defensiva*: entenda como o médico deve proceder para não ser processado e condenado. Belo Horizonte: Assis Videira, 2017. Disponível em: <https://www.assisvideira.com.br/v2017/content/uploads/2018/08/MANAL-DA-MEDICINA-DEFENSIVA.pdf>. Acesso em: 01 abr. 2023.

BAUNGAARD, N.; SKOVVANG, P. L.; ASSING HVIDT, E.; *et al.* How defensive medicine is defined in European medical literature: a systematic review. *BMJ Open*, v. 12, p. 1-13, Jan. 2022. Disponível em: <https://bmjopen.bmj.com/content/bmjopen/12/1/e057169.full.pdf>. Acesso em: 01 abr. 2023.

BERLIN, Leonard. Medical errors, malpractice, and defensive medicine: an ill-fated triad. *Diagnosis*, v. 4, n. 3, p. 133-139, 14 Aug. 2017. Disponível em: <https://www.degruyter.com/document/doi/10.1515/dx-2017-0007/html>. Acesso em: 01 abr. 2023.

BESTER, Johan Christiaan. Defensive practice is indefensible: how defensive medicine runs counter to the ethical and professional obligations of clinicians. *Medicine, Health Care and Philosophy*, v. 23, p. 413-420, Apr. 2020. Disponível em: <https://link.springer.com/article/10.1007/s11019-020-09950-7#citeas>. Acesso em: 01 abr. 2023.

BIROLINI, Dário. Medicina defensiva ou medicina ofensiva? *Revista do Colégio Brasileiro de Cirurgiões*, v. 24, n. 6, p. 3-4, 1997.

BISHOP, Tara F.; FEDERMAN, Alex D.; KEYHANI, Salomeh. Physicians Views on Defensive Medicine: A National Survey. *Archive International Medicine*, v. 170, n. 12, p. 1081-1083, Jun. 2010. Disponível em: <https://jamanetwork.com/journals/jamainternalmedicine/article-abstract/416067>. Acesso em: 01 abr. 2023.

BRATEANU, Andrei *et al.* Quantifying the defensive medicine contribution to primary care costs. *Journal of Medical Economics*, v. 17, issue 11, p. 810-816, 12 Sep. 2014. Disponível em: <https://www.tandfonline.com/doi/

full/10.3111/13696998.2014.959125?scroll=top&needAccess=true&role=tab &aria-labelledby=full-article>. Acesso em: 01 abr. 2023.

CALIKOGLU, Elif Oksan; ARAS, Aysun. Defensive medicine among different surgical disciplines: A descriptive cross-sectional study. *Journal of Forensic and Legal Medicine*, v. 73, July 2020. Disponível em: <https://www.sciencedirect.com/science/article/abs/pii/S1752928X20300779>. Acesso em: 01 abr. 2023.

CASABONA, Carlos María Romeo; PERIN, Andrea. *Derecho y medicina defensiva: legitimidad y límites de la intervención penal*. Granada: Comares, 2020.

CATINO, Maurizio. Blame culture and defensive medicine. *Cognition, Technology & Work*, v. 11, p. 245-253, July 2009. Disponível em: <https://link.springer.com/article/10.1007/s10111-009-0130-y#citeas>. Acesso em: 01 abr. 2023.

CATINO, Maurizio; CELOTTI, Simona. The Problem of Defensive Medicine: Two Italian Surveys. In: BEUSCART, Régis; HACKL, Werner; NØHR, Christian (Eds.). *Detection and Prevention of Adverse Drug Events*: Information Technologies and Human Factors. Amsteram: IOS Press BV, 2009, p. 206-221.

GARATTINI, Livio; PADULA, Anna. Defensive medicine in Europe: a 'full circle'? *The European Journal of Health Economics*, v. 21, p. 165-170, 2020. Disponível em: <https://link.springer.com/article/10.1007/s10198-019-01144-0>. Acesso em: 01 abr. 2023.

HERRERO, Mónica Hernández. *Medicina defensiva y judicialización*: radiografía del litigio en la sanidad pública. Madrid: Dykinson, 2023.

LOPES NETO, Silvino; *et al. Medicina defensiva: problema ou solução*. Porto Alegre: AMRIGS, 1996.

MASCARENHAS, Igor de Lucena; BAHIA, Saulo José Casali. O exercício da medicina defensiva enquanto reação às decisões judiciais: o papel do Judiciário na construção de uma postura ética no exercício médico. *Revista de Direito do Consumidor*, São Paulo, v. 31, n. 141, p. 339-355, maio/jun. 2022.

MINOSSI, José Guilherme; SILVA, Alcino Lazaro da. Medicina defensiva: uma prática necessária? *Revista do Colégio Brasileiro de Cirurgiões*, v. 40, n. 6, p. 494-501, 2013. Disponível em: <http://hdl.handle.net/11449/109794>. Acesso em: 01 abr. 2023.

MONTANERA, Daniel. The importance of negative defensive medicine in the effects of malpractice reform. *The European Journal of Health Economics*, v. 17, p. 355-369, 2016. Disponível em: <https://link.springer.com/article/10.1007/s10198-015-0687-8>. Acesso em 01 abr. 2023.

NAHED, B. V.; BABU, M. A.; SMITH, T. R.; HEARY, R. F. Malpractice Liability and Defensive Medicine: A National Survey of Neurosurgeons. *Plos One*, v. 7, n. 6, Jun. 2012. Disponível em: <https://journals.plos.org/plosone/article?id=10.1371/journal.pone.0039237>. Acesso em: 01 abr. 2023.

PACHECO, Fabio. As especialidades médicas mais processadas no Brasil. *Resmedica*. São Paulo, 26 out. 2022. Disponível em: <https://www.resmedica.com.br/noticias/

medicina/as-especialidades-medicas-mais-processadas-no-brasil>. Acesso em: 01 abr. 2023.

PANELLA, M. *et. al.* Defensive Medicine: Overview of the literature. *Igiene e Sanita Pubblica*, v. 71, n. 3, p. 335-351, May 2015.

PANELLA, M.; *et. al.* The determinants of defensive medicine in Italian hospitals: The impact of being a second victim. *Revista de Calidad Asistencial*, v. 31, Supplement 2, p. 20-25, July 2016. Disponível em: <https://www.sciencedirect.com/science/article/abs/pii/S1134282X16300732>. Acesso em: 01 abr. 2023.

PEREIRA, André Gonçalo Dias. Responsabilidade médica e medicina defensiva. In: ASCENSÃO, José de Oliveira (Org.). *Estudos de direito da bioética*. V. I. Lisboa: Almedina, 2005, p. 171-191.

QUINN, Robert. Medical Malpractice Insurance: The Reputation Effect and Defensive Medicine. *The Journal of Risk and Insurance*, v. 65, n. 3, p. 467-484, Sep. 1998. Disponível em: <https://www.jstor.org/stable/253660>. Acesso em: 01 abr. 2023.

RESCHOVSKY, James D.; SAIONTZ-MARTINEZ, Cynthia B. Malpractice Claim Fears and the Costs of Treating Medicare Patients: A New Approach to Estimating the Costs of Defensive Medicine. *Health Services Research*, v. 53, issue 3, p. 1498-1516, June 2018. Disponível em: <https://onlinelibrary.wiley.com/doi/abs/10.1111/1475-6773.12660>. Acesso em: 01 abr. 2023.

REUTER, James A. *Defensive medicine and medical malpractice*. Washington D.C.: Congressional Research Service, Library of Congress, 1984.

RIES, Nola M.; JANSEN, Jesse. Physicians' views and experiences of defensive medicine: An international review of empirical research. *Health Policy*, v. 125, issue 5, p. 634-642, May 2021. Disponível em: <https://www.sciencedirect.com/science/article/abs/pii/S016885102100049X>. Acesso em 01 abr. 2023.

SAKS, Michael J.; LANDSMAN, Stephan. The Paradoxes of Defensive Medicine. *Health Matrix*, v. 30, p. 25-45, 2020.

SCHULZE, Clenio Jair. Medicina defensiva em excesso. *Empório do Direito*. São Paulo, 11 nov. 2019. Disponível em: <https://emporiododireito.com.br/leitura/medicina-defensiva-em-excesso>. Acesso em: 01 abr. 2023.

SCLAR, David I.; HOUSMAN, Michael Gene. Medical Malpractice and Physician Liability: Examining Alternatives in Defensive Medicine. *Harvard Health Policy Review*, v. 4, n. 1, p. 75-84, Spring 2003. Disponível em: <https://papers.ssrn.com/sol3/papers.cfm?abstract_id=924294>. Acesso em: 01 abr. 2023.

STUDDERT, D. M.; MELLO, M. M.; BRENNAN, T. A. Defensive Medicine and Tort Reform: A Wide View. *Journal of General Internal Medicine*, v. 25, p. 380-381, May 2010. Disponível em: <https://link.springer.com/article/10.1007/s11606-010-1319-8#citeas>. Acesso em: 01 abr. 2023.

SUMMERTON, N. Trends in negative defensive medicine within general practice. *British Journal of General Practice*, v. 50, issue 456, p. 565-566, July 2000.

Disponível em: <https://www.sciencedirect.com/science/article/abs/pii/S016885102100049X>. Acesso em: 01 abr. 2023.

SUMMERTON, Nicholas. Positive and negative factors in defensive medicine: a questionnaire study of general practitioners. *BMJ*, v. 27, p. 310-315, Jan. 1995. Disponível em: <https://www.bmj.com/content/310/6971/27.short>. Acesso em: 01 abr. 2023.

TANCREDI, Laurence R.; BARONDESS, Jeremiah A. The Problem of Defensive Medicine. *Science*, v. 200, issue 4344, p. 879-882, 26 May 1978.

TOZZI, Quinto. Il progetto Agenas sulla medicina difensiva. *Pratica Medica & Aspetti Legali*, v. 9, n. 2, p. 27-30, maio 2015. Disponível em: <http://journals.seedmedical-publishers.com/index.php/PMeAL/article/view/1179>. Acesso em: 01 abr. 2023.

VALE, Homaile Mascarin do; MIYAZAKI, Maria Cristina de Oliveira Santos. Medicina defensiva: uma prática em defesa de quem? *Revista Bioética*, vol. 24, n. 4, out./dez. 2019. Disponível em: <https://revistabioetica.cfm.org.br/index.php/revista_bioetica/article/view/1972>. Acesso em: 01 abr. 2023.

VALIÑO, Ana Belén Cruz. *Medicina defensiva: aproximación conceptual*. Granada: Comares, 2021.

WILLIAMS, Preston L.; WILLIAMS, Joanna P.; WILLIAMS, Bryce R. The fine line of defensive medicine. *Journal of Forensic and Legal Medicine*, v. 80, 17 April 2021. Disponível em: <https://www.sciencedirect.com/science/article/abs/pii/S1752928X2100055X>. Acesso em: 01 abr. 2023.

8. PROTEÇÃO DE DADOS PESSOAIS SENSÍVEIS REFERENTES À SAÚDE: PECULIARIDADES, BASES LEGAIS E RESPONSABILIZAÇÃO POR INCIDENTES DE SEGURANÇA

José Luiz de Moura Faleiros Júnior

Introdução

A tutela dos dados relativos à saúde apresenta nuances próprias no texto da Lei Geral de Proteção de Dados Pessoais brasileira (LGPD)[1], o que impõe revisitação específica de conceitos e problematização contextual para que se possa trazer luz aos questionamentos que despertam inquietação quanto aos impactos da nova legislação nessa seara específica. Para o momento, opta-se pela análise do tema no contexto da saúde.

Impõe-se compreender os conceitos da lei, desde as peculiaridades concernentes à tutela dos dados pessoais sensíveis, bem como a abrangência do escopo do tratamento e do uso compartilhado. Para além disso, é relevantíssimo contrastar a base legal que legitima o tratamento de dados para a tutela da saúde, expressamente prevista na lei quanto aos dados pessoais (art. 7º, VIII) e aos dados pessoais sensíveis (art. 11, II), contrariamente, a equivalência horizontal – deste em relação àquela. Igualmente problemática é a visualização da figura do operador, de acordo com o conceito legal (art. 5º, VII), no contexto da saúde, seja no âmbito privado, seja no público.

[1] BRASIL. *Lei nº 13.709, de 14 de agosto de 2018*. Lei Geral de Proteção de Dados Pessoais (LGPD). Disponível em: https://www.planalto.gov.br/ccivil_03/_ato2015-2018/2018/lei/l13709.htm Acesso em: 10 abr. 2023.

Explorar tais pontos é o objetivo geral deste breve estudo, que buscará trazer luz às principais peculiaridades relacionadas ao tratamento de dados pessoais relativos à saúde, ressaltando os pontos de maior polêmica e anotando possíveis soluções.

1. Os dados pessoais referentes à saúde

A LGPD define, em seu art. 5º, duas espécies conceituais de dados pessoais: (i) dado pessoal, que é toda informação relacionada a pessoa natural identificada ou identificável (inc. I); (ii) dado pessoal sensível, que diz respeito à origem racial ou étnica, à convicção religiosa, à opinião política, à filiação a sindicato ou a organização de caráter religioso, filosófico ou político, ao dado referente à saúde ou à vida sexual, ao dado genético ou biométrico, quando vinculado a uma pessoa natural (inc. II).

De forma aparentemente paradoxal, a Lei de Acesso à Informação[2], prevê, em seu artigo 4º, inciso I, o inverso: "I – informação: dados, processados ou não, que podem ser utilizados para produção e transmissão de conhecimento, contidos em qualquer meio, suporte ou formato". Tem-se, ainda, o conceito de "informação pessoal" do art. 4º, inciso IV, da LAI, que a define como "aquela relacionada à pessoa natural identificada ou identificável" – e esta é uma definição mais aproximada da que inspirou a edição dos dois incisos do artigo 5º da LGPD.

Fato é que a doutrina jurídica sempre se defrontou com a polêmica distinção conceitual entre dado e informação[3]. A despeito disso, é inegável que a evolução tecnológica que marcou os anos recentes, em especial a

[2] BRASIL. *Lei nº 12.527, de 18 de novembro de 2011.* Regula o acesso a informações previsto no inciso XXXIII do art. 5º , no inciso II do § 3º do art. 37 e no § 2º do art. 216 da Constituição Federal; altera a Lei nº 8.112, de 11 de dezembro de 1990; revoga a Lei nº 11.111, de 5 de maio de 2005, e dispositivos da Lei nº 8.159, de 8 de janeiro de 1991; e dá outras providências. Disponível em: https://www.planalto.gov.br/ccivil_03/_ato2011-2014/2011/lei/l12527.htm. Acesso em: 10 abr. 2023.

[3] Segundo Doneda, "o termo *informação* presta-se igualmente em certos contextos a contribuir na representação de determinados valores", ao passo que "o termo dado apresenta conotação um pouco mais primitiva e fragmentada, como se fosse uma informação em estado potencial, antes de ser transmitida; o dado estaria, portanto, associado a uma espécie de "pré-informação", anterior à interpretação e a um processo de elaboração". DONEDA, Danilo. O direito fundamental à proteção de dados pessoais. *In:* MARTINS, Guilherme Magalhães; LONGHI, João Victor Rozatti (Coord.). *Direito digital:* direito privado e Internet. 3. ed. Indaiatuba: Foco, 2020, p. 37.

partir da década de 1990 – quando a Internet se popularizou – elevou a importância da compreensão dos aspectos mais peculiares da informação, desafiando o reenquadramento do direito fundamental à privacidade. Por isso, optou o legislador por conferir proteção jurídica mais acentuada aos dados pessoais adjetivados como "sensíveis".

Chiara Spadaccini de Teffé oferece uma descrição conceitual importante para que se compreenda o escopo protetivo da LGPD em relação aos dados pessoais sensíveis:

> Mas, afinal, o que torna um dado sensível? Em sendo uma categoria em *numerus apertus,* como caracterizar um dado pessoal como sensível, se não estiver no rol legal? Pode um dado se tornar sensível a partir do tratamento realizado ou da situação concreta relacionada com o seu uso? Essas perguntas mostram-se fundamentais para o desenvolvimento de um estudo aprofundado sobre o tema. Além da análise de experiência estrangeira, entende-se relevante verificar em cada caso o potencial de a informação afetar (I) o indivíduo a quem ela diz respeito, (II) o livre desenvolvimento de sua personalidade e (III) seu tratamento em condições concretas de liberdade e igualdade. Importa salientar que a linha distintiva entre dados pessoais de caráter geral e dados sensíveis não se mostra tão nítida. Diante da dinamicidade das relações e dos diversos contextos para o processamento de dados, afirma-se que não seria possível definir antecipadamente os efeitos de um tratamento de informações nem a real sensibilidade de um dado. Por exemplo, dados que pareçam não relevantes em determinado momento, que não façam referência a alguém diretamente ou, ainda, que não sejam formalmente sensíveis, uma vez transferidos, cruzados e/ou organizados, podem resultar em dados bastante específicos sobre determinada pessoa, trazendo informações, inclusive, de caráter sensível sobre ela[4].

Não se questiona a natureza exemplificativa do rol do inciso II do artigo 5º da lei, que revela a correlação das hipóteses listadas às projeções da personalidade do indivíduo, conjecturando a almejada proteção do titular

[4] TEFFÉ, Chiara Spadaccini de. Art. 11 (Do Tratamento de Dados Pessoais Sensíveis). In: MARTINS, Guilherme Magalhães; LONGHI, João Victor Rozatti; FALEIROS JÚNIOR, José Luiz de Moura (Coord.). *Comentários à Lei Geral de Proteção de Dados Pessoais (Lei nº 13.709/2018).* Indaiatuba: Foco, 2022, p. 129.

de dados – que é, segundo os arts. 5º, V, e 17 da lei, apenas a pessoa natural, e não a jurídica[5] – em função do fenômeno que a doutrina investiga há anos sobre a construção dessas projeções na Internet.

Para Laura Schertel Mendes, "[...] a vitalidade e a continuidade da Constituição dependem da sua capacidade de se adaptar às novas transformações sociais e históricas, possibilitando uma proteção dos cidadãos contra novas formas de poder que surgem na sociedade"[6]. Noutros termos, constata-se que a nova tecnologia das comunicações eletrônicas inaugurou uma nova era[7], não sendo mais possível desconsiderar o enquadramento da proteção de dados como categoria autônoma dos direitos da personalidade (liberdade positiva), em contraste ao direito fundamental à privacidade (liberdade negativa)[8].

A ideia de direitos da personalidade, portanto, é utilizada como menção aos "atributos humanos que exigem especial proteção no campo das relações privadas, ou seja, na interação entre particulares, sem embargo de encontrarem também fundamento constitucional e proteção nos planos nacional e internacional"[9]. Na área da saúde, esse conceito se revela ainda mais importante, pois realça a discussão em torno da proteção a nível fundamental dos dados pessoais em situações nas quais se deve primar pela preservação da vida e da incolumidade do indivíduo[10]. Para que essa

[5] Registre-se a crítica em sentido contrário de TOMASEVICIUS FILHO, Eduardo; SOUSA, Mariana Almirão de. A proteção de dados da pessoa jurídica e a Lei Geral de Proteção de Dados. *Consultor Jurídico,* 22 jan. 2021. Disponível em: https://www.conjur.com.br/2021-jan-22/opiniao-protecao-dados-pessoa-juridica-lgpd. Acesso em: 10 abr. 2023.

[6] MENDES, Laura Schertel. *Privacidade, proteção de dados e defesa do consumidor*: linhas gerais de um novo direito fundamental. São Paulo: Saraiva, 2014, p. 169.

[7] BRZEZINSKI, Zbigniew K. *Between two ages*: America's role in the technetronic era. Nova Iorque: Viking Press, 1971, p. 11.

[8] BIONI, Bruno Ricardo. *Proteção de dados pessoais*: a função e os limites do consentimento. Rio de Janeiro: Forense, 2019, p. 92-93.

[9] SCHREIBER, Anderson. *Direitos da personalidade.* São Paulo: Atlas, 2014, p. 13.

[10] A questão já suscitou debates até mesmo sobre o "dano estético digital" nessa correlação entre personalidade e corpo eletrônico. Sobre isso: COLOMBO, Cristiano; FACCHINI NETO, Eugênio. Corpo eletrônico como vítima de ofensas em matéria de tratamento de dados pessoais: reflexões acerca da responsabilidade civil por danos à luz da Lei Geral de Proteção de Dados Pessoais Brasileira e Viabilidade da Aplicação de Dano Estético Digital. *In:* ROSENVALD, Nelson; DRESCH, Rafael de Freitas Valle; WESENDONCK, Tula (Coord.). *Responsabilidade civil*: novos riscos. Indaiatuba: Foco, 2019, p. 45-64.

compatibilização seja viável, é imprescindível compreender detalhadamente as bases legais que legitimam as atividades de tratamento[11] de dados pessoais e de uso compartilhado[12] por controladores que estejam envolvidos no atendimento sanitário[13].

2. Hipóteses de tratamento ("bases legais") pertinentes à saúde

A informação isoladamente considerada, sem contexto, não sendo suficiente para identificar de forma direta ou potencial a pessoa natural a quem diz respeito[14], é despicienda para os fins descritos na LGPD brasileira. O contexto informacional que inspirou o legislador a definir vasto repertório de fundamentos (art. 2º), conceitos (art. 5º), princípios (art. 6º) e direitos (art. 18) relativos à proteção de dados pessoais no país encontra seu lastro no reconhecimento de que é inescapável e irrefreável a mudança provocada pela transformação digital.

Dito isso, mister anotar que a tutela da saúde apresenta contornos próprios e inegavelmente desafiadores no contexto da proteção de dados pessoais[15]. Isso porque os dados relativos à saúde são considerados sensíveis

[11] O conceito consta do art. 5º, inciso X, da LGPD: "X – tratamento: toda operação realizada com dados pessoais, como as que se referem a coleta, produção, recepção, classificação, utilização, acesso, reprodução, transmissão, distribuição, processamento, arquivamento, armazenamento, eliminação, avaliação ou controle da informação, modificação, comunicação, transferência, difusão ou extração".

[12] A expressão "uso compartilhado" denota atividade que não se confunde com o tratamento, e possui conceituação própria, no art. 5º, inciso XVI, da lei: "XVI – uso compartilhado de dados: comunicação, difusão, transferência internacional, interconexão de dados pessoais ou tratamento compartilhado de bancos de dados pessoais por órgãos e entidades públicos no cumprimento de suas competências legais, ou entre esses e entes privados, reciprocamente, com autorização específica, para uma ou mais modalidades de tratamento permitidas por esses entes públicos, ou entre entes privados".

[13] FALEIROS JÚNIOR, José Luiz de Moura. Personal health data in the Brazilian General Personal Data Protection Law: peculiarities and protective scope. *Medicine and Law*, Haifa, v. 42, n. 1, p. 3-20, mar. 2023, p. 5.

[14] CATALÀ, Pierre. Ebauche d'une théorie juridique de l'information. *Informatica e Diritto*, Nápoles, ano IX, jan./apr. 1983, p. 20.

[15] Tome-se como exemplo os dados genéticos que, nos dizeres de Cíntia Rosa Pereira de Lima e Ana Carolina Aboin, "devem ser tratados como interesses transindividuais, de natureza difusa, por pertencerem a toda humanidade, ainda que mantenham uma perspectiva individualizada, devendo essas daus perspectivas serem levadas em conta quando do seu tratamento." LIMA, Cíntia Rosa Pereira de; ABOIN, Ana Carolina. Proteção de dados clínicos

(art. 5º, inc. II), mas, embora haja base legal que lhes é especialmente direcionada (art. 11, II, "f", da LGPD), por vezes, será o consentimento a melhor opção para o seu tratamento[16].

Para que não haja dúvidas, é importante lembrar que o legislador distinguiu as bases legais – consideradas tecnicamente "requisitos" para o tratamento de dados – em hipóteses específicas para os dados pessoais conceituados no artigo 5º, inc. I, e para os dados pessoais sensíveis, que o artigo 5º, inc. II, descreve. As primeiras estão listadas no artigo 7º da lei e as segundas no artigo 11. Nota-se que certos detalhes foram negligenciados pelo legislador, que é até mesmo repetitivo e confuso em alguns aspectos de diferenciação dos dados pessoais "comuns" em relação aos dados pessoais sensíveis.

A presença da palavra "somente" nos *caputs* dos dois dispositivos indica a taxatividade das hipóteses apresentadas. Entretanto, quanto aos dados pessoais sensíveis, a redundância que se sustentou decorre da necessidade de indicação da finalidade do tratamento, que já consta do art. 9º, inciso I, da lei, e reaparece no art. 11, inciso I, quando se lê que a manifestação do consentimento para a coleta de dados deve se dar "de forma específica e destacada, para finalidades específicas".

Outro ponto especialmente peculiar é a utilização de incisos (dez ao todo) para listar as bases legais do artigo 7º e, quanto às bases legais do artigo 11, terem sido utilizados incisos e alíneas. Um detalhe, a esse respeito, salta aos olhos: no caso dos dados sensíveis, o consentimento aparece em inciso próprio (art. 11, inc. I), ao passo que todas as demais bases legais de tratamento aparecem listadas nas sete alíneas (de "a" até "g") do inciso seguinte (art. 11, inc. II).

Sabe-se que, no anteprojeto de 2010/2011 à LGPD, o consentimento aparecia como única base legal. Audiências públicas foram realizadas e outras hipóteses foram sendo definidas, mas, topologicamente, o consentimento sempre foi visto como uma figura de peculiar destaque.

e genéticos na era tecnológica: uma análise com base nos avanços da reprodução humana. *In:* SCALQUETTE, Ana Cláudia; SCALQUETTE, Rodrigo Arnoni (Coord.); SILVA, Anna Paula Soares da; BERGSTEIN, Gilberto (Org.). *Biotecnologia, biodireitos e liberdades individuais*: novas fronteiras da ciência jurídica. Indaiatuba: Foco, 2019, v. 1, p. 192.

16 FRAJHOF, Isabella Z; MANGETH, Ana Lara. As bases legais para o tratamento de dados pessoais. In: MULHOLLAND, Caitlin (Org.). *A LGPD e o novo marco normativo no Brasil*. Porto Alegre: Arquipélago Editorial, 2020, p. 85 *et seq*.

Essa é a posição de Bruno Bioni:

> Por outro lado, também é possível dizer que o consentimento não deixou de ser o seu vetor principal. Isso porque uma análise detida dos princípios e a maneira pela qual a LGPD disseca tal elemento ao longo de seu corpo normativo acabam por revelar uma forte preocupação, mais uma vez, sobre qual deve ser a carga participativa do indivíduo no fluxo de suas informações pessoais[17].

Não se pode deixar de ressaltar, ainda, que o artigo 59, parágrafo único, da Constituição da República, trouxe ao legislador o comando de que "[l]ei complementar disporá sobre a elaboração, redação, alteração e consolidação das leis." É importante lembrar que tal norma já existe e é importantíssima, embora seja pouco lembrada. Trata-se da Lei Complementar nº 95, de 26 de fevereiro de 1998, cujo artigo 10 assim enuncia:

> Art. 10. Os textos legais serão articulados com observância dos seguintes princípios:
>
> I – a unidade básica de articulação será o artigo, indicado pela abreviatura "Art.", seguida de numeração ordinal até o nono e cardinal a partir deste;
>
> II – os artigos desdobrar-se-ão em parágrafos ou em incisos; os parágrafos em incisos, os incisos em alíneas e as alíneas em itens;
>
> III – os parágrafos serão representados pelo sinal gráfico "§", seguido de numeração ordinal até o nono e cardinal a partir deste, utilizando-se, quando existente apenas um, a expressão "parágrafo único" por extenso;
>
> IV – os incisos serão representados por algarismos romanos, as alíneas por letras minúsculas e os itens por algarismos arábicos;
>
> V – o agrupamento de artigos poderá constituir Subseções; o de Subseções, a Seção; o de Seções, o Capítulo; o de Capítulos, o Título; o de Títulos, o Livro e o de Livros, a Parte;
>
> VI – os Capítulos, Títulos, Livros e Partes serão grafados em letras maiúsculas e identificados por algarismos romanos, podendo estas últimas desdobrar-se em Parte Geral e Parte Especial ou ser subdivididas em partes expressas em numeral ordinal, por extenso;

[17] BIONI. *Op. Cit.*, p. 133-134.

> VII – as Subseções e Seções serão identificadas em algarismos romanos, grafadas em letras minúsculas e postas em negrito ou caracteres que as coloquem em realce;
>
> VIII – a composição prevista no inciso V poderá também compreender agrupamentos em Disposições Preliminares, Gerais, Finais ou Transitórias, conforme necessário[18].

Perceba-se que o inciso II é bastante claro ao hierarquizar a subdivisão dos incisos em alíneas, e dessas em itens. Não há, portanto, horizontalidade entre incisos e alíneas. Isso leva ao seguinte questionamento, a partir de interpretação literal e sistemática dos artigos 7º e 11 da LGPD: teria o legislador, ao elencar o consentimento em inciso próprio do artigo 11 e as demais bases em alíneas de outro inciso, optado por conferir maior valor (e consequente preponderância) ao consentimento? A pergunta é de difícil resposta e há pouca investigação a esse respeito, mas nos parece que sim, especialmente se analisada em função do contexto informacional ilustrativamente apresentado nas primeiras linhas deste ensaio. Há vasto repertório principiológico que respalda o enquadramento jurídico das bases legais.

A base legal que justifica o tratamento dos dados pessoais para a tutela da saúde[19] é aquela que aparece na alínea "f" do inciso II do artigo 11, cuja redação também contém condicionantes específicas: deve se dar em "procedimento" realizado por "profissionais da área da saúde, serviços de saúde ou autoridade sanitárias". Nota-se, de plano, a necessidade de conceituação do termo "procedimento" para que se discuta a invocação dessa base legal. Ademais, importa ressaltar que a referida alínea foi objeto de alteração pela Medida Provisória nº 869/2018 (posteriormente convertida na Lei nº 13.853/2019) para incluir os "serviços de saúde" no rol de pessoas autorizadas a se valerem dela.

O escopo de aplicação da LGPD, já elucidado no tópico anterior, considera a proteção de dados pessoais e de dados pessoais sensíveis. Excetuam-se, contudo, os dados abarcados pelas hipóteses descritas no

[18] BRASIL. *Lei Complementar nº 95, de 26 de fevereiro de 1998*. Disponível em: https://www.planalto.gov.br/ccivil_03/leis/lcp/lcp95.htm. Acesso em: 10 abr. 2023.

[19] Para maior aprofundamento crítico, consultar: TEFFÉ, Chiara Spadaccini de. *Dados pessoais sensíveis*: qualificação, tratamento e boas práticas. Indaiatuba: Foco, 2022, p. 170.

art. 4º da lei, o que deixa clara a abrangência protetiva almejada pelo legislador. Já com relação aos princípios[20] aplicáveis ao tratamento de dados pessoais, o art. 6º da LGPD indica o objetivo do legislador de restringir o tratamento de dados pessoais, exigindo-se que haja sua observância cogente para que seja reconhecida a licitude da atividade.

Desdobramento da preocupação com a neutralidade da rede[21], o princípio da não discriminação ganha contornos especiais quando se está a investigar a tutela dos dados pessoais sensíveis, pois, devido à sua natureza, tais dados revelam um acirramento dos riscos de estratificação pessoal e estigmatização de pessoas a partir de perfis traçados pelo processamento de dados coletados[22].

O consentimento é tido pelo legislador como gatilho para a filtragem da coleta indevida de dados. Optou-se por admitir o tratamento, mediante coleta consentida de dados pessoais, inclusive de dados pessoais sensíveis (arts. 5º, XX e 11, I), mas exige-se a observância de finalidade específica. Tudo parte da necessidade de um "novo olhar" sobre a informação. Na medida em que o consentimento passa a ser o critério fundamental para a coleta, torna-se essencial que o indivíduo saiba discernir os limites e os riscos que enfrentará com o fornecimento de seus dados a determinado agente.

O problema – já sinalizado pela doutrina – é que o cidadão comum não está acostumado a se importar tanto com informações digitais quanto com aquelas armazenadas no papel, mesmo quando elas revelam os mesmos fatos: "ter um estranho invadindo sua casa é inevitavelmente

[20] O rol de princípios trazido pela lei contempla os seguintes postulados: finalidade, adequação, necessidade, livre acesso, qualidade dos dados, transparência, segurança, prevenção, não discriminação, responsabilização e prestação de contas.

[21] Prevista no art. 9º do Marco Civil da Internet (Lei nº 12.965/2014), a neutralidade da rede define as balizas da privacidade, refreando o poderio informacional de algumas poucas grandes corporações e visando garantir que todas as informações que trafegam na rede sejam tratadas da mesma forma, navegando na mesma velocidade, ou seja, na velocidade da contratação, evitando-se que determinadas corporações se sobreponham ao próprio Estado. LLOYD, Ian J. *Information technology law*. 6. ed. Oxford: Oxford University Press, 2011, p. 40-43.

[22] RODOTÀ, Stefano. *A vida na sociedade da vigilância*: a privacidade hoje. Tradução de Danilo Doneda e Luciana Cabral Doneda. Rio de Janeiro: Renovar, 2008, p. 56.

mais violador do que ter um acesso ao seu e-mail"[23]. O debate em torno da proteção mais acentuada que foi conferida aos dados sensíveis é amplo e merece investigações mais aprofundadas[24]. Porém, há outras questões a serem consideradas, como a desnecessidade da forma escrita para o consentimento (v. artigo 8º da LGPD, que remete ao art. 7º, I, quanto aos dados pessoais não sensíveis), ou a distinção entre os adjetivos "específica" e "destacada", que a lei atribui à forma do consentimento no artigo 11, inciso I (para dados sensíveis).

Igualmente polêmica é a consideração e a valoração das ações de cada agente de tratamento (controlador ou operador, segundo conceitos do art. 5º, VI e VII), que podem implicar responsabilização civil solidária entre controladores ou entre controlador e operador, por expressa previsão dos incisos do artigo 42, §1º, o que faz surgir enorme celeuma quanto ao enquadramento, por exemplo, do empregado ou do servidor público no conceito de "operador" que a lei apresenta[25].

Na Europa, foi editada a *guideline* nº 07/2020[26], que é específica ao tratar do assunto, e nela restou definido, embora com algumas brechas[27], que o empregado não pode ser considerado operador nas atividades de

[23] SUMNER, Stuart. *You*: for sale. Protecting your personal data and privacy online. Waltham: Syngress/Elsevier, 2016, p. 10, tradução livre. No original: "*Having a stranger break into your house is inevitably more violating than having one hack into your email.*"

[24] MULHOLLAND, Caitlin. Dados pessoais sensíveis e a tutela de direitos fundamentais: uma análise à luz da Lei Geral de Proteção de Dados (Lei 13.709/18), *Revista de Direitos e Garantias Fundamentais*, Vitória, v. 19, n. 3, p. 159-180, set./dez. 2018, p. 160-162.

[25] Destaca Bianca Kremer: "Pode-se vislumbrar o operador enquanto um parceiro técnico especializado, o qual é designado para a execução de tarefas específicas com o objetivo de alcançar metas preestabelecidas, a serem definidas pelo controlador de dados. O operador de dados não controla os dados nem possui poderes par alterar o uso ou a finalidade a que se destinam". KREMER, Bianca. Os agentes de tratamento de dados pessoais. *In:* MULHOLLAND, Caitlin (Org.). *A LGPD e o novo marco normativo no Brasil*. Porto Alegre: Arquipélago Editorial, 2020, p. 305.

[26] EUROPEAN DATA PROTECTION BOARD. *Guidelines 07/2020 on the concepts of controller and processor in the GDPR*, 07 set. 2020. Disponível em: https://edpb.europa.eu/our-work-tools/public-consultations-art-704/2020/guidelines-072020-concepts-controller--and-processor_pt. Acesso em: 10 abr. 2023.

[27] Conferir, a propósito do tema e da eventual responsabilização do controlador por fato do operador, no contexto europeu, ANTUNES, Henrique Sousa. A responsabilidade civil extracontratual do data controller por facto do data processor. *Revista de Direito da Responsabilidade*, Coimbra, v. 3, p. 124-156, 2021, p. 152-156.

tratamento de dados, pois atua como "*longa manus*" de seu empregador (item 76[28]); da mesma forma, embora se reconheça que nem sempre, mas na maioria das vezes, o empregador será também controlador, foi destacado na referida *guideline* que um agente com poder de decisão, como um CEO (eleito ou não), um empregado, ou um membro de *board* de empresa, não pode ser considerado controlador para fins de responsabilização direta (item 18[29]), o que denota o intuito de proteção às relações de emprego.

No Brasil, somente em 28 de maio de 2021, a Autoridade Nacional de Proteção de Dados emitiu pronunciamento mais detalhado sobre os limites conceituais dessa figura (o operador de dados), textualmente prevendo, em seu item 58 que,

> 58. Nesse cenário, empregados, administradores, sócios, servidores e outras pessoas naturais que integram a pessoa jurídica e cujos atos expressam a atuação desta não devem ser considerados operadores, tendo em vista que o operador será sempre uma pessoa distinta do controlador, isto é, que não atua como profissional subordinado a este ou como membro de seus órgãos. (grifos conforme o original)[30].

Isso tem enorme relevância para o contexto da saúde, pois decisões dificílimas são tomadas a todo momento, por vezes sem que se tenha absoluta segurança quanto aos resultados que se poderá esperar. Relatórios, prontuários, exames clínicos e outros elementos que constituem dados

[28] "76. If the controller decides to process data itself, using its own resources within its organization, for example through its own staff, this is not a processor situation. Employees and other persons that are acting under the direct authority of the controller, such as temporarily employed staff, are not to be seen as processors since they will process personal data as a part of the controller's entity. In accordance with Article 29, they are also bound by the controller's instructions."

[29] "18. Sometimes, companies and public bodies appoint a specific person responsible for the implementation of the processing operations. Even if a specific natural person is appointed to ensure compliance with data protection rules, this person will not be the controller but will act on behalf of the legal entity (company or public body) which will be ultimately responsible in case of infringement of the rules in its capacity as controller."

[30] BRASIL. Autoridade Nacional de Proteção de Dados. *Guia Orientativo para Definições dos Agentes de Tratamento de Dados Pessoais e do Encarregado*. Brasília, 28 maio 2021. Disponível em: https://www.gov.br/anpd/pt-br/assuntos/noticias/2021-05-27-guia-agentes-de-tratamento_final.pdf . Acesso em: 10 abr. 2023. p. 17.

relativos à saúde (sendo, portanto, sensíveis) são obtidos de fontes diversas, por vezes interoperáveis e que envolvem outros controladores e operadores (clínicas, laboratórios, outros profissionais ou bases públicas, como as do Sistema Único de Saúde), e quem toma uma decisão informada é o profissional da saúde (médico, enfermeiro, cirurgião dentista etc.), que é, por vezes, um empregado.

Que não se confunda a decisão clínica com a decisão quanto ao tratamento de dados, mas a linha que as distingue há hipótese é, não raras as vezes, muito tênue. São decisões que dependem de dados, e é sabido que o mero acesso, por exemplo, configura atividade de tratamento (art. 5º, X, LGPD). Por sua vez – e, nesse ponto, a *guideline* europeia indica previsões elogiáveis –, toda aferição do conceito de controlador (lá contido no art. 4º, n. 7) [31], envolve uma apreciação factual, e não formal, a partir de leitura funcional do papel do agente.

Significa dizer que, embora o consentimento seja desejável, nem sempre poderá ser facilmente obtido. No mais das vezes, será despiciendo obtê-lo, haja vista a complexidade da decisão clínica e urgência do acesso e da cognição de enorme acervo de dados relativos à saúde do paciente e que instruirão o modo de proceder do profissional. Quanto a isso, não há dúvidas de que o embasamento legal para a atividade será o disposto no artigo 11, II, "f", da LGPD.

Quanto ao mais, sem dúvidas, a reiteração de boa parte do conteúdo do art. 7º no art. 11 indica a intenção do legislador de atribuir especial cuidado aos dados pessoais sensíveis: optou-se por atribuir maior proteção àquela categoria de informações tida por mais valiosa!

3. Responsabilização por incidentes de segurança

A despeito de a Lei Geral de Proteção de Dados Pessoais (Lei nº 13.709/2018, ou apenas LGPD) apresentar um rol de conceitos bastante elucidativo (art. 5º), não há qualquer descrição sobre o que sejam "vazamentos" ou,

[31] O controlador é descrito, textualmente, na versão em inglês do Regulamento como "the natural or legal person, public authority, agency or other body which, alone or jointly with others, determines the purposes and means of the processing of personal data; where the purposes and means of such processing are determined by Union or Member State law, the controller or the specific criteria for its nomination may be provided for by Union or Member State law".

em termos mais apropriados, "incidentes de segurança". Trata-se de uma omissão da lei brasileira, que, nesse aspecto, deixou de se inspirar no Regulamento UE 2016/679 (Regulamento Geral sobre a Proteção de Dados, ou RGPD) europeu, que prevê, textualmente, o conceito de "violação de dados pessoais"[32]. Tal definição consta do artigo 4º, item 12, do RGPD: "uma violação da segurança que provoque, de modo acidental ou ilícito, a destruição, a perda, a alteração, a divulgação ou o acesso, não autorizados, a dados pessoais transmitidos, conservados ou sujeitos a qualquer outro tipo de tratamento"[33].

Consta do artigo 46, *caput*, da LGPD que "os agentes de tratamento devem adotar medidas de segurança, técnicas e administrativas aptas a proteger os dados pessoais de acessos não autorizados e de situações acidentais ou ilícitas de destruição, perda, alteração, comunicação ou qualquer forma de tratamento inadequado ou ilícito". Se comparado ao artigo 4º, item 12, do RGPD, algumas semelhanças serão prontamente percebidas, embora não haja um conceito assertivo no dispositivo da lei brasileira.

No *caput* do artigo 48, evidências mais concretas do escopo protetivo da LGPD podem ser inferidas da expressão "incidente de segurança". Não há, entretanto, absoluta clareza conceitual sobre a expressão, uma vez que o dispositivo cuida de estabelecer o dever do controlador de comunicar à Autoridade Nacional de Proteção de Dados (ANPD) e ao titular a ocorrência do sobredito incidente. Uma tentativa elogiável de colmatação do abstruso conceito é fruto do labor da ANPD, que editou

32 Importante precedente administrativo europeu ocorreu na Lituânia: "A DPA da Lituânia entendeu que o Centro Nacional de Saúde Pública e a Empresa responsável pelo desenvolvimento do aplicativo UAB IT Solutions Success eram controladores conjuntos no âmbito das atividades desenvolvidas pelo aplicativo Quarentena (Covid-19)". CHAVES, João Guilherme Pereira. Sanção aplicada pela inspetoria estatal de proteção de dados lituana no 'caso Karantinas': tratamento de dados pessoais ilícito em aplicativos de saúde pública. *In*: TOMASEVICIUS FILHO, Eduardo; FALEIROS JÚNIOR, José Luiz de Moura; DALESE, Pedro (Coord.). *GDPR – Regulamento Geral sobre a Proteção de Dados da União Europeia*: análise de casos sobre a aplicação de sanções administrativas. Indaiatuba: Foco, 2023, p. 116.

33 UNIÃO EUROPEIA. *Regulamento n.º 2016/679, de 27 de abril de 2016*. Regulamento Geral Sobre A Proteção de Dados. 2016. Disponível em: https://eur-lex.europa.eu/legal-content/PT/TXT/PDF/?uri=CELEX:32016R0679&from=PT. Acesso em: 10 abr. 2023.

um guia procedimental para a comunicação de incidentes de segurança, disponibilizado em seu sítio virtual, donde consta que

> [...] um incidente de segurança com dados pessoais é qualquer evento adverso confirmado, relacionado à violação na segurança de dados pessoais, tais como acesso não autorizado, acidental ou ilícito que resulte na destruição, perda, alteração, vazamento ou ainda, qualquer forma de tratamento de dados inadequada ou ilícita, os quais possam ocasionar risco para os direitos e liberdades do titular dos dados pessoais[34].

O conceito de "incidente de segurança" proposto pela ANPD é mais detalhado do que o de "violação de dados pessoais" do regulamento europeu. Fala-se até mesmo no famigerado "vazamento", considerado espécie de incidente de segurança, assim como a perda, a alteração ou quaisquer outras formas de tratamento inadequado ou ilícito. O rol é evidentemente exemplificativo, haja vista o emprego da locução "tais como". Logo, ao menos pelo glossário que rege a interpretação feita pela autoridade brasileira, quando se fala que houve um "vazamento de dados", o que se considera é uma modalidade específica de incidente de segurança, embora não se tenha explicações mais detalhadas sobre o que o configura.

No caso de dados pessoais sensíveis, o contexto em que os dados foram mantidos ou usados acaba se revelando mais importante do que os dados em si. Por isso, repita-se, é elogiável a constatação da *guideline* europeia quanto à análise factual do processo decisional. A par disso, deve-se fazer expressa menção aos estudos de Helen Nissenbaum, que defende existir um valor social atribuível às informações pessoais, servindo como uma "régua" para a conceituação do que seja apropriado ou não. Nesse plano, a autora defende a utilização de uma "privacidade contextual" como processo decisional heurístico no qual o centro de análise redunda na captura do significado completo da privacidade e nos sucedâneos de eventual violação[35]. Significa dizer que, para além de diversas situações

[34] AUTORIDADE NACIONAL DE PROTEÇÃO DE DADOS. *Comunicação de incidentes de segurança*, 22 fev. 2021. Disponível em: https://www.gov.br/anpd/pt-br/assuntos/incidente--de-seguranca Acesso em: 10 abr. 2023.

[35] NISSENBAUM, Helen. *Privacy in context*: technology, policy and the integrity of social life. Stanford: Stanford University Press, 2010, p. 231-233.

específicas e evidentemente danosas, é de se esperar que a averiguação de eventual violação – especialmente para fins de aferição da responsabilidade civil – transcenda a mera verificação objetiva do fato e adentre aos meandros contextuais do dano e da utilização do dado.

Na área da saúde, a despeito de eventual controvérsia sobre a natureza do regime de responsabilização previsto no artigo 42 da LGPD[36], importa salientar que há nuances da prática sanitária usualmente complexas e que devem ser conjecturadas[37] a partir dos limites de previsibilidade de riscos e resultados (elementos expressamente descritos no art. 44, II, da lei, ao tratar do conceito de tratamento irregular de dados[38]), pois

[36] Defendendo posição objetivista, tem-se MULHOLLAND, Caitlin. Responsabilidade civil por danos causados pela violação de dados sensíveis e a Lei Geral de Proteção de Dados Pessoais (lei 13.709/2018). *In:* MARTINS, Guilherme Magalhães; ROSENVALD, Nelson (Coord.). *Responsabilidade civil e novas tecnologias*. Indaiatuba: Foco, 2020, p. 122; MIRAGEM, Bruno. A Lei Geral de Proteção de Dados (Lei 13.709/2018) e o direito do consumidor. *Revista dos Tribunais*, São Paulo, v. 1009, nov. 2019, p. 27 *et seq*; DRESCH, Rafael de Freitas Valle; FALEIROS JÚNIOR, José Luiz de Moura. Reflexões sobre a responsabilidade civil na Lei Geral de Proteção de Dados (Lei nº 13.709/2018). *In:* ROSENVALD, Nelson; DRESCH, Rafael de Freitas Valle; WESENDONCK, Tula (Coords.). *Responsabilidade civil*: novos riscos. Indaiatuba: Foco, 2019, p. 74; ROSENVALD, Nelson. O compliance e a redução equitativa da indenização na LGPD. *Migalhas de Proteção de Dados*, 19 mar. 2021. Disponível em: https://www.migalhas.com.br/coluna/migalhas-de-protecao-de-dados/342032/o-compliance-e-a-reducao-equitativa-da-indenizacao-na-lgpd. Acesso em: 10 abr. 2023. Em sentido diverso, analisando o referido dispositivo e defendendo a natureza subjetiva do regime de responsabilidade civil em questão, tem-se, por todos, GUEDES, Gisela Sampaio da Cruz; MEIRELES, Rose Melo Venceslau. Término do tratamento de dados. *In:* TEPEDINO, Gustavo; FRAZÃO, Ana; OLIVA, Milena Donato (Coords.). *Lei Geral de Proteção de Dados Pessoais e suas repercussões no direito brasileiro.* São Paulo: Revista dos Tribunais, 2019, p. 231-232; DANTAS BISNETO, Cícero. Dano moral pela violação à legislação de proteção de dados: um estudo de direito comparado entre a LGPD e o RGPD. *In:* FALEIROS JÚNIOR, José Luiz de Moura; LONGHI, João Victor Rozatti; GUGLIARA, Rodrigo (Coord.). *Proteção de dados pessoais na sociedade da informação*: entre dados e danos. Indaiatuba: Foco, 2021, p. 228.

[37] TOMASEVICIUS FILHO, Eduardo. Responsabilidade civil na LGPD na área da saúde. *In:* DALLARI, Analluza Bolivar; MONACO, Gustavo Ferraz de Campos (Coord.). *LGPD na saúde*. São Paulo: Thomson Reuters Brasil, 2021, p. 221.

[38] No contexto das relações de consume, mas com grande eloquência, mister a menção ao entendimento de Juliano Madalena quanto à natureza *in re ipsa* do dever de indenizar por violação à esperada segurança que descreve o art. 44 da lei: "Em assim sendo, a responsabilidade pelo descumprimento do dever de segurança possui previsão expressa no art. 44 da mesma norma, que refere a responsabilidade do controlador ou operador pela violação

Ocorre que, na área estudada, a Lei Geral de Proteção de Dados pouco trouxe no que diz respeito à proteção dos dados de saúde, focando principalmente na continuidade da exploração econômica pelo setor. Anonimização e consentimento são conceitos-chave na norma, porém, no que diz respeito à área de saúde são vistos como meras causalidades no fluxo de dados no setor[39].

Uma definição clara sobre os limites conceituais dos agentes de tratamento é essencial para que a responsabilidade civil seja melhor trabalhada e analisada na LGPD. Sem que se saiba se um médico empregado, embora atuando nos limites de sua competência técnica e com autonomia decisional, inclusive para tratar dados (acessando-os ou armazenando-os, por exemplo), pode ser responsabilizado de forma solidária caso cause dano no contexto do tratamento de dados que realiza, eventual solução recairia sobre seu empregador, que assume dever geral de responsabilidade civil por ato de seus empregados, conforme previsto expressamente no artigo 932, inciso III, do Código Civil[40].

Apesar de a LGPD apresentar previsão específica quanto à viabilidade da ação de regresso (art. 42, §4º), saber distinguir controlador(es) e operador(es) em um contexto amplo e permeado por múltiplos agentes, como é o caso da saúde, se revela absolutamente fundamental.

da segurança dos dados [...]. Portanto, a LGPD ao escolher o sistema de responsabilidade civil subjetiva funda o dever de indezar na culpa e mitiga os efeitos adversos da sua escolha com a possibilidade de inversão do ônus da prova, também prevista no CDC. Entretanto, ao nosso ver, o dano causado pela exposição dos direitos da personalidade é *in re ipsa*: o fato de descumprir com culpa o dever de segurança e gerar dano faz com que se origine o dever de indenizar". MADALENA, Juliano. A responsabilidade civil decorrente do vazamento de dados pessoais. *In:* MENKE, Fabiano; DRESCH, Rafael de Freitas Valle (Coord.). *Lei Geral de Proteção de Dados*: aspectos relevantes. Indaiatuba: Foco, 2021, p. 258. Esse tema, aliás, já foi objeto de enfrentamento em decisões judiciais brasileiras. Para um resumo panorâmico de seus principais pontos, conferir CARDOSO, João Victor Gontijo. O dano moral 'in re ipsa' e o tratamento indevido de dados sob o prisma dos julgados: REsp 1.758.799/MG e ADI 6387 MC-REF. *Revista IBERC*, Belo Horizonte, v. 4, n. 1, p. 133-153, jan./abr. 2021.

[39] CHAVES, João Guilherme Pereira. Responsabilidade civil por danos à personalidade no tratamento de dados pelo setor da saúde. *In:* TOMASEVICIUS FILHO, Eduardo (Coord.). *A Lei Geral de Proteção de Dados brasileira*: análise setorial. São Paulo: Almedina, 2021, v. 1, p. 324.

[40] "Art. 932. São também responsáveis pela reparação civil: [...] III – o empregador ou comitente, por seus empregados, serviçais e prepostos, no exercício do trabalho que lhes competir, ou em razão dele".

Aspecto derradeiro a se considerar diz respeito aos §§4º e 5º do artigo 11 da LGPD:

> Art. 11. (...)
>
> § 4º É vedada a comunicação ou o uso compartilhado entre controladores de dados pessoais sensíveis referentes à saúde com objetivo de obter vantagem econômica, exceto nas hipóteses relativas a prestação de serviços de saúde, de assistência farmacêutica e de assistência à saúde, desde que observado o § 5º deste artigo, incluídos os serviços auxiliares de diagnose e terapia, em benefício dos interesses dos titulares de dados, e para permitir: (Redação dada pela Lei nº 13.853, de 2019)
>
> § 5º É vedado às operadoras de planos privados de assistência à saúde o tratamento de dados de saúde para a prática de seleção de riscos na contratação de qualquer modalidade, assim como na contratação e exclusão de beneficiários. (Incluído pela Lei nº 13.853, de 2019)[41].

Para que se relembre, o tratamento de dados pessoais está conceituado no artigo 5º, inciso X, da LGPD: trata-se de

> [...] toda operação realizada com dados pessoais, como as que se referem a coleta, produção, recepção, classificação, utilização, acesso, reprodução, transmissão, distribuição, processamento, arquivamento, armazenamento, eliminação, avaliação ou controle da informação, modificação, comunicação, transferência, difusão ou extração.

Nota-se que o mero acesso ou o armazenamento em dispositivo já permitem o enquadramento da ação como atividade de tratamento de dados pessoais. Porém, o §4º faz remissão a um conceito diverso: o de uso compartilhado. Essa figura também está descrita na lei, no artigo 5º, inciso XVI:

> [...] uso compartilhado de dados: comunicação, difusão, transferência internacional, interconexão de dados pessoais ou tratamento compartilhado

[41] BRASIL. *Lei nº 13.709, de 14 de agosto de 2018*. Lei Geral de Proteção de Dados Pessoais (LGPD). Disponível em: https://www.planalto.gov.br/ccivil_03/_ato2015-2018/2018/lei/l13709.htm Acesso em: 10 abr. 2023.

de bancos de dados pessoais por órgãos e entidades públicos no cumprimento de suas competências legais, ou entre esses e entes privados, reciprocamente, com autorização específica, para uma ou mais modalidades de tratamento permitidas por esses entes públicos, ou entre entes privados.

Significa dizer que o controlador que tenha acesso a dados relativos à saúde deve mantê-los consigo, não lhe sendo permitido compartilhá-los com terceiros para o atingimento de finalidades econômicas. As exceções estão claramente listadas no próprio §4º, que ainda faz menção ao subsequente §5º, que veda a implementação desses dados para aferição de riscos por operadoras de planos de saúde em claro realce à incidência da boa-fé objetiva nessas relações jurídicas[42].

Conclusões

Por certo, toda a preocupação expressada pelo legislador com os dados pessoais sensíveis relativos à saúde permite um retorno à indagação anteriormente lançada: deve o consentimento preponderar para o tratamento dessas espécies de dados? A partir de tudo o que se observou, a prudência parece impor uma interpretação do rol de bases legais do inciso II do artigo 11 da LGPD conjugada aos princípios que a própria lei descreve, com destaque para o da prevenção (art. 6º, VIII) e para o da responsabilidade e prestação de contas (art. 6º, X).

Em sendo possível a obtenção do consentimento, portanto, este deve nortear as atividades de tratamento (e também as de uso compartilhado, nas restritas hipóteses do trecho final do art. 11, §4º, da LGPD), primando pela proteção do titular. A base legal relativa à tutela da saúde, contida no art. 11, II, "f", da lei, considerada em caráter suplementar e adstrita aos "procedimentos" lá mencionados, deve ser adotada em situações restritas e mais específicas, dispensando-se o consentimento apenas por total inviabilidade (técnica, prática ou de tempo) para obtê-lo.

Por derradeiro, ressalta-se a importância dos esclarecimentos trazidos pelo labor regulatório infralegal da Autoridade Nacional de Proteção de Dados, que editou seu Guia Prático de 28 de maio de 2021, posicionando-se quanto à amplitude conceitual das figuras descritas pelo legislador

[42] Sobre o tema, conferir GOMES, Josiane Araújo. Dos contratos de plano de saúde à luz da boa-fé objetiva. *Revista de Direito Privado*, São Paulo, v. 60, n. 217, out. 2014.

como agentes de tratamento (controlador e operador) e adotando solução semelhante à europeia (*guideline* 07/2020).

Os desdobramentos desses esclarecimentos têm impactos diretos na análise de eventual responsabilização civil e merecem, por tudo o que se expôs, cautelosa aferição. Sem que se consiga concretizar análise factual (e não meramente formal) e baseada em perspectiva funcional quanto ao poder de decisão no contexto do tratamento de dados pessoais, certos dispositivos da LGPD podem cair no vazio. Por seu turno, atribuir sentido a condutas não detalhadamente estudadas, em contraste com outras normas, como o artigo 932, III, do Código Civil, pode gerar dúvidas e questionamentos indesejados, especialmente em contextos complexos como o da saúde, que envolve múltiplos participantes, mesclando relações jurídicas de diversas espécies.

O princípio da prevenção (art. 6º, VIII) é norma de grande importância para a estruturação dessa conclusão, pois é tal postulado que reverbera seus efeitos quanto à natureza cogente da lei – extraída da utilização do verbo 'dever' (no plural, 'devem') no *caput* do artigo 46 – quanto à adoção de "medidas de segurança, técnicas e administrativas aptas a proteger os dados pessoais", o que é reforçado pelas circunstâncias descritas no rol de incisos do artigo 44.

Logo, incidentes de segurança com dados pessoais sensíveis referentes à saúde invariavelmente se convolam em ilícitos relativos a dados pessoais e sua ocorrência será determinada pela concretude danosa de natureza patrimonial, moral, individual ou coletiva (art. 42), catalisada pela irregularidade da atividade de tratamento, cuja aferição não deverá se pautar por qualquer espécie de culpa, mas pela identificação casuística das situações acidentais ou ilícitas (art. 46) que permitam concluir, a partir de circunstâncias objetivas (art. 44, I a III), que o tratamento realizado, em qualquer de suas etapas, até mesmo após o término (art. 47), não oferece a segurança esperada pelo titular (arts. 44, *caput*, e 49), e desde que o nexo causal não seja excepcionalmente afastado (art. 43).

Referências

ANTUNES, Henrique Sousa. A responsabilidade civil extracontratual do *data controller* por facto do *data processor*. *Revista de Direito da Responsabilidade*, Coimbra, v. 3, p. 124-156, 2021.

AUTORIDADE NACIONAL DE PROTEÇÃO DE DADOS. *Comunicação de incidentes de segurança*, 22 fev. 2021. Disponível em: https://www.gov.br/anpd/pt-br/assuntos/incidente-de-seguranca Acesso em: 10 abr. 2023.

BIONI, Bruno Ricardo. *Proteção de dados pessoais*: a função e os limites do consentimento. Rio de Janeiro: Forense, 2019.

BRASIL. Autoridade Nacional de Proteção de Dados. *Guia Orientativo para Definições dos Agentes de Tratamento de Dados Pessoais e do Encarregado*. Brasília, 28 maio 2021. Disponível em: https://www.gov.br/anpd/pt-br/assuntos/noticias/2021-05-27-guia-agentes-de-tratamento_final.pdf . Acesso em: 10 abr. 2023.

BRASIL. *Lei Complementar nº 95, de 26 de fevereiro de 1998*. Disponível em: https://www.planalto.gov.br/ccivil_03/leis/lcp/lcp95.htm. Acesso em: 10 abr. 2023.

BRASIL. *Lei nº 12.527, de 18 de novembro de 2011*. Regula o acesso a informações previsto no inciso XXXIII do art. 5º, no inciso II do § 3º do art. 37 e no § 2º do art. 216 da Constituição Federal; altera a Lei nº 8.112, de 11 de dezembro de 1990; revoga a Lei nº 11.111, de 5 de maio de 2005, e dispositivos da Lei nº 8.159, de 8 de janeiro de 1991; e dá outras providências. Disponível em: https://www.planalto.gov.br/ccivil_03/_ato2011-2014/2011/lei/l12527.htm. Acesso em: 10 abr. 2023.

BRASIL. *Lei nº 13.709, de 14 de agosto de 2018*. Lei Geral de Proteção de Dados Pessoais (LGPD). Disponível em: https://www.planalto.gov.br/ccivil_03/_ato2015-2018/2018/lei/l13709.htm Acesso em: 10 abr. 2023.

BRZEZINSKI, Zbigniew K. *Between two ages*: America's role in the technetronic era. Nova Iorque: Viking Press, 1971.

CARDOSO, João Victor Gontijo. O dano moral 'in re ipsa' e o tratamento indevido de dados sob o prisma dos julgados: REsp 1.758.799/MG e ADI 6387 MC-REF. *Revista IBERC*, Belo Horizonte, v. 4, n. 1, p. 133-153, jan./abr. 2021.

CATALÀ, Pierre. Ebauche d'une théorie juridique de l'information. *Informatica e Diritto*, Nápoles, ano IX, jan./apr. 1983.

CHAVES, João Guilherme Pereira. Responsabilidade civil por danos à personalidade no tratamento de dados pelo setor da saúde. *In:* TOMASEVICIUS FILHO, Eduardo (Coord.). *A Lei Geral de Proteção de Dados brasileira*: análise setorial. São Paulo: Almedina, 2021, v. 1.

CHAVES, João Guilherme Pereira. Sanção aplicada pela inspetoria estatal de proteção de dados lituana no 'caso Karantinas': tratamento de dados pessoais ilícito em aplicativos de saúde pública. *In*: TOMASEVICIUS FILHO, Eduardo; FALEIROS JÚNIOR, José Luiz de Moura; DALESE, Pedro (Coord.). *GDPR – Regulamento Geral sobre a Proteção de Dados da União Europeia*: análise de casos sobre a aplicação de sanções administrativas. Indaiatuba: Foco, 2023.

COLOMBO, Cristiano; FACCHINI NETO, Eugênio. Corpo eletrônico como vítima de ofensas em matéria de tratamento de dados pessoais: reflexões acerca da responsabilidade civil por danos à luz da Lei Geral de Proteção de Dados Pessoais

Brasileira e Viabilidade da Aplicação de Dano Estético Digital. *In:* ROSENVALD, Nelson; DRESCH, Rafael de Freitas Valle; WESENDONCK, Tula (Coord.). *Responsabilidade civil*: novos riscos. Indaiatuba: Foco, 2019.

DANTAS BISNETO, Cícero. Dano moral pela violação à legislação de proteção de dados: um estudo de direito comparado entre a LGPD e o RGPD. *In:* FALEIROS JÚNIOR, José Luiz de Moura; LONGHI, João Victor Rozatti; GUGLIARA, Rodrigo (Coord.). *Proteção de dados pessoais na sociedade da informação*: entre dados e danos. Indaiatuba: Foco, 2021.

DONEDA, Danilo. O direito fundamental à proteção de dados pessoais. *In:* MARTINS, Guilherme Magalhães; LONGHI, João Victor Rozatti (Coord.). *Direito digital*: direito privado e Internet. 3. ed. Indaiatuba: Foco, 2020.

DRESCH, Rafael de Freitas Valle; FALEIROS JÚNIOR, José Luiz de Moura. Reflexões sobre a responsabilidade civil na Lei Geral de Proteção de Dados (Lei nº 13.709/2018). *In:* ROSENVALD, Nelson; DRESCH, Rafael de Freitas Valle; WESENDONCK, Tula (Coords.). *Responsabilidade civil*: novos riscos. Indaiatuba: Foco, 2019.

EUROPEAN DATA PROTECTION BOARD. *Guidelines 07/2020 on the concepts of controller and processor in the GDPR*, 07 set. 2020. Disponível em: https://edpb.europa.eu/our-work-tools/public-consultations-art-704/2020/guidelines-072020-concepts-controller-and-processor_pt. Acesso em: 10 abr. 2023.

FALEIROS JÚNIOR, José Luiz de Moura. Personal health data in the Brazilian General Personal Data Protection Law: peculiarities and protective scope. *Medicine and Law*, Haifa, v. 42, n. 1, p. 3-20, mar. 2023

FRAJHOF, Isabella Z; MANGETH, Ana Lara. As bases legais para o tratamento de dados pessoais. *In*: MULHOLLAND, Caitlin (Org.). *A LGPD e o novo marco normativo no Brasil*. Porto Alegre: Arquipélago Editorial, 2020.

GOMES, Josiane Araújo. Dos contratos de plano de saúde à luz da boa-fé objetiva. *Revista de Direito Privado*, São Paulo, v. 60, n. 217, out. 2014.

GUEDES, Gisela Sampaio da Cruz; MEIRELES, Rose Melo Venceslau. Término do tratamento de dados. *In:* TEPEDINO, Gustavo; FRAZÃO, Ana; OLIVA, Milena Donato (Coords.). *Lei Geral de Proteção de Dados Pessoais e suas repercussões no direito brasileiro*. São Paulo: Revista dos Tribunais, 2019.

KREMER, Bianca. Os agentes de tratamento de dados pessoais. *In:* MULHOLLAND, Caitlin (Org.). *A LGPD e o novo marco normativo no Brasil*. Porto Alegre: Arquipélago Editorial, 2020.

LIMA, Cíntia Rosa Pereira de; ABOIN, Ana Carolina. Proteção de dados clínicos e genéticos na era tecnológica: uma análise com base nos avanços da reprodução humana. *In:* SCALQUETTE, Ana Cláudia; SCALQUETTE, Rodrigo Arnoni (Coord.); SILVA, Anna Paula Soares da; BERGSTEIN, Gilberto (Org.).

Biotecnologia, biodireitos e liberdades individuais: novas fronteiras da ciência jurídica. Indaiatuba: Foco, 2019, v. 1.

LLOYD, Ian J. *Information technology law*. 6. ed. Oxford: Oxford University Press, 2011.

MADALENA, Juliano. A responsabilidade civil decorrente do vazamento de dados pessoais. *In:* MENKE, Fabiano; DRESCH, Rafael de Freitas Valle (Coord.). *Lei Geral de Proteção de Dados*: aspectos relevantes. Indaiatuba: Foco, 2021.

MENDES, Laura Schertel. *Privacidade, proteção de dados e defesa do consumidor*: linhas gerais de um novo direito fundamental. São Paulo: Saraiva, 2014.

MIRAGEM, Bruno. A Lei Geral de Proteção de Dados (Lei 13.709/2018) e o direito do consumidor. *Revista dos Tribunais*, São Paulo, v. 1009, nov. 2019.

MULHOLLAND, Caitlin. Dados pessoais sensíveis e a tutela de direitos fundamentais: uma análise à luz da Lei Geral de Proteção de Dados (Lei 13.709/18), *Revista de Direitos e Garantias Fundamentais*, Vitória, v. 19, n. 3, p. 159-180, set./dez. 2018.

MULHOLLAND, Caitlin. Responsabilidade civil por danos causados pela violação de dados sensíveis e a Lei Geral de Proteção de Dados Pessoais (lei 13.709/2018). *In:* MARTINS, Guilherme Magalhães; ROSENVALD, Nelson (Coord.). *Responsabilidade civil e novas tecnologias*. Indaiatuba: Foco, 2020.

NISSENBAUM, Helen. *Privacy in context*: technology, policy and the integrity of social life. Stanford: Stanford University Press, 2010.

RODOTÀ, Stefano. *A vida na sociedade da vigilância*: a privacidade hoje. Tradução de Danilo Doneda e Luciana Cabral Doneda. Rio de Janeiro: Renovar, 2008.

ROSENVALD, Nelson. O compliance e a redução equitativa da indenização na LGPD. *Migalhas de Proteção de Dados*, 19 mar. 2021. Disponível em: https://www.migalhas.com.br/coluna/migalhas-de-protecao-de-dados/342032/o-compliance--e-a-reducao-equitativa-da-indenizacao-na-lgpd. Acesso em: 10 abr. 2023.

SCHREIBER, Anderson. *Direitos da personalidade*. São Paulo: Atlas, 2014.

SUMNER, Stuart. *You*: for sale. Protecting your personal data and privacy online. Waltham: Syngress/Elsevier, 2016.

TEFFÉ, Chiara Spadaccini de. Art. 11 (Do Tratamento de Dados Pessoais Sensíveis). In: MARTINS, Guilherme Magalhães; LONGHI, João Victor Rozatti; FALEIROS JÚNIOR, José Luiz de Moura (Coord.). *Comentários à Lei Geral de Proteção de Dados Pessoais (Lei nº 13.709/2018)*. Indaiatuba: Foco, 2022.

TEFFÉ, Chiara Spadaccini de. *Dados pessoais sensíveis*: qualificação, tratamento e boas práticas. Indaiatuba: Foco, 2022.

TOMASEVICIUS FILHO, Eduardo. Responsabilidade civil na LGPD na área da saúde. *In:* DALLARI, Analluza Bolivar; MONACO, Gustavo Ferraz de Campos (Coord.). *LGPD na saúde*. São Paulo: Thomson Reuters Brasil, 2021.

TOMASEVICIUS FILHO, Eduardo; SOUSA, Mariana Almirão de. A proteção de dados da pessoa jurídica e a Lei Geral de Proteção de Dados. *Consultor Jurídico*,

22 jan. 2021. Disponível em: https://www.conjur.com.br/2021-jan-22/opiniao-protecao-dados-pessoa-juridica-lgpd. Acesso em: 10 abr. 2023.

UNIÃO EUROPEIA. Regulamento n.º 2016/679, de 27 de abril de 2016. Regulamento Geral Sobre A Proteção de Dados. 2016. Disponível em: https://eur-lex.europa.eu/legal-content/PT/TXT/PDF/?uri=CELEX:32016R0679&from=PT. Acesso em: 10 abr. 2023.

9. LA RELACIÓN MÉDICO-PACIENTE EN TIEMPOS DE ALGORITMOS RESPONSABILIDAD MÉDICA Y DERECHOS DEL PACIENTE EN LA LEGISLACIÓN ARGENTINA

Gricelda Moreira
Adriana Ruffa
Graciela Soifer

Introducción

El presente trabajo tiene el propósito de acercar una reflexión bioética y jurídica sobre las transformaciones que se producen en la relación entre los pacientes y el equipo de salud a partir de la aplicación de tecnologías emergentes en el ámbito de la salud.

Las principales ideas que desarrollamos se vinculan con el cambio de paradigma desde el paternalismo médico a otro de promoción de la autonomía de los pacientes, la importancia de la comunicación en la relación médico-paciente tanto desde el punto de vista del contenido a transmitir como desde lo relacional. Nos detendremos especialmente a analizar el impacto de algunas de las tecnologías de la comunicación y la información (TICs) aplicadas a la salud, sus riesgos y aportes a la ciencia médica. Nos interrogamos sobre el Big Data, los macrodatos y la Inteligencia Artificial (IA) y su potencial capacidad de vulnerar derechos personalísimos y deshumanizar de la relación médico –paciente. Frente a los rápidos avances tecnológicos surge también la pregunta por el derecho y la responsabilidad como garantía de una justa distribución de los riesgos.

1. Transformación de la relación médico paciente

La relación médico- paciente y la comunicación que ambos generan dependerá de si están centradas en la enfermedad o en el sujeto que la padece, si se sostiene desde una posición directiva o facilitadora. No es posible desconocer los cambios que se han producido desde las últimas décadas del siglo XX y los efectos que provocaron en la relación entre los médicos y los enfermos.

Desde la visión del paternalismo, la relación se presenta como fuertemente jerarquizada y asimétrica entre el experto, el "doctor", quien porta el saber, y el "enfermo", quien no sabe ni entiende y que además muchas veces se encuentra en una situación de debilidad y de vulnerabilidad por los miedos que la enfermedad genera. En este paradigma médico predomina la idea de beneficencia. Las acciones de los profesionales que integran el equipo de salud tienen como principal objetivo el "bien" del enfermo, definido de acuerdo con sus propios criterios. En este contexto la obligación de los profesionales de la salud es asegurar que el paciente nunca resulte perjudicado y que, además, reciba todas las intervenciones y prácticas disponibles para lograr su recuperación, aun cuando éstas puedan ser excesivas. Con respecto al paciente, no le corresponde tomar decisiones ni discutir las prescripciones del médico.

Este modelo paternalista en salud supone una concepción sacerdotal del ejercicio de la medicina y ha mantenido su vigencia desde la época hipocrática griega, hasta que en el siglo XX comenzó a resquebrajarse en virtud de una serie de factores. En primer lugar, se produjo un debilitamiento de la figura del experto que todo lo sabe, para abrirse paso la idea de un diálogo entre sujetos racionales como modo de acuerdo y convivencia. Por otro lado, la consagración del individuo como un ser autónomo y con derechos, capaz de dirigir su propia vida tomando las decisiones que atañen a su salud y a la integridad de su cuerpo[1].

En la actualidad, la propuesta es lograr una interacción a través del diálogo que facilite al paciente el ejercicio de la autonomía de la voluntad y que el profesional pueda encontrar un modo de transmitir información.

[1] GUZ, Laura Ferrari, Miriam; MASSARO, Laura; MOREIRA, Gricelda; RUFFA, Adriana; SOIFER, Graciela. Directivas anticipadas: un progreso legislativo. *Pensar en Derecho*, Eudeba Editorial Universitaria de Buenos Aires, n. 3, ano 2, p. 283-324, dez. 2013.

Más aún cuando se trata de una información sensible relacionada con la posibilidad de vida y de muerte.

El paciente que se encuentra en una situación de vulnerabilidad pone en funcionamiento sus recursos simbólicos y sus defensas. Por ello, será necesario favorecer el encuentro, que necesariamente implica por parte del experto, la capacidad de escucha, la empatía y el respeto a la dignidad bio-psico-social, a fin de promover la confianza que permita establecer una alianza terapéutica.

1.1. Los cambios en la comunicación en salud

La comunicación es la puerta de entrada al mundo del paciente. Desde la antigüedad se considera vital la importancia de la palabra. Ya proponía Platón que la psicoterapia verbal y el uso del placebo eran parte de un tratamiento médico integral. Por su parte, Sócrates sostenía que "el alma debe ser curada con ciertos ensalmos que no son fórmulas mágicas sino bellos discursos, mediante los cuales es fácil curar la cabeza y a todo el cuerpo"[2].

En lo atinente a la relación médico-paciente, la comunicación se ve particularmente plasmada en dos axiomas. Por un lado, el lenguaje o información –contenido- y por otro, la forma en que el médico y el paciente se vinculan –lo relacional-. Tan importantes son estos dos componentes que dicha comunicación se ve afectada o encuentra su punto de conflicto cuando el significado de esa información sanitaria depende de la forma en que fue transmitida. Es decir, cuando lo relacional impide la comprensión del mensaje. Es en ese escenario donde el mensaje y el modo de comunicarlo, cobran una importancia tal, que amerita analizar las diferentes aristas que se suscitan en la interacción del médico y el paciente, al momento de dar y recibir respectivamente, una noticia. En tiempos de Hipócrates, se aconsejaba ocultarle al enfermo su estado de salud, en tanto que el Talmud advertía al médico no abrumar al enfermo y no confrontarlo con una cruel verdad[3].

[2] CORAGLIO, Mariana Fernanda. El médico a la hora de informar. *Asociación Médica Argentina*, v. 124, n. 3, set. 2011, p. 37.

[3] MOREIRA, Soifer et. al. Algunas reflexiones sobre verdad tolerable. *Redbioética/Unesco*, ano 4, v. 1, n. 7, jan./jun. 2013.

En la actualidad, en el mismo sentido, el galeno no sólo debe informar el dato objetivo –diagnóstico, pronóstico- sino que debe buscar la forma más tolerable de transmitir la información, teniendo en cuenta ciertas circunstancias que hacen que esa comunicación sea afectiva y efectiva. Para ello es importante contar con el lugar y el tiempo adecuados para el desarrollo de ese diálogo. Hablar con un lenguaje claro, concreto, sin tecnicismos. No inducir las respuestas, tener en cuenta las condiciones socioculturales y las creencias del paciente. El mensaje que debe prevalecer, entonces, es que el paciente no se sienta abandonado[4]. Al decir de Gherardi[5],

> [...] cuidar al paciente en la búsqueda de una muerte digna, cuando ya no es posible la recuperación, significa no hacer algunas cosas, dejar de hacer otras, en cambio, emprender muchas que permitan enriquecer la comunicación con la familia, aliviar el dolor y favorecer la intervención de todo el equipo de salud.

En contrapartida, el paciente también carga con ciertas dificultades que entorpecen ese acercamiento en la relación médico paciente: olvido de las indicaciones, negación como mecanismo de defensa, miedo a preguntar, enojo, falta de contención familiar, desesperanza. En este contexto, el rol del médico es fundamental y debe conjugar ambas situaciones. Si bien se entiende que en el profesional debe primar la neutralidad, la objetividad, no puede jugar en desmedro de la empatía que también debe caracterizar dicha comunicación. El paciente es un ser humano donde los valores de dignidad y respeto se ven enaltecidos. No es sólo un cuerpo enfermo. Como dice Le Breton[6], en su estudio del mundo moderno, desde una perspectiva antropológica y sociológica del cuerpo, la existencia del hombre es corporal, sin el cuerpo que le proporciona un rostro, el hombre no existiría.

[4] TRIPODORO, Vilma. Te voy a acompañar hasta el final: vivir con cuidados paliativos Buenos Aires. *Capital Intelectual*, 2011. 220p.

[5] GHERARDI, Carlos et al. La muerte en un servicio de terapia intensiva. *Medicina*. Buenos Aires, v. 66, n. 3, p. 237-241, 2006. Disponível em: http://www.scielo.org.ar/pdf/medba/v66n3/v66n3a08.pdf. Acesso em: 2 mar. 2023.

[6] LE BRETON, David. *Antropología del cuerpo y la modernidad*. Buenos Aires: Nueva Visión, 2010.

> [...] la medicina clásica también hace del cuerpo un alter ego del hombre. Cuando cura al hombre enfermo no tiene en cuenta su historia personal, su relación con el inconsciente y sólo considera los procesos orgánicos. La medicina sigue siendo fiel a la herencia de Vesalio, se interesa por el cuerpo, por la enfermedad y no por el enfermo [...].

La información de malas noticias en salud debe darse en etapas para que el paciente y la familia la asimilen y así lograr una relación de confianza y sinceridad recíprocas. El tiempo es un factor muy importante, tanto en su aspecto diacrónico como sincrónico. Las fases en la aceptación de una mala noticia no son inamovibles, ni fijas, ni ordenadas. Ante el impacto de la noticia se produce un estado de shock, y luego se suceden distintas respuestas emocionales, que van desde la negación como forma defensiva frente a la ruptura del equilibrio psíquico, pasando por la ira y el enojo; por la depresión; por la tristeza como efecto de lo inmanejable y, por último, la resignación y aceptación. Según Kübler Ross[7], la etapa del duelo de la propia muerte o la de un ser querido cumple cinco etapas: dolor que provoca negación y aislamiento, ira, la negociación, depresión y reconciliación y aceptación. La posición del profesional a su vez deberá ser la de ir acomodando la información y los criterios de verdad, sabiendo que el paciente no elaborará estas etapas de manera prolija y sucesiva y que en ocasiones tendrá retrocesos y avances. El médico colaborará para que el paciente pueda asumir lo que le acontece, para que pueda ingresar en la fase de aceptación, la cual le dará la oportunidad de tomar decisiones, también en esta etapa de su vida. Es importante, entonces, tener en cuenta que no es solamente el paciente el que transita por este proceso, sino también su familia o su entorno más cercano, que son quienes permanecen cerca del enfermo e interactúan entre sí, a veces retroalimentando posiciones. Por otro lado, los integrantes del equipo de salud, pueden ser interlocutores válidos para comentarle a quien esté encargado de transmitir la información, las dudas y temores del paciente. Considerando el tiempo que suelen estar con el enfermo, pueden asumir un papel activo en la transmisión, debido a que la cotidianeidad genera un vínculo afectivo y de confianza diferente al que se establece con el médico.

[7] KÜBLER-ROSS, E. *On Death and Dying. Bulletin of the American College of Surgeons*, n. 60, p. 12-15, 1975.

No es suficiente con enunciar, sabemos que lo que se dice ingresa por los carriles del sujeto en posición de escucha, el cual porta una experiencia de vida previa al hecho, un entorno, un bagaje cultural, una edad y fundamentalmente un inconsciente, por lo cual se escucha lo que se puede y lo que se quiere. Sumado ello a la transferencia que se genere con el equipo de salud. Contar con un tiempo y un mayor contacto irá produciendo los matices para transmitir la información. La capacidad del profesional para transmitir la verdad dependerá también de su propia subjetividad, la experiencia y la sensibilidad.

1.2. ¿Por qué estamos ocupándonos de la comunicación en la relación médico- paciente? ¿Qué nos preocupa?

En la actualidad la relación médico-paciente se ha complejizado debido a tres factores: Por un lado, el médico paulatinamente va dejando atrás la actitud paternalista. El paciente, por su parte, comienza a ejercer su autonomía al momento de tomar decisiones, apoyándose muchas veces en consultas mediante buscadores virtuales que le permiten acceder a información acerca de su malestar, antes incluso, de recurrir al profesional. Finalmente, la globalización de la tecnología ha provocado efectos al momento de la consulta, dado que, en ocasiones, es el médico quien pone el énfasis en las pruebas objetivas, en los estudios clínicos y no realiza una completa anamnesis ni una correcta exploración física, ya casi ni toca al paciente.

Es a partir de estos hechos que podemos interrogarnos acerca del concepto de cuerpo que comienza a imperar hoy y que se proyecta hacia el futuro. Hablar de cuerpo en las sociedades occidentales contemporáneas significa referirse al saber anatomo-fisiológico en el que se apoya la medicina moderna, que pone el énfasis en el mecanismo del cuerpo, pero de un cuerpo fragmentado como receptáculo de la enfermedad, que deja de lado al sujeto que lo encarna, su historia, su medio social, su relación con el deseo, con la angustia, con la muerte. La medicina está experimentando una revolución conceptual. Mientras que la medicina del siglo XX tenía como objetivo curar a los enfermos, la medicina del siglo XXI tiende a mejorar a los sanos.

El siglo XX, fue el siglo de las masas, se necesitaban soldados y obreros sanos, era necesario superar las epidemias y curar a los enfermos se transformó en un proyecto humanitario que se sostuvo en un estándar normativo de salud física y mental. En cambio, hoy en los primeros albores del siglo XXI, no contamos con un estándar universal que pueda ser aplicable a todos. Actualmente no hay una línea clara que separe curar de mejorar y para ello la tecnología ha sido fundamental. Si se descubre como detener la pérdida de memoria en los ancianos, los mismos tratamientos podrían ser utilizados para potenciar la memoria en los más jóvenes.

Otro buen ejemplo es una de las pastillas con más venta en el mundo, una droga que comenzó a ser investigada como posible tratamiento de tensión arterial, pero se descubrió que podía vencer la impotencia masculina y actualmente "el viagra" lo consumen muchos caballeros que no padecen enfermedad alguna, pero la pastilla les ayuda a mejorar su "performance" y superar la norma. Todos contamos con un smartphone, un celular, hace 17 años desde el primer modelo presentado por Steve Jobs en 2007, pero hoy ninguno de nosotros podemos imaginarnos sin una conexión 4G con acceso a Google en cualquier momento y lugar.

Pero ¿por qué habla que quienes hicieron posible este adelanto tecnológico para que todos estemos conectados, ahora parecen estar preocupados en mejorar la salud humana. En 2008 Google puso en marcha Google Flu Trends, que rastreaba los brotes de gripe mediante el seguimiento de las búsquedas de los usuarios en Google, capaz de detonar la alarma de gripe diez días antes que los servicios de salud tradicional, pero debido a sus limitaciones respecto a la protección de datos sensibles, ya no se encuentra disponible. Google Baseline Study intenta construir una base de datos gigantesca estableciendo el perfil de salud perfecta, que encaja con una línea de productos llamados Google Fit que se incorporan a remeras, pulseras y anteojos, que transmiten los datos a un servidor minuto a minuto.

Otra de las empresas es 23andMe que provee información de nuestros cromosomas. El procedimiento es sencillo, previo pago de la módica suma de 99 dólares, nos envían un paquetito con un tubo, abrimos el mismo y escupimos dentro, luego lo cerramos bien y lo enviamos a Montagne View California allí, leen el ADN de la saliva y nos envían los resultados por mail. Los resultados contendrán una lista de nuestros potenciales riesgos de salud. ¿Qué haremos con esos resultados?

Lo que podemos afirmar es que la base de datos es la clave para hacer predicciones específicas, y si concedemos a Google o a cualquier otra compañía, libre acceso a nuestros dispositivos biomédicos es posible que consigamos un servicio médico que lo sepa: todo[8]. De este modo, la información se produce, envía y recibe, sin filtro alguno, eliminando la intervención de terceros.

La IA se puede definir como sistemas informáticos que pueden aprender, planificar y hasta resolver problemas de forma análoga al cerebro humano. La IA al poder analizar grandes cantidades de datos permite captar signos y síntomas para llegar a un diagnóstico de enfermedad. El modelo de chatbot de IA denominado ChatGPT desarrollado por OpenAI que se especializa en el diálogo, es un gran modelo de lenguaje, ajustado con técnicas de aprendizaje tanto supervisadas como de refuerzo.

Se trata de una aplicación relativamente nueva – 30 de noviembre de 2022 –, que ha puesto. sobre la mesa su potencial en muchos campos, entre ellos el de la atención sanitaria. Si bien, esta herramienta ofrece amplias posibilidades en el ámbito de la salud, surge el interrogante si debiera utilizarse como sustituto de un especialista a la hora de realizar un diagnóstico, de ofrecer una orientación fiable o de prescribir un tratamiento[9].

Como explica Eva Velasco CEO de ID 360 empresa dedicada al marketing digital «las herramientas de IA generativas pueden ayudar a mejorar a que las conversaciones entre médicos y pacientes sean más productivas. Sin duda, estas tecnologías ayudarán a ofrecer experiencias más personalizadas a partir de modelos predictivos que definan qué tipo de contenido podría interesarle a un usuario en particular y qué acción podría tomar en función de ese contenido».

De hecho, según una encuesta reciente en la plataforma de médicos de Sermo –red social privada para médicos-, el 76% aseguraba ver el potencial que ChatGPT podría ofrecer a los médicos y otros trabajadores de la salud. Además, el 39 % afirmó que podría usar esta herramienta para investigación, diagnóstico y tratamiento. Un 27% estaba abierto a usarlo para atención y entrega de patentes; y otro 27% dispuesto a usarlo para el

[8] MOREIRA, Gricelda. Una nueva Escucha en la Relación Médico-paciente. *XII Congreso Latinoamericano y del Caribe de Instituciones de Bioética* (FELAIBE) en la Ciudad de Puerto Rico. 11 a 13 abr. 2019.

[9] ChatGPT. [Internet]. Disponível em: https://chat.openai.com/auth/login. Acesso em: 2 mar. 2023.

OpenAI. [Internet]. Disponível em: https://openai.com/. Acesso em: 2 mar. 2023.

flujo de trabajo clínico y no clínico[10]. Cabe preguntarse si esta posición tan optimista, logrará salvaguardar los derechos de equidad en el acceso a la salud de los pacientes o si por el contrario se convertirá en una barrera que profundizará las brechas existentes.

En el contexto que acabamos de describir, las decisiones médicas parecen no depender de nuestras sensaciones de enfermedad o de bienestar, ni de las predicciones informadas Algoritmos de macrodatos alimentados por un flujo de datos biomédicos pueden controlar nuestra salud a todas horas y todos los días de la semana, pudiendo recomendar tratamientos a la medida de nuestro físico, nuestro ADN y hasta de nuestra personalidad.

Si se antepone la técnica y la racionalidad de los métodos para el diagnóstico y el tratamiento, el saber del médico pierde valor y el enfermo se transforma en un accesorio, adquiriendo el cuerpo valor de objeto. Parece entonces, anunciarse el fin de la medicina de relación, el médico se aleja del enfermo y se objetiva la enfermedad al desconectarla de la historia singular. Es posible que la gente goce de mejor atención sanitaria, pero eso no evitará que siga enfermando. El médico puede, si es competente y sensible, llegar al enfermo más allá de la pantalla, más allá de la información que la tecnología brinde. Puede establecer una relación con el sujeto que consulta y hasta implicar al paciente a que pueda interrogarse sobre el sentido íntimo de la enfermedad que lo aqueja.

La pregunta inicial es: ¿por qué estamos ocupándonos de la comunicación en la relación médico- paciente, ¿qué nos preocupa? Nos preocupa que estemos cediendo lo más valioso con lo que contamos, nuestra humanidad. Es por eso por lo que necesitamos hablar de comunicación, porque la comunicación está constituida por los gestos, las expresiones en nuestro rostro, en el modo de sentarnos, en la mirada, en los tonos de voz, en nuestros acentos particulares, en todos y cada uno de los sentidos. Es en esa pluralidad de dimensiones y estratos de la percepción humana, que podemos encontrar en ambos lados de la ecuación médico-paciente: dos sujetos, cada uno portador de su propia historia, con sus miedos, con sus angustias y sus deseos.

10 SANIDAD. Tecnología. Disponível em: https://isanidad.com/244861/la-inteligencia--artificial-ayudara-a-ofrecer-experiencias-mas-personalizadas-y-a-mejorar-la-comunicación--médico-paciente/GPT. Acesso em: 22 mar. 2023.

Sólo que uno, el enfermo, padece un síntoma y el otro, el médico, cuenta con la herramienta para leerlo en su singularidad.

2. La responsabilidad médica para el derecho argentino

La función del derecho es distribuir entre el médico y el paciente los riesgos de error conectados a la actividad médica. No se puede decidir exclusivamente desde la perspectiva del afectado qué distribución del riesgo cabe considerar justa. Tampoco el haber querido lo mejor para el paciente puede eximir del deber de reparar las consecuencias negativas de los errores imprudentes en el tratamiento. De la misma forma, el no ver cumplidas las expectativas de éxito del tratamiento puede fundar una pretensión de indemnización por daños y perjuicios[11].

El Título Primero, Capítulo 3ero, del Código Civil y Comercial de la Nación Argentina[12] se encuentra dedicado a los llamados "Derechos y Actos Personalísimos", donde se regula explícitamente la inviolabilidad de la persona humana y su dignidad. Estos atributos de la persona humana – considerados derechos fundamentales- dan lugar a la protección de los demás derechos tales como la integridad, la vida, la salud tanto física como psíquica, la intimidad personal o familiar, la honra o reputación, la imagen o identidad.

Este tema se vincula necesariamente con lo que se conoce en el ámbito del Derecho como "Responsabilidad Civil" y como una variante de la responsabilidad profesional la denominada "Responsabilidad Médica". Se entiende por tal la obligación que tiene todo profesional médico de reparar el daño causado por su accionar u omisión a un tercero, en el ejercicio de su actividad profesional.

Se pueden distinguir dos tipos de responsabilidad profesional: culposa o dolosa. La culpa se produce por falta al deber de cuidado o de diligencia en su obrar, sin que haya intencionalidad de provocar el daño. El ejemplo es la denominada mala praxis en la que el profesional de la salud prescribe

[11] EGUZKILORE. Derecho y relación médico paciente: responsabilidad por lo errores, p. 117. Koch Hans- George. *Ética y derecho médico*: una propuesta de teoría armonizadora, n. extraordinario, p. 113-121, San Sebastián, 1992.

[12] CÓDIGO CIVIL Y COMERCIAL DE LA REPÚBLICA ARGENTINA. Disponível em: http://servicios.infoleg.gob.ar/infolegInternet/anexos/235000-239999/235975/norma.htm. Acesso em: 4 mar. 2023.

un tratamiento que por negligencia, impericia o imprudencia provoca un daño en la salud del paciente o eventualmente su muerte[13]. Por su parte, la acción y la omisión dolosa ocurre cuando el profesional médico actúa con voluntad o con la intencionalidad de obtener un resultado dañoso para el paciente. En estos casos el médico responderá tanto civil como penalmente por su práctica.

El Código Civil y Comercial de 2015 trae además una innovación en materia de responsabilidad: la denominada "Función Preventiva", que tiende a evitar la producción del daño o lesión por el accionar u omisión del actuar médico mismo, su continuación o su agravamiento[14]. En forma genérica, este artículo coloca sobre toda persona el deber de adoptar conductas tendientes a evitar perjuicios que puedan preverse, con el condicionante que "siempre que esa conducta dependa de ella". El Código además regula la denominada "Función resarcitoria", definida como la obligación, si esto fuera posible, de restituir la situación del damnificado – paciente- al estado anterior al evento dañoso, mediante una "reparación plena" del perjuicio sufrido, ya sea mediante una suma de dinero o una prestación en especie.

Ahora bien, cuáles son los elementos que deben existir para que exista responsabilidad. Según lo establece el Código Civil y Comercial, en primera instancia deberá probarse el daño o lesión. En el tema bajo análisis, la responsabilidad médica surge cuando el profesional, en el ejercicio de su arte, comete actos u omisiones involuntarias o voluntarias contra las reglas legalmente establecidas y ocasiona un daño a la salud,

[13] La doctrina jurídica define: Imprudencia: tiene lugar cuando se obra precipitadamente, sin prever cabalmente las consecuencias que pueden derivar de ese obrar irreflexivo. Negligencia: consiste en la omisión de cierta actividad que habría evitado el resultado dañoso. Es decir, no se hace o se hace menos de lo debido. Impericia: comprende las infracciones profesionales típicas, ya que supone el desconocimiento de las reglas y los métodos propios de la profesión de que se trate, pues todos los profesionales deben poseer los conocimientos teóricos y prácticos pertinentes y obrar con previsión y ajuste a éstos.

[14] El artículo 1710 del Código impone el deber de prevención de los daños al disponer que:" Toda persona tiene el deber, en cuanto de ella dependa, de: a) evitar causar un daño no justificado; b) adoptar, de buena fe y conforme a las circunstancias, las medidas razonables para evitar que se produzca un daño, o disminuir su magnitud; si tales medidas evitan o disminuyen la magnitud de un daño del cual un tercero sería responsable, tiene derecho a que éste le reembolse el valor de los gastos en que incurrió, conforme a las reglas del enriquecimiento sin causa; c) no agravar el daño, si ya se produjo".

vulnerando de ese modo uno de los derechos fundamentales. Por ello, el ordenamiento jurídico impone al médico la obligación de responder por las consecuencias dañosas de su actuación profesional.

El deber de reparar nace si puede acreditarse que el evento dañoso es causa del accionar culposo o doloso, en la amplia acepción del concepto de culpa –negligencia, imprudencia o impericia- del profesional médico; cuando éste hubiera incurrido en la omisión de la diligencia debida según la naturaleza de la obligación y las circunstancias de las personas, el tiempo y el lugar.

El segundo presupuesto de la responsabilidad médica es la antijuridicidad, es decir el incumplimiento de una obligación. Esto significa que el profesional de la salud actuará en forma antijurídica, como acto contrario a derecho, cuando transgrede lo pactado o bien alguna norma que establezca un deber profesional específico o el procedimiento administrativo interno de la institución en la que desempeña su actividad. Sin embargo, nuestro Código establece "causales de justificación", casos particulares en los cuales, existiendo daño, éste puede ser justificado. Por ejemplo, cuando estamos frente a un estado de necesidad, el que se produce cuando se evita un mal actual o inminente, de otro modo inevitable. Por ejemplo, cuando ante una situación en la que no es posible brindar a todos atención debe aplicar el método del triage, que tiene por objetivo decidir de acuerdo con protocolos quienes recibirán atención médica prioritaria. El tercer presupuesto de la responsabilidad médica es la relación causal, es decir, el establecimiento de la relación de causa y efecto entre la acción u omisión del médico y el daño que ha causado. El cuarto presupuesto de responsabilidad es el factor de atribución. Se trata de una responsabilidad basada "en el reproche sobre la conducta del facultativo". Éste prevé que a mayor deber de prudencia y conocimiento que el profesional médico tenga sobre la materia, mayor será su responsabilidad.

2.1. La responsabilidad entre paréntesis

Desde siempre la relación entre el médico y el paciente ha sido de modo presencial: los pacientes acudían al facultativo en busca de alivio o curación, y deseaban ser atendidos por un buen profesional al que le reconocían los conocimientos adquiridos.

Como hemos dicho, ese escenario ha cambiado. La tecnología moldea un paciente mucho más activo que dispone de herramientas que le permiten informarse sobre el tratamiento de su patología. Esto necesariamente supone un cambio de paradigma en el trato, que puede derivar en una relación más deshumanizada, entre otros riesgos capaces de afectar la relación terapéutica entre los médicos y sus pacientes y las relaciones jurídicas establecidas. Este último aspecto es el que consideraremos a continuación.

Cuando se habla de la relación entre el médico y el paciente, resulta de interés mencionar lo dispuesto por la ley 26.529[15] de la República Argentina de 2009, modificada por la ley 26.742, que regula los derechos del paciente en cuanto a la autonomía de la voluntad, legisla sobre la información que el médico debe dar y que el paciente tiene que recibir – si así lo desea –, además de los requisitos que debe cumplir la documentación sanitaria y la historia clínica. El texto legal se define como un estatuto de derechos "esenciales" de los pacientes en su relación con los médicos (art. 2º), pero esa calificación de derechos enumerados deja inferir que no son taxativos, sino que su mención constituye un piso mínimo que se debe respetar.

En cuanto a la información que un médico puede dar acerca de un paciente, el mandato de la ley es claro: no está permitido suministrar ni divulgar información sobre la salud de las personas; salvo autorización judicial o del propio paciente. Por fuera de las excepciones legales, el médico responderá por los daños cometidos por revelar información reservada a los pacientes.

En algunas ocasiones esa obligación de guardar el secreto profesional puede enfrentarse y entrar en tensión con otro deber: la de transmitir la información. Pensemos, por ejemplo, en el conflicto que se presenta cuando el médico debe denunciar que el estado de salud de un paciente está relacionado con un delito o con algunas enfermedades que exigen la denuncia obligatoria. En caso que el profesional revele un dato al que tuvo conocimiento por ejercicio de su profesión es responsable por el daño causado.

[15] LEY 26.529 de la República Argentina de 2009, modificada por la ley 26.742. Disponible en http://servicios.infoleg.gob.ar/infolegInternet/anexos/160000-164999/160432/norma.htm#:~:text=El%20paciente%2C%20prioritariamente%20los%20ni%C3%B1os,sexual%20o%20cualquier%20otra%20condici%C3%B3n. Acesso em: 5 mar. 2023.

Cabe preguntarse cómo se evita que – si bien se encuentran protegidos por las regulaciones de la ley de habeas data- los pacientes sean víctimas de violación de sus derechos de privacidad y confidencialidad, al aplicarse las nuevas tecnologías de Big Data e IA. Este nuevo contexto en el ámbito sanitario requiere ser analizado críticamente a fin de poder proponer medidas firmes y consistentes de protección de datos. La anonimización ha sido hasta ahora la condición necesaria que permitía cumplir con las normas de protección de los datos personales vigentes. Se sostiene que un conjunto de datos personales, al ser anonimizados, dejan de contener información sensible y quedan por fuera de la protección legal.

Sin embargo, debemos reconocer que mediante el uso de técnicas de ingeniería informática es posible cruzar datos e identificar a la persona a quien pertenecen, volviendo obsoletas las medidas de resguardo del anonimato. El tratamiento de uso masivo de datos –Big Data- relacionados con la salud plantea serios interrogantes que es necesario debatir con transparencia y la necesaria participación democrática. ¿Quiénes pueden acceder a estos datos? ¿Quién garantiza que las empresas desarrolladoras o las que comercializan no acceden, comparten o venden esa información? Y una vez volcados los datos en la historia clínica de una persona ¿quién puede acceder a ellos? ¿Para qué? ¿Qué uso sería éticamente justificado? ¿Cuánto tiempo debe guardarse la información? ¿Puede garantizarse la privacidad, la confidencialidad y veracidad de la información? Los beneficios que el Big Data puede tener para la salud de las personas, tanto porque facilita información sobre su conducta y eso ayuda en el diagnóstico y la adhesión a los tratamientos, como por el impulso que supone para la investigación y la innovación disponer de infinidad de datos relacionados con la salud y la enfermedad, son indudables. Pero al mismo tiempo se advierte que el manejo de toda esa información exige un marco ético y jurídico que permita conocer cómo se gestionan los beneficios que se obtengan para la investigación, para qué y para quién se investiga y quién ejerce el control presente y futuro[16].

[16] GUZ, Laura Ferrari; MASSARO, Laura; MOREIRA, Gricelda; RUFFA, Adriana; SOIFER, Graciela. De la historia clínica al Big Data. *Bioeticar,* Asociación Civil en Anuario de Bioética y Derechos Humanos del Instituto Internacional de Derechos Humanos, Capítulo para las Américas. 2017, p. 48.

Si hace unos años afirmamos que la protección legal de datos sensibles se ponía en duda frente a la aparición de Big Data, hoy la IA y sus distintas aplicaciones muestran tan alta incertidumbre que científicos y empresarios llaman a detener por un tiempo las investigaciones hasta que se tenga evidencia de su correcto uso. Las legislaciones suelen acompañar los cambios sociales, económicos y culturales. Sin embargo, frente a la velocidad exponencial de las transformaciones que se ha dado en llamar la cuarta revolución industrial, parece complejo alcanzar los consensos mínimos necesarios para proteger los valores y derechos humanos.

Conclusiones

Entre las principales ideas de este documento se destacan que, a partir de las nuevas tecnologías aplicadas a la salud, la relación médico-paciente se ha modificado.

Ante la imposibilidad del contacto visual y el examen físico del paciente por la aplicación de tecnologías emergentes, el cuerpo –en términos de Le Breton- puede desaparecer, lo que puede complejizar la relación médico paciente y hasta desvirtuar el fin de la práctica médica. Si bien, el examen personal también puede sustituirse por exámenes complementarios capaces de aportar información precisa, es necesario advertir que la revisación del paciente incluye el lenguaje corporal, difícil de apreciar en una pantalla, el color de la piel, su olor, la sudoración, entre otras señales importantes para el ojo entrenado del médico.

Como ya hemos dicho, el ejercicio de la medicina tiene un ritual: sentarse con el enfermo, observar su apariencia, el tono de voz y el uso de un lenguaje singular, el diálogo empático, emplear los tiempos adecuados a las necesidades del paciente.

Finalizar la anamnesis con un examen físico junto a una escucha activa son elementos esenciales para llegar a un diagnóstico certero, tratamiento adecuado y pronóstico acorde con el estado actual del paciente y la medicina. Además, el examen físico es una de las expectativas de los pacientes durante la consulta. Las quejas frecuentes "no se levantó de la silla", "no me miró", "ni siquiera me tocó" lo ponen de manifiesto.

Ante los rápidos avances de la tecnología, particularmente la vinculada con sistemas de IA y su aplicación a la relación médico paciente, se corre el riesgo de que la legislación sanitaria caiga rápidamente en desuso o que desaparezca su objeto. Sin duda, resulta alentadora la utilización de IA como apoyo al médico, pero las relaciones que se establezcan serán muy distintas y quedarán por fuera de la actual legislación.

Como ya se ha dicho, la responsabilidad civil surge cuando el profesional, en el ejercicio de su arte, comete actos u omisiones involuntarias o no, contra las reglas legalmente establecidas y ocasiona un daño a la salud, vulnerando de ese modo uno de los derechos fundamentales.

Si renunciamos a la atención médica presencial y la sustituimos por una pantalla, o una IA, quién o qué estará en el centro de la atención: ¿La enfermedad? ¿La tecnología? ¿La administración sanitaria? ¿El algoritmo? ¿Estamos dispuestos a asumir el riesgo de la deshumanización de la medicina?

Por otra parte, ¿cómo podrá determinarse la responsabilidad por una deficiente o mala práctica realizada por una máquina que otorga un diagnóstico erróneo o un robot que realice una cirugía autónoma si causa un daño físico o la muerte del paciente?

Nos preocupa que estemos haciendo un cambio de 360 grados, que nos lleve al mismo lugar del que partimos, el de otorgarle a la IA el saber absoluto como en siglos pasados se le atribuía al sacerdote-médico.

Referências

ChatGPT. [Internet]. Disponível em: https://chat.openai.com/auth/login. Acesso em: 2 mar. 2023.

CÓDIGO CIVIL Y COMERCIAL DE LA REPÚBLICA ARGENTINA. Disponível em: http://servicios.infoleg.gob.ar/infolegInternet/anexos/235000-239999/235975/norma.htm. Acesso em: 4 mar. 2023.

CORAGLIO, Mariana Fernanda. El médico a la hora de informar. *Asociación Médica Argentina*, v. 124, n. 3, set. 2011.

EGUZKILORE. Derecho y relación médico paciente: responsabilidad por lo errores, p. 117. Koch Hans- George. *Ética y derecho médico*: una propuesta de teoría armonizadora, n. extraordinario, p. 113-121, San Sebastián, 1992.

GHERARDI, Carlos et al. La muerte en un servicio de terapia intensiva. *Medicina*. Buenos Aires, v. 66, n. 3, p. 237-241, 2006. Disponível em: http://www.scielo.org.ar/pdf/medba/v66n3/v66n3a08.pdf. Acesso em: 2 mar. 2023.

GUZ, Laura Ferrari; MASSARO, Laura; MOREIRA, Gricelda; RUFFA, Adriana; SOIFER, Graciela. De la historia clínica al Big Data. *Bioeticar,* Asociación Civil en Anuario de Bioética y Derechos Humanos del Instituto Internacional de Derechos Humanos, Capítulo para las Américas. 2017.

GUZ, Laura Ferrari, Miriam; MASSARO, Laura; MOREIRA, Gricelda; RUFFA, Adriana; SOIFER, Graciela. Directivas anticipadas: un progreso legislativo. *Pensar en Derecho*, Eudeba Editorial Universitaria de Buenos Aires, n. 3, año 2, dez. 2013.

LE BRETON, David. *Antropología del cuerpo y la modernidad*. Buenos Aires: Nueva Visión, 2010.

KÜBLER-ROSS, E. *On Death and Dying*. *Bulletin of the American College of Surgeons*, n. 60, p. 12-15, 1975.

LEY 26.529 de la República Argentina de 2009, modificada por la ley 26.742. Disponível em: http://servicios.infoleg.gob.ar/infolegInternet/anexos/160000-164999/160432/norma.htm#:~:text=El%20paciente%2C%20prioritariamente%20los%20ni%C3%B1os,sexual%20o%20cualquier%20otra%20condici%C3%B3n. Acesso em: 5 mar. 2023.

MOREIRA, Gricelda. Una nueva Escucha en la Relación Médico-paciente. *XII Congreso Latinoamericano y del Caribe de Instituciones de Bioética* (FELAIBE) en la Ciudad de Puerto Rico. 11 a 13 abr. 2019.

MOREIRA, Soifer et. al. Algunas reflexiones sobre verdad tolerable. *Redbioética/Unesco*, ano 4, v. 1, n. 7, jan./jun. 2013.

OpenAI. [Internet]. Disponível em: https://openai.com/. Acesso em: 2 mar. 2023.

SANIDAD. Tecnología. Disponível em: https://isanidad.com/244861/la-inteligencia-artificial-ayudara-a-ofrecer-experiencias-mas-personalizadas-y-a-mejorar-la--comunicación-médico-paciente/GPT aplicado en medicina. Acesso em: 22 mar. 2023.

TRIPODORO, Vilma. Te voy a acompañar hasta el final: vivir con cuidados paliativos Buenos Aires. *Capital Intelectual*, 2011. 220p.

10. EXISTE DIREITO À ELIMICAÇÃO NOS DADOS DE SAÚDE?

João Alexandre Silva Alves Guimarães

Introdução

Nos dias atuais, a tecnologia está presente em todos os momentos no cotidiano das pessoas, não sendo diferente na saúde. Depois da pandemia da Covid-19, várias ferramentas tecnológicas foram difundidas no âmbito médico-hospitalar, principalmente através das consultas a distância, a partir da telemedicina, ou mesmo com as cirurgias feitas através de cirurgiões robôs conectados com médicos em outra localidade.

A situação excepcional e a grande crise de saúde pública causada por essa pandemia criaram um cenário de "tempestade perfeita". Essa situação foi agravada pela urgência em adotar medidas para combater a doença, sem um protocolo seguro que indicasse limites seguros para tratamentos com um mínimo de segurança em relação ao comportamento do vírus, seus efeitos no corpo e possíveis reações adversas. Os medicamentos existentes foram sendo testados e/ou combinados empiricamente, sem confirmação científica prévia, na tentativa de obter resultados[1].

Diversas empresas estão desenvolvendo tecnologias e algoritmos que coletam dados e analisam vários aspectos da saúde do paciente, incluindo sinais vitais, batimentos cardíacos, temperatura, humor, cognição e atividade física. Por exemplo, pacientes diabéticos enfrentam a dificuldade de manter seus níveis de glicose no sangue, mas com a ajuda dessas tecnologias digitais, eles podem monitorar constantemente seus níveis de

[1] NOGAROLI, Rafaella; NALIN, Paulo. Responsabilidade civil do médico na telemedicina durante a pandemia da covid-19 no brasil: a necessidade de um novo olhar para a aferição da culpa médica e da violação do dever de informar. In: PINHO, Anna Carolina. *Discussões sobre direito na era digital*. Rio de Janeiro: GZ, 2021, p. 657.

glicemia, e algoritmos de inteligência artificial podem analisar esses dados para apoiar decisões terapêuticas[2].

A era da Medicina 4.0 introduz o conceito de "saúde inteligente", que se baseia em uma mudança da medicina convencional para uma medicina preventiva, preditiva, personalizada e proativa. Isso significa que o foco dos cuidados de saúde não está apenas no tratamento de doenças, mas também em medidas preventivas e antecipação de diagnósticos. Os pacientes são atendidos de maneira mais individualizada, com base em seus dados genéticos e de saúde. A relação médico-paciente também é desenvolvida de maneira contínua e facilitada pelo uso de novas tecnologias[3].

Essa transformação do atendimento médico para um modelo mais proativo, preventivo, preciso e centrado na individualidade de cada paciente é possível graças à combinação de grandes volumes de dados de saúde e softwares de inteligência artificial. A digitalização de registros médicos permitiu o armazenamento em nuvem, criando um enorme conjunto de dados de saúde. A interação contínua entre pacientes e dispositivos inteligentes conectados à internet, conhecida como "Internet das Coisas" na medicina, também contribui para a produção, armazenamento e processamento de dados sensíveis de saúde. Além disso, os pacientes têm um papel mais ativo no fornecimento de informações biomédicas para auxiliar as decisões clínicas, e os hospitais tradicionais estão se transformando[4].

E nesse contexto, o avanço tecnológico tem levado ao reconhecimento do direito à proteção de dados pessoais, um direito fundamental que abrange o titular dos dados e está previsto no artigo 8º da Carta dos Direitos Fundamentais da União Europeia (CDFUE). Em Portugal, a proteção dos cidadãos em relação ao tratamento de dados pessoais já estava prevista no artigo 35º da Constituição da República Portuguesa (CRP) antes mesmo da CDFUE ter força juridicamente vinculativa em 2009. Esse direito busca a garantia do controle das informações disponíveis sobre

[2] KFOURI NETO, Miguel; NOGAROLI, Rafaella. Inteligência Artificial nas decisões clínicas e a responsabilidade civil médica por eventos adversos no contexto dos hospitais virtuais. In: BARBOSA, Mafalda Miranda; NETTO, Felipe Braga; SILVA, Michael César; FALEIROS JÚNIOR, José Luiz de Moura. *Direito digital e inteligência artificial*: diálogos entre Brasil e Europa. Indaiatuba: Foco, 2021, p. 1081.

[3] Ibidem.

[4] Ibidem, p. 1081-1082.

cada indivíduo, evitando que se tornem meros objetos de informação, segundo a concepção de Gomes Canotilho e Vital Moreira, em relação ao moderno direito à autodeterminação informacional[5].

Em 2012, a então vice-presidente da Comissão Europeia, Viviane Reding, anunciou a necessidade de uma reforma das normas de proteção de dados da União Europeia (UE), o que resultou no projeto do Regulamento Geral de Proteção de Dados (RGPD), promulgado em 2016 e com entrada em vigor em 2018. Em seu discurso, Reding destacou a importância de os cidadãos europeus terem um maior controle sobre seus dados pessoais, tendo em vista os crescentes riscos à privacidade e à proteção de dados decorrentes da evolução tecnológica na era digital. Para enfrentar esses riscos, o RGPD propõe a imposição de novas e mais rigorosas obrigações aos responsáveis pelo tratamento de dados e o fortalecimento da posição dos titulares de dados através da atribuição de novos direitos[6].

Além disso, no Brasil, com a promulgação da Lei Geral de Proteção de Dados (LGPD), a proteção que estava presente na Europa, começa a ser aplicada também no Brasil, com o início da sua vigência em setembro de 2020. E esse trabalho irá explorar se os dados de saúde podem ser eliminados, segundo a LGPD, com base no direito ao apagamento do RGPD europeu.

1. O Direito ao Apagamento na Europa

Em 1995, o Parlamento Europeu e o Conselho aprovaram a Diretiva 95/46/CE, que tem como objetivos principais proteger o direito fundamental à privacidade e proteção de dados pessoais, bem como garantir a livre circulação desses dados entre os Estados-Membros. Essa diretiva inclui o direito de exclusão ou eliminação, que permite que um indivíduo solicite a remoção de dados pessoais incompletos, imprecisos ou armazenados de forma incompatível com os propósitos legítimos da entidade responsável pelo tratamento desses dados[7].

[5] CANOTILHO, J. J. Gomes; MOREIRA, Vital. *Constituição da República Portuguesa Anotada*: Artigos 1º a 107º. v. I, 4. ed. rev. Coimbra: Coimbra, 2007, p. 551.

[6] VIEIRA, Ana Beatriz Carvalho. *Control – Health – Delete?* o direito ao apagamento dos dados de saúde. Tese de Doutorado em Ciências Jurídico-Forenses. Faculdade de Direito da Universidade de Coimbra. Coimbra, 2019, p. 71.

[7] UNIÃO EUROPEIA. Parlamento Europeu e do Conselho. *Directiva 95/46/CE*. Luxemburgo, 24 de outubro de 1995. Disponível em: <https://eur-lex.europa.eu/legal-content/PT/TXT/?uri=celex%3A31995L0046>. Acesso em: 10 mar. 2023.

O artigo 12 da Diretiva de Proteção de Dados de 1995 estabelecia o direito dos titulares de dados de obter do responsável pelo tratamento a correção, exclusão ou bloqueio de dados, conforme apropriado. O artigo 2º definia o responsável pelo tratamento como qualquer pessoa física ou jurídica, autoridade pública ou órgão que, individualmente ou em conjunto com outros, determinasse os propósitos e meios do processamento de dados pessoais. Com essa diretiva, os indivíduos poderiam exercer algum controle sobre seus dados pessoais que são processados por empresas, outras entidades ou mesmo por outros indivíduos. A Diretiva também reconhecia o direito ao apagamento dos dados que já não tivessem a finalidade para a qual foram recolhidos ou que tenham ultrapassado o prazo estabelecido para armazenamento[8].

O Regulamento 2016/679, conhecido como Regulamento Geral de Proteção de Dados (RGPD), coloca como título do artigo 17 "Direito ao apagamento dos dados ('direito a ser esquecido')". Tal regulamento trouxe uma evolução para o conceito do apagamento como também a previsão do Direito ao Esquecimento no seu título e ampliando o que a Diretiva 95/46 previa.

Porém antes mesmo das normativas em nível europeu, alguns Estados-Membros da UE já traziam a Proteção de Dados como um direito fundamental. Como Portugal, um dos precursores na Proteção de Dados, o artigo 35 da Constituição da República Portuguesa (CRP) estabelece o direito à autodeterminação informativa no contexto da informática, garantindo o direito de cada indivíduo a conhecer as informações que estão sendo tratadas a seu respeito. Esse direito implica o conhecimento de quais dados pessoais estão sendo coletados, utilizados, armazenados, compartilhados e para que finalidade, assim como quem é responsável pelo seu tratamento. Em suma, a autodeterminação informativa concede ao cidadão o controle sobre seus próprios dados[9].

Em sua versão original de 1976, a Constituição Portuguesa tratava da proteção de dados em três artigos, que estabeleciam o direito do titular dos

[8] BROUGHER, Jordan D. The Right to be Forgotten: Applying European Privacy Law to American Eletronic Health Records. *Indiana Health Law Review*, 2016, p. 520-521.

[9] CALVÃO, Filipa Urbano. O direito fundamental à proteção dos dados pessoais e a privacidade 40 anos depois. In: VAZ, Manuel A. *et al. Jornadas nos quarentas anos da Constituição da República Portuguesa*: Impacto e Evolução. Lisboa: Universidade Católica, 2017, p. 89.

dados de acessar informações registradas sobre si mesmo, sem limitações, bem como o direito de retificação e atualização desses dados. Além disso, a lei introduziu a ideia da finalidade dos dados, que deve ser respeitada pelos tratamentos de dados pessoais, e proibiu o tratamento de dados que envolvam convicções políticas, crenças religiosas e vida privada, com exceção de tratamentos meramente estatísticos. A lei também proibiu a criação de um número nacional de identificação para cada cidadão[10].

Essencial para o tratamento de dados pessoais é o princípio do consentimento ou autodeterminação, considerado pedra angular. Embora o nível de proteção dado a cada tipo ou categoria de dados não seja determinado pela vontade do titular dos dados, o consentimento é necessário para que a recolha e tratamento dos dados seja legal. A lei pode estabelecer casos específicos em que este princípio pode ser afastado ou derrogado, mas, em geral, a relação entre o consentimento e a licitude da recolha e tratamento dos dados é necessária e não pode ser ignorada[11].

A ideia de autodeterminação informacional como modelo constitucional busca garantir as faculdades individuais essenciais ao direito à proteção dos dados pessoais diante do uso das novas tecnologias, especialmente a informática. Esse modelo foi confirmado por uma decisão judicial na Alemanha, que marcou a construção do direito à autodeterminação informacional no país[12].

O Tribunal Constitucional alemão, *Bundesverfassungsgericht* (BVerfG), reconheceu que o direito à proteção dos dados pessoais sem restrições integra o conteúdo do direito geral de personalidade, previsto pelo artigo 2.1 da Constituição da Alemanha. Esse direito garante aos indivíduos a proteção contra a coleta, armazenamento, uso e transmissão de seus dados pessoais, bem como o direito de decidir sobre o uso e o abandono desses dados[13].

[10] CASTRO, Catarina Sarmento e. 40 anos de "Utilização da informática": o artigo 35.º da Constituição da República Portuguesa. *e-Pública*, Lisboa, v. 3, n. 3, p. 84-99, dez. 2016, p. 45. Disponível em: <http://scielo.pt/scielo.php?script=sci_arttext&pid=S2183-184X2016000300004&lng=pt&nrm=iso>. Acesso em: 11 maio 2023.

[11] MIRANDA, Jorge; MEDEIROS, Ruy. *Constituição Portuguesa Anotada*, v. I, 2. ed., rev. Lisboa: Universidade Católica, 2017, p. 572.

[12] Ibidem., p. 568.

[13] Ibidem.

Na decisão sobre dados pessoais recolhidos no censo de 1983, o *BVerfG* deixou bem claro que no contexto à época do tratamento de dados, a proteção do indivíduo contra a coleta, armazenamento, uso e divulgação irrestrita de seus dados pessoais é considerada um direito geral de personalidade garantido pela Constituição alemã. Esse direito fundamental assegura a capacidade de o indivíduo decidir, em princípio, sobre a divulgação e o uso de seus dados pessoais. Somente em casos de interesse público superior é permitida a limitação desse direito de autodeterminação informativa[14].

Dentro da UE, o direito à proteção dos dados pessoais foi reconhecido como parte dos direitos protegidos pela Convenção Europeia dos Direitos do Homem (CEDH) de 1950, que entrou em vigor em 1953. O artigo 8º da CEDH garante o direito ao respeito pela vida privada e familiar, pelo domicílio e pela correspondência, e estabelece as circunstâncias em que as restrições a este direito podem ser permitidas[15].

Com o advento da tecnologia da informação na década de 60, houve uma crescente necessidade de adotar regras mais específicas para proteger as pessoas por meio da proteção de seus dados pessoais. Na década de 70, o Comitê de Ministros do Conselho da Europa adotou várias resoluções sobre a proteção de dados pessoais que referenciavam o artigo 8.º da CEDH. Em 1981, foi aberta a assinatura da Convenção para a proteção das pessoas relativamente ao tratamento automatizado de dados de caráter pessoal, também conhecida como Convenção 108. Esta convenção foi o único instrumento internacional juridicamente vinculativo na área da proteção de dados[16].

A Convenção 108, um instrumento internacional juridicamente vinculativo na proteção de dados, se aplicou a todos os tratamentos de dados pessoais, incluindo os realizados pelo setor público e privado, bem como pelas autoridades policiais e judiciárias. A Convenção buscou proteger as pessoas contra abusos na recolha e tratamento de dados, regular o fluxo

[14] ALEMANHA. Bundesverfassungsgericht (BVerfG). *Volkszählungsurteil*: BVerfGE 65. 15 dez. 1983.

[15] UNIÃO EUROPEIA. Conselho da Europa. *Convenção Europeia dos Direitos do Homem*, STCE n. 005, 1950.

[16] UNIÃO EUROPEIA. Conselho da Europa. *Manual da Legislação Europeia sobre Proteção de Dados*. Luxemburgo, 2014, p. 15-16.

transfronteiriço de dados pessoais e estabelecer princípios para a recolha e tratamento de dados, incluindo a recolha automatizada de dados de forma lícita e leal, armazenamento para fins determinados e legítimos, e a proibição do uso de dados para fins incompatíveis com esses objetivos[17].

A Convenção também proibiu o tratamento de dados sensíveis sem garantias jurídicas adequadas e consagrou o direito das pessoas a saber que informações são armazenadas sobre elas e retificar, se necessário. As restrições aos direitos estabelecidos na Convenção só foram permitidas em casos de interesse público superior, como a proteção da segurança do Estado[18].

A Carta dos Direitos Fundamentais da União Europeia (CDFUE) autonomizou o direito à proteção de dados pessoais em seu artigo 8.º relativamente ao direito à proteção da vida privada no seu artigo 7.º.

Em 1995, a UE implementou a Diretiva de Proteção de Dados, Diretiva 95/46, com o objetivo de proteger o direito fundamental à proteção de dados e garantir o livre fluxo de informações pessoais entre os Estados-Membros. Esse objetivo levou a uma maior harmonização da proteção de dados, exigindo que cada Estado-Membro adotasse legislação nacional para proteger os direitos e liberdades fundamentais das pessoas singulares[19].

O Direito de Acesso, descrito no artigo 12.º da Diretiva de Proteção de Dados da UE, exige que o responsável pelo tratamento forneça às pessoas o acesso e a retificação dos seus dados pessoais. O pedido de eliminação de dados é muitas vezes feito quando o tratamento não tem uma base legal legítima, como no caso de revogação de consentimento ou quando os dados não são mais necessários para a finalidade para a qual foram recolhidos. O ônus da prova de que o tratamento é legítimo é do responsável pelo tratamento, e ele deve ser capaz de demonstrar a legalidade do tratamento em todos os momentos. Em caso contrário, o tratamento deve ser interrompido[20].

[17] Ibidem.

[18] Ibidem.

[19] CURTISS, Tiffany. Privacy Harmonization and the Developing World: The Impact of the EU's General Data Protection Regulation on Developing Economies. *Washington Journal of Law, Technology & Arts*, p. 97-121, 2016, p. 99.

[20] UNIÃO EUROPEIA. Conselho da Europa. *Manual da Legislação Europeia sobre Proteção de Dados. Op. Cit.*, p. 118-119.

Através das legislações europeias, o direito ao apagamento se tornou consolidado para todos os Estados-Membros, garantindo às pessoas que estão na UE que seus dados pessoais em posse dos responsáveis pelo tratamento devem ser apagados quando o prazo para o armazenamento do dado acabar ou quando o responsável não precisar mais do dado para a finalidade para qual foi solicitado.

O RGPD traz no início de suas considerações o ponto pelo qual o direito a ser esquecido está presente. No considerando 65 coloca que "Os titulares dos dados deverão ter direito a que os dados que lhes digam respeito sejam retificados e o "direito a serem esquecidos" quando a conservação desses dados violar o presente regulamento ou o direito da UE ou dos Estados-Membros aplicável ao responsável pelo tratamento."[21].

Olhando para o RGPD, o conteúdo e a estrutura do preceito levam a afirmar que o art. 17 regula aquilo que podemos denominar direito a apagamento em sentido lato e o direito ao apagamento *stricto sensu*. O artigo 17 é dirigido a todos os responsáveis que proceda ao tratamento de dados pessoais, ainda que o direito ao apagamento (*lato sensu*) seja pensado, primordialmente, como meio de tutela com os perigos do tratamento de dados na internet. Numa visão dinâmica e multinível dos direitos ao dispor do titular presente no Capítulo III, o direito ao apagamento constitui a medida mais significativa contra o tratamento – isto, quando comparado com outras medidas, como a retificação ou alimentação do tratamento que podem surgir com uma solução intermédia[22].

A obrigação de apagar dados, conforme o artigo 17, não se limita a um pedido do titular, mas também inclui a obrigação do responsável pelo tratamento em apagar os dados pessoais sem demora injustificada. Embora a referência possa indicar que o dever de apagar dados ocorre mesmo sem um pedido do titular, isso pode levar a resultados inadequados. Por exemplo, se as finalidades do tratamento não existirem mais, a participação do titular na decisão de apagar os dados é necessária. No entanto, a revogação do consentimento pelo titular resultará na obrigação

[21] UNIÃO EUROPEIA. Parlamento Europeu e o Conselho. *Regulamento (UE) 2016/679*, de 27 de abril de 2016.

[22] CORDEIRO, A. Barreto Menezes (Coord.). *Comentário ao Regulamento Geral de Proteção de Dados e à Lei 58/2019*. Coimbra: Almedina, 2021, p. 189.

de apagar os dados, sem a necessidade de um pedido específico de apagamento[23].

O mesmo se aplica à situação em que o titular se opõe ao tratamento, mas só será exigido um pedido específico de apagamento dos dados quando se trata de dados usados para fins de comercialização direta. Quando o motivo de apagamento é uma obrigação legal, não é necessária a intervenção do titular. Por fim, se a alínea f se referir à revogação do consentimento de menores, aplicar-se-á o raciocínio da alínea b. O responsável deve informar o titular antes de apagar dados na situação da alínea d, e nunca pode argumentar que não houve um pedido de apagamento por parte do titular[24].

2. O Direito à Eliminação no Brasil

O Direito à Eliminação foi previsto na Lei Geral de Proteção de Dados, Lei nº 13.709, de 14 de agosto de 2018, no ART.5º, 16 e 18 que colocam:

> Art. 5º Para os fins desta Lei, considera-se: XIV – eliminação: exclusão de dado ou de conjunto de dados armazenados em banco de dados, independentemente do procedimento empregado;
>
> Art. 16. Os dados pessoais serão eliminados após o término de seu tratamento, no âmbito e nos limites técnicos das atividades, autorizada a conservação para as seguintes finalidades:
>
> I – cumprimento de obrigação legal ou regulatória pelo controlador;
>
> II – estudo por órgão de pesquisa, garantida, sempre que possível, a anonimização dos dados pessoais;
>
> III – transferência a terceiro, desde que respeitados os requisitos de tratamento de dados dispostos nesta Lei; ou
>
> IV – uso exclusivo do controlador, vedado seu acesso por terceiro, e desde que anonimizados os dados.
>
> Art. 18 O titular dos dados pessoais tem direito a obter do controlador, em relação aos dados do titular por ele tratados, a qualquer momento e mediante requisição:
>
> IV – anonimização, bloqueio ou eliminação de dados desnecessários, excessivos ou tratados em desconformidade com o disposto nesta Lei;

[23] Ibidem, p. 192.

[24] Ibidem, p. 192-193.

VI – eliminação dos dados pessoais tratados com o consentimento do titular, exceto nas hipóteses previstas no art. 16 desta Lei;[25].

Existem duas situações em que o direito de bloquear ou excluir dados pessoais se aplica: i) quando o tratamento é legal, mas os dados são desnecessários ou excessivos, em que o titular pode solicitar esse direito de acordo com os princípios de finalidade, adequação e necessidade previstos na LGPD; e ii) quando o tratamento é ilegal por qualquer motivo. No primeiro caso, se os dados são desnecessários ou excessivos, o tratamento não está em conformidade com a lei. No segundo caso, a ANPD pode aplicar sanções administrativas com base no artigo 52, incisos V e VI da LGPD, uma vez que se trata de uma prática inadequada aos requisitos legais. O titular pode exercer esse direito sem custo, mediante requerimento expresso[26].

É importante que a finalidade da coleta de dados seja clara e conhecida antecipadamente, independentemente da base legal utilizada. Esse princípio está relacionado à conexão entre os dados coletados e a finalidade pretendida pelo agente. Além disso, está relacionado ao princípio da utilização não abusiva e à sugestão de eliminação ou anonimização de informações que não são mais necessárias[27].

O titular dos dados pessoais tem o direito de solicitar a eliminação das informações nos termos do artigo 18, inciso VI da LGPD, além da possibilidade de sanção administrativa. De acordo com o artigo 16 da LGPD, os dados pessoais devem ser eliminados automaticamente após o término do tratamento, mas se isso não ocorrer, o titular tem o direito de exigir a eliminação de suas informações da base de dados do agente responsável. O agente só pode manter os dados caso exista uma obrigação legal ou regulatória, para estudos por órgãos de pesquisa com anonimização, tenha

[25] BRASIL. *Lei nº 13.709, de 14 de agosto de 2018*. Lei Geral de Proteção de Dados Pessoais (LGPD). Brasília, DF: Presidência da República, [2020]. Disponível em: https://www.planalto.gov.br/ccivil_03/_ato2019-2022/2020/lei/l14020.htm. Acesso em: 04 maio 2023.

[26] LIMA, Cíntia Rosa Pereira de. *Comentários à Lei Geral de Proteção de Dados*. São Paulo: Grupo Almedina (Portugal), 2020, p. 259.

[27] VIOLA, Mario; DE TEFFÉ, Chiara Spadaccini. Tratamento de Dados Pessoais na LGPD: estudo sobre as Bases Legais dos Artigos 7º e 11º. *In*: MENDES, L. S. et al. *Tratado de Proteção de Dados Pessoais*. Rio de Janeiro: Forense, 2020, p. 138.

transferido para terceiros de acordo com os requisitos da LGPD ou para uso exclusivo do controlador, desde que anonimizado e sem acesso por terceiros[28].

Seguindo as disposições do artigo 18 da LGPD, se nenhuma das exceções se aplicar, os dados devem ser eliminados. O responsável pelo tratamento dos dados deve informar aos agentes de tratamento com os quais compartilhou os dados para que eles também realizem a eliminação, a menos que seja comprovadamente impossível ou envolva um esforço desproporcional[29].

A LGPD define a eliminação de dados, no artigo 5º, XIV, como a exclusão de dados armazenados em bancos de dados, independentemente do método utilizado. No entanto, essa definição não deixa margem para evitar a exclusão completa, o que pode ser desafiador para empresas na prática, considerando as ferramentas disponíveis para evitar a eliminação, como backups, múltiplos acessos, servidores diferentes e armazenamento em nuvem. Os dados são ativos valiosos na Sociedade da Informação atual e estão sujeitos a procedimentos de segurança para evitar perdas para as empresas. No entanto, o artigo 16 da LGPD estabelece que os dados devem ser eliminados após o término do tratamento, considerando os limites técnicos existentes.

Esse direito tem inspiração no Regulamento Geral sobre Proteção de Dados da UE, que também prevê o "direito ao esquecimento", garantindo que o titular dos dados possa solicitar ao controlador a eliminação dos dados sem demora indevida. É importante destacar que há uma distinção técnica entre o direito ao esquecimento, à eliminação dos dados pessoais e à desindexação[30].

No contexto do RGPD, a definição de "apagar" não está claramente definida no regulamento, mas é entendida como o ato de tornar os dados inutilizáveis, impedindo o controlador, o operador ou qualquer outra parte de acessá-los, lê-los ou processá-los, independentemente de envolver destruição física ou técnica. Essa definição ressalta a importância

28 LIMA. *Op. cit.*, p. 260.

29 QUINELATO, Pietra Daneluzzi. Artigo 16. *In*: MARTINS, Guilherme Magalhães; LONGHI, João Victor Rozatti; FALEIROS JÚNIOR, José Luiz de Moura (coord.). *Comentários à Lei Geral de Proteção de Dados*: Lei 13.709/2018. Indaiatuba/SP: Foco, 2022, p. 207-208.

30 LIMA. *Op. cit.*, 260.

de tornar os dados inutilizáveis. Segundo especialistas, no contexto do RGPD, a possibilidade teórica de restaurar os dados por meio de software especializado não invalida o sucesso do apagamento[31].

Algumas autoridades regulatórias sujeitas ao RGPD já abordaram o tema. Por exemplo, a autoridade dinamarquesa afirmou que as informações pessoais devem ser apagadas de backups, caso seja tecnicamente viável, e se o backup for restaurado, os dados devem ser tornados inutilizáveis. A *Comission Nationale de l'Informatique et Libertés* (CNIL), autoridade francesa, reconheceu a impossibilidade técnica de eliminar dados em certos casos, especialmente em tecnologias de registro distribuído descentralizado, como a *blockchain*. Nesses casos, é responsabilidade do controlador tornar os dados pessoais praticamente inacessíveis para garantir um resultado prático equivalente à eliminação. O Parlamento Europeu também destacou a imprecisão do termo "eliminar" e mencionou alternativas emergentes, como a não utilização e a anonimização de dados[32]. Portanto, a definição de "eliminação de dados" pode ser ampliada para se alinhar ao que as autoridades regulatórias sujeitas ao RGPD estabeleceram, levando em consideração as limitações técnicas, conforme estabelecido no artigo 16[33].

É comum perceber que o Marco Civil da Internet (MCI) e a LGPD trabalham juntos para garantir o direito à eliminação de dados, mas é importante notar que a LGPD tem um escopo mais amplo, pois protege dados pessoais em ambientes online e offline. O MCI tem uma abordagem mais restrita em relação à responsabilidade civil decorrente de atos ilícitos, o que é diferente do que era praticado na jurisprudência brasileira, baseada no *notice and takedown*, inspirado no *Digital Millennium Copyright Act*[34].

Com essa abordagem, a vítima precisa de uma ordem judicial específica para remover o conteúdo prejudicial, o que pode prejudicá-la ainda mais, já que ela terá que esperar pela decisão judicial para minimizar o dano causado. Além disso, a limitação da responsabilidade ao terceiro causador do dano pode ser problemática, já que a vítima pode não o conhecer e nem ter condições técnicas para identificá-lo. Mesmo que o terceiro seja

[31] QUINELATO. *Op. cit.*, p. 207-208.

[32] Ibidem, p. 208.

[33] Ibidem, p. 208-209.

[34] LIMA. *Op. cit.*, p. 270-271.

identificado, ele pode não ter condições financeiras para interromper a propagação do dano. Apesar disso, a proteção da liberdade de expressão e dos direitos econômicos muitas vezes se sobrepõe aos direitos de personalidade dos usuários[35].

A desindexação, por sua vez, não é contemplada pelo artigo 19 do MCI, pois não envolve a remoção do conteúdo de sua fonte primária, mas sim dificulta o acesso a informações não consentidas ou revogadas, protegendo assim o direito à proteção dos dados pessoais[36].

O texto da LGPD discute a importância da proteção de dados pessoais e destaca a centralidade do controle desses dados pelo indivíduo titular. No entanto, há situações em que interesses públicos ou de terceiros precisam ser ponderados, e a lei apresenta exceções à obrigação de eliminação dos dados pessoais. Setores como telecomunicações e financeiro têm normas específicas que exigem a conservação de dados pessoais por prazos mais longos. A LGPD permite o tratamento de dados pessoais para fins de pesquisa, dispensando a eliminação ao término do tratamento[37].

A lei também afasta a obrigação de eliminação em casos de transferência a terceiros ou uso exclusivo do controlador de dados anonimizados. Embora seja possível que as organizações encontrem bases legais para conservação dos dados, é importante que empreendam esforços para eliminar os dados pessoais, documentando todas as medidas tomadas. Em algumas situações, pode ser difícil comprovar que os dados foram eliminados, e sugere-se documentar os procedimentos adotados para facilitar futuras auditorias ou investigações[38].

Após o tratamento dos dados, os dados pessoais devem ser removidos da base de dados do responsável, com exceção daqueles necessários para os fins especificados neste artigo, conforme permitido por lei. A lei autoriza a retenção de dados apenas para as finalidades mencionadas em seus incisos, o que significa que apenas os dados pessoais relevantes para alcançar esses objetivos serão mantidos, e os demais devem ser excluídos. É importante

[35] Ibidem.

[36] Ibidem.

[37] ALVES JR., Sérgio. Fechando um ciclo: do término do tratamento de dados pessoais (Arts. 15 e 16 da LGPD). In: MENDES, L. S. et al. *Tratado de Proteção de Dados Pessoais*. Rio de Janeiro: Forense, 2020, p. 247; 250.

[38] Ibidem.

observar que o responsável deve possuir tecnologia que permita reter apenas os dados pessoais necessários para uma finalidade, sem afetar a qualidade dos dados mantidos, e eliminar os demais[39].

Comparado à proteção oferecida pelo Regulamento Geral de Proteção de Dados (RGPD) para a UE, a eliminação mencionada no inciso VI da LGPD é abordada de forma superficial. O RGPD prevê o direito ao apagamento de dados, regulamentado pelo artigo 17, que permite que os titulares de dados pessoais solicitem a exclusão de seus dados quando a retenção ou processamento viola os termos do regulamento, incluindo casos em que estão incompletos ou imprecisos[40].

Embora a LGPD não especifique os requisitos detalhados para o procedimento de apagamento de dados pessoais como o RGPD, ela estabelece a importante ressalva de que os dados pessoais devem ser armazenados em conformidade com um dos requisitos estabelecidos nos quatro incisos do artigo 16. Além disso, o RGPD garante aos titulares de dados pessoais o direito de solicitar o apagamento de seus dados e exige que os responsáveis ou subcontratantes cumpram tal solicitação com mais rapidez[41].

3. Podemos aplicar à saúde?

Dados pessoais relacionado a saúde são alguns dos principais alvos hoje no mundo. Em fevereiro de 2015, nos Estados Unidos (EUA), a Anthem, uma das maiores seguradoras de saúde do país, com sede em Indianápolis, relatou uma violação que poderia afetar até 80 milhões de clientes e funcionários. O CEO da Anthem, Joseph R. Swedish, acredita que o hack é um "ciberataque externo muito sofisticado", com os cibercriminosos acessando informações pessoais, como números de previdência social e datas de nascimento. No entanto, o Federal Bureau of Investigation (FBI) investigou se as informações de saúde foram roubadas ou não[42].

[39] TEIXEIRA, Tarcísio; GUERREIRO, Ruth M. *Lei Geral de Proteção de Dados Pessoais (LGPD)*: Comentada Artigo por Artigo. São Paulo: Saraiva, 2022, p. 30.

[40] GUIMARÃES, João Alexandre; MACHADO, Lécio. *Comentários à Lei Geral de Proteção de Dados*: Lei 13.709/2018 com alterações da MPV 869/2020. Rio de Janeiro: Lumen Juris, 2020, p. 86-87.

[41] Ibidem.

[42] BROUGHER. *Op. Cit.*, p. 511.

Os dados de assistência médica tornaram-se cada vez mais o alvo de violações de dados, representando quase "43% de todas as principais violações de dados relatadas em 2013"[43]. Embora algumas violações sejam resultado de negligência dos funcionários, a maioria é feita com intenções maliciosas. De acordo com a Regra de Notificação de Violação da HIPAA (Lei de Portabilidade e Responsabilidade do Seguro de Saúde de 1996) de 2009, nos EUA, a HIPAA "entidades cobertas" e seus "parceiros de negócios" devem seguir os requisitos de relatórios federais. Os requisitos exigem que as entidades cobertas notifiquem os indivíduos afetados, o Secretário do Departamento de Saúde e Serviços Humanos (HHS), e, se mais de 500 residentes de um Estado forem afetados, os meios de comunicação que atendem ao Estado[44].

A incongruência dos regimes de proteção de dados dos EUA e da UE deriva do reconhecimento e priorização da privacidade da UE como um direito fundamental. Considerando que a Constituição dos EUA não fornece garantias faciais de privacidade, o direito à privacidade está consagrado em vários documentos fundamentais da UE – incluindo a Convenção Europeia dos Direitos Humanos e a Carta dos Direitos Fundamentais da UE – bem como a diretiva relativa ao marco que o RGPD substitui. A priorização de direitos no Atlântico é um estudo de contraste: os EUA favorecem a liberdade de expressão em detrimento da privacidade, e a UE equilibra privacidade e liberdade de expressão como direitos fundamentais iguais. Sem surpresa, os valores de privacidade de dados nos EUA e na UE divergiram devido a essa desconexão fundamental entre valores europeus e americanos, manifestando-se em esquemas conflitantes de proteção de dados. O impacto potencialmente amplo do RGPD desafia a coexistência de regimes de privacidade díspares, pois as disposições do regulamento podem servir como uma ferramenta para a UE exportar seus valores de privacidade de dados[45].

[43] BENDIX, Jeffrey. *Healthcare data breaches decline, but ACA could be increasing risks.* Medical Economics, 15 de maio de 2014. Disponível em: <https://www.medicaleconomics.com/health-care-information-technology/healthcare-data-breaches-decline-aca-could-be--increasing-risks >. Acesso em: 14 mar. 2023.

[44] BROUGHER. *Op. Cit.*, p. 513-514.

[45] WATANABE, Paul J. An Ocean Apart: The Transatlantic Data Privacy Divide and the Right to Erasure. *Southern California Law Review*, jul. 2017, p. 1115.

Embora alguns dos conceitos subjacentes ao HIPAA e ao RGPD sejam os mesmos, vários dos objetivos desses dois regulamentos são criticamente diferentes. Certamente, ambos os regulamentos visam proteger a privacidade dos indivíduos como um direito fundamental e, ao mesmo tempo, equilibrá-la com os interesses da sociedade no livre fluxo de informações. No entanto, embora grande parte do ímpeto por trás do HIPAA tenha relação com preocupações de ineficiência em um setor específico – o setor de assistência médica –, o RGPD não resultou de preocupação com nenhum setor ou setor em particular; em vez disso, o RGPD surgiu porque a UE acreditava que se justificava a aplicação uniforme dos princípios de privacidade em toda a UE, devido às tecnologias que avançavam rapidamente e ao uso potencial ou uso indevido de dados pessoais, independentemente de tais dados se referirem à saúde de alguém[46].

Essa divergência ajuda a explicar por que o escopo da regulamentação HIPAA é mais limitado do que o do RGPD. De acordo com a HIPAA, apenas "entidades cobertas" (por exemplo, prestadores de serviços de saúde) e "parceiros de negócios" (por exemplo, aqueles que prestam serviços em nome de uma entidade coberta) são obrigadas a cumprir a HIPAA, e as informações geralmente perdem seu status protegido. Está nas mãos de uma pessoa ou entidade que não é uma entidade coberta nem um associado comercial. Por sua vez, no RGPD, a proteção de informações pessoais geralmente não depende do tipo de organização que lida com as informações; os direitos dos titulares de dados à proteção de suas informações pessoais se aplicam ao processamento das informações, independentemente de quem está processando esses dados[47].

A Lei de Portabilidade e Responsabilidade do Seguro de Saúde de 1996 (HIPAA) iniciou o movimento dos EUA em direção aos prontuários eletrônicos. A estrutura legal dos EUA para privacidade de informações de saúde é codificada no HIPAA. O HIPAA foi uma tentativa do Congresso de simplificar a administração do sistema de saúde através de um sistema de informações de saúde com a transmissão eletrônica de determinadas informações de saúde[48].

[46] SHAPIRO-BARR, Jeremy. The GDPR's Impact in the U.S.: Considerations for the U.S. Health Lawyer. *Journal of Health & Life Sciences Law*, v. 12, n. 1, 2018, p. 39.

[47] Ibidem.

[48] BROUGHER. *Op. Cit.*, p. 528-529.

Em 2009, o Congresso fortaleceu as regras de privacidade e segurança da HIPAA por meio da Lei HITECH. Essa lei define associado de negócios como

> [...] uma pessoa que em nome dessa entidade coberta ou de um plano de assistência médica organizado em do qual a entidade coberta participa, mas que não seja a capacidade de um membro da força de trabalho dessa entidade coberta ou acordo, cria, recebe, mantém ou transmite informações de saúde protegidas[49].

Um exemplo de entidade que pode não estar sujeita à HIPAA, mas estaria sujeita ao RGPD é aquele que oferece tecnologia vestível relacionada à saúde e fitness aos consumidores. A entidade não estaria sujeita ao HIPAA porque não é uma entidade coberta (ou seja, não é um plano de saúde, um posto de saúde ou prestador de serviços de saúde que transmite informações de saúde em formato eletrônico em conexão com uma "transação" (por exemplo, reivindicação de seguro de saúde ou coordenação de benefícios), nem é um associado comercial (porque não desempenha nenhuma função ou serviço em nome de uma entidade coberta). Em vez disso, a entidade está apenas oferecendo produtos e serviços diretamente aos consumidores. A entidade, no entanto, estaria sujeita ao RGPD, assumindo que processa quaisquer dados pessoais de seus clientes ou de outros indivíduos na UE[50].

Nos EUA os pacientes têm poucos meios de convencer as empresas de assistência médica a proteger adequadamente suas informações. Os pacientes podem "procurar" empresas que protejam melhor seus dados. No entanto, pacientes sujeitos a um plano de organização de manutenção da saúde (HMO) fornecido por um empregador não terão esse luxo. Sob um plano de saúde, um paciente só pode ir a médicos, outros prestadores de cuidados de saúde e hospitais na lista do plano. Em uma entrevista recente na Sound Medicine Radio, Titus Schleyer, diretor do Regenstrief Center for Biomedical Informatics, em Indianápolis, declarou: "como paciente, você está tão afastado do controle sobre suas informações que realmente não pode fazer nada". Schleyer continua argumentando

49 Ibidem, p. 529-530.

50 SHAPIRO-BARR. *Op. Cit.*, p. 39.

que as informações de saúde roubadas são de pouca utilidade para os cibercriminosos, porque as informações não oferecem um benefício tão bom quanto os dados roubados, como números de segurança social e datas de nascimento[51].

A cooperação entre agências nunca foi um ponto forte do governo federal, e as guerras territoriais provavelmente exacerbam as lacunas regulatórias. Uma coisa é não ter um modelo abrangente de privacidade. Outra é não ter uma agência unificada de proteção de dados. Por exemplo, a UE possui uma lei (relativamente) uniforme desde 1995. O novo Regulamento Geral de Proteção de Dados atraiu interesse por causa do apagamento e violação das disposições da notificação. No entanto, sem dúvida, uma de suas realizações mais significativas é tornar a execução e a interpretação mais consistentes em toda a UE, designando um regulador primário "balcão único" e promovendo uma coordenação adicional por meio do Conselho Europeu de Proteção de Dados[52].

Obviamente, a observação de que a proteção de dados nos EUA é falha por causa de sua natureza setorial é apenas parte da história. Os setores (incluindo os cuidados de saúde) são estritamente definidos. Após os serviços de saúde convencionais e, sem dúvida, serviços financeiros, a queda nas proteções é acentuada. Em grande parte, isso ocorre porque os EUA favoreceram modelos de proteção relativamente baixa, a maioria dos quais está a jusante[53].

Encontra-se largamente refletido em vários instrumentos de Direito internacional o direito à privacidade (*right to privacy* ou *right to be let alone*), consagrado nos EUA no início do séc. XX e posteriormente generalizado a outros ordenamentos. A consagração deste direito é um produto dos tempos modernos, quer na medida em que a explosão demográfica veio colocando os indivíduos em contacto próximo – o que impôs uma tutela do seu espaço íntimo –, quer porque o desenvolvimento tecnológico recente veio a revelar-se especialmente intrusivo daquele espaço, potenciando a

[51] BROUGHER. *Op. Cit.*, p. 514-515.

[52] TERRY, Nicolas P. Regulatory Disruption and Arbitrage in Health-Care Data Protection. *Yale Journal of Health Policy, Law & Ethics*, 2017, p. 150-151.

[53] Ibidem, p. 151.

exposição ao olhar público e à curiosidade alheia, mas também à própria mercantilização do dado pessoal como utensílio de marketing[54].

A palavra "privacidade" não é mencionada no RGPD, nem o termo "vida privada". A proteção de dados e a privacidade estão relacionadas, mas são conceitos distintos. Eles devem ser vistos como trabalhando juntos, especialmente com a proteção de dados como ajudando a garantir nossas liberdades e dignidade, incluindo nossa capacidade de isolar e incluir nossos próprios e da sociedade. A privacidade, pelo menos em sua dimensão informacional, é um estado de coisas em que os dados relativos a uma pessoa estão em um estado de não acesso. Ele incorpora uma ampla gama de direitos e valores, como o direito de ser deixado em paz, intimidade, reclusão e personalidade. A proteção de dados é um

> [...] conjunto de regras legais que visa proteger os direitos, liberdades e interesses dos indivíduos, cujos dados pessoais são coletados, armazenados, processados, disseminados, destruídos etc. O objetivo definitivo é garantir a equidade no processamento de dados e, até certo ponto, justiça nos resultados desse processamento[55].

Os objetivos da proteção de dados são, portanto, mais amplos do que simplesmente a proteção da privacidade, mas, ao mesmo tempo, a proteção de dados é uma ferramenta crucial para garantir nossa privacidade[56].

O considerando 35 do RGPD define o que é um dado pessoal na saúde, afirmando que "deverão ser considerados dados pessoais relativos à saúde todos os dados relativos ao estado de saúde de um titular de dados que revelem informações sobre a sua saúde física ou mental no passado, no presente ou no futuro". Ainda afirma que o que precede inclui informações sobre a pessoa singular recolhidas durante a inscrição para a prestação de serviços de saúde, ou durante essa prestação, a pessoa singular; qualquer número, símbolo ou sinal particular atribuído a uma pessoa singular para

[54] POÇAS, Luís. Problemas e Dilemas do Setor Segurador: o RGPD e o Tratamento de Dados de Saúde. Revista Online Banca, Bolsa e Seguros. *Revista Onlinebanca, Bolsa e Seguros 3*. Instituto de Direito Bancário da Bolsa e dos Seguros, Faculdade De Direito, Universidade de Coimbra, n. 3, p. 217-301, 2018, p. 221-222.

[55] DOVE, Edward S. The EU General Data Protection Regulation: Implications for International Scientific Research in the Digital Era: Currents in Contemporary Bioethics. *Journal of Law, Medicine and Ethics*, 2018, p. 1014.

[56] Ibidem.

a identificar de forma inequívoca para fins de cuidados de saúde; as informações obtidas a partir de análises ou exames de uma parte do corpo ou de uma substância corporal, incluindo a partir de dados genéticos e amostras biológicas; e quaisquer informações sobre, por exemplo, uma doença, deficiência, um risco de doença, historial clínico, tratamento clínico ou estado fisiológico ou biomédico do titular de dados, independentemente da sua fonte, por exemplo, um médico ou outro profissional de saúde, um hospital, um dispositivo médico ou um teste de diagnóstico *in vitro*[57].

O Grupo de Trabalho do Art. 29 considera como ponto de partida que existe uma categoria de informação que é considerada uniformemente como dados de saúde. Essa é a categoria de dados médicos, a categoria de dados sobre o status de saúde física ou mental de um titular de dados que é gerado em um contexto médico profissional. Isso inclui todos os dados relacionados aos contatos com indivíduos e seu diagnóstico e/ou tratamento por prestadores (profissionais) de serviços de saúde, e qualquer informação relacionada sobre doenças, deficiências, histórico médico e tratamento clínico. Isso também inclui quaisquer dados gerados por dispositivos ou aplicativos, usados neste contexto, independentemente de os dispositivos serem considerados "dispositivos médicos"[58].

Nesse sentido, o TJUE, no Acórdão Linqvist, interpretou, atendendo ao objeto da então Diretiva 95/46, há que dar à expressão "dados relativos à saúde" utilizada no artigo 8.º, n.º 1, uma interpretação lata, de modo que inclua informações relativas a todos os aspectos, quer físicos quer psíquicos, da saúde de uma pessoa. Por conseguinte, deve responder-se à quarta questão no sentido de que a indicação do fato de uma pessoa se ter lesionado num pé e estar com baixa por doença a meio tempo constitui um dado de caráter pessoal relativo à saúde na acepção do artigo 8. º, n.º 1, da Directiva 95/46[59].

[57] UNIÃO EUROPEIA. Parlamento Europeu e o Conselho. Regulamento (UE) 2016/679. *Op. cit.*, Considerando 35.

[58] UNIÃO EUROPEIA. Grupo de Trabalho do Art. 29. *ANNEX–health data in apps and devices: Concept of "health data" in Directive 95/46/EC*. Disponível em: <https://ec.europa.eu/justice/article-29/documentation/other- document/files/2015/20150205_letter_art29wp_ec_health_data_after_plenary_annex_en.pdf>. Acesso em: 12 mar. 2023.

[59] UNIÃO EUROPEIA. Tribunal de Justiça da União Europeia. *Acórdão C-101/01*, de 6 de novembro de 2003. Disponível em: <https://eur-lex.europa.eu/legal-content/PT/TXT/PDF/?uri=CELEX:62001CJ0101&from=en>. Acesso em: 10 mar. 2023.

Porém o Grupo de Trabalho considera que os dados de saúde (ou todos os dados pertencentes ao status de saúde de um titular de dados) são um termo muito mais amplo que o termo "médico". Com base na atual diretiva de proteção de dados, os legisladores, juízes e as Agências de Proteção de Dados nacionais concluíram que informações como o fato de uma mulher ter quebrado a perna (Lindqvist), que uma pessoa está usando óculos ou lentes de contato, dados sobre os aspectos intelectuais e emocionais de uma pessoa capacidade (como QI), informações sobre hábitos de fumar e beber, dados sobre alergias divulgadas a entidades privadas (como companhias aéreas) ou a órgãos públicos (como escolas); dados sobre condições de saúde a serem usados em situações de emergência (por exemplo, informações de que uma criança que participa de um acampamento de verão ou evento semelhante sofre de asma); participação de um indivíduo em um grupo de apoio ao paciente (por exemplo, grupo de apoio ao câncer), Vigilantes do Peso, Alcoólicos Anônimos ou outros grupos de autoajuda e apoio com um objetivo relacionado à saúde; e a mera menção do fato de que alguém está doente em um contexto de emprego são todos dados relativos à saúde de indivíduos em questão[60].

O Grupo de Trabalho do Art. 29 considera então que os dados pessoais são dados de saúde quando os dados são inerentemente/claramente dados médicos; os dados são dados brutos do sensor que podem ser usados em si ou em combinação com outros dados para tirar uma conclusão sobre o status real de saúde ou o risco à saúde de uma pessoa; estado de saúde ou risco à saúde da pessoa (independentemente de essas conclusões serem precisas ou imprecisas, legítimas ou ilegítimas ou adequadas ou inadequadas)[61].

No mesmo sentido, e em harmonia com o referido acórdão, está a orientação da Comissão Nacional de Proteção de Dados, em Portugal, que considera dados de saúde "não apenas aqueles que resultem do diagnóstico médico feito, mas todos aqueles que permitam apurá-lo, incluindo resultados de análises clínicas, imagens de exames radiológicos, imagens vídeo ou fotográficas que sirvam o mesmo fim"[62].

[60] UNIÃO EUROPEIA. Grupo de Trabalho do Art. 29. *Op. cit.*

[61] Ibidem.

[62] POÇAS. *Op. cit.*, p. 234.

Sem prejuízo do recente reconhecimento e autonomização de um direito à autodeterminação de informação, a proteção de dados pessoais filia-se, em grande medida, no referido direito à privacidade. Importa, em qualquer caso, enquadrar sumariamente a proteção de dados no âmbito do Direito europeu – de onde dimana o RGPD – e no próprio contexto do Direito interno português[63].

Conforme a Lei portuguesa n.º 12/2005, em seu artigo 3.º, prevê que a informação de saúde é propriedade da pessoa, e essas informações incluem os dados clínicos registados, resultados de análises e outros exames subsidiários, intervenções e diagnósticos e obriga as unidades do sistema de saúde que no caso ao fazer o tratamento dos dados se tornam os depositários da informação, e essas informações não poderão ser utilizadas para outros fins que não os relacionados a prestação de cuidados e a investigação em saúde e outros por ventura estabelecidos pela lei[64].

O artigo 3.º ainda complementa que o titular da informação, ou seja, o paciente, tem o direito de tomar conhecimento de todo o seu processo clínico ou que seja informado a uma pessoa indicada pelo mesmo, porém caso exista alguma circunstância devidamente justificada em que essa informação possa ser prejudicial. Além disso, o acesso a essa informação por parte do titular ou de terceiros com o seu consentimento deve ser feito através de médico, com habilitação e escolhido pelo titular da informação[65].

E ainda conforme a Lei 12/2005, no artigo 4.º, para o tratamento dessa informação de saúde, deve-se tomar as providencias adequadas à proteção da confidencialidade por parte do responsável pelo tratamento, garantindo a segurança das instalações e equipamento, o controle no acesso à informação, bem como o reforço do dever de sigilo e da educação deontológica, que é o estudo do dever das profissões da área da saúde, de todos os profissionais[66].

Deve essa informação ser utilizada exclusivamente pelo sistema de saúde nas condições expressas em autorização escrita do seu titular ou de quem o represente, e o acesso à informação de saúde pode ser utilizado

[63] Ibidem, p. 222.

[64] Cf. Lei 12/2005, Art. 3º, 1.

[65] Cf. Lei 12/2005, Art. 3º, 1 e 3.

[66] Cf. Lei 12/2005, Art. 4º, 1

para fins de investigação quando eles são anonimizados[67]. Esses dados podem ser considerados protegidos pela constituição, pois fazem parte do rol do direito à vida privada, previsto no art. 26 da CRP[68].

O RGPD coloca que o consentimento é excepcionado para a administração pública, sendo igualmente lícito o tratamento que resulte da necessidade de dar cumprimento a uma obrigação jurídica a que o responsável do tratamento esteja sujeito, não se aplicando aqui o expresso consentimento referido. Do mesmo modo sucederá nas situações em que o tratamento é necessário ao exercício de funções de interesse público ou ao exercício da autoridade pública de que está investido o responsável pelo tratamento[69].

O RGPD traz na UE, através do artigo 6.º, as licitudes do tratamento; e na alínea "e", coloca se for necessário ao exercício de funções de interesse público ou ao exercício da autoridade pública de que está investido o responsável pelo tratamento[70]. Além disso o artigo 6.º prevê especificamente que esses tratamentos devem ser definidos pelo direito da União ou pelo direito do Estado-Membro ao qual o responsável pelo tratamento está sujeito. A finalidade do tratamento é determinada com esse fundamento jurídico e deve ser necessária ao exercício de funções de interesse público ou ao exercício da autoridade pública de que está investido o responsável pelo tratamento.

Esse fundamento jurídico pode prever disposições específicas para adaptar a aplicação das regras do presente regulamento, nomeadamente: as condições gerais de licitude do tratamento pelo responsável pelo seu tratamento; os tipos de dados objeto de tratamento; os titulares

[67] Cf. Lei 12/2005, Art. 4º, 3 e 4.

[68] A Constituição da República Portuguesa no seu Art. 26 prevê: 1. A todos são reconhecidos os direitos à identidade pessoal, ao desenvolvimento da personalidade, à capacidade civil, à cidadania, ao bom nome e reputação, à imagem, à palavra, à reserva da intimidade da vida privada e familiar e à proteção legal contra quaisquer formas de discriminação. 2. A lei estabelecerá garantias efetivas contra a obtenção e utilização abusivas, ou contrárias à dignidade humana, de informações relativas às pessoas e famílias. 3. A lei garantirá a dignidade pessoal e a identidade genética do ser humano, nomeadamente na criação, desenvolvimento e utilização das tecnologias e na experimentação científica.

[69] UNIÃO EUROPEIA. Parlamento Europeu e o Conselho. Regulamento (UE) 2016/679. *Op. Cit.*

[70] Ibidem.

dos dados em questão; as entidades a que os dados pessoais poderão ser comunicados e para que efeitos; os limites a que as finalidades do tratamento devem obedecer; os prazos de conservação; e as operações e procedimentos de tratamento, incluindo as medidas destinadas a garantir a legalidade e lealdade do tratamento, como as medidas relativas a outras situações específicas de tratamento em conformidade com o capítulo IX do RGPD. O direito da União ou do Estado-Membro deve responder a um objetivo de interesse público e ser proporcional ao objetivo legítimo prosseguido[71].

Para Alexandre de Sousa Pinheiro as exceções à proibição do tratamento de dados pessoais constituem-se estruturalmente como causas de exclusão de ilicitude, no sentido em que os tratamentos de dados que seria ilícito cede perante a superioridade de um interesse proporcionalmente mais relevante que justifica assim o seu tratamento[72]. Pinheiro coloca ainda que o consentimento constitui o fundamento residual para o tratamento de dados sensíveis, porém no âmbito do tratamento desses dados o consentimento assume a feição de fundamento jurídico e a de condição de licitude do tratamento, estabelecendo nos princípios da licitude e da transparência, previstos no artigo 6.º do RGPD[73].

Segundo um estudo realizado pela Universidade de Louvain, em conjunto com a Imperial College of Science, Technology and Medicine, em Londres[74], chegou-se um resultado de 99,98% de sucesso na reversão de dados anônimos. Usando o modelo deles, revisitaram a re-identificação (bem-sucedida) do Governador Bill Weld, no estado de Massachusetts. Ao treinar o modelo nos arquivos de 5% de amostra de microdados de uso público (PUMS) usando código postal, data de nascimento e sexo e o validaram usando a última estimativa nacional americana, conseguiram uma re-identificação que teria 99,8% de chances de estar correta.

[71] Ibidem.

[72] PINHEIRO, Alexandre Sousa (Coord.); COELHO, Cristina Pimenta; DUARTE, Tatiana; GONÇALVES, Carlos Jorge; GONÇALVES, Catarina Pina. *Comentários ao Regulamento Geral de Proteção de Dados*. Coimbra: Almedina, 2018, p. 238.

[73] Ibidem, p. 244.

[74] ROCHER, L., HENDRICKX, J. M.; DE MONTJOYE, Y. Estimating the success of re-identifications in incomplete datasets using generative models. *Nat Commun 10*, 2019, p. 3069. Disponível em: <https://doi.org/10.1038/s41467-019-10933-3>. Acesso em: 30 mar. 2023.

Na UE, em 2014, o Grupo de Trabalho do Artigo 29 divulgou um parecer não vinculativo avaliando os pontos fortes e fracos de várias técnicas de anonimização "ao considerar o risco residual de uma pré-identificação inerente a cada deles". O parecer enfatizou que "um fator importante é que o processamento deve ser irreversível" e "tão permanente quanto a eliminação, ou seja, impossibilitando o processamento de dados pessoais". Sobre as técnicas de anonimização, o Parecer concluiu que elas "podem fornecer garantias de privacidade e podem ser usadas para gerar processos de anonimização eficientes, mas somente se sua aplicação for projetada apropriadamente", o que requer pré-requisitos e objetivos claramente definidos, caso a caso, como uma combinação de diferentes técnicas. Também afirmou que os controladores de dados não devem "confiar na abordagem" ou "liberar e esquecer", mas sim identificar novos riscos e reavaliar os riscos residuais regularmente, avaliar se os controles para os riscos identificados são suficientes, e monitorar e controlar os riscos[75].

É importante ressaltar que a opinião do Grupo de Trabalho do Art. 29. introduziu o conceito de "pseudoanonimização", que "consiste em substituir um atributo (tipicamente um atributo único) em um registro por outro". O Parecer esclareceu que a pseudoanonimização não é "um método de anonimização", mas "apenas reduz a vinculação de um conjunto de dados com a identidade original de um sujeito de dados e, portanto, é uma medida de segurança útil". Nesse sentido, o Parecer enfatizou que ainda é possível destacar os registros de um indivíduo, vincular registros relacionados a um indivíduo e inferir informações referentes a um indivíduo a partir de dados pseudoanonimizados. O Parecer descreveu as cinco técnicas mais comuns de pseudoanonimização: (1) criptografia com chave virtual; (2) função hash; (3) função hash com tecla com chave armazenada; (4) criptografia determinista ou função hash-yed-hash com exclusão da chave; e (5) tokenização, prenunciando as mudanças em torno da isenção de anonimização implementada sob o RGPD[76].

No entanto, a necessidade de promover o desenvolvimento de novos medicamentos e recompensar as empresas farmacêuticas por se

[75] UNIÃO EUROPEIA. Grupo de Trabalho do Artigo 29. *Opinion 05/2014 on Anonymisation Techniques, 0829/14/EN – WP216*, 10 abr. 2014.

[76] BRASHER, E. A. Addressing the Failure of Anonumization: Guidance from the European Union's General Data Protection Regulation. *Columbia Business Law Review*, 2018, p. 211-253.

envolverem em pesquisas é contrabalançada por preocupações éticas e de saúde pública decorrentes da superproteção. Se os dados clínicos recebem muita proteção, é extremamente difícil para as versões genéricas dos medicamentos chegarem ao mercado, o que significa que o acesso a medicamentos acessíveis é significativamente prejudicado[77].

Proibir que os fabricantes de genéricos confiem nos dados clínicos da empresa originadora também pode levar à duplicação desnecessária de pesquisas clínicas e pré-clínicas; isso levanta sérias questões sobre a ética de submeter pessoas e animais desnecessariamente a ensaios sobre produtos que podem ter efeitos colaterais significativos. Além disso, como as empresas farmacêuticas são, compreensivelmente, empresas motivadas a favor do ajuste, proteger os dados clínicos mais do que é realmente necessário para incentivar a inovação não leva a economia de custos para os consumidores; de fato, pode realmente levar as empresas que detêm o monopólio de um setor específico do mercado a inflar continuamente os preços devido à falta de concorrência. Também existe a preocupação de que muitos desses problemas de saúde pública afetem desproporcionalmente os países mais pobres e menos industrializados, que podem não ter poder de barganha igual para negociar padrões internacionais de proteção de dados clínicos[78].

Para equilibrar essas considerações concorrentes e válidas, a proteção de dados clínicos deve ser padronizada globalmente para não comprometer seus objetivos de incentivar a inovação e diminuir os custos para as empresas farmacêuticas. No entanto, o método de proteção também deve ser mais flexível e levar em consideração exatamente qual a quantidade de salvaguarda de dados necessária para alcançar a inovação e, ao mesmo tempo, permitir os objetivos políticos do desenvolvimento econômico e social em países menos industrializados e as considerações de acesso à saúde pública e medicamentos acessíveis[79].

A Lei Geral de Proteção de Dados Pessoais (LGPD), em vigor desde setembro de 2020, estabelece que o tratamento de dados sensíveis

[77] GULOTTA, Lea M. Pharming Out Data: A Proposal for Promoting Innovation and Public Health through a Hybrid Clinical Data Protection Scheme. *Vanderbilt Journal of Transnational Law*, 2018, p. 1476.

[78] Ibidem, p. 1476-1477.

[79] Ibidem, p. 1477.

requer o consentimento do titular, a menos que haja uma exceção (art. 11, I). Segundo a lei, o consentimento deve ser uma manifestação livre, informada e inequívoca do titular, concordando com o tratamento de seus dados pessoais para uma finalidade específica (art. 5º, XIII). É importante ressaltar que, caso haja mudanças na finalidade do tratamento que não sejam compatíveis com o consentimento original, o controlador dos dados deve informar previamente o titular sobre essas mudanças, permitindo que o titular revogue o consentimento caso discorde das alterações (art. 9º, § 2º). Ao longo de vários dispositivos, a LGPD enfatiza que o tratamento de dados deve sempre estar vinculado a uma finalidade específica[80].

Além disso, é importante ressaltar que a LGPD enfatiza a necessidade de boa-fé e transparência nas atividades de tratamento de dados pessoais, conforme estabelecido no art. 6º, inc. VI. Embora a LGPD, não exija o consentimento do paciente para o tratamento de seus dados sensíveis relacionados à saúde por profissionais de saúde em procedimentos realizados, a boa-fé tem implicações a partir do princípio da transparência. Existe uma relação de confiança geral estabelecida entre médico e paciente, para além das exigências legais, que se reflete no termo de consentimento assinado pelo paciente. Em termos gerais, à luz da boa-fé objetiva, o dever do médico de informar sobre o tratamento de dados sensíveis de saúde em hospitais virtuais provavelmente será cumprido ao incluir essa informação no termo de consentimento livre e esclarecido[81].

Dessa forma, indiretamente, o consentimento adquire uma dupla perspectiva: além do consentimento em relação aos riscos e benefícios do uso da tecnologia, também é exigido o dever de informar e obter o consentimento do paciente para o tratamento de seus dados sensíveis. Por fim, é importante ressaltar mais uma vez que o consentimento livre e esclarecido do paciente, no que diz respeito ao tratamento de dados pessoais em hospitais virtuais, precisa ser específico para uma finalidade determinada[82].

A LGPD e o RGPD reconhecem que os dados pessoais considerados sensíveis estão presentes em todos os conjuntos de informações das pessoas. Para protegê-los adequadamente, os legisladores optaram por

[80] KFOURI NETO; NOGAROLI. *Op. cit.*, p. 1102-1103.

[81] Ibidem.

[82] Ibidem.

fornecer exemplos claros de dados que se enquadram nessa categoria. De acordo com o artigo 5º, inciso II, da LGPD, os dados sensíveis incluem informações sobre origem racial ou étnica, convicção religiosa, opinião política e filiação a sindicato ou organização de caráter religioso, filosófico ou político. Também são considerados sensíveis os dados relacionados à saúde, vida sexual, além de dados genéticos ou biométricos[83].

Os dados sensíveis requerem uma proteção especial para evitar vazamentos, uso indevido, comercialização ou utilização para embasar preconceitos e discriminações ilegais contra o titular. No entanto, proibir completamente o tratamento desses dados é inviável, pois em alguns casos seu uso é legítimo e necessário. Além disso, certas entidades de natureza política, religiosa ou filosófica teriam sua própria razão de existir comprometida se não pudessem obter informações desse tipo[84].

Portanto, entende-se que o tratamento de dados sensíveis é possível e, em certas circunstâncias, pode ser necessário. No entanto, esse tratamento deve ser estritamente pautado pela legislação, considerando a relevância dos valores em questão, e legitimado apenas quando não resultar em discriminação ilegal ou abusiva. Esse entendimento é reforçado pelo princípio da não discriminação estabelecido no artigo 6º, inciso IX, da LGPD, que proíbe o tratamento de dados para fins discriminatórios ilegais ou abusivos[85].

Conclusões

Os dados de saúde, apresentados na Lei Geral de Proteção de Dados, são considerados dados sensíveis, o que requer dos responsáveis pelo tratamento de dados um cuidado ainda maior. A LGPD trouxe as hipóteses, em rol taxativo, de quando não tem a necessidade do consentimento do paciente para o tratamento de dados, e envolve em algumas hipóteses para resguardar a saúde e a vida do paciente.

O debate principal é se o art. 16 e o art. 18 trazem a eliminação dos dados como necessidade quando finaliza o tratamento desses dados pessoais, ou quando o detentor retira o seu consentimento ou pede a eliminação, isso

83 TEFFÉ, C. S. de; VIOLA, M. Tratamento de dados pessoais na LGPD: estudo sobre as bases legais. *civilistica.com*, v. 9, n. 1, p. 1-38, 9 maio 2020, p. 29.

84 Ibidem, p. 37-38.

85 Ibidem.

também se aplica aos dados de saúde? Olhando principalmente para a Europa, onde a proteção que o Regulamento Geral de Proteção de Dados (RGPD), no qual se inspirou a LGPD brasileira, entende-se que os dados sensíveis, inclusive os de saúde, podem ser apagados.

No movimento pós pandêmico, quando atendimentos por telemedicina estão concretizados, aplicativos com dados de saúde, resultados de exames sendo entregues via aplicativos, tanto de conversa como da própria empresa, se o usuário constatar que não está tendo a devida segurança, ele poderá sim pedir para eliminar esses dados segundo a LGPD. Além disso, se o dado não for mais necessário para nenhum tratamento, não tiver a finalidade apresentada na recolha, ou o prazo ter finalizado, também o dado pessoal sensível sobre saúde deverá ser eliminado.

Com isso, baseado nos julgamentos do TJUE, no RGPD e aplicando a LGPD, dados de saúde podem ser eliminados, principalmente se o usuário solicitar. Caso entre nas hipóteses que podem ser tratados sem consentimento, o responsável por esse tratamento terá de justificar o armazenamento e trazer toda a segurança que a LGPD exige nos casos de dados pessoais sensíveis.

Referências

ALEMANHA. Bundesverfassungsgericht (BVerfG). *Volkszählungsurteil*: BVerfGE 65. 15 dez. 1983.

ALVES JR., Sérgio. Fechando um ciclo: do término do tratamento de dados pessoais (Arts. 15 e 16 da LGPD). In: MENDES, L. S. et al. *Tratado de Proteção de Dados Pessoais*. Rio de Janeiro: Forense, 2020.

BENDIX, Jeffrey. *Healthcare data breaches decline, but ACA could be increasing risks*. Medical Economics, 15 de maio de 2014. Disponível em: <https://www.medicaleconomics.com/health-care-information-technology/healthcare-data-breaches-decline-aca-could-be-increasing-risks >. Acesso em: 14 mar. 2023.

BRASHER, E. A. Addressing the Failure of Anonumization: Guidance from the European Union's General Data Protection Regulation. *Columbia Business Law Review*, 2018.

BRASIL. *Lei nº 13.709, de 14 de agosto de 2018*. Lei Geral de Proteção de Dados Pessoais (LGPD). Brasília, DF: Presidência da República, [2020]. Disponível em: https://www.planalto.gov.br/ccivil_03/_ato2019-2022/2020/lei/l14020.htm. Acesso em: 04 maio 2023.

BROUGHER, Jordan D. The Right to be Forgotten: Applying European Privacy Law to American Eletronic Health Records. *Indiana Health Law Review*, 2016.

CALVÃO, Filipa Urbano. O direito fundamental à proteção dos dados pessoais e a privacidade 40 anos depois. In: VAZ, Manuel A. *et al. Jornadas nos quarentas anos da Constituição da República Portuguesa*: Impacto e Evolução. Lisboa: Universidade Católica, 2017.

CANOTILHO, J.J. Gomes; MOREIRA, Vital. *Constituição da República Portuguesa Anotada*: Artigos 1º a 107º. v. I, 4. ed. rev. Coimbra: Coimbra, 2007.

CASTRO, Catarina Sarmento e. 40 anos de "Utilização da informática": o artigo 35.º da Constituição da República Portuguesa. *e-Pública*, Lisboa, v. 3, n. 3, p. 84-99, dez. 2016, p. 45. Disponível em: <http://scielo.pt/scielo.php?script=sci_arttext&pid=S2183-184X2016000300004&lng=pt&nrm=iso>. Acesso em: 11 maio 2023.

CORDEIRO, A. Barreto Menezes (Coord.). *Comentário ao Regulamento Geral de Proteção de Dados e à Lei 58/2019*. Coimbra: Almedina, 2021.

CURTISS, Tiffany. Privacy Harmonization and the Developing World: The Impact of the EU's General Data Protection Regulation on Developing Economies. *Washington Journal of Law, Technology & Arts*, p. 97-121, 2016.

DOVE, Edward S. The EU General Data Protection Regulation: Implications for International Scientific Research in the Digital Era: Currents in Contemporary Bioethics. *Journal of Law, Medicine and Ethics*, 2018.

GUIMARÃES, João Alexandre; MACHADO, Lécio. *Comentários à Lei Geral de Proteção de Dados*: Lei 13.709/2018 com alterações da MPV 869/2020. Rio de Janeiro: Lumen Juris, 2020.

GULOTTA, Lea M. Pharming Out Data: A Proposal for Promoting Innovation and Public Health through a Hybrid Clinical Data Protection Scheme. *Vanderbilt Journal of Transnational Law*, 2018.

KFOURI NETO, Miguel; NOGAROLI, Rafaella. Inteligência Artificial nas decisões clínicas e a responsabilidade civil médica por eventos adversos no contexto dos hospitais virtuais. In: BARBOSA, Mafalda Miranda; NETTO, Felipe Braga; SILVA, Michael César; FALEIROS JÚNIOR, José Luiz de Moura. *Direito digital e inteligência artificial*: diálogos entre Brasil e Europa. Indaiatuba: Foco, 2021.

LIMA, Cíntia Rosa Pereira de. *Comentários à Lei Geral de Proteção de Dados*. São Paulo: Grupo Almedina (Portugal), 2020.

MIRADA, Jorge; MEDEIROS, Ruy. *Constituição Portuguesa Anotada*, v. I, 2. ed., rev. Lisboa: Universidade Católica, 2017.

NOGAROLI, Rafaella; NALIN, Paulo. Responsabilidade civil do médico na telemedicina durante a pandemia da covid-19 no brasil: a necessidade de um novo olhar para a aferição da culpa médica e da violação do dever de informar. In: PINHO, Anna Carolina. *Discussões sobre direito na era digital*. Rio de Janeiro: GZ, 2021, p. 657.

PINHEIRO, Alexandre Sousa (Coord.); COELHO, Cristina Pimenta; DUARTE, Tatiana; GONÇALVES, Carlos Jorge; GONÇALVES, Catarina Pina. *Comentários ao Regulamento Geral de Proteção de Dados*. Coimbra: Almedina, 2018.

POÇAS, Luís. Problemas e Dilemas do Setor Segurador: o RGPD e o Tratamento de Dados de Saúde. Revista Online Banca, Bolsa e Seguros. *Revista Onlinebanca, Bolsa e Seguros 3*. Instituto de Direito Bancário da Bolsa e dos Seguros, Faculdade De Direito, Universidade de Coimbra, n. 3, p. 217-301, 2018.

QUINELATO, Pietra Daneluzzi. Artigo 16. *In*: MARTINS, Guilherme Magalhães; LONGHI, João Victor Rozatti; FALEIROS JÚNIOR, José Luiz de Moura (coord.). *Comentários à Lei Geral de Proteção de Dados*: Lei 13.709/2018. Indaiatuba/SP: Foco, 2022.

ROCHER, L., HENDRICKX, J. M.; DE MONTJOYE, Y. Estimating the success of re-identifications in incomplete datasets using generative models. *Nat Commun 10*, 2019, p. 3069. Disponível em: <https://doi.org/10.1038/s41467-019-10933-3>. Acesso em: 30 mar. 2023.

SHAPIRO-BARR, Jeremy. The GDPR's Impact in the U.S.: Considerations for the U.S. Health Lawyer. *Journal of Health & Life Sciences Law*, v. 12, n. 1, 2018.

TEFFÉ, C. S. de; VIOLA, M. Tratamento de dados pessoais na LGPD: estudo sobre as bases legais. *civilistica.com*, v. 9, n. 1, p. 1-38, 9 maio 2020.

TEIXEIRA, Tarcísio; GUERREIRO, Ruth M. *Lei Geral de Proteção de Dados Pessoais (LGPD)*: Comentada Artigo por Artigo. São Paulo: Saraiva, 2022.

TERRY, Nicolas P. Regulatory Disruption and Arbitrage in Health-Care Data Protection. *Yale Journal of Health Policy, Law & Ethics*, 2017.

UNIÃO EUROPEIA. Conselho da Europa. *Convenção Europeia dos Direitos do Homem*, STCE n. 005, 1950.

UNIÃO EUROPEIA. Conselho da Europa. *Manual da Legislação Europeia sobre Proteção de Dados*. Luxemburgo, 2014.

UNIÃO EUROPEIA. Grupo de Trabalho do Art. 29. *ANNEX –health data in apps and devices: Concept of "health data" in Directive 95/46/EC*. Disponível em: <https://ec.europa.eu/justice/article-29/documentation/other-document/files/2015/20150205_letter_art29wp_ec_health_data_after_plenary_annex_en.pdf>. Acesso em: 12 mar. 2023.

UNIÃO EUROPEIA. Grupo de Trabalho do Artigo 29. *Opinion 05/2014 on Anonymisation Techniques, 0829/14/EN – WP216*, 10 abr. 2014.

UNIÃO EUROPEIA. Parlamento Europeu e do Conselho. *Directiva 95/46/CE*. Luxemburgo, 24 de outubro de 1995. Disponível em: <https://eur-lex.europa.eu/legal-content/PT/TXT/?uri=celex%3A31995L0046>. Acesso em: 10 mar. 2023.

UNIÃO EUROPEIA. Parlamento Europeu e o Conselho. *Regulamento (UE) 2016/679*, de 27 de abril de 2016.

UNIÃO EUROPEIA. Tribunal de Justiça da União Europeia. *Acórdão C-101/01*, de 6 de novembro de 2003. Disponível em <https://eur-lex.europa.eu/legal-content/PT/TXT/PDF/?uri=CELEX:62001CJ0101&from=en>. Acesso em: 10 mar. 2023.

VIEIRA, Ana Beatriz Carvalho. *Control – Health – Delete?* o direito ao apagamento dos dados de saúde. Tese de Doutorado em Ciências Jurídico-Forenses. Faculdade de Direito da Universidade de Coimbra. Coimbra, 2019.

VIOLA, Mario; DE TEFFÉ, Chiara Spadaccini. Tratamento de Dados Pessoais na LGPD: estudo sobre as Bases Legais dos Artigos 7º e 11. *In*: MENDES, L. S. et al. *Tratado de Proteção de Dados Pessoais*. Rio de Janeiro: Forense, 2020.

WATANABE, Paul J. An Ocean Apart: The Transatlantic Data Privacy Divide and the Right to Erasure. *Southern California Law Review*, jul. 2017.

11. RISCOS DA PADRONIZAÇÃO DE DOCUMENTOS MÉDICOS NA JUDICIALIZAÇÃO DA MEDICINA: O TERMO DE CONSENTIMENTO LIVRE E ESCLARECIDO

Amanda Souza Barbosa

Introdução

A publicação de artigos científicos sobre a judicialização da medicina no Brasil é recorrente, sobretudo em revistas especializadas em Direito Civil e/ou Bioética. Dentre os temas mais abordados está o termo de consentimento livre e esclarecido (TCLE) – documento médico que reduz a termo o processo de consentimento livre e esclarecido, o qual consiste em elemento volitivo e relacional que confere licitude ao ato médico.

Diante da rica produção científica existente e da importância de reduzir a distância entre academia e prática médica, no presente trabalho, propõe-se o seguinte problema de pesquisa: quais são as diretrizes para elaboração e aplicação do TCLE na relação entre médico e paciente adulto e capaz, presentes em artigos científicos publicados na *Revista Bioética* no período de 01/01/2020 a 27/04/2023?

Acredita-se que tal empreendimento, ao sistematizar as diretrizes presentes em publicações recentes, afinadas com o período pandêmico e pós-pandêmico, oferecerá um guia importante tanto para os profissionais da medicina que pretendem revisar a sua prática neste tocante, quanto agentes do direito que trabalham diretamente com causas que têm, no TCLE, uma fonte de prova relevante.

Diante do problema de pesquisa proposto, tem-se como objetivo geral mapear as diretrizes para elaboração e aplicação do TCLE na relação entre médico e paciente adulto e capaz presentes em artigos científicos publicados na *Revista Bioética* no período de 01/01/2020 a 27/04/2023. Para tanto, adotou-se o método de abordagem dialético e as técnicas de pesquisa bibliográfica e documental.

No tocante à coleta das publicações, é importante referir que foi consultada especificamente a *Revista Bioética*, idealizada e mantida pelo Conselho Federal de Medicina (CFM) desde 1993. No sistema de busca, utilizou-se unicamente a palavra-chave "termo de consentimento", chegando-se ao total de 30 (trinta) publicações. Destas, 8 (oito) foram publicadas a partir do ano de 2020.

O ano de 2020 foi eleito como termo inicial para que as informações colhidas já estejam ambientadas no contexto pandêmico e pós-pandêmico. O termo final, por sua vez, corresponde à data em que a busca foi realizada. Dos 8 (oito) textos referidos, 4 (quatro) correspondem ao recorte proposto. Os demais foram excluídos por se referirem a temas diversos, conforme se observa detalhadamente no quadro a seguir.

Quadro 1 – **Seleção bibliográfica na Revista Bioética (jan. 2020 – abr. 2023)**

Ano	Volume	Número	Título	Autores	Status	Comentário
2022	30	4	Dever de informação em medicina: análise de processos judiciais	Camila de Aquino Feijó, Valeria Maria de Souza Framil, Daniele Muñoz Gianvecchio	Incluído	—
2022	30	3	Inseminação artificial homóloga póstuma: análise bioética do planejamento familiar	Larissa Cristina Lourenço	Excluído	Objeto diverso.
2021	29	3	Percepção dos imigrantes: consentimento livre e acesso aos serviços de saúde	Cléa Adas Saliba Garbin et al.	Incluído	—

Ano	Volume	Número	Título	Autores	Status	Comentário
2021	29	2	Consentimento por telefone: otimização do recrutamento de participantes de pesquisas	Lívia Loamí Ruyz et al.	Excluído	Consentimento em pesquisa.
2020	28	3	Análise ético-legal de prontuários clínicos de cursos de odontologia brasileiros	Sueli de Souza Costa, Flávia Martão Flório	Excluído	Profissão da saúde diversa.
2020	28	3	Termo de consentimento informado: impacto na decisão judicial	Merlei Cristina Manzini, Carlos D' Apparecida Santos Machado Filho, Paulo Ricardo Criado	Incluído	—
2020	28	3	Termo de consentimento livre e esclarecido na assistência à saúde	Carolina Fernandes de Castro et al.	Incluído	—
2020	28	4	Perfil e vozes dos participantes de pesquisas clínicas no Brasil	Karla Patrícia Cardoso Amorim et al.	Excluído	Consentimento em pesquisa.

Fonte: Elaborado pela autora.

A partir da leitura dos textos selecionados, chegou-se aos seguintes objetivos específicos: a) apontar orientações para o processo de consentimento informado e escrita do TCLE; b) evidenciar a finalidade do TCLE e seu impacto em ações de responsabilidade profissional; c) indicar cautelas na obtenção do consentimento livre e esclarecido. Cada um foi objeto de um dos capítulos de desenvolvimento.

Ao final, teceram-se considerações a respeito das 22 (vinte e duas) diretrizes mapeadas, destacando-se os aspectos mais relevantes e desafiadores para a prática médica nesta quadra histórica. Com isso, espera-se que instituições de saúde e médicos melhor compreendam o assunto e possam revisar as suas práticas para oferecer assistência à saúde com segurança e qualidade no processo de tomada de decisão.

1. Processo de consentimento livre e esclarecido e TCLE

O consentimento livre e esclarecido pode ser definido como o processo dialógico entre médico e paciente, o qual culmina no "ato de decisão, concordância e aprovação do paciente ou de seu representante legal, após a necessária informação e explicações, sob a responsabilidade do médico, a respeito dos procedimentos diagnósticos ou terapêuticos que lhe são indicados"[1]. Caberá ao médico, detentor do saber científico, informar ao paciente sobre seu quadro de saúde, diagnóstico, alternativas de tratamento e prognóstico.

Na literatura sob análise, a conformação ideal da relação médico-paciente é aquela em que as decisões são tomadas de modo compartilhado. Deve ser superado o modelo em que o profissional se coloca como autoridade, cabendo ao paciente somente obedecer. Nos últimos anos, tal paradigma vem sendo substituído pelo da cooperação entre médico e paciente, sendo o segundo igualmente coautor e responsável pela decisão tomada[2].

Na obra de Beauchamp e Childress esse ponto se evidencia quando os autores destacam que o princípio do respeito à autonomia é dotado de duas faces: uma positiva e outra negativa. A primeira se refere ao necessário compartilhamento de informações com o paciente, tornando-o capaz de decidir livremente. A segunda importa no respeito à decisão tomada[3].

É importante mencionar que, uma vez dado o consentimento livre e esclarecido para dada intervenção, este pode ser revogado antes do

[1] CONSELHO FEDERAL DE MEDICINA. *Recomendação n. 1, de 21 de janeiro de 2016.* Dispõe sobre o processo de obtenção de consentimento livre e esclarecido na assistência médica. Disponível em: https://portal.cfm.org.br/ images/Recomendacoes/1_2016.pdf Acesso em: 30 abr. 2023. p. 12.

[2] CASTRO, Carolina Fernandes de et al. Termo de consentimento livre e esclarecido na assistência à saúde. *Revista Bioética*, Brasília, v. 28, n. 3, p. 523-530, 2020. Disponível em: http://dx.doi.org/10.1590/1983-80422020283416 Acesso em: 27 abr. 2023. p. 527.

[3] BEAUCHAMP, T. L.; CHILDRESS, J. F. *Princípios de Ética Biomédica*. 4. ed. São Paulo: Loyola, 2002. passim.

procedimento pelo paciente a qualquer tempo, sem prejuízo à continuidade do atendimento[4,5,6]. Esta possibilidade é denominada direito de retirada e decorre do fato de ser o consentimento para determinada intervenção ou tratamento um direito da personalidade do paciente (cf. art. 15 do Código Civil[7]), direito que é imprescritível quanto ao seu exercício.

Para que o consentimento seja, de fato, livre e esclarecido, é muito importante que as informações compartilhadas com o paciente não sejam genéricas. Desde o primeiro contato, a equipe deve compartilhar informações verdadeiras e completas[8], relacionadas com o caso em questão[9]. A medicina não é uma ciência exata, de modo que a atenção às particularidades do paciente é elemento decisivo para bem orientá-lo.

Na mesma linha, não podem ser omitidas as alternativas de tratamento[10]. Ainda que o profissional acredite ser um dos tratamentos possíveis o mais eficiente, é importante que os demais sejam informados ao paciente, sob pena se violar a sua autonomia, instalando-se o sentimento de insatisfação com o atendimento prestado[11]. Esse é um modo de colocar em prática o paradigma da decisão compartilhada[12].

4 CASTRO. *Op. Cit.*, p. 526.

5 MANZINI, Merlei Cristiana; MACHADO FILHO, Carlos D'Apparecida Santos; CRIADO, Paulo Ricardo. Termo de consentimento informado: impacto na decisão judicial. *Revista Bioética*, Brasília, v. 28, n. 3, p. 517-521, 2020. Disponível em: http://dx.doi.org/10.1590/1983-80422020283415 Acesso em: 27 abr. 2023. p. 518.

6 FEIJÓ, Camila de Aquino; FRAMIL, Valeria Maria de Souza; GIANVECCHIO, Daniele Muñoz. Dever de informação em medicina: análise de processos judiciais. *Revista Bioética*, Brasília, v. 30, n. 4, p. 780-790, 2022. Disponível em: http://dx.doi.org/10.1590/1983--80422022304569PT Acesso em: 27 abr. 2023. p. 787.

7 "Art. 15. Ninguém pode ser constrangido a submeter-se, com risco de vida, a tratamento médico ou a intervenção cirúrgica." BRASIL. *Lei n. 10.406, de 10 de janeiro de 2002.* Institui o Código Civil. Disponível em: https://www. planalto.gov.br/ccivil_03/leis/2002/l10406compilada.htm Acesso em: 30 abr. 2023.

8 CASTRO. *Op. Cit.*, p. 525.

9 FEIJÓ; FRAMIL; GIANVECCHIO. *Op. Cit.*, p. 782.

10 CASTRO. *Op. Cit.*, p. 523.

11 GARBIN, Cléa Adas Saliba et al. Percepción de los inmigrantes: consentimiento informado y acceso a servicios de salud. *Revista Bioética*, Brasília, v. 29, n. 3, p. 600-605, 2021. Disponível em: http://dx.doi.org/10.1590/1983-80422021293495 Acesso em: 27 abr. 2023. p. 601.

12 FEIJÓ. *Op. Cit.*, p. 786.

Quando houver a redução do processo de consentimento livre e esclarecido a termo no TCLE, é preciso verificar a presença dos seguintes elementos: quais procedimentos e terapêuticas serão utilizados, bem como seus objetivos, justificativas, riscos, desconfortos e benefícios esperados – ou seja, todas as informações pertinentes sobre o caso clínico[13]; esclarecer os métodos alternativos existentes; campo para assinatura ou identificação dactiloscópica do paciente[14]. Em outras palavras:

> Na assistência à saúde, a falta de esclarecimento prejudica a relação entre médico e paciente, já que a escolha livre e autônoma do enfermo depende das possibilidades que o profissional lhe apresenta. Se apenas uma possibilidade é assinalada, a decisão torna-se peremptória, pois a alternativa é tão somente a recusa do tratamento[15].

A adoção de linguagem acessível no diálogo com o paciente e na redação do TCLE tem se demonstrado um grande desafio. A clareza com que a equipe médica explica os riscos e benefícios de dada proposta de cuidado é determinante para que se considere ser a decisão do paciente uma decisão autônoma. Isto, por sua vez, condiciona a própria validade do consentimento[16], conferindo licitude ao ato médico.

Há pesquisas empíricas realizadas no Brasil evidenciando que, muitas vezes, o paciente não consegue ler e compreender totalmente o TCLE devido ao excesso de termos técnicos inacessíveis e o grande volume de páginas, o que acarreta prejuízos ao exercício da autonomia do indivíduo. É fundamental a contextualização das informações, ajustando-se a linguagem à capacidade de compreensão do paciente[17]. Portanto, um TCLE redigido em linguagem simples, clara, adequada à cultura do paciente, sem rebuscamentos técnicos, com letra em tamanho legível e conteúdo individualizado[18] é essencial para que o documento, de fato, represente que aquela relação médico-paciente está assentada no

[13] CASTRO. *Op. Cit.*, p. 523.
[14] FEIJÓ. *Op. Cit.*, p. 787.
[15] CASTRO. *Op. Cit.*, p. 525.
[16] Ibidem, p. 523.
[17] CASTRO *Op. Cit.*, p. 523-526.
[18] MANZINI; MACHADO FILHO; CRIADO. *Op. Cit.*, p. 519.

princípio da boa-fé objetiva e que há, entre os sujeitos da relação, confiança recíproca[19,20].

A boa-fé objetiva é um *standard* de conduta orientada pela transparência e probidade. Em outras palavras, nas relações jurídicas e sociais, espera-se que ambas as partes se relacionem de modo a salvaguardar o alcance dos seus interesses, de modo cooperativo[21]. A mesma expectativa se faz presente na relação médico-paciente, havendo ainda a previsão do dever de informação no Código de Defesa do Consumidor[22].

A escrita do TCLE é tarefa desafiadora que requer conhecimento, sensibilidade e trabalho em equipe[23]. Cada paciente tem as suas particularidades, de modo que é importante a presença de espaços em branco ou de marcação de alternativas para que o documento seja personalizado[24]. Ao mesmo tempo, faz-se com que o paciente realize leitura atenta e forneça informações importantes sobre o seu perfil.

Além dos cuidados com a linguagem, é preciso permitir que o paciente esclareça eventuais dúvidas[25]. Perguntar se houve a devida compreensão pode não ser suficiente, pois a resposta pode ser afirmativa mesmo que algo tenha sido mal compreendido. Por isso, sugere-se que se peça ao paciente para que repita o que compreendeu, sendo este um modo mais eficiente para se garantir o devido entendimento.

Em paralelo com o diálogo e entrega de documento por escrito (TCLE), outros recursos podem ser utilizados para que o paciente entenda bem todas as informações ali compartilhadas, a exemplo de recursos audiovisuais, como vídeos educacionais[26]. Atenção especial deve ser dispensada

[19] FEIJÓ; FRAMIL; GIANVECCHIO. . *Op. Cit.*, p. 787.

[20] MANZINI; MACHADO FILHO; CRIADO. *Op. Cit.*, p. 518.

[21] AZEVEDO, Álvaro Villaça. O Novo Código Civil Brasileiro: Tramitação, Função Social do Contrato, Boa-Fé Objetiva, Teoria da Imprevisão e em Especial Onerosidade Excessiva. *Cadernos de Direito*, Piracicaba, v. 4, n. 6, p. 9-22, 2004. Disponível em: https://www.metodista.br/revistas/revistas-unimep/index.php/cd/article/view/739/296 Acesso em: 30 abr. 2023. p. 13.

[22] BRASIL. *Lei n. 8.078, de 11 de setembro de 1990.* Dispõe sobre a proteção do consumidor e dá outras providências. Disponível em: https://www.planalto.gov.br/ccivil_03/leis/l8078compilado.htm Acesso em: 30 abr. 2023.

[23] CASTRO. *Op. Cit.*, p. 526-527.

[24] CONSELHO FEDERAL DE MEDICINA. *Op. Cit.*, p. 25.

[25] CASTRO. *Op. Cit.*, p. 526.

[26] Ibidem, p. 527.

àqueles que não dominam suficientemente a língua portuguesa, como imigrantes[27] e determinados povos e comunidades tradicionais brasileiras.

2. Função do TCLE e seu impacto em ações de responsabilidade médica

O TCLE tem como função precípua ser instrumento do processo de consentimento livre e esclarecido do paciente, símbolo do exercício dos seus direitos à liberdade, privacidade e escolha individual, evidenciando que houve a devida participação no processo de tomada de decisão, ciência e compreensão das informações compartilhadas, especialmente os riscos, benefícios e alternativas terapêuticas[28].

Nessa linha, a produção e assinatura desse documento confere transparência à intervenção médica, na medida em que constam a extensão e os possíveis insucessos do ato a ser praticado[29]. Não se pode perder de vista que mais importante que a assinatura do TCLE deve ser a garantia de que o paciente tomou uma decisão verdadeiramente autônoma[30]. Inclusive, nem sempre haverá a assinatura de TCLE[31].

Existe a recomendação de elaboração do termo por escrito, em linguagem clara e acessível. Contudo, geralmente o consentimento é prestado de forma verbal[32]. Em regra, a adoção do TCLE se dá diante de intervenções mais gravosas, de maior risco à saúde. Adotá-lo para todo e qualquer procedimento poderia gerar distanciamento entre médico e paciente, além de despertar o sentimento de desconfiança no segundo.

Ainda que não haja TCLE, é indispensável o registro em prontuário[33,34] – fazendo-se constar as informações transmitidas e a participação do paciente nas decisões terapêuticas, para que o processo de consentimento livre e esclarecido reste consignado de modo documental. Deve constar,

[27] GARBIN. *Op. Cit.*, p. 603.

[28] CASTRO. *Op. Cit.*, p. 523-525.

[29] *Ibidem*, p. 524.

[30] *Ibidem*, p. 525.

[31] *Ibidem*, p. 527.

[32] FEIJÓ; FRAMIL; GIANVECCHIO. *Op. Cit.*, p. 781.

[33] FEIJÓ; FRAMIL; GIANVECCHI. *Op. Cit.*, p. 787.

[34] CASTRO. *Op. Cit.*, p. 526.

ainda, todos os fatos, resultados de exames clínicos e complementares, e hipóteses diagnósticas[35].

Em termos legais, seu valor probatório é análogo ao do TCLE[36]. Saliente-se que, na prática forense, o valor probatório do prontuário pode ser questionado por se tratar de documento de preenchimento unilateral, além de possível incidente de falsidade documental. Ainda assim, é meio de prova importante que deve se fazer presente em qualquer procedimento que se debruce sobre a responsabilidade médica.

Diferentemente do prontuário, o TCLE conta com a assinatura do paciente, o que é indício mais forte de que as informações ali presentes foram lidas, compreendidas e permitiram a livre adesão do espírito do paciente ao tratamento proposto e descrito. No Judiciário, o termo vem sendo tido como importante meio de prova. Quando bem elaborado, evidencia a existência de relação médico-paciente segura e confiável[37].

Por sua vez, a ausência de TCLE pode ser considerada ato de negligência médica[38,39,40], especialmente quando ausentes outros meios de prova[41], como anotação adequada em prontuário. A despeito da relevância como meio de prova, o papel do TCLE não pode ser reduzido à prática da medicina defensiva. Seu fim não é a proteção do médico[42], mas sim ser elemento de uma relação médico-paciente saudável.

A negligência médica supramencionada refere-se, especificamente, ao ato negativo de não informar adequadamente o paciente, dando-lhe os subsídios necessários para decidir de forma autônoma. Isso representa uma violação do dever de informar, o qual decorre do Código de Defesa do Consumidor e da cláusula geral da boa-fé objetiva do Código Civil na esfera infralegal[43].

35 Ibidem, p. 527.

36 Ibidem, p. 527.

37 MANZINI; MACHADO FILHO; CRIADO. *Op. Cit.*, p. 519.

38 *Ibidem*, p. 519.

39 *Ibidem*, p. 519.

40 FEIJÓ; FRAMIL; GIANVECCHIO. *Op. Cit.*, p. 781.

41 GARBIN. *Op. Cit.*, p. 601.

42 CASTRO. *Op. Cit.*, p. 527.

43 FEIJÓ; FRAMIL; GIANVECCHIO. *Op. Cit.*, p. 786.

Uma vez constatada falha no processo de consentimento livre e esclarecido, surge o dever de indenizar o paciente pelo dano moral sofrido, ainda que a intervenção médica realizada esteja em conformidade com a *lex artis*. Os tribunais superiores concluíram que o dano decorrente da violação do dever de informar por parte do médico é dano autônomo, logo, é independente da existência de lesão à integridade física do paciente[44].

3. Aspectos relacionais e vulnerabilidades do paciente

No processo dialógico com o paciente, é de suma importância observar a presença de eventual limitação intelectual ou qualquer outra característica que torne o paciente especialmente vulnerável. Estar enfermo pode provocar sentimentos de medo, deflagração de mecanismos de defesa, negação, ilusões, ou ainda falsas crenças[45]. Tudo isso será determinante para o médico adequar sua linguagem ao contexto.

O termo vulnerabilidade significa suscetibilidade a ser ferido. Todo ser humano, por ser finito, é vulnerável em um sentido substantivo[46]. Há, ainda, a chamada vulnerabilidade adjetiva, aquela que deriva de características pessoais ou do ambiente em que vive uma dada pessoa. Estar acometido por uma doença, ser uma pessoa com deficiência ou viver em local sem saneamento básico são exemplos do segundo tipo.

Pode-se estar diante de um paciente que sequer saiba o que é um TCLE e para que serve[47], de modo que cada um deve ter o seu perfil identificado, adequando-se o modo de abordar os aspectos necessários para que se chegue a um consentimento livre e esclarecido. Tal processo de consentimento necessariamente perpassa pela criação de uma relação empática com o paciente, caminho apontado para o estreitamento do vínculo e redução de erros[48].

Há quem entenda, ainda, que em uma relação empática, mesmo que haja imprevistos, o paciente estará mais inclinado a compreender, acreditar

[44] *Ibidem*, p. 786.

[45] CASTRO. *Op. Cit.*, p. 526.

[46] NEVES, Maria do Céu Patrão. Sentidos da vulnerabilidade: característica, condição, princípio. *Revista Brasileira de Bioética*, Brasília, v. 2, n. 2, p. 157-172, 2006. p. 163-164.

[47] GARBIN. *Op. Cit.*, p. 603.

[48] FEIJÓ; FRAMIL; GIANVECCHIO. *Op. Cit.*, p. 785.

nas explicações do seu médico e colaborar com as etapas seguintes[49]. Intercorrências, desfechos não desejados, ou até mesmo danos iatrogênicos podem ocorrer, de modo que em uma relação médico-paciente saudável dificilmente tais situações serão objeto de judicialização.

Mais do que empatia, é importante que a relação médico-paciente esteja orientada pela alteridade. Uma intervenção médica não assentada na alteridade pode facilmente encerrar um ato autoritário de imperialismo moral. Tal possibilidade se apresenta no contexto da relação entre paciente e profissional da saúde, pois as diferenças na percepção cultural sobre a vida e a saúde podem gerar conflitos éticos[50].

A pluralidade moral não deve ser fator discriminatório, nem ser abafada por uma perspectiva hegemônica. Nas palavras de Mendes e outros, uma Bioética percebida nesses termos permite "[...] que as pessoas possam simplesmente viver de acordo com seus valores suas crenças, sua orientação sexual, sua cultura, ainda que esse sistema de valores e crenças divirja dos padrões morais dominantes"[51].

Na mesma linha parece seguir Nascimento, ao relacionar alteridade e acolhimento. A partir da teoria levinasiana, o autor refere a alteridade como não prescrição do espaço do Outro, como acolhimento que conduz à responsabilidade com o Outro na medida em que se pressupõe que ele está sempre vulnerável às ações do agente. Vislumbra ser este o caminho para um encontro intercultural equitativo[52].

Para aprofundamento destas reflexões, remete-se o leitor ao livro *Revisão das Bases da Bioética Global: direitos humanos, alteridade e relações entre estranhos morais*, produto do curso de doutorado da autora do presente texto. Nele, a Bioética global potteriana é revista, resgatada e analisada

[49] *Ibidem*, p. 787.

[50] Cf. BARBOSA, Amanda Souza. *Revisão das bases da bioética global*: direitos humanos, alteridade e relação entre estranhos morais. Salvador: Mente Aberta, 2020.

[51] MENDES, Ademir Aparecido Pinhelli et al. O princípio da alteridade como pressuposto para a bioética clínica: em busca de novos aportes epistemológicos. *Thaumazein*, Santa Maria, v. 10, n. 19, p. 55-66, 2016. Disponível em: <https://periodicos.ufn.edu.br/index.php/thaumazein/article/view/1817/pdf>. Acesso em: 30 abr. 2023. p. 64.

[52] NASCIMENTO, Wanderson Flor do; GARRAFA, Volnei. Por uma vida não colonizada: diálogo entre bioética de intervenção e colonialidade. *Saúde e Sociedade*, São Paulo, v. 20, n. 2, 2011. Disponível em: <http://repositorio.unb.br/bitstream/10482/9674/1/ARTIGOPorUmaVidaNaoColonizada.pdf>. Acesso em: 30 abr. 2023. passim.

sob a perspectiva da alteridade levinasiana, chegando-se à conclusão de que este referencial se coaduna com a primeira[53].

Com isso, a Bioética deixa de representar uma proposta de tábua de valores pré-fabricada, devendo ser percebida como caixa de ferramentas para o estabelecimento de uma relação ética igualitária entre agentes, inviabilizando o domínio e apropriação quando se tratar de estranhos morais. Nesses termos, a Bioética tem o potencial de oferecer ambiente propício a uma relação ética igualitária em escala global[54].

O despertar para a responsabilidade perante o Outro, ao estar fundado na vulnerabilidade substantiva, oferece moldura importante para o processo de significação nas mais variadas correntes da Bioética: a identificação da beneficência em consonância com a perspectiva do paciente no principialismo, por exemplo. Tal tomada de consciência requer que os agentes da relação se mantenham em posição de abertura e escuta recíproca[55].

Como já dito, conforme o perfil do paciente, deve haver a verificação da sua compreensão a respeito das orientações transmitidas pelo médico, a saber, se foram suficientes ou se serão necessárias informações adicionais. A compreensão devida pode ser obnubilada por estresse, baixo nível educacional, vulnerabilidade econômica e de outras ordens[56].

Além da atenção a ser conferida às características do paciente, também deve-se observar se o local de obtenção do consentimento informado é adequado. Deve se tratar de ambiente acolhedor[57], silencioso, que assegure a privacidade, deixe o paciente confortável e seguro para tirar dúvidas. Corredores, sala de espera e recepção não são locais propícios para dialogar com o paciente, nem assinar o TCLE.

Infelizmente, é comum que o TCLE seja entregue na recepção dos consultórios e instituições de saúde, por secretárias, na ausência do médico assistente, situação que impede a resolução de dúvidas e o ambiente necessário para a devida reflexão. Tal modo de aplicação do termo diminui sua

[53] BARBOSA, Amanda Souza. *Revisão das bases da bioética global*: direitos humanos, alteridade e relação entre estranhos morais. Salvador: Mente Aberta, 2020. passim.

[54] *Ibidem*, p. 160.

[55] *Ibidem*, p. 166.

[56] CASTRO. *Op. Cit.*, p. 526.

[57] Ibidem, p. 527.

força probatória. Esse dado, associado à entrega de termos padronizados, aproxima o TCLE de um contrato de adesão.

Nessa linha de raciocínio, ainda que existente um TCLE assinado, ele não representará para o Juízo prova suficiente de que houve o devido processo de consentimento livre e esclarecido, tornando a defesa médica vulnerável quanto ao cumprimento do dever de informar. É preciso redigir o termo adequadamente, adotar estratégias de personalização e aplicá-lo em ambiente adequado, na presença do médico.

A situação será mais delicada quando houver, nesse processo dialógico, a transmissão de notícias difíceis[58], como um diagnóstico de câncer metastático. De acordo com a literatura amealhada, embora as notícias difíceis façam parte da rotina dos cuidados em saúde, muitos profissionais se sentem desconfortáveis e não preparados para compartilhá-las com o paciente e/ou família de modo adequado[59].

Uma vez tendo ocorrido o processo de consentimento livre e esclarecido regularmente, é importante o respeito integral à decisão tomada pelo paciente, ainda que divirjam do posicionamento da equipe médica[60]. Saliente-se que, para tanto, se deve estar diante de uma decisão possível, que não leve a equipe a praticar qualquer ato ilícito ou antiético.

Conclusões

A partir da seleção bibliográfica realizada e da sistematização das diretrizes referentes ao consentimento livre e esclarecido e sua redução a termo TCLE, chegou-se a um total de 22 (vinte e duas) diretrizes a serem observadas por médicos e instituições de saúde. Para que possam ser mais bem compartilhadas, serão dispostas em um quadro, reunidas conforme o aspecto comum que as aproxima.

[58] Há protocolos desenvolvidos para guiar os profissionais nessas situações, a exemplo do protocolo SPIKES. Cf. CRUZ, Carolina de Oliveira; RIERA, Rachel. Comunicando más notícias: o protocolo SPIKES. *Diagnóstico e Tratamento*, v. 21, n. 3, p. 106-108, 2016. Disponível em: https://docs.bvsalud.org/biblioref/2016/08/1365/rdt _v21n3_106-108.pdf Acesso em: 30 abr. 2023.

[59] CASTRO. *Op. Cit.*, p. 523.

[60] Ibidem, p. 526.

QUADRO 2 – **Mapeamento das diretrizes identificadas na revisão de literatura.**

Comunicação e redação do TCLE	Funções e aplicação do TCLE	Relação médico-paciente e vulnerabilidades
Adotar o paradigma da decisão compartilhada.	Garantir ao paciente uma decisão autônoma é a principal função do TCLE.	Observar as características e vulnerabilidades de cada paciente.
Respeitar o direito de retirada.	Apresentar o TCLE em ações de responsabilidade médica.	Adequar a linguagem conforme as características do paciente.
Prestar orientações detalhadas e contextualizadas.	Entregar o TCLE ao paciente para assinatura é medida recomendada.	Lembrar que há pacientes que desconhecem o que é TCLE.
Apresentar todas as alternativas de tratamento disponíveis.	Não haver TCLE pode ser considerado negligência médica.	Construir relação de empatia com o paciente.
Fazer constar todos os itens que integram um TCLE.	Não haver TCLE pode importar na violação do dever de informação, cujo dano é autônomo.	Verificar a compreensão do paciente a respeito das orientações transmitidas.
Adotar linguagem clara e acessível.	Realizar anotações no prontuário se não houver TCLE.	Respeitar a decisão do paciente, ainda que contrariem o entendimento da equipe.
Redigir o TCLE com letra legível e campos para personalização.	Não reduzir o papel do TCLE a uma medida de medicina preventiva.	Preparar-se para a comunicação de situações difíceis.

Fonte: Elaborado pela autora.

Quanto aos riscos ventilados, percebe-se que um TCLE mau redigido ou aplicado indevidamente reduz a sua força probatória em ações de responsabilidade médica, podendo ser comparado a um contrato de adesão. Além disso, pode ser elemento gerador de desconfiança por parte do paciente, sobretudo quando se tratar de documento padronizado, com termos técnicos não devidamente esclarecidos.

Observou-se que, apesar da delimitação temporal adotada, não foram identificadas nas publicações orientações especialmente dirigidas ao período de pandemia ou pós-pandemia do Covid-19. Espera-se que o presente texto seja ponto de partida para pesquisas ulteriores, verticalizando-se os aspectos mapeados, além de se tornar guia para consulta de profissionais interessados em atualizar e aprimorar as suas práticas.

Referências

AZEVEDO, Álvaro Villaça. O Novo Código Civil Brasileiro: Tramitação, Função Social do Contrato, Boa-Fé Objetiva, Teoria da Imprevisão e em Especial Onerosidade Excessiva. *Cadernos de Direito,* Piracicaba, v. 4, n. 6, p. 9-22, 2004. Disponível em: https://www.metodista.br/revistas/revistas-unimep/index.php/cd/article/view/739/296 Acesso em: 30 abr. 2023.

BARBOSA, Amanda Souza. *Revisão das bases da bioética global*: direitos humanos, alteridade e relação entre estranhos morais. Salvador: Mente Aberta, 2020.

BEAUCHAMP, T. L.; CHILDRESS, J. F. *Princípios de Ética Biomédica.* 4. ed. São Paulo: Loyola, 2002.

BRASIL. *Lei n. 10.406, de 10 de janeiro de 2002.* Institui o Código Civil. Disponível em: https://www.planalto.gov.br/ccivil_03/leis/2002/l10406compilada.htm Acesso em: 30 abr. 2023.

BRASIL. *Lei n. 8.078, de 11 de setembro de 1990.* Dispõe sobre a proteção do consumidor e dá outras providências. Disponível em: https://www.planalto.gov.br/ ccivil_03/leis/l8078compilado.htm Acesso em: 30 abr. 2023.

CASTRO, Carolina Fernandes de et al. Termo de consentimento livre e esclarecido na assistência à saúde. *Revista Bioética,* Brasília, v. 28, n. 3, p. 523-530, 2020. Disponível em: http://dx.doi.org/10.1590/1983-80422020283416 Acesso em: 27 abr. 2023.

CONSELHO FEDERAL DE MEDICINA. *Recomendação n. 1, de 21 de janeiro de 2016.* Dispõe sobre o processo de obtenção de consentimento livre e esclarecido na assistência médica. Disponível em: https://portal.cfm.org.br/images/Recomendacoes /1_2016.pdf Acesso em: 30 abr. 2023.

CRUZ, Carolina de Oliveira; RIERA, Rachel. Comunicando más notícias: o protocolo SPIKES. *Diagnóstico e Tratamento,* v. 21, n. 3, p. 106-108, 2016. Disponível em: https://docs.bvsalud.org/biblioref/2016/08/1365/rdt _v21n3_106-108.pdf Acesso em: 30 abr. 2023.

FEIJÓ, Camila de Aquino; FRAMIL, Valeria Maria de Souza; GIANVECCHIO, Daniele Muñoz. Dever de informação em medicina: análise de processos judiciais. *Revista Bioética,* Brasília, v. 30, n. 4, p. 780-790, 2022. Disponível em: http://dx.doi.org/10.1590/1983-80422022304569PT Acesso em: 27 abr. 2023.

GARBIN, Cléa Adas Saliba et al. Percepción de los inmigrantes: consentimiento informado y acceso a servicios de salud. *Revista Bioética,* Brasília, v. 29, n. 3, p. 600-605,

2021. Disponível em: http://dx.doi.org/10.1590/1983-80422021293495 Acesso em: 27 abr. 2023.

MANZINI, Merlei Cristiana; MACHADO FILHO, Carlos D'Apparecida Santos; CRIADO, Paulo Ricardo. Termo de consentimento informado: impacto na decisão judicial. *Revista Bioética*, Brasília, v. 28, n. 3, p. 517-521, 2020. Disponível em: http://dx.doi.org/10.1590/1983-80422020283415 Acesso em: 27 abr. 2023.

MENDES, Ademir Aparecido Pinhelli et al. O princípio da alteridade como pressuposto para a bioética clínica: em busca de novos aportes epistemológicos. *Thaumazein*, Santa Maria, v. 10, n. 19, p. 55-66, 2016. Disponível em: . Acesso em: 30 abr. 2023.

NASCIMENTO, Wanderson Flor do; GARRAFA, Volnei. Por uma vida não colonizada: diálogo entre bioética de intervenção e colonialidade. *Saúde e Sociedade*, São Paulo, v. 20, n. 2, 2011. Disponível em: <http://repositorio.unb.br/bitstream/10482/9674/1/ ARTIGOPorUmaVidaNaoColonizada.pdf>. Acesso em: 30 abr. 2023.

NEVES, Maria do Céu Patrão. Sentidos da vulnerabilidade: característica, condição, princípio. *Revista Brasileira de Bioética*, Brasília, v. 2, n. 2, p. 157-172, 2006.

12. A CONFORMAÇÃO DA SAÚDE DO TRABALHADOR NO SISTEMA ÚNICO DE SAÚDE: HISTÓRICO E MARCO JURÍDICO

Aline Lima de Azevedo

Nilo Lima de Azevedo

Introdução

O que irá definir as maneiras de adoecer e morrer da população, para além dos fatores biológicos e ambientais, é sua forma de organização da produção material da vida e como os indivíduos se inserem nesse processo. Nesse sentido, para a compreensão entre a relação de saúde e trabalho é necessário conhecer a estrutura econômica e social do período histórico estudado.

Na sociedade contemporânea o fenômeno da reestruturação produtiva e as políticas neoliberais provocaram grandes transformações no mundo do trabalho. O setor de saúde no Brasil não passou imune a tais modificações. Logo após conquistas políticas das forças democráticas nos anos de 1980, com a redemocratização do Estado e a promulgação de uma progressista Constituição Federal (CF), iniciam-se a partir de 1990 sucessivos governos que apresentaram como programa o ajuste neoliberal. Diante desse contexto, o objetivo deste trabalho é descrever o histórico da saúde do trabalhador e como se consolidou a legislação do tema em questão nesse cenário.

Nas três últimas décadas observa-se o aumento da precarização do trabalho através da flexibilização, trabalhos em tempo parcial, terceirizados, temporário, informais etc. Essas mudanças ocorreram no Brasil principalmente a partir da década de 1990 com transformações no âmbito da organização do trabalho nas indústrias e empresas, e no âmbito estatal através de decretos e leis de desregulamentação e flexibilização dos direitos trabalhistas, tendo seu ápice com a reforma trabalhista e a promulgação da Lei n. 13.467, sancionada em 13 de julho de 2017.

A Reforma Trabalhista de 2017, representou um retrocesso dos direitos relacionados ao trabalho: a possibilidade de negociação direta entre empregadores e empregados, a fragilização dos sindicatos, a flexibilização de jornadas e contratação de profissionais autônomos e uma nova modalidade de contrato com o trabalho intermitente são exemplos da precarização à qual a classe trabalhadora está submetida.

No entanto, "[...] o ajuste neoliberal não é apenas de natureza econômica; faz parte de uma redefinição global do campo político-institucional e das relações sociais"[1]. A ordem neoliberal é conhecida por estimular pontos críticos que afetam tanto a economia quanto a integração social. Dentre os principais aspectos desse modelo, destaca-se a redução do papel do Estado na economia, por meio da adoção de políticas sociais restritivas e focalizadas, aliada a uma distribuição às avessas do orçamento estatal de forma concentrada em poucos atores privados. Tal distribuição de recursos pode ser observada tanto na garantia de recursos para infraestrutura necessária ao desenvolvimento do capital quanto na privatização, concessão de serviços ou pagamento de títulos da dívida pública e outros instrumentos financeiros do mercado. Essa configuração inviabiliza uma política industrial voltada para o desenvolvimento nacional[2-3-4], fragilizando a condição de cidadania como um status de igualdade de direitos[5].

Partindo do entendimento da política social como uma metapolítica, a qual define as prioridades de implementação em termos de justiça social[6],

1 SOARES, Laura Tavares R. *Os custos sociais do ajuste neoliberal na América Latina*. São Paulo: Cortez, 2009, p. 12.

2 SOARES, *Op. Cit.*, p. 39-40.

3 PIRES, Maria R. G. M.; DEMO, Pedro. Políticas de Saúde e Crise do Estado de Bem-Estar: repercussões e possibilidades para o Sistema Único de Saúde. *Revista Saúde e Sociedade*. v. 15, n. 2. Rio de Janeiro, 2006, p. 60.

4 DRUCK, Graça; FRANCO, Tânia. A Alca e as principais implicações para o trabalho e a saúde dos trabalhadores. *Revista Ciência & Saúde Coletiva*, ano 8, n. 4, 2003, p. 878.

5 MARSHALL, Thomas Humphrey. *Cidadania, classe social e status*. Rio de Janeiro: Zahar, 1967.

6 SANTOS, Wanderley Guilherme. A trágica condição da política social. *Política social e combate à pobreza*, v. 2, 1987.

observa-se que a ordem neoliberal relega a dependência do bem-estar dos indivíduos às trocas voluntárias do mercado, o que precifica e distingue as pessoas em termos de sua capacidade de consumo do bem-estar. Nesse contexto, a desmercadorização emerge como um mecanismo fundamental para a redução dessa dependência e para a implantação de um sistema de proteção social que oferece serviços universais independentemente da capacidade de pagamento do indivíduo, limitando, assim, a lógica de mercado na provisão de serviços essenciais[7].

Em nível econômico, a produção deveria se libertar da rigidez fordista, e a solução encontrada foi o que Harvey[8] denominou de "acumulação flexível". Essa flexibilidade estaria presente nos processos e mercados de trabalho, nos produtos e nos padrões de consumo. "Caracteriza-se pelo surgimento de setores de produção inteiramente novos, novas maneiras de fornecimento de serviços financeiros, novos mercados e, sobretudo, taxas altamente intensificadas de inovação comercial, tecnológica e organizacional"[9]. A acumulação flexível permite um maior controle dos empregadores sobre a força de trabalho, devido principalmente a dois fatores: o retrocesso do poder sindical nesse modelo de produção; e a grande quantidade de mão-de-obra, força de trabalho excedente, devido aos altos níveis de desemprego.

A produção também deveria ser flexibilizada e atender ao "novo" mercado. Várias formas de organização industrial foram introduzidas na lógica da acumulação flexível, mas o modelo que se destacou e predominou em nível mundial, foi o toyotismo, originado no Japão pela Toyota. Antunes[10], Pinto[11] e Iasi[12] ressaltam que, para além das inovações práticas,

[7] ESPING-ANDERSEN, Gosta. As três economias políticas do Welfare State. *Lua Nova*: Revista de Cultura e Política, p. 85-116, 1991.

[8] HARVEY. D. *Condição pós-moderna*. Loyola. São Paulo, 1992, p.140.

[9] Ibidem.

[10] ANTUNES, Ricardo. Produção liofilizada e a precarização estrutural do trabalho. *In*: SANT'ANA *et al.* (orgs.). *O avesso do trabalho II*: trabalho, precarização e saúde do trabalhador. São Paulo: Expressão Popular e Fapesp, 2010.

[11] PINTO, Geraldo A. *A organização do trabalho no século 20*: taylorismo, fordismo e toyotismo. São Paulo: Expressão Popular, 2010.

[12] IASI, Mauro. Trabalho: emancipação e estranhamento? *In*: SANT'ANA *et al.* (orgs.). *O avesso do trabalho II*: trabalho, precarização e saúde do trabalhador. São Paulo: Expressão Popular e Fapesp, 2010.

o toyotismo superou outros modelos e garantiu uma alta produtividade, sobretudo por conseguir desenvolver mecanismos de envolvimento dos trabalhadores, manipulando sua subjetividade a favor da acumulação capitalista. O discurso imperante é de que essas mudanças permitiram uma relação mais favorável entre o capital e o trabalho, "uma vez que possibilitaram o advento de um trabalhador mais qualificado, participativo, multifuncional, polivalente, dotado de uma maior realização no espaço de trabalho"[13].

De acordo com Amorim[14], a acumulação flexível aliena o trabalhador de uma forma muito distinta da era fordista/taylorista, pois o trabalhador não está mais (aparentemente) subjugado ao cronômetro e à produtividade; agora ele tem a impressão não de que esteja produzindo, mas sim colaborando para o seu desenvolvimento pessoal e o da empresa. No lugar da produtividade, estão as metas das promoções e gratificações, no lugar do relógio está o desafio pessoal, e a consequente culpabilização pelo fracasso. Giovanni Alves[15] nos alerta que a "ideia de *team*" na realidade oculta à manipulação da subjetividade, expressa através do controle, da vigilância e avaliação do processo de trabalho que ocorrem sem a necessidade de uma chefia, pois os trabalhadores tornam-se "carrascos de si mesmos" e do outro.

Nesse sentido, a equipe de trabalho é na verdade "[...] um conjunto de individualidades de classe concorrente." As novas exigências colocadas por esse modelo de produção incentivaram a formação de uma personalidade resiliente nos trabalhadores, que são os mais aptos e que sustentam moralmente suas empresas, apresentando como características: "adaptar-se às mudanças e às situações ambíguas; ser capaz de se recuperar de esgotamento, exaustão ou traumas; [...] adotar condutas flexíveis na resolução de problemas; [...] transformar as adversidades em desafios a serem conquistados"[16]. A conjugação dos elementos apresentados até aqui evidencia uma dinâmica ambígua no processo de trabalho: por um lado,

[13] ANTUNES. *Op. Cit.*, p.22.

[14] AMORIM, Andresa S. Terceirização e desidentidade sindical: uma (ou mais uma?) estratégia ideológica do capital. *Revista da Rede de Estudos do Trabalho*, ano 1, n. 2, 2008.

[15] ALVES, Giovanni. Trabalho, capitalismo global e "captura" da subjetividade: uma perspectiva crítica. *In*: SANT'ANA *et al.* (orgs.). *Avesso do trabalho II*: trabalho, precarização e saúde do trabalhador. São Paulo: Expressão Popular e Fapesp, 2010, p. 46.

[16] CARMELO apud ALVES. *Op. Cit.*, p. 51-52.

estimula-se a ideia de colaboração, participação e trabalho em equipe, e por outro, engendra no trabalhador insegurança (pela flexibilização dos contratos de trabalho), individualização (pela responsabilidade de melhorar sua condição frente à "concorrência").

Para o setor saúde, e principalmente para o campo da saúde do trabalhador, essas alterações colocaram inúmeros desafios: por um lado o próprio trabalho dos profissionais da saúde pública foi atingindo pela desregulamentação e também por novas características de avaliação, como desempenho por metas quantitativas, etc.; por outro lado, a reestruturação produtiva levou a um reordenamento que dificulta a organização dos trabalhadores, e consequentemente sua participação nas ações de vigilância em saúde do trabalhador. E o aumento de trabalhadores com vínculos precários e informais se tornou uma problemática tanto para os sindicatos quanto para o campo da saúde do trabalhador, que não encontram saídas para lidar com essa conformação.

> O processo de desmonte do Estado brasileiro na área de saúde pública, ao longo da década de 90, conta com uma dupla estratégia: a primeira, mais geral, é a de desmonte da saúde pública, criando uma "universalização excludente", com uma política pública de saúde voltada para os "pobres", considerados não cidadãos porque não consumidores. A segunda estratégia é a de fragmentação dos trabalhadores em saúde – através da terceirização dos próprios – com débeis condições de trabalho, o que, por um lado, dificulta uma organização política unificada e, por outro, desqualifica o atendimento, com profissionais desvalorizados e desmotivados[17].

As políticas de saúde sofrem alterações segundo o contexto histórico aos quais elas estão vinculadas, diante das conjunturas apresentada até este momento serão descritos os respectivos modelos de atenção à saúde adotados nesse período como forma de lidar com a relação saúde e trabalho.

[17] PEREIRA, Larissa D. A Gestão da Força de Trabalho em Saúde na Década de 90. *Physis*: Rev. Saúde Coletiva, Rio de Janeiro, v. 14, n. 2, p. 363-382, 2004, p. 375.

1. Os modelos de atenção à saúde no trabalho

O trabalho e a saúde sempre estiveram estreitamente relacionados, tanto que é possível observar a abordagem do tema desde a era clássica como, por exemplo, nos registros de Hipócrates. No entanto, é a partir do século XVIII, com o decorrer da Revolução Industrial, que se intensifica o debate acerca da saúde e do trabalho. Bernardino Ramazzini com a obra "As doenças dos Trabalhadores" no ano de 1700 foi o responsável por um dos primeiros estudos sistematizados das doenças relacionadas ao trabalho[18].

A Revolução Industrial significou um grande salto tecnológico, principalmente no desenvolvimento de máquinas e dos transportes, acelerando em grande magnitude o ritmo da produção de mercadorias. Essas mudanças foram acompanhadas em igual proporção pelo aumento da exploração dos trabalhadores. Não havia regulação do trabalho fabril, crianças e grávidas eram empregadas, o ambiente de trabalho era extremamente precário, as jornadas de trabalho estafantes e os salários mantinham as pessoas na miséria. Nesse cenário, milhares de trabalhadores adoecem e morrem. Emerge então, no âmbito estatal, a medicina social, que apresenta diferentes modelos em cada país. No que tange à saúde no trabalho, destaca-se o exemplo da medicina da força de trabalho na Inglaterra. É nesse país que essa forma de medicina se desenvolve com maior potencialidade devido ao seu pioneirismo na Revolução Industrial, levando a geração de um proletariado numeroso.

A classe trabalhadora se torna uma dupla ameaça à ordem burguesa instituída. Por um lado, sua revolta e organização se constitui enquanto uma força política de enfrentamento; e por outro lado, os constantes problemas de saúde prejudicavam a produtividade do trabalho, reduzindo os lucros e, devido à aglomeração urbana, a classe dominante não estava imune às epidemias que acometiam os trabalhadores[19]. Foucault[20] aponta que a originalidade da medicina da força de trabalho inglesa está na

[18] VASCONCELLOS, Luiz. Carlos. F; GAZE, Rosangela. J. Saúde, trabalho e ambiente na perspectiva da integralidade: o método de Bernardino Ramazzini. Em Pauta, Rio de Janeiro, n. 2, v.11, p.65-88, 2013. p. 66

[19] LIMA, Julio C. F. Bases histórico-conceituais para a compreensão do trabalho em saúde. *In*: FONSECA, Angélica F; STAUFFER, Anakeila B. (orgs.) *O processo histórico do trabalho em saúde.* Rio de Janeiro: EPSJV/Fiocruz, 2007.

[20] FOUCAULT, Michel. *Microfísica do poder.* São Paulo: Graal, 2008, p. 97.

> [...] realização de três sistemas médicos superpostos e coexistentes; uma medicina assistencial destinada aos mais pobres, uma medicina administrativa encarregada de problemas gerais como a vacinação as epidemias, etc., e uma medicina privada que beneficiava quem tinha meios para pagá-la.

É também na Inglaterra do início do século XIX, que surgem nas fábricas os primeiros serviços específicos de assistência à saúde dos trabalhadores; é o nascimento da Medicina do Trabalho. Essa estratégia de instalar tais serviços médicos visava, sobretudo, garantir a melhoria de saúde para que a produção não fosse prejudicada[21]. Nesse sentido, o médico da fábrica deveria ser sempre uma pessoa de confiança do proprietário, que defendesse os seus interesses. Esse profissional era inteiramente responsabilizado pelo adoecimento decorrente do trabalho, e sua forma de ação era atuar para a recuperação rápida do corpo doente, através de interpretações unicausais dos agravos à saúde. A Medicina do Trabalho apresenta, como uma de suas funções, a seleção de trabalhadores mais adaptados para cada tipo de atividade laboral, permitindo assim a redução do adoecimento na fábrica. Esse modelo de serviço se generalizou no mundo, chegando tardiamente no Brasil, e só foi contestado a partir do cenário criado pela II Guerra Mundial[22].

Em 1919 é criada a Organização Internacional do Trabalho (OIT), que terá forte influência mundial na orientação de políticas trabalhistas e de saúde. A OIT nasce com a principal tarefa – demandada pelos países centrais – de criar um padrão internacional de proteção ao trabalho, visando a garantia da igualdade de competição e da distribuição dos custos de produção. Nesse sentido, "a proteção à saúde dos trabalhadores, no âmbito das relações internacionais, nasce sob o signo dos custos de transação no mercado, repassando-os aos produtos e de modo a garantir níveis similares de competitividade entre os países"[23].

Após a Segunda Guerra Mundial (1945), a necessidade do incremento da produção ocasiona o aumento de acidentes e agravos do trabalho,

[21] SANTOS, 2001.

[22] MENDES, René; DIAS, Elizabeth Costa. Da Medicina do Trabalho à saúde do trabalhador. *Revista Saúde Pública* [online], v. 25, n. 5, 1991.

[23] VASCONCELLOS, Luiz Carlos F. Saúde, trabalho e desenvolvimento sustentável. Tese [doutorado]. Fiocruz. Rio de Janeiro, 2007. p. 150

apontando a debilidade da Medicina do Trabalho para dar conta da saúde dos trabalhadores. Dessa maneira, era necessário ampliar a área de atuação médica, através da inserção de outras áreas do conhecimento e de outros profissionais. O foco então deixa de ser apenas o corpo do trabalhador e passa a ser também o ambiente; surge então a Saúde Ocupacional, com a preocupação de diminuir os riscos ambientais pela atuação da higiene industrial e de equipes multiprofissionais[24].

A Saúde Ocupacional, apesar de ser um modelo mais amplo que a Medicina do Trabalho, interpreta a relação trabalho e doença de uma maneira positivista, considerando simplesmente o ambiente nos seus aspectos de riscos físicos, químicos e biológicos. Os elementos constitutivos de riscos são analisados como se a somatória das partes fosse igual à totalidade, mas essa "equação matemática" encobre processos sociais inerentes a esses riscos.

A crítica a esses dois modelos apresenta os pressupostos que demarcam o campo da Saúde do Trabalhador. Podemos identificar principalmente três influências decisivas na conformação da área: da Saúde Coletiva; do Movimento Operário Italiano (e a consequente Reforma Sanitária Italiana); e a Medicina Social Latino-americana[25] [26] [27].

No âmbito da Saúde Coletiva a concepção do processo saúde-doença, a partir dos determinantes sociais, possibilita a crítica ao modelo interpretativo da saúde ocupacional e da Medicina do Trabalho. A influência da Medicina Social Latino-americana amplia o conceito de trabalho, agregando um novo sentido explicativo à categoria processo de trabalho; o olhar sobre os processos de desgaste e saúde-doença deixa de ser sobre o corpo individual e passa a ser sobre o corpo social.

> A Medicina Social Latino-americana propõe uma visão do conceito do trabalho que incorpora a ideia de processo de trabalho, na qual o foco não se restringe à sua composição ambiental constituída dos vários fatores/

[24] SANTOS, 2001.

[25] SANTOS, 2001.

[26] ALMEIDA, Milena. *Um olhar sobre a vigilância em saúde do trabalhador*: a dinâmica entre o saber e o fazer no município do Rio de Janeiro. Dissertação [mestrado]. Escola Nacional de Saúde Pública/Fundação Oswaldo Cruz. Rio de Janeiro, 2012.

[27] VASCONCELLOS, Luiz Carlos F. *Saúde, trabalho e desenvolvimento sustentável*. Tese [doutorado]. Fiocruz. Rio de Janeiro, 2007.

agentes de risco e externo ao trabalhador, ao contrário, processo de trabalho é apreendido como uma categoria explicativa, que se inscreveria nas relações sociais de produção existentes entre capital e o trabalho (Lacaz, 1996). Ao mesmo tempo, esse paradigma incorpora uma ideia de trabalhador que diferente, da ideia de paciente, é visto enquanto um agente de mudança, com saberes e vivências acumuladas sobre seu próprio trabalho e acumuladas coletivamente[28].

Já o movimento operário italiano trouxe como características para o campo da saúde do trabalhador, a participação do trabalhador como sujeito ativo na transformação da realidade, o princípio da não delegação da saúde a "terceiros", a validação consensual em grupos homogêneos, e a luta contra a "monetização do risco", que significa eliminar ou reduzir ao máximo a exposição às condições de trabalho prejudiciais à saúde em detrimento de ganhos financeiros compensatórios ao risco[29-30-31].

A saúde do trabalhador, em um processo de incorporar superando, demonstra os limites das vigentes áreas da Medicina do Trabalho e Saúde Ocupacional para lidar com as questões de saúde no trabalho. Mais do que apenas proteger a força de trabalho através da determinação do cumprimento de normas e limites de tolerância, a intenção é atuar na promoção da saúde, intervindo nos ambientes e processos de trabalho. Sendo assim, a Saúde do Trabalhador não deve ser entendida como uma evolução desses modelos, e sim como um campo político que busca implantar concepções e práticas contra-hegemônicas.

Segundo Luiz Carlos Fadel Vasconcellos[32], as principais diferenças da Saúde do Trabalhador em relação à Medicina do Trabalho e a Saúde Ocupacional são: ampliação da compreensão do objeto de intervenção através da incorporação de categorias econômicas, sociais etc.; capacidade

[28] SANTOS, 2001, p. 21.

[29] VASCONCELLOS, 2007.

[30] MACHADO, Jorge M. H. Processo de vigilância em saúde do trabalhador. *Cadernos de Saúde Pública* [online], v. 13, supl. 2. Rio de Janeiro, 1997.

[31] SATO, Leny. As implicações do conhecimento prático para a vigilância em saúde do trabalhador. *Cadernos de Saúde Pública*, v. 12, n. 4. Rio de Janeiro, 1996.

[32] VASCONCELLOS, 2007.

de intervenção pública sobre os determinantes dos agravos à saúde; participação do trabalhador como protagonista em todo o processo; e não limitação do entendimento da garantia da saúde aos limites normativos contratuais do trabalho.

Podemos então destacar como principais características da saúde do trabalhador o seu caráter interdisciplinar e a incorporação do saber operário, buscando superar a sobreposição de disciplinas e técnicas. Esses elementos apontam uma nova perspectiva de compreensão dos processos de trabalho, contrapondo as abordagens tradicionais da Medicina do Trabalho e da Saúde Ocupacional[33].

2. A saúde dos trabalhadores e as políticas de saúde no Brasil

No início do século XIX, enquanto nos países centrais são criados os primeiros serviços de Medicina do Trabalho, no Brasil estava se iniciando a consolidação de uma estrutura sanitária mínima. Com a vinda da família real ao Brasil, tornou-se necessário a organização de um serviço mínimo de saúde, capaz de dar suporte ao Poder que se instalava na cidade do Rio de Janeiro; apesar da existência dessas ações, elas aconteciam de maneira muito incipiente, e é somente no início do século XX, com o aumento da industrialização brasileira, que as questões de saúde começam a ser abordadas de maneira mais ordenada.

De acordo com Baptista[34], a partir de 1902, importantes mudanças ocorreram nas políticas de saúde, com a reforma implementada por Oswaldo Cruz. Houve forte investimento em ações de saneamento e organização urbana, combate a endemias e inicia-se a interiorização do programa de saúde pública no país. No entanto, várias ações desenvolvidas foram de cunho autoritário e normativo, o melhor exemplo, foi a obrigatoriedade da vacina.

Nesse período histórico devemos considerar a coexistência de dois modelos, que direta ou indiretamente propiciaram as condições

[33] NOVELLO, Cyro. *A Vigilância em Saúde do Trabalhador e controle social*: o caso do amianto no estado do Rio de Janeiro. Dissertação [mestrado]. Escola Nacional de Saúde Pública/Fundação Oswaldo Cruz. Rio de Janeiro, 2006.

[34] BAPTISTA, Tatiana W. História das políticas de saúde no Brasil: a trajetória do direito à saude. *In*: Matta, Gustavo C.; PONTES, Ana Lúcia M. *Políticas de saúde*: organização e operacionalização do sistema único de saúde. Rio de Janeiro: EPSJV/Fiocruz, 2007.

necessárias para o desenvolvimento e consolidação do capitalismo. Por um lado, as ações embrionárias de vigilância de controle das doenças infecto-epidêmicas que fortaleciam a consolidação do Estado; e por outro, as intervenções sobre as condições de trabalho nas fábricas.

Na esfera do mundo do trabalho, o século XX se inicia com duas greves gerais e diversas manifestações, reivindicando principalmente a jornada de trabalho de 8 horas. No entanto, até a década de 1930, apenas algumas leis pontuais e por categorias foram criadas. Em nível nacional, destacam-se três leis: 1) a permissão para criar sindicatos nas indústrias, que deveriam ter como finalidade "confraternizar as classes"; 2) o direito de indenização em caso de acidentes de trabalho; 3) a proibição do trabalho para menores de 14 anos. Vale ressaltar, que a existência de tais leis não significa sua aplicabilidade[35].

A década de 1930 inicia-se com a grave crise econômica instaurada em novembro de 1929, uma crise de superprodução, que gerou milhões de desempregados no mundo e ocasionou o colapso da bolsa de valores de Nova Iorque. O Brasil, que tinha sua economia baseada na exportação de produtos agrários, foi afetado pela dificuldade de venda dos produtos primários e de importação de mercadorias industrializadas. Diante desse panorama, Getúlio Vargas assume a presidência e irá provocar grandes mudanças políticas e econômicas. O Estado passa a intervir na economia, criando as condições para a expansão da indústria nacional, apostando no modelo de "substituição de importações".

Para a concretização desse modelo de desenvolvimento, a burguesia dos novos setores industriais necessitava de ordem e estabilidade política diante dos trabalhadores. Nesse sentido, uma nova postura é adotada diante do movimento operário: é necessário cooptar os trabalhadores para a ideia de colaboração entre as classes, pela harmonia entre capital e trabalho. E quando isso não fosse possível, recorria-se às formas clássicas de repressão (GIANOTTI, 2009).

Getúlio Vargas completa sua regulação trabalhista, com a publicação em 1º de maio de 1943, da Consolidação das Leis do Trabalho (CLT). Dentro da vasta legislação trabalhista criada, as questões de saúde dos trabalhadores passam a ser função do setor trabalho, forjando um processo de cisão e exclusão institucional do setor saúde nas fiscalizações dos

[35] GIANNOTTI, Vito. *História das lutas dos trabalhadores no Brasil.* Rio de Janeiro: Mauad, 2009.

ambientes de trabalho. A área da saúde passa então a assumir apenas a assistência aos trabalhadores[36-37-38].

A política de saúde do governo Vargas era organizada basicamente em dois subsetores: a saúde pública, que objetivava criar condições sanitárias mínimas; e a medicina previdenciária, que, além da consolidação dos direitos trabalhistas, tem como marco a criação dos Institutos de Aposentadoria e Pensões (IAP's). O financiamento, inspirado no modelo Bismarckiano, se torna tripartite, com participação do Estado, do empregador e do trabalhador.

De maneira geral, as políticas de saúde nesse início do século XX permaneceram com as mesmas características do final do século anterior, constituindo-se em um modelo que irá perdurar até a década de 1960[39], denominado sanitarismo campanhista, que consistia no saneamento para as áreas de circulação de mercadoria e a erradicação ou controle de doenças nesses espaços[40].

Em 1953 foi criado o Ministério da Saúde, o que na verdade limitou-se a um mero desmembramento do antigo Ministério da Saúde e Educação sem que isto significasse uma nova postura do governo e uma efetiva preocupação em atender aos importantes problemas de saúde pública de sua competência.

Num contexto de grande efervescência política no país, João Goulart assume a presidência em 1960 e propõe as Reformas de Base, dentre as quais da Saúde e Educação. Eram reformas democratizantes, com forte apoio popular, pois garantiriam mais direitos aos trabalhadores. A direita política, insatisfeita com a ascensão de Jango à presidência e receosa com

36 SILVA, Denise. *Processos de Vigilância em Saúde do Trabalhador*: relato de um celeiro de experiências em Barra do Piraí. Dissertação [mestrado]. Escola Nacional de Saúde Pública/ Fundação Oswaldo Cruz. Rio de Janeiro, 1999.

37 MACHADO, Jorge M. H. *Alternativas e processos de Vigilância em Saúde do Trabalhador*: a heterogeneidade da Intervenção. Tese [doutorado]. Escola Nacional de Saúde Pública/ Fundação Oswaldo Cruz. Rio de Janeiro, 1996.

38 MENDES, René; DIAS, Elizabeth Costa. Da Medicina do Trabalho à saúde do trabalhador. *Revista Saúde Pública* [online], v. 25, n. 5, 1991.

39 VASCONCELLOS, 2007.

40 ESCOREL, Sarah; TEIXEIRA, Luiz Antonio. História das políticas de saúde no Brasil de 1822 a 1963: do império ao desenvolvimentismo populista. *In*: GIOVANELLA *et al. Políticas e Sistemas de Saúde no Brasil*. Fiocruz, Rio de Janeiro, 2008.

a possível implantação das Reformas de Base, inicia o planejamento do Golpe que ocorrerá em 1964.

De acordo com Giannotti[41], o crescimento econômico que se inicia no governo militar é garantido, entre outros aspectos, pelo aumento da exploração da força de trabalho, com aumento do ritmo e das horas extras, e com arrocho salarial. Esses são alguns dos fatores que contribuirão para que o Brasil no início da década de 1970 seja o campeão mundial de acidente e mortes no trabalho. O sistema de saúde nesse período sofreu forte influência do capitalismo internacional, caracterizado pela medicalização da vida social. Enfatizou-se o modelo de atenção privatista e curativista, com enfoque hospitalar, provocando a expansão do complexo médico-industrial[42].

Em decorrência da crise econômica mundial de 1970, o governo brasileiro passa por uma crise política, institucional e econômica, e na tentativa de garantir a manutenção do poder, inicia no final dessa década, e de forma lenta e gradual, a abertura política. E nesse cenário de busca pela redemocratização do país e agudizado pelos reflexos sociais da crise internacional emerge um movimento organizado da saúde, também conhecido como movimento sanitário, propondo uma reforma sanitária brasileira. É nesse âmbito de influências que surge o campo da Saúde do Trabalhador no país.

2.1. A emergência do movimento sanitário e da saúde do trabalhador

De acordo com Paim[43], o movimento sanitário, que elabora o projeto da Reforma Sanitária Brasileira (RSB), se consolida no contexto da crise capitalista mundial do início dos anos de 1970, fim do "milagre econômico" brasileiro e forte contestação à ditadura militar.

> O movimento sanitário organizado ao longo dos anos 60, 70 e 80 contou com o apoio de entidades de profissionais de saúde, de sanitaristas, as quais

[41] *Op. Cit.*

[42] BRAVO, Maria Inês Souza. Política de Saúde no Brasil. *In*: *Serviço Social e Saúde*: Formação e Trabalho Profissional. Disponível em: http://webmail.profunisuam.com.br/~luziamag/Pol%EDtica%20de%20Sa%FAde/Bravotexto1-5.pdf. Acesso em: 30 abr. 2023.

[43] PAIM, Jairnilsom. A reforma sanitária brasileira e o Sistema Único de Saúde: dialogando com hipóteses concorrentes. *Physis Revista de Saúde Coletiva*, v. 18, n. 4, Rio de Janeiro, 2008.

> se somaram os movimentos de associação de bairro, entidades feministas, entidades estudantis e sindicais [...] aglutinaram o movimento social e um conjunto de lideranças políticas[44].

Na saúde estava instalada uma crise devido ao alto custo do modelo hospitalocêntrico e baixa eficácia e cobertura da assistência à saúde. A adoção de "novas" matrizes teóricas e a consequente produção científica na saúde politiza a discussão de concepções e conceitos sobre o processo saúde/doença e a relação saúde-sociedade, instituindo nessa década o campo da saúde coletiva enquanto campo científico que nasce de certa forma da prática política do período.

O movimento ganha força com a criação do Centro Brasileiro de Estudos de Saúde (Cebes) em 1976, que passa a ser o principal espaço de propaganda e divulgação da reforma sanitária. Nesse período surge também o Movimento Popular de Saúde (Mops), que juntamente com diversos sindicatos conferem ao movimento sanitário a característica de luta popular[45].

O Brasil caminhava na contramão da tendência mundial da década de 1980, que foi marcada pela diminuição das lutas dos trabalhadores e por uma profunda crise da esquerda. Isso ocorreu por um lado, pela anulação da força política da União Soviética, e sua dissolução em 1989, tendo como marco a queda do muro de Berlim. E por outro lado, pelo avanço das políticas liberais no mundo com a influência das vitórias eleitorais de Margareth Thatcher na Inglaterra e de Ronald Reagan nos Estados Unidos.

Em 1982, ocorrem as eleições diretas para governadores, que resultou na vitória de partidos progressistas e democráticos em diversos estados em oposição aos partidos ligados ao regime militar, possibilitando assim, a criação dos primeiros Programas de Saúde dos Trabalhadores (PST's)[46]. Esses serviços foram organizados visando articular ações de

[44] BAHIA, Ligia; COSTA, Nilson Rosario; STRALEN, Cornelis van. *A saúde na agenda pública*: convergências e lacunas nas pautas de debate e programas de trabalho das instituições governamentais e movimentos sociais. Rio de Janeiro: Ciência & saúde coletiva, 2010, p. 1811.

[45] PAIM, Jairnilson Silva. *Reforma sanitária brasileira: contribuição para compreensão e crítica*. Tese (Doutorado). Universidade Federal da Bahia, Instituto de Saúde Coletiva, Salvador. 2007.

[46] Machado, 1997.

assistência à saúde, ações de vigilância dos ambientes de trabalho, e a interlocução com o movimento sindical e com outras instituições, através de uma prática multiprofissional; e apresentavam como características técnicas o uso da epidemiologia no planejamento e execução das ações; e uma vasta heterogeneidade de intervenções, devido, por um lado, ao estabelecimento de prioridades pelos representantes dos trabalhadores e, por outro, pelas limitações ou facilitações de cunho epidemiológico de cada região.

Para Machado[47], essa diversidade de experiências é um exemplo para o setor saúde, acostumado sempre a executar programas verticalizados e padronizados. Vários desses PST's se tornaram exemplos devido à qualidade elevada de suas ações e seu comprometimento com os trabalhadores, contribuindo principalmente com diagnósticos que apontavam o ocultamento e a submissão dos serviços de saúde empresariais, e das tradicionais inspeções do Ministério do Trabalho. Sua efetividade pode ser comprovada, entre outros fatores, pelo aumento do número relativo e absoluto de doenças ocupacionais registradas nas estatísticas da previdência social entre 1985 e 1987 e 2011[48 49].

O grande marco do movimento sanitário foi a 8ª Conferência Nacional de Saúde em 1986, quando as proposições da Reforma Sanitária foram defendidas e apontavam para uma reforma democrática do Estado. Essa conferência confirmou o caráter diversificado e massivo do movimento. Em dezembro do mesmo ano, aconteceu a 1ª Conferência Nacional de Saúde do Trabalhador (CNST). Cria-se então o Sistema Único de Saúde (SUS), introduzido na CF/1988 e promulgado com a Lei Orgânica da Saúde nº 8080 de 1990[50].

Com a nova CF, o setor saúde passa a ter papel institucional sobre a saúde dos trabalhadores, com competência estabelecida para "executar as

[47] 1997.

[48] SANTOS, Ana Paula L.; LACAZ, Francisco A. C. Saúde do trabalhador no SUS: contexto, estratégias e desafios. *In:* MINAYO GOMEZ, Carlos *et al.* (org.). *Saúde do trabalhador na sociedade brasileira contemporânea.* Rio de Janeiro: Fiocruz, 2011.

[49] VILELA, Rodolfo A. de G.; MACHADO, Jorge H. Vigilância em Saúde do Trabalhador e produção acadêmica. *Ciência e saúde coletiva*, v. 16, n. 8. Rio de Janeiro, 2011.

[50] BRASIL. *Vigilância em Saúde.* Parte 1. Coleção Para Entender a Gestão do SUS. Brasília, 2011.

ações de saúde do trabalhador" e "colaborar na proteção do meio ambiente nele compreendido o do trabalho"[51].

2.2. A consolidação jurídica da saúde do trabalhador e da vigilância em saúde do trabalhador

Após a CF/88 e a promulgação da Lei 8080/90[52], ocorreram inúmeras transformações no setor saúde como um todo. Uma importante modificação foi que passou a ser atribuição legal do SUS o exercício de fiscalização dos ambientes de trabalho.

Nos anos de 1991 e 1992 houve um aumento significativo no número de PST abrangendo todo o território nacional. Apesar do predomínio de atividades assistenciais, essa disseminação de serviços contribuiu para a intensificação da discussão no esforço de estruturar e implantar as práticas de Vigilância em Saúde do Trabalhador (Visat) no SUS.

Em 1994, envolto de um período de afirmação e legitimação dos programas saúde do trabalhador como instâncias do SUS, ocorreu a 2ª Conferência Nacional de Saúde do Trabalhador, quando são definidas linhas gerais para a política; no entanto os debates ocorreram sem a ênfase na vigilância, mas com concentração em ações assistencialistas, na II CNST, também foi característico o embate entre corporações dos setores da saúde e do trabalho[53]. Ainda em 1994 foi elaborada a Norma Operacional de Saúde do Trabalhador (NOST), que só será promulgada em 1998[54], com o objetivo de contribuir para a implantação e instrumentalização das ações de saúde do trabalhador no SUS. Nesse documento são colocados como principais desafios para a vigilância em saúde do trabalhador:

> c) as ações de vigilância dos ambientes e processos de trabalho e de proteção à saúde dos trabalhadores são raras, em geral assistemáticas, pontuais

[51] *Ibidem.*

[52] *Ibidem.*

[53] VASCONCELLOS, Luiz Carlos F.; RIBEIRO, Fátima S N. A construção e a institucionalização da saúde do trabalhador no Sistema Único de Saúde. *In:* VASCONCELLOS; BARROS (orgs.). *Saúde, trabalho e direito: uma trajetória crítica e a crítica de uma trajetória.* Rio de Janeiro: Educam, 2011.

[54] BRASIL. Ministério da Saúde, *Portaria nº 3.908.* Estabelece procedimentos para orientar e instrumentalizar as ações e serviços de saúde do trabalhador no Sistema Único de Saúde (SUS). out. 1998.

e desvinculadas de um planejamento e estabelecimento de prioridades; d) a carência e o despreparo, ou não capacitação, dos profissionais de toda a rede de serviços, desde os níveis básicos até os secundários, terciários e os setores de vigilância epidemiológica e sanitária; e) carência de informações a respeito dos riscos existentes no parque produtivo de seu território; f) as relações interinstitucionais ocorrem com dificuldade, mais como atuações pontuais de alguns técnicos, do que como políticas institucionais estabelecidas e cumpridas; g) além das dificuldades que afetam o Sistema como um todo: a crise financeira e a falta de condições materiais de toda a rede de assistência à saúde; a persistência do modelo centrado na consulta médica, individual, em detrimento das ações coletivas de vigilância em saúde, dentre outras[55].

Ainda com o objetivo de fornecer subsídios para intensificar a implementação da Visat, é lançada, em 1998, a Portaria nº 3.120[56], que estabelece a Instrução Normativa de Vigilância em Saúde do Trabalhador no SUS. O documento traz como pressuposto que é necessário conservar a heterogeneidade das ações que ocorrem pelo país devido às peculiaridades regionais, mas que o processo de vigilância "deve manter linhas mestras de atuação, especialmente pela necessidade de se compatibilizarem instrumentos, bancos de informações e intercâmbio de experiências"[57]. A Portaria nº 3.120 de 1998 pode ser considerada uma tentativa sistematizada de resposta aos principais problemas da época (que em diferente grau permanecem até os dias atuais) que dizem respeito ao assistencialismo das ações, a dificuldade de articulação intersetorial e intrasetorial, a um sistema de informações precário, e a frágil participação dos trabalhadores.

Nos anos 2000, houve inúmeras iniciativas na tentativa de consolidar o campo da saúde do trabalhador nas políticas públicas de saúde, especialmente considerando os aspectos de promoção e prevenção da saúde através de processos de vigilância em saúde do trabalhador.

[55] MACHADO, Jorge M. H. Perspectivas e pressupostos da vigilância em saúde do trabalhador no Brasil. *In*: MINAYO GOMEZ, Carlos *et al.* (org.). *Saúde do trabalhador na sociedade brasileira contemporânea.* Rio de Janeiro: Fiocruz, 2011.

[56] BRASIL. *Op. Cit.*

[57] BRASIL. *Legislação em saúde*: caderno de legislação em saúde do Trabalhador. Ministério da Saúde. Brasília, 2005.

Possivelmente, os pontos mais relevantes foram a intensa discussão sobre a Política Nacional de Atenção Integral a Saúde do Trabalhador e da Trabalhadora, cuja consulta pública foi realizada em 2004 e no final de 2011, originando a Portaria nº 1.823 de 2012, e a criação da Rede Nacional de Atenção a Saúde do Trabalhador (Renast) com a Portaria nº 1.679 de 2002, ampliada em 2005 pela Portaria nº 2.437 e Portaria nº 2.728 de 2009.

Todas essas legislações demarcam e consolidam o campo jurídico e institucional da Saúde do Trabalhador no SUS, que se traduz em estratégias centrais para a ampliação e qualidade das práticas cotidianas das Equipes de Vigilância da Saúde do Trabalhador, que visam a promoção e a prevenção dos agravos decorrentes do trabalho.

Conclusões

Como foi dito, a relação entre saúde e trabalho é complexa e está diretamente relacionada à forma como a produção material da vida está organizada. A estrutura econômica e social de um determinado período histórico pode influenciar as maneiras de adoecer e morrer da população. Diante disso, é imprescindível que se conheça a história da saúde do trabalhador e como se consolidou a legislação do tema em questão, principalmente diante do contexto de reestruturação produtiva e políticas neoliberais que provocaram grandes transformações no mundo do trabalho.

A Reforma Trabalhista de 2017 representou um retrocesso histórico nos direitos relacionados ao trabalho e, consequentemente, na saúde dos trabalhadores, uma vez que a precarização do trabalho tem sido intensificada nas últimas décadas com o modelo neoliberal. Nesse contexto, a saúde do trabalhador busca incidir sobre os determinantes sociais, levando em conta um conceito ampliado de saúde para garantir a integralidade da Atenção à Saúde, assegurando que se cumpra o dever constitucional do Estado de preservar o direito à saúde da população, nesse caso dos trabalhadores, de maneira universal e igualitária, sem privilégios de qualquer espécie.

O direito à saúde como direito social é reflexo do princípio da dignidade da pessoa humana, um dos fundamentos da República Federativa do Brasil. Sendo, por isso, obrigação do Estado desenvolver ações para sua concretude no âmbito da promoção e proteção à saúde dos trabalhadores. Na CF, a menção à saúde do trabalhador de maneira explícita e particularizada dentro do âmbito do direito à saúde tem relação com a importância da redemocratização do país e a consequente formação e consolidação de uma legislação que promoveu um enfoque dignificante do trabalho como consequência da evolução social. Ou seja, tanto a saúde quanto o trabalho digno são direitos da população brasileira a ser garantidos pelo Estado.

Referências

ALMEIDA, Milena. *Um olhar sobre a vigilância em saúde do trabalhador*: a dinâmica entre o saber e o fazer no município do Rio de Janeiro. Dissertação [mestrado]. Escola Nacional de Saúde Pública/Fundação Oswaldo Cruz. Rio de Janeiro, 2012.

ALVES, Giovanni. Trabalho, capitalismo global e "captura" da subjetividade: uma perspectiva crítica. *In*: SANT'ANA *et al.* (orgs.). *Avesso do trabalho II*: trabalho, precarização e saúde do trabalhador. São Paulo: Expressão Popular e Fapesp, 2010.

AMORIM, Andresa S. Terceirização e desidentidade sindical: uma (ou mais uma?) estratégia ideológica do capital. *Revista da Rede de Estudos do Trabalho*, ano 1, n. 2, 2008.

ANTUNES, Ricardo. Produção liofilizada e a precarização estrutural do trabalho. *In*: SANT'ANA *et al.* (orgs.). *O avesso do trabalho II*: trabalho, precarização e saúde do trabalhador. São Paulo: Expressão Popular e Fapesp, 2010.

BAHIA, Ligia; COSTA, Nilson Rosario; STRALEN, Cornelis van. *A saúde na agenda pública*: convergências e lacunas nas pautas de debate e programas de trabalho das instituições governamentais e movimentos sociais. Rio de Janeiro: Ciência & saúde coletiva, 2010.

BAPTISTA, Tatiana W. História das políticas de saúde no Brasil: a trajetória do direito à saude. *In*: Matta, Gustavo C.; PONTES, Ana Lúcia M. *Políticas de saúde*: organização e operacionalização do sistema único de saúde. Rio de Janeiro: EPSJV/ Fiocruz, 2007.

BRASIL. *Legislação em saúde*: caderno de legislação em saúde do Trabalhador. Ministério da Saúde. Brasília, 2005.

BRASIL. Ministério da Saúde, *Portaria nº 3.908*. Estabelece procedimentos para orientar e instrumentalizar as ações e serviços de saúde do trabalhador no Sistema Único de Saúde (SUS). out. 1998.

BRASIL. *Vigilância em Saúde*. Parte 1. Coleção Para Entender a Gestão do SUS. Brasília, 2011.

BRAVO, Maria Inês Souza. Política de Saúde no Brasil. *In*: *Serviço Social e Saúde*: Formação e Trabalho Profissional. [s.d.]. Disponível em: http://webmail.profunisuam.com.br/~luziamag/Pol%EDtica%20de%20Sa%FAde/Bravotexto1-5.pdf. Acesso em: 30 abr. 2023.

HARVEY. D. *Condição pós-moderna*. Loyola. São Paulo, 1992

DRUCK, Graça; FRANCO, Tânia. A Alca e as principais implicações para o trabalho e a saúde dos trabalhadores. *Revista Ciência & Saúde Coletiva*, ano 8, n. 4, 2003.

ESCOREL, Sarah; TEIXEIRA, Luiz Antonio. História das políticas de saúde no Brasil de 1822 a 1963: do império ao desenvolvimentismo populista. *In*: GIOVANELLA *et al. Políticas e Sistemas de Saúde no Brasil*. Fiocruz, Rio de Janeiro, 2008.

ESPING-ANDERSEN, Gosta. As três economias políticas do Welfare State. *Lua Nova*: Revista de Cultura e Política, p. 85-116, 1991.

FOUCAULT, Michel. *Microfísica do poder*. São Paulo: Graal, 2008.

GIANNOTTI, Vito. *História das lutas dos trabalhadores no Brasil*. Rio de Janeiro: Mauad, 2009.

IASI, Mauro. Trabalho: emancipação e estranhamento? *In*: SANT'ANA *et al.* (orgs.). *O avesso do trabalho II*: trabalho, precarização e saúde do trabalhador. São Paulo: Expressão Popular e Fapesp, 2010.

LIMA, Julio C. F. Bases histórico-conceituais para a compreensão do trabalho em saúde. *In*: FONSECA, Angélica F; STAUFFER, Anakeila B. (orgs.) *O processo histórico do trabalho em saúde*. Rio de Janeiro: EPSJV/Fiocruz, 2007.

MACHADO, Jorge M. H. *Alternativas e processos de Vigilância em Saúde do Trabalhador*: a heterogeneidade da Intervenção. Tese [doutorado]. Escola Nacional de Saúde Pública/Fundação Oswaldo Cruz. Rio de Janeiro, 1996.

MACHADO, Jorge M. H. Perspectivas e pressupostos da vigilância em saúde do trabalhador no Brasil. *In*: MINAYO GOMEZ, Carlos *et al.* (org.). *Saúde do trabalhador na sociedade brasileira contemporânea*. Rio de Janeiro: Fiocruz, 2011.

MACHADO, Jorge M. H. Processo de vigilância em saúde do trabalhador. *Cadernos de Saúde Pública* [online], v. 13, supl. 2. Rio de Janeiro, 1997.

MARSHALL, Thomas Humphrey. *Cidadania, classe social e status*. Rio de Janeiro: Zahar, 1967.

MENDES, René; DIAS, Elizabeth Costa. Da Medicina do Trabalho à saúde do trabalhador. *Revista Saúde Pública* [online], v. 25, n. 5, 1991.

NOVELLO, Cyro. *A Vigilância em Saúde do Trabalhador e controle social*: o caso do amianto no estado do Rio de Janeiro. Dissertação [mestrado]. Escola Nacional de Saúde Pública/Fundação Oswaldo Cruz. Rio de Janeiro, 2006.

PAIM, Jairnilsom. A reforma sanitária brasileira e o Sistema Único de Saúde: dialogando com hipóteses concorrentes. *Physis Revista de Saúde Coletiva*, v. 18, n. 4, Rio de Janeiro, 2008.

PAIM, Jairnilson Silva. *Reforma sanitária brasileira: contribuição para compreensão e crítica*. Tese (Doutorado). Universidade Federal da Bahia, Instituto de Saúde Coletiva, Salvador. 2007.

PEREIRA, Larissa D. A Gestão da Força de Trabalho em Saúde na Década de 90. *Physis*: Rev. Saúde Coletiva, Rio de Janeiro, v. 14, n. 2, p. 363-382, 2004.

PINTO, Geraldo A. *A organização do trabalho no século 20*: taylorismo, fordismo e toyotismo. São Paulo: Expressão Popular, 2010.

PIRES, Maria R. G. M.; DEMO, Pedro. Políticas de Saúde e Crise do Estado de Bem-Estar: repercussões e possibilidades para o Sistema Único de Saúde. *Revista Saúde e Sociedade*. v. 15, n. 2. Rio de Janeiro, 2006.

SANTOS, Ana Paula L.; LACAZ, Francisco A. C. Saúde do trabalhador no SUS: contexto, estratégias e desafios. *In:* MINAYO GOMEZ, Carlos *et al.* (org.). *Saúde do trabalhador na sociedade brasileira contemporânea*. Rio de Janeiro: Fiocruz, 2011.

SANTOS, Ana Paula. *Entre o imediatismo e o planejamento*: o desafio da construção da Vigilância em Saúde do Trabalhador no Centro de Referência em Saúde do Trabalhador do Espírito Santo. Dissertação [mestrado]. Escola Nacional de Saúde Pública/Fundação Oswaldo Cruz. Rio de Janeiro, 2001.

SANTOS, Wanderley Guilherme. A trágica condição da política social. *Política social e combate à pobreza*, v. 2, 1987.

SATO, Leny. As implicações do conhecimento prático para a vigilância em saúde do trabalhador. *Cadernos de Saúde Pública*, v. 12, n. 4. Rio de Janeiro, 1996.

SILVA, Denise. *Processos de Vigilância em Saúde do Trabalhador*: relato de um celeiro de experiências em Barra do Piraí. Dissertação [mestrado]. Escola Nacional de Saúde Pública/Fundação Oswaldo Cruz. Rio de Janeiro, 1999.

SOARES, Laura Tavares R. *Os custos sociais do ajuste neoliberal na América Latina*. São Paulo: Cortez, 2009.

VASCONCELLOS, Luiz Carlos F. *Saúde, trabalho e desenvolvimento sustentável*. Tese [doutorado]. Fiocruz. Rio de Janeiro, 2007.

VASCONCELLOS, Luiz Carlos F.; RIBEIRO, Fátima S N. A construção e a institucionalização da saúde do trabalhador no Sistema Único de Saúde. *In:* VASCONCELLOS; BARROS (orgs.). *Saúde, trabalho e direito: uma trajetória crítica e a crítica de uma trajetória*. Rio de Janeiro: Educam, 2011.

VASCONCELLOS, Luiz. Carlos. F; GAZE, Rosangela. J. Saúde, trabalho e ambiente na perspectiva da integralidade: o método de Bernardino Ramazzini. Em Pauta, Rio de Janeiro, n. 2, v.11, p.65-88, 2013.

VILELA, Rodolfo A. de G.; MACHADO, Jorge H. Vigilância em Saúde do Trabalhador e produção acadêmica. *Ciência e saúde coletiva*, v. 16, n. 8. Rio de Janeiro, 2011.

13. O ATENDIMENTO MÉDICO PRIORITÁRIO ÀS PESSOAS IDOSAS

Débora Gozzo
Maria Carolina Nomura-Santiago

Introdução

O envelhecimento é parte inerente da vida humana. Trata-se do último ciclo natural de desenvolvimento que teve início com o nascimento, puberdade, adolescência, vida adulta e velhice. O desenvolvimento de novas tecnologias no campo da saúde propiciou tratamentos para diversas doenças antes tidas como letais e, portanto, as pessoas estão vivendo cada vez mais.

A longevidade traz diversos desafios, especialmente, na saúde, considerando-se que a população idosa é grande consumidora dos recursos desta área, dada sua vulnerabilidade. Assim sendo, trata-se de um público que necessita de uma atenção especial, amparada por diversos dispositivos legais que lhe garantem um tratamento digno. Uma dessas prerrogativas é o atendimento prioritário, sendo que os idosos acima de 80 anos têm preferência em relação aos demais. Na área da saúde, contudo, não será a idade cronológica da pessoa que lhe garantirá o atendimento prioritário, mas a sua necessidade de atendimento decorrente das manifestações de seu organismo que caracterizarão o estado do paciente como emergente ou urgente, dependendo da triagem ora realizada.

O presente artigo trata do atendimento dos idosos na área da saúde e dos desafios enfrentados por essa população quando em situações de consultas rotineiras ou de múltiplas vítimas. Fala ainda sobre a questão do consentimento informado para tratamentos de saúde e as políticas públicas existentes que garantem a proteção das pessoas idosas no Brasil. O método utilizado é o bibliográfico e jurisprudencial.

1. O contexto da saúde dos idosos no Brasil

O Brasil soma atualmente 28 milhões de pessoas acima dos 60 anos, totalizando 13,7% da população total do país. Os idosos acima de 80 anos correspondem a 12% desse público, segundo o Instituto Brasileiro de Geografia e Estatística[1]. Trata-se do sexto país com mais pessoas idosas em um mundo cada vez mais envelhecente. A Organização das Nações Unidas estima que o número de pessoas acima de 65 anos deverá dobrar nas próximas décadas, atingindo a marca de 1,6 bilhões em 2050[2].

Um dos grandes problemas da atualidade é o atendimento de saúde da população idosa, considerando-se que se trata de pessoas com maior vulnerabilidade no sentido de necessitarem de mais apoio (familiar e do Estado) devido à fragilidade do corpo e da mente oriunda do próprio envelhecimento, que podem ou não ser acompanhados de outras enfermidades.[3]

De acordo com o Estudo Longitudinal da Saúde dos Idosos Brasileiros (Elsi-Brasil), de 2018, 75,3% dos idosos brasileiros dependem exclusivamente dos serviços prestados pelo Sistema Único de Saúde (SUS), sendo que 83,1% haviam realizado pelo menos uma consulta médica nos últimos 12 meses[4]. Já o número de idosos que utilizam plano de saúde cresceu 194% nos últimos 20 anos, passando de 422,7 mil, em março de 2002, para 1,2 milhão em março de 2022, segundo o Panorama dos Idosos Beneficiários de Planos de Saúde no Brasil, desenvolvido pelo Instituto de

[1] INSTITUTO BRASILEIRO DE GEOGRAFIA E ESTATÍSTICA. *Projeção da População do Brasil por sexo e idade*: 2000-2060. Brasília: IBGE, 2013. Disponível em: https://ftp.ibge.gov.br/Projecao_da_Populacao/Projecao_da_Populacao_2013/nota_metodologica_2013.pdf. Acesso em: 05 maio 2023.

[2] UNITED NATIONS. *Population Division. World Population Prospects 2019*. Disponível em: https://population.un.org/wpp/Download/Standard/Population/ Acesso em: 30 abr. 2023.

[3] GOZZO, Débora; MONTEIRO, Juliano Ralo. O idoso com demência senil ou deficiente mental na relação jurídica médico-paciente. *In*: ROSENVALD, Nelson *et al. Responsabilidade Civil e Medicina*. 2. ed. São Paulo: Foco, 2021, p. 80.

[4] LIMA-COSTA, Maria Fernanda *et al.* Cohort Profile: The Brazilian Longitudinal Study of Ageing (ELSI-Brazil). *Int J Epidemiol*. v. 8, n. 52(1): p. 57-65, fev. 2023. Disponível em: doi: 10.1093/ije/dyac132. Acesso em: 05 maio 2023.

Estudos de Saúde Suplementar (IESS). O estudo apontou que, do total de beneficiários, em março de 2022, o maior volume estava no grupo etário de 60 e 69 anos (52%), seguido por 70 a 79 anos (31%) e idosos com 80 anos ou mais (18%)[5]. O número expressivo de usuários do sistema de saúde, seja ele público ou privado, demonstra a importância dessa população em volume de atendimentos e reforça a necessidade de políticas públicas.

A Constituição Federal (CF) de 1988 garante a saúde como um direito fundamental (CF, artigos 6º, 196 e ss.). A mesma norma entendeu ser necessária garantir que determinados grupos de pessoas recebessem proteção mais efetiva por parte da lei, em razão de sua maior vulnerabilidade, uma vez que a Carta Magna consolidou o princípio da dignidade humana como um dos pilares da sociedade[6].

Desde 1994 vigora a Política Nacional do Idoso (Lei nº 8.842) com o objetivo de assegurar os direitos sociais da pessoa idosa, criando condições para a promoção de sua autonomia, integração e participação efetiva na sociedade (art. 1º). A lei considerou idosa a pessoa maior de 60 anos de idade, seguindo a orientação da Organização Mundial de Saúde para os países em desenvolvimento, que é o caso do Brasil[7]. Para os países do chamados primeiro mundo, o marco inicial da velhice começa aos 65 anos.

Em termos de políticas públicas, outros instrumentos importantes vigoram no Brasil como, por exemplo, a Lei nº 10.048, de 2000, que dá prioridade de atendimento não só às pessoas idosas, como também aos seus acompanhantes, de acordo com a alteração introduzida na citada lei, pela Lei nº 14.364, de 2022. Tem-se também o Estatuto da Pessoa Idosa (Lei nº 10.741 de 2003[8]), que dispõe, entre outros direitos, sobre o

[5] CNN BRASIL. Número de idosos em planos de saúde mais que dobra em 2 décadas, mostra estudo.
Disponível em: https://www.cnnbrasil.com.br/economia/numero-de-idosos-em-planos-de-saude-mais-que-dobra-em-2-decadas-mostra-estudo/. Acesso em: 10 maio 2023.

[6] GOZZO; MONTEIRO. *Op. Cit.*, p. 79.

[7] MACHADO Katia. Quem é a pessoa idosa? *Escola Politécnica de Saúde Joaquim Venâncio*. Fiocruz, 2022. Disponível em: https://www.epsjv.fiocruz.br/noticias/reportagem/quem-e-a-pessoa-idosa. Acesso em: 15 maio 2023.

[8] BRASIL. *Lei nº 10.741*, de 1º de outubro de 2003. Disponível em: https://www.planalto.gov.br/ccivil_03/leis/2003/l10.741.htm. Acesso em: 13 maio 2023.

atendimento preferencial das pessoas de 80 anos ou mais, em relação aos demais idosos, item que foi incluído pela Lei nº 13.466, de 2017.

Apesar do arcabouço jurídico que garante o atendimento médico prioritário dos idosos, muitos desconhecem seus direitos, o que acarreta a diminuição ou não do exercício de tais direitos por falta de informação[9] e/ou de preparo dos próprios estabelecimentos de saúde como hospitais e consultórios médicos para o acolhimento de atendimento dessa população vulnerável[10].

2. Conceitos de prioridade, urgência e emergência médicas

Conforme visto, as normas brasileiras determinam que o atendimento aos idosos e seus acompanhantes deve ser prioritário, o que significa, na acepção da palavra, ser atendido primeiro, em detrimento dos demais. Contudo, quando se trata de saúde, o conceito de prioridade é relativizado, uma vez que o paciente que terá preferência de atendimento será aquele que estiver em situação de urgência ou emergência. Isso porque o direito à vida sobrepõe-se a qualquer outro. Nesse sentido, em uma fila de espera, será feita a triagem dos pacientes e entre um idoso sem queixas médicas consideradas graves e uma pessoa em situação de urgência e emergência, esta será atendida na frente.

A Resolução 2.156/2016 do Conselho Federal de Medicina criou diretrizes de definição de prioridades na admissão em Unidade de Terapia Intensiva (UTI). Considera-se que a prioridade de admissão deve respeitar critérios de uma escala de 1 a 5, partindo de pacientes com alta probabilidade de recuperação até os pacientes com doença em fase terminal. Diz o artigo 9º da Resolução que as decisões devem ser feitas de forma explícita, "sem discriminação por questões de religião, etnia, sexo, nacionalidade, cor, orientação sexual, idade, condição social, opinião política, deficiência, ou quaisquer outras formas de discriminação".

[9] ROMERO, Dalia Elena *et al.* Diretrizes e indicadores de acompanhamento das políticas de proteção à saúde da pessoa idosa no Brasil. *Revista Eletrônica de Comunicação, Informação e Inovação em Saúde*, v. 13, n. 1, p. 134–157, 2019. Disponível em: https://doi.org/10.29397/reciis.v13i1.1569. Acesso em: 15 maio 2023.

[10] ANDRADE, Luana Machado *et al.* Políticas públicas para pessoas idosas no Brasil: uma revisão integrativa. *Ciência e Saúde Coletiva*, p. 3543–3552, 2013. Disponível em: https://www.scielo.br/j/csc/a/dBRFg9jpfpVgNSVvSVwCZsB/?lang=pt. Acesso em: 05 maio 2023.

Um parecer do Conselho Regional de Medicina do Pará de 2017 traz a questão na prática[11]:

> Ementa: Em situação de urgência/emergência, o atendimento prioritário será sempre ao paciente com maior risco de vida, sobrepondo-se a determinações de qualquer ordem que visem regulamentar o assunto. Utilização dos serviços de urgência/emergência por comodidade de paciente eletivo ou seu acompanhante gera conflitos. Em atendimentos eletivos, públicos ou privados, aplicam-se os critérios de prioridade legal vigentes, que, entretanto, serão subalternos à situação clínica de cada paciente.

Há que se ressaltar que, apesar de o Estatuto da Pessoa Idosa não fazer qualquer ressalva quanto à relativização da prioridade do atendimento médico, o Decreto-Lei n. 5.296 de 2004, que trata da prioridade de atendimento às pessoas com deficiência – que também é um público vulnerável e que necessita de um olhar especial –, traz em seu art. 6º, inciso IX, § 3º que "Nos serviços de emergência dos estabelecimentos públicos e privados de atendimento à saúde, a prioridade conferida por este Decreto fica condicionada à avaliação médica, em face da gravidade dos casos a atender". Assim, a prioridade de atendimento é decidida por um profissional de saúde (médicos ou enfermeiros), segundo a gravidade do quadro clínico do paciente e não segundo as leis que priorizam o atendimento público, não se confundindo os conceitos de emergência e urgência, descritos pela Resolução CFM n. 1.451/95[12]:

> Artigo 1º – Os estabelecimentos de Prontos Socorros Públicos e Privados deverão ser estruturados para prestar atendimento a situações de urgência-emergência, devendo garantir todas as manobras de sustentação da vida e

[11] CONSELHO REGIONAL DE MEDICINA DO ESTADO DO PARÁ. *Parecer Consulta nº. 6/2017.* Disponível em: https://sistemas.cfm.org.br/normas/arquivos/pareceres/PA/2017/6_2017.pdf. Acesso em: 08 maio 2023.

[12] CONSELHO REGIONAL DE MEDICINA DO ESTADO DE SÃO PAULO. Legislação. *Resolução nº. 1451.* Disponível em: https://www.cremesp.org.br/?siteAcao=PesquisaLegislacao&dif=s&ficha=1&id=2989&tipo=RESOLU%C7%C3O&orgao=Conselho%20Federal%20de%20Medicina&numero=1451&situacao=VIGENTE&data=10-03-1995&vide=sim#anc_integra. Acesso em: 08 maio 2023.

com condições de dar continuidade à assistência no local ou em outro nível de atendimento referenciado.

Parágrafo Primeiro – Define-se por URGÊNCIA a ocorrência imprevista de agravo à saúde com ou sem risco potencial de vida, cujo portador necessita de assistência médica imediata.

Parágrafo Segundo – Define-se por EMERGÊNCIA a constatação médica de condições de agravo à saúde que impliquem em risco iminente de vida ou sofrimento intenso, exigindo, portanto, tratamento médico imediato.

Basicamente, portanto, a diferença entre o atendimento emergente e urgente é que no primeiro, há o risco de morte do paciente e, portanto, este deverá ser a prioridade. No segundo, não há risco imediato de morte, porém a urgência poderá se transformar em emergência, caso o paciente não seja tratado com brevidade.

Uma ferramenta utilizada pelos estabelecimentos médicos para auxiliar a definir o atendimento prioritário é o Protocolo Manchester de Classificação de Risco ou Sistema de Triagem de Manchester (STM). De acordo com esse documento, os pacientes são classificados segundo critérios de risco à sua saúde em relação ao tempo de espera máximo para serem atendidos. O sistema é utilizado tanto em situações de funcionamento normal do serviço de emergência, quanto em situações de catástrofe ou múltiplas vítimas (LIMA, 2018)[13]. Avaliam-se gravidade clínica, potencial de risco, agravos à saúde ou grau de sofrimento para identificar os atendimentos que devem ser priorizados.

A escala de Manchester, também dividida por cores, prevê o tempo máximo para atendimento aos pacientes, considerando o nível em que foram classificados: Emergência (Nível 1, vermelho: socorro imediato); Muito urgente (Nível 2, laranja: 10 minutos); Urgente (Nível 3, amarelo: 60 minutos); Pouco urgente (Nível 4, verde: 120 minutos); Não urgente (Nível 5, azul: 240 minutos).

Além do STM, existem outros protocolos para triagem como, por exemplo, o *Australasian Triage Scale* (níveis de 1 a 5), baseado na análise de fatores clínicos e comportamentais; o *Canadian Triage and Acuity Scale*,

[13] LIMA, Cristiane do Carmo Silva. Lei nº 13.466/2017 e a alteração do estatuto do idoso: uma contradição ao rol de prioridade especial para pessoas com mais de 80 anos. *Revista Cadernos Ibero-Americanos de Direito Sanitário*. v. 7, n. 1, p. jan./mar. 147-162, 2018.

cuja metodologia estabelece um nexo entre sintomas e diagnósticos, tomando como suporte a Classificação Internacional de Doenças (CID), também utilizando-se de uma escala de 1 a 5; e o *Emergency Severity Index*, ferramenta usada por serviços de urgência norte-americanos desde 1999, que define os casos prioritários empregando um único fluxograma, sem especificar o tempo ideal para atendimento[14]. Em nenhuma dessas escalas de triagem o fator da idade é tido como prioritário, mas tão somente a situação de saúde do paciente no momento do atendimento.

No Brasil, a Portaria n. 2048 de 2002 do Ministério da Saúde propõe a implantação nas unidades de atendimento de urgências o acolhimento e a "triagem classificatória de risco". De acordo com esta Portaria, esse processo "deve ser realizado por profissional de saúde, de nível superior, mediante treinamento específico e utilização de protocolos preestabelecidos e tem por objetivo avaliar o grau de urgência das queixas dos pacientes, colocando-os em ordem de prioridade para o atendimento"[15]. Portanto, em situações nas quais o idoso tem uma consulta de rotina agendada, por exemplo, mas aparece alguém em uma situação de urgência, este será atendido antes do que aquele. No mesmo sentido, caso haja múltiplas vítimas, a prioridade do paciente não será a da idade, mas a necessidade de atendimento nos casos de emergência e urgência.

3. A triagem de pacientes idosos

Um estudo feito em um hospital-escola na Holanda, publicado na BMC Emergency Medicine, em 2019, sugere que o desempenho do STM é inferior em pacientes mais velhos do que em pacientes mais jovens, ilustrado por uma pior capacidade preditiva do STM para mortalidade intra-hospitalar em pacientes mais velhos.

Isso ocorre porque os pacientes mais velhos apresentam sinais e sintomas atípicos e multimorbidade, sendo assim uma população complexa nos atendimentos de serviço de emergência. Além disso, doenças médicas agudas em pacientes idosos podem ser mascaradas por

[14] FIA. Classificação de Risco: O que é, Objetivos e Dúvidas. *Business School.* Disponível em: https://fia.com.br/blog/classificacao-de-risco-o-que-e-objetivos-e-duvidas/amp/. Acesso em: 08 maio 2023.

[15] BRASIL. *Portaria nº 2048*, de 5 de novembro de 2002. Disponível em: https://bvsms.saude.gov.br/bvs/saudelegis/gm/2002/prt2048_05_11_2002.html. Acesso em: 08 maio 2023.

uma apresentação atípica, como fraqueza generalizada ou estado mental alterado, possivelmente contribuindo para um maior risco de subtriagem para o atendimento preferencial. A fraqueza generalizada em idosos é definida como uma síndrome clínica caracterizada pela diminuição da reserva energética e da resistência aos estressores, que resulta em um declínio cumulativo de múltiplos sistemas fisiológicos, levando a um estado de maior vulnerabilidade.

> Essa vulnerabilidade decorre de alterações nos sistemas musculoesquelético, neuroendócrino e imunológico, que associadas aos chamados mecanismos primários, relativos a idade, e secundários, relativos a comorbidades e a desnutrição crônica, podem levar à perda de peso, sarcopenia, redução da força e mobilidade, lentidão, inatividade física e baixo gasto energético[16].

Nesse sentido, os SEs podem não ser adequados para essas circunstâncias, uma vez que o atendimento de emergência é focado na avaliação e tratamento rápidos de pacientes com doenças agudas, e não tem o objetivo de abordar problemas médicos e sociais complexos. A principal consequência é que a os pacientes mais velhos têm um risco maior de serem diagnosticados erroneamente do que os pacientes mais jovens, resultando potencialmente em tratamento inadequado e resultados ruins[17]. Até porque um dos grandes desafios é diferenciar mudanças fisiológicas do envelhecimento de doenças que necessitam de intervenção[18].

Esses resultados suscitam a questão de se a idade deve ser levada em consideração nos sistemas de triagem e implementada nos algoritmos

[16] MARQUES, Marcela Pinheiro; FORTES, Renata. *Síndrome da fragilidade e estado nutricional em idosos internados em um hospital público do Distrito Federal.* Brasília Med 2022;59(Anual):1-9. Disponível em: 10.5935/2236-5117.2022v59a248. Acesso em: 15 maio 2023.

[17] BROUNS, Steffie H. A. *et al.* Desempenho do sistema de triagem de Manchester em pacientes idosos do departamento de emergência: um estudo de coorte retrospectivo. BMC Medicina de Emergência, v. 19, n. 3, 2019. Disponível em: https://doi.org/10.1186/s12873-018-0217-y. Acesso em: 08 maio 2023.

[18] BAHLIS, Laura Fuchs *et al.* Avaliação do Sistema de Triagem de Manchester em Pacientes Idosos em Emergência de Hospital Universitário. Tese de Doutorado apresentada no Programa de Pós-graduação em Epidemiologia, Universidade Federal do Rio Grande do Sul, 2020. Disponível em: https://www.lume.ufrgs.br/bitstream/handle/10183/221606/001125629.pdf?sequence=1. Acesso em: 08 maio 2023.

de inteligência artificial. No estudo publicado na American Journal of Emergency Medicine, em 2021, Alexandre Ginsburg e outros[19] observaram que os pacientes idosos (≥ 65 anos) usaram significativamente mais recursos do serviço de emergência e tiveram taxas mais altas de hospitalização e internação em UTI, além de maior mortalidade a curto prazo do que adultos mais jovens, apesar de apresentarem Emergency Severity Índex (ESI) semelhante em nível e queixas principais em relação a outros pacientes.

Descobriu-se ainda que pacientes mais velhos classificados com ESI nível 3 (menor acuidade) tiveram maiores taxas de hospitalização e mortalidade a curto prazo do que pacientes mais jovens classificados com ESI nível 2 (maior acuidade). Esses dados sugerem que a idade, independentemente do ESI e queixa principal, desempenha um papel importante ao prever o recurso do SE para a utilização e sobrevida a curto prazo, apoiando a importância da triagem de emergência especializada para adultos mais velhos. Esses resultados destacam a necessidade de uma avaliação de risco mais sutil em adultos mais velhos, pois, embora a idade por si só não seja a resposta para melhorar o processo de triagem, seria interesse a adição de elementos com um foco mais geriátrico para melhorar os resultados clinicamente importantes na população de idosos atendidos nos SEs[20].

Outro estudo conduzido no sul do Brasil por Hinson e outros, em 2018, aponta que o ESI tem muitos pontos fortes e está entre os mais amplamente utilizados de todas as ferramentas de triagem padronizadas. Porém, um grande número de pacientes avaliados na pesquisa foi sub ou super triado com base nesta escala. "Apesar do treinamento rigoroso dos provedores de triagem, a confiança na experiência humana e na intuição sob o algoritmo ESI permitiu subestimar o impacto clínico da idade, anormalidades sutis dos sinais vitais e várias queixas específicas"[21].

[19] GINSBURG, Alexandre *et al.* Should age be incorporated into the adult triage algorithm in the emergency department? *The American Journal of Emergency Medicine,* v. 46, p. 508-514, 2021. Disponível em: https://doi.org/10.1016/j.ajem.2020.10.075. Acesso em: 08 maio 2023.

[20] *Ibidem.*

[21] HINSON, Jeremiah S. *et al.* Acurácia da triagem do departamento de emergência usando o Emergency Severity Index e preditores independentes de subtriagem e supertriagem no Brasil: uma análise de coorte. BMC Medicina de Emergência, v. 11, n. 1, 2018. Disponível em: https://doi.org/10.1186/s12245-017-0161-8. Acesso em: 08 maio 2023.

Estudos também demonstram que pacientes com queixas não específicas apresentam taxa de mortalidade 2,4 vezes maior do que a entre pacientes com queixas específicas, além de apresentarem maior tempo de permanência no SE e terem maior necessidade de internação, inclusive em unidades de cuidados intensivos. Entre os idosos, os desfechos são ainda mais preocupantes: 59% daqueles caracterizados como portadores de queixas não específicas apresentaram uma doença grave como diagnóstico de alta[22].

Essas queixas não específicas são uma causa comum de busca de atendimento em SE em todo mundo e chegam a representar até 20% da causa para um idoso buscar ajuda médica. A baixa escolaridade e a dificuldade de definição de "mal-estar" são outros fatores que prejudicam a triagem em idosos. Assim, considerando-se que o STM baseia-se exclusivamente na queixa do paciente, esse pode ser um motivo para perda de acurácia desse tipo de triagem para este grupo[23].

4. O atendimento de saúde aos idosos em situação de múltiplas vítimas

Apesar de os estabelecimentos de saúde obedecerem aos sistemas de triagem que dão preferência ao atendimento médico a pacientes emergentes e urgentes, a prioridade de atendimento de idosos é garantia por lei. Isso não significa que os sistemas de saúde estão, de alguma forma, infringindo essa norma, até porque quando se trata de saúde, a prioridade será salvar aquele que tem mais chances de sobrevida.

Esse ponto acarreta diversos dilemas éticos, especialmente, quando se trata de múltiplas vítimas, como visto, por exemplo, no cenário pandêmico causado pela COVID-19, que causou o esgotamento dos recursos de leitos de UTI e ventiladores mecânicos. Em diversos países como Itália e Espanha, diante desse dilema médico, associações de classe optaram abertamente pelo critério da idade cronológica. Deram prioridade àqueles que teriam "recuperação mais rápida" ou "maior expectativa de vida" –ou, ainda, "maior expectativa de vida com qualidade"[24].

22 BAHLIS. *Op. Cit.*

23 *Ibidem.*

24 DEBERT, Guita Grin; FÉLIX, Jorge. *Dilema ético, os idosos e a metáfora da guerra*. Disponível em: https://www1.folha.uol.com.br/opiniao/2020/04/dilema-etico-os-idosos-e-a-metafora-da-guerra.shtml. Acesso em: 09 maio 2023.

Em texto sensível, Guita Debert e Jorge Félix trouxeram o debate do utilitarismo na preferência entre salvar um paciente jovem em detrimento de um paciente idoso, por conta da falta de leitos:

> É ainda mais preocupante quando as decisões baseadas em preocupações médicas de combate clínico às doenças são substituídas por decisões utilitárias sobre quem são as pessoas mais relevantes para compor a sociedade quando terminar a epidemia.
>
> As escolhas orientadas em termos do que são considerados "benefícios sociais" são pura hipocrisia: teria uma mulher casada e com filhos pequenos prioridade sobre a viúva com filhos adultos? Um patrão sobre sua empregada? As metáforas têm um enorme poder, e sabemos que em tempos de guerra a capacidade crítica se vê pressionada a tomar decisões que têm o potencial de oferecer atestados de óbitos prematuros a um contingente da população que passa a ser tratado como inútil e improdutivo.

Reportagem da Folha de S. Paulo de 17 de abril de 2020 revelou que quando a situação é emergencial a todos os pacientes, a escolha de quem vai receber o leito é feita por critérios como quem pode contribuir mais para sociedade, quem tem filhos e família, quem tem mais chances de sobreviver[25].

Para que a escolha dos pacientes fosse feita de forma transparente, tecnicamente embasada, eticamente justificada e alinhada ao arcabouço legal brasileiro, a AMIB (Associação de Medicina Intensiva Brasileira), a ABRAMEDE (Associação Brasileira de Medicina de Emergência, a SBGG (Sociedade Brasileira de Geriatria e Gerontologia) e a ANCP (Academia Nacional de Cuidados Paliativos) formularam uma recomendação de alocação de recursos em esgotamento durante a pandemia por COVID-19. O documento destaca que os médicos têm a responsabilidade de contribuir com um processo de triagem oferecendo o conhecimento técnico e a garantia de que conduziremos a triagem da maneira mais ética e humana possível.

[25] MELLO, Parícia Campos; ANIZELLI, Educardo. Coronavírus lota hospital Emílio Ribas, e médicos correm para evitar escolher quem morre. *Folha de São Paulo*. 16 abr. 2020. Disponível em: https://www1.folha.uol.com.br/cotidiano/2020/04/coronavirus-lota-hospital-emilio-ribas-e-medicos-correm-para-evitar-ter-de-escolher-quem-morre.shtml. Acesso em: 09 maio 2023.

> Por outro lado, é de responsabilidade de gestores e autoridades competentes assumir o compromisso com a ampliação da oferta de recursos em esgotamento de maneira a tornar a necessidade da deflagração um protocolo de triagem uma possibilidade apenas remota. Entendemos que os médicos não devem arcar sozinhos com o peso de decisões emocionalmente tão difíceis e que a população deva ter que arcar com o trauma de testemunhar mortes que poderiam ser evitadas com a ampliação de serviços.[26]

O protocolo estabelece diretrizes baseadas nos princípios normativos brasileiros, estando em primeiro lugar a dignidade da pessoa humana (CF, 1988), vedando qualquer prática discriminatória a nenhum grupo social, com base em critérios embasados em origem, raça, sexo, cor, idade ou quaisquer outras formas de preconceito, além de princípios como a proibição da eutanásia[27] e a autorização da ortotanásia e a obrigatoriedade dos cuidados paliativos.[28]

O documento destaca que as diretrizes internacionais sobre princípios éticos em situações de desastres em massa e pandemias reconhecem a inevitável necessidade de processos de triagem, quando a oferta de serviços emergenciais é inferior à demanda de pacientes graves, (a) que medidas de racionamento, nesses casos, são eticamente justificadas e (b) que a alocação de recursos baseados unicamente em ordens de chegada ou atendimento são inadequadas.

> Ainda que as diferentes recomendações exibam diferenças significativas entre si, predomina o consenso de que o princípio mais sólido é o de priorização de pacientes com melhores chances de benefício e com maiores expectativas de sobrevida. Equalizar a oportunidade de indivíduos de passar pelos diferentes ciclos da vida também é critério comumente recomendado

[26] KRETZER, Lara *et al.* Recomendações sa Amid, Abramed, SBGG e ANCP. [s./d.] Disponível em: http://abramede.com.br/wp-content/uploads/2020/05/Protocolo_AMIB_de_alocac__a__o_de_recursos_em_esgotamento_durante_a_pandemia_por_COVID.pdf. Acesso em: 09 maio 2023.

[27] BRASIL. *Resolução Conselho Federal de Medicina nº 2.217/2018*. Disponível em: https://portal.cfm.org.br/images/PDF/cem2019.pdf. Acesso em: 10 maio 2023.

[28] BRASIL. *Resolução do Conselho Federal de Medicina nº 1.805/2006*. Disponível em: https://sistemas.cfm.org.br/normas/visualizar/resolucoes/BR/2006/1805. Acesso em: 10 maio 2023.

por algumas diretrizes e recomendações. Em outras palavras, a ênfase na maximização de benefícios pode ser traduzida pelos objetivos: (i) salvar o maior número de vidas (sobrevida a curto prazo); (ii) salvar o maior número de anos de vida (sobrevida a longo prazo); e mais controversamente (iii) equalizar a oportunidade de indivíduos de passar pelos diferentes ciclos da vida.

O protocolo feito pelas entidades supracitadas não adotou o terceiro objetivo, tendo sido explícito que critérios subjetivos devem ser evitados: "A idade, por exemplo, não deve ser utilizada como critério único de triagem. Avaliações baseadas na subjetividade do julgamento clínico individual também devem ser evitadas, porque são mais sujeitas a vieses, potenciais discriminatórios e ao uso inconsistente"[29].

No modelo de triagem proposto, buscou-se um critério alternativo à idade e que pudesse, sem impor viés discriminatório direto a nenhum subgrupo social, representar melhor o reconhecimento de que além da gravidade das disfunções orgânicas e da presença de comorbidades a reserva fisiológica de um paciente também está associada a piores desfechos como mortalidade hospitalar e mortalidade a longo prazo.

Ao lado das escalas utilizadas para avaliar o estado de saúde dos pacientes, foram utilizadas escores de gravidade para desempate, como é o caso do Sequential Organ Failure Assessment (SOFA), que estratifica o grau de gravidade das disfunções orgânicas apresentadas por um paciente. A escala adotada foi a Eastern Cooperative Oncology Group (ECOG), que é um instrumento validado e amplamente utilizado em oncologia e que busca quantificar a capacidade funcional física e a capacidade de independência e auto-cuidado do paciente.

Aventou-se ainda a utilização da Escala de Fragilidade Clínica (EFC), que é um instrumento desenvolvido e validado para uso na população geriátrica e que gradua a intensidade da fragilidade de um paciente; porém, este marcador é recomendado para pacientes acima de 65 anos e portadores de doenças caracterizadas por aumento progressivo da fragilidade, por isso, foi descartado do protocolo por não contemplar a população mais jovem. A diretriz final foi composta por um sistema de pontuação baseada em múltiplos critérios que representam diferentes

[29] KRETZER, Lara *et al*. *Op. Cit.*

objetivos éticos: salvar o maior número de vidas e salvar o maior número de anos/vida, assim resumido:

1. Identificar a presença por parte do paciente de Diretivas Antecipadas de Vontade ou expressões de desejos prévios de não receber tratamento em UTI ou de ser submetido à ventilação mecânica invasiva. Isto pode ser feito com a ajuda do médico assistente e familiares. Estes pacientes deverão ter seus desejos respeitados e não deverão ser triados.
2. Manter a estabilização clínica enquanto os dados de triagem necessários sejam colhidos – idealmente os dados devem estar disponíveis em um período de 90 minutos.
3. Calcular a pontuação do paciente conforme o SOFA, presença de co-morbidades que sugiram uma probabilidade maior de sobrevida inferior a um ano (preferencialmente via SPICT: presença de pelo menos dois critérios) e ECOG.
4. Alocar os leitos de UTI e/ou ventiladores mecânicos aos pacientes com menores pontuações.
5. Utilizar a pontuação total do SOFA como primeiro critério desempate. Persistindo o empate na pontuação entre pacientes a equipe de triagem deve ser acionada de forma a fazer a alocação de recursos baseado em julgamento clínico.
6. Comunicar de maneira empática a pacientes e familiares sobre o processo de triagem, informá-los da pontuação atual do paciente e acolher as necessidades de informação e as necessidades emocionais e espirituais sempre que possível.
7. Fazer registro apropriado da pontuação do paciente em prontuário.
8. Manter pacientes que não foram priorizados na lista de triagem e no aguardo da disponibilidade de leitos de UTI ou ventiladores mecânicos. Reavaliar esses pacientes regularmente, mantendo cálculos atualizados. Pacientes poderão solicitar exclusão da triagem a qualquer momento.
9. Reavaliação regular dos pacientes que foram alocados leitos de UTI ou ventiladores mecânicos; evitar a distanásia[30].

[30] SUS. *Protocolo de acesso em escassez de recursos*. Disponível em: https://saude.es.gov.br/Media/sesa/Consulta%20P%C3%BAblica/Protocolo%20de%20acesso%20em%20escassez%20de%20recursos%20-1.pdf. Acesso em: 10 maio 2023.

Ainda que o protocolo tenha evitado trazer o fator idade na base da triagem, estudos apontam que os idosos foram as maiores vítimas da COVID-19, e dentre os idosos, aqueles que viviam nos estados mais pobres do Brasil.[31]

Uma possível explicação para as maiores taxas de mortalidade por COVID-19 entre idosos nessa região diz respeito à própria dificuldade de acesso e disponibilidade de serviços de saúde. Os dados da Pesquisa Nacional de Saúde mostram que existem grandes diferenças do acesso aos serviços de saúde entre as regiões no Brasil, com maiores proporções de consultas médicas nas regiões que apresentam as melhores condições de vida e os maiores Índices de Desenvolvimento Humano:

> As taxas mais elevadas de mortalidade observadas nos estados do Norte do país podem ser justificadas pela dimensão territorial da região, o sistema de transporte precário, composto por poucas rodovias e em mau estado de conservação, além de hidrovias com problemas de navegabilidade, o que prejudica a distribuição e organização de serviços de saúde de forma eficaz, dificultando a acessibilidade dos usuários. Além disso, a região Norte é, entre todas, a que possui, proporcionalmente, o menor número de leitos de UTI, de médicos e de respiradores, os quais são amplamente necessários no tratamento e no combate não só dessas enfermidades, mas também das complicações desencadeadas pelas infecções por COVID-19[32].

Portanto, ainda que seja fundamental estabelecer protocolos de triagem para o atendimento aos pacientes – incluindo aqui os idosos, sem qualquer discriminação –, a dificuldade de atendimento de saúde a essa população não pode ser vista de forma isolada, mas sistêmica. Haja vista que, além da dificuldade da própria infraestrutura dos estabelecimentos de saúde como limitação de leitos, por exemplo, há também a própria limitação do idoso que pode não conseguir comunicar com clareza a dificuldade ou questão de saúde que o leva ao hospital ou aos SEs.

[31] BARBOSA, Isabelle. Incidência e mortalidade por COVID-19 na população idosa brasileira e sua relação com indicadores contextuais: um estudo ecológico. *Revista Brasileira de Geriatria e Gerontologia*, v. 23, n. 1, 2020. Disponível em: https://www.scielo.br/j/rbgg/a/84SR89v94tDTH3tdppdDjtj/?format=pdf&lang=pt. Acesso em: 09 maio 2023.

[32] *Ibidem.*

Por estas razões, as políticas públicas em prol do idoso se impõem como ferramenta de luta e proteção dessa população frente as mais diversas adversidades. Conforme já mencionado, o Brasil desde 1994 dispõe da Política Nacional do Idoso, aprimorada e atualizada com o Estatuto da Pessoa Idosa (Lei nº 10.741 de 2003). O artigo 3º deste documento traz a noção de vulnerabilidade do idoso, uma vez que estabelece ser "obrigação da família, da comunidade, da sociedade e do Poder Público assegurar ao idoso, com absoluta prioridade a efetivação do direito à vida, à saúde, à alimentação, à educação, à cultura, ao esporte, ao lazer, ao trabalho, à cidadania, à liberdade, à dignidade, ao respeito e à convivência familiar e comunitária"[33].

Assim, cabe a toda a sociedade a proteção desse grupo vulnerável que, muitas vezes, é considerado um peso para a família, pois muitos se esquecem de que foram eles, os idosos, no passado, que os sustentaram[34].

5. O consentimento para tratamento de idosos

Ao lado do atendimento prioritário aos idosos, outro ponto de suma importância é o seu consentimento para o tratamento médico. Mister destacar que pessoas idosas muitas vezes são acometidas por alguma espécie de demência, chamada de demência senil. As manifestações mais comuns da perda de cognição encontram-se precipuamente na doença de Alzheimer e na chamada demência vascular, decorrente de um Acidente Vascular Cerebral (AVC) ou de seus vários possíveis pequenos episódios[35]. Essa incapacidade funcional determinada por esses ou outros fatores pode acarretar a impossibilidade de autodeterminação da pessoa idosa, tornando-a, assim, um *hipervulnerável*, posto não ser só sua idade mais avançada, que não lhe permite fazer tudo o que poderia e gostaria se mais novo fosse, mas por apresentar os sintomas incapacitantes decorrentes da demência[36].

Diante desse cenário, qual é o critério para obter o consentimento da pessoa que receberá determinado tratamento médico, sendo o

[33] BRASIL, 2003. *Op. Cit.*

[34] PONTES, Patrícia Albino Galvão. Comentários ao art. 2º da Lei 10.147/2003. *In*: PINHEIRO, Naide Maria (Coord.). *Estatuto do Idoso Comentado*. Campinas: LZN, 2003, p. 17.

[35] GOZZO; MONTEIRO. *Op. Cit.*, p. 77-107.

[36] *Ibidem*, p. 77-107.

consentimento informado uma determinação legal? Afinal, pelo artigo 15 do Código Civil, a pessoa pode recusar tratamento médico. Isto é o que também consta, acerca da pessoa idosa, no art. 17 da Lei n. 10.741/2003 (Estatuto da Pessoa Idosa), além da Resolução n. 2.232/2019, do Conselho Federal de Medicina, que regulamenta a recusa do paciente ao tratamento médico.

Antes de responder a essa questão, importante elucidar, de forma bastante sucinta, que o consentimento informado é direito fundamental e têm dois elementos essenciais: a *informação* e a transparência desta. A informação será prestada por meio do chamado Termo de Consentimento Livre e Esclarecido (TCLE). Este deverá conter o diagnóstico, a terapêutica a ser empregada, os riscos eventualmente envolvidos, demais terapias não convencionais, mas que poderão vir a ser empregadas[37]. Essas informações deverão ser, como diz o nome, *esclarecidas* ao paciente, a fim de que ele possa optar ou não pelo tratamento. Aqui entra o elemento "transparência". Este tem a ver com a clareza (elemento objetivo), isto é, a escrita clara, com tamanho de letra adequado à leitura, e com a compreensão (elemento subjetivo). Entende-se que o profissional da saúde deverá utilizar vocabulário de acordo com a capacidade de entendimento de seu paciente. O emprego de uma linguagem técnica, por exemplo, dificulta a compreensão do paciente, em especial os que se encontram em situação de maior vulnerabilidade. Tudo isso tem de ser levado em conta pelo profissional, a fim de que o paciente, ainda que com a ajuda daquele, possa tomar a melhor decisão sobre sua saúde[38].

Importante, ademais, como mencionado acima, deixar inequívoco que o paciente, mesmo idoso, mas, desde que no exercício de suas funções cognitivas, pode recusar toda e qualquer terapia que lhe seja oferecida. Por sua vez, ressalte-se que, embora a pessoa idosa esteja com suas funções cognitivas em elevado grau de comprometimento, a legislação atual determina que a ela deve ser assegurada sua participação na tomada de decisão, tanto quanto possível, para a obtenção de seu consentimento. Essa determinação deriva de um arcabouço jurídico de proteção à pessoa com deficiência nos termos do § 3º do art. 5º da CF, da Convenção sobre

[37] STANCIOLI, Brunello Souza. *Relação Jurídica Médico-Paciente*. Belo Horizonte: Del Rey, 2004, p. 62-64.

[38] GOZZO; MONTEIRO. *Op. Cit.*, p. 77-107.

os Direitos das Pessoas com Deficiência, ratificada pelo Brasil, e da Lei n. 13.146/2015 (Estatuto da Pessoa com Deficiência).

Assim, se o idoso, ainda que com demência senil ou deficiência mental, puder manifestar sua vontade, não necessitará de qualquer assistência. Do contrário, na hipótese de não ser possível a emissão de vontade para consentir em seus cuidados de saúde, deverá o responsável legal do idoso com problemas mentais sempre buscar atender ao princípio do melhor interesse do paciente, tendo em vista o que aquela pessoa avaliaria ser melhor para si, para que se tenha respeitada, ao máximo, sua autonomia quando ainda possuía condições para consentir acerca de sua saúde[39].

Conclusões

É notória a situação de vulnerabilidade de pessoas idosas, em especial, aquelas acima de 80 anos, não só por sua própria condição física e mental, que muitas vezes são limitantes e dificultam o fechamento do diagnóstico, mas pela prioridade dada aos pacientes em situação de emergência e urgência.

Pelo aqui exposto, ficou claro que o critério para escolher um paciente em detrimento de outro, em situação de múltiplas vítimas ou limitação de recursos de UTI, é o de salvar aquele que tem "mais chances de sobreviver". Claro que não se pode generalizar, posto que há muitas pessoas idosas em melhores condições de saúde do que muitos jovens. Porém esse critério não leva em consideração que a pessoa idosa já chega com a desvantagem de ter "o peso dos anos" em suas costas. Ou seja, o próprio desgaste natural do corpo, da mente, o envelhecimento e eventuais outros fatores contribuem para acentuar a vulnerabilidade da pessoa idosa.

Portanto, ao se ter como critério de prioridade salvar aquele que tem mais chances de sobreviver, fica clara a desvantagem da pessoa idosa que, apesar de um arcabouço jurídico que lhe garante o tratamento prioritário, não receberá atendimento, se os modelos de triagem determinarem que outra pessoa, de situação de saúde mais grave, precisará recebê-lo antes dela.

Assim, faz-se necessário o desenvolvimento de um trabalho sistêmico com o poder público para a construção de hospitais e estabelecimentos médicos capazes de atender exclusivamente o público acima de 60 anos,

[39] *Ibidem*, p. 77-107.

com modelos de triagem que contemplem todas as variáveis de saúde e idade cronológica desse público, garantindo, então, o acesso da pessoa idosa à saúde com a devida prioridade.

Referências

ANDRADE, Luana Machado *et al.* Políticas públicas para pessoas idosas no Brasil: uma revisão integrativa. *Ciência e Saúde Coletiva*, p. 3543–3552, 2013. Disponível em: https://www.scielo.br/j/csc/a/dBRFg9jpfpVgNSVvSVwCZsB/?lang=pt. Acesso em: 05 maio 2023.

BAHLIS, Laura Fuchs. Avaliação do Sistema de Triagem de Manchester em Pacientes Idosos em Emergência de Hospital Universitário. Tese de Doutorado apresentada no Programa de Pós-graduação em Epidemiologia, Universidade Federal do Rio Grande do Sul, 2020. Disponível em: https://www.lume.ufrgs.br/bitstream/handle/10183/221606/001125629.pdf?sequence=1. Acesso em: 08 maio 2023.

BARBOSA, Isabelle. Incidência e mortalidade por COVID-19 na população idosa brasileira e sua relação com indicadores contextuais: um estudo ecológico. *Revista Brasileira de Geriatria e Gerontologia*, v. 23, n. 1, 2020. Disponível em: https://www.scielo.br/j/rbgg/a/84SR89v94tDTH3tdppdDjtj/?format=pdf&lang=pt. Acesso em: 09 maio 2023.

BRASIL. *Lei nº 10.741*, de 1º de outubro de 2003. Disponível em: https://www.planalto.gov.br/ccivil_03/leis/2003/l10.741.htm. Acesso em: 13 maio 2023.

BRASIL. *Portaria nº 2048*, de 5 de novembro de 2002. Disponível em: https://bvsms.saude.gov.br/bvs/saudelegis/gm/2002/prt2048_05_11_2002.html. Acesso em: 08 maio 2023.

BRASIL. *Resolução Conselho Federal de Medicina nº 2.217/2018*. Disponível em: https://portal.cfm.org.br/images/PDF/cem2019.pdf. Acesso em: 10 maio 2023.

BRASIL. *Resolução do Conselho Federal de Medicina nº 1.805/2006*. Disponível em: https://sistemas.cfm.org.br/normas/visualizar/resolucoes/BR/2006/1805. Acesso em: 10 maio 2023.

BROUNS, Steffie H. A. *et al.* Desempenho do sistema de triagem de Manchester em pacientes idosos do departamento de emergência: um estudo de coorte retrospectivo. BMC Medicina de Emergência, v. 19, n. 3, 2019. Disponível em: https://doi.org/10.1186/s12873-018-0217-y. Acesso em: 08 maio 2023.

CNN BRASIL. Número de idosos em planos de saúde mais que dobra em 2 décadas, mostra estudo. Disponível em: https://www.cnnbrasil.com.br/economia/numero-de-idosos-em-planos-de-saude-mais-que-dobra-em-2-decadas-mostra-estudo/. Acesso em: 10 maio 2023.

CONSELHO REGIONAL DE MEDICINA DO ESTADO DE SÃO PAULO. Legislação. *Resolução nº. 1451*. Disponível em: https://www.cremesp.org.br/?site

Acao=PesquisaLegislacao&dif=s&ficha=1&id=2989&tipo=RESOLU%C7%C3O &orgao=Conselho%20Federal%20de%20Medicina&numero=1451&situacao=VIGENTE&data=10-03-1995&vide=sim#anc_integra. Acesso em: 08 maio 2023.

CONSELHO REGIONAL DE MEDICINA DO ESTADO DO PARÁ. *Parecer Consulta nº. 6/2017*. Disponível em: https://sistemas.cfm.org.br/normas/arquivos/pareceres/PA/2017/6_2017.pdf. Acesso em: 08 maio 2023.

DEBERT, Guita Grin; FÉLIX, Jorge. *Dilema ético, os idosos e a metáfora da guerra*. Disponível em: https://www1.folha.uol.com.br/opiniao/2020/04/dilema-etico-os-idosos-e-a-metafora-da-guerra.shtml. Acesso em: 09 maio 2023.

FIA. Classificação de Risco: O que é, Objetivos e Dúvidas. *Business School*. Disponível em: https://fia.com.br/blog/classificacao-de-risco-o-que-e-objetivos-e-duvidas/amp/. Acesso em: 08 maio 2023.

GINSBURG, Alexandre *et al*. Should age be incorporated into the adult triage algorithm in the emergency department? *The American Journal of Emergency Medicine*, v. 46, p. 508-514, 2021. Disponível em: https://doi.org/10.1016/j.ajem.2020.10.075. Acesso em: 08 maio 2023.

GOZZO, Débora; MONTEIRO, Juliano Ralo. O idoso com demência senil ou deficiente mental na relação jurídica médico-paciente. *In*: ROSENVALD, Nelson *et al*. *Responsabilidade Civil e Medicina*. 2. ed. São Paulo: Foco, 2021.

HINSON, Jeremiah S. *et al*. Acurácia da triagem do departamento de emergência usando o Emergency Severity Index e preditores independentes de subtriagem e supertriagem no Brasil: uma análise de coorte. BMC Medicina de Emergência, v. 11, n. 1, 2018. Disponível em: https://doi.org/10.1186/s12245-017-0161-8. Acesso em: 08 maio 2023.

INSTITUTO BRASILEIRO DE GEOGRAFIA E ESTATÍSTICA. *Projeção da População do Brasil por sexo e idade*: 2000-2060. Brasília: IBGE, 2013. Disponível em: https://ftp.ibge.gov.br/Projecao_da_Populacao/Projecao_da_Populacao_2013/nota_metodologica_2013.pdf. Acesso em: 05 maio 2023.

KRETZER, Lara *et al*. Recomendações sa Amid, Abramed, SBGG e ANCP. [s./d.] Disponível em: http://abramede.com.br/wp-content/uploads/2020/05/Protocolo_AMIB_de_alocac__a__o_de_recursos_em_esgotamento_durante_a_pandemia_por_COVID.pdf. Acesso em: 09 maio 2023.

LIMA-COSTA, Maria Fernanda *et al*. Cohort Profile: The Brazilian Longitudinal Study of Ageing (ELSI-Brazil). *Int J Epidemiol*. v. 8, n. 52(1): p. 57-65, fev. 2023. Disponível em: doi: 10.1093/ije/dyac132. Acesso em: 05 maio 2023.

MACHADO Katia. Quem é a pessoa idosa? *Escola Politécnica de Saúde Joaquim Venâncio*. Fiocruz, 2022. Disponível em: https://www.epsjv.fiocruz.br/noticias/reportagem/quem-e-a-pessoa-idosa. Acesso em: 15 maio 2023.

MARQUES, Marcela Pinheiro; FORTES, Renata. *Síndrome da fragilidade e estado nutricional em idosos internados em um hospital público do Distrito Federal*. Brasília Med

2022;59(Anual):1-9. Disponível em: 10.5935/2236-5117.2022v59a248. Acesso em: 15 maio 2023.

MELLO, Parícia Campos; ANIZELLI, Educardo. Coronavírus lota hospital Emílio Ribas, e médicos correm para evitar escolher quem morre. *Folha de São Paulo*. 16 abr. 2020. Disponível em: https://www1.folha.uol.com.br/cotidiano/2020/04/coronavirus-lota-hospital-emilio-ribas-e-medicos-correm-para-evitar-ter-de-escolher-quem-morre.shtml. Acesso em: 09 maio 2023.

PONTES, Patrícia Albino Galvão. Comentários ao art. 2º da Lei 10.147/2003. *In*: PINHEIRO, Naide Maria (Coord.). *Estatuto do Idoso Comentado*. Campinas: LZN, 2003.

ROMERO, Dalia Elena *et al.* Diretrizes e indicadores de acompanhamento das políticas de proteção à saúde da pessoa idosa no Brasil. *Revista Eletrônica de Comunicação, Informação e Inovação em Saúde*, v. 13, n. 1, p. 134–157, 2019. Disponível em: https://doi.org/10.29397/reciis.v13i1.1569. Acesso em: 15 maio 2023.

STANCIOLI, Brunello Souza. *Relação Jurídica Médico-Paciente*. Belo Horizonte: Del Rey, 2004.

SUS. *Protocolo de acesso em escassez de recursos*. Disponível em: https://saude.es.gov.br/Media/sesa/Consulta%20P%C3%BAblica/Protocolo%20de%20acesso%20em%20escassez%20de%20recursos%20-1.pdf. Acesso em: 10 maio 2023.

UNITED NATIONS. *Population Division. World Population Prospects 2019*. Disponível em: https://population.un.org/wpp/Download/Standard/Population/ Acesso em: 30 abr. 2023.

14. EXCLUDENTES DA RESPONSABILIDADE CIVIL POR ERRO DO MÉDICO

Felipe Sardenberg Guimarães Trés Henriques
Gilberto Fachetti Silvestre

Introdução

Este é um estudo com contornos mais didáticos e descritivos, que objetiva apresentar e explicar as excludentes da responsabilidade civil do médico quando praticado erro pelo profissional. Assim, é um material voltado mais à instrução dos médicos que destinado a operadores do Direito, embora, durante as descrições, desenvolvam-se algumas problemáticas e novidades que podem interessar também a estes profissionais. Em outras palavras: este estudo versa sobre o erro do profissional da Medicina.

É importante traçar uma diferença entre "erro médico" e "erro do médico". O erro médico é qualquer tipo de falha ou má prestação do serviço cometida durante um tratamento médico, seja por parte do profissional clínico, do hospital, seja por parte da equipe de saúde. Trata-se de falha no sistema de saúde, que pode ocorrer por diversos motivos, como falta de recursos, má gestão ou falta de treinamento da equipe.

Já o erro do médico é específico e se refere a uma falha cometida exclusivamente pelo profissional da Medicina, cometido por falta de habilidade, conhecimento ou cuidado. Mesmo que o erro seja do médico, isso não significa, necessariamente, que ele tenha agido de forma intencional ou com negligência, pois, às vezes, mesmo com todo o cuidado e conhecimento, os profissionais podem cometer erros.

As discussões deste trabalho se cingirão às falhas de serviço prestado especificamente pelo médico, para prevenir danos e para oferecer alguns subsídios à defesa do médico em ações indenizatórias nas quais figure como réu. A responsabilidade civil do médico é um tema de grande importância na área da saúde, uma vez que envolve a possibilidade de reparação por danos causados aos pacientes em ocorrência de falhas na prestação de serviços pelos médicos. No entanto, a lei prevê algumas excludentes de responsabilidade civil do profissional. O tema é complexo e controverso e tem sido objeto de discussões – principalmente de ordem ético-moral – no meio jurídico e médico.

Existem situações em que o médico não é responsável pelos danos causados ao paciente, e é possível alegar e provar a existência de excludentes de responsabilidade no âmbito de ações indenizatórias por erro do médico. As excludentes são inspiradas no consentimento informado, no risco aceitável e na culpa exclusiva da vítima.

Este estudo analisa as principais excludentes de responsabilidade civil do médico e sua aplicabilidade na prática, respondendo a questões como quais são os principais excludentes de responsabilidade civil em casos de erro médico e quais são as principais medidas que os profissionais de saúde podem tomar para evitar processos por erro médico.

1. O erro do médico como ato lesivo indenizável

O ato lesivo, em Direito, consiste no acontecimento que causa prejuízo a alguém. Este ato lesivo pode ser *ilícito* – quando é descumprido um dever de incolumidade, ou seja, de não lesar; ou *lícito* – quando a lei autoriza ou aceita que alguém lese o direito de outrem, como ocorre, por exemplo, na legítima defesa[1]. O ato lesivo, portanto, é um ato danoso. Dano é a lesão a um bem jurídico, com redução do seu valor[2]. Analisando esta definição, tem-se[3]:

- *lesão:* é o descumprimento de um dever de incolumidade, isto é, dever de integridade do bem jurídico protegido pela lei;
- *bem jurídico:* dois são os bens tutelados pelo Direito, quais sejam, as pessoas e as coisas, de modo que o dano pode ser caracterizado

[1] JORGE, Fernando de Sandy Lopes Pessoa. *Ensaio sobre os pressupostos da responsabilidade civil.* Coimbra: Almedina, 1999.

[2] NORONHA, Fernando. *Direito das obrigações.* v. 1. 2. ed. São Paulo: Saraiva, 2007.

[3] SILVESTRE, Gilberto Fachetti. *A responsabilidade civil pela violação à função social do contrato.* São Paulo: Almedina, 2018a.

como a infração a um dever de incolumidade ou integridade de uma pessoa ou coisa;

- *redução:* consiste no prejuízo sofrido quando o bem (pessoa ou coisa) é lesado e tais prejuízos podem ser *extrapatrimoniais* (mais conhecidos como dano moral) e *patrimoniais* (mais conhecidos como dano patrimonial, material ou perdas e danos); e
- *valor:* trata-se do que Immanuel Kant[4] designou de valores do mundo social, que seriam o *preço* (coisas) e a *dignidade* (pessoas), ou seja, as coisas têm preço e as pessoas têm dignidade.

Dessa maneira, quando se fala em responsabilidade civil do médico, o que se tutela em Direito é o prejuízo (patrimonial e extrapatrimonial) causado ao paciente, pois até lesões praticadas licitamente poderão ter que ser indenizadas, a exemplo do que se verifica nos arts. 929 e 930 c/c art. 188, todos do Código Civil. Assim, a origem do prejuízo (patrimonial ou extrapatrimonial) é a lesão à pessoa ou à coisa[5].

Existirá erro do médico quando a conduta do profissional for contrária a um dever de incolumidade (manter o paciente íntegro, sem danos) e ocasionar prejuízo (patrimonial ou extrapatrimonial) ao paciente[6]. Logo, o erro do médico depende de estarem presentes três elementos fundamentais ou requisitos[7]:

[4] KANT, Immanuel. *Grundlegung zur Metaphysic der Sitten*. 7. durchgesehene Aufl. Hamburg: Felix Meiner Verlag Hamburg, 1994.

[5] SILVA, Clóvis Veríssimo do Couto e. O conceito de dano no direito brasileiro e no direito comparado. *Revista de Direito Civil Contemporâneo*, ano 2, v. 2, p. 333-348, jan./mar. 2015.

[6] ARAÚJO, Ana Thereza Meirelles; BARBOSA, Amanda Souza. Dano iatrogênico e erro médico: o delineamento dos parâmetros para aferição da responsabilidade. *Revista Thesis Juris*, São Paulo, v. 6, n. 1, p. 186-209, jan./abr. 2017; CARVALHO, José Carlos Maldonado de. *Iatrogenia e erro médico sob o enfoque da responsabilidade civil*. Rio de Janeiro: Lumen Juris, 2005.

[7] BILANCETTI, Mauro. *La responsabilità penale e civile del medico*. 5. ed. Padova: Cedam, 2003; CARVALHO. *Op. Cit.*; ARAÚJO; BARBOSA. *Op. Cit.*; KFOURI NETO, Miguel. *Responsabilidade civil do médico*. 8. ed. São Paulo: Revista dos Tribunais, 2013; MELO, Nehemias Domingos de. *Responsabilidade civil por erro médico: doutrina e jurisprudência*. 3. ed. São Paulo: Atlas, 2014; POLICASTRO, Décio. *Erro médico e suas consequências jurídicas*. 3. ed. Belo Horizonte: Del Rey, 2010; SCHAEFER, Fernanda. *Responsabilidade civil do médico & erro de diagnóstico*. Curitiba: Juruá, 2012; WOLF, S. M. Iatrogenic and Injury. In: REICH, W. T. (Ed.). *Encyclopedia of Bioethics*. v. 3. New York: Simon & Schuster MacMillan, 1995, p. 1187-1191.

- conduta do médico;
- infração pelo médico de dever de incolumidade em relação ao paciente; e
- prejuízo patrimonial e extrapatrimonial do paciente.

Em razão desses elementos, o erro do médico tem por natureza jurídica o ato ilícito, pois presentes os requisitos do art. 186 do Código Civil: "Art. 186. Aquele que, por ação ou omissão voluntária, negligência ou imprudência, violar direito e causar dano a outrem, ainda que exclusivamente moral, comete ato ilícito".

No art. 186, o ato ilícito é caracterizado pela existência de cinco elementos: 1) conduta ("por ação ou omissão"); 2) ilicitude ("violar direito"); 3) culpa ("voluntária, negligência ou imprudência"); 4) nexo de causalidade ("causar"); e 5) dano ("dano a outrem"). O ato ilícito é um ato jurígeno, pois é fonte de um direito: a responsabilidade civil, ou dever de indenizar ou direito de ser indenizado[8].

A *conduta* é o comportamento humano voluntário que descumpre o dever e causa o dano. É caracterizado por uma *ação* (conduta comissiva) ou *omissão* (conduta omissiva): a primeira é quando o indivíduo descumpre um dever de omissão (ex.: não amachucar a integridade física de alguém); e a segunda é a infração de um dever de ação (ex.: deveria prestar socorro, mas se recusa).

A conduta deve ser voluntária, ou seja, consciente. Justamente porque é consciente, tal conduta pode ser evitada. Nesse sentido, os atos involuntários não são considerados condutas e seu resultado não é tido por ato ilícito, como ocorre, por exemplo, quando o indivíduo é colocado em estado de inconsciência por outrem, ou no caso de sonambulismo. Tal consciência somente se verifica nos indivíduos que gozam de discernimento, que é a capacidade de compreensão da realidade que circunda a pessoa. Ausente o discernimento não se poderá imputar o ato ao sujeito.

A *ilicitude* consiste na ofensa a um direito atribuído pela ordem jurídica e representa uma contrariedade com a lei. A infração do dever não encontra justificativa e, por isso, deve ser combalida. Quando, porém, há justificativa para causar dano a outrem, o ato deixa de ser ilícito e, embora lesivo, é considerado um ato lícito. Tais hipóteses são aquelas do art. 188, que traz as chamadas excludentes de ilicitude.

[8] SILVA, 2015. *Op. Cit.*

A *culpa* é a violação consciente – e, por isso, voluntária – de um dever. Para a caracterização da culpa, o indivíduo deve ter discernimento, ou seja, ser capaz de compreender a realidade. Por causa dessa possibilidade de conhecimento das circunstâncias, o agente tem a previsibilidade dos efeitos da conduta assumida e, portanto, a evitabilidade dos danos a serem causados. Assim, a culpa é a violação de um dever com a consciência (discernimento) da possibilidade de prever (previsibilidade) e evitar (evitabilidade) os danos decorrentes da conduta. A culpa (*lato sensu*) é dividida em duas categorias:

- *dolo:* quando o agente deseja causar o dano (dolo direto) ou não se importa em causá-lo (dolo eventual); em ambos os casos, o agente prevê o resultado e direciona sua conduta para provocar o dano; e
- *culpa em sentido estrito:* é a falta de atenção e de cuidado necessários para evitar que um dano acorra; o agente não deseja causar o dano, mas, embora pudesse, não evita que ele aconteça em razão de descuido e falta de atenção. Existem três formas de exteriorização da falta de cautela ou atenção, que não são espécies de culpa, mas formas como a culpa *stricto sensu* se manifesta[9]:

  - *imprudência:* falta de cuidado nas condutas comissivas;
  - *negligência:* falta de cuidado em uma omissão; e
  - *imperícia:* falta de habilidade no exercício de função que exige conhecimento técnico.

A distinção entre dolo e culpa é importante como critério moral de fixação da pena no Direito Penal. No Direito Civil, contudo, a distinção e os graus são irrelevantes para fins de fixação da sanção, qual seja, a indenização, cujo valor é fixado de acordo com a extensão do dano (*caput* do art. 944 do Código Civil).

O *caput* do art. 14 do Código de Defesa do Consumidor (Lei nº. 8.078/1990) prevê que a responsabilidade civil do prestador de serviços é objetiva, ou seja, independente de comprovação de culpa. Sendo a relação médico-paciente de natureza jurídica consumerista – contrato de consumo, portanto, e, logo, também regida pela Lei nº. 8.078/1990

[9] CAVALIERI FILHO, Sergio. *Programa de responsabilidade civil.* 15. ed. São Paulo: Atlas, 2021.

–, aplica-se o Código de Defesa do Consumidor, excetuando-se nesta matéria de responsabilidade, pois o § 1º do art. 14 prevê uma exceção da responsabilidade objetiva para os profissionais liberais (caso do médico), para a qual é necessária a demonstração de culpa. Daí, quanto a este aspecto, a matéria passa a ser regida pelo Código Civil e pelo Código de Processo Civil.

O *nexo de causalidade* é a relação entre a conduta de um agente e o dano causado. O elemento causal permite conhecer quem provocou o dano e, consequentemente, quem terá o dever de indenizar[10]. As dificuldades em torno do nexo de causalidade giram em torno de descobrir qual é a causa efetiva do dano quando várias circunstâncias foram determinantes para a ocorrência do resultado, isto é, quando várias foram as causas do dano. Nesses casos, fala-se em *concausas sucessivas* (uma levou à outra) e *concausas concomitantes* (vários motivos ao mesmo tempo)[11].

Para encontrar a causa eficiente efetiva do dano e determinar quem tem o dever de indenizar, três teorias sobre o nexo de causalidade foram desenvolvidas[12]:

- *teoria da equivalência de condições ou "conditio sine quæ non":* qualquer das circunstâncias que contribuíram para a ocorrência do dano é considerada sua causa e o titular da conduta que o caracteriza é responsável pelo resultado. Haverá um processo de digressão mental para verificar todas as condições sem as quais o ato não teria ocorrido, as *conditiones sine quibus non*, e então qualquer delas será causa do resultado;
- *teoria da causalidade adequada:* considera causa as circunstâncias ordinárias que provocam o resultado. Será causa aquela que razoavelmente foi a principal para a conclusão do evento danoso. Segundo Fernando Noronha[13], para verificar a adequação da conduta, deve-se proceder a uma prognose retrospectiva, pela qual é adequada a causa em que seria possível prever a possibilidade de dano. Por exemplo: da

[10] CRUZ, Gisela Sampaio da. *O problema do nexo causal na responsabilidade civil.* Rio de Janeiro: Renovar, 2005.

[11] NORONHA. *Op. Cit.*; CRUZ. *Op. Cit.*

[12] NORONHA. *Op. Cit.*; CRUZ. *Op. Cit.*

[13] NORONHA. *Op. Cit.*

fuga de um presidiário é previsível que danos aconteçam, de modo que a negligência do presídio é causa adequada do dano; e

- *teoria da causalidade imediata:* leva em consideração a circunstância mais próxima do resultado. Assim, a causa eficiente é aquela que *imediatamente* (sem intervalo) e *diretamente* (sem intermediário) provocou o dano. É feito um histórico das circunstâncias que promoveram o resultado e aquela que for imediatamente anterior ao fato danoso é sua causa. Por exemplo: o presidiário foge, rouba um carro e atropela um pedestre. A causa eficiente do dano ao pedestre foi a conduta do preso fugitivo, não sendo causa a negligência do presídio. Para as concausas, fala-se em *causalidade necessária*: a causa eficiente será aquela que por si só pode causar um dano.

Dano é o evento decorrente da lesão a um bem jurídico, com redução do seu valor[14]. O prejuízo resultante do dano é o que será indenizado. A ideia de dano congrega variados tipos de prejuízos, tais como o *dano patrimonial* – também chamado de dano material ou perdas e danos – consiste no prejuízo econômico-pecuniário sofrido pela vítima em razão do descumprimento do dever legal ou do dever contratual (inadimplemento). É, portanto, uma lesão à integridade patrimonial da pessoa. As perdas ou lucro cessante versam sobre o que a vítima deixa de ganhar por causa do inadimplemento; e os danos ou dano emergente consistem na redução patrimonial da vítima. Assim, as perdas são o valor que deixou de aumentar no patrimônio da vítima, enquanto que os danos são aquilo que desvalorizou no patrimônio da vítima.

O dano emergente (*damnum emergens*) toma por referência o patrimônio da vítima ao momento do dano. Será a redução do valor pecuniário do patrimônio causada pelo descumprimento do dever. A liquidação (cálculo da indenização) se dá por meio da diferença: o valor patrimonial anterior ao dano subtraído pelo valor do patrimônio após a lesão. Vê-se, então, que dano emergente é o valor que a vítima efetivamente perdeu. Exemplos: tratamento hospitalar, medicamentos, exames, funeral etc.

O lucro cessante (*lucrum cessans*) corresponde ao prejuízo que a vítima teve por causa do que deixou de lucrar em razão do evento danoso.

[14] NORONHA. *Op. Cit.*; SILVA. *Op. Cit.*

O art. 402 do Código Civil prescreve que esse dano se trata do lucro não auferido pela vítima e não o que tal vítima deixou de ganhar. Lucrar é o que efetivamente incrementaria seu patrimônio após debatidos custos e despesas. Trata-se, então, do valor que razoavelmente deixou de adentrar ao patrimônio do credor. A fixação do valor da indenização é mais complexa, pois o lucro cessante se refere a fatos futuros, de ganho esperado e que precisarão ser apurados de acordo com o que a vítima auferia e o *quantum* que deixou de lucrar. Por exemplo: incapacidade laborativa, perda de trabalho etc.

Dano emergente e lucro cessante podem se acumular. Por exemplo, um erro médico que cause deformidade na perna de uma modelo de passarela que, a partir de então, estará impossibilitada de desfilar. Haverá o dano emergente, que consiste nas despesas que a modelo terá para o tratamento da lesão (internações, exames, consultas, fisioterapia, medicamentos, cirurgias corretivas etc.) e nos trabalhos que deixou de realizar, os contratos que perdeu, uma vez que não pode desfilar, o que configura lucro cessante. Some-se ao dano emergente e ao lucro cessante, ainda, a perda de uma chance (*théorie de la perte d'une chance*), que é a indenização decorrente da perda da oportunidade da vítima de melhorar sua condição patrimonial[15]. Não há o mesmo grau de certeza quanto ao valor do dano, como ocorre nas perdas e danos. Porém, a chance de vantagem não é incerta, por causa da grande probabilidade de incremento patrimonial[16].

Outro exemplo: o transporte de um cavalo para o jóquei clube quando seu mau acondicionamento provoca ferida que o impede de competir. A princípio, o dano consistiria apenas na perda patrimonial com o

[15] TIBBALLS, James. Loss of chance: a new development in medical negligence law. *The Medical Journal of Australia*, v. 187, p. 4, p. 233-235, 2007; ROSÁRIO, Grácia Cristina Moreira do. A perda da chance de cura na responsabilidade médica. *Revista da EMERJ*, v. 11, n. 43, p. 167-186, 2008, p. 170-171.

[16] SILVESTRE, Gilberto Fachetti; RODOVALHO, Thiago; CALIL, Igor Gava Mareto. O erro médico e a teoria da violação positiva do contrato: a perda de uma chance de cura ou de sobrevivência como inadimplemento contratual. *Revista Conversas Civilísticas*, v. 1, n. 2, p. 20-40, 2021; SILVA, Rafael Peteffi da. *Responsabilidade civil pela perda de uma chance*. São Paulo: Atlas, 2007; BERALDO, Anna de Moraes Salles; PEREIRA, Paula Moura Francesconi de Lemos. The theory of loss of chance in medical liability applied within Brazilian jurisprudence. *Med Law*, v. 31, n. 2, p. 265-281, Jun. 2012.

tratamento médico-veterinário do animal. Mas, considera-se que nas dez corridas que o animal competiu em toda sua vida e que, em todas, ele chegou, no mínimo, em 3º lugar e que dessas dez competições, chegou em 1º lugar em cinco delas. Vale considerar que o animal possuía grandes chances de chegar em posição que traria vantagens patrimoniais para seu dono. Embora não haja certeza do bom desempenho do cavalo na corrida, as chances de uma vitória são reais. O que se indeniza, aqui, não é o dano, porque ele é incerto, e sim a chance[17].

Há, ainda, o *dano moral ou prejuízo extrapatrimonial*. Para o Direito, uma pessoa é vista e tutelada na perspectiva do seu patrimônio e da sua personalidade. Para a proteção da pessoa humana, de sua personalidade e de sua dignidade, a ordem jurídica tutela uma série de direitos que tratam dos aspectos fundamentais e essenciais do ser humano: trata-se dos direitos da personalidade. A pessoa natural é constituída fundamentalmente a partir de três aspectos, quais sejam[18]:

- *psicofísico*: refere-se ao corpo físico da pessoa e aos seus pensamentos, constituído de seus membros, órgãos, tecidos e seu lado psicológico; os direitos da personalidade que se referem a esse aspecto têm por objeto a integridade psicofísica ou psicossomática da pessoa;
- *espírito ou moral*: não se trata de uma definição religiosa de espírito; aqui, o significado se refere a sentimentos, inclinações sensíveis, conceitos que a pessoa tem si de mesma e que os outros têm dessa pessoa, enfim, as situações imateriais da pessoa; nesse caso, os direitos da personalidade querem assegurar a integridade espiritual ou moral da pessoa; e
- *inteligência*: diz respeito à capacidade que a pessoa tem de produzir conhecimento, de inventar, de criar; protege, portanto, a criatividade,

[17] SILVA, Rafael Peteffi da. *Op. Cit.*

[18] SILVESTRE, Gilberto Fachetti. Aspectos materiais e processuais do dano moral e sua quantificação. *In*: Instituto dos Advogados de São Paulo; MELO, Diogo Leonardo Machado de (Orgs.). *Direito Civil: Programa de Atualização em Direito*. v. 4. Porto Alegre: Artmed Panamericana, 2018b, p. 9-58; SILVESTRE, Gilberto Fachetti; HIBNER, Davi Amaral. A tutela dos direitos da personalidade no Brasil e na Itália: questões materiais e processuais. *In*: II Congresso de Processo Civil Internacional. *Anais do II Congresso de Processo Civil Internacional*. v. 1. Vitória: Ufes, 2017, p. 11-26.

a produção intelectual, o invento, a arte que o sujeito produz e pode produzir; por tal razão, os direitos da personalidade tratam da integridade intelectual da pessoa natural.

Toda vez que um desses aspectos é lesado haverá, necessariamente, um dano moral, independentemente de a vítima ter ou não consciência de que está sendo lesada na sua integridade. Dano moral é a lesão a direito da personalidade, da qual decorrem prejuízos patrimoniais e extrapatrimoniais.

Havendo erro médico, poderão ser cumuladas indenizações pelos danos patrimoniais e pelos danos morais. No Direito brasileiro, a indenização do dano moral foi compreendida da seguinte maneira ao longo do tempo[19]:

- até a Constituição da República de 1988: não se admitia a indenização de dano moral, pois o Código Civil de 1916 tratava apenas a reparação do dano patrimonial, sob o fundamento de que não se pode expressar pecuniariamente a indenização de um valor não econômico;
- entre a Constituição da República de 1988 e o Código Civil de 2002: os incisos V e X do *caput* do art. 5º da Constituição admitem a compensação do dano moral, apesar de ser irreparável e não ter correspondente valor econômico; admite-se que o prejuízo seja compensado pecuniariamente como um lenitivo pela ofensa causada; nesse momento, o dano moral é associado à honra subjetiva (noção de si mesmo) e ao sofrimento da vítima, ou seja, esse prejuízo extrapatrimonial deveria ser causa de dor à vítima, e justamente por isso fala-se em dano moral como preço da dor (*pretium doloris*), cujo problema é a comprovação desse sofrimento, configurando verdadeira prova diabólica (*probatio diabolica* ou *devil's proof*); e

[19] SILVESTRE, Gilberto Fachetti; MARCHIORI, Bruna Figueira. La lesión a los derechos de la personalidad en la jurisprudencia de la instancia de recurso especial brasileña. *Opinión Jurídica*, v. 20, n. 41, p. 177-199, 2021; SILVESTRE, Gilberto Fachetti; MARCHIORI, Bruna Figueira. As recentes caracterizações do dano moral no Superior Tribunal de Justiça. *Revista de Estudos Empíricos em Direito*, v. 7, p. 221-237, 2020.

- após o Código Civil de 2002: o art. 186 e o *caput* do art. 12, todos do Código Civil admitem expressamente a existência e a indenização do moral, mas, diferentemente do período anterior, a compensação do dano moral independe de sofrimento da vítima e lesão à sua honra subjetiva; o dano moral decorre de lesão objetiva ao direito da personalidade, isto é, da infração de um dever de incolumidade, independentemente de sofrimento e dos sentimentos da vítima; assim, o dano fica associado à honra objetiva da vítima (noção que as pessoas) e fala-se em dano *in re ipsa*, ou seja, de pleno direito (*ipso jure*). Havendo lesão a um direito da personalidade, haverá dano moral. Assim, a lesão física e o transtorno psicológico que podem decorrer de um erro médico configuram danos morais (no plural, observe) em razão da lesão à integridade psicossomática da vítima. Só de ter lesado já é dano moral, independentemente do que a vítima tenha sentido (e se sentiu).

Embora seja semelhante ao dano moral, a jurisprudência brasileira tornou autônomo o chamado dano estético, que se refere a qualquer tipo de lesão, deformidade ou mudança na aparência física de uma pessoa após sofrer um evento danoso[20]. Geralmente decorre de acidentes, cirurgias, queimaduras e doenças. É comum em cirurgias plásticas estéticas.

A priori, o dano estético é uma lesão ao aspecto psicofísico da pessoa e poderia ser caracterizado como dano moral. Ocorre que os tribunais brasileiros preferiram tratá-lo como uma figura danosa autônoma, paralela ao dano moral, por causa do impacto profundo e duradouro que provoca na vítima, afetando não só a autoestima e a confiança da pessoa, mas também suas relações interpessoais e sua qualidade de vida como um todo[21]. Nesse sentido, a depender do erro médico, é possível que o profissional seja condenado a pagar uma compensação por dano estético cumulada com outra compensação por dano moral, além do tratamento para correção ou para amenizar a deformidade.

[20] LOPEZ, Teresa Ancona. *O dano estético: responsabilidade civil.* 3. ed. São Paulo: Revista dos Tribunais, 2004.

[21] *Ibidem.*

Há, também, a figura do *dano reflexo* (ou indireto ou em ricochete). Ocorre quando o dano ao direito da personalidade de alguém causa prejuízo à pessoa com a qual a vítima mantém relação de intimidade ou quando a pessoa mantém relação de dependência para com a vítima. Observa-se que o dano reflexo é uma forma de lesão que ocorre como resultado de um evento secundário, o qual é causado pelo evento inicial. O reflexo da lesão acontece quando uma pessoa sofre prejuízos como resultado de um evento que foi desencadeado por uma ação diferente. Por exemplo: por causa de um remédio receitado pelo médico, o bebê nasce com deformidades; o bebê foi vítima de um dano moral e também se considera que os pais sofreram dano moral. Isso aconteceu com a talidomida, que teve efeitos teratogênicos comprovados e causou malformação congênita.

Dano emergente, lucro cessante, perda de uma chance, pensão alimentícia, despesas de funeral, multa, juros, perdas e danos contratuais, dano moral, dano estético, pensão alimentícia, dano reflexo dos familiares do paciente... tudo isso pode estar presente e pode ser que se tenha que indenizar em caso de erro do médico. Um cenário assustador até mesmo para quem tem expertise na área jurídica.

2. O art. 951 do Código Civil e as verbas indenizatórias do erro do médico

Entende-se a responsabilidade civil como o dever de indenizar o prejuízo causado a alguém. Existe um dever de incolumidade – isto é, de não danar (causar prejuízo) alguém – que, quando lesado (descumprido), causa prejuízo a outrem[22]. O ato ilícito é o descumprimento de dever de incolumidade que causa prejuízo a outrem e pode ser de dois tipos: quando se tratar de dever contratual infringido, fala-se em *ato ilícito contratual*, que enseja a responsabilidade civil contratual[23]; em se tratando de dever legal, o ilícito será *extracontratual* e a responsabilidade aquiliana.

É importante destacar essa tipologia do ato ilícito, pois ela repercute diretamente na responsabilidade do médico. Quando o profissional comete um erro e causa um prejuízo a um paciente, ele descumpre

[22] JORGE. *Op. Cit.*

[23] SILVA, Jorge Cesa Ferreira da. *Inadimplemento das obrigações*. São Paulo: Revista dos Tribunais, 2007.

a lei, pois lesa deveres de incolumidade previstos na legislação e nos regulamentos administrativos da profissão, mas também lesa deveres do contrato de prestação de serviço que concluiu com o paciente[24]. Toda vez que há o descumprimento de deveres contratuais se estará diante de um *inadimplemento*, do qual decorre uma responsabilidade patrimonial (arts. 389 e 391 do Código Civil), baseada no pagamento de juros (art. 406 do Código Civil), multa (art. 408 do Código Civil) e perdas e danos (arts. 402 e 403 do Código Civil)[25]. Quer dizer, a responsabilidade civil do médico por erro não ensejará somente *uma* responsabilidade civil, mas *duas*, quais sejam, a responsabilidade civil extracontratual e a responsabilidade civil contratual. Explicando de forma menos técnica, o médico que comete erro não terá que pagar "*uma*" indenização ao paciente, mas "*várias*". A título de exemplo, poderiam ser:

- indenizações por descumprimento de deveres legais: dano moral + dano estético + dano emergente + lucro cessante + perda de chance; e
- indenizações por descumprimento dos deveres contratuais (inadimplemento): multa contratual + juros + perdas e danos (esses valores costumam ser fixados no contrato de prestação de serviço, mas, caso não sejam previstos no acordo, a lei fixa valores de referência). Uma observação: existem teses que sustentam a possibilidade de existir dano moral e perda de uma chance pelo simples inadimplemento, o que poderia aumentar ainda mais a extensão da indenização a ser paga.

A diferença entre a responsabilidade civil extracontratual (aquiliana) e a responsabilidade civil contratual não é meramente conceitual, tendo ainda importantes repercussões práticas[26] (Cf. Quadro 1).

[24] BILANCETTI. Op. Cit.; BAÚ, Marilise Kostelnaki. *O contrato de assistência médica e a responsabilidade civil*. 2. ed. Rio de Janeiro: Forense, 2002.

[25] ALVIM, Agostinho. *Da inexecução das obrigações e suas consequências*. 2. ed. São Paulo: Saraiva, 1955; SILVA, Jorge Cesa Ferreira da. *Op, Cit.*

[26] ALVIM. *Op, Cit.*; SILVA, Jorge Cesa Ferreira da. *Op, Cit.*; CAVALIERI FILHO. *Op. Cit.*; THEODORO JÚNIOR. *Op, Cit.*

Quadro 1: Diferenças entre responsabilidade civil contratual e responsabilidade civil extracontratual

DIFERENÇAS	RESPONSABILIDADE CIVIL CONTRATUAL	RESPONSABILIDADE CIVIL EXTRACONTRATUAL
Dano	*In re ipsa*, ou seja, do inadimplemento resulta necessariamente um dano, que não precisa ser provado (é pressuposto). Consequentemente, não precisa ser provado pelo credor (que nesse caso será a "vítima").	Precisa ser provado. Sem sua prova não se fala em ato ilícito, que é o pressuposto do dever de indenizar.
Culpa	A violação do dever, caracterizada pelo não cumprimento da prestação, não pode ser comprovada pelo credor, pois a prova negativa de fato é *prova diabólica*. O credor, então, alega o inadimplemento e caberá ao devedor comprovar que pagou por meio de provas admitidas em direito (como, por exemplo, recibos ou depósitos em conta bancária). Como se trata de relação considerada consumerista, cabe, a favor do paciente, a inversão do ônus da prova, em que caberá ao médico-réu demonstrar que as alegações do paciente-autor não são verdadeiras (inciso VIII do *caput* do art. 6º do Código de Defesa do Consumidor).	Cabe à vítima provar a culpa e o nexo de causalidade, isto é: a vítima tem que provar quem é o titular da conduta, que este titular agiu com culpa (dolo ou culpa) e que daquela conduta resultou um dano. Assim, a vítima deverá provar quando e como sofreu o dano e quem lhe causou tal prejuízo e em que condições. Mesmo não havendo relação de consumo, o juiz poderá, ainda assim, inverter o ônus da prova com base no Código de Processo Civil. Existe a previsão dessa prerrogativa da vítima no § 1º do art. 373 do Código de Processo Civil, em que o juiz determinará que o médico-réu prove que as alegações do paciente-autor não são verdadeiras, caso o paciente tenha dificuldades de provar e o médico tenha melhores condições de fazê-lo.
Liquidação do dano	O valor dos prejuízos patrimoniais se encontra pré-liquidado no próprio ato negocial, como, por exemplo, as cláusulas que fixam o valor dos juros de mora e da multa. Caso, ainda, não haja essa pré-liquidação, a própria lei oferece parâmetros para que seja fixado o valor (ex.: taxa de juros). Não haverá relação de consumo entre paciente e médico quando houver atendimento custeado pelo Sistema Único de Saúde (SUS), conforme a jurisprudência do Superior Tribunal de Justiça (STJ), declarada no Recurso Especial nº. 1.771.169/SC[27].	No caso dos danos patrimoniais, a vítima deverá comprovar sua redução patrimonial. O valor devido a título de indenização depende da diferença patrimonial (*restitutio in integrum*). Em se tratando de dano moral, a vítima deve provar as condições subjetivas e objetivas suas e de seu agressor, para o juiz arbitrar o valor da indenização.

Fonte: Elaboração própria.

[27] BRASIL. STJ, REsp. nº. 1.771.169/SC, 3ª Turma, Rel. Min. Nancy Andrighi, julgado em 26/05/2020. Disponível em: https://processo.stj.jus.br/jurisprudencia/externo/informativo/?aplicacao=informativo&acao=pesquisar&livre=@cnot=017648. Acesso em: 10 abr. 2023.: "Se o atendimento for custeado pelo SUS, não está presente a contraprestação adimplida

Em matéria de responsabilidade civil, o Direito brasileiro segue o princípio da reparação integral do dano, prescrito no *caput* do art. 944 do Código Civil: "Art. 944. A indenização mede-se pela extensão do dano. Parágrafo único. Se houver excessiva desproporção entre a gravidade da culpa e o dano, poderá o juiz reduzir, equitativamente, a indenização"[28].

A reparação integral do dano significa que a responsabilidade civil deve garantir a imunização do dano da vítima e revela que a indenização tem como função reparar o dano sofrido pela vítima[29]. O valor da indenização, geralmente estabelecido como uma prestação pecuniária (em dinheiro), é fixado de acordo com a extensão do dano[30].

O que é a extensão do dano? É o prejuízo efetivamente sofrido pela vítima, lembrando que tal prejuízo poderá ser de ordem patrimonial (dano patrimonial, material ou perdas e danos) ou extrapatrimonial (dano moral). Por exemplo: alguém teve um carro de R$ 50 mil destruído por outrem: o valor será fixado em R$ 50 mil mais possíveis lucros cessantes, perda de uma chance e dano moral por lesões a direitos da personalidade, agregados aos consectários da mora (juros, *astreintes*). Nesse caso, então, a indenização não tem caráter punitivo ou dissuasório; é a responsabilidade civil que os tem, como padrão ético de *neminem lædere* e limite do exercício da liberdade e dos direitos.

O dolo e a culpa do agente que causou o dano são irrelevantes para a fixação do valor da reparação. O motivo? Mais uma vez: a referência da responsabilidade no Brasil é a imunização dos prejuízos sofridos pela vítima e não a conduta do agente que causou o dano e sua punição[31]. Diferentemente do que ocorre, por exemplo, nos Estados Unidos da América, onde prevalece o chamado dano punitivo ou *punitive damages*, que constituem um valor a mais fixado na indenização com o objetivo de

pelo cliente (paciente) em favor do prestador de serviços (médico), de modo que, segundo majoritariamente decido pelo Superior Tribunal de Justiça, não é possível aplicar as regras protetivas do Código de Defesa do Consumidor".

[28] BRASIL. Código Civil. art. 944. Disponível em: file:///C:/Users/Dulce/Downloads/DOC-Legisla%C3%A7%C3%A3o%20citada-20080401.pdf. Acesso em: 12 maio 2023.

[29] SANSEVERINO, Paulo de Tarso. *Princípio da reparação integral*. São Paulo: Saraiva, 2010.

[30] *Ibidem*.

[31] *Ibidem*.

punir o agente causador do dano, fazendo o papel de uma multa-sanção[32]. Como no Brasil a indenização será fixada de acordo com o prejuízo sentido pela vítima, os *punitive damages* não encontram recepção no Direito Civil brasileiro, embora, muitas vezes, sejam fixados altos valores de dano moral para fazerem o papel de dano punitivo às escondidas.

No Código Civil, a responsabilidade civil do médico é regida pela regra geral de responsabilidade dos profissionais liberais[33], prescrita no art. 951: "O disposto nos arts. 948, 949 e 950 aplica-se ainda no caso de indenização devida por aquele que, no exercício de atividade profissional, por negligência, imprudência ou imperícia, causar a morte do paciente, agravar-lhe o mal, causar-lhe lesão, ou inabilitá-lo para o trabalho"[34]. A indenização devida pelos profissionais – aqui e doravante destacando o caso do médico – compreende as mesmas verbas, nas mesmas condições, dos arts. 948, 949 e 950, todos do Código Civil.

O art. 948 trata da liquidação legal da indenização em caso de homicídio. A norma traz as indenizações variadas ("rubricas") que o juiz deverá analisar ao fixar a indenização: "Art. 948. No caso de homicídio, a indenização consiste, sem excluir outras reparações: I – no pagamento das despesas com o tratamento da vítima, seu funeral e o luto da família; II – na prestação de alimentos às pessoas a quem o morto os devia, levando-se em conta a duração provável da vida da vítima"[35].

Os incisos I e II não constituem rol taxativo (*numerus clausus*), pois o *caput* diz que não são excluídas outras reparações, como, por exemplo (*numerus apertus*), o dano moral. As verbas podem ser assim analisadas: as despesas com o tratamento da vítima se referem às despesas para tentar recuperar a saúde da vítima entre a ocorrência do ato ilícito e a sua morte. Aqui são incluídas despesas com internação hospitalar, transferências, medicamentos, exames, cirurgias, próteses etc. Evidentemente que o dano será maior se causar a morte da vítima. Se a vítima não falecer, tais

[32] ANDRADE, André Gustavo Correia Andrade. *Dano moral e indenização punitiva*. Os *punitive damages* na experiência do *Common Law* e na perspectiva do direito brasileiro. 2. ed. Rio de Janeiro: Lumen Juris, 2009.

[33] LE TOURNEAU, Philippe. *Responsabilité civil e professionnelle.* Deuxième édition, refoundue et augmentée. Paris: Dalloz, 2005.

[34] BRASIL. Código Civil. *Op. Cit.*

[35] *Ibidem.*

despesas são indenizáveis, porém com base no art. 949. Se a vítima for socorrida em hospital público ou com cobertura pelo Sistema Único de Saúde (SUS), ou acionar o plano de saúde, não há despesa a ser paga (exceto no caso de planos de saúde participativo e de exames ou tratamentos sem cobertura pelo plano). Assim, a indenização devida a título de despesas médicas depende do que a família efetivamente despendeu nesse tratamento.

As despesas com o funeral da vítima são aquelas feitas para o translado do corpo, contratação de funerária, capela mortuária e aquisição de sepultura. Entretanto, se a vítima tem plano funerário e todas essas despesas estão cobertas, não há que se falar em prejuízo e, consequentemente, não há o que indenizar.

O luto da família compreende o período em que a família, por razões emocionais, fica impossibilitada de exercer sua atividade profissional. Para ser devida é preciso que a família não tenha trabalhado em sinal de luto. Não se trata de uma indenização de caráter objetivo. Cobre, portanto, o dia do funeral, os dias de viagens para enterro em outra localidade e os dias de recolhimento.

No caso de empregado, ele tem direito à licença nojo remunerada por dois dias consecutivos, conforme art. 473 da Consolidação das Leis do Trabalho (CLT). Em se tratando de servidores públicos, a licença nojo também é remunerada e será de oito dias consecutivos (alínea b do inciso III do art. 97 da Lei nº. 8.112/1990). Bem, se nesses casos a licença nojo é remunerada, então o agente do dano não a deverá indenizar. Assim, as despesas com o luto dizem respeito ao lucro cessante em caso de familiares que sejam trabalhadores liberais ou autônomos.

A prestação de alimentos indenizatórios é uma pensão alimentícia civil devida pelo agente do dano aos dependentes do morto, no caso de este ser provedor de despesas no âmbito doméstico. Deve ser fixada com base em três critérios:

- a condição econômica do agente do dano;
- a participação da vítima na cobertura das despesas familiares; e
- a expectativa de vida da vítima.

O valor devido não se refere a alimentos necessários (apenas sobrevivência), mas sim aos alimentos civis, que incluirão despesas com alimentação, moradia, educação, lazer, ou seja, tudo o que for necessário à manutenção do padrão de vida dos dependentes. As outras reparações mencionadas no *caput* do art. 948 dizem respeito a despesas que não estejam previstas nas hipóteses dos incisos. Encobre, então e, por exemplo, indenização com dano moral, dano estético, perda de uma chance e outras perdas e danos (lucros cessantes e danos emergentes) não conjecturados pelo legislador no art. 948.

O art. 949 do Código Civil rege a liquidação legal da indenização em caso de ofensa à saúde: "Art. 949. No caso de lesão ou outra ofensa à saúde, o ofensor indenizará o ofendido das despesas do tratamento e dos lucros cessantes até ao fim da convalescença, além de algum outro prejuízo que o ofendido prove haver sofrido"[36].

O dano a ser indenizado, no caso do art. 949, é a lesão à saúde, que inclui lesões corporais, maus-tratos psicológicos e físicos e torturas psicológicas. Não deixa de incluir, também, o contágio venéreo previsto no art. 130 do Código Penal. A lesão à saúde a que se refere o art. 949 é de caráter transitório ou temporário, quer dizer, a vítima convalescerá e poderá voltar a desenvolver suas atividades com normalidade. Contudo, a transmissão consciente do HIV ou de outras moléstias incuráveis podem caracterizar lesões permanentes à saúde, cuja indenização tem por regime jurídico o art. 950.

Nos casos de lesão à saúde, a indenização consistirá no pagamento de danos emergentes com o tratamento médico, correspondendo ao valor gasto com internação hospitalar, transferências, medicamentos, exames, cirurgias, próteses, terapia etc. Se a vítima for tratada em hospital público ou com cobertura pelo SUS, ou acionar o plano de saúde, não há despesa a ser paga (exceto no caso de planos de saúde participativo e de exames ou tratamentos sem cobertura pelo plano). Assim, a indenização devida a título de despesas médicas depende do que a família efetivamente dispendeu nesse tratamento. O valor da indenização compreende o período entre o implemento do dano e a convalescença, quando a vítima poderá voltar a exercer suas atividades habituais.

Também pode haver lucros cessantes por causa da doença, que será o valor referente ao que a vítima deixou de ganhar por causa da impossibilidade de exercer sua atividade profissional ou econômica. Se alguém

[36] BRASIL. Código Civil. *Op. Cit.*

exerceu a atividade pela vítima ou a seu mando não há lucro cessante. Inclui valores com dias ou horas perdidas com consultas médicas, terapia, sessões de fisioterapia etc. Se a vítima fez jus ao auxílio doença pago pelo INSS, não há lucro cessante indenizável pelo agente, exceto se comprovada uma redução do valor percebido anteriormente em relação ao auxílio previdenciário.

O art. 949 também é um rol exemplificativo (*numerus apertus*) de hipóteses de indenização, pois abstratamente prevê a possibilidade de se ter que reparar outro prejuízo que o ofendido prove haver sofrido. São prejuízos que não estão previstos nas hipóteses anteriores. Encobre, então, indenização com dano moral, dano estético, perda de uma chance e outras perdas e danos (lucros cessantes e danos emergentes) não contemplados pelo legislador no art. 949.

O art. 950 rege a indenização em caso de ofensa permanente à saúde, isto é, nas hipóteses de dano permanente causado à vítima:

> Art. 950. Se da ofensa resultar defeito pelo qual o ofendido não possa exercer o seu ofício ou profissão, ou se lhe diminua a capacidade de trabalho, a indenização, além das despesas do tratamento e lucros cessantes até ao fim da convalescença, incluirá pensão correspondente à importância do trabalho para que se inabilitou, ou da depreciação que ele sofreu.
>
> Parágrafo único. O prejudicado, se preferir, poderá exigir que a indenização seja arbitrada e paga de uma só vez[37].

Em razão de serem lesões à saúde, aplicam-se as mesmas indenizações prescritas no art. 949. Porém, por ter caráter permanente ou prolongado ou serem *sine die* (sem prazo determinado para a cura) – o que pode afetar o exercício das atividades anteriormente desenvolvidas pela vítima –, adicionam-se valores quanto às atividades profissionais, além daqueles já previstos no art. 949 (Cf. Quadro 2).

[37] BRASIL. Código Civil. *Op. Cit.*

QUADRO 2: **Diferenças entre lesão e indenização**

LESÃO	INDENIZAÇÃO
Defeito permanente que impede a vítima de exercer sua atividade profissional ou econômica.	Pensão correspondente aos valores integrais que a vítima percebia pela atividade que não pode mais exercer.
Defeito permanente que diminui a capacidade de trabalho da vítima, mas não a impede de trabalhar ou exercer outra atividade.	Pensão que corresponde à diminuição de renda. Será paga a diferença depreciativa da renda (o que percebia antes menos o valor da nova renda).

Fonte: Elaboração própria.

Caso a vítima seja assegurada pela Previdência Social, tem-se o seguinte: 1) se a vítima recebeu o auxílio-doença, o agente não tem obrigação de pagar os lucros cessantes do período, exceto se o benefício for inferior ao que a vítima recebia, situação em que o agente pagará a diferença; e 2) se a vítima for aposentada por invalidez, o agente também ficará desonerado, exceto se o benefício for inferior ao que a vítima recebia, situação em que o agente pagará a diferença.

Nesses casos, inclusive, o INSS tem estendido o alcance das regras dos arts. 120 e 121 da Lei nº. 8.213/1991 e tem proposto ações regressivas em face dos agentes causadores de dano cujas vítimas dependem de benefício do órgão. Ou seja, o INSS paga o benefício à vítima (paciente) que ficou incapacitada e depois cobra o valor do benefício daquele que incapacitou a vítima (médico).

3. As excludentes de responsabilidade civil do médico por erro profissional

As excludentes de responsabilidade civil são situações que exoneram o indivíduo da obrigação de indenizar a vítima[38]. Portanto, são situações em que a responsabilidade pode ser excluída, mesmo havendo um dano

[38] SOUZA, Eduardo Nunes de. *Aferição da culpa e sua distinção do erro na responsabilidade civil do médico.* Dissertação (Mestrado em Direito). Faculdade de Direito, Universidade do Estado do Rio de Janeiro, Rio de Janeiro, 2012, p. 120; AMARANTE, Aparecida. *Excludentes de ilicitude civil.* Belo Horizonte: Del Rey, 1999.

causado e mesmo que o agente tenha agido de forma negligente ou imprudente[39]. As principais excludentes do dever de indenizar são[40]:

- culpa exclusiva da vítima ou fato exclusivo da vítima;
- culpa concorrente da vítima;
- consentimento do ofendido;
- fato de terceiro ou culpa exclusiva de terceiro;
- estado de necessidade;
- perigo iminente;
- caso fortuito;
- força maior;
- fato da técnica ou erro da técnica ou estado da técnica;
- ausência de nexo de causalidade;
- cláusula de não indenizar; e
- risco aceitável.

A *culpa exclusiva da vítima* ou o *fato exclusivo da vítima* se verifica quando a própria vítima contribui de forma exclusiva para o evento danoso, por exemplo, negando informações importantes ou não fazendo uso da medicação prescrita[41]. Logo, não há responsabilidade do médico, pois ele não é o causador do dano. Entende-se por culpa da vítima não só as recusas voluntárias, mas também os esquecimentos de tomar remédio, de comparecer às consultas etc.

Na *culpa concorrente da vítima*, esta contribui parcialmente para o resultado danoso. Haverá dois agentes danosos: o médico e o próprio paciente. Embora não seja a causa direta do dano, contribui para o resultado final, reduzindo a responsabilidade do agente causador do dano. Nesse sentido, pode-se afirmar que a culpa concorrente da vítima é o descumprimento do dever de cuidado que a vítima tem em relação à sua própria segurança. Um exemplo: médico não fornece informações claras e precisas sobre os

[39] BILANCETTI. *Op. Cit.*; FUMAROLA, Luis Alejandro. *Eximentes de responsabilidad civil médica*. Buenos Aires: Hammurabi, 2002; AMARANTE. *Op. Cit.*; KFOURI NETO. *Op. Cit.*; MELO. *Op. Cit.*

[40] AMARANTE *Op. Cit.*; SOUZA. *Op. Cit.*, p. 120; DIAS, José de Aguiar. *Da responsabilidade civil*. 12. ed. Rio de Janeiro: Lumen Juris, 2011; GONÇALVES, Carlos Roberto. *Responsabilidade civil*. 10. ed. São Paulo: Saraiva, 2007; CAVALIERI FILHO. *Op. Cit.*; KFOURI NETO. *Op. Cit.*

[41] SOUZA. *Op. Cit*,, p. 120.

riscos de uma cirurgia e o paciente, por desleixo, não segue corretamente as instruções pré e pós-operatórias.

Entende-se que a culpa concorrente da vítima deve ser reconhecida quando ela própria age com imprudência, negligência ou imperícia no seu próprio tratamento. Enquanto a culpa exclusiva da vítima exclui totalmente o dever do médico de indenizar o paciente, a culpa concorrente reduz o valor da reparação devida pelo agente causador do dano, afinal, médico e paciente foram, ambos, os responsáveis pelo dano causado.

O *consentimento do ofendido* é uma excludente mais presente no Direito Penal, como forma de afastar a pena de alguém. Porém, também terá suas interfaces na responsabilidade civil. Trata-se da situação em que a vítima de um ato lesivo, por sua própria vontade, permite ou até mesmo instiga a conduta danosa, ou seja, existe uma anuência da vítima. O consentimento do ofendido pode ser conceituado como a concordância expressa ou tácita da vítima em relação à conduta danosa. Esse consentimento pode ser manifestado de diversas formas como, por exemplo, por meio de palavras, gestos ou condutas. No entanto, o consentimento do ofendido só pode ser considerado válido se preenchidos certos requisitos, quais sejam:

- que o consentimento seja livre e consciente, ou seja, que a vítima tenha plena capacidade de discernimento sobre a conduta a que está se submetendo;
- que o consentimento seja específico, ou seja, que se refira a uma conduta danosa concreta; e
- que a vítima tenha conhecimento prévio das consequências dessa conduta.

Daí a importância do *consentimento informado* e de se assinar o termo de consentimento informado, uma das principais excludentes de responsabilidade civil do médico[42]. Nele se manifestam a informação adequada, a capacidade do paciente e a livre manifestação de vontade[43]. As informações

[42] PITHAN, Lívia Haygert. *O consentimento informado na assistência médica: uma análise jurídica orientada pela bioética*. Tese (Doutorado em Direito). Faculdade de Direito, Universidade Federal do Rio Grande do Sul, Porto Alegre, 2009.

[43] GALÁN CORTÉS, Julio César. *Responsabilidad médica y consentimiento informado*. Madrid: Civitas, 2001; MONTEIRO, Jorge Ferreira Sinde. *Responsabilidade por conselhos, recomendações ou informações*. Coimbra: Almedina, 1989.

e a assinatura do termo podem indicar que o paciente consentiu com os danos típicos que decorrem de um determinado tratamento[44].

Nem sempre o responsável pelo dano é a própria pessoa que o causou, podendo haver situações em que a responsabilidade é atribuída a terceiros. Assim, outra excludente de responsabilidade é o *fato de terceiro* ou a *culpa exclusiva de terceiro*, uma vez que o evento danoso não foi causado por sua própria conduta, mas sim por uma conduta de terceiro. Em se tratando de responsabilidade civil do médico, a culpa do terceiro pode ocorrer quando há, por exemplo, exames laboratoriais mal feitos (culpa do laboratório), cujo erro interfere e prejudica o diagnóstico pelo médico, ou, ainda, quando o fabricante de uma prótese produz o produto com defeito, fazendo com que a cirurgia do médico não atinja os objetivos.

O *estado de necessidade* é uma circunstância em que, diante de um risco inevitável de dano, é permitido ao médico agir de forma contrária à lei, aos regramentos administrativos e aos protocolos terapêuticos para evitar um mal maior[45]. Há três requisitos legitimadores:

- que o perigo seja atual e inevitável, ou seja, o risco de dano deve estar ocorrendo no momento da conduta e não há outra forma de evitar a lesão ao paciente;
- que o dano causado na necessidade seja menor que o dano evitado; logo, a conduta do indivíduo deve ser necessária e proporcional ao risco do dano; e
- que a conduta seja praticada sem uma alternativa possível, quer dizer, o indivíduo deverá agir de maneira razoável diante do perigo iminente, escolhendo a opção que causa o menor prejuízo possível.

O *perigo iminente* diz respeito à situação em que há uma possibilidade real e imediata de ocorrência de um dano. Ele exclui a responsabilidade porque o dano é causado por uma circunstância externa à relação médico--paciente. O médico que causa o dano pode ser considerado isento de responsabilidade civil, quando em uma situação de perigo iminente há ocorrência do dano inevitável, independentemente das medidas que podem ser tomadas para evitá-lo.

[44] FADEN, Ruth R.; BEAUCHAMP, Tom L. *A history and theory of informed consent.* New York: Oxford University Press, 1986.

[45] DIAS. *Op. Cit.*

O perigo iminente deve ser uma situação real e não uma mera possibilidade. Além disso, a pessoa que causa o dano deve ter tomado todas as medidas possíveis para evitá-lo, mesmo que isso não tenha sido suficiente para impedir a sua ocorrência. Um exemplo é o caso do médico que, acreditando pelas circunstâncias que o paciente recebeu um tiro de revólver, toma a decisão de operá-lo, porém o ferimento teve outra causa. Na urgência, não foi possível realizar exames e investigações que garantissem um diagnóstico mais preciso.

A diferença entre estado de necessidade e o perigo iminente é que este sempre se tratará de uma situação de urgência e emergência, um risco que exige uma decisão e uma atuação imediatas. Já o estado de necessidade não depende de urgência e emergência, mas da necessidade de uma decisão. Por exemplo, o médico decide, ante a gravidade de uma infecção, receitar uma dosagem alta de um medicamento, o que traz alguns problemas renais no futuro. A decisão do médico causou um dano, mas foi justificada pela penúria circunstancial do tratamento, pois não tratar daquela forma poderia trazer danos maiores ao paciente.

Em se tratando de *caso fortuito* e *força maior*, embora sejam diferentes, é difícil compreendê-los sem ser em conjunto. O *caso fortuito* é um evento imprevisível e inevitável, que não pode ser evitado mesmo com a utilização de todos os recursos disponíveis. Já a *força maior* se refere a eventos que, embora previsíveis, são igualmente inevitáveis e impossíveis de serem evitados. Ambos os conceitos têm em comum a ideia de que são eventos que escapam do controle das partes envolvidas no contrato.

O caso fortuito e a força maior ocorrem quando o médico é impedido de prestar seu serviço devido a circunstâncias imprevisíveis e inevitáveis[46]. Por exemplo, o desabamento de parte do hospital ocorre durante uma cirurgia e leva o médico a causar danos ao paciente. O médico não poderá ser responsabilizado, pois se trata de um acontecimento imprevisível e inevitável.

A ocorrência de caso fortuito ou força maior isenta o médico da obrigação de reparar os prejuízos decorrentes do evento. O médico, em realidade, acabou sendo uma *longa manus* do fato trágico ocorrido, ou seja, uma espécie de instrumento do evento. Não houve, portanto, voluntariedade por parte do profissional; e se não houve conduta voluntária, não há

[46] PITHAN. *Op. Cit.*, p. 152.

evitabilidade. Isso significa que, caso um evento fortuito ou de força maior afete o cumprimento de uma obrigação profissional, o médico não será responsabilizado pelos danos causados.

O *fato da técnica* ou *erro da técnica* ou, ainda, *estado da técnica* é a situação em que um profissional não pode ser responsabilizado pelo dano causado se utilizou uma técnica ou tecnologia que, embora possa apresentar riscos, foi empregada dentro das normas e padrões para o seu uso. Essa excludente é aplicável quando a pessoa que utilizou a técnica não tinha como prever ou evitar o dano causado, mesmo agindo com a diligência necessária[47].

Um exemplo é o caso de um médico que realiza uma cirurgia utilizando todas as técnicas e equipamentos disponíveis, mas ainda assim ocorre um dano ao paciente. Nesse caso, se o médico agiu dentro das normas e padrões para a sua profissão, ele não poderá ser responsabilizado pelo dano causado, pois utilizou a técnica correta e não poderia ter evitado o resultado. Outro exemplo comum é o uso de medicamentos que, apesar de apresentarem riscos, foram aprovados pelos órgãos reguladores e utilizados dentro das indicações e dosagem recomendadas. Se o paciente sofrer um efeito colateral grave, mas o medicamento foi prescrito de acordo com as normas médicas, o profissional não pode ser responsabilizado pelo dano causado.

Às vezes, porém, mesmo que a técnica tenha sido utilizada dentro dos padrões e normas impostas, pode haver falhas ou erros humanos na interpretação e no manejo desses padrões, levando ao dano causado. Aí, em caso de erro humano no manejo da técnica, não há exclusão de responsabilidade[48].

A *ausência de nexo de causalidade* ocorre quando não há relação direta entre a conduta do médico e o dano sofrido pelo paciente. Nem sempre é possível estabelecer uma relação de causalidade entre a conduta do médico e o dano sofrido pelo paciente. Por exemplo, se o paciente sofre um infarto durante uma consulta médica e o médico toma todas as medidas adequadas para tentar salvá-lo, mas sem sucesso, não há nexo de causalidade entre a conduta do médico e o resultado. Outro exemplo: o paciente tem problemas de saúde desconhecidos e não detectados antes de

[47] KALLAS FILHO, Elias. O fato da técnica: excludente da responsabilidade civil do médico. *Revista de Direito Sanitário,* São Paulo, v. 14, n. 2, p. 137-151, jul./out. 2013.

[48] KALLAS FILHO. *Op. Cit.*

uma cirurgia e, por causa deles, acaba falecendo durante o procedimento. Não há conduta do médico se a causa da morte foi o problema de saúde prévio à atuação cirúrgica do profissional.

O *nexo causal* é a relação de causa e efeito entre a conduta do agente (médico) e o dano sofrido pela vítima (paciente). É através dessa relação que se estabelecerá a responsabilidade civil pelos danos causados. No entanto, nem sempre é possível estabelecer essa relação de forma clara e inequívoca. Há situações em que o dano sofrido pela vítima-paciente não pode ser atribuído diretamente à conduta do agente-médico, seja porque há outras causas que sustentam o dano, seja porque não é possível provar que a conduta do médico foi a causa do dano (*probatio*[49] *diabolica*). É nesses casos que surge a figura da ausência de nexo causal como excludente de responsabilidade civil[50].

A *cláusula de não indenizar* ou *cláusula limitativa da responsabilidade* consiste no acordo entre médico e paciente no qual este renuncia a direito de ser indenizado caso o primeiro cause algum dano[51]. Porém, considerando a natureza jurídica consumerista da relação médico-paciente, esta excludente, embora comentada e excepcionalmente aceita, é criticada pela literatura jurídica e recusada pelos tribunais, encontrando pouca aplicação[52].

Também é excludente da responsabilidade civil do médico o *risco aceitável*. Existem algumas circunstâncias em que o risco associado a uma atividade – como a atividade médica – é considerado aceitável[53] e, portanto, pode ser alegado na defesa do médico em uma ação indenizatória. O risco aceitável se refere ao nível de temeridade e prejuízo que a sociedade está disposta a aceitar em uma determinada atividade[54] como, por exemplo, ocorre nas cirurgias, que sempre são um risco e este é plenamente aceitável pelas pessoas.

[49] THEODORO JÚNIOR, Humberto. Aspectos processuais da ação de responsabilidade por erro médico. *Revista dos Tribunais*, n. 760, p. 40-55, 1999.

[50] CRUZ. *Op. Cit.*

[51] DIAS, José de Aguiar. *Cláusula de não-indenizar*. 3. ed. Rio de Janeiro: Forense, 1976; COCO, Elvira Martinez. Las clausulas generales exonerativas de responsabilidad. *Revista de Direito Civil*, n. 69, p. 30-49, jul./set. 1994.

[52] SOUZA. *Op. Cit.*, p. 125; DIAS. *Op. Cit.*, p.237-238.

[53] LIMA, Alvino. *Culpa e risco*. São Paulo: Revista dos Tribunais, 1963.

[54] *Ibidem*.

Para determinar se o risco associado a uma atividade é aceitável pela sociedade, necessário se faz considerar os seguintes fatores de legitimação: 1) a probabilidade de causar um dano; 2) a gravidade do dano que poderia ocorrer; 3) se o indivíduo que causa o dano (médico) tomou medidas razoáveis para reduzir o risco associado à atividade; e 4) o valor da atividade em si (*in casu*, a profissão médica, a Medicina).

Conclusões

Este estudo catalogou as principais excludentes de responsabilidade civil em casos de erro do médico dispersas na literatura jurídica. Também apresentou aqueles que podem ser os danos decorrentes de um erro do profissional e quais são as principais verbas indenizatórias que o médico pode ter que pagar por danos causados ao paciente.

O excesso de danos e de verbas indenizatórias revela um cenário preocupante para o profissional da Medicina e uma causa desestimuladora do exercício da profissão. A situação conclama por uma reforma no sistema para simplificar a responsabilidade civil do médico, mantendo sempre o ideal de reparação integral da vítima.

Muito se preocupa com a vítima-paciente; pouca atenção se dá ao agente-médico. As excludentes de responsabilidade civil do médico são importantes mudanças de paradigma e consistem em uma proteção para os profissionais da área da saúde, pois permitem que eles sejam isentos de responsabilidade em situações específicas que extrapolem do seu controle.

O médico deve sempre preservar pela segurança e bem-estar do paciente, buscando prevenir danos e agir com a devida diligência em todas as etapas do atendimento, mas também deve ser protegido em seus atos, como forma de não desestimular o exercício da Medicina.

Referências

ALVIM, Agostinho. *Da inexecução das obrigações e suas consequências*. 2. ed. São Paulo: Saraiva, 1955.

ANDRADE, André Gustavo Correia Andrade. *Dano moral e indenização punitiva*. Os *punitive damages* na experiência do *Common Law* e na perspectiva do direito brasileiro. 2. ed. Rio de Janeiro: Lumen Juris, 2009.

AMARANTE, Aparecida. *Excludentes de ilicitude civil*. Belo Horizonte: Del Rey, 1999.

ARAÚJO, Ana Thereza Meirelles; BARBOSA, Amanda Souza. Dano iatrogênico e erro médico: o delineamento dos parâmetros para aferição da responsabilidade. *Revista Thesis Juris*, São Paulo, v. 6, n. 1, p. 186-209, jan./abr. 2017.

BAÚ, Marilise Kostelnaki. *O contrato de assistência médica e a responsabilidade civil.* 2. ed. Rio de Janeiro: Forense, 2002.

BERALDO, Anna de Moraes Salles; PEREIRA, Paula Moura Francesconi de Lemos. The theory of loss of chance in medical liability applied within Brazilian jurisprudence. *Med Law*, v. 31, n. 2, p. 265-281, Jun. 2012.

BILANCETTI, Mauro. *La responsabilità penale e civile del medico.* 5. ed. Padova: Cedam, 2003.

BRASIL. Código Civil. Art. 944. Disponível em: file:///C:/Users/Dulce/Downloads/DOC-Legisla%C3%A7%C3%A3o%20citada-20080401.pdf. Acesso em: 12 maio 2023.

BRASIL. STJ, REsp. nº. 1.771.169/SC, 3ª Turma, Rel. Min. Nancy Andrighi, julgado em 26/05/2020. Disponível em: https://processo.stj.jus.br/jurisprudencia/externo/informativo/?aplicacao=informativo&acao=pesquisar&livre=@cnot=017648. Acesso em: 10 abr. 2023.

CARVALHO, José Carlos Maldonado de. *Iatrogenia e erro médico sob o enfoque da responsabilidade civil.* Rio de Janeiro: Lumen Juris, 2005.

CAVALIERI FILHO, Sergio. *Programa de responsabilidade civil.* 15. ed. São Paulo: Atlas, 2021.

COCO, Elvira Martinez. Las clausulas generales exoneratives de responsabilidad. *Revista de Direito Civil*, n. 69, p. 30-49, jul./set. 1994.

CRUZ, Gisela Sampaio da. *O problema do nexo causal na responsabilidade civil.* Rio de Janeiro: Renovar, 2005.

DIAS, José de Aguiar. *Cláusula de não-indenizar.* 3. ed. Rio de Janeiro: Forense, 1976.

DIAS, José de Aguiar. *Da responsabilidade civil.* 12. ed. Rio de Janeiro: Lumen Juris, 2011.

FADEN, Ruth R.; BEAUCHAMP, Tom L. *A history and theory of informed consent.* New York: Oxford University Press, 1986.

FUMAROLA, Luis Alejandro. *Eximentes de responsabilidad civil médica.* Buenos Aires: Hammurabi, 2002.

GALÁN CORTÉS, Julio César. *Responsabilidad médica y consentimiento informado.* Madrid: Civitas, 2001.

GONÇALVES, Carlos Roberto. *Responsabilidade civil.* 10. ed. São Paulo: Saraiva, 2007.

JORGE, Fernando de Sandy Lopes Pessoa. *Ensaio sobre os pressupostos da responsabilidade civil.* Coimbra: Almedina, 1999.

KALLAS FILHO, Elias. O fato da técnica: excludente da responsabilidade civil do médico. *Revista de Direito Sanitário*, São Paulo, v. 14, n. 2, p. 137-151, jul./out. 2013.

KANT, Immanuel. *Grundlegung zur Metaphysic der Sitten*. 7. durchgesehene Aufl. Hamburg: Felix Meiner Verlag Hamburg, 1994.

KFOURI NETO, Miguel. *Responsabilidade civil do médico*. 8. ed. São Paulo: Revista dos Tribunais, 2013.

LE TOURNEAU, Philippe. *Responsabilité civil e professionnelle*. Deuxième édition, refoundue et augmentée. Paris: Dalloz, 2005.

LIMA, Alvino. *Culpa e risco*. São Paulo: Revista dos Tribunais, 1963.

LOPEZ, Teresa Ancona. *O dano estético: responsabilidade civil*. 3ª ed. São Paulo: Revista dos Tribunais, 2004.

MELO, Nehemias Domingos de. *Responsabilidade civil por erro médico: doutrina e jurisprudência*. 3. ed. São Paulo: Atlas, 2014.

MONTEIRO, Jorge Ferreira Sinde. *Responsabilidade por conselhos, recomendações ou informações*. Coimbra: Almedina, 1989.

NORONHA, Fernando. *Direito das obrigações*. v. 1. 2. ed. São Paulo: Saraiva, 2007.

PITHAN, Lívia Haygert. *O consentimento informado na assistência médica: uma análise jurídica orientada pela bioética*. Tese (Doutorado em Direito). Faculdade de Direito, Universidade Federal do Rio Grande do Sul, Porto Alegre, 2009.

POLICASTRO, Décio. *Erro médico e suas consequências jurídicas*. 3. ed. Belo Horizonte: Del Rey, 2010.

ROSÁRIO, Grácia Cristina Moreira do. A perda da chance de cura na responsabilidade médica. *Revista da EMERJ*, v. 11, n. 43, p. 167-186, 2008, p. 170-171.

SANSEVERINO, Paulo de Tarso. *Princípio da reparação integral*. São Paulo: Saraiva, 2010.

SCHAEFER, Fernanda. *Responsabilidade civil do médico & erro de diagnóstico*. Curitiba: Juruá, 2012.

SILVA, Clóvis Veríssimo do Couto e. O conceito de dano no direito brasileiro e no direito comparado. *Revista de Direito Civil Contemporâneo*, ano 2, v. 2, p. 333-348, jan./mar. 2015.

SILVA, Jorge Cesa Ferreira da. *Inadimplemento das obrigações*. São Paulo: Revista dos Tribunais, 2007.

SILVA, Rafael Peteffi da. *Responsabilidade civil pela perda de uma chance*. São Paulo: Atlas, 2007.

SILVESTRE, Gilberto Fachetti. *A responsabilidade civil pela violação à função social do contrato*. São Paulo: Almedina, 2018a.

SILVESTRE, Gilberto Fachetti. Aspectos materiais e processuais do dano moral e sua quantificação. *In*: Instituto dos Advogados de São Paulo; MELO, Diogo Leonardo Machado de (Orgs.). *Direito Civil*: Programa de Atualização em Direito. v. 4. Porto Alegre: Artmed Panamericana, 2018b, p. 9-58.

SILVESTRE, Gilberto Fachetti; MARCHIORI, Bruna Figueira. La lesión a los derechos de la personalidad en la jurisprudencia de la instancia de recurso especial brasileña. *Opinión Jurídica*, v. 20, n. 41, p. 177-199, 2021.

SILVESTRE, Gilberto Fachetti; MARCHIORI, Bruna Figueira. As recentes caracterizações do dano moral no Superior Tribunal de Justiça. *Revista de Estudos Empíricos em Direito*, v. 7, p. 221-237, 2020.

SILVESTRE, Gilberto Fachetti; RODOVALHO, Thiago; CALIL, Igor Gava Mareto. O erro médico e a teoria da violação positiva do contrato: a perda de uma chance de cura ou de sobrevivência como inadimplemento contratual. *Revista Conversas Civilísticas*, v. 1, n. 2, p. 20-40, 2021.

SILVESTRE, Gilberto Fachetti; HIBNER, Davi Amaral. A tutela dos direitos da personalidade no Brasil e na Itália: questões materiais e processuais. *In*: II Congresso de Processo Civil Internacional. *Anais do II Congresso de Processo Civil Internacional*. v. 1. Vitória: Ufes, 2017, p. 11-26.

SOUZA, Eduardo Nunes de. *Aferição da culpa e sua distinção do erro na responsabilidade civil do médico*. Dissertação (Mestrado em Direito). Faculdade de Direito, Universidade do Estado do Rio de Janeiro, Rio de Janeiro, 2012.

THEODORO JÚNIOR, Humberto. Aspectos processuais da ação de responsabilidade por erro médico. *Revista dos Tribunais*, n. 760, p. 40-55, 1999.

TIBBALLS, James. Loss of chance: a new development in medical negligence law. *The Medical Journal of Australia*, v. 187, p. 4, p. 233-235, 2007.

WOLF, S. M. Iatrogenic and Injury. In: REICH, W. T. (Ed.). *Encyclopedia of Bioethics*. v. 3. New York: Simon & Schuster MacMillan, 1995, p. 1187-1191.

15. REPRODUÇÃO HUMANA ASSISTIDA E A EXCESSIVA 'LIBERALIDADE' DO DOADOR DE MATERIAL GENÉTICO: NOTAS SOBRE O INADIMPLEMENTO CONTRATUAL E O DANO EXISTENCIAL

FERNANDA SCHAEFER
FREDERICO E. Z. GLITZ

1. Introdução

Neste introito, é pertinente imaginar esta situação: o indivíduo compra um teste de ancestralidade genética em uma farmácia[1], e o utiliza apenas por curiosidade. Ao receber o resultado, ele descobre que possui grau próximo de parentesco com diversas pessoas que sequer conhece ou teve contato anterior. A busca pela ancestralidade é imediatamente esquecida e tem início o longo e tortuoso caminho pela busca da real ascendência, partindo do pressuposto de que, talvez, diversos segredos familiares precisariam ser revelados[2].

[1] Esses kits de testes genéticos de ancestralidade são bastante populares nos Estados Unidos e recentemente chegaram às farmácias brasileiras, após aprovação da Anvisa. O consumidor adquire o kit, coleta o material, envia ao laboratório e recebe eletronicamente o resultado dos exames. Os *sites* oferecem, ainda, a possibilidade de que a pessoa insira seus dados genéticos em uma plataforma específica que indicará a existência de parentesco com outras pessoas que já usaram o serviço.

[2] Este até mesmo poderia vir a ser o enredo da trama envolvendo Beethoven, conforme atestam dados revelados por recente pesquisa genética que buscava identificar as razões do precário estado de saúde do compositor e que descobriram inesperada origem genética. Cf. a notícia: GIANNINI, Alessandro. Sexo, álcool e música clássica: os segredos revelados de Beethoven. Revista *Veja* [online]. Disponível em: https://veja.abril.com.br/ciencia/

Eliminando a potencial e machadiana[3] dúvida sobre a possibilidade de relacionamento extraconjugal da mãe do indivíduo, ele descobre que seus pais utilizaram os serviços de uma clínica de reprodução assistida, na época em que apenas os procedimentos de inseminação artificial eram realizados. Seus pais afirmam que contrataram procedimento homólogo, ou seja, deveriam ser utilizados os gametas dos próprios contratantes. No entanto, o teste genético revela não só parentesco com outras pessoas, como também que seu pai não é seu pai biológico.

Aprofundando a investigação, tentando entender o que aconteceu, o indivíduo acaba descobrindo que tem mais de uma centena de meios--irmãos. Parece ficção científica, mas não é apenas isso. Esse, também, é o enredo da série documental *Our Father* (Netflix, 2022) que conta a história real de um médico americano que nos anos 1970 e 1980 enganou centenas de pacientes, utilizando (sem consentimento) o próprio sêmen para os procedimentos de reprodução assistida. Para completar o drama, o médico não realizava nenhuma triagem do material e, por isso, várias crianças geradas herdaram doença autoimune da qual ele era sabidamente acometido. O Estado americano de Indiana, no entanto, inocentou o médico das acusações de estupro e de violência sexual e o condenou apenas por obstrução da justiça (por ter mentido sobre a utilização do próprio esperma), impondo uma multa de US$ 500,00 (quinhentos dólares norte-americanos)[4] e 1 ano de liberdade condicional. O caso americano não é isolado, no mundo vários outros se assemelham[5].

sexo-alcool-e-musica-classica-os-segredos-revelados-de-beethoven/. Acesso em: 08 maio 2023.

[3] Cf. "Dom Casmurro" de Machado de Assis e a eterna dúvida sobre a possível traição da personagem Capitu e a paternidade de Ezequiel. ASSIS, Machado de. *Dom Casmurro*. Rio de Janeiro: Nova Aguilar, 1994.

[4] O equivalente a R$ 2.500,00 (Dois mil e quinhentos reais) segundo a cotação de 24 de maio de 2023 ou um pouco menos que dois salários-mínimos a partir de 1º de maio de 2023.

[5] Na Holanda, 2022, investigação mostrou que um médico havia fertilizado (entre 1973 e 1998) pelo menos 49 pacientes com o seu próprio sêmen. Cf. DA REDAÇÃO. DNA prova que médico usou o próprio sêmen para gerar 49 crianças *Veja* [online]. Disponível em: https://veja.abril.com.br/mundo/dna-prova-que-medico-usou-o-proprio-semen-para-gerar-49-criancas. Acesso em: 23 maio 2023. Em Ontário, no Canadá, 2016, médico foi acusado de usar o próprio sêmen em procedimentos realizados nos anos 90. Cf. BBC NEWS BRASIL. [online] Especialista em fertilização é acusado de usar próprio sêmen para engravidar

Mas não são apenas médicos que dolosamente usam seu próprio sêmen para fertilizar mulheres. Há também doadores[6] que utilizam brechas legais e nos sistemas de fiscalização para realizar doações de esperma acima da quantidade permitida[7], o que pode conduzir a situações incestuosas ou endogamia. Essa é a história recentemente anunciada por autoridades holandesas que identificaram um homem que teria gerado mais de 500 filhos[8]. Na Holanda, o número máximo de bebês por doador é de 25 para até 12 mulheres. Até o momento, o homem foi apenas proibido de fazer qualquer outra doação em clínicas do país. O descumprimento

paciente. Disponível em: https://www.bbc.com/portuguese/geral-37911213. Acesso em: 23 maio 2023. Na Flórida, nos EUA, médico é condenado por realizar inseminação utilizando o próprio sêmen na década de 70. Cf. O TEMPO [online] Disponível em: https://www.otempo.com.br/mundo/medico-e-condenado-a-pagar-indenizacao-apos-injetar-proprio-semen-em-paciente-1.2645326. Acesso em: 23 maio 2023. No Texas, nos EUA, há casos relatados desde a década de 1980. Cf. BBC NEWS BRASIL. [online] A surpreendente revelação sobre os 3 homens que pensei serem meu pai. Disponível em: https://www.bbc.com/portuguese/articles/cg3d9d90gg2o. Acesso em: 23 maio 2023.

6 Também foi o enredo da questionável refilmagem da comédia que, no Brasil, recebeu o título de "De repente pai" (2014), em que a personagem principal seria o pai biológico de mais de cinco centenas de filhos, oriundos das excessivas 'doações' de esperma que realizou em sua juventude, que buscam conhecê-lo. Cf. DE REPENTE PAI. Direção: Ken Scott. EUA: Disney; Buena Vista, 2014. Duração: 1h 45 min. Disponível em: <https://www.youtube.com/watch?v=6ri5tfz7_xY>. Acesso em: 20 maio 2023.

7 A ausência de lei brasileira sobre reprodução humana assistida é preocupante, inclusive porque não há limites legais definidos para a quantidade de filhos a serem gerados de um único doador. No Brasil há apenas uma restrição ética, contida no Item IV, 6, da Resolução n. 2320/22, CFM, que dispõe que "na região de localização da unidade, o registro dos nascimentos evitará que um(a) doador(a) tenha produzido mais de 2 (dois) nascimentos de crianças de sexos diferentes em uma área de 1 (um) milhão de habitantes. Exceto quando uma mesma família receptora escolher um(a) mesmo(a) doador(a), que pode, então, contribuir com quantas gestações forem desejadas" (grifo nosso). A utilização do verbo 'evitar', pode, por exemplo, levar a concluir a inexistência de dever correlato. E no Item IV, 7, "não é permitido aos médicos, funcionários e demais integrantes da equipe multidisciplinar das clínicas, unidades ou serviços serem doadores nos programas de reprodução assistida". Cf. BRASIL. Conselho Federal de Medicina. *Resolução n. 2320/22*. Disponível em: https://sistemas.cfm.org.br/normas/visualizar/resolucoes/BR/2022/2320. Acesso em: 20 maio 2023.

8 Cf. CNN BRASIL. [online] Homem que teria mais de 500 filhos é proibido de doar esperma. Disponível em: https://www.cnnbrasil.com.br/internacional/homem-que-teria-mais-de-500-filhos-e-proibido-de-doar-esperma/. Acesso em: 20 maio 2023.

da proibição acarreta uma multa de € 100.000,00 (cem mil euros)[9] por infração. O homem também deve comunicar a qualquer outra clínica estrangeira para qual tenha doado esperma, para que destruam o seu material, reservando-o apenas para aquelas situações em que já houver filhos gerados, conservando-se aos contratantes o direito de gerar outro filho com a mesma identidade genética.

Para além da evidente falha na fiscalização das condições das "doações", que muitas vezes são remuneradas, e da possível não testagem prévia à utilização do material genético, este caso chama a atenção para a possibilidade de efeitos transnacionais do potencial ato ilícito civil[10], para a dificuldade jurisdicional em tomar medidas para evitar futuros danos[11] e para a possível (in)eficácia da decisão tomada fora dos estreitos limites territoriais dos Países Baixos[12].

Os dois exemplos aqui narrados, para além de questões familiares importantes e da possibilidade de endogamia e de eventuais reflexos criminais, trazem à reflexão a fragilidade legal e fiscalizatória sobre os serviços de reprodução assistida e, mais, apontam para reflexos importantes do evidente inadimplemento contratual e dos possíveis e irreparáveis danos a projetos parentais.

2. O dano pela violação do projeto parental

O Conselho Federal de Medicina reconhece o papel das técnicas de reprodução assistida no auxílio a procriação (Resolução n. 2.320/22[13], CFM).

[9] Equivalente a R$ 535.000,00 (Quinhentos e trinta e cinco mil reais) segundo a cotação de 24 de maio de 2023 ou um pouco mais que quatrocentos e cinco salários-mínimos a partir de 1º de maio de 2023.

[10] Sua apuração dependerá do regime de direito conflitual adotado por cada Estado. No Brasil, por exemplo, o ilícito seria apurado com base no Direito local de onde é experimentado o dano.

[11] A sanção pecuniária pode ser alta o suficiente para ter caráter pedagógico, mas – igualmente – excessiva para não surtir nenhum efeito prático no caso específico em termos de responsabilização patrimonial. Isto é especialmente verdade em sistemas como o norte-americano que admitem a remuneração da "doação" de sêmen e que, por consequência, acabam incentivando que esta seja via para obtenção de recursos por aqueles que deles são desprovidos.

[12] Uma decisão de caráter mandamental como esta pode ter sua homologação questionada em países estrangeiros, justamente pela natureza impositiva da ordem.

[13] BRASIL. Conselho Federal de Medicina. *Op. Cit.*

Quem procura pelo serviço está decido a realizar um projeto parental que seria impossível ou pouco provável sem o uso dos procedimentos de reprodução. As pressões sociais e pessoais para a realização desse projeto apresentam-se em graus diferentes, mas estão sempre presentes.

A contratação de serviços de reprodução humana assistida vem cercada de desgastes emocionais que iniciam com a constatação da própria infertilidade[14], perpassando pela angústia de não poder gerar naturalmente um descendente biológico, percorrendo os desafios econômicos de acesso aos procedimentos que ainda são inviáveis para a maioria da população, e, por fim, as incertezas naturais da gestação. Todo o processo é "vivenciado com muita instabilidade emocional, marcado por sentimentos de esperança e desilusão, ansiedade e depressão"[15]. Aqueles que buscam um serviço de fertilização estão a desejar a realização de um projeto parental que pode envolver os gametas do casal contratante (fertilização homóloga) ou pode ainda depender da doação de gametas ou de embriões de terceiros (fertilização heteróloga).

Ao descobrir-se vítima de um médico que utiliza o próprio esperma sem consentimento ou de um doador que ultrapassa as quotas legais ou éticas de doação, aquele projeto parental é esfacelado, não só porque não se usou o material genético dos contratantes quando era possível (em descumprimento à decisão de fertilização homóloga), mas também porque os riscos de endogamia e relações incestuosas se apresentam com a conduta irresponsável do doador e da clínica que deixou de fazer o necessário controle/testagem do material biológico fornecido (em descumprimento ao mínimo aceitável para efetivação de fertilização heteróloga). Evidencia-se aqui, independentemente do fundamento da responsabilidade civil analisada, uma potencial questão de dano existencial ou de dano ao projeto de vida.

Ao descobrir-se enganado seja pelo uso indevido do material do próprio médico, seja por excesso de doações do doador, o projeto parental

[14] "Segundo Trindade e Enumo a angústia decorrente do diagnóstico de infertilidade pode variar de acordo com a valorização atribuída à maternidade e à paternidade de cada cultura. Além do diagnóstico, o tratamento de reprodução assistida mobiliza fortes reações emocionais, podendo ser sentido como uma experiência devastadora. O medo, a ansiedade e as incertezas quanto aos desfechos dos tratamentos afetam diretamente o bem-estar desses pacientes" (MARCIANO, R. P.; AMARA, W. N. Aspectos emocionais em reprodução humana assistida: uma revisão integrativa da literatura. *Femina*, v, 46, n. 6, p. 379-384, 2021, p. 380).

[15] *Ibidem*, p. 380.

é fatalmente atingido. Não apenas porque aquela pode ter sido a única chance daquela pessoa de ser pai ou mãe biológico(a), mas porque a verdade muitas vezes é revelada em grandes canais de comunicação que acabam por descortinar a privacidade familiar. Isso para não se mencionar o eventual contexto em que a revelação se dá: a necessidade de tratamento médico para uma inesperada doença congênita.

É nesse ambiente que se pode afirmar a existência de um dano ao projeto de vida. Todo o planejamento e sentimentos envolvendo o procedimento são violentamente atingidos por ato ilícito de terceiros, sob os quais se depositou confiança para a realização do projeto. A realização pessoal é interrompida de forma definitiva e irreversível. O dano, nessas situações, compromete a própria razão existencial dos genitores e da prole.

Pode-se afirmar que a filiação, seja sob o ponto de vista do livre planejamento familiar, seja pelo ponto de vista da identidade genética, é um daqueles interesses intimamente ligados à existência da pessoa e, por isso, fortemente vinculado aos direitos de personalidade[16], cuja tutela "resulta a valorização de todas as atividades que a pessoa realiza, ou pode realizar, pois tais atividades são capazes de fazer com que o indivíduo atinja a felicidade, exercendo, plenamente, as suas faculdades físicas e psíquicas, e a felicidade é, em última análise, a razão de ser da existência humana"[17]. Ultrapassa-se, aqui, a mera função compensatória da responsabilidade civil, talvez suficiente para dar conta dos danos resultantes da conduta

[16] Pode-se afirmar que os direitos de personalidade não só devem ser considerados com uma categoria autônoma de direitos subjetivos, mas, especialmente, que lhes sejam conferidos o *status* de direitos fundamentais, capazes de tutelar situações jurídicas existenciais. Situação jurídica subjetiva "caracteriza-se como a posição de um indivíduo frente ao direito, com a consequente atribuição de uma capacidade de ação (que pode exprimir-se através de várias formas como, por exemplo o direito subjetivo), depreende-se que a situação subjetiva existencial faz exigir uma especial proteção à personalidade do sujeito" Cf. CORTIANO JÚNIOR, Erouths. Alguns apontamentos sobre os chamados direitos da personalidade. *In*: FACHIN, Luiz Édson. *Repensando fundamentos do direito civil brasileiro*. Rio de Janeiro: Renovar, 1998, p. 33. A ideia das situações jurídicas surge como contraponto à ideia dos direitos subjetivos vez que esta categoria é insuficiente para dar conta de todas as situações de tutela da personalidade porque pensada para garantia de interesses proprietários (ter) e não dando conta de situações existenciais (ser).

[17] SOARES, Flaviana Rampazzo. *Responsabilidade civil por dano existencial*. Porto Alegre: Livraria do Advogado, 2009. p. 37.

do doador ou da clínica, para se buscar a tutela ótima dos direitos de personalidade, visando-se a efetiva proteção de interesses existenciais.

Diferente do dano moral puro, que resulta de uma violação à personalidade cujas consequências deletérias se circunscrevem ao evento, o dano existencial encontra sua medida na permanência da eficácia danosa sobre a operosidade, dinamismo e qualidade de vida[18].

> O dano existencial diferencia-se do dano moral propriamente dito, porque esse é "essencialmente um sentir", enquanto aquele é um "não mais poder fazer, um dever de agir de outra forma, um relacionar-se diversamente", em que ocorre uma limitação do desenvolvimento normal da vida da pessoa[19].

É o que se nota nos fatos aqui narrados, em que o equilíbrio familiar e a identidade pessoal são forte e irreversivelmente abalados. Pode-se até afirmar que há um dano ao projeto de vida, que impacta diretamente na personalidade, afetando a liberdade de definir o próprio projeto existencial. "O dano existencial não é propriamente a alteração negativa do ânimo (o moral), mas uma sequência de relações alterada, um 'fazer' ou um 'dever fazer' diferente, ou até mesmo o 'não poder fazer'. O dano existencial implica 'outro modo de reportar-se ao mundo exterior'"[20].

O reconhecimento de danos existenciais nas hipóteses aqui analisadas decorre da compreensão de que os elementos periféricos que se relacionam com a pessoa para garantir seu bem-estar e sua qualidade de vida também merecem ser tutelados, pois "representam a ação do ser humano, destinada a atingir a felicidade, a realização, a busca da razão de ser da existência"[21].

A dor emocional e social podem perdurar para sempre porque afetam diretamente a forma como a pessoa se reconhece e como se identifica na família. Pode-se afirmar que o dano existencial se manifesta como uma afetação negativa na identidade pessoal[22], repercutindo permanentemente

[18] ROSENVALD, Nelson; FARIAS, Cristiano Chaves; BRAGA NETTO, Felipe Peixoto. *Novo tratado de responsabilidade civil*. São Paulo: Saraiva, 2023.

[19] SOARES, *op. cit.*, p. 46.

[20] *Ibidem*, p. 46.

[21] *Ibidem*, p. 39.

[22] Vale lembrar que a identidade pessoal representa o conjunto de atributos da pessoa, projetando-se em todas as suas manifestações existenciais. ALPA, Guido. *Responsabilità civile e danno*. Lineamenti e questioni. Bologna: Il Mulino, 1991.

sobre a existência da pessoa, muitas vezes afetando seu desenvolvimento pessoal e suas interações sociais, ao ponto em que Cendon e Ziviz[23] podem equipará-lo a "uma renúncia forçada às ocasiões felizes".

O dano existencial pode ser observado a partir do seu caráter objetivo: prova de escolhas de vida que se evidenciam na contratação da fertilização e das alterações sofridas após a confirmação dos fatos. Trata-se de dano que repercute permanentemente na existência dos genitores e da prole, mundificando-lhes a vida e, potencialmente, estremecendo as próprias certezas identitárias e relações que mantém entre si.

Note-se que não se está a afirmar que laços familiares serão obrigatoriamente rompidos, embora eventualmente isso possa acontecer, especialmente se revelado com pouco tempo de convivência com a criança gerada. E não há necessidade de rompimento para a caracterização do dano existencial, basta que se demonstre o comprometimento da própria identidade pessoal e familiar com a revelação dos fatos.

É, ainda, de se esperar o prolongar-se das consequências da revelação de: possíveis procedimentos judiciais de questionamento da paternidade e exoneração dos deveres correlatos; busca pela identificação do pai biológico; possíveis medidas de retificação documental e, até mesmo, de responsabilização pelos danos causados pela revelação. É, portanto, dano certo e juridicamente relevante que pode também assumir caráter de potencialidade que abrange além da convivência e do afeto familiar imediatos, atividades que essa mesma família poderia realizar conjuntamente no futuro, segundo as máximas da experiência social (e até religiosa). O drama pode ser acentuado se a gestação se deu para alguma finalidade terapêutica que envolveria fornecimento de material biológico da(o) filha(o) aos pais (seria o caso de perde de uma chance?).

Para além das relações familiares, é preciso compreender que a alteração da origem genética, doenças por essa origem trazidas ou restrições a relacionamentos com desconhecidos (para evitar relações incestuosas), também pode gerar forte impacto na forma como a pessoa se reconhece e se comporta socialmente e como os genitores se relacionam entre si

23 CENDON, Paolo; ZIVIZ, Patrizia. *Il dano esistenziale.* Una nuova categoria della responsabilità civile. Milano: Guiffré, 2000.

e com a prole[24]. Poderia até mesmo ocasionar eventual crise afetiva/religiosa/social para que pessoas que acabassem se descobrindo filhos do mesmo doador e estivessem envolvidas em algum relacionamento ou tivessem gerado prole[25]. A identidade genética é, como se sabe, elemento conformador da identidade pessoal e instrumento realizador da própria identidade. Assim, a mera dúvida sobre a origem genética já poderia representar fortes consequências pessoais[26].

Vale lembrar, também, que as consequências desta revelação podem, ainda, perpetuar-se indefinidamente, atingindo terceiros que sequer são atualmente nascidos. Por isso, o uso de material genético do próprio médico sem consentimento ou o uso em excesso de material genético de um único doador afeta diretamente valores constitutivos da própria pessoalidade e da família e a forma como esses valores interagem para o desenvolvimento pessoal e social, afetando seu passado, presente e futuro.

Os sentimentos de incompletude, de não pertencimento, afloram-se e podem se aprofundar dependendo da forma como a pessoa e a família encaram os fatos. Vale aqui lembrar que

> A liberdade de desenvolvimento da pessoa humana compreende-se, pois, com base numa concepção do 'indivíduo conformador de si próprio e da sua vida segundo o seu próprio projeto espiritual (*plastes et fictor*). A forma de realização da personalidade humana não é algo pré-determinado, que se

[24] "O dano existencial pode atingir setores distintos: a) atividades biológicas de subsistência; b) relações afetivo-familiares; c) relações sociais; d) atividades culturais e religiosas; e) atividades recreativas e outras atividades realizadoras, porque qualquer pessoa tem o direito à serenidade familiar, à salubridade do ambiente, à tranquilidade no desenvolvimento das tarefas profissionais, ou de lazer, etc." (SOARES, *op. cit.*, p. 47).

[25] Ainda que não tenha sido causada por falha de serviço de inseminação artificial, o caso espanhol vale para a reflexão. Cf. FINOTTI, Ivan. Meios-irmãos apaixonados e com 2 filhos lutam por direito a casamento na Espanha. *Folha de São Paulo* [online]. Disponível em: https://www1.folha.uol.com.br/mundo/2023/04/meios-irmaos-apaixonados-e-com-2-filhos-lutam--por-direito-a-casamento-na-espanha.shtml. Acesso em: 23 maio 2023.

[26] Ainda que em contexto ainda muito incerto e, potencializado pelo marketing de novo filme, pode-se citar o exemplo dos atores Woody Harrelson e Matthew Mcconaughey. Cf. G1. *Globo.com*. [online] Woody Harrelson revela nova prova de que Matthew McConaughey pode ser seu irmão. Disponível em: https://revistamonet.globo.com/celebridades/noticia/2023/05/woody-harrelson-revela-nova-prova-de-que-matthew-mcconaughey-pode-ser-seu-irmao.ghtml Acesso em: 23 maio 2023.

receba por atribuição, herança, situação num dado momento ou classe, ou por imposição ou dádiva a partir de um determinado padrão ou modelo. Trata-se, antes, de algo que se auto-institui ou constrói, segundo o seu próprio projeto, determinado a partir da própria pessoa, como centro de determinação autônomo[27].

Reconhecer a subjetividade humana é o primeiro passo para compreender a necessidade de se tutelar a pessoa em todas as suas dimensões, protegendo-se, inclusive, seu projeto de vida e sua identidade pessoal. Assim, embora não seja possível aprioristicamente condicionar o dano existencial a formas de comportamento, porque decorrentes das necessidades individuais particulares, é possível afirmar que do comprometimento do projeto parental por conduta ilícita dos prestadores de serviços surgem necessariamente danos existenciais importantes.

Negar o direito à reparação dos danos existenciais ou ao projeto de vida seria autorizar a degradação dos titulares desses direitos, desconsiderando suas subjetividades e premiando condutas egoísticas e irresponsáveis. A proteção de desejos e aspirações pessoais, da forma como a pessoa se reconhece no mundo e no seio familiar, é forma de tutelar direitos de personalidade importantes para a realização da dignidade da pessoa humana.

Trata-se de reconhecer que direitos de personalidade não devem ser pensados apenas a partir da clássica moldura privada e individualista, mas sim como forma de promoção e proteção de valores existenciais. E é justamente aqui que se assentam as bases da responsabilidade civil por dano existencial: dignidade da pessoa humana; solidariedade (que pressupõe a mútua cooperação para a realização de um objetivo comum) e o clássico *neminem laedere* (não causar dano).

A formulação principiológica da dignidade da pessoa humana, embora não lhe determine um conceito, atribui-lhe a máxima relevância jurídica, considerando que

> Corresponde à qualidade intrínseca e distintiva de cada ser humano que o faz merecedor do mesmo respeito e consideração por parte do Estado e da

[27] MOTA PINTO, Paulo. O direito ao livre desenvolvimento da personalidade. *Boletim da Faculdade de Direito da Universidade de Coimbra*, Portugal-Brasil, ano 2000, Coimbra, 1999, p. 149-246.

comunidade, implicando, neste sentido, um complexo de direitos e deveres fundamentais que assegurem a pessoa tanto contra todo e qualquer ato de cunho degradante e desumano, como venham a lhe garantir as condições existenciais mínimas para uma vida saudável, além de propiciar e promover a sua participação ativa e corresponsável nos destinos da própria existência e da vida em comunhão com os demais seres humanos[28].

Assegura-se, portanto, que a pessoa não pode ser objeto de ofensas (dimensão negativa), como também presume o pleno desenvolvimento e autodeterminação da pessoa (dimensão positiva). É, portanto, parâmetro objetivo que admite múltiplas interpretações, todas direcionadas a um só fim: tutela da pessoa em todas as duas dimensões[29], consideradas pautas valorativas essenciais ao livre desenvolvimento da personalidade.

A vagueza e generalidade do princípio permite sua concretização nas situações fáticas, inclusive naquelas decorrentes de danos existenciais. A força de sua dimensão intersubjetiva cria um dever geral de respeito de todos os seres humanos em relação a todos os indivíduos, isolada ou coletivamente, afetando a todos indistintamente e determinando, nas situações aqui expostas, a reparação por dano existencial.

Para que a análise proposta pelo presente ensaio seja viável, surge, então, a necessidade deste segundo recorte: para além da falha do serviço particular prestado pela clínica, é indispensável limitar sua abordagem para aqueles que contrataram o serviço, manifestando sua autonomia pessoal e existencial e estabelecendo, em primeiro lugar, os contornos do projeto de vida (parental, portanto) cuja violação seja o ato ilícito ensejador da reparação. Potenciais danos causados àqueles que não participam contratualmente da contratação original precisam, neste momento, ser pensados como danos causados a terceiros, que fugiriam, imediatamente, em razão da relatividade negocial, da abordagem que propusemos.

28 SARLET, Ingo Wolfgang. *Dignidade da pessoa humana e direitos fundamentais*. 2. ed. rev. e amp. Porto Alegre: Livraria do Advogado, 2002. p. 60.

29 Nesse sentido, lembra Dworkin que a dignidade da pessoa humana dispõe tanto de uma voz ativa quanto de uma voz passiva; e ambas encontram-se conectadas de maneira que é no valor intrínseco da vida humana, de todo e qualquer ser humano, que encontramos a explicação para o fato de que mesmo aquele que já perdeu a consciência da própria dignidade merece tê-la considerada e respeitada. (DWORKIN, Ronald. *El dominio de la vita*. Barcelona: Ariel, 1998. p. 307-309).

3. Do inadimplemento

Quando a frustração do projeto parental é imputável à conduta ilícita daquele que se colocou em condições de prestar o serviço que o viabilizaria, os danos, como já se afirmou, afetam diretamente a integridade psicossomática e existencial. Se já não fosse suficiente e absolutamente desgastante o processo de contratação, tratamento e gestação, o abalo na confiança e o uso de material genético em desconformidade com o contratado causa tristeza, angústia, ansiedade, raiva, depressão e até melancolia. Ainda que os vínculos familiares sejam fortes, o abalo provocado pelas condutas ilícitas gera reflexos indeléveis.

Recortando-se os aspectos puramente contratuais, vemo-nos no desafio de analisar uma miríade de possibilidades de abordagem sobre o descumprimento das obrigações assumidas por meio do vínculo negocial estabelecido entre os pais e as clínicas, centros ou serviços que aplicam as técnicas de reprodução assistida. Outra advertência necessária é que qualquer análise precisa ser ancorada territorialmente, isto é, será obrigatório – diante da característica eminentemente nacional de identificação do ordenamento jurídico e inexistência de instrumentos normativos internacionais sobre o tema – filtrá-la pela estrita análise do Direito brasileiro.

Vamos partir, então, do caso holandês (mais recente) que ajuda a abrir este ensaio. Por se tratar, ainda, de mera notícia, sem maiores detalhamentos sobre as consequências negociais possíveis, o caso permitirá a ampliação do escopo da análise para hipóteses que, eventualmente, nem venham a ser confirmadas. Eis, então o desafio a que nos propomos.

Para que a análise faça sentido e tenha relevância para o leitor brasileiro, vamos imaginar a hipótese em que pais, domiciliados no Brasil, viessem a constatar que o procedimento de reprodução assistida a que se submeteram nos Países Baixos estivesse dentro do espectro de atuação do doador inconsequente.

Essas vítimas poderiam vir a demandar indenização pela violação de seu projeto existencial? Do ponto de vista estritamente processual (competência) a resposta seria afirmativa, se os efeitos do dano aqui fossem sentidos (art. 21, III[30], do Código de Processo Civil – CPC). A solução

[30] "Art. 21, CPC. Compete à autoridade judiciária brasileira processar e julgar as ações em que: [...] III – o fundamento seja fato ocorrido ou ato praticado no Brasil". BRASIL. *Código de processo civil*: Lei n. 13.105, de março de 2015.

não seria diversa se fossemos além e admitíssemos que se tratasse de uma relação de consumo, ainda que, para tanto, fosse necessário dar um passo além no método conflitual e aceitar a aplicação da legislação brasileira ao caso concreto. Nesse caso, bastaria que as vítimas fossem domiciliadas no Brasil (nos termos do art. 22, II[31] do CPC).

O problema da jurisdição impõe, ainda, alguns cuidados adicionais: (i) a análise da presença de eventual cláusula de eleição de foro; (ii) a análise da presença de eventual cláusula arbitral e (iii) a avaliação da estratégia processual a ser seguida. Explica-se:

(i) A rigor, a existência de cláusula de eleição de foro exclusivo estrangeiro afastaria a possibilidade de julgamento da causa pelo juiz nacional, a teor do art. 25[32] do CPC, (ii) o mesmo ocorrendo diante da existência de cláusula arbitral, desde que alegada como preliminar de defesa, a teor dos controversos parágrafos 5º e 6º, do art. 337[33] do CPC.

(ii) Ocorre, contudo, que recentíssimo precedente do Superior Tribunal de Justiça (STJ)[34] considerou ser competente a jurisdição

[31] "Art. 22, CPC. Compete, ainda, à autoridade judiciária brasileira processar e julgar as ações: [...] II – decorrentes de relações de consumo, quando o consumidor tiver domicílio ou residência no Brasil". *Ibidem.*

[32] "Art. 25, CPC. Não compete à autoridade judiciária brasileira o processamento e o julgamento da ação quando houver cláusula de eleição de foro exclusivo estrangeiro em contrato internacional, arguida pelo réu na contestação". *Ibidem.*

[33] "Art. 337, CPC. Incumbe ao réu, antes de discutir o mérito, alegar: [...] X – convenção de arbitragem; [...] § 5º Excetuadas a convenção de arbitragem e a incompetência relativa, o juiz conhecerá de ofício das matérias enumeradas neste artigo. § 6º A ausência de alegação da existência de convenção de arbitragem, na forma prevista neste Capítulo, implica aceitação da jurisdição estatal e renúncia ao juízo arbitral." *Ibidem.*

[34] "RECURSO ESPECIAL. CONTRATO DE PRESTAÇÃO DE SERVIÇOS HOTELEIROS. PEDIDO DE RESCISÃO. NEGÓCIO. CELEBRAÇÃO NO EXTERIOR. PESSOAS FÍSICAS. DOMICÍLIO. BRASIL. RELAÇÃO DE CONSUMO. AUTORIDADE JUDICIÁRIA BRASILEIRA. COMPETÊNCIA. ART. 22, II, DO CPC/2015. CLÁUSULA DE ELEIÇÃO DE FORO. ABUSIVIDADE. AFASTAMENTO. ARTS. 25, § 2º, E 63, § 3º, CPC/2015. RÉU. DOMICÍLIO NO BRASIL. GRUPO ECONÔMICO. TEORIA DA APARÊNCIA. SÚMULAS Nº 5 E 7/STJ. 1. A controvérsia resume-se a saber se a Justiça brasileira é competente para processar e julgar a ação de rescisão de contrato de negócio jurídico celebrado em território mexicano para ali produzir os seus efeitos, tendo como contratadas pessoas físicas domiciliadas no Brasil. 2. Compete à autoridade judiciária brasileira processar e julgar as ações

nacional para a resolução de contrato de consumo com cláusula de eleição de foro estrangeiro. No caso da cláusula arbitral, ainda que sem a particularidade de sua internacionalidade, o STJ tem se manifestado no sentido de que sua eficácia, nos contratos massificados de consumo, depende da anuência do consumidor no momento de instauração do litígio[35].

(iii) Por fim, é oportuno lembrar que as demandas indenizatórias são, usualmente, submetidas ao regime da competência relativa, ou seja, não afastariam a jurisdição estrangeira. Isto quer dizer que as vítimas em questão poderiam avaliar a eventual competência brasileira, holandesa ou de terceiro país no momento de deduzir sua pretensão indenizatória. A decisão, neste contexto, é menos uma questão de preferência do advogado envolvido, mas uma

decorrentes de relações de consumo, quando o consumidor tiver domicílio ou residência no Brasil. 3. Em contratos decorrentes de relação de consumo firmados fora do território nacional, a justiça brasileira pode declarar nulo o foro de eleição diante do prejuízo e da dificuldade de o consumidor acionar a autoridade judiciária estrangeira para fazer valer o seu direito. [...] 6. Na hipótese, os autores pactuaram contrato de prestação de serviços hoteleiros com sociedade empresária domiciliada em território estrangeiro, para utilização de Clube/Resort sediado em Cancun, no México. Houve a celebração de contrato de adesão, sendo os aderentes consumidores finais, com residência e domicílio no Brasil, permitindo à autoridade judiciária brasileira processar e julgar a ação de rescisão contratual. [...]" (BRASIL. Superior Tribunal de Justiça, Terceira Turma, Recurso Especial nº1.797.109/SP, Relator Min. Ricardo Villas Bôas Cueva, julgado em 21/03/2023).

[35] "AGRAVO INTERNO NOS EMBARGOS DE DECLARAÇÃO NO AGRAVO EM RECURSO ESPECIAL. AÇÃO ORDINÁRIA. CONTRATO DE COMPRA E VENDA DE ENERGIA ELÉTRICA. NEGATIVA DE PRESTAÇÃO JURISDICIONAL. NÃO OCORRÊNCIA. CLÁUSULA COMPROMISSÓRIA. CONTRATO DE ADESÃO DE CONSUMO. AÇÃO JUDICIAL. DISCORDÂNCIA DO CONSUMIDOR QUANTO À ARBITRAGEM. INEFICÁCIA. CONSONÂNCIA DO ACÓRDÃO RECORRIDO COM A JURISPRUDÊNCIA DESTA CORTE. SÚMULA 83/STJ. AGRAVO INTERNO DESPROVIDO. 1. Nos termos da jurisprudência firmada no âmbito do Superior Tribunal de Justiça, a validade da cláusula compromissória, em contrato de adesão caracterizado por relação de consumo, está condicionada à efetiva concordância do consumidor no momento da instauração do litígio entre as partes, consolidando-se o entendimento de que o ajuizamento, por ele, de ação perante o Poder Judiciário caracteriza a sua discordância em submeter-se ao Juízo Arbitral, não podendo prevalecer a cláusula que impõe a sua utilização. [...]". BRASIL. Superior Tribuna de Justiça, Quarta Turma, Agravo Interno nos Embargos de Declaração no Agravo em Recurso Especial nº 2.086.916/RS, Relator Min. Raul Araújo, julgado em 20/03/2023.

cuidadosa análise dos custos envolvidos, dificuldades e meios de produção de provas e, claro, do eventual Direito aplicável ao caso concreto. Além disso, em razão da ausência de litispendência (art. 24, do CPC), seria até mesmo possível imaginar a tramitação concomitante de mais de um pedido indenizatório, desde que processados em jurisdições distintas.

Superadas as complexidades da decisão acerca da jurisdição mais adequada, passariam as vítimas a avaliar o Direito aplicável ao seu caso em específico de inadimplemento contratual. Se admitido o cenário de jurisdição brasileira e presumindo que os danos são experimentados no Brasil, aplicar-se-ia ao caso a previsão conflitual do art. 9º, *caput*[36], da Lei de Introdução às Normas do Direito Brasileiro (LINDB), ou seja, o caso seria julgado – pelo juiz brasileiro – de acordo a legislação civil brasileira. Assim, a existência, tipificação e quantificação dos danos, o tipo e os requisitos da responsabilidade civil envolvida seriam apreciados de acordo com o Direito nacional, ainda que eventuais provas se submetessem a outro regime[37] e o Direito aplicável ao contrato viesse a ser distinto (por aplicação do mesmo dispositivo conflitual).

Trata-se do fenômeno da *dépeçage*, que obriga o julgador a qualificar cada fato jurídico específico e a ele aplicar o Direito material correlato. Essa solução, como se vê, traz complexidade ao tema: o conteúdo obrigacional pode vir a ser definido pelo Direito neerlandês, enquanto a responsabilidade por sua violação, por Direito brasileiro.

Adicionalmente, devemos recordar que, embora se admita a aplicação do Direito material estrangeiro por juiz nacional, esta não ocorre sem limitações possíveis[38] e sem a necessidade de, eventualmente, adequação aos parâmetros jurídicos locais. Também se deve levar em consideração

[36] "Art. 9º, LINDB. Para qualificar e reger as obrigações, aplicar-se-á a lei do país em que se constituírem". BRASIL. Decreto-Lei n. 4.657, de 4 de setembro de 1942. *Lei de Introdução às normas do Direito Brasileiro (LIND)*. Redação dada pela Lei nº 12.376, de 2010.

[37] Art. 13, LINDB. "A prova dos fatos ocorridos em país estrangeiro rege-se pela lei que nele vigorar, quanto ao ônus e aos meios de produzir-se, não admitindo os tribunais brasileiros provas que a lei brasileira desconheça". *Ibidem*.

[38] Cf., por exemplo, o art. 17 da LINDB: "As leis, atos e sentenças de outro país, bem como quaisquer declarações de vontade, não terão eficácia no Brasil, quando ofenderem a soberania nacional, a ordem pública e os bons costumes". *Ibidem*.

que as Cortes brasileiras, nos poucos casos em que abordam a questão, deixam bastante espaço para construção[39].

Ultrapassada a identificação do Direito material aplicável, de seu conteúdo e adequada interpretação, precisaríamos avaliar em que medida teria havido o descumprimento do conteúdo obrigacional do contrato – a partir do Direito que lhe é aplicável – para, apenas depois disso, avaliarmos a existência ou não de dano – de acordo com o Direito do local em que seus efeitos seriam sentidos.

No caso selecionado para exame, tal como rotineiramente acontece em negócios massificados típicos de sociedades de consumo, parece bastante razoável supor que o eventual instrumento de contrato que foi celebrado pelas vítimas tenha sido prévia e unilateralmente elaborado pela clínica (prestadora do serviço), ou seja, trata-se de contrato de adesão. Possivelmente dele constam hipóteses de limitação de responsabilidade, quitações e declarações que assegurem ter havido a ampla informação e consentimento.

Como já demonstrado, a análise da legalidade e adequação do contrato dependeria – em princípio – da identificação e aplicação do direito neerlandês. Isto significa afirmar que o juiz do caso não poderia presumir a aplicação do Direito brasileiro, menos ainda a incidência da legislação protetiva de consumo[40]. Isso, contudo, é o que se vê em muitos casos, que vão desde os julgados envolvendo indenizações por extravio de bagagem em viagens internacionais (em construção perante o Supremo Tribunal Federal[41]) até casos como aquele do precedente do STJ citado

[39] GLITZ, Frederico Eduardo Zenedin. Direito estrangeiro e juiz nacional: como as Cortes Superiores brasileiras aplicam o Direito estrangeiro? *In:* GLITZ, Frederico Eduardo Zenedin (Org.). *Questões de Direito Internacional*: pessoa, comércio e procedimento. Curitiba: JML, 2017, p. 172-193.

[40] Isso eventualmente poderia servir de limitação à aplicação do Direito estrangeiro uma vez que fosse identificada com a Ordem Pública, por exemplo, prevista no art. 17 da LINDB. *Ibidem.*

[41] A Corte teve oportunidade de fixar o Tema 210 por meio do qual entendeu que "Nos termos do art. 178 da Constituição da República, as normas e os tratados internacionais limitadores da responsabilidade das transportadoras aéreas de passageiros, especialmente as Convenções de Varsóvia e Montreal, têm prevalência em relação ao Código de Defesa do Consumidor." Mais recentemente, contudo, o STF destacou que "Não se aplicam as Convenções de Varsóvia e Montreal às hipóteses de danos extrapatrimoniais decorrentes de contrato de transporte aéreo internacional" (tema 1240). BRASIL. Supremo Tribunal Federal. *Súmula 456.*

anteriormente, envolvendo o *time-sharing* internacional. Há casos, por exemplo, em que a Corte apenas presume a identificação do conteúdo de ambos os Ordenamentos ou que a legislação brasileira é mais protetiva e, portanto, deve ser aplicada[42]. Este é, por exemplo, o resultado do famoso caso *Panasonic*[43], que tratava, justamente, do início das consequências da internacionalização do consumo envolvendo brasileiros.

Nesse ambiente jurisprudencial, portanto, seria bastante razoável também supor que o juiz competente, embora identificasse adequadamente o Direito material neerlandês como sendo aplicável ao caso, acabasse por preferir presumir a incidência da legislação de consumo brasileira ou acabasse por presumir a identificação de ambos os conteúdos normativos. Talvez, em o fazendo, até não estivesse tão longe dos termos preconizados pelo ordenamento holandês.

Se este fosse, então, em razão do cenário estabelecido, deveríamos raciocinar o descumprimento da obrigação – ensejadora de possível dano existencial – a partir da lógica dos deveres associados à boa-fé objetiva e que se encontram positivados pela Lei nº 8.078/1990 (CDC), em especial o dever de informação e cuidado[44]. Também neste aspecto poderíamos nos valer da ilustração fornecida pela já mencionada Resolução CFM nº 2320/2022 em que estes deveres são instrumentalizados, por exemplo:

1) Pela obtenção do consentimento livre e esclarecido dos pacientes por meio da "discussão entre as partes envolvidas" envolvendo "a

Disponível em: https://portal.stf.jus.br/jurisprudencia/sumariosumulas.asp?base=30&sumula=2805#:~:text=Nos%20termos%20do%20art.,definida%20no%20RE%20636.331%2Crel. Acesso em: 22 maio 2023.

42 GLITZ. *Op. cit.*

43 GLITZ, Frederico Eduardo Zenedin; SCHAEFER, Fernanda. O caso Panasonic e as relações internacionais de consumo. In FERRARO, Angelo *et al.* (Coord.). *Derecho del consumo y normas antimonopolio.* Buenos Aires: La Ley, 2022, p. 36-51. Disponível em: https://glitzgondim.adv.br/wp-content/uploads/2022/07/GLITZ-SCHAEFER-Caso-Panasonic-Derecho-del-consumo.pdf. Acesso em: 20 maio 2023.

44 "Art. 6º São direitos básicos do consumidor: I – a proteção da vida, saúde e segurança contra os riscos provocados por práticas no fornecimento de produtos e serviços considerados perigosos ou nocivos; [...] III – a informação adequada e clara sobre os diferentes produtos e serviços, com especificação correta de quantidade, características, composição, qualidade, tributos incidentes e preço, bem como sobre os riscos que apresentem". BRASIL. *Código do Direito do Consumidor.* Lei nº 10.406, de 10 de janeiro de 2002.

totalidade das circunstâncias de aplicação da técnica [...], bem como os resultados [...] [e] dados de caráter biológico jurídico e ético" (item I. 4).

2) Pela necessidade de constatação de adequação física e mental dos doadores (Item IV, 2.1 e 5) e, embora deva ser mantido em sigilo sua identidade, é necessário não apenas poder identificar o doador (Item IV, 4) como que haja algum nível de controle sobre a quantidade de doações realizadas pela mesma pessoa (Item IV, 6).

Ainda que estas previsões sirvam de orientação ética a uma categoria profissional (médicos), podem contribuir como elemento no processo hermenêutico construtivo das relações jurídicas como a ora analisada. Outro limitador é que tais regras se aplicam às doações realizadas no Brasil. Como destacado anteriormente, a legislação neerlandesa prevê, para a base nacional, um número máximo de doações. A brecha transnacional, como se percebe, acaba não sendo fechada completamente, como parece ter reconhecido – inicialmente – a autoridade jurisdicional local, já preocupada com os possíveis danos transfronteiriços causados.

Independentemente da previsão de um número máximo de doações, pode-se partir da já consagrada noção de que o contrato, como exemplo de relação jurídica obrigacional entendida como um processo[45] de cooperação, para se extrair que, em razão disso, há a imposição de modelo de conduta que serve não só para a interpretação do negócio, mas igualmente para a avaliação das obrigações que compõem conteúdo negocial e o tipo de inadimplemento que decorre de seu inadimplemento. E nesse contexto, o controle e fiscalização que impeçam a utilização de material obtido a partir de doação excessivamente liberal passa a ser apreciado não apenas como dever ético (como no Brasil), mas como obrigação associada ao contrato.

Seria possível então indagar: há violação do dever de informação – associado à conduta do fornecedor do serviço – que deixa de prestar o amplo acesso aos dados necessários para a decisão do paciente quando se sonega a informação de que não há certeza efetiva sobre a quantidade de material doado por aquele doador especificamente escolhido pelos pacientes da reprodução heteróloga? Note-se, que no Brasil, a mencionada Resolução

[45] COUTO E SILVA, Clóvis V. do. *A obrigação como processo*. Rio de Janeiro: FGV, 2007. *Passim*.

do CFM, estranhamente exoneraria o prestador do serviço, atribuindo ao vulnerável (que não tem conhecimento ou controle sobre o material doado) a responsabilidade exclusiva pela escolha realizada (Item IV, 10)[46]. Por sua vez, poderia haver violação do dever de segurança e de informação caso o mesmo fornecedor de serviço não pudesse garantir a origem genética pretendida para aquele embrião? Note-se que, neste aspecto, a Resolução apenas menciona a possibilidade de tal exame com objetivo reduzido ao diagnóstico de alterações genéticas causadoras de doenças (Item VI, 1).

A legislação de consumo brasileira associa o descumprimento desses deveres à violação da qualidade do serviço colocado no mercado. Assim, por exemplo, tais serviços não podem impor risco além daqueles considerados normais (art. 8º, CDC) e não podem ser colocados no mercado serviços nocivos ou perigosos sem ostensiva e adequada informação a respeito (art. 9º, CDC) sob pena de responsabilização civil por eventuais danos que venham a ser causados.

Nesse contexto, o descumprimento de obrigações que ensejassem o dano existencial já analisado, seriam tratados – em princípio – como hipóteses de "fatos do serviço", ou seja, quando se coloca em risco saúde e segurança do consumidor. Trata-se, no Brasil, de hipótese de responsabilidade objetiva da clínica e do hospital (art. 14, CDC) em que são analisados o modo de fornecimento, os resultados esperados, a época em que é fornecido e a informação oferecida. Se, contudo, o viés de análise fosse a atuação do profissional médico, a responsabilização passaria a ser subjetiva (art. 14, §4º, CDC) ensejando discussão sobre o ônus probatório (e sua possível inversão) acerca da violação ou não da obrigação inadimplida.

A potencial defesa do fornecedor poderia ser a alegação e comprovação da culpa exclusiva de terceiro (art. 14, §º1, II, CDC), demonstrando, por exemplo, que adotou todas as medidas de controle previstas na regulamentação da época, indo além de seu dever, tomando cuidados adicionais,

[46] A Resolução utiliza o termo "usuário". É a única oportunidade em que o faz. Poder-se-ia até imaginar que o tal usuário fosse aquele que se vale do banco de gametas e embriões para prestar o serviço. Contudo, a exposição de motivos logo dissipa esta conclusão ao afirmar: "Na utilização de bancos, a seleção de gametas ou embriões é de responsabilidade do usuário, em respeito à autonomia para formação da sua família." BRASIL. Conselho Federal de Medicina. *Op. Cit.*

mas que, a despeito disso, este terceiro (o doador inconsequente) fugiria de todos os possíveis controles. Poder-se-ia, inclusive, ingressar na análise de medidas preventivas (verdadeiras hipóteses de tutela externa do crédito[47]) por meio da qual – tomando ciência da possibilidade da excessiva liberalidade – teria o fornecedor adotado medidas que pudessem evitar o inadimplemento da relação mantida com os seus pacientes.

Deve-se destacar, ainda, que a legislação de consumo brasileira estende os efeitos da proteção para aqueles terceiros que eventualmente venham a ser atingidos pelos efeitos danosos do evento, ainda que – de fato – não tenham sido contratantes-consumidores deles (art. 17, CDC). É o caso dos filhos gerados nos exemplos aqui apresentados que poderiam invocar a tutela do CDC para reclamar dos danos sofridos.

Considerando, então, que não só a interpretação de tal negócio (a partir do modelo de conduta e dos deveres anexos associados), como o teor da legislação protetiva indicariam a existência de responsabilidade da clínica que não informasse sobre os riscos e não adotasse todos os meios disponíveis de fiscalização e controle de modo a se evitar a situação da pluripaternidade biológica daquele doador holandês.

Resposta diversa não seria alcançada se a análise fosse feita pela legislação civil. Eis que a teor do tratamento do inadimplemento, estar-se-ia diante de hipótese de culpa presumida (art. 389, do Código Civil) do devedor daquelas obrigações (a clínica). O mesmo cenário, já sob a hipótese mais uma vez da responsabilidade objetiva, adviria da percepção da atividade como sendo empresarial (art. 931, do Código Civil).

Parece-nos, então, plausível afirmar que o fornecedor do serviço de reprodução assistida é responsável – segundo a análise do Direito obrigacional brasileiro e levando-se em consideração o modelo de conduta e deveres anexos impostos pelo princípio da boa-fé objetiva – pela eventual falha na prestação da informação completa sobre os riscos do procedimentos (incluídas as dificuldades de eventual controle e fiscalização sobre

[47] Para detalhes do tratamento do tema no Brasil, sugere-se: PINHEIRO, R. F.; GLITZ, Frederico Eduardo Zenedin. A tutela externa do crédito e a função social do contrato: possibilidade do caso Zeca pagodinho. *In:* TEPEDINO, Gustavo; FACHIN, Luiz Edson. (Org.). *Diálogos sobre Direito Civil.* Rio de Janeiro: Renovar, 2007, v. II, p. 323-344. Disponível em: https://glitzgondim.adv.br/wp-content/uploads/2018/05/2008-GLITZ-PINHEIRO-A-tutela-externa-do-credito-e-a-funcao-social-do-contrato-Renovar.pdf

o número de doações realizadas pelo mesmo doador) e pela não adoção de todos os possíveis mecanismos existentes na época do serviço para o controle de conhecidos e possíveis danos (como a doação excessivamente liberal de material genético).

4. Considerações finais

Os procedimentos de reprodução humana assistida são acompanhados de alterações emocionais profundas de quem os procura para realizar o projeto parental. Quando esse projeto é realizado e depois diretamente afetado por condutas espúrias e mesquinhas de médicos e/ou doadores, para além da desestabilização familiar, a mistura de sentimentos se manifestará de forma acentuada.

Os avanços biotecnológicos e a ampliação do acesso a esses serviços – algumas ocasiões de forma transnacional[48] – exigem uma percepção mais afinada do papel de cada contratante e do grau de vulnerabilidade a que pacientes estão submetidos. Afinal, os contratos com clínicas de reprodução humana não podem ser vistos apenas como ferramenta típica de atividade econômica (embora essa função seja indissociável do contrato). Devem ser compreendidos também como instrumentos destinados à realização de direitos fundamentais e de personalidade, e entre eles está a realização do projeto parental.

As situações aqui narradas extrapolam os limites do inadimplemento contratual para também reverberarem importantes danos existenciais nos contratantes (consumidores destinatários finais) e nos filhos nascidos daqueles contratos (vítimas de acidente de consumo). A complexidade do tema e de suas repercussões exigem compreensão não apenas do ordenamento pátrio, como também exigirá, em diversas ocasiões, a análise de leis estrangeiras. Não há soluções rápidas ou prontas, mas quaisquer que sejam os resultados judiciais, devem eles se dar a partir da tutela da pessoa humana e dos projetos de vida que foram diretamente atingidos.

[48] Para aprofundamento sobre este tema, sugere-se a leitura de: RIVABEM, Fernanda Schaefer; GLITZ, Frederico E. Z. Bebê globalizado: a gestação de substituição e o direito internacional privado brasileiro. *Revista da Faculdade Mineira de Direito*, v. 23, n. 46, 2020, p. 249-270. Disponível em: https://glitzgondim.adv.br/wp-content/uploads/2020/12/2020-SCHAEFER-GLITZ-Bebe-globalizado.pdf.

Referências

ALPA, Guido. *Responsabilità civile e danno*. Lineamenti e questioni. Bologna: Il Mulino, 1991.

ASSIS, Machado de. *Dom Casmurro*. Rio de Janeiro: Nova Aguilar, 1994.

BBC NEWS BRASIL. [online] Especialista em fertilização é acusado de usar próprio sêmen para engravidar paciente. Disponível em: https://www.bbc.com/portuguese/geral-37911213. Acesso em: 23 maio20023

Cf. BBC NEWS BRASIL. [online] A surpreendente revelação sobre os 3 homens que pensei serem meu pai. Disponível em: https://www.bbc.com/portuguese/articles/cg3d9d90gg2o. Acesso em: 23 maio 2023.

BRASIL. *Código do Direito do Consumidor*. Lei nº 10.406, de 10 de janeiro de 2002.

BRASIL. *Código de processo civil*: Lei n. 13.105, de março de 2015.

BRASIL. Conselho Federal de Medicina. *Resolução n. 2320/22*. Disponível em: https://sistemas.cfm.org.br/normas/visualizar/resolucoes/BR/2022/2320. Acesso em: 20 maio 2023.

BRASIL. Decreto-Lei n. 4.657, de 4 de setembro de 1942. *Lei de Introdução às normas do Direito Brasileiro (LIND)*. Redação dada pela Lei nº 12.376, de 2010.

BRASIL. Superior Tribunal de Justiça, Terceira Turma, *Recurso Especial nº1.797.109/SP*, Relator Min. Ricardo Villas Bôas Cueva, julgado em 21/03/2023.

BRASIL. Superior Tribuna de Justiça, Quarta Turma, *Agravo Interno nos Embargos de Declaração no Agravo em Recurso Especial nº 2.086.916/RS*, Relator Min. Raul Araújo, julgado em 20/03/2023.

BRASIL. Supremo Tribunal Federal. *Súmula 456*. Disponível em: https://portal.stf.jus.br/jurisprudencia/sumariosumulas.asp?base=30&sumula=2805#:~:text=Nos%20termos%20do%20art.,definida%20no%20RE%20636.331%2Crel. Acesso em: 22 maio 2023.

CENDON, Paolo; ZIVIZ, Patrizia. *Il dano esistenziale*. Una nuova categoria della responsabilità civile. Milano: Guiffré, 2000.

CNN BRASIL. [online] Homem que teria mais de 500 filhos é proibido de doar esperma. Disponível em: https://www.cnnbrasil.com.br/internacional/homem-que-teria-mais-de-500-filhos-e-proibido-de-doar-esperma/. Acesso em: 20 maio 2023.

CORTIANO JUNIOR, Erouths. Alguns apontamentos sobre os chamados direitos da personalidade. *In*: FACHIN, Luiz Édson. *Repensando fundamentos do direito civil brasileiro*. Rio de Janeiro: Renovar, 1998

COUTO E SILVA, Clóvis V. do. *A obrigação como processo*. Rio de Janeiro: FGV, 2007.

DA REDAÇÃO. DNA prova que médico usou o próprio sêmen para gerar 49 crianças *Veja* [online]. Disponível em: https://veja.abril.com.br/mundo/dna-prova-que-medico-usou-o-proprio-semen-para-gerar-49-criancas. Acesso em: 23 maio 2023.

DE REPENTE PAI. Direção: Ken Scott. EUA: Disney; Buena Vista, 2014. Duração:

1h 45 min. Disponível em: <https://www.youtube.com/watch?v=6ri5tfz7_xY>. Acesso em: 20 maio 2023.

DWORKIN, Ronald. *El dominio de la vita*. Barcelona: Ariel, 1998.

FINOTTI, Ivan. Meios-irmãos apaixonados e com 2 filhos lutam por direito a casamento na Espanha. *Folha de São Paulo* [online]. Disponível em: https://www1.folha.uol.com.br/mundo/2023/04/meios-irmaos-apaixonados-e-com-2-filhos-lutam-por-direito-a-casamento-na-espanha.shtml. Acesso em: 23 maio 2023.

G1. *Globo.com*. [online] Woody Harrelson revela nova prova de que Matthew McConaughey pode ser seu irmão. Disponível em: https://revistamonet.globo.com/celebridades/noticia/2023/05/woody-harrelson-revela-nova-prova-de-que-matthew-mcconaughey-pode-ser-seu-irmao.ghtml Acesso em: 23 maio 2023.

GIANNINI, Alessandro. Sexo, álcool e música clássica: os segredos revelados de Beethoven. Revista *Veja* [online]. Disponível em: https://veja.abril.com.br/ciencia/sexo-alcool-e-musica-classica-os-segredos-revelados-de-beethoven/. Acesso em: 08 maio 2023.

GLITZ, Frederico Eduardo Zenedin. Direito estrangeiro e juiz nacional: como as Cortes Superiores brasileiras aplicam o Direito estrangeiro? *In*: GLITZ, Frederico Eduardo Zenedin (Org.). *Questões de Direito Internacional*: pessoa, comércio e procedimento. Curitiba: JML, 2017, p. 172-193. Disponível em: https://glitzgondim.adv.br/wp-content/uploads/2018/05/2017-GLITZ-Direito-estrangeiro-e-o-juiz-nacional-como-as-Cortes-Superiores-brasileiras-aplicam-o-Direito-estrangeiro.pdf. Acesso em: 20 maio 2023.

GLITZ, Frederico Eduardo Zenedin; SCHAEFER, Fernanda. O caso Panasonic e as relações internacionais de consumo. In FERRARO, Angelo *et al.* (Coord.). *Derecho del consumo y normas antimonopolio*. Buenos Aires: La Ley, 2022, p. 36-51. Disponível em: https://glitzgondim.adv.br/wp-content/uploads/2022/07/GLITZ-SCHAEFER-Caso-Panasonic-Derecho-del-consumo.pdf. Acesso em: 20 maio 2023.

MARCIANO, R. P.; AMARA, W. N. Aspectos emocionais em reprodução humana assistida: uma revisão integrativa da literatura. *Femina*, v. 46, n. 6, p. 379-384, 2021.

MOTA PINTO, Paulo. O direito ao livre desenvolvimento da personalidade. *Boletim da Faculdade de Direito da Universidade de Coimbra*, Portuga-Brasil, ano 2000, Coimbra, 1999, p. 149-246.

O TEMPO [online] Disponível em: https://www.otempo.com.br/mundo/medico-e-condenado-a-pagar-indenizacao-apos-injetar-proprio-semen-em-paciente-1.2645326. Acesso em: 23 maio 2023.

PINHEIRO, R. F.; GLITZ, Frederico Eduardo Zenedin. A tutela externa do crédito e a função social do contrato: possibilidade do caso Zeca pagodinho. *In:* TEPEDINO, Gustavo; FACHIN, Luiz Edson. (Org.). *Diálogos sobre Direito Civil*. Rio de Janeiro: Renovar, 2007, v. II, p. 323-344. Disponível em: https://glitzgondim.adv.br/

wp-content/uploads/2018/05/2008-GLITZ-PINHEIRO-A-tutela-externa-do-credito-e-a-funcao-social-do-contrato-Renovar.pdf

RIVABEM, Fernanda Schaefer; GLITZ, Frederico E. Z. Bebê Globalizado: a gestação de substituição e o direito internacional privado brasileiro. *Revista da Faculdade Mineira de Direito*, v. 23, n. 46, 2020, p. 249-270. Disponível em: https://glitzgondim.adv.br/wp-content/uploads/2020/12/2020-SCHAEFER-GLITZ-Bebe-globalizado.pdf. Acesso em: 23 maio 2023.

ROSENVALD, Nelson; FARIAS, Cristiano Chaves; BRAGA NETTO, Felipe Peixoto. *Novo tratado de responsabilidade civil*. São Paulo: Saraiva, 2023.

SARLET, Ingo Wolfgang. *Dignidade da pessoa humana e direitos fundamentais*. 2. ed. rev. e amp. Porto Alegre: Livraria do Advogado, 2002.

SOARES, Flavia Rampazzo. *Responsabilidade civil por dano existencial*. Porto Alegre: Livraria do Advogado, 2009.

16. CONFIDENCIALIDAD DE LOS DATOS SENSIBLES: REFLEXIÓN SOBRE EL NUEVO ROL DE LA BIOÉTICA EN LA REALIDAD POST PANDEMIA, EN CHILE

Francisco León

Carolina Valdebenito

Introducción

Entendiendo la bioética como una reflexión sobre los valores que debemos custodiar con un conjunto de preceptos y conceptos reguladores del comportamiento social humano, pero cuya fuerza coercitiva no es legal sino que es constructiva y dialógica con la realidad circundante de los seres sociales, se plantea en este texto la interrogante sobre el nuevo rol que la Bioética puede tener en la nueva sociedad post pandémica, en Chile y en particular en relación a la confidencialidad de los datos.

Este dilema de reflexión, parece propicio de tratar debido a la observación empírica de la sociedad chilena, por una parte debido a los drásticos cambios políticos y económicos, antes y después del estallido social Octubre 18 2019, crisis que sin duda se vio incrementada con la posterior crisis pandémica que replanteo todo el modelo comunicacional y sociocultural en Chile y el mundo.

Por su parte se entiende en este texto era pandémica [1]como el periodo en el cual se ha propagado el virus SARS-COV-2. Dicho periodo fue establecido como tal por la Organización Mundial de la Salud (OMS) a partir del Marzo 11 2020.

[1] Post PANDEMIA periodo aceptado por la Organización Panamericana de la Salud, A partir de septiembre 2021.

Durante tal periodo sin duda que surgieron muchos dilemas para la Bioética en relación a los protocolos de ensayos clínicos, experimentación de nuevas vacunas contra el COVID-19. Sin embargo, en la era post pandemia, las problemáticas de la Bioética se plantean como algo por descubrir y reflexionar.

Es por ello que la mirada se centra en el contexto actual, en Chile en el periodo posterior al levantamiento de barreras epidemiológicas, debido al progresivo descenso en el contagio por debido a este virus.

Es en este nuevo escenario que nos planteamos sobre el rol de la bioética en la confidencialidad de los datos. Tanto de los datos sensibles como de los datos privados. La emergencia y urgencia de plantearnos esta problemática sin duda que tiene sentido en una sociedad en la cual todo se transforma en información, en Data, en contenido, en datos que compartir, respaldar, guardar o destruir. El compartir esta "información" cualquiera que sea, se transforma en un bien, y este bien sin duda que ha transcendido a los datos y se transforma en información.

La necesidad de hablar del rol de la bioética en la sociedad tiene que ver con la diferencia entre dato, información, conocimiento.

Con el fin de acotar nuestra reflexión, nos referimos en este manuscrito a datos relacionados con el individuo, los cuales pueden tener algún correlato económico, social, cultural y/o político.

Sin duda que toda persona posee datos de orden bancario, biológicos, políticos, es decir, toda persona es en si un reservorio de datos, toda persona es un banco de datos, recibe datos del exterior y comunica datos del interior al exterior. Y en ese proceso de transmisión de datos a través de lo que llamaremos comunicación social[2], se produce la transmisión de Información en un acto comunicante, el conocimiento. Por tanto, cuando nos planteamos aquí, los dilemas de la Bioética respecto de la confidencialidad de los datos, estamos planteándonos los dilemas de la bioética frente a una sociedad de la información, y del conocimiento.

Cuales son los limites para transmitir los datos relativos a un ser humano, y como se puede regular su transmisión, de manera que el conocimiento que se tenga sobre una persona se mantenga en el área de lo privado.

[2] [3] HENRÍQUEZ, Raúl Yáñez. La construcción social de la realidad: la posición de Peter L. Berger y Thomas Luckmann. **Ars Boni et Aequi**, v. 6, n. 2, p. 289-304, 2010.

1. Relevancia de la reflexión de la bioética en la sociedad post pandémica

Actualmente, en la Sociedad mundial y en particular la chilena, luego de la pandemia se vio un pujante desarrollo de la virtualidad, esto condujo a una nueva construcción de la realidad y de los límites de lo permitido y no permitido, que se condice con una nueva forma de establecer códigos sociales.

Y sobre todo ha cambiado la transmisión de la información que, como hemos visto anteriormente, tiene relación con un momento comunicacional en el cual se transmiten datos que llegan a ser Información y Conocimiento en el quehacer humano. La pandemia, sin duda impulso el desarrollo de las nuevas tecnologías, pero con el propósito de hacer cercano temporalmente lo que físicamente no lo era, entre otros por los protocolos epidemiológicos del virus COVID 19.

Una vez que se pudo acceder a un alcance espacial en menor tiempo, fue posible continuar reduciendo espacios temporales y acceder a nuevos continentes e incluso husos horarios. Para ello lo que se necesitaba era franquear era la barrera idiomática, pero con una gran ventaja de la pujante elección del inglés como lengua universal. En este nuevo contexto virtual y comunicacional, fuera del tiempo y el espacio, se comienzan a crear nuevas realidades que deben ser reguladas pues estas realidades están construidas en un espacio virtual. Por tanto, la comunicación de datos es prioritaria.

Es por ello que uno de los grandes dilemas que se presentan en esta nueva realidad son la confidencialidad de datos, dado que, en esta nueva codificación de la realidad, los datos son los que se van a transmitir que van a traspasar diferentes filtros comunicacionales.

El primer cuestionamiento entonces es, ¿que son los datos susceptibles de ser resguardados y cuales no se pueden resguardar?

Para responder a esta pregunta nos basaremos en la regulación chilena[3] la cual indica de acuerdo a Maanich[4] y Gómez[5] especialistas en

[3] NORMAS relativas al tratamiento de los datos personales es el objetivo del proyecto (boletines 11092 y 11144) aprobado hoy por la Sala de la Cámara y despachado a tercer trámite, al Senado. Disponível em: https://www.bcn.cl/leychile/navegar. Acesso em: 12 jun. 2023. La propuesta busca que el tratamiento se realice con el consentimiento del titular de dichos datos o en los casos que lo autorice la ley. Además, procura que se aseguren estándares de calidad, información, transparencia y seguridad.

[4] Representante legal para Got socket Chile.

[5] GÓMEZ, P. Representate Legal Imed para Latam y Chile.

legislación[6] que datos personales son aquella información que describe demográficamente a una persona, edad, genero, sexo, etc., mientras que datos sensibles son aquella información relacionada con un individuo en términos de claves bancarias, claves de sitios internet, información médica, por nombrar algunos.

Maanich, nos explica que los estándares de protección de la confidencialidad de los datos han sido regulados en Europa desde 2018 llamándoles *General Data Protection*. Tales estándares serían mucho más elevados que en Latinoamérica en términos de guardar la confidencialidad, así como con las obligaciones para el procesamiento y base de datos de información.

Él nos explica que, por ejemplo, en Europa la información personal puede ser, modificada, suprimida o considerada como equivocada o inexacta. Mas aun, el experto nos indica que siendo tal el apremio por la confidencialidad de los datos, en Europa se exige que en cada institución cuente con un profesional que haga las veces de Autoridad para la Protección de la Información. De la misma manera, se indica que las compañías que procesan datos deben contar con un encargado u *Officer* encargado de la protección de los datos[7]. Este rol tiene por misión asegurar la protección de los datos al interior de las compañías y recibir las peticiones de datos personas de parte de las entidades externas e internas

A pesar de este contexto pujante en el cual se busca la protección de datos personales, en Latinoamérica la situación no sería tan auspiciosa, de acuerdo a Maanich, algunos países están adoptando altos estándares en su legislación implementando *General Data Protection Regulatory*, sin embargo, el, también indica que en la practica la escases de recursos así como los altos niveles de corrupción hacen difícil esta implementación de una nueva legislación que permita regular la protección de estos datos.

Sobre la distinción entre datos sensibles y datos privados, vale destacar que datos sensibles son aquellos que pueden afectar la integridad, desarrollo de una persona, esto es, que con la información bancaria y biomédica se podría hacer un cruce de la información que afectaría al sujeto de los datos. Desafortunadamente y a pesar de las graves consecuencias que podría tener un mal uso de los datos médicos relativos a una persona, estos

[6] SAID, P.; MAANICH, M.

[7] GÓMEZ, P. Proyecto de Ley Datos Personales. Director Legal Imed para Latam y Chile.

en Latinoamérica, LATAM, de acuerdo a Maanich no parecen ser considerados de gran relevancia, aunque veremos que en Chile la normativa sí lo protege especialmente en el ámbito de la salud.

2. Desarrollo tecnológico, creación de una nueva realidad post pandemia y nuevos desafíos para la bioética

Sabido es que la OMS estableció el comienzo de la Pandemia[8] del coronavirus (COVID-19), detectado en Wuhan (China), el 31 de diciembre de 2019. Una pandemia que tendría al mundo completamente sumido en oleadas de apertura y cierres sociales. Y por tanto de nuevas formas de crear códigos comunicacionales en la inmediatez y en el nuevo caos que debía encontrar un nuevo orden social.

Frente a esta realidad virtual se desarrollaron diferentes estrategias de convivencia social. Al interior de las familias en todo el mundo, debieron aprender a convivir 27/7 no siempre en espacios amplios, por otra parte, los niños, adolescentes y profesores debieron replantearse y readaptarse a nuevas formas de educación online, mediante plataformas que permitían la cercanía geográfica y temporal y nuevas formas de entregar contenidos y de evaluarlos. Los estudiantes en tanto receptores de la información educativa debían generar estrategias de almacenar integrar y aprender de manera inmediata, no siempre teniendo oportunidad de hacer preguntas o de ser corregidos, mientras que los profesores, a nivel básico, secundario o superior, estaban sobre-demandados con la cantidad de alumnos y de trabajos por corregir, lidiando ellos mismos con sus nuevas familias siempre en casa.

[8] El período de la pandemia de COVID-19 se refiere al tiempo durante el cual se ha propagado ampliamente el virus SARS-CoV-2 y ha afectado a nivel global. La Organización Mundial de la Salud (OMS) declaró oficialmente una pandemia el 11 de marzo de 2020.La pandemia de COVID-19 ha tenido un impacto significativo en la salud pública, la economía, las comunidades y la vida diaria de las personas en todo el mundo. Durante este período, se han implementado diversas medidas para controlar la propagación del virus, como el distanciamiento social, el uso de mascarillas, el lavado de manos frecuente y las restricciones en viajes y actividades sociales. La duración del período de la pandemia puede variar según la evolución de la situación en cada país y región. A medida que se desarrolla la respuesta global, se realizan campañas de vacunación masiva y se implementan estrategias de mitigación, se espera que la pandemia entre en una fase de control y eventualmente se reduzca su impacto en la sociedad.

Los empleadores y trabajadores, los abogados y jueces, criminales y fiscales, todos se reunían en una nueva temporalidad y espacio virtual.

En esta nueva era donde lo humano y social se vuelven virtual, donde lo lejano y lo cercano se vuelve inmediato, es que la bioética, como un marco de directivas regulatorias dirigidas a la autonomía, no maleficencia, beneficencia y justicia, debía replantearse sus estatutos y sus principios de manera de responder a la nueva necesidad de regulación, de ser ético, bioético no solo en aspectos biomédicos si no en todo aquello que tenía que ver con la vida humana y social.

Lo que solía ser un dilema y preocupación tradicional de la bioética, pasa a ser parte prioritaria, como son la confidencialidad de los datos, no solo datos sensibles y privados o personales como se ha definido en términos médicos y biomédicos si no que, en la realidad cambiante, tales datos sensibles van a adquirir una nueva dimensión que afectan nuevas dimensiones de la nueva realidad.

En términos de la legislación de chilena sobre la protección de datos[9] es importante destacar Proyecto de Ley Datos Personales[10] , la cual indica que en relación a ***Personal data*** se pueden establecer ciertos principios con los cuales los datos deberán ser usados, es decir con *licitud y lealtad, finalidad proporcionalidad, calidad responsabilidad, seguridad, • transparencia y confidencialidad, privacidad por diseño: adoptar medidas de seguridad:*

[9] EL PAÍS. Clima y Medio Ambiente. Disponível em: https://elpais.com/clima-y-medio-ambiente/2021-09-16/la-pandemia-no-sirve-para-corregir-el-rumbo-hacia-el-desastre-ecologico.html. Acesso em: 10 jun. 2023.

[10] Normas relativas al tratamiento de los datos personales es el objetivo del proyecto (boletines 11092 y 11144) aprobado hoy por la Sala de la Cámara y despachado a tercer trámite, al Senado.

La propuesta busca que el tratamiento se realice con el consentimiento del titular de dichos datos o en los casos que lo autorice la ley. Además, procura que se aseguren estándares de calidad, información, transparencia y seguridad.

Por otra parte, crea la Agencia de Protección de Datos Personales. Este organismo público estará encargado de velar por la protección de los datos personales

En términos de Salud en Chile *"ESTADO DEL PROYECTO DE LEY Y PRÓXIMOS PASOS El 8 de mayo 2023 la Cámara de Diputados y Diputadas aprobó en general y en particular, en segundo trámite constitucional, el Proyecto de ley que regula la protección y el tratamiento de los datos personales y crea la Agencia de Protección de Datos Personales (el "Proyecto") que modifica casi íntegramente la actual Ley Nº19.628 sobre protección de la vida privada".*

Ciertamente que todos estos principios y responsabilidades se ven en peligro frente a la nueva realidad social que ha devenido virtual pues la manera de proteger un material expuesto en una nube de información requiere de parámetros de control.

Tal como en Bioética el principio de responsabilidad y solidaridad no son parte del mantra originario, así también en este nuevo proyecto de ley parece adecuado proponerse como discusión la responsabilidad bioética en el manejo de datos sensibles y personales.

3. Bioética y los desafíos para la regulación en la transferencia de datos e información

Es decir, en este artículo se postula que el rol del ser humano y su identidad ha cambiado luego de la pandemia, sobre todo por la explosión tecnológicas, las cuales hicieron posible el contacto "social" en una realidad virtual. Y en esta nueva realidad los dilemas bioéticos sufrieron una modificación radical, no solo por los experimentos clínicos asociados a las vacunas contra COVID-19, sino también en el establecimiento de prioridades en salud, sociedad y economía.

Con este propósito se identifican ciertos factores que van a modelar el protagonismo de la Bioética en la nueva realidad chilena, por ejemplo la crisis económica y la necesidad de invertir en nuevas fuentes renovables como consecuencias del calentamiento global y la escases de recursos naturales, por otra parte, se ha visto una crisis en la atención en salud pública--privada, asociada a la poca capacidad de pago y copago que presentan los trabajadores y empleados ciertamente vinculada y haciendo correlato a la crisis económica:: a su vez en términos de los ensayos clínicos la bioética presenta un rol pujante con la experimentación de nuevos protocolos lo cual sin duda es un reflejo de la creación de nuevas vacunas anti COVID-19.

Estos dilemas, por nombrar algunos, han producido eco en la realidad chilena, dado que Chile en el entorno latinoamericano se presenta como un escenario económico más estable que sus países vecinos. De hecho, el conflicto migratorio es un reflejo de la visión externa de Chile.

4. Desafío de la nueva bioética en el nuevo contexto sociocultural durante el estallido social 2018-2019 Chile

Conociendo los antecedentes en el mundo ente 2017 y 2019 con los chalecos amarillos en Paris, los atentados en los trenes de alta velocidad en Europa, así como, los acuerdos y desacuerdos internacionales entre Estados Unidos y Corea, por mencionar solo algunos, es que nos aproximamos a la realidad chilena de 2018-2019 la cual pide y reclama una nueva constitución que rija el país en sus nuevas formas de justicia social.

En este contexto sociopolítico local y global surge un nuevo dilema y una nueva batalla que lidiar para los bioeticistas como es la COVID-19, lo cual conduciría a una serie de protocolos epidemiológicos que sitúan al ser social en una situación de aislamiento y con ello la creación de una nueva realidad cultural, social y temporal sostenida en lo virtual, en la transmisión de datos.

Esta transmisión de datos que comienza con la necesidad de continuar trabajando de manera remota para evitar un empeoramiento epidemiológico, prontamente se complejizaría llegando a ser un dilema la transmisión de datos sensibles.

En este contexto es que nos planteamos el rol de una nueva bioética, Esto pues lo que solía ser un conjunto consensuado y re-visionado de normativas que actúan de forma coercitiva en el quehacer de la investigación, (socio médica y psicosocial) deben ahora replantearse frente a un nuevo dilema que es la regulación de lo inmaterial, de la información, de la data difundida en las redes de la intangible, de lo virtual.

En este proceso de crear, revisar, autorizar, validar y aplicar dichas normativas, es que surge la problemática de si éstas, tienen sentido o no, en esta nueva realidad temporal y virtual donde el bien más preciado no parece ya ser el alcance geográfico sino el alcance o la capacidad humana por atrapar y abarcar el tiempo.

Con el propósito de responder donde surge este nuevo sentido de la normativa y de la nueva Bioética, es que parece pertinente utilizar los marcos teóricos sistémicos que nos ayudaran a visualizar la realidad a través de diferentes focos o lentes sistémicos. Por ejemplo, el sistema económico con sus códigos culturales pago/no pago, o el sistema de salud sano/enfermo, etc[11].

De cualquier manera, estos códigos binarios son justamente los que parecen haber cambiado en el nuevo contexto socio cultural y virtual, y por tanto la demanda de una nueva regulación de estos sistemas parciales.

[11] LUHAMM Niklas. Teoría General de Sistemas.

5. Nuevos dilemas "bio"éticos, en las nueva realidad postpandemia

Entendiendo como sistemas parciales de la realidad social, a la economía, la salud, la ciencia, la educación etc., es que nos planteamos la pregunta sobre el rol regulatorio de la bioética. Lo que antes era basado en el honor y buenas prácticas, es puesto en tela de juicio en la realidad virtual.

Llama la atención el cambio en el establecimiento de prioridades en salud, educación, cultura economía, política, ciencia, etc. Sin duda este cambio en las prioridades afectara también el sistema regulatorio en la nueva realidad virtual.

Uno de los dilemas o desafíos que se pueden apreciar son la explosión de la inteligencia artificial durante la pandemia, la cual impacto diferentes aristas de la sociedad, especialmente se puede destacar la salud con el bono electrónico así como *finger print* pero también en la importancia de la inversión en fuentes energéticas renovables, pues si la inteligencia artificial vivía un *boom*, ello significaba *sine qua non*, una necesidad mayor de la energía, por tanto de fuentes energéticas que ya estaban escaseando, producto del calentamiento global.

Siguiendo con el dilema del calentamiento global y del uso de fuentes energéticas renovables, sabido es que, con la explosión tecnológica, se hizo necesario un mayor uso de fuentes energéticas, pero los recursos utilizados hasta el momento no daban abasto para la demanda mundial, el calentamiento global que siempre se mencionaba ahora parecía inminente, al punto que la inversión en fuentes energéticas renovables se presenta como la mejor opción en negocios[12].

6. Dilemas bioéticos prácticos en la sociedad postpandemica en Chile

Uno de los roles que se tiende a atribuir a la Bioética, así como a la ética, es regulación de la conducta del ser humano en sociedad. Cuando se habla de sociedad se entiende a un conglomerado de sistemas parciales, economía, salud, ciencia, investigación, etc.

En términos de regulación en el sistema parcial económico., es posible indicar que el cambio climático sin duda. Asociado a la inteligencia artificial, surge el dilema, siempre presente de la confidencialidad de los

[12] BLANCO-WELLS, Gustavo. Ecologias de reparação: uma abordagem pós-humana para naturezas não-humanas. **Fronteiras em Psicologia**, v. 12, p. 633737, 2021.

datos, tal como se ha mencionado anteriormente. Y dentro de los datos se debe distinguir aquellos que son sensibles de los que son privados

Este alcance de que es sensible y que es privado tiene su impacto en otros subsistemas de la sociedad, por ejemplo, la educación, y /o la economía. En términos prácticos. La presencia de enfermedades puede invalidar a una persona a adquirir un préstamo, una casa o un cierto nivel de educación. Por otra parte, ocultar cierta información puede también incapacitar a un sistema de dar servicios pertinentes a quien lo necesite.

Ello ciertamente impacta en la discriminación, positiva o negativa

Si todo puede ser sintetizado, centralizado en una huella digital con un sistema falible, pues no siempre podría leer la información del dueño de la huella, entonces la confidencialidad de la información contenida, almacenada y distribuida a los prestadores de servicio públicos y privados no solamente quedaría en términos de la salud, si no también podía ser transferible a la información bancaria, educacional, habitacional, entre otras.

¿Entonces, quien maneja y filtra dicha información?

Cuando una persona natural facilita sus datos a una base de datos digitales, se debe preguntar cuáles son los filtros que harán que esa información sea compartida o no por otros servicios, por ejemplo, las identidades bancarias los seguros de vida, las inmobiliarias, la educación, etc.

Para el establecimiento de filtros, es necesario conocer los límites de lo real y de lo virtual. Ello ciertamente se condice con un cuestionamiento filosófico, que tiene que ver con el desarrollo tecnológico y la pandemia pues en este contexto de no contacto físico fue posible el desarrollo de una nueva manera de relacionarse, sin embargo, ella genera problemas en el establecimiento del límite entre lo privado y lo público, un ejemplo de la necesidad bioética, más allá de lo legal es el caso de Facebook en 2018[13].

[13] El escándalo de Facebook y Cambridge Analytica, que se hizo público en 2018, involucró la recopilación y el mal uso de datos personales de millones de usuarios de Facebook por parte de la empresa de consultoría política Cambridge Analytica. Este incidente generó preocupaciones sobre la privacidad de los usuarios y planteó preguntas sobre la responsabilidad de Facebook en la protección de los datos personales

En Europa, el Reglamento General de Protección de Datos (GDPR, por sus siglas en inglés) entró en vigencia en mayo de 2018. El GDPR establece normas estrictas sobre la protección de datos personales y otorga a los reguladores europeos el poder de imponer multas significativas

En esta manera de codificar la realidad y decodificarla, es que también se pueden observar otros dilemas asociados al mismo fenómeno de la virtualidad de la realidad postpandemia, como se ha mencionado, la crisis climática producto de la sobre explotación de recursos energéticos[14].

Esto sin duda que producirá un mayor consumo de las fuentes naturales y la necesidad de inversión en nuevas fuentes de energía, artificiales o naturales. Ciertamente algunos países lideran el interés por la inversión en fuentes renovables "*greening energy*[15]", sin embargo no todos hacen o pueden hacer lo mismo y en ese querer y poder es posible encontrar nuevos desafíos para la bioética los cuales sin duda nos llevan a la eterna diferenciación y estratificación de las sociedades las cuales sin duda tienen que ver con la desigualdad de los recursos.

Conclusión

Quedan en este manuscrito, muchas interrogantes que nos permiten continuar reflexionando sobre las nuevas interrogantes para los bioeticistas y para la Bioética pues teniendo en cuenta la virtualidad de la realidad actual, es posible plantearse nuevos campos donde la bioética sin duda tiene algo que decir, por ejemplo la relación bioética del ser humano con su entorno y la responsabilidad con el entorno, sobre todo en relación *al medioambiente y el uso mal uso o abuso* de las fuentes energéticas lo que conlleva sin duda a ciertos dilemas bioéticos asociados a la investigación social, y abre nuevas posibilidades de reflexión[16].

En este texto por su parte se ha querido señalar la importancia para la bioética de la confidencialidad de las bases de virtuales, que contienen y reservan información sensible y privada de las personas asociadas a

a las empresas que no cumplan con las disposiciones del reglamento. Como resultado, Facebook enfrentó investigaciones y multas por parte de las autoridades de protección de datos en algunos países europeos.

[14] EL PAÍS. Clima y Medio Ambiente. Disponível em: https://elpais.com/clima-y-medio-ambiente/2021-09-16/la-pandemia-no-sirve-para-corregir-el-rumbo-hacia-el-desastre-ecologico.html. Acesso em: 10 jun. 2023.

[15] Greening energy" se refiere a la transición hacia fuentes de energía más limpias y sostenibles, con el objetivo de reducir las emisiones de gases de efecto invernadero y mitigar el cambio climático. Implica reemplazar gradualmente los combustibles.

[16] Entrevista Salgado M. Arqueóloga, Ramírez J Paz O. Ingenieros especialistas en fuentes hidroeléctricas y paneles solares.

enfermedades discapacidades. Estos datos pueden tener y tienen en muchos casos impacto en el acceso a la salud y a la educación, dado que el perfil epidemiológico de una persona podría ser determinante para acceder a tales servicios.

Todas estas reflexiones nos llevan a concluir en un primer momento que la bioética tiene aún mucho por decir en el comportamiento de la nueva sociedad, y que ella misma se ha visto modificada, y transformada sobre todo cuando el campo de interacción humana ha trascendido la materialidad y la experimentación empírica, Ciertamente la aproximación a la experimentación con seres humanos sigue siendo un campo en perpetua modificación y actualización, solo que ahora la mirada bioeticista debe extenderse a una nueva realidad.

Dicha realidad supone una nueva bioética que ayude al establecimiento de los límites entre lo aceptable y no aceptable en el desarrollo bio-psico--tecnológico y para ello se proponen una aproximación antropológica y bioética, sobre lo que es la realidad circundante y las valoraciones éticas y bioéticas en la investigación biosocial que se construyen y deconstruyen a partir del cambio sociocultural que produjo la pandemia. Es preciso que estas valoraciones sean aplicadas a la cotidianeidad.

Entendemos la Bioética como un conjunto de valores, principios y normas éticas y morales que se han desarrollado para regular y normativizar la investigación y la atención en salud de los seres humanos. Dichas normativas, regulaciones y legislaciones se han vuelto cada vez más complejas en el mundo luego de la Pandemia.

Tal aseveración radica en la observación antropológica del comportamiento humano durante el fenómeno de la Pandemia y con ello del cambio de la realidad sociocultural. Es decir, el paso de una realidad física a una realidad virtual, donde el llamado a la bioética y regulaciones entre otras, se volvieron un desafío mayor.

El desafío es como podrá un ser humano ser capaz de juzgar, sancionar a un "otro" en su inmaterialidad, que a la vez construía una realidad desconocida y a la vez reconstruida en el mundo de la pandemia. Ese es ahora el desafío de la bioética que ya dicta regulaciones no solo en la investigación sino también en las practicas morales y éticas del quehacer real y digital de los seres humanos.

Referencias

BLANCO-WELLS, Gustavo. Ecologias de reparação: uma abordagem pós-humana para naturezas não-humanas. **Fronteiras em Psicologia**, v. 12, p. 633737, 2021

EL PAÍS. Clima y Medio Ambiente. Disponível em: https://elpais.com/clima-y-medio-ambiente/2021-09-16/la-pandemia-no-sirve-para-corregir-el-rumbo-hacia-el-desastre-ecologico.html. Acesso em: 10 jun. 2023.

Entrevista Salgado M. Arqueóloga, Ramírez J Paz O. Ingenieros especialistas en fuentes hidroeléctricas y paneles solares.

En términos de Salud en Chile *"ESTADO DEL PROYECTO DE LEY Y PRÓXIMOS PASOS El 8 de mayo 2023 la Cámara de Diputados y Diputadas aprobó en general y en particular, en segundo trámite constitucional, el Proyecto de ley que regula la protección y el tratamiento de los datos personales y crea la Agencia de Protección de Datos Personales (el "Proyecto") que modifica casi íntegramente la actual Ley Nº19.628 sobre protección de la vida privada"*

GÓMEZ, P. Representate Legal Imed para Latam y Chile.

GÓMEZ, P. Proyecto de Ley Datos Personales. Director Legal Imed para Latam y Chile.

HENRÍQUEZ, Raúl Yáñez. La construcción social de la realidad: la posición de Peter L. Berger y Thomas Luckmann. **Ars Boni et Aequi**, v. 6, n. 2, p. 289-304, 2010.

LUHAMM Niklas. Teoría General de Sistemas 1979.

NORMAS relativas al tratamiento de los datos personales es el objetivo del proyecto (boletines 11092 y 11144) aprobado hoy por la Sala de la Cámara y despachado a tercer trámite, al Senado. Disponível em: https://www.bcn.cl/leychile/navegar. Acesso em: 12 jun. 2023.

17. A RELAÇÃO MÉDICO-PACIENTE E A PRESCRIÇÃO DE MEDICAMENTO *OFF LABEL*

PATRICIA RIZZO TOMÉ

Introdução

A partir da pandemia da Covid-19 muitos médicos passaram a discutir sobre o uso de medicamentos *off label*, haja vista a inexistência de tratamento disponível e conhecido para minimizar ou exterminar a doença ou seus efeitos letais. A maior parte dos cidadãos desconhecia o que era o uso ou prescrição de medicamentos *off label* até o referido momento, embora comumente utilizado. O ápice da discussão foi alcançado com a polêmica da Hidroxicloroquina[1]. Isso porque foi pesquisado e autorizado para tratamento de malária, contudo, passou a ser empregado por muitos médicos como tratamento para a Covid-19, durante a pandemia.

Quando o assunto é medicamento, segurança é a primeira exigência, seja com relação à prescrição ou a utilização. Desse modo, a regra é a de seguir as informações e orientações previstas na bula do medicamento, pois assim estaremos diante do uso racional desses produtos, evitando efeitos adversos. No entanto, existem situações que justificam a prescrição do medicamento *off label*, seja por exigirem ou por não permitirem outra conduta médica. Isso aconteceu durante a pandemia da Covid-19, além de inúmeras outras situações que justificam a prescrição *off label* na atualidade, como, por exemplo, a maior parte dos medicamentos para uso pediátrico. Contudo, pela inexistência de regramento no ordenamento

[1] CFM. Conselho Federal de Medicina. **Parecer CFM n. 04/2020**. Disponível em: https://sistemas.cfm.org.br/normas/visualizar/pareceres/BR/2020/4. Acesso: 01 jun. 2023.

jurídico brasileiro, mesmo sem vedação, muitas discussões surgem sobre a possibilidade ou não da prescrição de medicamentos *off label* e as implicações na relação médico paciente.

Nesse contexto, a segurança no uso do medicamento é o valor mais importante a ser tutelado. Assim, para concretizar esse valor, fundamental a análise de alguns requisitos que devem ser observados pelo médico, a fim de se resguardar juridicamente e, também, viabilizar a segurança para o paciente quando do uso *off label*. Para tanto, o estudo tem como enfoque principal a compreensão do que seja o medicamento *off label* e em quais hipóteses pode ser utilizado. Ao mesmo tempo se discorre sobre quais as precauções a serem adotadas com o propósito de permitir o adimplemento das obrigações na relação médico paciente.

1. Os medicamentos e o uso racional

No mundo, todos os dias, inúmeras pessoas utilizam medicamentos para as mais variadas finalidades. Existem pessoas que os utilizam para amenizar uma simples dor de cabeça; outros, para o controle de doenças, como diabetes e pressão. Há, ainda, quem os utilize com o intuito de tratar determinadas enfermidades ou para realizar exames mais complexos, como é o caso dos contrastes.

Os medicamentos consistem em um princípio ativo ou associação de princípios ativos que apresentam alguma finalidade terapêutica. Por se tratar de uma substância química, medicamentos podem produzir inúmeros efeitos em um organismo, especialmente se considerarmos as peculiaridades individuais.

Por outro ângulo, devemos destacar que esses produtos são um valioso instrumento para a redução da morbidade e da mortalidade, principalmente, com o surgimento desenfreado de novas doenças, cada vez mais resistentes. Contudo, a utilização desses produtos deve ser realizada sempre com muita cautela, por isso a necessidade de prescrição por profissionais capacitados e experientes, como um mecanismo válido e eficaz de evitar a ocorrência de novos riscos, diante da utilização desregrada de medicamentos.

Ocorre que, em razão do livre acesso a maior parte dos medicamentos, o mundo enfrenta o tema da automedicação, que favorece o uso irracional desses produtos por pessoas que desconhecem os riscos naturais, ainda que se trate de um simples analgésico. Diante dos riscos intrínsecos envolvidos, seja com a automedicação , seja mesmo com o uso irracional de medicamentos, muitos países criaram programas e sites, com a finalidade de orientar a população e propiciar o uso racional desses produtos vendidos nos mercados de consumo de todo o mundo, sem o rigor necessário.

O uso irracional de medicamentos tem como consequência a resistência dos produtos no organismo dos usuários, especialmente em relação às doenças infecciosas segundo a Organização Mundial de Saúde[2]. Entretanto, o uso de medicamento *off label* não se confunde com o uso irracional, embora exista uma linha muito tênue entre ambos. Isso porque a utilização do medicamento em divergência com sua bula poderá configurar uso irracional ou prescrição *off label*, dependendo dos demais fatos que se relacionem com o caso analisado.

Segundo o Ministério da Saúde[3], "o uso irracional ou inadequado de medicamentos é um dos maiores problemas a nível mundial". Sendo que, o uso irracional corresponde ao uso fora das condições clínicas, em doses inadequadas para o caso específico do indivíduo, inclusive por período de tempo que não corresponda às necessidades individuais. Portanto, a adoção de medidas preventivas por parte do médico – como exemplo, o respaldo em estudos científicos – contribui para que a prescrição *off label* não configure o uso irracional de medicamentos. Além disso, a prescrição irracional de medicamentos por parte do médico poderá configurar, na esfera jurídica, um erro grosseiro, ou, até mesmo, uma imperícia, haja vista tratar-se de tema que integra o seu âmbito de estudo para o exercício regular da profissão.

A superdosagem, correspondente ao uso excessivo do medicamento, por ato intencional ou não. Quando ocasionada pelo próprio paciente configura uso irracional de um medicamento. No entanto, a dosagem em excesso, por prescrição de um médico ou farmacêutico, configurará prescrição *off label* e poderá configurar um erro grosseiro,

[2] BRASIL. **Correio Brasiliense.** Até 2025, 10 milhões de pessoas podem morrer por causa da automedicação. Disponível em: Disponível em: https://www.correiobraziliense.com.br/app/noticia/brasil/2019/04/30/interna-brasil,752285/ate-2025-milhoes-de-pessoas-podem-morrer-por-causa-da-automedicacao.shtml. Acesso em: 07 maio. 2023.

[3] MINISTÉRIO DA SAÚDE. O uso racional do medicamento. Disponível em: https://www.gov.br/saude/pt-br/composicao/sectics/daf/uso-racional-de-medicamentos. Acesso: 01 jun. 2023.

dependendo da dosagem e dos estudos científicos existentes. O mesmo se aplica à utilização de um medicamento para uma faixa etária não indicada na bula, para via de administração diversa ou outra modalidade *off label*.

Conclui-se que o uso racional do medicamento demanda como imprescindível uma quantidade máxima de produto que impeça a superdosagem e que inclua a utilização por um período mínimo e/ou máximo de horas ou dias, observando as finalidades terapêuticas, tudo em consonância com o previsto na bula. Sendo assim, o uso de medicamentos, independente da espécie, deve ser realizado com cautela e, preferencialmente, prescrito por um médico, por ter condições técnicas para ponderar os riscos e benefícios. Só assim, será possível efetivar a segurança e o uso racional desses produtos.

2. Medicamento *off label*

De forma bem objetiva é possível compreender a prescrição ou a utilização do medicamento *off label* quando há divergência com o que estabelece a bula ou os documentos científicos arquivados na agência reguladora para estes fins: *terapêutica* (finalidade do tratamento/doença) ou *forma terapêutica* diversa; dosagem diversa; *faixa etária* não pesquisada ou destinada; ou ainda, através de *via de administração* diferente.

Como regra, o uso ou a prescrição de medicamento deve ocorrer em consonância com o que esteja previamente autorizado pela Anvisa, diante dos estudos clínicos, previamente realizados, independente de tratar-se de uma autorização provisória ou definitiva. Isso decorre da segurança mínima exigida e esperada para que um medicamento seja liberado para circulação no mercado de consumo, pois a autorização faz presumir a eficácia do produto, de acordo com as pesquisas clínicas realizadas, além do conhecimento sobre os riscos previsíveis e esperados, bem como os prováveis benefícios.

A Gerência da Farmacovigilância da Anvisa alertou sobre o risco potencial de recidiva do câncer em pacientes com malignidades hematológicas que foram submetidos a transplante de medula óssea e utilizavam Azitromicina *off label* a longo prazo na profilaxia da bronquiolite obliterante. Diante do que a Anvisa informou, não há recomendação ou aprovação para o uso da Azitromicina, antibiótico, aprovado para o tratamento de diversas infecções como bronquite, pneumonia, sinusite, faringite e algumas doenças sexualmente transmissíveis, mas não para a profilaxia da bronquiolite obliterante. No entanto, há vários anos, a Azitromicina vem sendo utilizada para essa finalidade.

Com os alertas de outras autoridades sanitárias estrangeiras, um estudo clínico conduzido na França que investigava o uso *off label* da Azitromicina como profilaxia da bronquiolite obliterante em pacientes submetidos a transplante de medula óssea alogênica em neoplasias hematológicas constatou um aumento da taxa de casos de recidiva do câncer, incluindo óbito, nesses pacientes. Esse, pois, é apenas um medicamento que demonstra a existência de riscos à vida e à saúde do paciente fazer uso desmedido ou sem o respaldo científico de medicamento *off label*.

A forma terapêutica está diretamente ligada ao aspecto material do produto, ou seja, pode ser comprimido, líquido, gaseificado, entre outros. Como exemplo, temos o caso em que o médico determina ou o próprio paciente faz uso do medicamento de forma diversa da adquirida na embalagem comercial, seja partindo, triturando ou diluindo em algum líquido.

Quanto à dosagem, refere-se à inobservância da quantidade de medicamento ou com utilização em intervalos de tempo diversos dos determinados na bula. Nessas hipóteses, podemos ter uma superdosagem ou a ineficácia do medicamento em razão do uso em quantidade muito superior ou inferior, afetando a eficácia do medicamento, mas sem corresponder a um defeito no produto. Em relação à faixa etária, é importante salientar que os estudos clínicos comumente são realizados com pessoas a partir de 18 anos. Dessa forma, são raríssimos os estudos clínicos envolvendo crianças, adolescentes e, especialmente, idosos, dada a dificuldade natural desses segmentos da população para essa finalidade.

Essas informações são importantes para esclarecer que muitos medicamentos utilizados em crianças, idosos, pacientes oncológicos ou portadores de doenças raras são em grande parte *off label*. O fato é que a administração correta do medicamento é imprescindível para se alcançar a eficácia desejada. Assim, a utilização dos medicamentos em via de administração diversa da destinada impedirá o tratamento e o efeito desejado. Mas, em virtude da necessidade de conhecimento técnico e específico para tal, os meios de administração realizados por médicos são mais invasivos e exclusivos desses profissionais.

Conforme a obra *Medicamento: cálculos de dosagens e vias de administração*[4], o primeiro meio é o intra-arterial (introdução do agente terapêutico em uma artéria); na sequência há: o intra-articular (introdução do agente terapêutico em uma articulação); a intracardíaca (introdução do medicamento diretamente no coração); a intrapleural (colocação do medicamento na pleura ou na cavidade pleural); e, por fim, o intratecal (introdução do produto diretamente no espaço subaracnóideo).

Em relação aos procedimentos de administração que podem ser realizados por enfermeiros, há o oral (diretamente na boca do paciente), o sublingual (embaixo da língua do paciente), retal (produto é inserido na mucosa retal), cutânea ou tópica (produto é colocado diretamente na pele do paciente), otológica ou auricular (quando se coloca no canal auditivo), nasal (aplicação será na mucosa nasal), ocular (produto é aplicado no saco conjuntival), vaginal (produto é inserido na mucosa vaginal); e, por fim, o parenteral (medicamento é colocado no tecido subcutâneo, nas camadas musculares, diretamente na corrente sanguínea ou entre a pele e o tecido subcutâneo).

Em geral, os medicamentos alcançam os órgãos-alvo mais rapidamente através da corrente sanguínea, portanto um dos meios mais comuns é a via intravenosa (IV), haja vista a imediata inserção do produto na corrente sanguínea, propiciando um resultado mais rápido dos efeitos desejados.

Quando um medicamento é fabricado para ser utilizado oralmente, mas é realizado o uso por via endovenosa, será a hipótese de uso *off label*. Um exemplo é o caso do alcalóide da vinca, utilizado para tratar diversos tipos de câncer e foi objeto de alerta divulgado pela Anvisa:

> A via de administração aprovada para os referidos medicamentos é exclusivamente pela via endovenosa, não sendo permitida a administração por via intramuscular, subcutânea ou intratecal. Há relatos de reações neurológicas graves, que podem ser fatais, com o uso desses medicamentos por via intratecal[5].

[4] GUARNIERI, Ana Paula; ARAÚJO, Erica Chagas; FERNANDES, Isabel Cristine; CHAVES, Loide Corina; MOTTA, Magali; RAMOS, Maria Elisa R.G; FILIPINI, Rosangela; CAMILLO, Simone de Oliveira; LOPES, Simone Garcia; CHAVES, Loide Corina (org.). **Medicamentos**: cálculos de dosagens e vias de administração. São Paulo: Manole, [s./d.], p. 727.

[5] ANVISA. Agência Nacional de Vigilância Sanitária, gov.br. **Ministério da Saúde**. Disponível em: http://portal.anvisa.gov.br/. Acesso: 05 jun. 2023.

O uso de medicamentos *off label*, independente da modalidade, é uma prática mundial. Com isso, Karina Alves Ramos, em seu trabalho *O uso* off label *de medicamentos e a busca por evidências orientadoras de conduta: uma abordagem necessária*[6], explica que a utilização de medicamentos é muito comum. Por essa razão, estudos indicam que em 2001 os Estados Unidos realizaram mais de 150 milhões de medicamentos *off label*, sendo 36-92% com crianças hospitalizadas, dos quais (80-97%) eram neonatos e (70-92%) estavam na UTI pediátrica. Ela explica que os índices decorrem da dificuldade na realização de estudos clínicos envolvendo crianças.

Com a finalidade de proporcionar mais segurança aos pacientes e dar respaldo legal aos profissionais de saúde, a Itália e a Espanha correspondem a dois países da União Europeia que regulamentaram o uso *off label* de medicamentos.

Há uma presunção de que todo o medicamento disponível no mercado de consumo esteja registrado e autorizado pela Anvisa para prevenção, tratamento ou cura de uma respectiva doença. Entretanto, há situações em que o médico prescreve um medicamento ao paciente que não está registrado na Anvisa. Com efeito, o médico não está proibido de prescrever um medicamento não registrado na Anvisa, mas deve considerar todos os riscos diante da presunção de ausência de segurança e eficácia do produto.

Em outras hipóteses, o médico poderá prescrever um medicamento registrado na Anvisa, mas para tratamento de doença diversa a que o medicamento foi destinado. Ou seja, é uma das hipóteses de uso do medicamento *off label*. Assim, o medicamento *off label* não se confunde com o medicamento sem registro, embora ambos não tenham autorização da agência reguladora.

3. Segurança na relação médico paciente

Inicialmente, relevante esclarecer que a relação estabelecida entre o médico e o paciente é iminentemente contratual, independentemente da existência de um instrumento particular, formal ou escrito.

[6] RAMOS, Karina Alves. **O uso *off label* de medicamentos e a busca por evidências orientadoras de conduta**: uma abordagem necessária. Disponível em: http://www.cpgls.pucgoias.edu.br/. Acesso em: 13 maio 2023.

Os princípios fundamentais que regem qualquer relação contratual, especialmente a boa-fé objetiva estabelecida no art. 422 do Código Civil brasileiro, devem ser aplicados aos atos médicos e a relação médico-paciente. Como é cediço, esse princípio também é uma Cláusula Geral que contém termos indeterminados e impõe às partes da relação jurídica uma atuação leal e ética em todas as fases contratuais.

Em decorrência da aplicação direta desse princípio o médico pode exigir do paciente uma conduta de cooperação e lealdade quanto ao tratamento e cuidados dispensados sob pena de inadimplemento. Ao mesmo tempo, permite ao médico solicitar toda e qualquer informação relevante para a compreensão do estado de saúde do seu paciente e escolha do tratamento correto, segundo as peculiaridades do caso concreto.

Em contrapartida, é dever do paciente informar corretamente o médico tudo o que for solicitado, desde que se refira ao tratamento e ao estado de saúde. Ao mesmo tempo, o paciente tem o dever de informar o médico, mesmo sem ter sido questionado, fatos fundamentais ao caso em análise, como, por exemplo, a existência de doenças ou uso de substâncias entorpecentes ou não, ser fumante, fazer uso contínuo de álcool ou outros dados que possam interferir na terapêutica.

Seguindo esse raciocínio, a partir do momento em que o paciente manifestar a sua anuência quanto à conduta médica adotada, o profissional de saúde tem o direito e o dever de conduzir o tratamento segundo a técnica e experiência, devendo o paciente adotar comportamentos para atender a expectativa lícita criada no médico, sob pena de inadimplemento.

A liberdade terapêutica assegurada ao médico decorre diretamente da Constituição Federal de 1988, que é a lei máxima do ordenamento brasileiro, mais especificamente quanto ao disposto no artigo 5º, XIII:

> Todos são iguais perante a lei, sem distinção de qualquer natureza, garantindo-se aos brasileiros e aos estrangeiros residentes no País a inviolabilidade do direito à vida, à liberdade, à igualdade, à segurança e à propriedade, nos termos seguintes:
>
> [...] é livre o exercício de qualquer trabalho, ofício ou profissão, atendidas as qualificações profissionais que a lei estabelecer[7].

[7] BRASIL. **Constituição da República Federativa do Brasil de 1988**. Brasília, DF: Presidente da República, 2016.

A norma assegura o direito constitucional, individual e inviolável à *liberdade de exercício profissional* aos brasileiros natos e naturalizados, desde que respeitadas as exigências legais de cada ofício. Assim, em relação aos médicos, é necessário o cumprimento das exigências impostas pelo Conselho Federal de Medicina, nos termos da Lei n. 3.268/1957:

> Os médicos só poderão exercer legalmente a medicina, em qualquer de seus ramos ou especialidades, após o prévio registro de seus títulos, diplomas, certificados ou cartas no Ministério da Educação e Cultura e de sua inscrição no Conselho Regional de Medicina, sob cuja jurisdição se achar o local de sua atividade (art. 17)[8].

O direito à liberdade profissional será exercido em todo o território nacional aos graduados em medicina, cujo diploma seja emitido por universidade previamente inscrita e autorizada pelo Ministério da Educação e Cultura e que obtenham o registro junto ao Conselho Regional de Medicina da localidade onde exercerem a atividade.

Liberdade não se confunde com autonomia. Aquela pode ser explicada como a inexistência de submissão à vontade de terceiros, mesmo com a previsão de limitações; significa retirar sua essência. Corresponde ao gênero, do qual a autonomia é espécie. Por sua vez, a autonomia é um poder inerente a quem tem liberdade. Corresponde a um termo apresentado por Kant, com a finalidade de autodeterminação do ser, segundo a sua própria razão.

A liberdade é o fundamento constitucional para todos os direitos médicos, previstos no Capítulo II do Código de Ética Médica (CEM)[9].

[8] BRASIL. Conselho Federal de Medicina. **Lei n. 3.268**, de 30 de setembro de 1957. Disponível em: https://www.planalto.gov.br/ccivil_03/leis/l3268.htm. Acesso em: 20 maio 2023.

[9] CEM. Código de Ética Médica. **Resolução CFM nº 2.217**, de 27 de setembro de 2018, modificada pelas Resoluções CFM nº 2.222/2018 e 2.226/2019. Conselho Federal de Medicina. Brasília: Conselho Federal de Medicina, 2019. I – Exercer a medicina sem ser discriminado por questões de religião, etnia, cor, sexo, orientação sexual, nacionalidade, idade, condição social, opinião política, deficiência ou de qualquer outra natureza. II – Indicar o procedimento adequado ao paciente, observadas as práticas cientificamente reconhecidas e respeitada a legislação vigente. III – Apontar falhas em normas, contratos e práticas internas das instituições em que trabalhe quando as julgar indignas do exercício da profissão ou

É um direito relativo e não absoluto, considerando o interesse público da profissão, que admite limitações, mas sem violar direitos mínimos inerentes à liberdade.

Segundo o entendimento consolidado do Supremo Tribunal Federal, "[...] no sentido de que o âmbito de proteção da liberdade de exercício profissional demanda *reserva legal qualificada*, de modo que não cabe ao legislador restringir a liberdade profissional a ponto de atingir o núcleo essencial desse direito fundamental"[10].

prejudiciais a si mesmo, ao paciente ou a terceiros, devendo comunicá-las ao Conselho Regional de Medicina de sua jurisdição e à Comissão de Ética da instituição, quando houver. IV – Recusar-se a exercer sua profissão em instituição pública ou privada onde as condições de trabalho não sejam dignas ou possam prejudicar a própria saúde ou a do paciente, bem como a dos demais profissionais. Nesse caso, comunicará com justificativa e maior brevidade sua decisão ao diretor técnico, ao Conselho Regional de Medicina de sua jurisdição e à Comissão de Ética da instituição, quando houver. V – Suspender suas atividades, individualmente ou coletivamente, quando a instituição pública ou privada para a qual trabalhe não oferecer condições adequadas para o exercício profissional ou não o remunerar digna e justamente, ressalvadas as situações de urgência e emergência, devendo comunicar imediatamente sua decisão ao Conselho Regional de Medicina. VI – Internar e assistir seus pacientes em hospitais privados e públicos com caráter filantrópico ou não, ainda que não faça parte do seu corpo clínico, respeitadas as normas técnicas aprovadas pelo Conselho Regional de Medicina da pertinente jurisdição. VII – Requerer desagravo público ao Conselho Regional de Medicina quando atingido no exercício de sua profissão. VIII – Decidir, em qualquer circunstância, levando em consideração sua experiência e capacidade profissional, o tempo a ser dedicado ao paciente sem permitir que o acúmulo de encargos ou de consultas venha prejudicar seu trabalho. IX – Recusar-se a realizar atos médicos que, embora permitidos por lei, sejam contrários aos ditames de sua consciência. X – Estabelecer seus honorários de forma justa e digna. XI – É direito do médico com deficiência ou com doença, nos limites de suas capacidades e da segurança dos pacientes, exercer a profissão sem ser discriminado.

[10] BRASIL. Supremo Tribunal Federal – **RE 511.961**, Rel. Min. Gilmar Mendes, Dje 13.11.2009 – Âmbito de proteção da liberdade de exercício profissional (art. 5º, inciso XIII, da Constituição). Identificação das restrições e conformações legais constitucionalmente permitidas. Reserva legal qualificada. Proporcionalidade. Disponível em: https://www.jusbrasil.com.br/jurisprudencia/stf/14712665. Acesso: 07 maio 2023. A Constituição de 1988, ao assegurar a liberdade profissional (art. 5º, XIII), segue um modelo de reserva legal qualificada presente nas Constituições anteriores, as quais prescreviam à lei a definição das "condições de capacidade" como condicionantes para o exercício profissional. No âmbito do modelo de reserva legal qualificada presente na formulação do art. 5º, XIII, da Constituição de 1988, paira uma imanente questão constitucional quanto à razoabilidade e proporcionalidade das leis restritivas, especificamente, das leis que disciplinam as qualificações profissionais como

Em decorrência da liberdade assegurada ao médico, o CEM prevê, com exclusividade, o direito ao profissional habilitado e registrado "indicar o procedimento adequado ao paciente, observadas as práticas cientificamente reconhecidas e respeitada a legislação vigente"[11].

Compete exclusivamente ao médico a condução do diagnóstico e a determinação do tratamento adequado aos seus pacientes, em ampla liberdade terapêutica, sem qualquer interferência de terceiros. Desta forma, embora se reconheça a autonomia do paciente, em relação à aceitação ou não ao tratamento, notoriamente compete apenas ao médico responsável pelo caso decidir em relação aos exames que o paciente realizará, a prescrição dos medicamentos, dosagens e formas de administração. Estamos diante de um direito do médico, haja vista ser ele o único detentor da técnica e do conhecimento necessário para permitir a análise do caso concreto, considerando todas as peculiaridades do paciente e do quadro clínico.

Muito se discute em relação ao consentimento livre e esclarecido. No entanto, esse direito do paciente deve ser analisado em conjunto com o direito do médico quanto à prescrição, segundo o seu conhecimento e experiência. Em outras palavras, o direito do paciente se limita à concordância ou não em relação aos possíveis tratamentos apresentados pelo médico, detentor da técnica.

Não obstante os direitos, o médico deve se utilizar de todos os meios legais e disponíveis para diagnosticar e tratar o seu paciente: "Deixar de usar todos os meios disponíveis de diagnóstico e tratamento, cientificamente reconhecidos e a seu alcance, em favor do paciente" (art. 32 CEM)[12]. No mais, trata-se de um dever de agir imposto ao médico, quando estiver responsável pelo diagnóstico, prognóstico ou tratamento de um paciente. A norma impõe ao médico fazer uso de todos os instrumentos cientificamente reconhecidos e a sua disposição, em benefício do tratamento da enfermidade e bem-estar do paciente.

condicionantes do livre exercício das profissões. Jurisprudência do Supremo Tribunal Federal: Representação n. 930, Redator p/ o acórdão Ministro Rodrigues Alckmin, DJ, 2-9-1977. A reserva legal estabelecida pelo art. 5º, XIII, não confere ao legislador o poder de restringir o exercício da liberdade profissional a ponto de atingir o seu próprio núcleo essencial.

[11] *Op. Cit.*

[12] *Op. Cit.*

Em casos como a Covid-19, mais especificamente durante a pandemia, quando sequer existia um medicamento ou estudos científicos que assegurassem ao médico o melhor tratamento, o permissivo legal admitiu ao médico a utilização da sua experiência em benefício do paciente, ainda que isso demandasse a prescrição de um ou mais medicamentos na modalidade *off label*. Nesse sentido, o CFM se posicionou: "Diante da excepcionalidade da situação e durante o período declarado da pandemia, não cometerá infração ética o médico que utilizar a cloroquina ou Hidroxicloroquina, nos termos acima expostos, em pacientes portadores da COVID – 19"[13].

Não é possível conceber a proibição de uso *off label* de medicamentos, embora a ausência de regulamentação específica no Brasil, invocando a simples inexistência de estudos científicos como óbice para a atuação do médico no caso emergencial concreto, desde que tenha o consentimento livre e esclarecido do paciente, diante do prévio consenso entre médico e paciente. Com essa mesma interpretação, consta na exposição de motivos da Resolução CFM n. 2.292/2021[14]:

> No tratamento de um paciente, quando métodos profiláticos, diagnósticos e terapêuticos comprovados não existirem ou forem eficazes o médico, com o consentimento informado do paciente, deverá ser livre para usar medidas profiláticas, diagnósticas e terapêuticas não comprovadas ou inovadoras, se, em seu julgamento, estas oferecerem a esperança de salvar a vida, restabelecer a saúde e aliviar o sofrimento. Quando possível, essas medidas devem ser objeto de pesquisa, programada para avaliar sua segurança ou eficácia. Em todos os casos, as novas informações devem ser registradas e, quando apropriado, publicadas.

Para tanto, é direito do médico se utilizar da sua experiência profissional, dentro dos ditames técnicos e éticos para prescrever um medicamento *off label*, respeitando o direito do paciente quanto à recusa, pois deve conduzir em conformidade e respeito integral os princípios fundantes de sua

[13] CFM. Conselho Federal de Medicina. **CFM define como experimental uso por inalação de hidroxicloroquina e cloroquina**. Disponível em: https://portal.cfm.org.br/noticias/resolucao-do-cfm-define-como-experimental-uso-da-hidroxicloroquina-e-cloroquina-por-inalacao/ Acesso: 01 jun. 2023.

[14] *Op. Cit.*

profissão, uma vez que são verdadeiros limites legais à liberdade médica, impostos pelo CEM.

4. Prescrição de medicamento *off label*

A prescrição de medicamentos *off label* segue na contramão de todos os propósitos de segurança, razão pela qual se impõem alguns requisitos aos profissionais de saúde para permitir a prescrição e a utilização *off label* com maior segurança, especialmente diante da inexistência de regulamentação no Brasil e em vários países europeus.

Assim, o primeiro requisito imprescindível é o *consentimento livre e esclarecido do paciente* em relação à utilização de medicamento *off label*. Necessário constar expressamente no documento a inexistência de autorização dos órgãos reguladores, o desconhecimento dos possíveis efeitos decorrentes da utilização para o caso específico (exemplo: Covid-19) e os riscos previsíveis conjugados aos benefícios possíveis e desejados.

Importante instrumento dentro do Direito Médico é o consentimento informado, que "é a expressão máxima do princípio da autonomia e autodeterminação, que assegura o direito do doente em reger a sua vida e saúde segundo a sua crença e valores adquiridos ao longo da sua existência"[15] e corresponde a um requisito indispensável quando se refere a prescrição de medicamento *off label*. Ele permite o pleno conhecimento do paciente e aceitação quanto aos riscos e benefícios pretendidos.

A existência de *estudos científicos reconhecidos* não é um requisito formal, mesmo porque inexiste a regulamentação da matéria no Brasil. Contudo, os estudos científicos geram respaldo científico ao médico, proporcionando um grau maior de segurança ao paciente. No mais, há que se considerar que nem todos os estudos científicos mantêm a credibilidade almejada. Isso porque existem aqueles realizados sob o patrocínio da indústria farmacêutica ou de terceiros interessados, o que retira a idoneidade esperada e desejada, haja vista os interesses financeiros secundários.

Obviamente que não é possível generalizar, pois existem sérios e fidedignos estudos, imprescindíveis para nortear o profissional. No entanto, o que se pretende demonstrar é que este não pode constituir um requisito determinante, a ponto de se excluir a possibilidade de

[15] TOMÉ, Patricia Rizzo. **Responsabilidade civil médica**. Lisboa: Lisbon International Press, 2020, p.108.

prescrição *off label*, especialmente porque existem situações nas quais o médico não tem nenhum estudo ou pesquisa científica que lhe permita embasar a prescrição *off label*, haja vista o surgimento abrupto e inesperado de uma doença que exige conduta rápida e eficaz, considerando os meios disponíveis para tentar salvar o paciente ou mitigar riscos ou danos efetivos.

Contudo, uma questão que se apresenta é a necessidade de um período mínimo de experiência para um profissional médico ter elementos que lhe permitam prescrever um medicamento para finalidade terapêutica diversa, dosagem diversa, faixa etária não estudada ou qualquer outra hipótese que configure a prescrição *off label*, quando inexistir estudos científicos que possam gerar o mínimo de segurança ao profissional para indicação ao seu paciente. Considera-se que qualquer medicamento vem acompanhado dos riscos naturais, mais ainda a prescrição *off label* sem a existência de estudos científicos que proporcionem ao médico qualquer base para a sua decisão.

Na hipótese de exceção, como no caso da Covid-19, a doutrina entende perfeitamente plausível a prescrição e a utilização de medicamentos *off label* sem que se possa falar em qualquer violação pela simples prescrição, especialmente quando se tratar de profissional experiente e capacitado. No entanto, é imprescindível a ciência e a concordância inequívoca do paciente, mediante a concessão do consentimento livre e esclarecido, salvo risco de morte, quando se permite ao profissional atuar independentemente de consentimento. São exigências que se impõem a fim de se permitir a utilização *off label* para a hipótese de inexistência de medicamento ou de outra alternativa de tratamento ou cura para a enfermidade do paciente.

Por conseguinte, considerando a aplicação dos deveres pré e pós contratual, competirá ao profissional o acompanhamento do paciente durante todo o período do tratamento e utilização do medicamento *off label* a fim de monitorar todos os efeitos e as possíveis reações inesperadas, assegurando o pronto atendimento na hipótese de intercorrência. Contudo, isso não significa que o médico precise ficar ininterruptamente com o paciente, mas que esteja disponível ou deixe um médico responsável para orientação e pronta condução do paciente na hipótese de intercorrência.

Nesse sentido, o médico pode deixar um telefone de contato com atendimento por médico capacitado a qualquer hora do dia ou da noite, a fim de assegurar o imediato atendimento em hipótese de urgência de qualquer natureza, relacionada com a utilização do medicamento *off label*. No mais, todos os requisitos destacados devem constar de forma clara e precisa no prontuário do paciente, visando resguardar o profissional e o próprio paciente.

Para tanto, é necessária uma atenção especial do profissional em relação aos requisitos mínimos analisados. No entanto, o cumprimento dos requisitos expostos não exclui a responsabilidade profissional e administrativa do médico. Seguindo esse raciocínio, o despacho Sejur n. 537/2015 (Aprovado em Reunião de Diretoria em 10/11/2015), referente ao expediente n. 9616/2015 do Conselho Federal de Medicina:

> [...] o médico prescritor sempre será o responsável direto pelos danos decorrentes de sua conduta. O uso *off label* de um medicamento é feito por conta e risco do médico que o prescreve, e pode eventualmente vir a caracterizar um erro médico, mas em grande parte das vezes trata-se de uso essencialmente correto, apenas ainda não aprovado[16].

Portanto, embora a prescrição de medicamentos *off label* esteja inserida na autonomia profissional e na liberdade terapêutica assegurada ao médico, o grande fundamento ético é o de permitir o uso da melhor terapêutica em busca de um real benefício à saúde do paciente. Contudo, sempre será responsável pela prescrição *off label*, inclusive com a presença do consentimento livre e esclarecido.

Outra indagação que se apresenta é o fato da utilização de medicamentos a título *off label* propiciar a descoberta de novas possibilidades para o uso de um medicamento, propiciando, após sua introdução no mercado, a identificação de outros benefícios até então não observados. No entanto, esse benefício deve ser visto com muita cautela. Isso se denomina *ensaio da semeadura* e proporciona muitas vantagens, especialmente de ordem econômica para a indústria farmacêutica, conforme explica Peter C. Gotzsche: "O objetivo real dos ensaios de semeadura é seduzir tantos médicos quanto possível para usarem o medicamento novo. Os médicos

[16] CFM. Conselho Federal de Medicina. Despacho Sejur n. 537/2015. Disponível em: https://sistemas.cfm.org.br/normas/arquivos/despachos/BR/2015/537_2015.pdf. Acesso em: 02 maio 2023.

recebem uma taxa para cada paciente e, embora as empresas chamem isso de pesquisa, tem caráter de suborno"[17].

Obviamente, a maior parte dos médicos prescrevem um medicamento sem qualquer vínculo com a empresa farmacêutica, pensando exclusivamente no bem-estar do seu paciente, através do uso da melhor terapêutica. Entretanto, como aponta o autor supramencionado, muitos médicos ao redor do mundo prestam-se a realizar essas parcerias, as quais trazem mais benefícios às indústrias farmacêuticas e aos médicos, do que aos próprios pacientes: "A Pfizer deixou isso muito claro e até mesmo fala em marketing *off label* (sem uso autorizado), o que chama de disseminação de informação para uso *off label* [...]"[18]. Uma desvantagem dessa conduta é a possibilidade de efeitos desconhecidos visto que, a depender das peculiaridades do caso e do próprio paciente, poderá ser fatal ou irreversível.

A Organização Mundial da Saúde, assim como todas as agências reguladoras, orienta quanto à utilização racional dos medicamentos. Isso se aplica à utilização *off label*, pois, embora seja uma prática comum, não deve ser realizada indiscriminadamente, mas apenas em situações pontuais e específicas, como anteriormente exposto.

Conclusões

Quando o assunto é medicamento, segurança é a primeira exigência. Seja com relação à prescrição, seja quanto à utilização. Desse modo, a regra é a de seguir as informações e orientações previstas na bula do medicamento, pois assim estaremos diante do uso racional desses produtos, evitando efeitos adversos. No entanto, existem situações que justificam a prescrição do medicamento *off label*, seja por exigirem, seja por não permitirem outra conduta médica.

Isso aconteceu durante a pandemia da Covid-19, além de inúmeras outras situações fáticas na atualidade. Contudo, pela inexistência de regramento no ordenamento jurídico brasileiro, mesmo sem vedação, muitas discussões surgem sobre a possibilidade ou não da prescrição de medicamentos *off label* e suas implicações na relação médico paciente.

[17] GOTZSCHE, Peter C. **Medicamentos mortais e crime organizado**: Como a indústria farmacêutica corrompeu a assistência médica. Tradução Ananyr Porto Fajardo. São Paulo: Bookman, 2016, p. 73.

[18] GOTZSCHE. *Op. Cit.*, p. 72.

Diante disso, fundamental é a análise de alguns requisitos que devem ser observados pelos médicos, a fim de se resguardar e, também, viabilizar a segurança para o paciente quando estiverem prescrevendo *off label*.

Referências

ANVISA. Agência Nacional de Vigilância Sanitária, gov.br. **Ministério da Saúde**. Disponível em: http://portal.anvisa.gov.br/. Acesso: 05 jun. 2023.

BRASIL. **Constituição da República Federativa do Brasil de 1988**. Brasília, DF: Presidente da República, 2016.

BRASIL. **Correio Brasiliense**. Até 2025, 10 milhões de pessoas podem morrer por causa da automedicação. Disponível em: https://www.correiobraziliense.com.br/app/noticia/brasil/2019/04/30/interna-brasil,752285/ate-2025-milhoes-de-pessoas-podem-morrer-por-causa-da-automedicacao.shtml. Acesso: 07 maio 2023.

BRASIL. Supremo Tribunal Federal – **RE 511.961**, Rel. Min. Gilmar Mendes, Dje 13.11.2009 – Âmbito de proteção da liberdade de exercício profissional (art. 5º, inciso XIII, da Constituição). Identificação das restrições e conformações legais constitucionalmente permitidas. Reserva legal qualificada. Proporcionalidade. Disponível em: https://www.jusbrasil.com.br/jurisprudencia/stf/14712665. Acesso: 07 maio 2023.

BRASIL. Conselho Federal de Medicina. **Lei n. 3.268**, de 30 de setembro de 1957. Disponível em: https://www.planalto.gov.br/ccivil_03/leis/l3268.htm:. Acesso em: 20 maio 2023.

CEM. Código de Ética Médica. **Resolução CFM nº 2.217**, de 27 de setembro de 2018, modificada pelas Resoluções CFM nº 2.222/2018 e 2.226/2019 / Conselho Federal de Medicina – Brasília: Conselho Federal de Medicina, 2019.

CFM. Conselho Federal de Medicina. **Parecer CFM n. 4/2020**. Disponível em: https://sistemas.cfm.org.br/normas/visualizar/pareceres/BR/2020/4. Acesso: 01 jun. 2023.

CFM. Conselho Federal de Medicina. **CFM define como experimental uso por inalação de hidroxicloroquina e cloroquina**. Disponível em: https://portal.cfm.org.br/noticias/resolucao-do-cfm-define-como-experimental-uso-da--hidroxicloroquina-e-cloroquina-por-inalacao/ Acesso: 01 jun. 2023.

CFM. Conselho Federal de Medicina. **Despacho Sejur n. 537/2015**. Disponível em: https://sistemas.cfm.org.br/normas/arquivos/despachos/BR/2015/537_2015.pdf. Acesso em: 02 maio 2023.

GOTZSCHE, Peter C. **Medicamentos mortais e crime organizado**: como a indústria farmacêutica corrompeu a assistência médica. Tradução Ananyr Porto Fajardo. São Paulo: Bookman, 2016.

GUARNIERI, Ana Paula; ARAÚJO, Erica Chagas; FERNANDES, Isabel Cristine; CHAVES, Loide Corina; MOTTA, Magali; RAMOS, Maria Elisa R.G; FILIPINI, Rosangela; CAMILLO, Simone de Oliveira; LOPES, Simone Garcia; CHAVES, Loide Corina (org.). **Medicamentos**: cálculos de dosagens e vias de administração. São Paulo: Manole, [s./d.].

MINISTÉRIO DA SAÚDE. **O uso racional do medicamento**. Disponível em: https://www.gov.br/saude/pt-br/composicao/sectics/daf/uso-racional-de-medicamentos Acesso: 01 jun. 2023.

RAMOS, Karina Alves. **O uso *off label* de medicamentos e a busca por evidências orientadoras de conduta**: uma abordagem necessária. Disponível em: http://www.cpgls.pucgoias.edu.br/. Acesso: 13 maio 2023.

TOMÉ, Patricia Rizzo. **Responsabilidade civil médica**. Lisboa: Lisbon International Press, 2020.

18. CONSENTIMENTO DO PACIENTE NO DIREITO MÉDICO: CONSENSOS, DESAFIOS E O USO DA TECNOLOGIA PARA A SUA OBTENÇÃO E ASSINATURA

FLAVIANA RAMPAZZO SOARES

Introdução

Nos anos que envolveram a formulação do texto primário do projeto do Código Civil de 1916, cujo esboço partiu de Clóvis Beviláqua em 1900, vigiam os ideais liberalistas e burgueses do Código Napoleônico de 1804. Nesse contexto foram cunhadas as bases da teoria geral do direito civil, reflexo de influxos patrimonialistas e positivistas que circundavam a Escola do Recife na segunda metade do século XIX.

Na época, a relação médico paciente ainda estava centrada no modelo vertical, segundo o qual o esculápio detinha poder de determinar as ações cabíveis em cada atendimento, no qual os interesses, vontades e perspectivas do paciente eram postos em segundo plano. Bastava a ação segundo as boas práticas para o atendimento ser considerado adequado.

Esse cenário foi alterado substancialmente a partir dos julgamentos de Nuremberg, na segunda metade dos anos 1940, cujos pontos norteadores constituíram o chamado *Código de Nuremberg*[1]. O primeiro ponto do refe-

[1] Ele teria sido baseado nas Diretrizes para a Experimentação Humana de 1931. Ghooi afirma que o Código de Nuremberg teria copiado as referidas diretrizes e que teria "caído no esquecimento" porque, contrário da Declaração de Helsinque, não é regularmente revisado e atualizado (GHOOI, Ravindra B. The Nuremberg Code: A critique. **Perspectives in Clinical Research**, v. 2, n. 2, p. 72-76, abr-jun. 2011).

rido Código estabelece as condições para a realização de experimentos, que envolvem a necessidade do consentimento do paciente, a capacidade legal para consentir, a imprescindível autonomia do paciente, cuja decisão deve ser livre de intervenções prejudiciais externas ilícitas; o prévio conhecimento das informações necessárias à tomada de decisão e a obrigação do pesquisador quanto à "qualidade do consentimento"[2].

Sendo o consentimento do paciente uma categoria jurídica reconhecida e com contornos próprios e tendo em vista que, se não todas as pessoas, ao menos substancial parte delas necessitará de atendimento médico em algum momento da sua vida e consequentemente passará por um processo informativo deliberativo em matéria de atendimento em saúde, percebe-se a sua inegável importância tanto teórica quanto prática, cujos contornos e conteúdo devem ser devidamente investigados para que seja melhor compreendido e aplicado.

Durante o seu recente, porém expressivo, período de existência como categoria jurídica explicitamente reconhecida, conquanto contemple variados pontos de consenso, apresenta inúmeros desafios, dentre os quais figuram a autonomia do paciente, sua avaliação e extensão, os modos de comprovação do consentimento, a capacidade para consentir e o uso de

O Código de Nuremberg é sempre lembrado, por seu contexto, importância e teor históricos, como o "avô de todas as normas internacionais para proteção de sujeitos de pesquisa humanos", conforme HARMON, Louise. The doctor's trial at Nuremberg. In: RAFUL, Lawrence (org.). **The Nuremberg Trials**: International Criminal Law Since 1945. München: K.G. Saur Verlang, 2006. p. 164-174 (trecho extraído da p. 165).

[2] Veja-se parte do seu conteúdo, no que interessa a este trabalho: "1. O consentimento voluntário do ser humano é absolutamente essencial. Isso significa que as pessoas que serão submetidas ao experimento devem ser legalmente capazes de dar consentimento; essas pessoas devem exercer o livre direito de escolha sem qualquer intervenção de elementos de força, fraude, mentira, coação, astúcia ou outra forma de restrição posterior; devem ter conhecimento suficiente do assunto em estudo para tomarem uma decisão. Esse último aspecto exige que sejam explicados às pessoas a natureza, a duração e o propósito do experimento; os métodos segundo os quais será conduzido; as inconveniências e os riscos esperados; os efeitos sobre a saúde ou sobre a pessoa do participante, que eventualmente possam ocorrer, devido à sua participação no experimento. O dever e a responsabilidade de garantir a qualidade do consentimento repousam sobre o pesquisador que inicia ou dirige um experimento ou se compromete nele. São deveres e responsabilidades pessoais que não podem ser delegados a outrem impunemente". CÓDIGO DE NUREMBERG. Tribunal Internacional de Nuremberg – 1947. Disponível em: www.ufrgs.br/bioetica/nuremcod.htm. Acesso em: 2 jul. 2023.

meios eletrônicos tanto no processo informativo decisório quanto para a assinatura do termo.

Dito isso, este texto abordará alguns consensos bem como de alguns desafios em matéria de consentimento do paciente, com ênfase nos aspectos referidos na parte final do parágrafo anterior.

1. Consentimento e espaços de consensos e de dissensos

De acordo com o que foi indicado na introdução, o consentimento do paciente no âmbito do atendimento médico é figura aparentemente singela sob a concepção conceitual e sustentáculo fundante. No entanto, o olhar atento evidencia uma teia de situações que indicarão caminhos específicos a trilhar na obtenção e na validade de cada consentimento, a considerar as suas particularidades[3].

O ato de consentir é uma expressão da autodeterminação do paciente, lastreado na dignidade humana (que tem na liberdade um de seus feixes) e no respeito ao direito à integridade física e moral do sujeito. Trata-se de um ato de permitir uma interferência médica relacionada à saúde do sujeito emitente (paciente), que pode ser emitido de modo expresso ou tácito, escrito ou verbal, inclusive com o emprego de recursos tecnológicos. Contempla disposição voluntária determinada, em seu conteúdo e extensão, de cunho existencial e, como *decisão-deliberativa-permissiva* que é, decorre de um processo material e dialético de extensão variável conforme as circunstâncias do caso.

Para além de um instrumento de exercício da liberdade do paciente, é uma expressão positiva do seu direito de autodeterminação e também um limite negativo da ingerência alheia, pois ele circunscreve o âmbito de atuação do médico, ao delimitar aquilo que o médico pode fazer, não lhe sendo admitido atuar fora ou além daquilo que lhe foi consentido (ou que não seja ato correlato e dependente). O limite negativo significa que ninguém pode interferir desautorizada ou ilicitamente na esfera pessoal alheia, o que emerge da dignidade e da inviolabilidade da pessoa.

Por isso a necessidade de ressaltar que o paciente não é *objeto do* atendimento, e sim *sujeito de* determinado atendimento. O corpo humano (em sua estrutura física e psíquica) não só "pertence" à pessoa, mas "é"

[3] Veja-se: SOARES, Flaviana Rampazzo. **Consentimento do paciente no direito médico**: validade, interpretação e responsabilidade. Indaiatuba: Foco, 2020.

a própria pessoa[4]. Este é o primeiro ponto de consenso em matéria de consentimento do paciente: a sua autonomia deve ser respeitada sempre que possível e na medida do que for aceitável, sob o enfoque jurídico, porque o paciente é *sujeito* de atendimento, e não um *objeto*.

O segundo ponto reside na necessidade de compreensão do consentimento como um dos possíveis caminhos a escolher, após a passagem pelo processo informativo decisório, ou seja, o paciente recebe as informações quanto às possibilidades de decidir, de postergar a decisão, de outorgar poderes a terceiro para que a ele caiba deliberar, e o agente decisor (o próprio paciente ou terceiro) deverá receber as informações necessárias à decisão.

Sendo o paciente apto a tomar as decisões, caberá a ele expressá-las, no sentido de aceitar, de não permanecer ou de adiar a intervenção ou o acompanhamento médico. O consentimento a um tratamento, procedimento ou intervenção pode ser expresso ou tácito, verbal ou escrito, conquanto em inúmeros casos[5] deva ser escrito. Com o progresso tecnológico, tem sido cada vez mais próximo e real o emprego de meios digitais como ferramenta auxiliar tanto no processo informativo decisório quanto na assinatura de termo de consentimento.

É senso comum a lição de que a decisão é ato jurídico *sui generis* voltado à direção de condutas futuras do médico, no que diz respeito ao tempo e modo em que se desenvolverá o atendimento, ao mesmo tempo que o esculápio não está em uma posição apenas de sujeição quanto ao teor do consentimento, porque o profissional não deve agir contra as boas práticas e pode, nas hipóteses admissíveis, recusar o atendimento que tenha sido escolhido e consentido pelo paciente decisor.

Adicionalmente, há consenso quanto ao fato de que só decide quem tem discernimento e capacidade civil. Trata-se, portanto, da conjugação de dois fatores que são essenciais à emissão de uma vontade juridicamente válida. A capacidade para consentir está vinculada à adequada condição cognitiva do paciente, que permita o discernimento no momento do recebimento das informações e dos esclarecimentos necessários à deliberação.

[4] BALLESTEROS, Jesús. **Postmodernidad**: decadencia o resistencia. Madrid: Tecnos, 1989. p. 154 e ss. No mesmo sentido: FREEDMAN, Benjamin. A moral theory of informed consent. **The Hastings Center Report**, v. 5, n. 4, 1975, p. 32 e ss.

[5] Como ocorre na reprodução assistida, na transição de gênero, nas quais o CFM expressamente determina a necessidade de consentimento escrito.

Somente se o paciente tiver condições de compreender, memorizar, assimilar, correlacionar (notadamente sob a análise de fatores de riscos *versus* benefícios de cada opção terapêutica), decidir, expressar e justificar, poderá ser considerado apto a tomar decisões sobre a sua saúde. Essa afirmação poderia, por si, gerar críticas ao ser admitido que a aptidão de compreensão, memorização e discernimento pode variar ao longo da vida, e inclusive pode ser transitória, como ocorre por exemplo nos casos de doenças neurodegenerativas e nas situações de lapsos temporários de memória por trauma, porque a capacidade para consentir não é estanque como o fator etário previsto no Código Civil.

O importante é verificar os dois fatores (capacidade civil e capacidade para consentir) quando o destinatário das informações e agente decisor for chamado a esse processo informativo decisório. Conforme o tipo de atendimento a ser prestado, isso ocorrerá em momentos específicos e determinados (como nos atendimentos eletivos eventuais) ou será contínuo (a ser adotado nos tratamentos contínuos ou de longo prazo).

Ainda de acordo com as peculiaridades do atendimento, o sujeito decisor poderá ter maior ou menor prazo para refletir e decidir (por exemplo, nos casos de esterilização voluntária, cuja lei prevê um período de sessenta dias entre a manifestação de vontade e o ato cirúrgico[6]). Outro aspecto de concordância é a premissa de que o consentimento é um ato revogável a qualquer tempo pelo emitente, e os efeitos da revogação serão produzidos de acordo com a época da revogação e não prejudicarão, a princípio, os atos praticados antes de chegar ao conhecimento do médico.

O consentimento do paciente, em apertada síntese, no plano da *existência*, reclama: o (a) agente (paciente), (b) em um lugar e época determinados ou determináveis, que (c) emite declaração ou externa comportamento concludente (sério sob uma análise por verossimilhança) e permissivo de um determinado ato ou procedimento, podendo ser mais minucioso ou mais genérico quanto ao modo de execução permitido.

[6] Art. 10 da Lei n. 9.263/1996 (BRASIL. **Lei n. 9.263/1996,** de 12 de janeiro de 1996. Disponível em: https://www.planalto.gov.br/ccivil_03/leis/l9263.htm. Acesso em: 10 jun. 2023.), com as alterações introduzidas pela Lei n. 14.443/2022. BRASIL. **Lei nº 14.443**, de 2 de setembro de 2022. Legislação Informatizada. Disponível em: https://www2.camara.leg.br/legin/fed/lei/2022/lei-14443-2-setembro-2022-793189-publicacaooriginal-166038-pl.html. Acesso em: 10 jun. 2023.

No plano da *validade*, deve: (a) ser emitido por paciente civilmente capaz e com aptidão para consentir; (b) ter conteúdo lícito, oral ou escrito conforme o caso; (c) ser fruto de declaração ou comportamento concludente voluntário e desprovido de defeito. No plano da eficácia, deve ser precedido de processo informativo-assimilativo-decisório adequado e livre de interferências indevidas. Por sua vez, apresentam-se como pontos que ensejam inúmeros debates os limites entre autodeterminação e heterodeterminação. É inegável a dificuldade existente em aceitar uma decisão de paciente que não seja usual ou justificável pelos padrões de quem julga ou avalia essa decisão como aceitável ou inaceitável, lícita ou ilícita, boa ou ruim.

Ademais, a necessidade de maior possibilidade de atribuição de poderes de decisão aos adolescentes em determinadas questões de saúde que não lhes tragam riscos medianos ou altos é um ponto que deve receber atenção legislativa, notadamente em matéria de saúde reprodutiva, sendo este um ponto no qual a legislação brasileira atual é ineficiente e abtrusa. Porquanto o Estatuto da Criança e do Adolescente, atendendo ao princípio do melhor interesse da criança e do adolescente especifica a necessidade de que a vontade destes seja considerada na medida do que for possível, no que se harmoniza com o texto do art. 6º da Convenção de Oliedo. Conforme destaca a doutrina, "não parece razoável atribuir-se a alguém a titularidade de uma situação existencial (*rectius*, de um direito fundamental) sem lhe conceder a capacidade de exercício"[7].

Outro tópico de "dissenso" trata da questão das incapacidades transitórias, que podem afetar a capacidade para consentir, sem que alterem permanentemente a capacidade civil. Esse tema deve igualmente ser enfrentado pelo legislador, de modo a regulamentar a quem competirá decidir na hipótese de incapacidade temporária do paciente, ou mesmo para indicar que caberá ao médico agir de acordo com as boas práticas. Trazer maior segurança a essas situações gera maior eficiência no atendimento de saúde.

Permanecendo na exposição dos desafios do consentimento, outro debate que merece atenção legislativa é sobre a pessoa cuja condição

[7] BEZERRA DE MENEZES, Joyceane; MULTEDO, Renata Vilela. A autonomia ético--existencial do adolescente nas decisões sobre o próprio corpo e a heteronomia dos pais e do Estado no Brasil. **Revista de direito administrativo & Constitucional**. Belo Horizonte, ano 16, n. 63, p. 187-210, 2016 (trecho da p. 198).

clínica lhe dificulte ou impeça de decidir, de modo permanente (que não possa ser dissipada por meios auxiliares). A lei n. 13.146/20[8] – Lei Brasileira de Inclusão da Pessoa com Deficiência (LBI) – refere o direito da pessoa com deficiência de receber informações e de ter acesso a elas (art. 24) assim como a impossibilidade de que a pessoa se submeta a intervenção de saúde forçadamente (art. 11). Quanto ao consentimento, o parágrafo único do art. 11 da LBI prevê que ele "poderá ser suprido na forma da lei", não especificando claramente se o curador poderá tomar essas decisões, ou se dependerá de intervenção judicial.

Embora seja possível construir a tese no sentido de que esse indivíduo possa fazer uso da tomada de decisão apoiada (na hipótese de dificuldade para decisão) ou mesmo da curatela (para os casos de impedimento), há dúvidas quanto à possibilidade de que um curador possa autorizar um ato médico sem ordem judicial permissiva específica, conquanto tenha sido especificado na referida Lei que "o consentimento da pessoa com deficiência" sob curatela deve ser sustentado na participação, "no maior grau possível", do paciente (art. 12, § 1º da LBI).

Na impossibilidade de "terceirização", ao apoiador ou ao curador, das decisões quanto a aspectos existenciais (veja-se a restrição prevista no art. 85 da LBI), não resta claro se seria possível a boa solução de permitir que tanto o apoiador quanto o curador possam exercer as suas atribuições, em matéria de cuidados médicos dirigidos ao apoiado ou ao curatelado, desde que estejam de acordo com as boas práticas, a serem executadas no melhor interesse do paciente.

Como visto, há pontos de converências e de divergências ou dúvidas em matéria de consentimento do paciente. O emprego da tecnologia na área da medicina, e também do consentimento do paciente, vem a agregar uma faixa de fatores de dúvidas. Essa questão do impacto das novas tecnologias no consentimento do paciente merece atenção e o debate sobre o consentimento obtido por meios digitais sob os influxos dos impactos da evolução tecnológica será objeto do próximo tópico.

[8] BRASIL. **Lei n. 13.146** de 6 de julho de 2015. Institui a Lei Brasileira de Inclusão da Pessoa com Deficiência (Estatuto da Pessoa com Deficiência). Disponível em: L13146 (planalto.gov.br). Acesso em: 11 jun. 2023.

2. O desafio do consentimento obtido por meios digitais

O desenvolvimento tecnológico desponta com uma proposta sedutora e vantajosa, pois simplifica e uniformiza muitos procedimentos, além de oferecer ferramentas de automatização[9] que otimizam tempo e esforço dos envolvidos.

A aplicabilidade dos avanços tecnológicos na área do consentimento do paciente pode estar presente em duas dimensões: a *primeira*, que trata do repasse de informações, inclusive mediante o emprego de soluções de *visual design*, que podem auxiliar o consentinte na compreensão e na memorização dos elementos contidos nas imagens e nas palavras, e a *segunda*, que diz respeito à assinatura do termo contendo a decisão ou o conjunto de decisões do paciente[10].

3. O uso da tecnologia na fase informativo-decisória

No tocante ao primeiro aspecto indicado no parágrafo anterior, o uso de ferramentas tecnológicas para o repasse de informações demanda necessariamente que o paciente consiga fazer uso adequado dos meios técnicos necessários; acessar as informações completas, sem pular etapas necessárias e com indícios de que o destinatário tenha corretamente assimilado as informações. Por esse motivo (e preocupação), o uso de ferramentas de transferência de informações digitais deve ser permitido, mas a sua validade depende de que o paciente tenha:

(a) competências adequadas para o uso das ferramentas ou condições de aprender a utilizá-las em tempo hábil e de modo adequados;
(b) equipamentos (tablet, computador, smartphone) que suportem os formatos que lhe forem apresentados para conhecimento;
(c) conexão de internet adequada que não prejudique o trabalho de repasse de informações;
(d) acesso a meio que permita o esclarecimento de dúvidas pelo próprio sistema;

[9] Por ferramentas tecnológicas compreenda-se uma noção ampla de meios e dispositivos digitais capazes de servir como meio de repasse de informações e de comunicação, incluindo plataformas, *softwares*, aplicativos, dispositivos web, vídeo chamadas ou chamadas telefônicas, arquivos eletrônicos, dentre outros.

[10] As expressões da língua inglesa comumente utilizadas são as seguintes: *digital informed consent, electronic informed consent, online informed consent, interactive informed consent, dynamic informed consent.*

(e) encontro presencial com o médico para apresentar esclarecimentos e para reforçar a relação de necessária confiança;
(f) um ambiente seguro e eficiente para realizar as atividades que lhe competem;
(g) permaneça em cada página por tempo suficiente à leitura ou à captação intelectiva do conteúdo das informações.

Os esclarecimentos necessários para dissipar dúvidas do agente decisor podem não estar presentes nas ferramentas tecnológicas disponibilizadas, de modo a reforçar o dever de assegurar ao paciente um momento subsequente no qual terá a oportunidade de falar com o médico para sanar incertezas para complementar informações prestadas por meio digital. Somente após essa etapa adicional deverá ser permitido que o paciente efetivamente decida.

As ferramentas tecnológicas, portanto, atuam como meios auxiliares de atendimento ao dever de informar, que permanece sob atribuição e responsabilidade do médico. Elas somente podem servir como um fator auxiliar, e não substitutivo, da obrigação de informar que compete ao esculápio. Ademais, devem ser eficientes, de modo que sirvam para efetivamente municiar o paciente de informações que lhe permitam decidir sobre o que lhe convém e que seja admissível juridicamente.

O agente decisor, após o recebimento das informações por meio digital, deverá ser instado a resumir as informações recebidas, esclarecendo o que entendeu da visualização do material que lhe foi disponibilizado, com a finalidade de assegurar tanto a compreensão e apreensão das informações, quanto o alcance efetivo ao destinatário. Nesse sentido, os questionários estruturados MACCAT-T e a CAT continuam servindo como ferramentas importantes para a aferição da apreensão, compreensão e reflexão das informações pelo agente decisor[11].

Tais questionários utilizam essencialmente quatro critérios para verificação da capacidade do paciente para a tomada de decisão ao ato médico, que são: (a) a habilidade de comunicar uma decisão; (b) a compreensão das informações relevantes, (c) a autoavaliação da sua condição própria clínica,

[11] As versões do questionário constam em GRISSO, Thomas; APPELBAUM, Paul S. **Assessing competence to consent to treatment**: a guide for physicians and other health professionals. New York: Oxford University Press, 1998. p. 102-112.

incluindo o seu problema de saúde, e (d) o raciocínio a respeito das opções de tratamento. Adicionalmente, costuma-se referir as habilidades de compreensão e descrição dos riscos e benefícios dos tratamentos possíveis, bem como de lidar racionalmente as informações recebidas[12].

Como visto, as ferramentas tecnológicas podem ser utilizadas de diferentes modos, sejam como elementos informativos auxiliares (inclusive a título ilustrativo), sejam como protagonistas no repasse de informações, desde que sejam assegurados ao agente decisor os esclarecimentos, que seja conferida a real compreensão, assimilação e memorização das informações, que a ferramenta seja adequada ao perfil do paciente e que as informações sejam corretas, completas, suficientes, eficientes e dispostas inteligentemente, o que comporta inclusive a linguagem e imagem adaptada no nível de instrução do indivíduo que decidirá. Tudo isso sem prejuízo, como dito, do necessário encontro do paciente com o médico para complementação e atualização contínua das informações, além dos esclarecimentos que possam ser solicitados.

Em geral, pacientes são pessoas sem instrução técnica específica e, portanto, a linguagem da medicina não lhes é familiar. Não bastasse isso, boa parte dos atendimentos que demandam um prévio processo de escolha esclarecida é realizada para tratar doenças, e não para preveni-las, ou seja, o paciente não está em uma situação confortável e feliz, e geralmente é confrontado com informações ou dados que antes não faziam parte da sua rotina, e sobre as quais dificilmente poderá se esgueirar. A isso some-se o fato de que o número maior de pacientes com doenças crônicas é de

[12] CARNEY, Maria T.; NEUGROSCHL, Judith; MORRISON, R. Sean; MARIN, Deborah; SIU, Albert L. The development and piloting of a capacity assessment tool. **The journal of clinical ethic**, v. 12, n. 1, p. 17-23, 2001. Informação da p. 18.
O MacCAT-T é considerado "padrão ouro" em matéria de avaliação de habilidades dos pacientes, embora seja certo que nenhum questionário deva ser utilizado isoladamente para esse fim. Ademais, há grupos de indivíduos mais propensos à deficiências na capacidade, como as mentais, embora não possam ser todos e em indistintos graus, inaptos. De acordo com Sturman, "Por exemplo, espera-se que os sujeitos deprimidos tenham capacidade suficiente para consentimento em relação a outros grupos psiquiátricos, mas alguns podem ter maiores dificuldades se forem hospitalizados ou psicóticos. Pessoas com esquizofrenia são mais propensas a serem incapazes de consentimento, mas, mesmo neste caso, cerca de metade dos pacientes será competente em todas as áreas possíveis" (tradução nossa). STURMAN, Edward D. The capacity to consent to treatment and research: a review of standardized assessment tools. **Clinical Psychology Review**, v. 25, issue 7, p. 954-974, nov. 2005. Trecho da p. 971.

pessoas idosas, pouco familiarizadas com aparatos tecnológicos, e que pessoas doentes estão mais suscetíveis a distração, de modo a não prestar atenção em explicações mediante recursos tecnológicos nos quais há parco ou nenhum contato humano direto e imediato.

Por esse motivo, os meios eletrônicos somente devem ser utilizados se os agentes decisores tiverem condições de acessar e utilizar os dispositivos tecnológicos envolvidos no repasse de informações no processo informativo assimilativo decisório, que as informações sejam corretas, completas, inteligíveis e dispostas inteligentemente para facilitar a assimilação, sem prejuízo de que informações adicionais e esclarecimentos sejam efetivados na modalidade tradicional, sem o emprego direto de tecnologia, ou seja, que haja encontro efetivo direto entre médico e paciente. Ademais, deve-se ter o cuidado de que sejam preservados os dados com segurança legitimamente esperada, seja quanto a integridade do conteúdo, seja da sua assinatura.

3.2. O uso da tecnologia na fase de assinaturas do termo de consentimento

No tocante ao segundo aspecto indicado neste tópico n. 3, que diz respeito à assinatura do termo de consentimento, meios digitais podem ser empregados, o que traz maior complexidade ao assunto, pois a responsabilidade se divide assim: do conteúdo do termo de consentimento que vincula o seu criador (geralmente o médico ou a instituição envolvida no atendimento) e da segurança do meio empregado pelo fornecedor do serviço de assinaturas eletrônicas (o portal de assinaturas).

O consentimento pode ser formatado e formalizado por meio de um documento, físico ou eletrônico, assinado por meios físicos ou digitais. A definição do conceito de documento, na contemporaneidade, envolve a avaliação da sua função, ampliando-se para ser concebido como uma representação física ou eletrônica de um fato ou de um ato em sentido lato, destinado a uma finalidade probatória em sentido amplo, não sendo possível "negar a natureza de escrito do documento eletrônico" encriptado ou não[13]. Com isso, igualmente reconhece-se que o documento físico ou eletrônico tem como funções servir como ato de *fixação de conteúdo* da declaração expressada e de *memória* quanto ao seu teor e alcance.

[13] Veja-se, a respeito desse tema, EHRHARDT JR., Marcos. **Direito civil**: LINDB e parte geral. 2. ed. Salvador: JusPodivm, 2011. v. 1. p. 599-600.

A *assinatura virtual* é um *gênero* de aposição de *símbolo distintivo de vontade* vinculada à identidade e à *autoria* de uma pessoa determinada no ambiente da internet, a qual é legalmente equiparada à assinatura manuscrita (assinatura física presencial).

O Código de Processo Civil brasileiro (CPC), em seu art. 411, inc. II, ao tratar da força probante dos documentos, define que estes são considerados autênticos se houver identificação da autoria "por qualquer outro meio legal de certificação, inclusive eletrônico, nos termos da lei", presumindo-se, entre os signatários, a veracidade dos documentos assinados (art. 219 do Código Civil – CC), ainda que essa assinatura seja virtual.

A Lei n. 14.063/2020[14] (art. 4º) trouxe três modalidades de assinaturas eletrônicas, as quais estão diretamente relacionadas com o nível de segurança quanto a autoria: simples, avançada e qualificada.

A assinatura *simples* é a efetivada no ambiente da rede *web*, sem que o signatário tenha que comprovar uma identificação digital para conseguir ser reconhecido singularmente e assinar digitalmente. Trata-se da modalidade com menor nível de segurança dentre as assinaturas eletrônicas, quanto à regularidade de autoria, porque utiliza como meio de identificação e de acesso à assinatura apenas dados simples como o número de inscrição no CPF e endereço eletrônico (e-mail).

A assinatura *avançada* associa o signatário de modo unívoco, utilizando dados para a criação de assinatura cujo signatário pode, com elevado nível de confiança, operar sob o seu controle exclusivo e possibilitando a detecção de qualquer modificação posterior e a assinatura *qualificada*, que pode ser efetivada somente mediante o uso de certificado digital, no ambiente da Infraestrutura de Chaves Públicas Brasileira (ICP-Brasil), que lhe confere alta confiabilidade de autoria e integridade de conteúdo (a maior dentre as três modalidades de assinaturas eletrônicas).

É possível verificar, a partir das características típicas de cada uma dessas duas espécies de assinatura, que, na do tipo *qualificada*, há presunção de veracidade tanto do conteúdo da vontade manifestada quanto da autoria, independentemente da aceitação desse meio por parte do destinatário do documento ou de convenção específica das partes quanto a esse aspecto. O uso da assinatura *qualificada*, dessa forma, é um direito do

[14] BRASIL. **Lei nº 14.063**, de 23 de setembro de 2020 Disponível em: L14063 (planalto.gov.br). Acesso em: 09 jun. 2023.

titular do certificado digital, desde que o ato para o qual haverá a expressão da vontade e a designação da autoria admita a sua realização virtual por meio do certificado digital.

Há elevado nível de segurança quanto à autoria da assinatura do tipo *qualificada*, seja pelo conjunto de medidas de segurança adotadas na tecnologia empregada na assinatura e no arquivamento dos dados relacionados ao ato praticado, seja pelo fato de que o detentor do certificado digital previamente participou, de maneira presencial ou remota, de um procedimento de identificação, verificação e comprovação de dados perante uma autoridade certificadora validada pelo Instituto Nacional de Tecnologia da Informação – ITI, cabendo ao titular do certificado digital ter o cuidado de manter seguro esse certificado, seus dados de acesso e, principalmente, a sua senha exclusiva.

Esse maior nível de segurança está diretamente relacionado a todas as providências prévias de habilitação que competem ao titular para a certificação digital. Por outro lado, é a modalidade que demanda não somente um procedimento prévio de conformação e confirmação de identidade com implementação de ferramenta de aferição, mas em geral demanda desembolso do interessado, o que pode tornar o seu uso desinteressante para os envolvidos em um ato de consentimento. Portanto, um meio possível e de razoável segurança para verificação de identificação do usuário é a assinatura avançada, que pode ser utilizada na assinatura de termos de consentimento.

Porém, há um aspecto a considerar: caso seja colocada em dúvida a autoria da assinatura, o ideal é que o assunto seja tratado de modo a admitir uma presunção relativa de autoria, e que, caso a mesma seja contestada pela pessoa apontada como sendo a signatária, deve ser permitido que a pessoa prejudicada pela negativa da autoria da assinatura possa ter a oportunidade de comprovar a higidez da assinatura eletrônica aposta no documento, lembrando que, em geral, será o médico quem escolherá a plataforma de assinaturas e que quanto maior o número de itens idôneos e eficientes de verificação, em associação, maior será a segurança quanto a autoria da assinatura eletrônica e que, quanto mais eficiente o protocolo de segurança, maior será o nível de confiabilidade dessa modalidade de assinatura.

Nesse ponto, assume relevância o ônus da prova de eventual alegação de falsidade de uma assinatura eletrônica. Tratando-se de relação no âmbito de alcance do Código de Defesa do Consumidor (CDC), pode-se afirmar que, se foi o prestador de serviços (geralmente o médico ou a entidade de atendimento em saúde) quem escolheu a plataforma certificadora da assinatura eletrônica, é este que assume o ônus de comprovar a autenticidade da assinatura daquele indicado como consentinte no documento.

Em ambos os casos, porém, admite-se que o juiz, ao especificar os pontos controvertidos em eventual processo em fase de saneamento, especifique qual será a prova a ser produzida e os meios de prova aptos a esse fim, bem como a qual parte competirá cada ato probatório a ser praticado, ponderando a quem é mais fácil ou quem está mais apto a aportar aos autos os elementos probatórios pertinentes (arts. 357 e 373 do CPC). Ainda, há a possibilidade de realização de negócio jurídico processual, com a delimitação consensual das partes quanto às provas, divisão dos ônus, pagamento das despesas e respectivos prazos, na forma do §2º do art. 357 do CPC, competindo ao julgador o exame dessa proposta e a sua homologação, se entender por sua adequação. Comprovada a falsificação da assinatura eletrônica, o caminho poderá ser o da invalidade ou a ineficácia do consentimento, conforme as circunstâncias do caso concretamente considerado.

Se efetivamente for comprovada a falsidade da assinatura, ou a sua tomada de forma ilícita, por conduta imputável à plataforma certificadora, caberá ao prejudicado voltar-se contra esta, quanto aos eventuais prejuízos decorrentes da invalidação do consentimento. A inclusão da plataforma na relação jurídica processual pode decorrer da invocação da correção da legitimidade passiva prevista no art. 338 do CPC; na assistência simples por iniciativa da própria plataforma, com a finalidade de auxiliar na comprovação da idoneidade da assinatura, de acordo com os arts. 121 a 123 do CPC ou na denunciação da lide caso a plataforma tenha que indenizar, em ação regressiva, a parte prejudicada pela invalidação do negócio decorrente de falsidade, cuja causa esteja em falha na prestação do serviço (art. 125 do CPC), tudo a depender do conteúdo dos termos de uso da plataforma.

Um cuidado necessário a ser observado pelo responsável pela escolha da plataforma de assinatura reside no fato de que os dados inseridos em um termo de consentimento são, em sua maioria, dados sensíveis, sobre os quais deve recair acentuado cuidado de não divulgação, e outro ponto a atentar é a ocorrência de cláusulas de limitação ou de exclusão de responsabilidade, que podem ser prejudiciais tanto ao médico quanto ao paciente.

Assim, embora não exista obrigatoriedade legal de emprego criptografia ou outros aparatos similares de segurança, é recomendável que a empresa fornecedora do serviço de assinatura eletrônica escolhida mantenha meios aptos a assegurar a confiabilidade e a adequada salvaguarda quando aos dados sensíveis dispostos no documento assinado eletronicamente, bem como disponha de aparato adequado na gestão da confidencialidade, integridade e disponibilidade de dados. Isso deve ser informado aos usuários pela plataforma, para que estes avaliem a conveniência da transmissão de dados nessas circunstâncias.

No plano internacional, convém destacar que nos EUA, em 2016, foi estabelecido um guia institucional destinado à adoção de providências necessárias à obtenção do consentimento informado eletrônico, o qual estabelece o uso de dispositivos e de tecnologia (de *software*, plataforma) necessário para garantir a lisura do procedimento e a regularidade da assinatura[15]. Para serem consideradas equivalentes a assinaturas manuscritas completas, as assinaturas eletrônicas devem cumprir os requisitos aplicáveis no Tit. 21 do *Code of Federal Regulations* (CFR), *part* 11 (21 CFR 11)[16].

Aquele que usa as assinaturas eletrônicas deve previamente certificar à agência que as assinaturas eletrônicas no seu sistema são destinadas à equiparação com as assinaturas tradicionais manuscritas, sendo que essa certificação inicial deve ser feita por escrito (manuscrito tradicional). O sistema eletrônico também deve capturar e registrar a data em que o sujeito consentiu (21 CFR 50.27(a)). Os regulamentos encontrados em 21 CFR parte 11 permitem uma variedade de métodos para criar assinaturas eletrônicas, incluindo o uso de cartões de identificação legíveis por computador, biometria e combinações de nome de usuário e senha.

Na Sec. 11.200 do 21 CFR 11, consta que as assinaturas eletrônicas que não são baseadas em biometria devem:

[15] DOCUMENTO DE ORIENTAÇÃO. Use of Electronic Informed. Consent Questions and Answers. Guidance for Institutional Review Boards, Investigators, and Sponsors. Dez. 2016. Disponível em: https://www.fda.gov/regulatory-information/search-fda-guidance-documents/use-electronic-informed-consent-clinical-investigations-questions-and-answers. Acesso em: 8 jul. 2023.

[16] CFR. Código de Regulamentos Federais Título 21. Disponível em: https://www.accessdata.fda.gov/scripts/cdrh/cfdocs/cfcfr/cfrsearch.cfm. Acesso em: 8 jul. 2023.

(1) Empregar ao menos dois componentes de identificação distintos, como um código de identificação e senha.

   (i) Quando um indivíduo executa uma série de assinaturas durante um único período contínuo de acesso controlado ao sistema, a primeira assinatura deve ser executada usando todos os componentes de assinatura eletrônica; as assinaturas subsequentes devem ser executadas usando pelo menos um componente de assinatura eletrônica que seja executável e projetado para ser usado apenas pelo indivíduo.

   (ii) Quando um indivíduo executa uma ou mais assinaturas não realizadas durante um único período contínuo de acesso controlado ao sistema, cada assinatura deve ser executada usando todos os componentes da assinatura eletrônica.

(2) Ser usado apenas por seus proprietários genuínos; e

(3) Ser administrado e executado para garantir que a tentativa de uso da assinatura eletrônica de um indivíduo por qualquer pessoa que não seja seu verdadeiro proprietário exija a colaboração de dois ou mais indivíduos.

As assinaturas eletrônicas baseadas em biometria, segundo o referido CFR, devem ser projetadas para garantir que não possam ser usadas por ninguém além de seus proprietários genuínos. Ainda segundo o CFR, na Sec. 11.300, quando houver assinatura eletrônica baseada na identificação combinada de códigos e senhas, será necessário aplicar controles que garantam a sua segurança e integridade, os quais podem incluir:

(a) A exclusividade de cada código de identificação e senha combinados, de modo que dois indivíduos não tenham a mesma combinação de código de identificação e senha.

(b) Garantir que as emissões de código de identificação e senha sejam verificadas, recuperadas ou revisadas periodicamente (por exemplo, para cobrir eventos como o vencimento da senha).

(c) Seguir os procedimentos de gerenciamento de perdas para desautorizar eletronicamente *tokens*, cartões e outros dispositivos perdidos, roubados, perdidos ou potencialmente comprometidos que contenham ou gerem código de identificação ou informações de senha e para emitir substituições temporárias ou permanentes usando controles adequados e rigorosos.

(d) Uso de salvaguardas de transação para impedir o uso não autorizado de senhas e/ou códigos de identificação, e para detectar e relatar de forma imediata e urgente quaisquer tentativas de uso não autorizado à unidade de segurança do sistema e, conforme o caso, à gestão organizacional.

(e) Teste inicial e periódico de dispositivos, como *tokens* ou cartões, que contenham ou gerem informações de código de identificação ou senha para garantir que funcionem corretamente e não tenham sido alterados de maneira não autorizada.

No Canadá e na Austrália é recente a regulamentação do consentimento informado na modalidade eletrônica[17]. A regulamentação Canadense prevê que o consentimento deve ser visível, mas pode ser efetivado por escrito ou em formato eletrônico. A seção 11(1)(a) da *British Columbia's Freedom of Information and Protection of Privacy Act* estipula que o consentimento deve ser estabelecido por escrito. No entanto, tanto a legislação federal do Canadá[18] quanto à provincial[19] permitem documentação eletrônica e assinaturas eletrônicas ou digitais na maioria dos casos, incluindo consentimento informado para pesquisa. Não há nenhuma orientação específica canadense referente ao uso e implementação de um processo de consentimento informado eletrônico para pesquisa. No entanto, estudo recente indicou que aproximadamente um quinto de potenciais usuários de um sistema geral eletrônico de acesso aos seus próprios dados como pacientes não conseguiu decidir se aceitariam se cadastrar em um canal de acesso por duvidar da capacidade de controle de acesso[20].

[17] ARTICLE 13.2.4: Electronic Informed Consent. Disponível em: https://ethics.research.ubc.ca/sites/ore.ubc.ca/files/documents/E%20consent%20final%20April%2029%20with%20links.pdf. Acesso em: 9 jul. 2023.

[18] PERSONAL Information and Electronic Documents Act. Disponível em: Lei de Proteção de Informações Pessoais e Documentos Eletrônicos (justice.gc.ca). Acesso em: 8 jul. 2023.

[19] ELECTRONIC Transactions Act. Disponível em: Electronic Transactions Act 2010 – Estatutos de Cingapura Online (agc.gov.sg). Acesso em: 8 jul. 2023.

[20] SHEN, N. *et al.* Foundations for Meaningful Consent. Canada's Digital Health Ecosystem: Retrospective Study. *JMIR* **Med Inform**, mar. v. 31, n. 10, ano, 3, 2022. Disponível em: https://www.ncbi.nlm.nih.gov/pmc/articles/PMC9015739/. Acesso em: 10 jul. 2023.

Na Itália vige um sistema semelhante ao brasileiro, inclusive quanto à nomenclatura de assinaturas avançadas e qualificadas, introduzidas no direito daquele país pelo *Codice dell'Amministrazione Digitale* (CAD). Na prestação de serviços radiológicos há previsão expressa de possibilidade de emissão de consentimento por meio eletrônico mediante assinatura avançada, que exige um cadastro prévio que habilite o uso da assinatura grafométrica.

O fluxograma abaixo demonstra como o processo de obtenção do consentimento ocorre[21]:

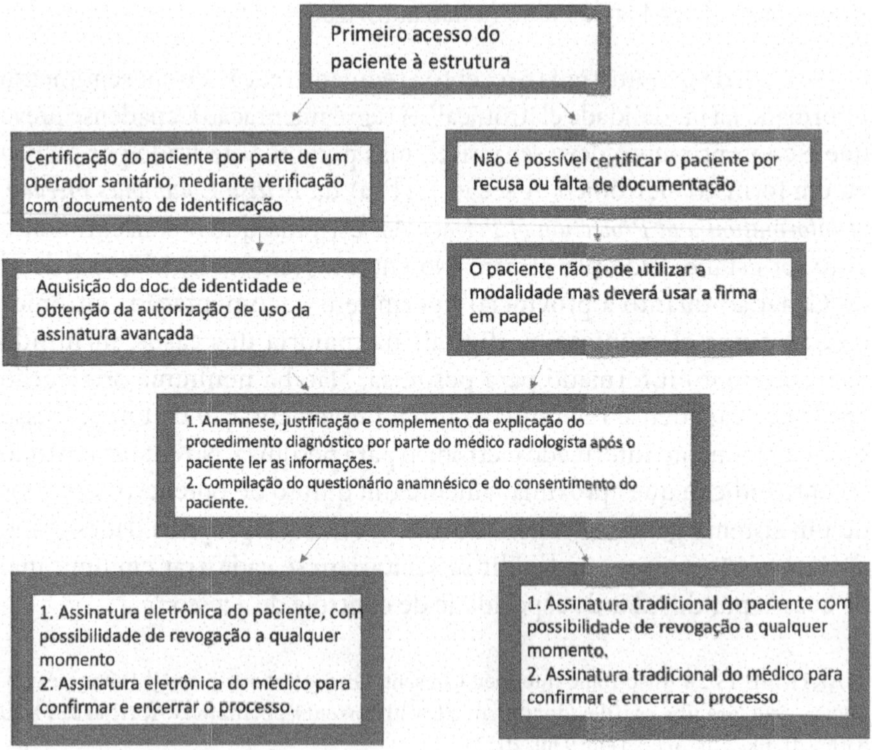

[21] Este consta originalmente no LINEE GUIDA per la dematerializzazione del consenso informato. *In*: ambito radiológico adottate con circolare dell'Agenzia per l'Italia digitale (di seguito Agid) de 24/01/2018, p. 16. Disponível em: https://trasparenza.agid.gov.it/moduli/downloadFile.php?file=oggetto_allegati/18241028510O__O01+-+AGID+CIRC+n.+01+-+24+gen+2018.pdf. Tradução da autora, com adaptações.

Como visto, tanto o sistema estadunidense quanto o canadense não fornecem segurança extraordinária, além do que poderia ser exigido no Brasil, tendo em vista a Lei Geral de Proteção de Dados. O sistema italiano parece ser bem interessante ao adotar o cadastro com controle grafométrico, embora deva ser ressaltado que a assinatura de um termo de consentimento, por si, não é prova de que o paciente tenha efetivamente passado por um adequado processo de escolha esclarecida.

Por isso, ressalta-se a importância de que o itinerário digital abranja a prestação de informações presencial ou por meio eletrônico, os esclarecimentos diretos com o médico e a assinatura eletrônica ou convencional por meio físico. Há, portanto, distintas possibilidades abrangendo esses dois feixes, cuja escolha dependerá das circunstâncias concretas e é possível representar essa afirmação pelo desenho abaixo:

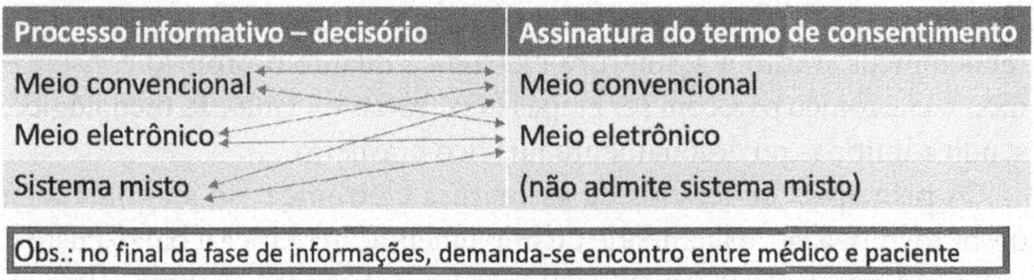

Assim, especificadas as principais questões que envolvem o assunto, parte-se aos apontamentos de encerramento do texto.

Conclusões

A vida e a saúde são interesses elevados da pessoa humana, pois tratam daquilo que a mantém viva e que permite cumprir os seus desígnios. Em matéria de consentimento do paciente, há importantes consensos, mas ainda há questões que dependem de aperfeiçoamento doutrinário e definição legislativa, como foi visto no decorrer do item n. 2.

Passando-se para a investigação sobre os desafios da aplicação da tecnologia no consentimento do paciente, foi possível verificar que é admissível a realização de processo informativo por meio eletrônico, desde que a pessoa que receberá as informações tenha condições de usar os recursos tecnológicos, recursos técnicos aptos e que tenha efetivamente compreendido as informações repassadas. Isso reforça a importância de um encontro direto concomitante ou subsequente com o médico responsável, para que seja mantido o contato entre os envolvidos, que é essencial para a criação e a manutenção dos vínculos de confiança tão caros nesse tipo de atendimento. Ademais, caberá ao médico ou à instituição de atendimento cuidados adicionais para garantir a inviolabilidade e a integridade dos materiais ou documentos e registros relativos aos acessos, conteúdos e assinaturas envolvidas tanto no processo informativo quanto na assinatura eletrônica de um termo de consentimento.

No que toca à assinatura eletrônica, das três modalidades expostas, a assinatura avançada parece ser a que traz maior benefício em comparação aos custos e providências envolvidas, embora seja uma modalidade com segurança intermediária quanto à autoria da assinatura e integridade do conteúdo do consentimento, o que traz desafios ao prestador de serviços, notadamente no campo probatório caso ocorra algum problema que afete a existência, a validade ou a eficácia do consentimento obtido por meios tecnológicos. Tanto a assinatura eletrônica quanto o próprio consentimento eletrônico parecem ser etapas inexoráveis da evolução tecnológica, sendo admitidas no ordenamento jurídico brasileiro.

Os principais benefícios da assinatura eletrônica são a agilidade, a desburocratização, a facilidade de implementação prática a baixo custo e independente de deslocamentos das pessoas envolvidas. Essa modalidade, porém, exige cautelas. A plataforma utilizada deve utilizar recursos adequados para garantir a segurança legitimamente esperada de um serviço dessa natureza (inclusive por coletar e armazenar dados sensíveis e informações das partes). Em face dessas circunstâncias, admite-se que a assinatura eletrônica é passível de presunção relativa de adequação, a qual pode ser elidida por prova em sentido contrário, cujo ônus é variável, conforme as circunstâncias a serem analisadas em eventual processo judicial.

Se houver a opção pela assinatura eletrônica, é essencial que essa assinatura esteja cercada por um sistema confiável para atribuição da autoria da vontade expressada, e que a plataforma que preste este serviço assegure a *confidencialidade* dos dados e informações, permitindo o acesso apenas a quem for legitimamente autorizado; a *disponibilidade* dos documentos, dados e informações que lhe foram confiados, a todo momento para acesso aos usuários autorizados sempre que estes entenderem necessário; a *autenticidade*, utilizando meios adequados e razoáveis para assegurar que a pessoa qualificada como autora da assinatura corresponda efetivamente à que tenha praticado os atos necessários à assinatura eletrônica específica; e a *integridade*, para garantir que dados e informações sejam mantidos íntegros (em sua originalidade) e protegidos contra modificações posteriores indevidas, intencionais ou acidentais.

Podem ser utilizados alguns dos princípios que regem a proteção de dados para indicar uma necessária atenção que deve ser dada ao resguardo da assinatura virtual, por parte de quem faz uso esse tipo de serviço e que também dizem respeito a quem oferece o serviço de plataformas online de assinaturas, que são os seguintes:

a) *princípio da transparência*, segundo o qual deve ser de conhecimento das partes o modo de operação que diga respeito aos dados e informações coletadas, e do ato realizado (o consentimento), bem como o seu processamento e arquivamento destes;
b) *princípio da exatidão*, que traz o dever de fidedignidade dos registros realizados pela plataforma;
c) *princípio da finalidade*, representando a diretriz de uso dos dados e das informações, bem como do serviço realizado, unicamente à finalidade para o qual foram coletados;
d) *princípio do livre acesso (disponibilidade)*, prevendo que o usuário deve ter acesso irrestrito às aos registros de seus dados e aos atos praticados na plataforma;
e) *princípio da segurança física e lógica*, o qual estabelece que os dados e informações, bem como o termo assinado devem estar suficientemente protegidos contra riscos de extravio, alteração ou destruição[22];
f) *princípios da precaução* e da *prevenção*[23], originalmente aplicados no direito ambiental, sendo que o primeiro trata da necessária adoção

[22] DONEDA, Danilo; MONTEIRO, Marília de Aguiar. Proteção de dados pessoais enquanto direito fundamental e o direito fundamental à saúde – privacidade e e-Health. *In*: KEINERT, Tânia Margarete Mezzomo *et al.* (Org.). **Proteção à privacidade e acesso às informações em saúde**: tecnologias, direitos e ética. São Paulo: Instituto da Saúde, 2015. p. 160-161.

[23] RUARO, Regina Linden. Direito fundamental à liberdade de pesquisa genética e à proteção de dados pessoais: os princípios da prevenção e da precaução como garantia do direito à vida privada. **Revista do Direito Público**, Londrina, v. 10, n. 2, p. 9-38, maio/ago. 2015. p. 31.

de condutas para evitar um risco de dano, enquanto o segundo circunscreve a indispensável aplicação de medidas destinadas a evitar o dano[24], que podem ser elevados em razão da natureza do auste.

Quanto aos dois últimos princípios listados, convém destacar que a própria LGPD exige a necessidade de que a pessoa que tratou dados alheios comprove que tenha adotado medidas de segurança "técnicas e administrativas aptas a proteger os dados pessoais de acessos não autorizados e de situações acidentais ou ilícitas de destruição, perda, alteração, comunicação ou qualquer forma de tratamento inadequado ou ilícito", como determina o art. 46.

Referências

ALVES, Wagner Antônio. **Princípios da precaução e da prevenção no direito ambiental brasileiro**. São Paulo: Juarez Oliveira, 2005.

ARTICLE 13.2.4: Electronic Informed Consent. Disponível em: https://ethics.research.ubc.ca/sites/ore.ubc.ca/files/documents/E%20consent%20final%20April%2029%20with%20links.pdf. Acesso em: 9 jul. 2023.

BALLESTEROS, Jesús. **Postmodernidad**: decadencia o resistencia. Madrid: Tecnos, 1989.

BEZERRA DE MENEZES, Joyceane; MULTEDO, Renata Vilela. A autonomia ético-existencial do adolescente nas decisões sobre o próprio corpo e a heteronomia dos pais e do Estado no Brasil. **Revista de direito administrativo & Constitucional**. Belo Horizonte, ano 16, n. 63, p. 187-210, 2016.

BRASIL. **Lei n. 9.263/1996,** de 12 de janeiro de 1996. Disponível em: https://www.planalto.gov.br/ccivil_03/leis/l9263.htm. Acesso em: 10 jun. 2023.

BRASIL. **Lei nº 14.443**, de 2 de setembro de 2022. Legislação Informatizada. Disponível em: https://www2.camara.leg.br/legin/fed/lei/2022/lei-14443-2-setembro-2022-793189-publicacaooriginal-166038-pl.html. Acesso em: 10 jun. 2023.

BRASIL. **Lei n. 13.146**, de 6 de julho de 2015. Institui a Lei Brasileira de Inclusão da Pessoa com Deficiência (Estatuto da Pessoa com Deficiência). Disponível em: L13146 (planalto.gov.br). Acesso em: 11 jun. 2023.

[24] Em algumas vezes, os dois princípios poderiam ser aplicados conjuntamente, não obstante a lógica indicar que o princípio da precaução estaria mais distante de uma situação de dano efetivo que o princípio da prevenção. *Vide*, a respeito, ALVES, Wagner Antônio. **Princípios da precaução e da prevenção no direito ambiental brasileiro.** São Paulo: Juarez Oliveira, 2005. p. 119.

BRASIL. **Lei nº 14.063**, de 23 de setembro de 2020 Disponível em: L14063 (planalto.gov.br). Acesso em: 09 jun. 2023.

CARNEY, Maria T.; NEUGROSCHL, Judith; MORRISON, R. Sean; MARIN, Deborah; SIU, Albert L. The development and piloting of a capacity assessment tool. **The journal of clinical ethic**, v. 12, n. 1, p. 17-23, 2001.

CFR. Código de Regulamentos Federais Título 21. Disponível em: https://www.accessdata.fda.gov/scripts/cdrh/cfdocs/cfcfr/cfrsearch.cfm. Acesso em: 8 jul. 2023.

DOCUMENTO DE ORIENTAÇÃO. Use of Electronic Informed. Consent Questions and Answers. Guidance for Institutional Review Boards, Investigators, and Sponsors. Dez. 2016. Disponível em: https://www.fda.gov/regulatory-information/search-fda-guidance-documents/use-electronic-informed-consent-clinical--investigations-questions-and-answers. Acesso em: 8 jul. 2023.

CÓDIGO DE NUREMBERG. **Tribunal Internacional de Nuremberg** – 1947. Disponível em: www.ufrgs.br/bioetica/nuremcod.htm. Acesso em: 2 jul. 2023.

DONEDA, Danilo; MONTEIRO, Marília de Aguiar. Proteção de dados pessoais enquanto direito fundamental e o direito fundamental à saúde – privacidade e e-Health. *In*: KEINERT, Tânia Margarete Mezzomo *et al.* (Org.). **Proteção à privacidade e acesso às informações em saúde**: tecnologias, direitos e ética. São Paulo: Instituto da Saúde, 2015.

EHRHARDT JR., Marcos. **Direito civil**: LINDB e parte geral. 2. ed. Salvador: JusPodivm, 2011. v. 1.

ELECTRONIC Transactions Act. Disponível em: Electronic Transactions Act 2010 – Estatutos de Cingapura Online (agc.gov.sg). Acesso em: 8 jul. 2023.

FREEDMAN, Benjamin. A moral theory of informed consent. **The Hastings Center Report**, v. 5, n. 4, 1975

GHOOI, Ravindra B. The Nuremberg Code: A critique. **Perspectives in Clinical Research**, v. 2, n. 2, p. 72-76, abr-jun. 2011.

GRISSO, Thomas; APPELBAUM, Paul S. **Assessing competence to consent to treatment**: a guide for physicians and other health professionals. New York: Oxford University Press, 1998.

HARMON, Louise. The doctor's trial at Nuremberg. In: RAFUL, Lawrence (Org.). **The Nuremberg Trials**: International Criminal Law Since 1945. München: K.G. Saur Verlang, 2006.

LINEE GUIDA per la dematerializzazione del consenso informato. *In*: ambito radiológico adottate con circolare dell'Agenzia per l'Italia digitale (di seguito Agid) de 24/01/2018, p. 16. Disponível em: https://trasparenza.agid.gov.it/moduli/downloadFile.php?file=oggetto_allegati/18241028510O__O01+-+AGID+CIRC+n.+01+-+24+gen+2018.pdf

PERSONAL Information and Electronic Documents Act. Disponível em: Lei de Proteção de Informações Pessoais e Documentos Eletrônicos (justice.gc.ca). Acesso em: 8 jul. 2023.

RUARO, Regina Linden. Direito fundamental à liberdade de pesquisa genética e à proteção de dados pessoais: os princípios da prevenção e da precaução como garantia do direito à vida privada. **Revista do Direito Público**, Londrina, v. 10, n. 2, p. 9-38, maio/ago. 2015.

SHEN, N. *et al.* Foundations for Meaningful Consent. Canada's Digital Health Ecosystem: Retrospective Study. **JMIR Med Inform**, mar. v. 31, n. 10, ano, 3, 2022. Disponível em: https://www.ncbi.nlm.nih.gov/pmc/articles/PMC9015739/. Acesso em: 10 jul. 2023.

SOARES, Flaviana Rampazzo. **Consentimento do paciente no direito médico**: validade, interpretação e responsabilidade. Indaiatuba: Foco, 2020.

STURMAN, Edward D. The capacity to consent to treatment and research: a review of standardized assessment tools. **Clinical Psychology Review**, v. 25, issue 7, p. 954-974, nov. 2005.

19. PROTEÇÃO DO EMBRIÃO HUMANO À LUZ DA LEGALIDADE CONSTITUCIONAL: IMPORTÂNCIA ÉTICO-JURÍDICA DA SUA DESTINAÇÃO[1]

HELOISA HELENA BARBOZA

VITOR ALMEIDA

Introdução

Em 25 de julho de 1978, o nascimento de Louise Brown assombrou o mundo: apresentava-se para o grande público o primeiro "bebê de proveta", denominação atribuída pelo senso comum ao primeiro ser humano concebido em laboratório a nascer. Fruto da técnica de fertilização *in vitro*, esse feito da medicina tornou-se um marco histórico no que se refere às técnicas de reprodução humana assistida.

O desenvolvimento das técnicas de reprodução assistida veio resolver, se não minorar, um problema que aflige, há algum tempo, a humanidade: a infertilidade[2]. Nos últimos três quartos de século houve "reduções sem precedentes em taxas de mortalidade e crescimento populacional, seguidas de inusitadas reduções nas taxas de fecundidade (que representa o número

[1] O presente artigo integra as pesquisas dos autores sobre a proteção do embrião humano, em desenvolvimento no âmbito do Núcleo de Estudos e Pesquisas em Biodireito (NEPBIO), da Faculdade de Direito da Universidade do Estado do Rio de Janeiro (Uerj).

[2] De acordo com a Organização Mundial de Saúde (OMS), "A infertilidade é uma doença do sistema reprodutor masculino ou feminino, definida pela incapacidade de conceber uma gravidez após 12 meses ou mais de relações sexuais regulares desprotegidas. Pode causar sofrimento significativo, estigma e dificuldades financeiras, afetando o bem-estar mental e psicossocial das pessoas". Disponível em: https://www.paho.org/pt/noticias/4-4-2023-oms-alerta-que-1-em-cada-6-pessoas-e-afetada-pela-infertilidade-em-todo-mundo . Acesso em: 16 jul. 2023.

médio de filhos que uma mulher tem durante a sua vida)"[3]. De acordo com projeções na literatura especializada, "estima-se a redução nas taxas de fecundidade, junto a um persistente crescimento da população mundial, com subsequente envelhecimento populacional"[4]. A Organização Mundial de Saúde (OMS), no relatório publicado em 04 de abril de 2023, alerta para o fato de que uma em cada seis pessoas, vale dizer cerca de 17,5% da população adulta em todo o mundo, sofre de infertilidade, a qual afetará muitas pessoas ao longo de suas vidas[5].

Diante desses dados é possível constatar a crescente importância das técnicas de reprodução assistida para as pessoas, que efetivamente têm se desenvolvido aceleradamente nas últimas décadas. Se de um lado essas técnicas representam a solução de um problema de saúde que afeta a todos, por outro têm provocado profundos e tormentosos debates (bio)éticos e jurídicos. Além da possibilidade de procriação para todos os que não poderiam ter filhos, as citadas técnicas apresentam um potencial ilimitado que geram situações inéditas, tais como as "relacionadas à estrutura celular, à genética, à manipulação dos gametas e embriões, ao diagnóstico genético pré-implantação, à seleção de embriões, ao estudo genético das células-tronco embrionárias, à clonagem terapêutica". Acresçam-se a esse rol de questões difíceis e complexas as "mudanças/efeito dessas práticas médicas nas práticas sociais"[6].

Algumas das citadas situações já foram objeto de pronunciamento do legislador, de que são exemplo a clonagem humana terapêutica e a reprodutiva que são proibidas e criminalizadas no Brasil[7]. Igualmente

[3] SOUZA, Maria do Carmo Borge de; MOURA, Marisa Decat de; GRYNSZPAN, Daniele (Orgs.). **Vivências em tempo de reprodução assistida**: o dito e o não-dito. Rio de Janeiro: Revinter, 2008, p. 1.

[4] *Ibidem*, p. 1.

[5] OMS. *Op. Cit.*

[6] MOURA, Marisa Decat de; SOUZA, Maria do Carmo Borges de; SCHEFFER, Bruno Brum. Reprodução assistida: um pouco de história. **Revista SBPH**, v. 12, n. 2, Rio de Janeiro, p. 23-42, dez., 2009, p. 24-25. Disponível em: http://pepsic.bvsalud.org/scielo.php?script=sci_arttext&pid=S1516-08582009000200004&lng=pt&nrm=iso. Acesso em: 09 jul. 2023.

[7] Lei 11.105, de 24/03/2006, arts. 6º, IV, e 26. V., a respeito do assunto, cf. BARBOZA, Heloisa Helena. Clonagem humana: uma questão em aberto. In: SARMENTO, Daniel; PIOVESAN, Flavia (Orgs.). **Nos limites da vida**: aborto, clonagem humana e eutanásia sob a perspectiva dos direitos humanos. Rio de Janeiro: Lumen Juris, 2007, p. 185-208.

está proibida no Brasil a engenharia genética em célula germinal humana, zigoto humano e embrião humano, o que impede a realização da denominada edição genética[8]. É autorizada, porém, a utilização de células-tronco embrionárias, obtidas de embriões humanos produzidos por fertilização *in vitro,* não utilizados no respectivo procedimento, desde que atendidas condições previstas em lei, para fins de pesquisa e terapia[9].

Efetivamente novas possibilidades surgem quase que a cada dia, em constante desafio à (Bio)ética e ao (Bio)direito. De acordo com Francisco Amaral, há um campo do conhecimento científico e da prática social que se pode denominar Bioética, ao qual cabe estabelecer "os limites morais do agir científico no campo da vida". Segundo o autor, ao Biodireito cumpre "fixar os limites jurídicos da prática social no campo das inovações tecnológicas"[10]. Contemporaneamente tais inovações podem melhor ser qualificadas como biotecnocientíficas[11], sendo crescentes as interferências em processos da vida humana tidos, até então, como naturais ou fisiológicos, cujos efeitos têm extensão, em verdade, desconhecidos. Registre-se, contudo, que a biotecnociência tem ido além, merecendo ser citada a notícia, divulgada em meados de junho de 2023, da criação do "primeiro embrião humano sintético em laboratório", utilizando células-tronco, resultado de estudo realizado pelos Estados Unidos e Inglaterra, apresentado na reunião anual da Sociedade Internacional para Pesquisa de

[8] Lei 11.105, de 24/03/2006, art. 6º, III. Sobre o assunto, cf. DANTAS, Carlos Henrique Félix. **Aprimoramento genético em embriões humanos**: limites ético-jurídicos ao planejamento familiar na tutela da deficiência como diversidade biológica humana. Belo Horizonte: Fórum, 2022.

[9] Lei 11.105, de 24/03/2006, art. 5º. cf. ALMEIDA, Vitor. **Tutela extrapatrimonial do nascituro e danos pré-natais**. No prelo.

[10] AMARAL, Francisco. Por um estatuto jurídico da vida humana. A construção do biodireito. **Revista ABLJ**, n. 12, p. 109-120, 1997, p. 111.

[11] "Biotecnociência" é um neologismo criado por Fermin Roland Schramm para indicar a relação entre ciência, técnica e vida, que pretende indicar o campo de atuação atual da tecnociência aplicada aos seres e sistemas vivos. Em outros termos, a biotecnociência representa um novo paradigma que emerge no campo dos saberes graças aos avanços da tecnociência aplicada aos sistemas e seres vivos. Ver sobre o assunto SCHRAMM, Fermin Roland. Saúde pública: biotecnociência, biopolítica e bioética. **Saúde Debate**, Rio de Janeiro, v. 43, n. especial 7, p. 152-164, dez., 2019. Disponível em: https://www.scielo.br/j/sdeb/a/JFJNxZjNQCMpbhtsRsQFRsz/?lang=pt#. Acesso em: 25 jun. 2023.

Células-Tronco nos Estados Unidos[12]. A matéria de todo instigante escapa, porém, dos estreitos limites do presente trabalho.[13]

Não obstante haja a permissão para pesquisa com células-tronco dos embriões humanos excedentários, matéria que suscitou acirrado debate na sociedade[14], as técnicas de reprodução assistida carecem no Brasil dos indispensáveis "limites jurídicos", isto é, de regulamentação legal adequada, de há muito demandada em razão da complexidade dos efeitos jurídicos que ensejam. O Código Civil, ao tratar da presunção de paternidade dos filhos havidos do casamento, inclui os que são oriundos de utilização das técnicas de reprodução assistida, expressamente citando os embriões excedentários, oriundos de fertilização *in vitro* (FIV)[15]. As referidas disposições legais são, com o devido respeito ao legislador, incipientes, visto que pecam na conceituação[16] e estão longe de disciplinar as complexas situações jurídicas geradas pelas técnicas de reprodução assistida. Em consequência, a aplicação da Lei exige constante esforço do intérprete.[17]

[12] Ver sobre o assunto: O GLOBO. Cientistas criam primeiro embrião sintético humano em laboratório do mundo, entenda. Rio de Janeiro. 15/06/2023. Disponível em: https://oglobo.globo.com/saude/ciencia/noticia/2023/06/cientistas-criam-1o-embriao-sintetico-humano-do-mundo-entenda.ghtml. Acesso em: 20 jun. 2023.

[13] Destaque-se, contudo, a importância dessa proteção cresce exponencialmente diante do surgimento do embrião humano sintético criado em laboratório, a partir de células-tronco e sem utilização de gametas humanos.

[14] A constitucionalidade dessa permissão foi questionada, tendo o STF firmado em 2008 o entendimento de que as pesquisas com células-tronco embrionárias não violam o direito à vida, tampouco a dignidade da pessoa humana, no histórico julgamento da ADI 3.510.

[15] Sobre o assunto ver BARBOZA, Heloisa Helena; ALMEIDA, Vitor. Os desafios da reprodução assistida *post mortem* e seus efeitos sucessórios. In: TEIXEIRA, Ana Carolina Brochado; NEVARES, Ana Luiza Maia (Orgs.). **Direito das sucessões**: problemas e tendências. Indaiatuba/SP: Foco, 2022, p. 43-66.

[16] O problema conceitual ensejou a aprovação do enunciado 105, aprovado na I Jornada de Direito Civil, realizada pelo Conselho da Justiça Federal em 2002, segundo o qual: "as expressões 'fecundação artificial', 'concepção artificial' e 'inseminação artificial' constantes, respectivamente, dos incs. III, IV e V do art. 1.597 deverão ser interpretadas como 'técnica de reprodução assistida'". Esse entendimento, de todo razoável, é adotado no presente trabalho. JORNADA de Direito Civil. Organização Ministro Ruy Rosado de Aguiar Jr. Brasília: CJF, 2007.

[17] Cf., por todos, BARBOZA, Heloisa Helena. Reprodução assistida: entendimento do STJ sobre alguns problemas práticos. In: SALOMÃO, Luis Felipe; TARTUCE, Flavio (Orgs.). **Direito Civil**: diálogos entre a doutrina e a jurisprudência. São Paulo: Atlas, 2021, p. 769-785; BARBOZA, Heloisa Helena. Reprodução assistida: questões em aberto. In: CASSETTARI,

A regulamentação da matéria vem sendo feita desde 1992 pelo Conselho Federal de Medicina (CFM), que em sua função disciplinar tem emitido sucessivas Resoluções sobre as técnicas de reprodução assistida. Não obstante tais Resoluções contenham normas deontológicas a serem observadas pelos médicos brasileiros, acabaram por assumir papel de todo importante para solução dos conflitos que a cada momento se apresentam mais difíceis. Na verdade, o CFM vem suprindo o silêncio e a morosidade do Congresso Nacional, onde dormitam cerca de duas dezenas de projetos de lei há cerca de três décadas[18].

Dentre as tormentosas questões que aguardam normatização legal se encontra o destino a ser dado aos embriões excedentários. O CFM ao tratar da matéria tem estabelecido orientações que desafiam princípios constitucionais, salvo em sua última Resolução que manteve certo "silêncio" sobre o tema. O presente artigo, elaborado com base em pesquisa bibliográfica e jurisprudencial, procura colaborar na construção das soluções que de há muito se buscam para o destino a ser dado aos embriões excedentários, que visem precipuamente à proteção de sua dignidade como ser humano em estágio primitivo de formação.

1. Tutela jurídica dos embriões humanos: distinções necessárias

Não há dúvida de que uma das questões mais tormentosas que integram o temário do Biodireito[19] e da Bioética[20] diz respeito à proteção jurídica

Christiano (Org.). **10 anos de vigência do Código Civil Brasileiro de 2002**. São Paulo: Saraiva, 2014, p. 92-110.

[18] Tramitam na Câmara dos Deputados, atualmente, 21 projetos de lei destinados a regulamentar as técnicas de reprodução assistida, apensados ao PL 1.184/2003. Disponível em: http://www.camara.gov.br. Acesso em: 21 abr. 2021.

[19] Francisco Amaral entende o Biodireito como "um novo direito, o biodireito, conjunto de valores, princípios e normas que têm por finalidade proteger a vida humana, disciplinando a prática de suas intervenções e os mecanismos de sua manipulação". AMARAL, *Op. Cit.*, p. 110. Judith Martins-Costa define Biodireito como o "termo que indica a disciplina, ainda que nascente, que visa determinar os limites de licitude do progresso científico, notadamente da biomedicina, não do ponto de vista das 'exigências máximas' da fundação e da aplicação dos valores morais na práxis biomédica – isto é, a busca do que se 'deve' fazer para atuar o 'bem' – mas do ponto de vista da exigência ética 'mínima' de estabelecer normas para a convivência social". MARTINS-COSTA, Judith. Bioética e dignidade da pessoa humana: rumo à construção de um biodireito. **Revista Trimestral de Direito Civil**, n. 3, Rio de Janeiro: Padma, 2000, p. 64.

e ética direcionada aos embriões humanos criados em laboratórios não implantados no útero para fins de gestação e possível nascimento. A questão da destinação destes embriões vem sendo profundamente discutida em âmbito nacional e internacional[21], há décadas, sem que se tenha chegado a um entendimento ou orientação segura.

Em que pesem os dissensos em relação ao conceito de nascituro resultantes principalmente do desenvolvimento das técnicas de fertilização *in vitro*, que possibilitaram a criação e crioconservação de embriões humanos, é necessário esclarecer que, para esta obra, *considera-se como nascituro o ser já concebido, mas que se encontra em desenvolvimento no útero de uma mulher.* Contudo, é indispensável identificar os diferentes momentos do processo de desenvolvimento da vida humana, visto que deve haver tutela jurídica adequada a cada uma das fases desse processo.

Pedro Pais de Vasconcelos ressalta a importância de se estabelecer o conceito de nascituro, a fim de se evitar possíveis equívocos. Defende o autor que "há que distinguir, a este propósito, a situação de quem ainda gerado"[22]. Com base na tradição do próprio Direito, deve-se reservar "*a designação nascituro para aqueles que já foram concebidos e têm vida no seio da mãe, mas ainda não nasceram*", sob a justificativa de que a condição do ente por nascer é uma situação transitória e limitada no tempo[23].

Nessa linha, convém distinguir os *nascituros* dos *concepturos.* Isso porque, estes, "não existem, são simples esperanças ou expectativas"[24]. O que na verdade existe, segundo Pedro Pais de Vasconcelos, é a possibilidade de um dia vir a ser gerado[25]. Esta é a hipótese do art. 1.799, I, do Código

[20] De acordo com Francisco Amaral, há um campo do conhecimento científico e da prática social que se pode denominar Bioética, ao qual cabe estabelecer "os limites morais do agir científico no campo da vida". Enquanto ao Biodireito cumpre "fixar os limites jurídicos da prática social no campo das inovações tecnológicas". AMARAL, *Op. Cit.*, p. 111.

[21] Cf., por todos, MEIRELLES, Jussara Maria Leal de. **A vida humana embrionária e sua proteção jurídica.** Rio de Janeiro: Renovar, 2000, *passim.*

[22] VASCONCELOS, Pedro Pais de. **Teoria Geral do Direito Civil**. 6. ed., Coimbra: Almedina, 2010, p. 72.

[23] *Ibid*em, p. 72-73.

[24] *Ibidem*, p. 73.

[25] *Ibidem*, p. 72.

Civil[26]. A técnica de fertilização FIV criou uma situação até então inexistente e inimaginável: a concepção extracorpórea, a criação em laboratório de um embrião humano fora do corpo de uma mulher. Não há, portanto, como se confundir ou equiparar as duas diferentes situações embrionárias: a) embriões, concebidos pelo contato sexual ou em laboratório, e que se encontram em gestação – são os nascituros; b) embriões concebidos em laboratório e que não são implantados no útero de uma mulher para gestação, sendo crioconservados, portanto, embriões que não entraram em gestação.

Há duas características exclusivas da situação dos nascituros: (*i*) a transitoriedade da condição de nascituro; e (*ii*) a iminente possibilidade de aquisição de personalidade, que ocorre a termo previsível – o momento do nascimento com vida, nos termos da codificação vigente. Os embriões crioconservados, por sua vez, não implantados no útero para gestação, têm expectativa contrária, uma vez que: a) o estado de crioconservação pode ser por tempo indefinido; e b) a gestação é incerta, na medida que a tentativa de implantação pode não ter sucesso, e havendo gravidez esta não chegar a termo. Observe-se que há previsão de transferência de até três embriões para o útero, conforme a idade da mulher[27]. Portanto, a possibilidade de nascimento é realmente incerta e em muitos casos talvez jamais ocorra.

Há, contudo, um ponto comum nos dois casos que suscita grande debate quanto aos efeitos jurídicos: o momento da concepção, entendida como a fertilização do óvulo pelo espermatozoide, a partir da qual se inicia o processo de divisão celular para constituição de um novo ser humano, que passará por várias fases e se estenderá por nove meses até seu nascimento, se houver gravidez.

Até o surgimento das técnicas de reprodução assistida, a concepção somente ocorria dentro do corpo da mulher e em decorrência do contato sexual entre homem e mulher. Contudo, as referidas técnicas desvincularam a reprodução do ato sexual e ensejaram várias possibilidades jamais pensadas, que geram consequências sociais e jurídicas complexas, muitas

[26] CC/2002: "Art. 1.799. Na sucessão testamentária podem ainda ser chamados a suceder: I – os filhos, ainda não concebidos, de pessoas indicadas pelo testador, desde que vivas estas ao abrir-se a sucessão".

[27] CFM, Resolução 2.320/2022, item I, 7.

das quais aguardam solução. A concepção em laboratório, através da técnica de fertilização FIV, por exemplo, permitiu que pessoas inférteis e do mesmo sexo possam ter filhos biologicamente seus, o que era impensável. Por outro lado, o processo de FIV cria embriões que acabam não sendo transferidos para o útero de uma mulher para fins de gestação, sendo mantidos em crioconservação. Esses embriões excedentários podem permanecer indefinidamente congelados, especialmente quando a tentativa inicial de implantação resulta em gravidez.

Como se vê, embora a concepção seja um momento único e primordial para o surgimento da vida humana, nem sempre o embrião concebido seguirá as etapas naturais que resultarão na gravidez e nascimento[28]. Os embriões concebidos em laboratório poderão, como indicado, restar congelados por tempo indeterminado. Cabe, portanto, verificar qual o tratamento dado pelo legislador ao concebido e se estão atendidos os princípios constitucionais que regem a matéria.

2. Tratamento legislativo do concebido e do nascituro

De início cabe observar que *concepção* é um termo médico com conceito próprio[29], o qual se refere à fertilização do óvulo (ovócito) pelo espermatozoide; *concebido* é o que foi gerado, fecundado[30]. Como acima destacado,

[28] Ressalva seja feita com relação aos casos em que há a concepção natural, mas não ocorre a gravidez ou esta se verifica, porém é interrompida por causas naturais ou mediante provocação, havendo abortamento.

[29] Segundo a literatura médica: "É muito grande o interesse no desenvolvimento humano antes do nascimento, em grande parte pela própria curiosidade sobre os primórdios da nossa formação e também pelo desejo de melhorar a qualidade de vida. Os intrincados processos pelos quais um bebê se desenvolve a partir de uma única célula são miraculosos [...]. O desenvolvimento humano é um processo contínuo que se inicia quando um ovócito (óvulo) de uma fêmea é fertilizado por um espermatozoide de um macho". Esclarece-se, ainda, que "[...] é difícil determinar exatamente quando a fertilização (concepção) ocorre, porque o processo não pode ser observado *in vivo* (no interior do corpo vivo)". É consensual, no entanto, que o "zigoto é o início de um novo ser humano (ou seja, um embrião)", sendo definido como a "célula resulta[nte] da união do ovócito ao espermatozoide durante a fertilização". MOORE, Keith L; PERSAUD, T. V. N.; TORCHIA, Mark G. *Embriologia clínica*. 7. ed., Trad. de Adriana Paulino do Nascimento et al. Rio de Janeiro: Elsevier, 2004, p. 1-3.

[30] Segundo o Dicionário Houaiss, o significado é "fecundado, gerado (adjetivo)". Disponível: https://houaiss.uol.com.br/corporativo/apps/uol_www/v6-1/html/index.php#6. Acesso em 30 jun. 2023

nascituro[31] é o que irá nascer, foi concebido (gerado) mas ainda não nasceu. Esta distinção parece clara no artigo 2º, do Código Civil, segundo o qual: "A personalidade civil da pessoa começa do nascimento com vida; mas a lei põe a salvo, desde a concepção, os direitos do nascituro". Permita-se a insistência, os conceitos não se confundem: todo nascituro (o que está para nascer) foi concebido, mas nem todo concebido, depois do surgimento da FIV, se tornou ou se tornará um nascituro, como ocorre com os embriões congelados[32].

O problema está em qualificar como *nascituros* os embriões já concebidos que não se encontram em gestação (e que poderão nunca entrar na fase gestacional. Para melhor compreensão da proteção legal existente, torna-se necessário analisar, ainda que de modo suscinto, qual significado o legislador cível quis atribuir aos termos citados.

Os vocábulos *concepção* e *concebido* são usados em diferentes passagens do texto codificado, seja para designar ser já existente (como concebido em gestação), seja para se referir à filiação eventual (ainda não concebidos). A relevância é notória, especialmente para fins de proteção de direitos dos ainda não nascidos.

A menção a *concebidos* é feita para assegurar aos filhos paternidade, por meio da presunção de terem sido concebidos na constância do casamento, estabelecida nos termos do art. 1.597, incisos I e II, com base no tempo mínimo e máximo de gestação, e nos incisos III, IV e V, para os filhos frutos de técnicas de reprodução assistida. Estabelecido o vínculo parental por força da presunção, o filho poderá exercer todos os direitos existenciais e patrimoniais decorrentes do parentesco assim criado. A incidência da presunção sob filhos póstumos (incisos III e IV) e oriundos de técnicas heterólogas (inciso V) beneficia os descendentes, mas gera intrincados problemas sucessórios, que escapam dos estreitos limites deste artigo[33].

[31] Encontra-se em tramitação, desde 2007, o Projeto de Lei 478/2007, ao qual se encontram apensados vinte e cinco outros Projetos de Lei, que dispõe sobre o Estatuto do Nascituro. A matéria ali tratada é complexa e exige detida análise que escapa, todavia, dos limites do presente trabalho. Disponível: https://www.camara.leg.br/proposicoesWeb/fichadetramitacao?idProposicao=345103. Acesso em 25 abr. 2023.

[32] Cf. ALMEIDA JUNIOR, Vitor de Azevedo. Personalidade, titularidade e direitos do nascituro: esboço de uma qualificação. In: *Revista OAB/RJ* | Edição Especial – Direito Civil, v. 01, p. 01-45, 2018.

[33] Ver sobre o assunto BARBOZA, Heloisa Helena. Situação sucessória do embrião e do nascituro no Código Civil de 2002. Prelo.

No que tange à breve análise com pretensão semântica aqui proposta, constata-se que o termo *concebidos* está correto quando se refere a embriões excedentários (inciso IV), visto que efetivamente o são. Contudo, maior problema se encontra no inciso III, que se refere a rigor a *concepturo* (o que não foi concebido), uma vez que a concepção não se deu e se vier a ocorrer se verificará depois da morte do pai. Todavia, por força da presunção (*rectius*: ficção) estabelecida pelo Código, é possível haver o recebimento da herança, desde que observado o prazo prescricional.

A época da concepção é invocada pelo CC/2002, ao contrário do art. 1.597, para afastar a presunção de paternidade, como se vê do art. 1.599, segundo o qual: "a prova da impotência do cônjuge para gerar, à época da concepção, ilide a presunção da paternidade". Iguais funções de concessão ou supressão de direitos se veem ainda nos arts. 1.798[34], a distinção entre os já concebidos e os não concebidos, nos moldes do art. 2º; 1.799[35], que se refere claramente ao *concepturo,* como antes já assinalado; e 1.952, se relaciona também ao *concepturo* ao se mencionar aos não concebidos.

Como se pode constatar, no vigente Código Civil há clara e expressa distinção entre o *nascituro,* como aquele que está em gestação com previsão de nascimento, o *concebido,* por meio natural ou por meio de FIV, que pode ou não ser um nascituro, a depender de estar ou não em gestação, e o *concepturo,* que é o não concebido[36].

Certo é que em qualquer das situações apontadas o ser humano em formação merece proteção jurídica, em virtude da cláusula geral de tutela da pessoa humana e dos princípios constitucionais que regem essa tutela, com adiante esclarecido.

[34] "Art. 1.798. Legitimam-se a suceder as pessoas nascidas ou já concebidas no momento da abertura da sucessão". BRASIL. Lei nº 10.406 de 10 de janeiro de 2002. **Código Civil**. Disponível em: Art. 1799 do Código Civil - Lei 10406/02 | Jusbrasil. Acesso em: 20 jul. 2023.

[35] CC/2002: "Art. 1.799. Na sucessão testamentária podem ainda ser chamados a suceder: I – os filhos, ainda não concebidos, de pessoas indicadas pelo testador, desde que vivas estas ao abrir-se a sucessão". BRASIL (20002). *Op. Cit.*

[36] Permita-se remeter a ALMEIDA. *Op.Cit.*

3. Disposições do Conselho Federal de Medicina (CFM) sobre os embriões humanos excedentários

O CFM, entidade autárquica, foi instituído na década de 1950 como órgão supervisor da ética profissional, com competência para fiscalizar e normatizar a prática médica no Brasil[37]. No exercício de suas atribuições, o CFM tem estabelecido normas sobre a execução das técnicas de reprodução assistida, que constituem dispositivo ético a ser observado pelos médicos. A primeira regulamentação da matéria foi a Resolução 1.358, de 1992, e para a utilização de técnicas de reprodução assistida[38].

Embora as normas do CFM tenham natureza deontológica, desde a edição da citada Resolução 1.358/1992 assumiram inquestionável importância como regimento para a execução e utilização das mencionadas técnicas. Certamente essa posição de destaque se deve à falta de manifestação do Poder Legislativo sobre a matéria, que é aguardada há cerca de três décadas. Ressalva seja feita a regras pontuais e esparsas, algumas já mencionadas, que tangenciam o complexo e delicado tema, cuja repetição seja autorizada, à guisa de exemplo: o art. 1.597, incisos III, IV e V, do CC/2002, que estabelecem a presunção de paternidade nos casos de utilização das técnicas reprodução; o art. 5º, da Lei 11.105/2005 (Lei de Biossegurança), que autoriza o uso de embriões humanos crioconservados excedentários da FIV, para fins de pesquisa e terapia com células-tronco embrionárias; o Provimento 63/2017 do Conselho Nacional de Justiça - CNJ, que trata, entre outros temas, do "registro de nascimento e emissão da respectiva certidão dos filhos havidos por reprodução assistida"[39].

O vazio legislativo provoca insegurança jurídica em terreno sensível que envolve desde a autonomia reprodutiva expressa no direito ao planejamento familiar, até toda gama de possibilidades médico-científicas decorrentes das técnicas de reprodução assistida. Vale citar como exemplo

[37] Ver BRASIL. Lei 3.268, de 30 de setembro de 1957. Dispõe sôbre os Conselhos de Medicina, e dá outras providências. Disponível em: L3268 (planalto.gov.br). Acesso em: 22 jul. 2023.

[38] O CFM editou, desde 1992, as seguintes Resoluções sobre as técnicas de reprodução assistida: 1.358/1992; 1.957/2010; 2.013/2013; 2.121/2015; 2.168/2017; 2.283/2020, 2.294/2021 e 2023/2022 (em vigor).

[39] BRASIL. CNJ. Provimento 63/2017 do Conselho Nacional de Justiça. Disponível em: https://atos.cnj.jus.br/atos/detalhar/2525. Acesso em: 22 jul. 2023.

dessas possibilidades: o diagnóstico genético pré-implantacional de embriões, o compartilhamento de gametas, a crioconservação, a realização de pesquisas e a doação de embriões humanos. A essas situações se somam numerosas e complexas questões éticas e sociojurídicas que, à exceção da legislação acima mencionada, carecem da indispensável normativa legal, fato que ensejou a hipervalorização da regulamentação do CFM sobre a matéria, a qual, embora sem força de lei em sentido estrito, participa da tópica interpretativa, sendo utilizada em diversas decisões judiciais à mingua de lei específica sobre o tema.

Após a Resolução 1.358/1992, pioneira que permaneceu em vigência por quase duas décadas, desde 2010 assiste-se à edição de sucessivas resoluções sobre a matéria. Esse fato revela a velocidade e urgência de atualização das normas existentes, em virtude da evolução das técnicas e dos diferentes procedimentos que ensejam. Somam-se a essas razões: o aumento do índice de infertilidade; a ampliação e modificação dos arranjos familiares, a compreender desde sucessivas uniões até casais do mesmo sexo; procedimentos médico-científicos que se valem das técnicas para pesquisa e tratamento, tais como as pesquisas com células-tronco e a seleção de embriões para tratamento efetivo de algum irmão com HLA compatível[40].

[40] Cuida-se do chamado *saviour siblings*, termo em inglês consagrado pela literatura especializada. Como equivalente em português é possível denominar de "irmão salvador", "irmão protetor" ou, ainda, "bebê-medicamente". Tal situação ganhou notoriedade com o longa-metragem *"My sister's keeper"*, baseado no romance homônimo de Jodi Picoult, traduzido no Brasil para "Uma prova de amor". Segundo Ana Carolina Moares Aboin e Gabriel Schulman, após analisarem os argumentos favoráveis e contrários à prática, sob a perspectiva bioética e à luz do ordenamento brasileiro, concluem que "o *saviour sibling* não parece encontrar respaldo constitucional". ABOIN, Ana Carolina Moraes; SCHULMAN, Gabriel. "Procura-se irmão geneticamente compatível": as crianças geneticamente projetadas para salvar um irmão doente – análise constitucional e bioética do *saviour siblings* a partir do filme **My sister's keeper**. No prelo (texto gentilmente cedido pelos autores). V., ainda, SHELDON, S., WILKINSON, S. Should selecting saviour siblings be banned? **Journal of Medical Ethics**, 2004; 30:533-537. A respeito da ampliação de tal prática para outros beneficiários, há quem defenda: "In conclusion, PGD for HLA typing offers the possibility of having a child that can save a sick sibling. This person affecting reason for using the procedure is not a reason to forbid the practice, but, on the contrary, constitutes a strong argument in favour of it. Since there are no indications that donor children will be harmed, and we know that some people will be saved, it would be unethical not to allow this procedure and not to explore its further

A edição de mais uma resolução – a quinta em onze anos – permite observar a alteração das disposições sobre temas como direitos dos homossexuais, doação de gametas e embriões, gestação compartilhada, cessão de útero e reprodução assistida *post mortem*. O destino dos embriões crioconservados também sofreu modificações[41]. É possível vislumbrar ao longo desse tempo um perfil mais conservador ou mais progressista das disposições, que têm acompanhado também os avanços jurídicos decorrentes de decisões judiciais, especialmente do Supremo Tribunal Federal (STF).

No que respeita ao destino dos embriões criopreservados, houve entre a Resolução 2.294/2021 (revogada) e a 2.320/2022, ora vigente, importantes alterações que merecem análise. Uma das disposições de maior impacto ético-jurídico constava do item 5 e 5.1, da revogada Resolução 2.294/2021, segundo os quais os embriões criopreservados e abandonados por três anos ou mais poderiam ser descartados, mediante autorização judicial, entendendo-se como "abandonado" o embrião cujos responsáveis descumpriram o contrato preestabelecido e não foram localizados pela clínica[42-43].

potentialities. When the burdens are minimal, as is usually the case in cord blood or bone marrow donation, it should be up to the parents to decide whether their children or their future children can act as donors for a loved one. This should not be restricted to siblings and not even to family members. It should be offered to any couples who decide to have a tissue matched baby that can save someone whom they love". DEVOLDER, K. Preimplantation HLA typing: having children to save our loved ones. **Journal of Medical Ethics**, 2005, 31:582–586.

41 Sobre as alterações das Resoluções do CFM de 1992 a 2015 ver: LEITE, Tatiana Henriques. Análise crítica sobre a evolução das normas éticas para a utilização das técnicas de reprodução assistida no Brasil. **Ciência & Saúde Coletiva**, v. 24, n. 3, p. 917-928, mar., 2019. Disponível em: https://www.scielo.br/j/csc/a/MFFT6sywhtcKRqCp8c5fNWw/#. Acesso em: 20 jun. 2023. V., também, SILVA NETTO, Manuel Camelo Ferreira da; DANTAS, Carlos Henrique Félix. A reality outside the law: an ethical-legal analysis of the 30 years of deontological regulation of assisted reproduction technologies in Brazil. **Biolaw Journal**: Rivista di Biodiritto, v. 1, p. 467-483, 2023. Acesso em: 15 jul. 2023.

42 Sobre a revogada Resolução, seja consentido remeter: PEREIRA, Paula Moura Francesconi de; ALMEIDA, Vitor. A reprodução humana assistida e a atuação do Conselho Federal de Medicina: as repercussões da nova Resolução 2.294/21. **Migalhas de vulnerabilidade**, jul., 2021. Disponível em: https://www.migalhas.com.br/coluna/migalhas-de-vulnerabilidade/348647/a-reproducao-humana-assistida-e-a-atuacao-do-cfm. Acesso em: 13 jul. 2023.

43 Na exposição de motivos da Resolução encontra-se seguinte justificativa: "Inúmeros são os casos de embriões congelados e abandonados nos serviços de RA, muitos com mais de 30

A previsão dos referidos itens 5 e 5.1, em boa hora, não constam da vigente Resolução 2.320/2022 do CFM, que contém apenas uma referência a descarte (item VI, 1). Contudo, mantida foi a orientação da Resolução anterior de atribuir aos pacientes a decisão do destino a ser dado aos embriões crioconservados, que pode incluir além da doação, inclusive para pesquisa, o seu descarte, no caso de seleção de embriões submetidos a diagnóstico de alterações genéticas causadoras de doenças[44].

A "doação" de embriões humanos, à luz dos conceitos jurídicos, não parece admissível, na medida em que reifica os embriões, submetendo-os, a rigor técnico, ao regime dos negócios jurídicos gratuitos, previstos para transmissão da propriedade de coisas. Trata-se, contudo, de "solução" menos agressiva do que o descarte, adequado para coisa abandonada (*res derelicta*), a qual pode encontrar respaldo bioético. Contudo, efetivamente, em qualquer caso, a decisão quanto ao destino a ser dado aos embriões criopreservados compete, em última análise, aos pacientes.

Sobre o tema cabe lembrar que, em maio de 2008, o julgamento histórico do Plenário do STF validou, por maioria, o artigo 5º da Lei de Biossegurança (Lei 11.105/2005), para autorizar a utilização de células-tronco embrionárias obtidas de embriões humanos produzidos por FIV e não utilizados para implantação[45]. Como destacou na ocasião o

(trinta) anos. De acordo com o princípio da Lei de Biossegurança (Lei nº 11.105, de 24 de março de 2005), em seu artigo 5º, inciso II, que autorizou o uso de embriões congelados há 3 (três) anos ou mais, contados a partir da data da sua publicação (28 de março de 2005), para pesquisas com células-tronco em que não houve proibição de descarte, mantém-se nesta resolução o descarte de embriões, já aprovado desde a Resolução CFM nº 2.013/2013. A autorização para descarte deverá ser apontada em consentimento informado no momento da opção pela criopreservação, respeitado o tempo mínimo de 3(três) anos, mediante autorização judicial". Disponível em: https://sistemas.cfm.org.br/normas/visualizar/resolucoes/BR/2021/2294. Acesso em: em 16 jul. 2023.

[44] "VI – 1. As técnicas de reprodução assistida podem ser aplicadas à seleção de embriões submetidos a diagnóstico de alterações genéticas causadoras de doenças, podendo nesses casos ser doados para pesquisa ou descartados, conforme a decisão do(s) paciente(s), devidamente documentada com consentimento informado livre e esclarecido". CFM. Conselho Federal de Medicina. **Resolução nº 2.320/2022**. Brasília DF. Disponível em: http://www.portalmedico.org.br. Acesso em 20 jul. 2023.

[45] As condições são de que os embriões sejam "inviáveis" (que não servem mais para a reprodução humana assistida) ou congelados há três anos ou mais, além do consentimento dos genitores (art. 5º, incisos I e II, e § 1º, da Lei de Biossegurança).

Ministro Carlos Ayres Brito, o mero descarte não seria possível à luz do nosso ordenamento, sendo apenas cabível como destinação aos embriões supranumerários a doação a outros casais ou pessoas e o uso para fins de pesquisa e terapia com células-tronco embrionárias. O "descarte" foi rejeitado pelo STF, portanto, não tem cabimento, ainda com autorização judicial, como previsto na Resolução anterior que foi revogada.

O que se verifica é que o CFM tem procurado adequar suas orientações aos preceitos jurídicos, embora a regulamentação que edita apresente oscilações como se constata da sequência de Resoluções que tratam das técnicas de reprodução assistida.

4. Proteção dos embriões humanos crioconservados: uma questão constitucional

O destino a ser dado aos embriões crioconservados constitui um dos pontos de maior divergência, se não o central, dentre todas as questões provocadas pelas técnicas de reprodução assistida. A natureza humana do embrião envolve profundas indagações de ordem ética e bioética[46], não comportadas nos limites do presente trabalho, bem como jurídicas[47], particularmente no que diz respeito ao tratamento e à proteção que lhe são devidos, para que não haja afronta à dignidade humana. Esta preocupação se vê presente em diretrizes internacionais existentes sobre a matéria. Serve de exemplo o disposto na denominada Convenção de Oviedo de 1997, que tem por objeto e finalidade proteger "o ser humano na sua dignidade e na sua identidade"[48], e segundo a qual a pesquisa em

[46] Seja consentido remeter a BARBOZA, Heloisa Helena. Estatuto Ético do Embrião Humano. In: SARMENTO, Daniel; GALDINO Flavio (Orgs.). **Direitos Fundamentais**: estudos em homenagem ao Prof. Ricardo Lobo Torres. Rio de Janeiro: Renovar, 2006, p. 527-549.

[47] Permita-se remeter a BARBOZA, Heloisa Helena. Proteção jurídica do embrião humano. In: CASABONA, Carlos Maria Romeo; QUEIROZ, Juliane Fernandes (Orgs.). **Biotecnologia e suas implicações ético-jurídicas**. Belo Horizonte: Del Rey, 2005, p. 248-270.

[48] Convenção para a proteção dos direitos do homem e da dignidade do ser humano em face das aplicações da biologia e da medicina: convenção sobre os direitos do homem e a biomedicina, firmada em Oviedo (Asturias) em abril de 1997: "Artigo 1.º – Objecto e finalidade – As Partes na presente Convenção protegem o ser humano na sua dignidade e na sua identidade e garantem a toda a pessoa, sem discriminação, o respeito pela sua integridade e pelos seus outros direitos e liberdades fundamentais face às aplicações da biologia e da medicina". PORTUGAL. **Ministério Público de Portugal**. Convenção para a

embriões "*in vitro*" pode ser admitida por lei que garanta uma proteção adequada do embrião[49].

O Brasil aderiu à Convenção Americana sobre Direitos Humanos (Pacto de São José da Costa Rica), de 22 de novembro de 1969, que foi promulgada pelo Decreto 678, de 06 de novembro de 1992, e estabelece em seu art. 4.1: "Toda pessoa tem o direito de que se respeite sua vida. Esse direito deve ser protegido pela lei e, em geral, desde o momento da concepção. Ninguém pode ser privado da vida arbitrariamente". Destaque-se que nos termos do artigo 1.2, 2, do Pacto de São José da Costa Rica, para os efeitos da Convenção, pessoa é todo ser humano.

O disposto no art. 4.1 acima é invocado pelos que condenam a técnica de fertilização FIV, salvo haja transferência a fresco do embrião assim gerado, para que não haja criopreservação ou outra utilização que não seja para reprodução. Nessa linha, as pesquisas com embriões humanos são inadmissíveis, entendimento que resultou na grande polêmica sobre a inconstitucionalidade do art. 5º, da Lei 11.105/2005, rejeitada pelo STF ao julgar a ADI 3.510, como antes mencionado.

Mantém-se, contudo, o debate quanto a haver (ou não) violação à vida na FIV, em violação ao art. 4.1 acima transcrito, de acordo com o qual o direito à vida "deve ser protegido pela lei e, em geral, desde o momento da concepção". Sobre esta questão já houve manifestação em 2012 da Corte Interamericana de Direitos Humanos, assim resumida:

> **A fertilização *in vitro* não viola o direito à vida, previsto no art. 4.1 da Convenção Americana sobre Direitos Humanos**
>
> 264. A Corte utilizou os diversos métodos de interpretação, os quais levaram a resultados coincidentes no sentido de que o embrião não pode ser entendido como pessoa para efeitos do art. 4.1 da Convenção Americana. Além disso, depois de uma análise das bases científicas disponíveis, a Corte

protecção dos direitos do homem e da dignidade do ser humano face às aplicações da biologia e da medicina: convenção sobre os direitos do homem e a biomedicina. 1997. Disponível em: https://gddc.ministeriopublico.pt/sites/default/files/documentos/instrumentos/convencao_protecao_dh_biomedicina.pdf. Acesso em: 20 abr. 2023.

[49] "Artigo 18.º – Pesquisa em embriões in vitro – 1 – Quando a pesquisa em embriões in vitro é admitida por lei, esta garantirá uma protecção adequada do embrião. 2 – A criação de embriões humanos com fins de investigação é proibida" (PORTUGAL, *Op. Cit.*).

concluiu que a "concepção", no sentido do art. 4.1, ocorre a partir do momento em que o embrião se implanta no útero, razão pela qual antes desse evento não procederia a aplicação do art. 4 da Convenção. Além disso, é possível concluir das palavras "em geral" que a proteção do direito à vida em conformidade com essa disposição não é absoluta, mas é gradual e incremental segundo seu desenvolvimento, em razão de que não constitui um dever absoluto e incondicional, mas implica entender a procedência de exceções à regra[50].

O STF já havia, porém, se posicionado em 2008 sobre o contido no art. 4.1, do Pacto de São José da Costa Rica, no que tange à violação do direito à vida, por ocasião do julgamento da ADI 3.510, acima citado, impondo-se a transcrição do resumo na parte atinente ao tema aqui tratado:

A pesquisa com células-tronco embrionárias para fins terapêuticos não viola o direito à vida nem a dignidade da pessoa humana

No plano puramente jurídico-positivo, há fortes razões para adotar-se a tese de que a vida tem início a partir da concepção. Dentre outras, porque a Convenção Americana de Direitos Humanos, o denominado Pacto de San José da Costa Rica, aprovado em 22 de novembro de 1969, e ratificado pelo Brasil em 25 de setembro de 2002, ingressou no ordenamento legal pátrio não como simples lei ordinária, mas como regra de caráter supralegal ou, até mesmo, como norma dotada de dignidade constitucional, segundo recente entendimento expressado por magistrados desta Suprema Corte.[...] A se levar às últimas consequências tal raciocínio, qual seja, o da prevalência dos tratados internacionais de direitos humanos sobre as leis ordinárias, não há como deixar de concluir, *concessa venia*, que a vida, do ponto de vista estritamente vista legal, começa na concepção, ou seja, a partir do encontro do espermatozoide com o óvulo. Isso porque o art. 4, 1, da Convenção Americana de Direitos Humanos, sem cuidar da implantação ou não do óocito fecundado em um útero humano – até porque à época de sua aprovação não se cogitava,

[50] CORTE Interamericana de Direitos Humanos (IDH). Caso Caso Artavia Murillo e Outros ("Fecundação In Vitro") VS. Costa Rica. Sentença (Exceções preliminares, Mérito, Reparações e Custas). San José, 28 de novembro de 2012. Disponível em: https://www.corteidh.or.cr/docs/casos/articulos/seriec_257_por.pdf. Acesso em: 25 jun. 2023.

> ainda, da técnica da fertilização extra-corpórea –, estabelece, *tout court*, o seguinte: "Toda a pessoa tem direito que se respeite sua vida. Esse direito deve ser protegido pela lei e, em geral, desde a concepção" [...]. Ainda que se queira relativizar a força desse comando em face da expressão "em geral" nele abrigada, tal locução não afasta a ideia de que, para os efeitos legais, a vida começa na concepção, iniciada quer *in utero*, quer *in vitro*, podendo a lei do Estado signatário da Convenção deixar, eventualmente, de protegê-la, em situações excepcionais, caso outros valores estejam em jogo. [...] Daí segue-se, a meu ver, que esse conceito jurídico, abrigado em um tratado internacional de direitos humanos, regulamente subscrito e ratificado pelo País, a saber, não é abalado, *data venia*, pelo raciocínio arrimado, fundamentalmente, no Código Civil, segundo o qual a legislação pátria somente ampararia o nascituro, isto é, o ser aninhado no útero materno, garantindo-lhe a proteção do Estado, antes mesmo do nascimento[51].

Os autorizados entendimentos acima transcritos deixam patente que a proteção do embrião humano não implantado, isto é, que não se encontre em gestação, é impositiva, qualquer que seja o conceito adotado, sob pena de afronta ao princípio constitucional fundante da dignidade humana.

A despeito da proteção constitucional existente, de há muito é reclamada regulamentação infraconstitucional da matéria, para não apenas evitar disposições contrárias aos mandamentos constitucionais, éticos e bioéticos, a exemplo da Resolução do CFM 2.294/2021, em boa hora revogada, como também atender os altos interesses sociais e médico-científicos que podem ser alcançados através dos embriões criopreservados.

Conclusões

Como visto, o embrião humano criado em laboratório e ainda não implantado no útero feminino para gestação merece uma proteção própria e condizente com o estado de potencialidade e viabilidade que se encontra. À luz do ordenamento jurídico brasileiro, é possível sua utilização para fins de pesquisa ou terapia, mas desde que observadas as exigências constantes no art. 5º da Lei 11.105/2005. Além dos fundamentos jurídicos invocados pelo STF para reconhecer a constitucionalidade desse dispositivo legal,

[51] STF. Supremo Tribunal Federal. ADI 3.510, Rel. Min. Ayres Britto, voto do Min. Ricardo Lewandowski, julg. 29 maio 2008, publ. 28 maio 2010.

razões de ordem ética e bioética autorizam essa destinação, que atende os interesses das pessoas que necessitam de terapias inovadoras para tratamento de sua saúde. Na ponderação entre esses interesses de, em última análise, manutenção da vida de pessoas já nascidas e de proteção do embrião humano crioconservado, na verdade, uma vida ainda potencial, com possibilidade de não se verificar, inclinaram-se os legisladores e os julgadores pela proteção da vida já em curso. Cuida-se de proteção da vida em sua dimensão biográfica, e não apenas biológica.

Efetivamente, não parece razoável que se dê igual proteção jurídica a situações que são, de fato, distintas: no caso do nascituro, quer concebido pelo contato sexual, quer em laboratório, há gestação e uma probabilidade concreta de nascimento a termo previsível; no caso do embrião crioconservado, não há gestação, nem qualquer previsão de transferência para tentativa de gestação e, por conseguinte, nascimento. O que há é uma expectativa, uma possibilidade de nascimento em tempo indefinido.

A utilização de embriões humanos criopreservados para fim diverso da reprodução humana somente deve ser admitida em caráter excepcional e com sólido suporte ético, bioético e jurídico, a exemplo das pesquisas com células-tronco embrionárias. A proteção constitucional que lhe é devida torna-se efetiva na destinação que lhe é dada. Vedada deve ser qualquer previsão que atente contra a dignidade humana, como a comercialização, a negociação ou transferência de sua "titularidade" a qualquer título, sob pena de reificação do embrião criopreservado. Na hipótese de entrega do embrião excedentário a outras pessoas para realização de seu projeto parental, em lugar da doação, própria para coisas, seria mais adequada sua "adoção", à evidência sob modalidade especial, em razão de ser instituto jurídico previsto para pessoas humanas[52].

Urge que se estabeleça uma normativa apta à proteção dos embriões humanos excedentários, mormente quando já se apresenta um embrião "humano" sintético criado em laboratório, o que descortina questões de perplexidade ainda desconhecidas.

[52] Em razão dos estreitos limites do presente trabalho, não se discute nesta oportunidade a chamada adoção de nascituro, prevista no art. 372 do revogado Código Civil de 1916, bem como a possibilidade entrega pelas gestantes de seus filhos para adoção, atualmente disposta no art. 8º, § 5º e art. 13, § 1º da Lei 8.069/1990 (ECA).

Referências

ABOIN, Ana Carolina Moraes; SCHULMAN, Gabriel. "Procura-se irmão geneticamente compatível": as crianças geneticamente projetadas para salvar um irmão doente – análise constitucional e bioética do *saviour siblings* a partir do filme **My sister's keeper**. No prelo (texto gentilmente cedido pelos autores).

ALMEIDA, Vitor. **Tutela extrapatrimonial do nascituro e danos pré-natais**. No prelo.

AMARAL, Francisco. Por um estatuto jurídico da vida humana. A construção do biodireito. **Revista ABLJ**, n. 12, p. 109-120, 1997.

BARBOZA, Heloisa Helena; ALMEIDA, Vitor. Os desafios da reprodução assistida *post mortem* e seus efeitos sucessórios. In: TEIXEIRA, Ana Carolina Brochado; NEVARES, Ana Luiza Maia (Orgs.). **Direito das sucessões**: problemas e tendências. Indaiatuba/SP: Foco, 2022.

BARBOZA, Heloisa Helena. Reprodução assistida: entendimento do STJ sobre alguns problemas práticos. In: SALOMÃO, Luis Felipe; TARTUCE, Flavio (Orgs.). **Direito Civil**: diálogos entre a doutrina e a jurisprudência. São Paulo: Atlas, 2021.

BARBOZA, Heloisa Helena. Reprodução assistida: questões em aberto. In: CASSETTARI, Christiano (Org.). **10 anos de vigência do Código Civil Brasileiro de 2002**. São Paulo: Saraiva, 2014.

BARBOZA, Heloisa Helena. Clonagem humana: uma questão em aberto. In: SARMENTO, Daniel; PIOVESAN, Flavia (Orgs.). **Nos limites da vida**: aborto, clonagem humana e eutanásia sob a perspectiva dos direitos humanos. Rio de Janeiro: Lumen Juris, 2007.

BARBOZA, Heloisa Helena. Estatuto Ético do Embrião Humano. In: SARMENTO, Daniel; GALDINO Flavio (Orgs.). **Direitos Fundamentais**: estudos em homenagem ao Prof. Ricardo Lobo Torres. Rio de Janeiro: Renovar, 2006.

BARBOZA, Heloisa Helena. Proteção jurídica do embrião humano. In: CASABONA, Carlos Maria Romeo; QUEIROZ, Juliane Fernandes (Orgs.). **Biotecnologia e suas implicações ético-jurídicas**. Belo Horizonte: Del Rey, 2005.

BRASIL. Lei nº 10.406 de 10 de janeiro de 2002. **Código Civil**. Disponível em: Art. 1799 do Código Civil – Lei 10406/02 | Jusbrasil. Acesso em: 20 jul. 2023.

BRASIL. Lei nº 11.105, de 24 de março de 2005. **Lei de Biossegurança**. Disponível em: https://sistemas.cfm.org.br/normas/visualizar/resolucoes/BR/2021/2294. Acesso em: em 16 jul. 2023.

BRASIL. Lei 3.268, de 30 de setembro de 1957. Dispõe sôbre os Conselhos de Medicina, e dá outras providências. Disponível em: L3268 (planalto.gov.br). Acesso em: 22 jul. 2023.

CFM. Conselho Federal de Medicina. **Resolução nº 2.320/2022**. Brasília DF. Disponível em: http://www.portalmedico.org.br. Acesso em 20 jul. 2023.

CORTE Interamericana de Direitos Humanos (IDH). Caso Caso Artavia Murillo e Outros ("Fecundação In Vitro") VS. Costa Rica. Sentença (Exceções preliminares, Mérito, Reparações e Custas). San José, 28 de novembro de 2012. Disponível em: https://www.corteidh.or.cr/docs/casos/articulos/seriec_257_por.pdf. Acesso em: 25 jun. 2023.

DANTAS, Carlos *Henrique* Félix. **Aprimoramento genético em embriões humanos**: limites ético-jurídicos ao planejamento familiar na tutela da deficiência como diversidade biológica humana. Belo Horizonte: Fórum, 2022.

DEVOLDER, K. Preimplantation HLA typing: having children to save our loved ones. **Journal of Medical Ethics**, 2005, 31:582–586.

JORNADA de Direito Civil. Organização Ministro Ruy Rosado de Aguiar Jr. Brasília: CJF, 2007.

LEITE, Tatiana Henriques. Análise crítica sobre a evolução das normas éticas para a utilização das técnicas de reprodução assistida no Brasil. **Ciência & Saúde Coletiva**, v. 24, n. 3, p. 917-928, mar., 2019. Disponível em: https://www.scielo.br/j/csc/a/MFFT6sywhtcKRqCp8c5fNWw/#. Acesso em: 20 jun. 2023.

MARTINS-COSTA, Judith. Bioética e dignidade da pessoa humana: rumo à construção de um biodireito. **Revista Trimestral de Direito Civil**, n. 3, Rio de Janeiro: Padma, 2000.

MEIRELLES, Jussara Maria Leal de. **A vida humana embrionária e sua proteção jurídica**. Rio de Janeiro: Renovar, 2000.

MOURA, Marisa Decat de; SOUZA, Maria do Carmo Borges de; SCHEFFER, Bruno Brum. Reprodução assistida: um pouco de história. **Revista SBPH**, v. 12, n. 2, Rio de Janeiro, p. 23-42, dez., 2009, p. 24-25. Disponível em: <http://pepsic.bvsalud.org/scielo.php?script=sci_arttext&pid=S1516-08582009000200004&lng=pt&nrm=iso>. Acesso em: 09 jul. 2023.

O GLOBO. Cientistas criam primeiro embrião sintético humano em laboratório do mundo, entenda. Rio de Janeiro. 15/06/2023. Disponível em: https://oglobo.globo.com/saude/ciencia/noticia/2023/06/cientistas-criam-1o-embriao-sintetico-humano-do-mundo-entenda.ghtml. Acesso em: 20 jun. 2023.

OMS. Organização Mundial da Saúde. **OMS alerta que 1 em cada 6 pessoas é afetada pela infertilidade em todo o mundo**. Disponível em: https://www.paho.org/pt/noticias/4-4-2023-oms-alerta-que-1-em-cada-6-pessoas-e-afetada-pela-infertilidade-em-todo-mundo . Acesso em: 16 jul. 2023.

PEREIRA, Paula Moura Francesconi de; ALMEIDA, Vitor. A reprodução humana assistida e a atuação do Conselho Federal de Medicina: as repercussões da nova Resolução 2.294/21. **Migalhas de vulnerabilidade**, jul., 2021. Disponível em: https://www.migalhas.com.br/coluna/migalhas-de-vulnerabilidade/348647/a-reproducao-humana-assistida-e-a-atuacao-do-cfm. Acesso em: 13 jul. 2023.

PL 1.184/2003. Disponível em: http://www.camara.gov.br. Acesso em: 21 abr. 2021.

PORTUGAL. **Ministério Público de Portugal**. Convenção para a protecção dos direitos do homem e da dignidade do ser humano face às aplicações da biologia e da medicina: convenção sobre os direitos do homem e a biomedicina, 1997. Disponível em: https://gddc.ministeriopublico.pt/sites/default/files/documentos/instrumentos/convencao_protecao_dh_biomedicina.pdf . Acesso em: 20 abr. 2023.

SCHRAMM, Fermin Roland. Saúde pública: biotecnociência, biopolítica e bioética. **Saúde Debate**, Rio de Janeiro, v. 43, n. especial 7, p. 152-164, dez., 2019. Disponível em: https://www.scielo.br/j/sdeb/a/JFJNxZjNQCMpbhtsRsQFRsz/?lang=pt#. Acesso em: 25 jun. 2023.

SILVA NETTO, Manuel Camelo Ferreira da; DANTAS, Carlos Henrique Félix. A reality outside the law: an ethical-legal analysis of the 30 years of deontological regulation of assisted reproduction technologies in Brazil. **Biolaw Journal**: Rivista di Biodiritto, v. 1, p. 467-483, 2023. Acesso em: 15 jul. 2023.

SHELDON, S., WILKINSON, S. Should selecting saviour siblings be banned? **Journal of Medical Ethics**, 2004.

SOUZA, Maria do Carmo Borge de; MOURA, Marisa Decat de; GRYNSZPAN, Daniele (Orgs.). **Vivências em tempo de reprodução assistida**: o dito e o não--dito. Rio de Janeiro: Revinter, 2008.

STF. Supremo Tribunal Federal. ADI 3.510, Rel. Min. Ayres Britto, voto do Min. Ricardo Lewandowski, julg. 29 maio 2008, publ. 28 maio 2010.

VASCONCELOS, Pedro Pais de. **Teoria Geral do Direito Civil**. 6. ed., Coimbra: Almedina, 2010.

20. A TELESSAÚDE NO BRASIL: ÓBICES ESTRUTURAIS QUE IMPEDEM À EFETIVAÇÃO DA LEI N. 14.510/2022

Moyana Mariano Robles-Lessa
Carlos José de Castro Costa
Hildeliza Lacerda Tinoco Boechat Cabral

> "A verdadeira arte de cuidar é uma forma de amor, que se revela em pequenos detalhes, em pequenos gestos, em pequenas palavras. É um ato de presença, de escuta, de compreensão. É um ato de paciência e compaixão, que nos permite entrar no mundo do outro e compartilhar sua dor. É um ato de humanidade, que nos lembra de que todos somos iguais e merecemos ser tratados com bondade e respeito."
>
> (Rachel Naomi Remen)

Considerações iniciais

Em 27 de dezembro de 2022, foi sancionada a Lei nº 14.510[1] – conhecida como Lei da Telessaúde, justamente por autorizar e regularizar a prática da telessaúde no Brasil. A referida lei é oriunda do Projeto de Lei nº 1.998, apresentado em 17 de abril de 2020 – momento em que o

[1] BRASIL. **Lei nº 14.510, de 27 de dezembro de 2022**. Altera a Lei nº 8.080, de 19 de setembro de 1990, para autorizar e disciplinar a prática da telessaúde em todo território nacional, e a Lei nº 13.146, de 6 de julho de 2015; e revoga a Lei nº 13.989, de 15 de abril de 2020. Brasília: Diário Oficial da União, 2022. Disponível em: http://www.planalto.gov.br/ccivil_03/_ato2019-2022/2022/lei/L14510.htm. Acesso em: 28 abr. 2023.

mundo vivenciava as adversidades advindas da COVID-19, e diante desse novo cenário, o isolamento social era imprescindível para a contenção do coronavírus.

A Lei nº 14.510/2022 altera a Lei nº 8.080/1990 – denominada Lei Orgânica da Saúde, que passa a ter um título específico sobre telessaúde (Título III-A), compreendido entre os artigos 26-A ao 26-H; alterou também a Lei nº 13.146/2015 – denominada Estatuto da Pessoa com Deficiência, bem como, revogou a Lei nº 13.989/2020, que regulamentava o uso da telemedicina apenas enquanto durasse a crise de saúde causada pela COVID-19.

O contexto apresentado pelo novo coronavírus contribuiu para a promulgação da Lei da Telessaúde, no intuito de impulsionar atendimento e assistência médica ao maior número possível de pacientes, unindo o uso das tecnologias digitais aos protocolos de prestação de serviços na área da saúde. Entretanto, devido aos problemas socioeconômicos que atingem parcela significativa da população, assim como as inúmeras adversidades estruturais do sistema público de saúde brasileiro, este capítulo tem como proposta promover o diálogo a respeito da importância da telessaúde na contemporaneidade, sem desviar dos óbices estruturais que impedem a efetivação da prática da telessaúde de modo amplo e igualitário.

Para alcançar os objetivos propostos, este capítulo apresenta as seguintes seções: A Lei n. 14.510/2022 e a prática da telessaúde no Brasil; O Sistema Único de Saúde e os dilemas que impedem e dificultam a prática da telessaúde; e A relevância do princípio do consentimento livre e esclarecido do paciente na escolha da telessaúde.

Vale-se de metodologia qualitativa por meio de pesquisa nas normas brasileiras, bem como de pesquisa bibliográfica de pesquisadores e estudiosos da temática, e em artigos e livros disponíveis na rede mundial de computadores.

A Lei n. 14.510/2022 e a telessaúde no Brasil

No início do ano de 2020, a população mundial se viu diante de um vírus desconhecido e de alta propagação. A COVID-19 alterou o *modus vivendi* social em escala global e, apesar de toda tecnologia disponível no século XXI, o ser humano precisou se adequar imediatamente a um novo formato de interação, que passou a ser mediado exclusivamente pelo uso das tecnologias digitais de informação e comunicação (TDIC's), tendo em vista as recomendações de isolamento social feitas pela Organização Mundial de Saúde (OMS) em razão do novo coronavírus.

É inegável que este século seja marcado pelo uso cotidiano das inovações tecnológicas digitais, foi necessária uma adaptação súbita e inesperada em diversos âmbitos sociais, não sendo diferente no campo de ação da saúde. Souza e Santin[2] esclarecem que, diante da necessidade do isolamento social, a saúde foi diametralmente afetada, "tendo em vista a necessidade de modificação dos protocolos de atendimento, com cuidados ampliados para impedir a propagação da contaminação àqueles que estavam na 'linha de frente' do combate à pandemia".

Por óbvio, a COVID-19 impulsionou a regulamentação da telessaúde no Brasil, e mediante a Lei nº 14.510 de 27 de dezembro de 2022, obteve-se a alteração da Lei nº 8.080/1990 (Lei Orgânica da Saúde), autorizando e disciplinando a prática da telessaúde no território brasileiro; bem como alterou a Lei nº 13.146/2015 (Estatuto da Pessoa com Deficiência); e revogou a Lei nº 13.989/2020, que regulamentava o uso da telemedicina apenas durante a crise causada pela COVID-19.

Com o intuito de compreender a importância de se regulamentar a telessaúde no Brasil, torna-se fundamental, esclarecer a diferença entre telessaúde e telemedicina. De acordo com o site do Conselho Federal de Medicina (CFM)[3], o Projeto de Lei inicial PL 1998/2020 – que gerou a Lei nº 14.510/2022, "previa apenas a regulamentação da telemedicina, mas o termo foi ampliado para telessaúde, o que permite o atendimento à distância para outras áreas, como enfermagem e psicologia".

Conclui-se, portanto, que a Lei nº 14.510/2022, permite a prática da telessaúde a todos os profissionais da área da saúde. A Resolução nº 2.314/2022 do CFM, esclarece que "o termo telessaúde é amplo e abrange outros profissionais da saúde, enquanto telemedicina é específico

[2] SOUZA, Gabriela Bouzan; SANTIN, Janaína Rigo. A pandemia e a ampliação do uso telemedicina no Brasil: um olhar sob o viés da bioética. **Seven Editora**, p. 1139–1151, 2023, p. 1139. Disponível em: http://sevenpublicacoes.com.br/index.php/editora/article/view/1513. Acesso em: 13 jun. 2023.

[3] CFM. Conselho Federal de Medicina. Para o CFM, o projeto de lei aprovado pela Câmara está em sintonia com a Resolução da Telemedicina. **Portal CFM**, 2022a. Disponível em: https://portal.cfm.org.br/noticias/para-o-cfm-projeto-de-lei-aprovado-pelo-congresso-esta--em-sintonia-com-a-resolucao-da-telemedicina/. Acesso em: 25 abr. 2023.

para a medicina e se refere a atos e procedimentos realizados ou sob responsabilidade de médicos"[4]. E, em seu artigo inaugural, define "a telemedicina como o exercício da medicina mediado por Tecnologias Digitais, de Informação e de Comunicação (TDICs), para fins de assistência, educação, pesquisa, prevenção de doenças e lesões, gestão e promoção de saúde"[5].

Ante o exposto, é possível afirmar que a telemedicina está inserida entre os atendimentos prestados pela telessaúde. A telemedicina é uma modalidade da telessaúde. Pereira e Almeida[6] elucidam que

> [...] a telessaúde é mais abrangente do que a telemedicina, pois engloba todas as ações de serviços de saúde à distância, voltadas à coletividade, no que tange às políticas de saúde pública e à disseminação do conhecimento, além de abranger a educação e a coleta de dados de determinados grupos e populações isoladas pela distância, bem como o aprimoramento de profissionais de saúde que podem ficar em contato com técnicas, diagnósticos e tratamentos inovadores para um melhor direcionamento na integral assistência à saúde do paciente.

Por abranger diversas áreas e profissionais da saúde, a telessaúde deve obedecer aos seguintes princípios: autonomia do profissional de saúde; consentimento livre e informado do paciente; direito de recusa ao atendimento na modalidade telessaúde, garantindo o atendimento presencial; dignidade e valorização do profissional de saúde; assistência segura e com qualidade ao paciente; confidencialidade dos dados; promoção do acesso universal à saúde a todos os brasileiros; estrita observância das atribuições legais de cada profissão; e responsabilidade digital[7].

[4] CFM. Conselho Federal de Medicina. **Resolução nº 2.134, de 20 de abril de 2022**. Define e regulamenta a telemedicina, como forma de serviços médicos mediados por tecnologias de comunicação. Brasília: Diário Oficial da União, 84 ed., seção 1, p. 227, 2022b, [s/p]. Disponível em: https://www.in.gov.br/web/dou/-/resolucao-cfm-n-2.314-de-20-de-abril-de-2022-397602852. Acesso em: 25 abr. 2023.

[5] *Ibidem.*

[6] PEREIRA, Paula Moura Francesconi de Lemos; ALMEIDA, Vitor. Uma lei (analógica) para a telessaúde e sua função inclusiva: apontamentos sobre a lei 14.510/2022. **Migalhas**, 2023. Disponível em: https://www.migalhas.com.br/coluna/migalhas-de-vulnerabilidade/380934/uma-lei-para-a-telessaude-e-sua-funcao-inclusiva. Acesso em: 25 abr. 2023.

[7] BRASIL, 2022.

O artigo 26-B da Lei nº 8.080/90 – alterado pela Lei nº14.510/2022, define a telessaúde como uma modalidade que presta serviços de saúde a distância, "por meio da utilização das tecnologias da informação e da comunicação, que envolve, entre outros, a transmissão segura de dados e informações de saúde, por meio de textos, de sons, de imagens ou outras formas adequadas"[8]. Entretanto, é notório que inúmeros cidadãos brasileiros não têm acesso a direitos básicos como, por exemplo, alimentação e moradia dignas, o que torna inalcançável o acesso às TDIC's e, consequentemente, à telessaúde.

Apesar de já existirem programas governamentais que mencionavam a telessaúde antes da pandemia de COVID-19, somente após decretado o fim da crise sanitária provocada pelo novo coronavírus que o Governo Federal promulgou a Lei da Telessaúde (Lei nº 14.510/2022), regulamentando a prática da telessaúde em todo o território brasileiro.

À primeira impressão, parece ter sido necessário que houvesse um cenário de emergência, como o provocado pela COVID-19, para que o Estado se mobilizasse e regulamentasse definitivamente o uso da telessaúde no Brasil. Entretanto, Fernanda Schaefer[9] explica que a prática da telessaúde, "inclusive dentro do Sistema Único de Saúde, já era adotada em diversas ações e serviços de saúde antes mesmo da crise sanitária decorrente da Covid-19 ou de regulamentações do Conselho Federal de Medicina".

No território brasileiro a telessaúde teve seu início de modo tardio, quando comparado com outros países mais desenvolvidos economicamente. De acordo com a autora, tal fato se deu "em razão do pouco acesso às novas tecnologias e do alto custo de implantação e utilização, o uso da telemática em saúde teve início na década de 80, quando começaram a ser desenvolvidos diversos projetos de informática em saúde"[10]. E salienta que, desde então, a aplicação de ações e serviços da telessaúde "são desenvolvidos nos sistemas públicos e privados de saúde e, durante

[8] *Ibidem.*

[9] SCHAEFER, Fernanda. Telessaúde e responsabilidade digital na lei 14.510/22. **Migalhas**, 2023, [s/p]. Disponível em: https://www.migalhas.com.br/coluna/migalhas-de-responsabilidade-civil/381503/telessaude-e-responsabilidade-digital-na-lei-14-510-22. Acesso em: 25 abr. 2023.

[10] *Ibidem.*

a pandemia de Covid-19, confirmaram a sua importância e aniquilaram muitas resistências (em especial da classe médica)"[11].

Certo é, que a Lei da Telessaúde, apesar das críticas e da forma superficial como abordou o uso das TDIC's na telessaúde, traz a normatização do uso da telessaúde pelo profissional de saúde, encerrando com as possíveis dúvidas "em relação à legalidade da prestação de serviços de saúde à distância, até mesmo em razão das restrições que os conselhos profissionais impõem e que foram, por motivos excepcionais, flexibilizadas durante a pandemia da Covid-19"[12]. E, deste modo, vence-se a ideia de prática da telessaúde apenas em situações de crise pandêmicas, passando a vigorar de modo permanente em todo o território nacional, desde que seja a vontade do paciente e que o profissional de saúde julgue o atendimento/tratamento adequado para o formato de telessaúde.

A garantia da telessaúde encontra-se consolidada na Lei nº 14.510/2022. Entretanto, levando em consideração as proporções continentais do território brasileiro, bem como as diferenças socioeconômicas presentes no país, entende-se que existe um abismo entre o que a lei garante e o que de fato se materializa no contexto social. Diante disso, é possível afirmar que diversos são os obstáculos que afastam o Direito de seu destinatário, começando pelas diferenças sociais e econômicas, e terminando na ausência de informação a respeito das garantias asseguradas em leis, impossibilitando, portanto, que se efetive de modo equânime o direito à telessaúde em solo brasileiro.

O Sistema Único de Saúde e os dilemas que impedem ou dificultam a prática da telessaúde

Em 19 de setembro de 1990, quase dois anos após a promulgação da Constituição da República Federativa do Brasil/1988, foi sancionada a Lei nº 8.080/1990 – Lei Orgânica da Saúde, instituindo e regulamentando o Sistema Único de Saúde Brasileiro (SUS)[13]. De acordo com Robles-Lessa

[11] *Ibidem.*

[12] PEREIRA; ALMEIDA. Op. Cit., [s/p].

[13] BRASIL. Sistema Único de Saúde (SUS): estrutura, princípios e como funciona. **Ministério da Saúde**, s/d. Disponível em: https://www.gov.br/saude/pt-br/assuntos/saude-de-a-a-z/s/sus. Acesso em: 20 abr. 2023.

e Dadalto[14], a Lei nº 8.080/90 dispõe "principalmente sobre as condições para a promoção, proteção e recuperação da saúde de modo público". E salientam que a partir dessa lei, constituiu-se uma política pública de saúde que prevê e garante acesso à saúde de modo igualitário a todos os cidadãos, "sendo de responsabilidade do Estado – na pessoa de seus entes federativos – sua efetivação e promoção, direitos resguardados anteriormente pela CRFB/88 e confirmados pela Lei nº 8.080/90"[15].

O Ministério da Saúde, em sua página na internet, elucida que,

> No período anterior a CF-88, o sistema público de saúde prestava assistência apenas aos trabalhadores vinculados à Previdência Social, aproximadamente 30 milhões de pessoas com acesso aos serviços hospitalares, cabendo o atendimento aos demais cidadãos às entidades filantrópicas (BRASIL, s/d).

E ainda ressalta que o SUS, "é um dos maiores e mais complexos sistemas de saúde pública do mundo, abrangendo desde o simples atendimento para avaliação da pressão arterial, por meio da Atenção Primária, até o transplante de órgãos", assegurando "acesso integral, universal e gratuito para toda a população do país"[16].

Apesar de todo entusiasmo do Ministério da Saúde ao descrever o SUS, alguns pesquisadores descrevem de modo mais realista as adversidades vivenciadas pelo usuário do SUS. Entre eles, a Associação da Indústria Farmacêutica de Pesquisa (Interfarma)[17], expõe que,

> Com a população estimada em 201 milhões de habitantes, o Brasil é o único país a ter um sistema de saúde que pretende ser público, gratuito e universal para tantos usuários, enquanto outras nações com modelos similares chegam a atender no máximo 100 milhões de pessoas. [...] o que se apresenta

[14] ROBLES-LESSA, Moyana Mariano; DADALTO, Luciana. O direito à vida e a judicialização da saúde. **Civilistica.com**. Rio de Janeiro, a. 10, n. 1, 2021, p. 6. Disponível em: http://civilistica.com/o-direito-a-vida-e-a-judicializacao/. Acesso em: 20 abr. 2023.

[15] *Ibidem*, p. 7.

[16] (BRASIL [s/d].

[17] INTERFARMA. **Judicialização da saúde na prática: fatos e dados da realidade brasileira**. São Paulo: Posipress, p. 4, 2016. Disponível em: http://www.fehosp.com.br/files/arquivos/102-caderno-judicializacao-jul2016-site.pdf. Acesso em: 29 abr. 2023.

hoje são desafios de enorme complexidade com os quais autoridades, gestores, especialistas, pesquisadores e a sociedade de modo geral não estão sabendo lidar.

Robles-Lessa e Dadalto[18] apontam que o "SUS funcional ainda não pode ser caracterizado como o SUS essencial. Os avanços dentro do sistema de saúde foram inúmeros, entretanto, para ter concretizado o que está assegurado em lei, ainda há um caminho a percorrer". As autoras ainda destacam:

> Há que se levar em consideração o crescimento da população brasileira desde a promulgação da Constituição Federal de 1988, bem como o desenvolvimento do país, no qual se constata um acréscimo significativo da procura pela saúde pública, tendo em contrapartida uma dificuldade de aperfeiçoamento dos recursos, da gestão e da competência relacionados ao sistema público de saúde, que não se adequam proporcionalmente à demanda dos cidadãos que buscam a saúde[19].

De acordo com Silva e Pessoa[20], o SUS pode ser considerado como "uma das maiores conquistas sociais arraigadas por meio da Constituição de 1988", permanecendo "em constante processo de construção e aperfeiçoamento, inspirada num projeto de Estado de Bem-Estar Social, voltados para promoção, proteção e recuperação de saúde". Apesar desta constatação, Robles-Lessa e Dadalto[21] expõem que, com o passar dos anos, o SUS vem apresentando "uma dificuldade permanente em garantir a saúde pública na forma como regem seus princípios", e não raramente, "são divulgadas notícias e informações de sua atuação ineficiente e distante dos anseios da população, causando uma grande diferença entre o que está assegurado em lei e a efetivação das políticas públicas de saúde"[22].

[18] *Op. Cit.*, p. 8.

[19] *Op. Cit.*, p. 9.

[20] SILVA, Jackelline Souza; PESSOA, Andréia Nádia Lima de Souza. Judicialização da saúde e seus impactos como meio de efetivação de direito fundamental. **Âmbito Jurídico**, 2019, [s/p]. Disponível em: https://ambitojuridico.com.br/cadernos/direito-constitucional/judicializacao-da-saude-e-seus-impactos-como-meio-de-efetivacao-de-direito-fundamental/. Acesso em: 28 abr. 2023.

[21] ROBLES-LESSA; DADALTO. *Op. Cit.*, p. 9-10)

[22] *Ibidem*, p. 10.

Levando em consideração os apontamentos apresentados e sabendo das dificuldades estruturais e econômicas que fazem parte do sistema público de saúde brasileiro, é possível vislumbrar os óbices enfrentados na execução da telessaúde no SUS. Dito isso, Juliana Passos (profissional da Escola Politécnica de Saúde Joaquim Venâncio (EPSJV), que é uma unidade técnico-científica da Fiocruz), em entrevista a Angélica Baptista Silva (pesquisadora da Escola Nacional de Saúde Pública Sergio Arouca [Ensp/Fiocruz]), indagou a respeito do que poderia ter sido contemplado pela Lei nº14.510/2022, mas que acabou não sendo considerado, obtendo a seguinte análise:

> A Lei modifica a Lei Orgânica do SUS, cria a seção 'Telessaúde' e vai falar do consentimento no nível do paciente. Ela dá esse peso, como um dos princípios da ação de saúde. Ela vai dizer que a promoção da universalização do acesso dos brasileiros às ações e serviços de saúde, ou seja, a telessaúde é um instrumento de universalização do acesso. No entanto, a lei não trata dos outros princípios do SUS: equidade e integralidade no atendimento. Isso é importantíssimo. O atendimento precisa estar ligado ao sistema de saúde local de maneira que ele possa ter referência, contrarreferência, ter o percurso terapêutico do paciente ali delimitado[23].

Quanto ao equilíbrio entre atendimento presencial e por telessaúde no SUS, a pesquisadora da Fiocruz esclarece:

> Talvez essa seja a maior lacuna da nova lei, que não prevê a integralidade do atendimento. Porque se você tem que fazer telessaúde que garanta a integralidade, esse sistema vai ter que estar integrado ao e-SUS AB, porque assim a equipe de família terá o registro de quando a teleconsulta foi feita e poderá ter um melhor acompanhamento do paciente. Hoje não acontece isso. O que eu vejo são médicos atenderem e ao final da consulta fornecerem um papel com um número de WhatsApp para que o paciente entre em contato com especialistas e faça outros atendimentos em formato de teleconsulta com uma

[23] PASSOS, Juliana. "A telessaúde deve estar a serviço do SUS". **EPSJV/Fiocruz**, 2023, [s/p]. Disponível em: https://www.epsjv.fiocruz.br/noticias/entrevista/a-telessaude-deve-estar-a-servico-do-sus. Acesso em: 29 abr. 2023.

> empresa. Quer dizer, olha só o que estamos vivendo. Essa consulta deveria estar integrada com o e-SUS AB para garantir o percurso terapêutico[24].

Percebe-se, portanto, que, se não bastassem os problemas socioeconômicos que atingem parcela significativa da população brasileira, dificultando e afastando o acesso à saúde com dignidade e qualidade – quer seja no atendimento presencial, quer seja mediante a telessaúde –, ainda persistem problemas estruturais dentro do próprio sistema público de saúde brasileiro, conforme enumerado na entrevista realizada pela Fiocruz, em que a entrevistada admite que, junto aos desafios vivenciados pelo SUS, o Governo terá que lidar "com os sistemas de informação em saúde fragmentados, softwares sucateados e um DataSUS que parou de desenvolver ferramentas próprias, apenas compra soluções. Então as culturas administrativas precisam ser revertidas"[25].

Cabral, Robles-Lessa e Novais[26] pontuam que, embora o SUS receba considerável investimento do Governo Federal, o sistema público de saúde brasileiro não consegue efetivar os princípios que regem o SUS, pois além do expressivo crescimento populacional, "as tecnologias a serviço da saúde aumentaram vertiginosamente a necessidade de aparelhamento hospitalar e profissionais altamente especializados". Além do mais, "as verbas despendidas pela União não chegam aos postos de atendimento distantes, ao cidadão que mora em difícil acesso e em núcleos populacionais de poucos recursos"[27]. E as autoras finalizam afirmando que "todas essas dificuldades de acesso da população ao atendimento de saúde, somadas aos óbices burocráticos e engessamento do sistema, dificultam o acesso da população ao atendimento de saúde satisfatório"[28]. Nesse contexto, pode-se inferir que a prática da telessaúde no SUS ainda não foi efetivamente implantada.

[24] *Ibidem.*

[25] *Ibidem.*

[26] CABRAL, Hildeliza Lacerda Tinoco Boechat; ROBLES-LESSA, Moyana Mariano; NOVAIS, Alinne Arquette Leite. EL TESTAMENTO VITAL Y LA EFICACIA DE LA AUTODETERMINACIÓN DEL USUARIO DEL SISTEMA DE SALUD PÚBLICA. **Anuario de Bioética y Derechos Humanos**, 2021, p. 66. Disponível em: https://www.iidhamerica.org/pdf/anuario-de-bioetica-y-derechos-humanos-202161b7794d0a4b8.pdf. Acesso em: 20 abr. 2023.

[27] *Ibidem*, p. 66-67.

[28] *Ibidem.*

A relevância do princípio do consentimento livre e esclarecido do paciente na escolha da telessaúde

A Lei da Telessaúde acrescenta à Lei 8.080/90 o artigo 26-A, que dispõe sobre os princípios que devem ser observados no exercício da telessaúde. São nove os princípios da telessaúde, porém este tópico irá abordar a respeito do segundo princípio mencionado pela Lei nº14.510/2022: o consentimento livre e esclarecido do paciente.

Antes de conceituar o consentimento livre e esclarecido, é importante registrar que,

> Durante muito tempo, a relação médico-paciente foi assimétrica. Em nome do princípio da beneficência, o paciente era levado a tratamentos, cirurgias e procedimentos médicos sem que lhe fosse oferecido qualquer esclarecimento ou oportunidade e opção a respeito dos mesmos. A decisão era exclusivamente médica[29].

No entanto, com o passar do tempo, e perante a perspectiva jurídica, a dignidade humana compreende a autonomia do indivíduo, consistindo "na liberdade intrínseca, própria da natureza da pessoa, que é dotada de razão, de poder decidir livremente e por si mesma (livre arbítrio) sobre assuntos que lhe digam respeito, sobretudo sobre sua intimidade e privacidade"[30].

Conclui-se, portanto, que a obtenção e a prática do consentimento livre e esclarecido, tanto na ciência médica, quanto na ciência jurídica, é uma conduta aplicada na contemporaneidade. O CFM regulamentou o processo de consentimento livre esclarecido na assistência médica, mediante a Recomendação CFM nº 1/2016. Nessa Recomendação, o CFM esclarece que "o princípio de respeito à autonomia tornou-se, nas últimas décadas, uma das principais ferramentas conceituais da ética aplicada, sendo utilizado em contraposição ao assim chamado paternalismo médico"[31].

[29] CFM. Conselho Federal de Medicina. **Recomendação nº 1, de 21 de janeiro de 2016**. Dispõe sobre o processo de obtenção de consentimento livre e esclarecido na assistência médica. Disponível em: https://portal.cfm.org.br/images/Recomendacoes/1_2016.pdf. Acesso em: 25 abr. 2023.

[30] *Ibidem.*

[31] *Ibidem.*

É importante registrar, que a Recomendação CFM nº 1/2016 informa que devido a expressão inglesa *informed consent,* sua tradução pode ser encontrada em português como "consentimento pós-informação, consentimento consciente, consentimento esclarecido, consentimento informado ou consentimento livre e esclarecido, que foi a denominação adotada na elaboração deste documento"[32].

Quanto ao conceito do termo consentimento livre e esclarecido, a supracitada Recomendação do CFM elucida que consiste no ato de decisão, bem como de "concordância e aprovação do paciente ou de seu representante legal, após a necessária informação e explicações, sob a responsabilidade do médico, a respeito dos procedimentos diagnósticos ou terapêuticos que lhe são indicados"[33]. E ainda aponta que,

> Em situações normais, somente após devidamente esclarecido o paciente poderá manifestar sua anuência, ou não, decidindo por si, de forma autônoma e livre de influência ou de qualquer intervenção de elementos de erro, simulação, coação, fraude, mentira, astúcia ou outra forma de restrição. As informações e os esclarecimentos dados pelo médico têm de ser substancialmente adequados, ou seja, em quantidade e qualidade suficientes para que o paciente possa tomar sua decisão, ciente do que ocorre e das consequências que dela possam decorrer. O paciente deve ter condições de confrontar as informações e os esclarecimentos recebidos com seus valores, projetos, crenças e experiências, para poder decidir e comunicar essa decisão, de maneira coerente e justificada[34].

Urge salientar que o paciente "pode retirar seu consentimento a qualquer tempo, sem que daí resulte a ele qualquer desvantagem ou prejuízo", salvo "se a retirada do consentimento, quando já iniciado o procedimento médico, implicar possibilidade de dano, risco ou qualquer tipo de prejuízo ao paciente"[35].

Dito isso, torna-se perceptível ser fundamental o entendimento do princípio do consentimento livre e esclarecido pelo paciente, que decide

[32] *Ibidem.*
[33] *Ibidem.*
[34] *Ibidem.*
[35] *Ibidem.*

pelo atendimento na telessaúde, pois somente assim seu direito será exercido e respeitado efetivamente.

A Resolução CFM nº 2.314/2022, de forma muito clara em seu § 1º do artigo 6º, expõe que "a consulta presencial é o padrão ouro de referência para as consultas médicas, sendo a telemedicina ato complementar"[36]. Destarte, inclusive o paciente, ao optar pela telessaúde, deve ser informado e compreender que a preferência de seu atendimento é de modo presencial. O modo presencial jamais deverá ser substituído pela telessaúde de forma impositiva. É necessário que o paciente compreenda os prós e contras do atendimento feito pela telessaúde e opte consciente e seguramente por ele.

Conforme consolidado pela Lei da Telessaúde, a obediência ao princípio do consentimento livre e esclarecido do paciente pelo atendimento virtual vai ao encontro dos princípios éticos e legais presentes nas áreas da saúde, bem como efetiva o exercício da dignidade da pessoa humana – princípio fundamental da CRFB/1988.

Conclusões

Objetivando entender a relevância de uma lei que regulamente a telessaúde, este capítulo buscou esclarecer a diferença entre telessaúde e telemedicina, chegando à conclusão de que a telessaúde é mais abrangente, pois engloba todas as prestações de serviços da área de saúde, e não somente a classe médica.

Compreendeu-se igualmente que a telessaúde é uma prestação de serviço de saúde necessária na contemporaneidade, levando em consideração os benefícios que esta modalidade de atendimento proporciona ao paciente, aos familiares e ao profissional da saúde. Quando consegue se efetivar, a telessaúde diminui as barreiras geográficas e as dificuldades de deslocamentos muitas vezes desnecessários, além de diminuir os custos e as filas do SUS.

Entretanto, para que a telessaúde aconteça de fato, é necessário que alguns óbices sejam solucionados como, por exemplo, os problemas socioeconômicos que provocam desigualdade e exclusão a inúmeros cidadãos brasileiros que veem cotidianamente seus direitos negligenciados, bem como urge um sistema eficaz de políticas públicas voltadas

[36] CFM, 2022b.

ao serviço público de saúde brasileiro, pois, sem a resolução desses óbices estruturais, a Lei da Telessaúde existirá de modo igualitário, apenas no papel. Afastando, assim, a garantia do princípio fundamental da dignidade humana.

Referências

BRASIL. **Lei nº 14.510, de 27 de dezembro de 2022**. Altera a Lei nº 8.080, de 19 de setembro de 1990, para autorizar e disciplinar a prática da telessaúde em todo território nacional, e a Lei nº 13.146, de 6 de julho de 2015; e revoga a Lei nº 13.989, de 15 de abril de 2020. Brasília: Diário Oficial da União, 2022. Disponível em: http://www.planalto.gov.br/ccivil_03/_ato2019-2022/2022/lei/L14510.htm. Acesso em: 28 abr. 2023.

BRASIL. Sistema Único de Saúde (SUS): estrutura, princípios e como funciona. **Ministério da Saúde**, s/d. Disponível em: https://www.gov.br/saude/pt-br/assuntos/saude-de-a-a-z/s/sus. Acesso em: 20 abr. 2023.

CABRAL, Hildeliza Lacerda Tinoco Boechat; ROBLES-LESSA, Moyana Mariano; NOVAIS, Alinne Arquette Leite. EL TESTAMENTO VITAL Y LA EFICACIA DE LA AUTODETERMINACIÓN DEL USUARIO DEL SISTEMA DE SALUD PÚBLICA. **Anuario de Bioética y Derechos Humanos**, 2021. Disponível em: https://www.iidhamerica.org/pdf/anuario-de-bioetica-y-derechos-humanos--202161b7794d0a4b8.pdf. Acesso em: 20 abr. 2023.

CFM. Conselho Federal de Medicina. **Recomendação nº 1, de 21 de janeiro de 2016**. Dispõe sobre o processo de obtenção de consentimento livre e esclarecido na assistência médica. Disponível em: https://portal.cfm.org.br/images/Recomendacoes/1_2016.pdf. Acesso em: 25 abr. 2023.

CFM. Conselho Federal de Medicina. Para o CFM, o projeto de lei aprovado pela Câmara está em sintonia com a Resolução da Telemedicina. **Portal CFM**, 2022a. Disponível em: https://portal.cfm.org.br/noticias/para-o-cfm-projeto-de-lei--aprovado-pelo-congresso-esta-em-sintonia-com-a-resolucao-da-telemedicina/. Acesso em: 25 abr. 2023.

CFM. Conselho Federal de Medicina. **Resolução nº 2.134, de 20 de abril de 2022**. Define e regulamenta a telemedicina, como forma de serviços médicos mediados por tecnologias de comunicação. Brasília: Diário Oficial da União, 84 ed., seção 1, p. 227, 2022b. Disponível em: https://www.in.gov.br/web/dou/-/resolucao-cfm-n-2.314-de-20-de-abril-de-2022-397602852. Acesso em: 25 abr. 2023.

INTERFARMA. **Judicialização da saúde na prática: fatos e dados da realidade brasileira**. São Paulo: Posipress, p. 4, 2016. Disponível em: http://www.fehosp.com.br/files/arquivos/102-caderno-judicializacao-jul2016-site.pdf. Acesso em: 29 abr. 2023.

PASSOS, Juliana. "A telessaúde deve estar a serviço do SUS". **EPSJV/Fiocruz**, 2023. Disponível em: https://www.epsjv.fiocruz.br/noticias/entrevista/a-telessaude-deve-estar-a-servico-do-sus. Acesso em: 29 abr. 2023.

PEREIRA, Paula Moura Francesconi de Lemos; ALMEIDA, Vitor. Uma lei (analógica) para a telessaúde e sua função inclusiva: apontamentos sobre a lei 14.510/2022. **Migalhas**, 2023. Disponível em: https://www.migalhas.com.br/coluna/migalhas-de-vulnerabilidade/380934/uma-lei-para-a-telessaude-e-sua-funcao-inclusiva. Acesso em: 25 abr. 2023.

ROBLES-LESSA, Moyana Mariano; DADALTO, Luciana. O direito à vida e a judicialização da saúde. **Civilistica.com**. Rio de Janeiro, a. 10, n. 1, 2021. Disponível em: http://civilistica.com/o-direito-a-vida-e-a-judicializacao/. Acesso em: 20 abr. 2023.

SCHAEFER, Fernanda. Telessaúde e responsabilidade digital na lei 14.510/22. **Migalhas**, 2023. Disponível em: https://www.migalhas.com.br/coluna/migalhas-de-responsabilidade-civil/381503/telessaude-e-responsabilidade-digital-na-lei-14-510-22. Acesso em: 25 abr. 2023.

SILVA, Jackelline Souza; PESSOA, Andréia Nádia Lima de Souza. Judicialização da saúde e seus impactos como meio de efetivação de direito fundamental. **Âmbito Jurídico**, 2019. Disponível em: https://ambitojuridico.com.br/cadernos/direito-constitucional/judicializacao-da-saude-e-seus-impactos-como-meio-de-efetivacao-de-direito-fundamental/. Acesso em: 28 abr. 2023.

SOUZA, Gabriela Bouzan; SANTIN, Janaína Rigo. A pandemia e a ampliação do uso telemedicina no Brasil: um olhar sob o viés da bioética. **Seven Editora**, p. 1139–1151, 2023. Disponível em: http://sevenpublicacoes.com.br/index.php/editora/article/view/1513. Acesso em: 13 jun. 2023.

21. A ADEQUADA COMUNICAÇÃO E A HUMANIZAÇÃO DO RELACIONAMENTO MÉDICO-PACIENTE

Hildeliza Lacerda Tinoco Boechat Cabral
Karla de Mello Silva
João Carlos de Aquino Almeida

Introdução

Os direitos existenciais são todos aqueles que, decorrentes da especial qualidade de "pessoa", inerentes apenas dos seres humanos e que constitui o núcleo de conceitos inerentes à dignidade da pessoa humana, vêm passando por um movimento de ressignificação e crescente valorização no decorrer do tempo. Desde a Era Cristã, passando pelo Iluminismo, com as obras de Kant e, em especial, com o advento da Declaração Universal de Direitos Humanos, que consagrou a liberdade, a igualdade e a dignidade logo no artigo inaugural, a tutela da dignidade se amplia e se diversifica de forma exponencial. Nessa perspectiva e, na medida em que o reconhecimento da tutela desses direitos se tornou um imperativo constitucional, ditado pela inclusão da dignidade da pessoa humana como princípio expresso nas constituições pós-modernas, a dignidade se converte em um axioma do ordenamento jurídico, pois passa a ser concebida na categoria de valor e não mais apenas de princípio. Uma vez concebida como fundamento da República Federativa do Brasil, art. 1º, III, conquista status de primeira grandeza, tornando-se viés norteador a influenciar todas as condutas neste Estado Democrático de Direito, garantindo postura de proteção em relação aos nossos iguais em todas as relações, exigindo o cabal cumprimento da eficácia horizontal dos direitos fundamentais, já que o homem é, por excelência, um ser social, portanto relacional.

Pois bem, é exatamente nas relações interpessoais entre os iguais que se verifica a necessidade de proteção dos direitos existenciais, principalmente na relação médico-paciente que se torna muito relevante rumo à efetivação da humanização tão buscada e de necessária consecução na perspectiva da medicina deste novo século. Por essa razão, a reparação civil se torna uma realidade exigível todas as vezes em que são desrespeitados os direitos de personalidade, acarretando inúmeras ações de reparação em razão da violação de direitos dessa natureza.

A fim de otimizar os atendimentos de saúde aos cidadãos, o movimento de humanização e as expectativas geradas na vida da sociedade, foi implementada no Brasil, em 2003, a Política Nacional de Humanização (PNH) com a finalidade de efetivar os princípios norteadores do Sistema Único de Saúde (SUS) no cotidiano das práticas de atenção e gestão, no âmbito da saúde pública, incentivando a solidariedade e a empatia entre profissionais e usuários do SUS[1]. A PNH aspirava promover uma revolução assistencial na saúde pública, não somente no aspecto de atendimento mais efetivo, mas na forma de se conduzir a relação que se estabelece entre médico e paciente.

A linguagem que se estabelece nas relações médico-paciente deve ser cordial, adequada e de boa qualidade. Cordial no sentido de comunicar receptividade, de forma que o paciente se sinta acolhido e respeitado em sua dignidade; adequada ao seu nível social e ao seu grau de instrução, a fim de facilitar a compreensão do diálogo; de boa qualidade quanto à objetividade, à suficiência e à veracidade.

Nesse contexto, o diálogo, a boa comunicação e o cumprimento do dever de informar se tornam aspectos merecedores de atenção no âmbito da relação médico-paciente. Na Alemanha, na década de setenta, dois terços dos processos de responsabilidade médica se deviam à ausência ou insuficiência de informação. Em Barcelona, na Espanha, em 1998, metade das ações judiciais de responsabilidade médica se devia a problemas de comunicação: "violação da confidencialidade, realização de intervenções médicas sem informar, ou transmissão de informação insuficiente ou

[1] PESSINI, Leo; BERTACHINI, Luciana. Humanização e ética no âmbito dos cuidados de saúde: redescobrindo o valor da acolhida e da hospitalidade. *In*: PESSINI, Leo; BERTACHINI, Luciana; BARCHIFONTAINE, Christian de Paul (org.). *Bioética, Cuidado e Humanização*. São Paulo: [*s. n.*], 2014. v. 3, cap. 25, p. 437-454.

errada"[2]. Atualmente, no Brasil, as ações fundadas no consentimento informado se tornaram de grande relevância no âmbito da responsabilidade civil.[3]

Todos esses atributos devem ser observados no âmbito da comunicação a fim de que de seja alcançado um relacionamento balizado por lisura e na confiança, a fim de efetivar os ideais da humanização, pois a relação pessoal entre paciente e médico há de ser o primeiro passo para o cumprimento dos ideais da humanização da medicina.

1. Direito do paciente ao acolhimento

O médico é tido, desde os primórdios da humanidade, como uma pessoa capaz de ajudar, um ser com uma missão especial de salvar a vida ou de preservá-la, sendo constantemente chamado pelos pacientes "para preservar sua saúde, evitar doenças, mantendo-se mental e fisicamente hígido, os homens recorrem ao médico"[4]. Assim, por longos anos, a interpretação equivocada do juramento hipocrático levou ao entendimento de que o princípio da beneficência concebia o paciente como alguém impossibilitado de manifestar vontade que, seguindo um viés paternalista vigente à época, outorgava ao médico o poder decisório quanto ao tratamento, sem consultá-lo ou mesmo informar a respeito do procedimento que já havia adotado. Essa postura autoritária se justificava pelo fato de o médico deter o conhecimento técnico-científico, o que o tornava a pessoa mais indicada para a melhor decisão[5].

A configuração do médico como ser superior, um semideus, permaneceu por muitos séculos até que os direitos existenciais começaram a alçar status de indiscutível grandeza, passando a merecer especial proteção: "As últimas décadas vêm demonstrando que o paternalismo

[2] PEREIRA, André Gonçalo Dias. In: NIGRE, André Luis; ALMEIDA, Álvaro Henrique Teixeira de. Direito e medicina – um estudo interdisciplinar. Rio de Janeiro: Lumen Juris, 2007, p. 115.

[3] KFOURI NETO, Miguel. *Responsabilidade Civil do Médico.* São Paulo: Thomson Reuters Brasil, 11. ed. rev. atual. e aum., 2021.

[4] KFOURI NETO, Miguel. *Responsabilidade Civil do Médico.* São Paulo: Thomson Reuters Brasil, 11. ed. rev. atual. e aum. 2021, p. 21.

[5] CABRAL, Hildeliza Lacerda Tinoco Boechat. *Consentimento informado no exercício da medicina e tutela dos direitos existenciais: uma visão interdisciplinar* – Direito e Medicina. 2. ed. Curitiba: Appris, 2018.

médico está sendo substituído pelo respeito à autonomia do paciente"[6]. Os autores explicam que os textos médicos e a produção legislativa vêm esquadrinhando a opção doutrinária por um crescente reconhecimento do relevante papel do paciente em relação ao seu tratamento, desde que informado acerca das possibilidades e consequências de suas escolhas[7].

Na atualidade, a natureza da relação médico-paciente é contratual, e se desenvolve em três momentos: "antes do início do tratamento, durante e depois do tratamento"[8], isto é, a relação contratual entre eles é mantida durante todo o período do tratamento. Por isso, algumas regras e direitos devem ser respeitados, a fim de se garantir o melhor tratamento para o paciente, não apenas segundo os recursos técnicos, mas o profissional deve pautar o atendimento segundo o viés da empatia, ouvindo o paciente em suas expectativas e queixas, sem menosprezá-las, para então implementar o melhor tratamento, cabendo-lhe: "aplicar todos os esforços, utilizando os meios de que dispõe, para obter a cura, valendo-se da prudência e dedicação exigíveis"[9]. Para a obtenção de êxito, a anamnese se torna um aspecto essencial do tratamento, pois ao realizá-la de forma adequada, criteriosa e humanizada, o profissional garante maiores possibilidades de sucesso no tratamento da enfermidade que acomete o paciente.

Como exigência da atual perspectiva dos direitos existenciais e do movimento de humanização da medicina, a anamnese desponta como extraordinário recurso: "poderá auxiliar na prevenção de doenças, restringir despesas com exames de alto custo, como as tomografias computadorizadas e as ressonâncias magnéticas que hoje têm sido utilizadas de forma quase preferencial ao exame clínico pessoal"[10]. É importante salientar a anamnese como recurso fundamental e capaz de informar uma gama de dados importantes apta a nortear o tratamento.

[6] DANTAS, Eduardo; COLTRI, Marcos. Comentários ao Código de Ética Médica. São Paulo: Juspodivn, 2022, p. 216.

[7] DANTAS, Eduardo; COLTRI, Marcos. Comentários ao Código de Ética Médica. São Paulo: Juspodivn, 2022.

[8] KFOURI NETO, Miguel. *Responsabilidade Civil do Médico.* São Paulo: Thomson Reuters Brasil, 11. ed. rev. atual. e aum. 2021, p. 29.

[9] KFOURI NETO, Miguel. *Responsabilidade Civil do Médico.* São Paulo: Thomson Reuters Brasil, 11. ed. rev. atual. e aum. 2021, p. 29.

[10] CABRAL, Hildeliza Lacerda Tinoco Boechat. Mistanásia: vidas banalizadas, mortes miseráveis. Campos dos Goytacazes: 2023a.

Além da escuta humanizada das queixas do paciente, é imprescindível que o médico lhe garanta livre acesso a todas as informações necessárias para que ele compreenda a doença que o aflige, suas chances de cura e o motivo pelo qual o profissional de saúde optou por determinando tratamento, pois não basta apenas o médico entregar uma receita à pessoa enferma contendo a prescrição de vários medicamentos, sem lhe explicar o motivo pelo qual deve ingeri-los. Isso porque é direito do paciente o acesso a todas as informações relacionadas ao seu tratamento: "direito do paciente obter todas as informações sobre seu caso, em letra legível, e cópias de sua documentação médica: prontuários, exames laboratoriais, raio X, anotações de enfermagem, laudos diversos, avaliações psicológicas"[11].

O Código de Ética Médica garante ao paciente o direito de ter acesso ao seu prontuário, estabelecendo no Capítulo X, artigo 88, que é vedado ao médico "negar ao paciente ou, na sua impossibilidade, a seu representante legal, acesso a seu prontuário, deixar de lhe fornecer cópia quando solicitada, bem como deixar de lhe dar explicações necessárias à sua compreensão, salvo quando ocasionarem riscos ao próprio paciente ou a terceiros"[12].

No caso em que o médico se recusar a permitir acesso às informações, o paciente pode se valer do *Habeas data*, que é o remédio constitucional apto a obrigar o médico a informar os dados[13], pois não se tem dúvidas a respeito do direito às informações sobre si mesmo e seu estado de saúde.

Quando se tratar de recusa ao tratamento por parte do paciente, embora seja uma situação difícil para o médico acatar e permanecer inerte, aceitando de forma passiva a decisão que ele sabe, por sua *expertise*, que irá acarretar danos graves e/ou irreversíveis e, até mesmo, levar a óbito o paciente, entretanto, torna-se uma necessidade respeitar os limites do exercício profissional delimitado pela deontologia e pelo texto

[11] KFOURI NETO, Miguel. *Responsabilidade Civil do Médico*. São Paulo: Thomson Reuters Brasil, 11. ed. rev. atual. e aum. 2021, p. 28.

[12] CONSELHO FEDERAL DE MEDICINA. *Resolução nº 2.217, de 27 de setembro de 2018*. Código de Ética Médica. Brasília, 27 set. 2018. Disponível em: https://www.flip3d.com.br/pub/cfm/index6/?numero=24&edicao=4631#page/4. Acesso em: 10 jun. 2023.

[13] KFOURI NETO, Miguel. *Responsabilidade Civil do Médico*. São Paulo: Thomson Reuters Brasil, 11. ed. rev. atual. e aum. 2021.

constitucional que outorga ao paciente a autodeterminação.[14] Nesse caso, cabe ao médico cumprir cabalmente o dever de informar, advertindo acerca dos riscos e das consequências de sua decisão, por meio de diálogo amistoso e acolhedor.

A qualidade da comunicação se torna fator determinante do grau de confiabilidade que o paciente atribui ao médico. Por conseguinte, as informações oferecidas devem ser proferidas com a máxima clareza, objetividade e por meio de utilização de linguagem simples e acessível, que o leve a compreender quais são suas reais possibilidades, suas chances de obtenção de resultado positivo, riscos e consequências que poderão advir da conduta ou procedimento ao qual será submetido. As informações claras e precisas, em linguagem compatível com o grau de intelecção do paciente, certamente, concorrerão para o desenvolvimento da confiança e da segurança, pois a adequada comunicação é a chave para o êxito nesta relação[15].

A informação é um fator tão importante no relacionamento médico--paciente, que a legislação prevê a responsabilidade médica em caso de omissão. Porquanto, em decorrência da ausência ou deficiência de informação, caberá responsabilização civil do médico, sendo necessário estabelecer um nexo causal entre a falha de informação e o prejuízo causado ao paciente. Por exemplo, em uma cirurgia de hérnia inguinal, há risco de necrose do testículo, mas o cirurgião não informa ao paciente essa possibilidade. A cirurgia transcorre se nenhuma falha técnica, mas ocorre a necrose. Nesse caso, o médico terá que reparar o dano moral decorrente da não informação quanto àquele risco, que o levou à mutilação do testículo em razão da necrose[16].

Nesse caso hipotético, caberá ao médico a responsabilidade civil por não ter informado ao paciente sobre a possibilidade de necrose do testículo. Assim sendo, evidente é a importância de o médico informar ao paciente todos os benéficos e riscos de um tratamento, por menor que

[14] DANTAS, Eduardo; COLTRI, Marcos. Comentários ao Código de Ética Médica. São Paulo: Juspodivn, 2022

[15] CABRAL, Hildeliza Lacerda Tinoco Boechat. *Consentimento informado no exercício da medicina e tutela dos direitos existenciais: uma visão interdisciplinar* – Direito e Medicina. 2. ed. Curitiba: Appris, 2018.

[16] KFOURI NETO, Miguel. *Responsabilidade Civil do Médico.* São Paulo: Thomson Reuters Brasil, 11. ed. rev. atual. e aum., 2021.

seja. O paciente terá direito a exigir judicialmente a reparação pecuniária do dano, caso fique comprovada a existência do nexo causal. Por isso, "diante do atual cenário, em que as informações podem ser a chave para a melhor escolha, com discernimento e qualidade, aqueles que não têm acesso ao entendimento sofrem as consequências que podem influenciar nas escolhas de vida"[17].

2. A comunicação como instrumento para minimizar a vulnerabilidade dos pacientes

O Código de Ética Médica garante ao paciente o direito de acesso ao prontuário. Por conseguinte, é importante que esteja redigido de forma clara e se for manuscrito, deve ser legível, pois não deve estar mal escrito e com informações descontextualizadas[18]. Também é dever do médico explicar sobre possíveis efeitos colaterais do tratamento que está prescrevendo, para que o paciente tenha ciência de todos os riscos e benefícios. É também responsabilidade do médico:

> informar ao paciente diagnóstico, prognóstico, riscos e objetivos do tratamento. Haverá, também, de aconselhá-lo, informando-o dos riscos e prescrevendo o comportamento que o enfermo deverá adotar. Deve-se valer da melhor diligência e cuidado, de acordo com o estado contemporâneo de sua ciência[19].

Quando o paciente busca atendimento médico ou hospitalar, está extremamente fragilizado. Em alguns casos, é possível observar médicos desprestigiando pacientes com dificuldades para a comunicação,

[17] CABRAL, Hildeliza Lacerda Tinoco Boechat; SOUZA, Luiz Felipe Barbosa de; SOUZA, Rebecca Linda dos Santos. AUTOINSEMINAÇÃO E INFORMAÇÃO A EDUCAÇÃO TRANSFORMA VIDAS. *In*: COUTO, Cremilda Barreto; ARAUJO, Rodrigo da Costa; GREGÓRIO, Tânia Cristina da Conceição. *LEITURAS EM EDUCAÇÃO*. São Paulo: Editora Opção, 2022. v. 9, cap. 13, p. 283-298. ISBN 978-85-93447-37-2. Disponível em: https://desleituras.com/index.php/desleituras/article/view/86/101. Acesso em: 10 jun. 2023.

[18] CONSELHO FEDERAL DE MEDICINA. *Resolução nº 2.217, de 27 de setembro de 2018*. Código de Ética Médica. Brasília, 27 set. 2018. Disponível em: https://www.flip3d.com.br/pub/cfm/index6/?numero=24&edicao=4631#page/4. Acesso em: 10 jun. 2023.

[19] KFOURI NETO, Miguel. *Responsabilidade Civil do Médico*. São Paulo: Thomson Reuters Brasil, 11. ed. rev. atual. e aum. 2021, p. 30.

contribuindo assim para que, quando necessitem novamente de atendimento médico, tenham receio de retornar, por temer sofrer novamente o mesmo constrangimento, deixando para só procurar ajuda profissional em casos extremos; o que pode ser fatal para alguns. Em 2016, circulou a notícia de um médico que postou em suas redes sociais um vídeo ironizando o fato de o paciente pronunciar "peleumonia", ao invés de pneumonia, assim como nesse caso, é comum encontrar relatos de pacientes que foram ironizados por sua forma de falar[20].

Ao levar em conta as dimensões continentais do Brasil e o alto índice de desigualdades, é fácil perceber que a comunicação e a linguagem são extremamente ricas de variações e gírias, justificando, portanto, a diversidade linguística nas formas de comunicação, seja pela região em que se reside ou pelo grau de instrução. Fato é, que o profissional de saúde deve buscar a melhor maneira possível para compreender e se fazer entender para o paciente, pois "a comunicação não pode ser uma barreira entre o profissional e o paciente, ao contrário, deve abrir caminhos para a manifestação clara de suas intenções na relação de ajuda" (BERTACHINI, 2014, p. 473). Destarte:

> Por um lado, vemos o paciente fragilizado em meio à complexidade de suas necessidades e à dificuldade em expressá-las; por outro lado, profissionais com maior domínio das competências comunicativas que por vezes negligenciam a comunicação humanizada e terapêutica, responsável por assegurar uma assistência integral aos pacientes e usuários do sistema de saúde[21].

Outro fator que prejudica a procura pelo atendimento médico é a excessiva mecanização dos atendimentos. Bertachini explica que "a ciência e a tecnologia se tornam desumanizantes quando ficamos reduzidos a

[20] VICTAL, Renata. Médico debocha de paciente na internet: 'Não existe peleumonia'. *G1 Campinas*, [*S. l.*], 29 jul. 2016. Disponível em: https://g1.globo.com/sp/campinas-regiao/noticia/2016/07/medico-debocha-de-paciente-na-internet-nao-existe-peleumonia.html. Acesso em: 11 jun. 2023.

[21] BERTACHINI, Luciana. A comunicação terapêutica como fator de humanização da Atenção Primária. *In*: PESSINI, Leo; BERTACHINI, Luciana; BARCHIFONTAINE, Christian de Paul (org.). *Bioética, Cuidado e Humanização.* São Paulo: [*s. n.*], 2014. v. 3, cap. 27, p. 469-490.

objetos despersonalizados de nossa própria técnica, de uma investigação fria e objetiva"[22], por esse motivo, dizemos que

> O desenvolvimento científico e tecnológico na área da saúde traz uma série de benefícios, sem dúvidas, mas tem como efeito adverso o incremento à desumanização, pois a suposta objetividade da ciência é a eliminação da condição humana da palavra, que não pode ser reduzida, no caso do atendimento hospitalar, à mera descrição técnica dos sintomas e da evolução de uma doença[23].

É necessário destacar que se a tecnologia não somar para a humanização, torna-se de duvidosa utilidade para o paciente, pois sua dignidade deve ser sempre respeitada, pugnando-se pelo relacionamento humanizado. Além disso, se "os novos recursos tecnológicos permitirem medidas desproporcionais que prolongam o sofrimento do paciente com doença terminal, sem benefícios"[24], precisam ser repensados.

Insta mencionar que "as necessidades de saúde, o sofrimento humano e as percepções de dor ou de prazer sejam humanizados é preciso que as palavras expressas pelo cidadão sejam acolhidas e asseguradas em termos de tratamento profissional e humanizado"[25], isto é, o atendimento médico só pode ser considerado completo e de excelência quando emprega, além de conhecimentos técnicos, a empatia e a humanização em suas consultas e relações. Visto que "a abertura comunicacional exige mudança de postura do profissional médico no intuito de estabelecer com seu paciente e sua

[22] BERTACHINI, Luciana. A comunicação terapêutica como fator de humanização da Atenção Primária. *In*: PESSINI, Leo; BERTACHINI, Luciana; BARCHIFONTAINE, Christian de Paul (org.). *Bioética, Cuidado e Humanização*. São Paulo: [*s. n.*], 2014. v. 3, cap. 27, p. 469-490.

[23] BERTACHINI, Luciana. A comunicação terapêutica como fator de humanização da Atenção Primária. *In*: PESSINI, Leo; BERTACHINI, Luciana; BARCHIFONTAINE, Christian de Paul (org.). *Bioética, Cuidado e Humanização*. São Paulo: [*s. n.*], 2014. v. 3, cap. 27, p. 469-490.

[24] CABRAL, Hildeliza Lacerda Tinoco Boechat. *ORTOTANÁSIA: a arte de bem morrer no tempo certo*. Ponta Grossa: Atena, 2023b, p. 83.

[25] BERTACHINI, Luciana. A comunicação terapêutica como fator de humanização da Atenção Primária. *In*: PESSINI, Leo; BERTACHINI, Luciana; BARCHIFONTAINE, Christian de Paul (org.). *Bioética, Cuidado e Humanização*. São Paulo: [*s. n.*], 2014. v. 3, cap. 27, p. 469-490.

equipe de trabalho uma condição relacional empática e autenticamente participativa"[26]. Portanto, pode-se concluir que apenas as informações analisadas à luz do pensamento crítico devem subsidiar decisões com segurança e adequação[27].

3. A humanização do relacionamento médico-paciente

Segundo Pessini[28] "quanto maior a vulnerabilidade, maior há que ser a proteção". A análise desta reflexão nos conduz a constatar que, levando em conta a condição de vulnerabilidade e fragilidade em que se encontram os pacientes durante as consultas, exames, procedimento e internações, a relação médico-paciente deve ser pautada em comunicação clara e objetiva, na qual o médico deve esclarecer, da melhor forma possível, todas as dúvidas do paciente, de forma que ele consiga compreender tudo o que lhe for informado. Por isso, a linguagem simples nestes casos se torna imprescindível. A relação entre eles precisa ser baseada no respeito e na confiança, pois o paciente que não confia em seu médico ou não entende claramente as instruções e orientações, não conseguirá seguir corretamente a prescrição. "Deve o médico informar de forma clara, objetiva e veraz para que o paciente possa compreender o que lhe foi explicado, para uma tomada de decisão segura"[29].

No mesmo sentido, segundo Rosenvald, o relacionamento médico-paciente deve ser firmado de forma que o médico esteja primando por honestidade e lisura em seu agir, segundo os comandos da atual

[26] PESSINI, Leo; BERTACHINI, Luciana. Humanização e ética no âmbito dos cuidados de saúde: redescobrindo o valor da acolhida e da hospitalidade. *In*: PESSINI, Leo; BERTACHINI, Luciana; BARCHIFONTAINE, Christian de Paul (org.). *Bioética, Cuidado e Humanização*. São Paulo: [*s. n.*], 2014. v. 3, cap. 25, p. 437-454.

[27] CABRAL, Hildeliza Lacerda Tinoco Boechat; SOUZA, Luiz Felipe Barbosa de; SOUZA, Rebecca Linda dos Santos. AUTOINSEMINAÇÃO E INFORMAÇÃO A EDUCAÇÃO TRANSFORMA VIDAS. *In*: COUTO, Cremilda Barreto; ARAUJO, Rodrigo da Costa; GREGÓRIO, Tânia Cristina da Conceição. *LEITURAS EM EDUCAÇÃO*. São Paulo: Editora Opção, 2022. v. 9, cap. 13, p. 283-298. ISBN 978-85-93447-37-2. Disponível em: https://desleituras.com/index.php/desleituras/article/view/86/101. Acesso em: 10 jun. 2023.

[28] PESSINI, Leo. Elementos para uma bioética global: solidariedade, vulnerabilidade e precaução. *Thaumazein*, Santa Maria, v. 10, n. 19, 2017, p. 80,

[29] CABRAL, Hildeliza Lacerda Tinoco Boechat. *Consentimento informado no exercício da medicina e tutela dos direitos existenciais: uma visão interdisciplinar* – Direito e Medicina. 2. ed. Curitiba: Appris, 2018, p. 49.

perspectiva dos direitos da personalidade, devendo ser construído sobre as bases de proteção, lealdade e esclarecimento, funções anexas aos deveres de conduta da boa-fé objetiva, pois em razão do disposto no art. 15 do Código Civil, é indispensável o consentimento para a atuação na esfera psicofísica do paciente[30].

Vale ressaltar uma importante crítica ao atendimento não personalizado, feita por Kfouri Neto, ao constatar que "a massificação da medicina é um dos males do nosso tempo e uma das grandes causas, juntamente com a superespecialização, da deterioração do relacionamento médico-paciente"[31]. Nesse sentido, insta destacar:

> É preciso repensar a saúde pública, estabelecendo-a sobre novos pilares tais como a ética, a qualidade de vida dos cidadãos e do atendimento que lhes é dispensado, sem perder de vista os parâmetros de humanização – todos esses vieses em plena conformidade com o atendimento à dignidade da pessoa humana (como valor maior) e o princípio da solidariedade[32].

Alguns sinais são indicativos de que o paciente poderá trocar para outro profissional quando o médico "não atende pessoalmente ao paciente, nem se mostra disposto a ouvir suas queixas; se não anotar, no histórico clínico, as queixas do enfermo – ou, o que é pior, ignora-as. Também se minimizar ou desconsiderar tais queixas"[33].

Por todas essas razões, a humanização se torna imprescindível no atendimento de saúde, de forma que, visando promover uma relação saudável entre o médico e o paciente, deverá haver especial cuidado quando ao examinar e escutar, de forma atenta o paciente. Entretanto, na prática, muitas vezes, isso não ocorre, pois – em face da necessidade de otimizar os atendimentos, devido ao grande número de pacientes nas salas

[30] ROSENVALD, Nelson. Dignidade humana e boa-fé no Código Civil. São Paulo: Saraiva, 2007, p. 102.

[31] KFOURI NETO, Miguel. *Responsabilidade Civil do Médico.* São Paulo: Thomson Reuters Brasil, 11. ed. rev. atual. e aum. 2021, p. 30.

[32] CABRAL. Hildeliza Lacerda Tinoco Boechat. Mistanásia: vidas banalizadas, mortes miseráveis. Campos dos Goytacazes: Encontrografia, 2023a, p. 151.

[33] KFOURI NETO, Miguel. *Responsabilidade Civil do Médico.* São Paulo: Thomson Reuters Brasil, 11. ed. rev. atual. e aum. 2021, p.30.

de espera – as consultas são realizadas por meio de perguntas genéricas, sem muito espaço para ouvir as queixas dos pacientes. Alguns médicos sequer realizam exames físicos, por exemplo, passando de forma rápida ao diagnóstico, sem se ater à pessoa que está diante de si, esquecendo-se de que o paciente é dotado de dignidade e deve ser atendido, tendo em vista os padrões de atendimento humanizado. O paciente nem ainda se acomodou na cadeira, tampouco se colocou à vontade para falar sobre si e sua enfermidade, e já está sendo levado até a porta. Ainda existem médicos que receitam medicações já inexistentes no mercado e não explicam os fatores de risco e o prognóstico, nem por que motivo aquela medicação será eficaz. Essas explicações podem ser irrelevantes para quem tem conhecimentos médicos, entretanto, faz toda diferença para o paciente que, na maioria das vezes, está fragilizado pela doença. Portanto "a reflexão e a viabilização da humanização dos serviços de saúde em geral e da medicina em particular implica o reconhecimento respeitoso do valor da pessoa humana e um aprofundamento no valor do cuidado de saúde aliado à sensibilidade humana diante do sofrimento humano"[34].

Devemos somar a esses aspectos aqueles que dizem respeito à finitude humana, pois o processo de humanização das relações e das ciências não se restringe às necessidades do paciente em momentos de atendimento de saúde ordinários da vida, mas também aos de final da existência: "Desde a consagração da dignidade, a Medicina começa a caminhar rumo à humanização, buscando oferecer melhores condições de vida e de morte às pessoas"[35]. Então, as condutas humanizadas, respeitadoras da dignidade devem estar presentes em todos os momentos, independentemente das circunstâncias, da natureza da enfermidade que o acomete e da idade do paciente, ou seja, em qualquer que seja a fase do ciclo vital, o tratamento deve ser realizado sempre acompanhado de diálogo amistoso, balizado pela empatia, pela solidariedade e pelo respeito.

[34] PESSINI, Leo; BERTACHINI, Luciana. Humanização e ética no âmbito dos cuidados de saúde: redescobrindo o valor da acolhida e da hospitalidade. *In*: PESSINI, Leo; BERTACHINI, Luciana; BARCHIFONTAINE, Christian de Paul (org.). *Bioética, Cuidado e Humanização*. São Paulo: [*s. n.*], 2014. v. 3, cap. 25, p. 437-454.

[35] CABRAL, Hildeliza Lacerda Tinoco Boechat. *ORTOTANÁSIA: a arte de bem morrer no tempo certo*. Ponta Grossa: Atena, 2023b, p. 84.

Uma frase que conduz a ótima reflexão é a seguinte: "a indiferença em relação ao outro simplesmente mata!"[36]. Trata-se de uma afirmação que parece trágica, mas traduz a pura realidade e está, cada vez mais, comum na sociedade, em razão da cultura "tempo é dinheiro" que leva as pessoas a se esquecerem das necessidades do ser humano que está na sua presença, precisando de atenção naquele momento. Se pararmos para refletir sobre as situações em que os médicos lidam constantemente com o binômio vida e morte, a frase ganha ainda mais relevância, visto que, no afã de atender mais e mais pacientes, pode realizar uma anamnese superficial, chegar a prescrever alguma medicação de forma equivocada ou sequer prestar atenção às questões apresentadas pelo paciente.

O diálogo é fundamental para a compreensão das informações, sendo igualmente importante o *feedback*, pelo qual o médico poderá cientificar-se de que o paciente realmente compreendeu tudo o que lhe foi comunicado[37].

Por isso, faz-se necessário compreender que a "comunicação na assistência em saúde envolve necessariamente duas condições fundamentais para a integralização dos cuidados: a humanização e o diálogo"[38]. Cabe frisar que "a humanização das instituições de saúde passa pela humanização da sociedade como um todo"[39].

Em linhas conclusivas, devemos reafirmar a importância do diálogo amistoso e gentil, como elemento indispensável para uma relação

[36] PESSINI, Leo; BERTACHINI, Luciana. Humanização e ética no âmbito dos cuidados de saúde: redescobrindo o valor da acolhida e da hospitalidade. *In*: PESSINI, Leo; BERTACHINI, Luciana; BARCHIFONTAINE, Christian de Paul (org.). *Bioética, Cuidado e Humanização*. São Paulo: [*s. n.*], 2014. v. 3, cap. 25, p. 437-454.

[37] CABRAL, Hildeliza Lacerda Tinoco Boechat. *Consentimento informado no exercício da medicina e tutela dos direitos existenciais: uma visão interdisciplinar* – Direito e Medicina. 2. ed. Curitiba: Appris, 2018.

[38] PESSINI, Leo; BERTACHINI, Luciana. Humanização e ética no âmbito dos cuidados de saúde: redescobrindo o valor da acolhida e da hospitalidade. *In*: PESSINI, Leo; BERTACHINI, Luciana; BARCHIFONTAINE, Christian de Paul (org.). *Bioética, Cuidado e Humanização*. São Paulo: [*s. n.*], 2014. v. 3, cap. 25, p. 437-454.

[39] PESSINI, Leo; BERTACHINI, Luciana. Humanização e ética no âmbito dos cuidados de saúde: redescobrindo o valor da acolhida e da hospitalidade. *In*: PESSINI, Leo; BERTACHINI, Luciana; BARCHIFONTAINE, Christian de Paul (org.). *Bioética, Cuidado e Humanização*. São Paulo: [*s. n.*], 2014. v. 3, cap. 25, p. 437-454.

médico-paciente baseada no respeito à dignidade, na empatia que, certamente, levará o paciente a desenvolver confiança e segurança no médico.

Conclusões

Os direitos existenciais caminham rumo a uma tutela cada vez mais exigente, desde a consagração da dignidade da pessoa humana como valor do ordenamento jurídico brasileiro. Tendo em vista essa proteção da pessoa e de sua dignidade, aliada ao movimento de humanização das ciências e das relações humanas, tornou-se conhecida a necessidade de humanização dos atendimentos de saúde realizados no SUS, a partir da implementação da Política Nacional de Humanização (PNH). A grande aspiração do movimento residia na aplicação dos princípios da dignidade e da solidariedade nas situações cotidianas da saúde humana e coletiva.

Nesse contexto, a adequada comunicação se torna um efetivo instrumento de humanização no exercício da atividade médica. a informação dialogada e empática deveria ser implementada paulatina e continuamente, de forma que a relação médico-paciente se tornasse acolhedora e não somente, mas que traduzisse a ampla extensão semântica que o cuidado integral do paciente passa a sugerir na perspectiva dos direitos existenciais de tão elevado valor. Entretanto, embora houvesse muito empenho teórico desde a implantação da PNH, a prática e a dinâmica do cotidiano nos hospitais sem recursos desafiam os projetos e vão-se distanciando da efetivação desses direitos tão importantes da pessoa em franca vulnerabilidade: a carência de recursos humanos no âmbito da saúde; a precarização das instalações da saúde, que se encontram em péssimo estado de conservação; o sucateamento dos recursos tecnológicos, sem manutenção; a superpopulação urbana e ainda a má administração da verba pública tornam estes ideais cada vez mais difíceis de serem alcançados, senão inatingíveis.

Mas, com todas as mazelas e dificuldades pelas quais passa a saúde pública e os enfrentamentos que os médicos, enfermeiros e outros profissionais comprometidos com qualidade se deparam a cada dia, resta aos que estão em campo – sim, um verdadeiro campo de infinitas necessidades – tentarem realizar, à exaustão, um trabalho quase artesanal de atendimento humanizado com parcos recursos. Esta é a realidade que não se pode deixar de enxergar, mas que exige uma dose maior dos profissionais que estão diariamente atendendo a um público cada vez maior e com maior número de enfermidades. Todas as manhãs, vestem um sorriso nos lábios e, sem perder de vista a empatia, a solidariedade, o diálogo amigável e a esperança, recomeçam a rotina de muito trabalho, fé e humanidade: humanizando os humanos, porque humanização é uma conduta, uma postura, um jaleco invisível a ser vestido, dia após dia, até que, tomando a forma do corpo do profissional, seja involuntário e imperceptivelmente "vestido" como todos os outros instrumentos de trabalho.

Referências

ALMEIDA, Álvaro Henrique Teixeira de. Responsabilidade civil dos hospitais e clínicas (p. 219 a 239). In: NIGRE, André; ALMEIDA, Álvaro Henrique Teixeira de (Orgs.). *Direito e Medicina: um estudo interdisciplinar*. Rio de Janeiro: Lumen Juris, 2007.

BERTACHINI, Luciana. A comunicação terapêutica como fator de humanização da Atenção Primária. *In*: PESSINI, Leo; BERTACHINI, Luciana; BARCHIFONTAINE, Christian de Paul (org.). *Bioética, Cuidado e Humanização*. São Paulo: [*s. n.*], 2014. v. 3, cap. 27, p. 469-490.

CABRAL, Hildeliza Lacerda Tinoco Boechat. *Consentimento informado no exercício da medicina e tutela dos direitos existenciais: uma visão interdisciplinar* – Direito e Medicina. 2. ed. Curitiba: Appris, 2018.

CABRAL, Hildeliza Lacerda Tinoco Boechat. Mistanásia: vidas banalizadas, mortes miseráveis. Campos dos Goytacazes: 2023a.

CABRAL, Hildeliza Lacerda Tinoco Boechat. *ORTOTANÁSIA: a arte de bem morrer no tempo certo*. Ponta Grossa: Atena, 2023b.

CABRAL, Hildeliza Lacerda Tinoco Boechat; SOUZA, Luiz Felipe Barbosa de; SOUZA, Rebecca Linda dos Santos. AUTOINSEMINAÇÃO E INFORMAÇÃO A EDUCAÇÃO TRANSFORMA VIDAS. *In*: COUTO, Cremilda Barreto; ARAUJO, Rodrigo da Costa; GREGÓRIO, Tânia Cristina da Conceição. *LEITURAS EM EDUCAÇÃO*. São Paulo: Editora Opção, 2022. v. 9, cap. 13, p. 283-298. ISBN 978-85-93447-37-2. Disponível em: https://desleituras.com/index.php/desleituras/article/view/86/101. Acesso em: 10 jun. 2023.

CONSELHO FEDERAL DE MEDICINA. *Resolução nº 2.217, de 27 de setembro de 2018*. Código de Ética Médica. Brasília, 27 set. 2018. Disponível em: https://www.flip3d.com.br/pub/cfm/index6/?numero=24&edicao=4631#page/4. Acesso em: 10 jun. 2023.

DANTAS, Eduardo; COLTRI, Marcos. *Comentários ao Código de Ética Médica*. São Paulo: Juspodivn, 2022.

KFOURI NETO, Miguel. *Responsabilidade Civil do Médico*. 11. ed. rev. atual. e aum. São Paulo: Thomson Reuters Brasil, 2021.

PESSINI, Leo; BERTACHINI, Luciana. Humanização e ética no âmbito dos cuidados de saúde: redescobrindo o valor da acolhida e da hospitalidade. *In*: PESSINI, Leo; BERTACHINI, Luciana; BARCHIFONTAINE, Christian de Paul (org.). *Bioética, Cuidado e Humanização*. São Paulo: [*s. n.*], 2014. v. 3, cap. 25, p. 437-454.

PEREIRA, André Gonçalo Dias. In: NIGRE, André Luis; ALMEIDA, Álvaro Henrique Teixeira de. Direito e medicina – um estudo interdisciplinar. Rio de Janeiro: Lumen Juris, 2007.

PESSINI, Leo. Elementos para uma bioética global: solidariedade, vulnerabilidade e precaução. *Thaumazein*, Santa Maria, v. 10, n. 19, 2017.

ROSENVALD, Nelson. *Dignidade humana e boa-fé no Código Civil*. São Paulo: Saraiva, 2007.

VICTAL, Renata. Médico debocha de paciente na internet: 'Não existe peleumonia'. *G1 Campinas*, [*S. l.*], 29 jul. 2016. Disponível em: https://g1.globo.com/sp/campinas-regiao/noticia/2016/07/medico-debocha-de-paciente-na-internet-nao-existe-peleumonia.html. Acesso em: 11 jun. 2023.